L'AVÈNEMENT DE LA JUSTICE CONSTITUTIONNELLE EN RÉPUBLIQUE DÉMOCRATIQUE DU CONGO

De la Cour suprême de justice à la Cour constitutionnelle

Collection Etudes Eurafricaines
Dirigée par André Julien Mbem

Le Sahara et la Méditerranée, frontières entre l'Afrique et l'Europe, sont aussi des passerelles par lesquelles, depuis des siècles, au-delà des tragédies et des drames, se rapprochent et se remodèlent ces deux ensembles géographiques et leurs civilisations. La collection « Etudes Eurafricaines » encourage la diffusion d'études historiques et prospectives sur les symbioses dont cette partie du monde est l'antique théâtre.

Déjà parus

TOUNKARA K. Mamoutou, *La migration des Maliens vers la France. Enjeux politiques, économiques et socioculturels*, 2020.
MOUVONDO Epiphanie, *La logistique de l'aval pétrolier dans les pays de la CEMAC. Révélateur et facteur des disparités socio-spatiales d'accès aux produits pétroliers*, 2020.
MBA MISSANG Frederik, *La professionnalisation de l'armée au Gabon*, 2019.
DJAME François Narcisse, *Aspects éthiques du droit public*, 2019.
OUMAR SAGARA Cheick, *Etudes de la confiance dans les transaction « M-banking » en Afrique. Le cas « Orange money » au Mali*, 2019.
BOGNI Téguia, *La cuisine camerounaise. Mots, pratiques et patrimoine*, 2019.
SOUGANE Arouna, *Migrations Internes au Mali et insertion des migrants de retour*, 2019.
AMABIAMINA Flora, NANKEU Bernard Bienvenu, *Discours et sexe dans les littératures francophones d'Afrique. Vers un changement des mentalités ?*, 2018.
ILBOUDO Jean Christophe, *Gouvernance d'entreprise et développement des partenariats public-privé. Cas de pays d'Afrique au sud du Sahara*, 2018.
SALEH Adam, *La cogestion des réserves de biosphère de Waza et de la Bénoué dans le nord du Cameroun. Un modèle et son revers*, 2018.
TSOBGNI DJOUMETIO Laure Nathalie, *Les banques et le dispositif préventif anti-blanchiment des capitaux. Analyse de sa mise en œuvre au Cameroun et en France*, 2018.
NZOKO Anselme, *Société civile et transformation sociale au Cameroun. Questions d'éthique sociétale*, 2018.
Fodié Tandjigora, *L'immigration des diplomés maliens de France. Fuite des cerveaux ou quête de promotion sociale ?*, 2018.
Jean-Alexis Mfoutou, *La langue de l'école au Congo-Brazzaville*, 2010.

Didier YANGONZELA LIAMBOMBA

L'AVÈNEMENT DE LA JUSTICE CONSTITUTIONNELLE EN RÉPUBLIQUE DÉMOCRATIQUE DU CONGO

De la Cour suprême de justice à la Cour constitutionnelle

L'Harmattan

5-7, rue de l'École-Polytechnique, 75005 Paris

http://www.editions-harmattan.fr

ISBN : 978-2-343-19130-0
EAN : 9782343191300

DÉDICACE

A ma très tendre épouse Brigitte YANGONZELA LIAMBOMBA, la victime principale de mon attachement avec les livres, cette œuvre est le témoignage de mon amour.

A mes filles chéries Laurianne BALADENGE LIAMBOMBA., Océane YASUPENGO YANGONZELA et Juliana YANGONZELA, portez toujours plus haut ce flambeau pour la cause de la science.

REMERCIEMENTS

"Moi, la sagesse, j'habite dans le discernement et je possède l'art de réflexion. C'est à moi qu'appartiennent le conseil et le succès". (Proverbes, 8, 12-14).

La thèse qui a inspiré le présent ouvrage est le fruit d'efforts multiples. Aussi qu'il me soit permis de remercier tous ceux qui ont contribué à sa réalisation.

Mes remerciements s'adressent spécialement au Professeur Dominique Maillard Desgrées du Loû, qui a bien voulu accepter de mettre le pied à l'étrier en dirigeant ce travail, de main de maître avec rigueur et une très particulière attention. Qu'il trouve à travers cette œuvre, l'expression de ma profonde gratitude.

Mes remerciements sincères aux Professeurs Dieudonné Kaluba Dibwa de l'Université de Kinshasa/République Démocratique du Congo, François Colly de l'Université d'Évry Val d'Essonne, en dépit de leurs multiples occupations, ont accepté de composer le jury de cette thèse. Qu'ils trouvent aussi par leur présence et la richesse de leurs interventions ma profonde reconnaissance. "C'est la bénédiction de l'Eternel qui enrichit, et il ne la fait suivre d'aucun chagrin" (Proverbes 10, 22).

PRÉFACE

Maintes fois réclamée, la justice constitutionnelle semble encore mal cernée en République Démocratique du Congo, à cause probablement de son éloignement supposé ou avéré des objectifs assignés ou ceux qu'on lui prête, sans doute parce que rendue dans un contexte qui n'offre que très peu de convergences dans la perception et l'action.

Prévue dans la quasi-totalité des Constitutions congolaises, la juridiction constitutionnelle, actuellement la Cour constitutionnelle, a pris du temps pour se mettre en place, pour que ses prérogatives soient, transitoirement, exercées par la Cour suprême de justice, toutes sections réunies.

Plus de doute, en effet, qu'avec ou sans la Cour constitutionnelle, la justice constitutionnelle est effective en République Démocratique du Congo. Il demeure que l'image mitigée qu'elle a quelquefois représentée, a fini par dérouter certains esprits. Le constat est si évident que l'explication semble se trouver dans une doctrine congolaise encore dubitative à se lancer dans l'arène.

Qu'une thèse de doctorat soit consacrée à la question, ne peut que réjouir. Habituellement destinée à l'exploitation ciblée d'une catégorie des personnes, la thèse de doctorat n'est-elle pas, en principe, connue que de son auteur et des membres du jury, pour se soustraire de sa vocation à être, en tant que recherche scientifique, au service de la communauté ? Ne nous y trompons pas, nombreuses sont des thèses qui mobilisent peu d'attention, parce que non publiées.

Couronnement d'une étape importante dans la recherche scientifique, la thèse de doctorat contient, en elle-même, une somme d'informations que l'auteur se propose de mettre au service de la communauté universitaire, mais également de la communauté tout court. Pour avoir réalisé ce rêve, Didier YANGONZELA LIAMBOMBA a maintenant l'assurance d'être davantage utile à sa communauté scientifique et à la société tout entière.

L'avènement de la justice constitutionnelle en République Démocratique du Congo : de la Cour suprême de justice à la Cour constitutionnelle est, en fait, le titre de son livre destiné, certes, au public averti, mais également à toute personne intéressée.

En deux parties, l'ouvrage retrace, dans un processus historique, l'organisation et le fonctionnement de la justice constitutionnelle congolaise, identifie les obstacles et défis, mais aussi les opportunités sur la construction de l'État de droit. Avec rigueur, il indique la part de la Cour suprême de justice pendant la période de la transition, et celle de la Cour constitutionnelle aussitôt installée.

Le décor planté par Didier YANGONZELA LIAMBOMBA incite à reconnaître le caractère difficile, mais pas impossible de l'entreprise tant l'artisan, à savoir le juge constitutionnel, dispose des ressources nécessaires. Le curseur est donc bien placé pour réduire les dérives autoritaires que l'on croit logées dans les contraintes épistémologiques, faisant craindre la substitution de la démocratie populaire par celle constitutionnelle.

C'est à se satisfaire que, sans une justice constitutionnelle indépendante, point d'État de droit. C'est là qu'on découvre la profondeur des analyses proposées par l'auteur plaçant le juge constitutionnel au centre de la réflexion sur l'avènement de l'État de droit en République Démocratique du Congo.

Des résistances à l'installation de la Cour constitutionnelle à ses premiers pas, l'auteur craint une sorte de cantonnement, dans l'office du juge, avant de lancer une sonnette d'alarme sur le risque de présidentialisation du régime politique congolais construite, non pas par les textes, mais à partir des mœurs.

La fonction utilitaire du juge constitutionnel doit, en tout état de cause, être appréciée et évaluée, non pas uniquement sur la base du nombre d'arrêts rendus, mais aussi sur leur qualité. L'auteur est convaincu qu'avec un peu plus d'audace et de responsabilité de la part du juge constitutionnel congolais, le pari peut être gagné.

L'ouvrage de Didier YANGONZELA LIAMBOMBA arrive à point nommé, en raison, non seulement de l'idée que chacun a pu se faire de l'activité triennale déjà réalisée par la Cour constitutionnelle congolaise, mais également du rôle qu'elle a pu jouer dans la construction de l'État de droit. Il inscrit l'auteur dans un débat permanent sur l'utilité de la justice constitutionnelle dans un État moderne.

Exercée dans un pays en crise ou sorti de crise, la justice constitutionnelle fait, par moments, les frais des contingences politiques et culturelles peu portées vers la rénovation des mentalités, au point de faire le lit d'un mirage qui, finalement, débouche sur un virage inattendu, sinon risqué.

Pour avoir attiré notre attention sur le retard pris dans la construction de l'État de droit en République Démocratique du Congo à cause, notamment, des hésitations de la justice constitutionnelle, Didier YANGONZELA LIAMBOMBA ne peut qu'être remercié et félicité.

Jean-Louis ESAMBO KANGASHE

Professeur de droit public et ancien juge à la Cour constitutionnelle de la République Démocratique du Congo

INTRODUCTION

La République démocratique du Congo comme les autres États africains a connu dès 1990 des changements politiques qui ont bouleversé l'architecture institutionnelle et politique interne au point de justifier une lecture sous le paradigme de démocratisation. « Ce bouleversement de l'ordre étatique interne a été caractérisé par la disparition du parti unique ou du moins la légalisation des partis politiques autres que celui qui a été au pouvoir, l'organisation des compétitions électorales, la séparation des pouvoirs ainsi que la reconnaissance des droits »[1]. Pour la République démocratique du Congo, le certificat de décès du parti unique, le Mouvement populaire de la révolution (MPR), parti État, a été délivré par le Chef de l'Etat lui-même, le Maréchal Mobutu, lors de son discours du 24 avril 1990. Le centre d'intérêt commun de toutes ces expériences institutionnelles se trouve être le rejet du monopartisme et du monolithisme institutionnel dont la forme la plus dépravée et achevée a été « le présidentialisme africain»[2] qui a, jusque-là, corrompu les trajectoires politiques des États. "La démocratisation s'est également manifestée par la démultiplication des sites institutionnels »[3].

En effet, plusieurs organes chargés d'exercer le rôle de contre-pouvoirs[4] ont été créés pour éviter de retomber dans le système politique décrié d'autrefois, en particulier l'absolutisme du pouvoir. Pour cela, il a fallu mettre sur pied des mécanismes institutionnels de renforcement du contrôle afin de garantir la régulation des pouvoirs publics, la protection des droits et des libertés ainsi que l'arbitrage des

---

[1]Jean Du Bois de Gaudusson, « Trente ans d'institutions constitutionnelles et politiques : points de repère et interrogation », *Afrique contemporaine*, 4è édition, 1992, n°spécial, p. 50-58.

[2]Lampue, P., « Les constitutions des États africains d'expression française », *Revue juridique et politique d'Outre-mer*, 15, 1961, p. 513.

[3]Baumaud, D., *Le politique en Afrique*, Paris, Montchrestien, 1998, p.146.

[4]Ces organes de contrôle sont nombreux avec des objectifs spécifiques notamment : La Commission électorale nationale indépendante, le Conseil supérieur d'audiovisuel et de communication, etc.

élections. C'est dans ce contexte qu'il faut placer l'émergence des Cours constitutionnelles dont celle de la République démocratique du Congo[5]. *Elle témoigne certainement de l'avènement de la justice constitutionnelle dans la dynamique institutionnelle de la République en ramenant au centre du débat politique l'idée de la constitution et son importance dans la construction d'un État de droit en République démocratique du Congo*[6]. L'avènement de la justice constitutionnelle congolaise, en s'affirmant progressivement dans l'espace politique et institutionnel national, prendra certainement une part active au bon fonctionnement du système politique. Ce qui nous conduit à analyser l'avènement de la justice constitutionnelle en République démocratique du Congo comme le fruit du passage de la Cour suprême de justice à la Cour constitutionnelle, du reste sujet de notre travail de recherche.

Qu'il s'agisse d'interprétations audacieuses de la constitution[7], du contrôle de constitutionnalité, de l'arbitrage des conflits de compétences entre l'exécutif et le parlement ou l'État et ses provinces, de la proclamation des résultats électoraux, de la déchéance du Chef de l'État défaillant[8], de l'autonomie des nouvelles autorités administratives indépendantes[9], de la protection des droits de l'homme, ces institutions ont insufflé un vent nouveau au renouvellement de la problématique du constitutionnalisme et de la démocratisation en Afrique mais aussi en République démocratique du Congo, s'agissant de la capacité de la cour constitutionnelle à contribuer à l'établissement de l'Etat de droit.

---

[5]Ahmed Salem Ould Bouboutt, "Juridictions constitutionnelles africaines: évolutions et enjeux", *AIJC*, XII-1997, pp. 31-45.

[6]Jean Du Bois de Gaudusson, « Réflexions sur les nouveaux développements du constitutionnalisme en Afrique », in *L'Afrique subsaharienne* : récente société et développement, Paris, 1993, pp. 179-197.

[7]Jean Du Bois de Gaudusson, « Les solutions constitutionnelles aux crises politiques », *Afrique contemporaine*, n° Spécial, oct.-déc., 1997, pp. 251-256.

[8]Tel est le cas au Madagascar en 1996, tentative manquée aux Comores en 1992 et au Niger en 1996.

[9]Sur ce sujet, lire les contributions du Professeur Maillard Degrées du Loû, D., *Institutions administratives*, Paris, PUF, 2011 et Diarra, A., « Les autorités administratives indépendantes dans les États francophones d'Afrique noire : cas du Mali, du Sénégal et du Bénin », in Revue électronique *AFRILEX, n°00,* janvier 2000 en ligne à l'adresse http://www.afrilex.u-bordeaux.fr Consulté le 15 décembre 2011.

Discrètes ou spectaculaires, ces cours constitutionnelles africaines dont celle de la RDC, par leurs interventions dynamiques dans la mise en place d'un État de droit démocratique, offrent une piste d'analyse que nous proposons d'étudier dans une approche comparatiste à partir de celles qui ont fait leur preuve sur le terrain notamment le Conseil constitutionnel français, la Cour constitutionnelle belge mais aussi certaines juridictions constitutionnelles de certains pays d'Afrique francophone. Le choix de ce travail est guidé par le souci de rendre compte de la diversité et de la complexité de la justice constitutionnelle observée dans les pays ayant acquis une certaine expérience.

La promulgation de la constitution congolaise du 18 février 2006 a provoqué notre réflexion sur la Cour constitutionnelle congolaise. Car c'est cette constitution qui a éclaté l'ancienne Cour suprême de justice en trois nouveaux ordres juridictionnels (Cour constitutionnelle, Cour de cassation et Conseil d'État). Avec cette constitution l'avènement de la justice constitutionnelle congolaise s'affirmera progressivement en attendant l'effectivité de la Cour constitutionnelle dont la loi organique relative à son organisation et son fonctionnement n'a été promulguée que le 15 octobre 2013[10] et les neuf membres nommés en juillet 2014[11]. Le Chef de l'Etat congolais a signé le 19 novembre 2014 deux ordonnances[12] portant nomination des hauts magistrats de cette haute institution juridictionnelle. Le Premier ministre, de son côté, a signé le 04 décembre 2014 le Décret[13] portant organisation et fonctionnement du Greffe de la Cour constitutionnelle. Au moment où nous bouclons cet ouvrage, la mise en place de cette Cour constitutionnelle, instituée par l'article 157 de la constitution de 2006 est devenue une réalité depuis samedi 04 avril 2015 par la

---

[10]Ordonnance n°13/026 du 15 octobre 2013 portant organisation et fonctionnement de la Cour constitutionnelle, JORDC, n°spécial, 54e année, Kinshasa, 18 octobre 2013.

[11]Ordonnance n°14/020 du 7 juillet 2014 portant nomination des membres de la Cour constitutionnelle

[12]Ordonnance n°014/070 du 19 novembre 2014 portant nomination du Procureur général près la Cour constitutionnelle et l'ordonnance n° 014/071 du 19 novembre 2014 portant nomination des Premiers avocats généraux et des avocats généraux près la Cour constitutionnelle. Ces ordonnances sont consultables à l'adresse www.presidentrdc.cd/spip.php Consulté le 22 décembre 2014.

[13]Décret n°14/035 du 4 décembre 2014 portant organisation et fonctionnement du Greffe de la Cour constitutionnelle, Kinshasa, JORDC, n°1, première partie, 56e année, 1e janvier 2015.

prestation de serment des neuf membres devant le chef de l'Etat, les deux chambres du parlement réunies en Congrès et le Conseil supérieur de la magistrature. Cette mise en place a accusé un énorme retard. Le délai de six mois prévu par l'article 118 de la loi organique n°13/026 du 15 octobre 2013 n'a pas été respecté. L'opérationnalité de cette Cour n'intervient que quinze mois après la promulgation de la loi organique. Cette juridiction, dont les attributions sont exercées transitoirement par la Cour suprême de justice en vertu de l'article 223 de la constitution de 2006 a acquis une position importante dans le système politique de la RDC en tant que garante de la suprématie constitutionnelle, arbitre des compétitions électorales et protectrice des droits et libertés fondamentales.

L'objectif principal de cette étude qui porte sur l'avènement de la justice constitutionnelle en République démocratique du Congo : de la Cour suprême de justice à la Cour constitutionnelle, est à la fois de décrire ces développements mais aussi d'essayer de contribuer au débat sur la théorie des cours constitutionnelles dans le monde à partir de l'expérience congolaise.

La France, dont les institutions serviront de référence aux États africains francophones notamment la RDC, « après quelques tentatives infructueuses, s'est dotée d'un Conseil constitutionnel à travers la constitution de la cinquième République du 4 octobre 1958, consacre pour la première fois la possibilité d'un véritable contrôle de constitutionnalité »[14].

A l'époque, le Général De Gaulle établit une nouvelle organisation des pouvoirs pour mettre fin à l'instabilité gouvernementale liée au régime parlementaire de la quatrième République. Le Conseil constitutionnel, dans l'esprit de ses initiateurs, avait pour objectif premier de renforcer le pouvoir exécutif contre les empiétements du Parlement, institution où s'élaborait encore la politique française. Le Conseil constitutionnel devait servir de « Chien de garde » du Gouvernement et protéger son domaine d'action. Sa création fut accompagnée de l'introduction d'une nouvelle disposition

[14]Bastien, F., « Le Conseil constitutionnel et la Cinquième République. Réflexion sur l'émergence et les effets du contrôle de constitutionnalité en France », *Revue Française de Science Politique*, 1997, pp. 377-403. On ne peut tenir pour contrôle de constitutionnalité institué, par exemple, par la constitution du janvier 1852.

constitutionnelle, l'article 34 de la constitution de 1958 qui marque la distinction entre le domaine de la loi et celui du règlement, renforçant par là le rôle du Gouvernement sur la scène politique française. Aussi, le constituant congolais de 2006 est parti de deux constats pour introduire et dynamiser le contrôle de constitutionnalité en réhabilitant par la même occasion la justice constitutionnelle. D'une part, le Parlement congolais n'a jamais joué le rôle de dépositaire de la volonté générale. Dans un tel contexte, c'est le statut de la loi qui était ébranlé. D'autre part, la RDC évoluait sous le régime de concentration des pouvoirs entre les mains d'une seule personne, toute puissante, militaire ou civil.

En effet, si en France la création du Conseil constitutionnel visait à réduire la toute-puissance du Parlement, en RDC c'est contre l'hégémonie présidentielle qu'il fallait trouver le contrepoids. Gérard affirme : « en Afrique, c'est le Chef de l'État qui, dans les faits, est le juge suprême de la constitutionnalité. Le respect de la constitution dépend plus de son bon vouloir que des juges, si courageux soient-ils »[15]

Toutefois, cette tendance n'a-t-elle pas été dénoncée et remise en cause par les évolutions politiques de ces trois dernières décennies en République démocratique du Congo ? Avant de nous pencher sur cette question, il sied d'opérer un bref rappel des trajectoires politiques et constitutionnelles de la République démocratique du Congo afin de mieux connaître le contexte sociopolitique et juridique de ces évolutions.

§1. La République démocratique du Congo : trajectoires politiques et constitutionnelles

Parler de la justice constitutionnelle renvoie, on peut s'en douter, à des institutions de l'État de droit et de la démocratie, donc à la « problématique du pouvoir (politique) et à l'émergence de l'État pris comme superstructure en vue de répondre aux besoins du peuple »[16]. C'est l'objet même du droit constitutionnel visant l'encadrement

[15]Conac, G., «Le juge constitutionnel en Afrique. Censeur ou pédagogue ? », in Les Cours suprêmes en Afrique, tome 2, 1989, XII.

[16]Bakandeja wa Mpungu, G., «Institutions de l'État de droit et de la démocratie en Afrique : expérience congolaise », in Sayeman Bula, *Liber amicorum Marcel Lihau*, Brucelles, Bruylant, 2006, pp. 51-83.

juridique des phénomènes politiques. Autrement dit, la loi n'exprime la volonté générale que dans le respect de la constitution. De cette considération résulte l'Etat de droit ou l'État soumis au droit, au sein duquel les citoyens sont protégés de l'arbitraire[17]. Il s'agit en effet d'une quête de légitimité des institutions et des gouvernants qui doivent les incarner dans un pays marqué par la violence et les guerres et dans lequel l'État de droit se bat pour se (re)construire. La mise en place des institutions de l'État de droit et de la démocratie selon l'acception des Occidentaux reste une problématique pour les États africains en général et la République démocratique du Congo en particulier, au regard du décalage entre ce qui est voulu et ce qui se fait.

La RDC est un vaste pays, à dimension continentale et d'une importante superficie[18]. Elle a pratiquement la taille de l'Union Européenne. « Un cliché séculaire dit qu'elle est quatre-vingts fois plus grande que la Belgique, égale quatre fois la France, sept fois l'Italie et qu'elle est un quart des États-Unis. En superficie, bien entendu »[19].

Sur le plan de l'organisation politique et du droit constitutionnel, la RDC est un grand consommateur de constitutions. Au moins sept constitutions en un demi-siècle, avec trente-deux ans passés sous le règne d'une d'entre elle celle du 24 juin 1967 du reste, soumise sans cesse à des révisions. Ce cycle d'instabilité constitutionnelle va aller crescendo au point que certaines sont faites, selon Professeur Grégoire Bakandeja wa Mpungu, « parfois avec un bout de crayon, par des simples discours, par des communiqués ou même en silence »[20]. Nul doute que cette révision chronique a lourdement plombé la pacotille de la « démocratie » à l'africaine, jugée despotique. Pour comprendre ces

---

[17]Sur ce concept forgé à la fin du XIXe siècle dans la doctrine juridique allemande puis transportée en France pour répondre à l'exigence du droit public, la théorie de l'État de droit a connu au XXe siècle des méandres sensibles : Voir Jacques Chevalier, *l'État de droit*, 2e éd, 1984 ; L'État de droit, *Mélanges Guy Braibant*, 1996.

[18]La superficie de la République démocratique du Congo est évaluée à 2.345.000 km². Seuls le Soudan d'avant l'indépendance Soudan du Sud, avec une superficie de 2.505.813km² et l'Algérie avec une superficie évaluée à 2.381.741 km² sont plus étendus que la République démocratique du Congo.

[19]Bakandeja wa Mpungu « Institutions de l'État de droit et de la démocratie en Afrique : l'expérience congolaise», *op. cit.* p. 53.

[20]Bakandeja Wa Mpungu, G., « La nouvelle constitution de la RDC : sources et innovations », in Charles Fombard et Christina Murray, *Fostering constitutionnalism in Africa, Pretoria University Law Press (PULP)*, 2010, pp. 341-373.

trajectoires, il faut remonter dans le temps et partir de certaines données historiques de ce pays ; la RDC[21] dispose d'un passé fait de plusieurs statuts. Le pays a été successivement une propriété privée d'un monarque Roi Léopold II, roi des belges (1885-1908). Une colonie belge (1908 – 1960) et une République expérimentale complètement tourmentée (1960 – 1965) et redevenue véritablement sous le régime du Maréchal Mobutu une propriété privée. Cette dernière pouvait se résumer en deux articulations complémentaires : la Zaïrianisation linguistique[22] et la francisation post coloniale[23]. La chute du régime de Mobutu traduit la fin du parti unique qui est forcément son propre fossoyeur. Mobutu, qui n'a pas hésité à affirmer en 1997 que « les Zaïrois me doivent tout », a pu se rendre finalement compte qu'il a été trois décennies durant un grand obstacle au décollage économique et social du Congo[24]. Le constitutionnalisme s'identifiait au chef de l'État[25]. La République démocratique du Congo était sous instabilité politique et constitutionnelle permanente au point de devenir une menace contre la paix et la sécurité internationales dans la sous-région

---

[21]"Au plan historique, une certaine doctrine affirme que la RDC est connue sous appellation Congo-Kinshasa en référence certainement à une première tentative de colonisation portugaise à la fin du XIVe siècle. Mais, alors que la France et le Portugal revendiquent une partie des territoires du Congo, la conférence de Berlin de 1885 reconnaît la souveraineté de Léopold II sur le Congo qui devient l'État libre du Congo, une possession personnelle du souverain". v. Nguele, Abada, M, "Du constitutionnalisme en Afrique : réflexion sur l'évolution constitutionnelle en République démocratique du Congo", Revue de recherche juridique, Prospectif, 2008-1, pp. 498-536.

[22]Cette opération portait sur le changement de la dénomination. Le pays ainsi que ses grandes villes ont opté pour de nouvelles appellations. Le Congo-Belge devint le Zaïre. Léopold Ville devient Kinshasa, Élisabeth-ville s'appela Lubumbashi, Stanley ville est l'actuel Kisangani, etc.

[23]Sous le régime de Mobutu, le français devient une langue obligatoire de référence au détriment parfois de certaines langues nationales. Le français est l'unique langue de l'enseignement, de l'Administration, du gouvernement, du parlement mais également de la justice et de la communication. Pour une réflexion approfondie, Lire Idriss Fall, «Le droit constitutionnel au secours de l'authenticité et la négritude », *Annales africaines*, 1973, p. 203.

[24]Pour l'instauration du monolithisme en Afrique, Lire Ahmed Mahiou, *l'avènement du parti unique en Afrique noire : l'expérience des États d'expression française*, thèse, Nancy, 1967.

[25]Lire à ce propos Maurice Kamto, *Pouvoir et droit en Afrique : essai sur les fondements du constitutionnalisme dans les États d'Afrique*, Paris, LGDJ, 1987 ; Gonidec, P.-F., « Les conceptions de la démocratie dans les États du Tiers monde »*RJPIC*, 1986, pp. 2-15.

des Grands lacs[26]. L'avènement d'un nouvel ordre constitutionnel issu des compétitions électorales constituait un signal fort dans le règlement des conflits en Afrique des Grands Lacs[27]. On peut alors s'interroger avec le Professeur El Hadj Mbodj si le constitutionnalisme répond au besoin de démocratie et de l'État de droit en étant lui-même le mode de règlement des conflits politiques dans le cas de la République démocratique du Congo ?[28] Ce pays se débat de nos jours pour construire un État de droit auquel aspirent les Congolais.

On estime la population actuelle de la République démocratique du Congo a plus ou moins soixante millions d'habitants. Les belligérants des conflits dans ce pays justifiaient leur combat par le manque de légitimité des autorités en place. Cela remonte dès l'époque de Léopold II où il a été reproché, au-delà des mauvais traitements infligés aux autochtones, la nomination de chefs coutumiers illégitimes. Dans la colonie belge, les reproches visaient l'éclatement des États précoloniaux et la confiscation des terres avec l'aide de ces chefs coutumiers. Aux différents gouvernements congolais, il a été reproché un déficit démocratique et le monolithisme du pouvoir.

De plus, le drame humain en République démocratique du Congo est de nos jours sans pareil. La population congolaise, christianisée, islamisée et animiste, constituant une mosaïque de 450 ethnies, aspire à une paix durable. Elle vit dans une insécurité doublée de la paupérisation. Les infrastructures sont presque inexistantes et les structures de l'État sont en état de mort cérébrale. Elles sont en train d'être réanimées pour retrouver un semblant de vie. Dépourvue de tout, la population habite dans un pays qui regorge de richesses attisant la convoitise à la fois des sociétés multinationales et les déstabilisateurs

---

[26]L'instabilité est la conséquence de la porosité des frontières et de l'occupation d'une partie du territoire congolais par les forces étrangères venues en rescousse de leurs protégés en conflit. Les violences qui en découlent constituent des menaces contre la paix dans la région et pour la stabilité de la RDC elle-même.

[27]René Le marchand, « Aux sources de la crise dans les grands lacs », *observatoire de l'Afrique centrale*, vol. 3 n° 30, Août 2000, pp. 14-20 ; Catherine Coquery Vidrovitch, «Au Congo, de la Rébellion à l'insurrection », *Le monde* diplomatique, Janvier 1999 ; Anicet Mobe «Prédation et Violence en Afrique. Paix entravée dans les Grands lacs », Novembre 2004, p. 33.

[28]El Hadj Mbodj, «La constitution de transition et la résolution des conflits en Afrique. L'exemple de la République démocratique du Congo », *RDP,* n°2, 2010, pp. 437-471.

en embuscade le long des neuf frontières du pays[29]. Dès lors, l'on peut se demander quel est le visage du droit construit à travers ces trajectoires politiques et constitutionnelles et consacrées par différentes constitutions. Ce fut d'abord un droit transposé d'Occident avec un visage déterminé et précis du fait qu'il était écrit. Ce droit écrit a buté contre la coutume et a pris un visage différent.

La République démocratique du Congo a tenté d'expérimenter la justice constitutionnelle sans y parvenir. La loi fondamentale du 19 mai 1960 (la première loi après l'indépendance) avait prévu l'établissement d'une Cour constitutionnelle. La constitution de 1964 à la suite de la loi fondamentale de 1960 prévoyait également la mise en place de la juridiction constitutionnelle. Ces deux tentatives de justice constitutionnelle ont été couronnées de deux échecs. La junte militaire, sous commandement de Mobutu conduira le pays avec la constitution du 24 juin 1967 instituant une Cour suprême de justice laquelle n'a pu s'exprimer à la suite de la dictature qui est une négation de la liberté et du droit.

Lorsqu'on observe les trajectoires de la RDC dans la période de démocratisation ouverte le 24 avril 1990 jusqu'à la promulgation de la constitution du 18 février 2006, surtout celle où le visage du droit fut construit par les négociateurs[30] de Sun City (Afrique du Sud) et consacré par la constitution du 4 avril 2003, on peut parler du premier pas vers l'émergence d'une justice constitutionnelle. Les différents protagonistes armés préfèrent dorénavant la force du droit à celle des armes. Ils soumettent leurs différends à l'appréciation et aux décisions

---

[29]La République démocratique du Congo est limitée au nord par République Centrafricaine et le soudan ; au Sud par Angola et la Zambie ; à l'ouest par Congo-Brazzaville et à l'Est par Burundi, Ouganda, Rwanda et Tanzanie.

[30]L'accord global sur la transition en République démocratique du Congo adopté le 17 décembre 2002 à Pretoria et signé à Sun City en Afrique du Sud le 1er avril 2003 est le fruit du dialogue inter-congolais tenu du 25 février au 12 avril 2002 en Sun City. Ce dialogue avait réuni le gouvernement congolais, les différents mouvements armés, l'opposition politique congolaise, les forces vives et les Maï-Maï à l'initiative de la communauté internationale pour mettre fin aux conflits congolais par la mise en place d'un nouvel ordre politique de transition. La doctrine peine à qualifier le régime constitutionnel en construction. Celui-ci combine à la fois les différentes caractéristiques des deux régimes classiques qui sont : le régime parlementaire et le régime présidentiel. Un régime sui generis avec des organes du pouvoir et de contre-pouvoir.

des juges[31], consacrant un net recul de l'usage des armes dans le règlement des conflits sans pour autant les écarter. Les juges sont de plus en plus saisis : du Président de la République à ses opposants au Parlement. Il ne faut cependant pas se leurrer, la visibilité actuelle du juge constitutionnel ne signifie en rien la montée en puissance de son indépendance face au pouvoir politique. La période actuelle témoigne par contre du renouveau d'un cadre institutionnel juridiquement encadré grâce aux fonctions confiées au juge constitutionnel. Pour mieux saisir ces fonctions assignées aux juges constitutionnels, il serait préférable de se mettre d'accord sur certains concepts utilisés dans ce travail avant de voir s'ils répondent au fondement d'un État de droit démocratique auquel aspire le peuple congolais. Il s'agit notamment de la notion de cour suprême, cour constitutionnelle, juridiction constitutionnelle et justice constitutionnelle.

§2. Définition de l'objet d'étude

Parler de l'avènement de la justice constitutionnelle en RDC est une entreprise qui se heurte à maintes difficultés épistémologiques. Il nous semble nécessaire de procéder à l'analyse de chaque concept faisant l'objet du titre de cette étude.

A. Cour suprême, Cour constitutionnelle, juridiction constitutionnelle

Selon une définition traditionnelle, "la notion de **cour suprême** recouvre les juridictions placées au sommet de la hiérarchie d'un ordre juridictionnel et dont relèvent, par voie de l'appel ou de la cassation, l'ensemble des tribunaux et cours composant cet ordre"[32]. L'expression Cour suprême renvoie le plus souvent à celle des États-Unis exerçant une fonction de juridiction supérieure au plan fédéral et disposant d'une compétence de contrôle de constitutionnalité. Par conséquent, il faut retenir trois éléments décisifs : « une cour suprême est une juridiction supérieure unique impliquant l'existence d'un seul ordre juridique et juridictionnel ; une cour suprême est une juridiction supérieure statuant en droit et en fait ; une cour suprême est une juridiction supérieure

---

[31]Jean du Bois de Gaudusson, «Les solutions constitutionnelles au origines politiques», article déjà cité.

[32]Favoreu, L., «Cours suprêmes » in Olivier Duhamel et Yves Meny, *Dictionnaire constitutionnel,*. French & European Publications, Incorporated, Paris, 1992, p. 256 ; Drago, G., *Contentieux constitutionnel français*, Presses universitaires de France, 2011. pp. 33-34.

pouvant, même indirectement se prononcer sur des questions constitutionnelles »[33]. En République démocratique du Congo, la Cour suprême de justice est une juridiction suprême et unique exerçant les attributions de la Cour constitutionnelle, de la Cour de cassation et du Conseil d'État. Ses origines remontent au 23 novembre 1968. Elle est juge en interprétation, en cassation et en annulation. Son éclatement par la constitution du 18 février 2006 est à la base de l'établissement des trois nouveaux ordres juridictionnels.

Les expressions **« Cour constitutionnelle »** ou **« juridiction constitutionnelle »** revêtent plusieurs significations. Il n'est pas possible de rendre compte du débat doctrinal autour de la notion de cour constitutionnelle. On peut en revanche, essayer d'esquisser les différentes acceptions que recouvre l'usage de cette notion. De nombreux travaux doctrinaux nous offrent des choix de définitions sans pour autant éteindre la controverse. C'est ainsi que, pour le Doyen Louis , la Cour constitutionnelle est « une juridiction créée pour connaître spécialement et exclusivement du contentieux constitutionnel, située hors appareil juridictionnel ordinaire et indépendante de celui-ci comme des pouvoirs publics »[34].

Pour Louis Favoreu, « une cour constitutionnelle est, en particulier, un organe chargé de manière concentrée, et exclusive, du contrôle de constitutionnalité, distincte et détachée de l'appareil juridictionnel ordinaire, dont les décisions ont un effet erga omnes »[35].

Le professeur Loïc Philip note quant à lui qu' « une Cour constitutionnelle est un organe prévu par la constitution, distinct du pouvoir législatif et du pouvoir exécutif dont le rôle est de trancher des questions d'ordre constitutionnel et qui exerce un contrôle de

---

[33] Lire l'étude de Roland Drago, « La cour de cassation, cour suprême », in *L'image doctrinale de la Cour de cassation*, Paris, la Documentation française, 1994, p. 20 ; Lire également Tunc, André, « *La Cour judiciaire suprême*, une enquête comparative », *RIDC*, n°1, 1978, 486 p.

[34]Favoreu, L., *Les cours constitutionnelles*, Paris, PUF, Coll. *Que sais-je ?* , 1986, p. 3 ; Lire également du même auteur : *Cours constitutionnelles européennes et droits fondamentaux*, Paris, Economica, PUAM, 1992, p. 30.

[35]Favoreu, L., « Modèle américain et modèle européen de justice constitutionnelle », AIJC, n° IV, 1988, pp. 57-61. Plus largement, voir H. Kelsen, « La garantie juridictionnelle de la constitution », *RDP*, 1928, pp. 198-257.

constitutionnalité des lois »[36]. La définition de Loïc Philip demeure doctrinale et fait l'objet de contestations. Les qualités reconnues d'une juridiction constitutionnelle sont claires notamment l'accessibilité, l'indépendance de l'institution et de ses membres, l'impartialité, des garanties procédurales, des décisions motivées, dotées de l'autorité de la chose jugée[37].

Cette approche rejoint celle de Franck Moderne qui dans une étude spécialement consacrée au contrôle de constitutionnalité en Afrique, conteste les définitions de Louis Favoreu et Loïc Philip qu'il considère trop restrictives, et surtout parce que leur emploi ignorait les cas africains qui n'étaient pas pris en compte. Le Professeur Franck Moderne a opté pour la notion de « juridiction constitutionnelle » qu'il considère comme étant plus neutre avec une capacité de saisir des situations multiformes[38] . Pour Franck Moderne, le concept de juridiction constitutionnelle reste plus approprié que celui de la « Cour » du fait de sa globalité.

La définition du doyen Louis Favoreu ne couvre pas toutes les réalités au point que rares seraient des institutions qui pouvaient y correspondre. Il nous paraît cependant que l'on peut faire des rapprochements entre les juridictions constitutionnelles africaines – dont celle de la RDC – et le Conseil constitutionnel français en ce qui concerne ses attributions, son mode d'organisation et son fonctionnement.

Les Cours constitutionnelles ont en général des caractéristiques communes tant sur le plan institutionnel que fonctionnel. Elles en ont également du point de vue de la jurisprudence. Certes, la comparaison des systèmes juridiques doit se faire avec d'infinies précautions. Elizabeth Zoller nous rappelle qu' «il faut admettre que chaque ordre juridique est unique et que chaque système

---

[36]Philip, L., « Les Cours constitutionnelles », in Jean Leca et Madeleine Grawitz, *Traité de science politique*, Tome II, Paris, PUF, 1985, p. 407.

[37]Fatin-Rouge Stefanini, M., «Les qualités d'une Cour Constitutionnelle : retour sur la dénomination du Conseil constitutionnel et la contestation de son caractère juridictionnel en comparaison avec le cas de la Belgique », en ligne à l'adresse www.droitconstitutionnel.org/congresNancy4/stefaniniTD4.pdf consulté le 13 août 2013.

[38]Moderne, F., « Les juridictions constitutionnelles en Afrique», in Gérard Conac, *Les cours suprêmes en Afrique*, Tome 2, 1989, p. 5.

constitutionnel est le produit finement ouvragé d'une culture globale dans lequel il s'insère »[39].

La juridiction constitutionnelle est une notion essentiellement organique. D'après Louis Favoreu. « Ce terme générique désigne l'ensemble des juridictions chargées de la justice constitutionnelle : Sont alors des juridictions constitutionnelles, tant dans le système américain, les tribunaux et cours investis de cette mission (et en tête de ceux-ci la Cour suprême) que, dans le système européen, les cours, tribunaux et conseil constitutionnel »[40]. Charles Eisenman fait dans sa thèse la distinction entre la justice constitutionnelle et la juridiction constitutionnelle. Il considère cette dernière comme un système de « concentration de la justice constitutionnelle entre les mains d'une juridiction unique »[41].

De toutes ces considérations, il y a lieu de retenir avec Boubacar Issa Abdourhamane[42] que, « la dénomination officielle reste marginale dans la qualification de l'institution cour constitutionnelle. L'inscription et la reconnaissance formelle du contrôle de constitutionnalité comme l'une des compétences de la Cour constitutionnelle n'ont pas non plus servi suffisamment à épuiser les divergences doctrinales autour de la définition de la juridiction constitutionnelle. D'où la nécessité d'une prise en compte de l'environnement institutionnel et du régime politique dans lesquels s'insère cette haute juridiction constitutionnelle ». Il importe par ailleurs de noter qu'une juridiction peut s'adapter aux changements institutionnels affectant l'État et le régime politique et exister au-delà de ses initiateurs. La Cour suprême de justice congolaise en est la preuve. Sa visibilité dépend entre autres de son affirmation à travers la publication des décisions importantes qui marquent aussi les autres organes institutionnels que l'ensemble de

---

[39]Zoller, E., « Qu'est-ce que faire du droit Constitutionnel comparé ? », *Droits,* n° 32, 2000, p. 133.

[40]Favoreu, L., « juridiction constitutionnelle » in Olivier Duhamel et Yves Meny, *Dictionnaire constit*utionnel, Paris, PUF, 1992, p. 547.

[41]Eisenman, C., *La justice constitutionnelle et la Haute Cour constitutionnelle d'Autriche*, Paris, LGDJ, 1928, p. 291.

[42]Boubacar Issa Abdourhamane, *Les cours constitutionnelles dans le processus de démocratisation en Afrique: analyse comparative à partir des exemples du Bénin, de la Côte d'Ivoire et du Niger*, thèse, droit, Université Montesquieu, Bordeaux IV, 2002, p. 22.

l'opinion publique nationale. Les arrêts de la Cour doivent faire l'objet d'une publication obligatoire dans le journal officiel excepté parfois certains avis que la Cour émet à la demande de certaines institutions[43]. L'irrégularité de la publication des arrêts de la Cour suprême de justice a été une des difficultés majeures rencontrées dans la récolte des données de notre recherche. C'est l'heure de la vérité c'est-à-dire le moment où le contrôle de constitutionnalité porte sa robe de noblesse en devenant une réalité.

Le contrôle de constitutionnalité est un phénomène complexe. Cette complexité entoure aussi les autres fonctions de la Cour constitutionnelle au point d'invalider toute prétention d'explication suffisante de la notion de Cour constitutionnelle. Ainsi, notre travail utilisera les expressions « Cour constitutionnelle » et « juridiction constitutionnelle » de manière interchangeable bien que recouvrant des notions différentes mais non opposées.

B. Justice constitutionnelle et contentieux constitutionnel

« L'idée d'une justice constitutionnelle africaine, affirme Luc Sindjoun, est une notion problématique parce qu'il existe plusieurs justices constitutionnelles sur le continent qui se distinguent tant par les modèles institutionnels dont elles relèvent, que par les méthodes d'interprétation de la constitution qu'elles privilégient »[44]. D'où la nécessité de définir et de comprendre la justice constitutionnelle pour ce qu'elle représente et ce qu'elle signifie dans l'ordre institutionnel et politique tel qu'il est.

La **justice constitutionnelle** est le plus souvent définie comme « une fonction de l'État destinée à garantir le fonctionnement régulier des organes étatiques par le respect de la constitution »[45] . Hans Kelsen dans son étude sur la garantie juridictionnelle de la constitution – la justice constitutionnelle – affirme que la justice constitutionnelle « est

---

[43]Article 94 de la loi n° 013/026 du 15 octobre 2013 portant l'organisation et le fonctionnement de la Cour constitutionnelle. Pour le cas de la Cour suprême de justice, la publication bien prévue, demeure irrégulière. Les arrêts de la Cour suprême de justice ne sont pas régulièrement publiés.

[44]Sindjoun, L., *Les grandes décisions de la justice constitutionnelle africaine,* Bruxelles, Bruylant, 2009, p. 9.

[45]Drago, G., *Contentieux constitutionnel français*, 2e éd., refondue, Paris, PUF, 2006, p.32

un élément du système des mesures techniques qui ont pour but d'assurer l'exercice régulier des fonctions étatiques[46] ». Charles Eisenman insiste quant à lui sur la fonction de contrôle des normes : « la justice constitutionnelle est cette sorte de justice ou mieux de juridiction qui porte sur les lois constitutionnelles » et plus spécifiquement sur la fonction de protecteur des compétences normatives : « le sens juridique de la justice constitutionnelle est de garantir la répartition des compétences entre législation ordinaire et législation constitutionnelle, d'assurer le respect de la compétence du système de règles ou de l'organe suprême de l'ordre étatique »[47].

Les professeurs Louis Favoreu et Michel Fromont recourent aux critères organiques et matériels dans la notion de justice constitutionnelle. Pour eux, cette « expression désigne l'ensemble des institutions et techniques grâce auxquelles est assurée, sans restriction, la suprématie de la constitution »[48].

Il est difficile en effet de déterminer exactement quand apparaît la notion. « A priori deux définitions de la justice constitutionnelle peuvent être envisagées. La première consiste à faire du juge constitutionnel le juge des pouvoirs publics constitutionnels, spécialement des pouvoirs législatifs et exécutifs. La seconde conception consiste à faire du juge constitutionnel le juge qui applique des règles constitutionnelles »[49].

Une autre doctrine insiste sur le caractère spécifique de la compétence de la justice constitutionnelle et la légitimité décernée par son statut. La justice constitutionnelle est pour cette doctrine celle qui « serait normalement instituée par la constitution et dont la compétence porte au moins sur le contrôle de la constitutionnalité des lois »[50]. Avec Guillaume Drago, nous dirons que la justice constitutionnelle est l'activité de nature juridictionnelle destinée à assurer la suprématie de

---

[46]Kelsen, H., "La garantie juridictionnelle de la Constitution (la justice constitutionnelle)", *RDP*, 1928, pp. 197-257, spécialement p. 198.
[47]Eisenman, C., La *justice constitutionnelle et la Haute Cour Constitutionnelle d'Autriche, op. cit.* p. 1, n° 1 et p. 20, n°9.
[48]Favoreu, L., « Justice constitutionnelle » in Olivier Duhamel et Yves Meny, *Dictionnaire constitutionnel*, Paris, PUF, 1992, p. 556.
[49]Fromont, M., *La justice Constitutionnelle dans le monde*, Paris, Dalloz, 1996, p. 2.
[50]Pini, J., *Recherche sur le Contentieux de constitutionnalité*, Thèse, Aix-Marseille III, 1997, p. 53.

la constitution[51]. Par ailleurs, **la justice constitutionnelle** ne doit pas être confondue avec **le contentieux constitutionnel**. Se replaçant au plan fonctionnel ou selon le point de vue procédural, « la justice constitutionnelle renvoie à tout exercice de la fonction de contrôle de conformité à la constitution d'actes juridiques ou d'actions de caractère public par une voie contentieuse, s'exprimant par une autorité juridictionnelle »[52].

L'analyse de ces quelques notions cardinales de cette étude nous amène à soulever la problématique et à justifier l'intérêt de ce travail. Les questions méthodologiques seront évoquées pour terminer cette introduction.

§3. Problématique et intérêt du sujet

A ce stade, il est utile de poser la problématique (A) laquelle a suscité par la suite intérêt que nous avons porté à l'avènement de la justice constitutionnelle en République démocratique du Congo partant de la Cour suprême de justice à la Cour constitutionnelle, objet de notre étude. (B).

A. Problématique

La Cour constitutionnelle, bras séculier de la justice constitutionnelle, étant une institution de contrôle, sa justification est à rechercher non seulement dans la période de démocratisation congolaise elle-même mais dans le système politique antérieur autoritaire et éloigné du peuple. Si la naissance du Conseil constitutionnel français consistait à contrebalancer l'hyper pouvoir du Parlement, en République démocratique du Congo c'est contre l'autoritarisme de l'exécutif et le monolithisme politique que la constitution de 2006 a établi les contrepoids. Le pouvoir judiciaire demeure encore au stade de la transition par manque d'établissement effectif des trois grands ordres juridictionnels issus de l'éclatement de la Cour suprême de justice conformément à l'article 223 de la constitution. On assiste aujourd'hui à un retour voilé du présidentialisme. Il s'agit alors de se questionner d'abord sur la résistance opposée à un véritable contrôle de constitutionnalité par le régime hégémonique et autoritaire. Ensuite la question est de savoir en

---

[51]Drago, G., *Contentieux constitutionnel français, op. cit.*, p. 33.
[52]Drago, G., *Contentieux constitutionnel français, op. cit*., p. 34.

quoi la justice constitutionnelle est-elle porteuse d'effectivité sans se heurter à la tradition culturelle et sociétale de la République démocratique du Congo ? Ce qui soulève le problème des similitudes et des dissemblances entre la Cour suprême de justice et la Cour constitutionnelle prévue par la constitution de 2006 complétée par la loi organique n°13/026 du 15 octobre 2013.

En plus de l'hypothèse de l'environnement historique, il ne faut pas oublier le contexte institutionnel de l'établissement de cette juridiction constitutionnelle. Celle-ci considère que le contexte institutionnel impacte sensiblement la structure de cette haute juridiction constitutionnelle. Quel peut être alors, l'impact du pluralisme, des configurations et des rapports de forces politiques sur l'établissement et la structuration de la cour constitutionnelle congolaise ?

Elle est fonction des enjeux, de degré de perception stratégique ainsi - que de la couleur politique des acteurs. Les stratégies et la capacité à réunir les ressources juridiques nécessaires seront gages du succès ou de l'échec du juge constitutionnel. La structure de la Cour suprême de justice reste inappropriée aux missions d'une cour constitutionnelle. L'exercice des attributions de la Cour constitutionnelle ne correspond pas à la structure actuelle de la Cour suprême de justice, juridiction de transition. Cette structure n'a point évolué.

D'autre part la justice constitutionnelle ne se ramène pas seulement à des institutions mais traduit en RDC l'émergence d'acteurs de type nouveau notamment le juge constitutionnel.

L'enjeu des questions à trancher par ces juges constitutionnels congolais font du mode de leur recrutement, de leur sélection ainsi que les conditions auxquels il est possible d'y recourir des problèmes essentiels dans la consolidation de la pratique balbutiante de la démocratie. Comment seront résolus en République démocratique du Congo la problématique de la composition de la Cour constitutionnelle et des modes de désignation mais aussi d'accès à ces juges constitutionnels ? Le constituant congolais et le législateur organique ont choisi et adopté des règles claires. Elles visent à une sélection de juges compétents et neutres, avec un droit d'accès largement ouvert à tous les citoyens. Toutefois, ces objectifs restent un idéal plus ou moins réalisable selon les techniques ou formules adoptées concrètement. L'étude du profil des juges constitutionnels congolais ainsi que les modalités de leur saisine pourra démontrer l'influence positive ou négative de ces règles sur l'organisation et le fonctionnement de cette institution juridictionnelle.

Il faut par ailleurs souligner que la principale fonction des juges constitutionnels reste entre autres celles de dire le droit et de rendre des arrêts. L'ensemble de ces arrêts peut traduire à la fois le sens de l'activité ou de l'activisme des juges. Ceux-ci sont aussi appelés à trouver des solutions juridiques aux conflits constitutionnels en République démocratique du Congo.

Il importe en outre de remarquer que les arrêts de la haute juridiction constitutionnelle ne peuvent produire d'effets que si leur application est effective. Cette effectivité des arrêts de la Cour constitutionnelle, au-delà de son autorité, n'est pas à l'abri des divers obstacles. Il s'agit par exemple de l'annulation des lois votées par la majorité. Les arrêts des juges constitutionnels sont opposables à tous et sans recours. Les juges doivent éviter toute suspicion dans la prise de leurs arrêts et rester sans reproche dans l'exercice de leur mission. Le regard des destinataires des arrêts de la Cour constitutionnelle dépend en partie de la compétence et de l'impartialité de ses membres. Le problème de légitimité des juges peut-il être un épouvantail ou arme de chantage et d'instrumentalisation aux mains des parlementaires en quête de repositionnement ? Pour autant, la justice constitutionnelle est celle qui soumet au contrôle les gouvernements face aux gouvernés au moyen de la norme fondamentale.

B. L'intérêt du sujet

Il est devenu aujourd'hui classique d'affirmer que toute réflexion scientifique présente un intérêt à la fois théorique et pratique. C'est dans le prolongement de cette idée qu'il faut situer la présente étude. La pratique, certes, manque en ce qui concerne la Cour constitutionnelle congolaise ; mais la pratique de la Cour suprême qui l'a précédée dans son rôle pourrait éclairer – positivement ou moins positivement, ce sera à apprécier – la façon dont elle pourrait le remplir. L'institution « juridiction constitutionnelle » relève sans aucun doute des plus grandes innovations du constitutionnalisme congolais de l'après régime à parti unique. Alors que le juge constitutionnel congolais a été très longtemps confiné – avec lui le pouvoir judiciaire même – dans le congélateur institutionnel souffrant d'une ineffectivité chronique, la nouvelle juridiction constitutionnelle s'établit dans la perspective d'une véritable division du pouvoir dans ce nouvel ordre institutionnel. A quelles conditions la perspective ainsi tracée pourra-t-elle être suivie ? A cet égard, l'étude du passé pourra éclairer le futur.

Le mérite de cette étude du juge constitutionnel congolais réside d'abord dans l'œuvre fondatrice de la constitution de 2006 et du dialogue inclusif de Sun City en Afrique du Sud du 17 décembre 2002[53] qui a permis l'émergence du contentieux constitutionnel concomitamment à la mise en place du nouvel ordre politique. Ensuite, l'étude du juge constitutionnel congolais met en exergue l'examen de son statut et les règles qui solidifient théoriquement son indépendance mais aussi ses principales compétences. Il s'agit de s'assurer du respect d'une réelle séparation des pouvoirs aussi bien qu'à leur division. Celle-ci est à la fois horizontale (répartition des compétences entre l'exécutif et le législatif) que verticale (répartition des compétences entre l'Etat central et ses provinces). André Cabanis et Michel Louis Martin estiment que « l'apparition puis l'accentuation des interventions d'une Cour ou d'un Conseil constitutionnel relèvent en principe d'une logique de limitation des pouvoirs exécutif et surtout législatif »[54]. Il nous semble utile d'ailleurs d'affirmer avec Marc Penouil qu'une « démocratie véritable repose sur deux éléments culturels de base : le respect de la diversité et de l'antagonisme de l'intérêt, l'acceptation de la relativité du pouvoir »[55]. L'action du juge constitutionnel congolais pourra être appréciée et évaluée non pas seulement en fonction de son indépendance consacrée vis-à-vis de l'autorité politique, mais également, comme on peut le constater, cette action du juge constitutionnel ancrée dans la démocratie et l'Etat de droit s'appréciera par sa participation à la préservation des minorités politiques, ethniques ou culturelles à travers la garantie juridictionnelle des droits et libertés

---

[53]Lire la référence 31 de la note de bas de page 16 de ce travail.

[54]Cabanis, A., Martin, M. L.,"Un espace d'isomorphisme constitutionnel : l'Afrique francophone", in *La constitution et les valeurs. Mélanges en l'honneur des Dimitri Georges Lavroff,* Paris, Dalloz, 2005, pp. 343-358, spécialement p. 348.

[55]Penouil, M., "La démocratie. Le mythe idéologique et les réalités dans le monde contemporain", in *La constitution et les valeurs. Mélanges en l'honneur de Dimitri Georges Lavroff, op. cit.*, p. 543.

individuelles des Congolais consacrés par la constitution. Cette étude met enfin en exergue l'audace des arrêts de la Cour constitutionnelle envers leurs destinataires politiques tout en démontrant la participation de cette même institution à la hiérarchisation des normes juridiques congolaises et à la construction du principe de constitutionnalité.

De cette considération découle l'intérêt pratique de cette étude qui jette sur la justice constitutionnelle congolaise, une lumière sur ses capacités et ses faiblesses. Car la République démocratique du Congo vit une profonde transformation qui projette par la même occasion la question constitutionnelle sur le devant de la scène politique en assistant à une sorte de juridicisation des débats politiques. Certains conflits politiques ont pu trouver une solution au moyen du droit constitutionnel avec application des mécanismes prévus par la constitution. C'est même une innovation dans la scène politique de la République démocratique du Congo.

Quelle est alors la marge de manœuvre du juge constitutionnel congolais envers les pouvoirs politiques aux instincts autocratiques? Quel rôle joue le juge constitutionnel congolais dans la protection de l'État de droit et la défense des droits et libertés qui la fondent ?

La réponse à ces différentes questions est à saisir dans le degré de rigueur, de compétence et de neutralité de ces juges constitutionnels dans la réception et le traitement des différentes requêtes qui leur sont adressées en restant dans les limites légales de leur saisine.

En effet « la justice constitutionnelle est, selon Luc Sindjoun, une institution du pouvoir. Ce qui est en jeu, ici, affirme-t-il, c'est la construction institutionnelle de la politique. Cette justice constitutionnelle arrête le comportement normal et sanctionne les déviances »[56]. Elle est au centre de la culture politique. On découvre aisément comment le droit constitutionnel et la sociologie politique sont en interdépendance. Dès lors qu'on considère, à la suite de Luc Sindjoun, « la culture politique comme un ensemble de significations admises permettant d'organiser l'interaction entre membres d'un groupe à partir ou autour du pouvoir, on ne saurait exclure les normes constitutionnelles. Les normes constitutionnelles indiquent, comme les

---

[56]Sindjoun, L., *Les grandes décisions de la justice constitutionnelle africaine, op. cit.*, pp. 10-11.

autres normes, mais avec une certaine supériorité sur elles, des manières légitimes de faire et de penser. »[57] Ainsi, la science politique des différents régimes politiques qui se sont succédé en RDC semblait ignorer le droit constitutionnel sans que le cœur soit à l'ouvrage. Cela concerne notamment la période de la dictature du parti unique et celle ayant précédé les institutions de transition de 2003 issues du Dialogue inter congolais. La saisine de la juridiction constitutionnelle pour dénouer un différend politique peut constituer, nous semble-t-il, le prolongement de la lutte politique en la situant sur le terrain du droit. La combinaison du droit constitutionnel et de la sociologie politique s'avère ainsi intéressante qu'elle permet de rapprocher l'approche normative et l'approche empirique. « Alors que pour le droit constitutionnel, écrit Luc Sindjoun, une décision de justice est une indication par le juge de ce qu'il n'aurait jamais dû cesser d'être, pour la sociologie politique la décision de justice qui intervient au terme de la mobilisation du droit par les acteurs en quête de la défense de leurs intérêts, est la légitimation d'une posture et d'une démarche »[58]. D'où la nécessité de comprendre la justice constitutionnelle congolaise pour ce qu'elle représente et pour ce qu'elle signifie dans l'ordre institutionnel et politique nationale.

Le Congolais s'identifie et se définit souvent par sa tribu et/ou son ethnie. Le phénomène ethno-tribal est prégnant en RDC comme du reste dans la plupart des pays africains subsahariens. Dans sa « Réflexion sur un tabou du constitutionnalisme négro-africain: Le tribalisme"[59], Koffi Ahadzi-Nounou affirme: "La vie politique en Afrique du sud du Sahara ne peut pas échapper au champ de gravité du fait tribal ». Le désarmement socioculturel de l'élite et plus particulièrement de la population congolaise majoritairement analphabète n'a pas été complètement réalisé. La tribalité et l'ethnicité y demeurent des aspects structurels fondamentaux. C'est le cadre ethnique et tribal qui a assuré et continue d'assurer la structure fondamentale de l'héritage culturel, spirituel et artistique des populations africaines. « Le bagage ethnique de l'Africain moyen consiste essentiellement dans un mode de vie et une perception du

---

[57]*Idem.*

[58]*Ibidem.*

[59]Ahadzi-Nounou, K., "Réflexion sur un tabou du constitutionnalisme négro-africain: Le tribalisme", in *Les voyages du droit, Mélange Breillat*, Paris, LGDJ, p. 21.

monde, comme peuvent l'être les structures de l'Etat dans les sociétés où la nationalité et l'élément ethnique ont fusionné en une entité commune »[60].

L'ethno-tribalisme influe de manière certaine sur la vie politique et institutionnelle voire normative congolaise. L'instrumentalisation du phénomène ethno-tribal par le politique est périlleuse pour l'équilibre et la solidité de l'Etat. Elle organise toute démarche de dévolution ou d'acquisition du pouvoir.

On pourra remarquer avec Christian Eninam Trimua que l'organisation des campagnes électorales, l'objectivité du vote et la dénonciation régulière du vote ethnique ou tribal, l'invention du concept du quota tribal ou du dosage ethnique qui tout en étant une règle non écrite, est indérogeable dans toute composition organique et institutionnelle, pour favoriser une représentation ethnique au sein des institutions et réduire les velléités de contestation autant que s'attirer les faveurs des différents groupes sociaux, etc.[61]

Or la RDC est hétérogène et pluriethnique avec plus de quatre cent cinquante tribus et une centaine d'ethnies sans culture constitutionnelle. Il est ainsi impossible et présomptueux de contenter à la fois tout ce cosmopolitisme culturel congolais. Il s'opère donc un certain chevauchement entre un Etat légal rationnel congolais (soumis aux normes et procédures publiques et formalisées) et de la tradition (où prédomine des relations informelles et privées). Cette situation doublée, avec le sous-développement de l'Etat congolais, engendre la confusion du privé et du public, avec une certaine prévalence du clientélisme et du népotisme. La composition de la nouvelle Cour constitutionnelle congolaise est tout aussi confrontée à cette problématique[62]. Cette composition rendue publique depuis juillet 2014 est empreinte d'une certaine géopolitique provinciale tenant compte de la bipolarité Est-Ouest à défaut de représenter toutes les tribus congolaises. S'il est difficile d'établir ou d'affirmer avec certitude le

---

[60]Ayewouadan, A., "La famille dans le constitutionnalisme africain", *Revue de Recherche Juridique, Prospectif*, 2012-3, p. 1528.

[61] Eninan Trimua, C., "L'idée républicaine de la constitution en Afrique francophone", revue électronique Afrilex.u-bordeaux4.fr consulté le 28 décembre 2014.

[62]Voir notre analyse sur l'exclusion des parents ou alliés pour éviter le népotisme ou le clientélisme, pp. 239 et ss. de cette thèse.

recours au népotisme et/ou au fait tribal qu'on aurait pu reprocher dans les nominations des neuf membres de la Cour constitutionnelle, ces nominations faites par le président de la République n'ont pas respecté l'équilibre politique. Les neuf membres de cette nouvelle Cour sont issus d'une même majorité ou apparenté à la majorité politique au pouvoir. C'est une Cour monocolore sans composante politique et société civile de l'opposition.

Il reste toutefois à retenir que la RDC aspire à un Etat de droit démocratique. Qui dit démocratie, dit justice constitutionnelle. « Le lien entre justice constitutionnelle et démocratie, affirme Luc Sindjoun, est complexe et ne relève pas de la relation des causes à effet… »[63] Il existe cependant comme l'écrit Luc Sindjoun « des affinités électives entre démocratie et justice constitutionnelle, on peut dire que la démocratie étant un régime de diminution de l'imprévisibilité et de la précarité dues à l'arbitraire, elle rend possible le développement des institutions de contrôle du respect de la règle du jeu ; en retour, la garantie juridictionnelle du respect de la règle du jeu politique contribue à renforcer la démocratie comme régime de pacification des rapports sociaux, d'accroissement des normes et des pratiques de civilité »[64]. Cette considération reste très éloignée de la réalité congolaise en raison du poids excessif de la tradition sur le citoyen au détriment d'une observation objective et rigoureuse.

Nous sommes enclins à accepter l'idée de l'existence de la justice constitutionnelle qui, selon Luc Sindjoun, « participe de la dynamique para-légale ou para-rationnelle des Etats africains dans lesquels l'équation personnelle des acteurs politiques ou l'importance des rapports personnels n'annule a priori ni la prégnance institutionnelle au plan normatif et organique, ni la mobilisation de normes de procédures impersonnelles »[65]. De la sorte, la part du contexte congolais avec son histoire, sa culture et le jeu des acteurs doit être toujours prise en compte pour comprendre l'évolution dynamique du constitutionnalisme congolais. Par conséquent, la science politique des régimes politiques africains dont celle de la RDC ne saurait se passer

---

[63]Sindjoun, L., Les *grandes décisions de la justice constitutionnelle africaine, op. cit.*, p. 4.

[64] *Ibidem.*

[65]Sindjoun, L., *Les grandes décisions de la justice constitutionnelle africaine, op. cit.*, p. 3.

de la doctrine constitutionnelle se rafraîchissant aux sources du droit constitutionnel et de la sociologie politique. De même, cette doctrine constitutionnelle au plan interne, profite d'après l'analyse de Jacques Chevallier, des apports des sciences sociales notamment le droit constitutionnel et la sociologie politique[66]. Pourtant, pour une cristallisation d'une culture constitutionnelle en RDC, il faut une constitution et une juridiction capables de sanctionner positivement ou négativement les différents acteurs du jeu politique, lesquels n'hésitent plus à recourir à cette justice constitutionnelle pour trancher constitutionnellement leurs conflits. La Cour constitutionnelle, par ses arrêts, peut ainsi être considérée, selon Luc Sindjoun, « comme productrice d'une culture constitutionnelle, qu'elle contribue à diffuser, participant à la sorte, à l'acculturation constitutionnelle des élites politiques »[67]. Avec l'établissement d'une Cour constitutionnelle en RDC par la constitution de 2006, " l'occasion est donnée de poursuivre une réflexion sur les grands espoirs qui ont été et sont encore placés, avec raison, dans le rôle de la justice pour assurer le développement démocratique ; ils sont parfois démesurés, par exemple lorsque les juges se trouvent investis de missions hautement sensibles et aussi politiquement exposés ; on songe au juge des élections législatives ou présidentielles. L'office des Cours constitutionnelles parce qu'il concerne « le » et « la » politique n'est jamais chose aisée. La responsabilité en incombe à la constitution qui n'hésite pas à instrumentaliser, parfois à l'excès, le droit constitutionnel et à se défausser sur les juges »[68] Arbitre juridictionnel et véritable contre-pouvoir, la contribution de la justice constitutionnelle congolaise à la consolidation des acquis démocratiques est très attendue par le peuple. Cette étude va montrer que le juge constitutionnel congolais peut être considéré comme un puissant instrument destiné à assurer l'accomplissement d'une réelle démocratie en RDC. Plus les conditions d'établissement d'une justice constitutionnelle sont hostiles, plus sa présence s'avère indispensable. Mais ce même juge constitutionnel ne peut-il pas être source de « blocage ou obstacle » à la construction d'un

---

[66]Chevallier, J., "Doctrine juridique et science juridique", *Droit et Société*, 50, 2002, pp.103-119.

[67]Sindjoun, L., *Les grandes décisions de la justice constitutionnelle africaine, op. cit., p. 9.*

[68]Jean du Bois de Gaudusson, "Avant-propos", in Aïvo, F.- J., *Le juge constitutionnel et l'Etat de droit en Afrique: l'exemple du Bénin,* Paris, L'Harmattan, 2006, *p. 17.*

Etat de droit démocratique caractérisé par un environnement très particulier d'une démocratie en béquilles avec tout ce qu'elle comporte de fragilité ? Il ne doit pas outrepasser ses compétences et devenir un « législateur négatif" selon l'expression de Hans Kelsen[69]. Cet environnement très particulier de la fragilité démocratique congolaise nous conduit, en définitive, à affirmer avec Louis Favoreu qu'il y a trois justifications fondamentales d'émergence d'une justice constitutionnelle : « apaisement des conflits politiques, facilitation et authentification des alternances et des changements de majorité, protection des minorités contre l'abus des majorités, adaptation progressive de la constitution aux changements sociaux (...) »[70].

§4. Questions méthodologiques

Notre étude porte sur l'émergence de la justice constitutionnelle en République démocratique du Congo à partir de la constitution du 18 février 2006. Celle-ci a éclaté la Cour suprême de justice en trois nouveaux ordres juridictionnels à savoir la Cour constitutionnelle, la Cour de cassation et le Conseil d'État. Cette étude s'intéressera plus particulièrement à la Cour constitutionnelle et à son insertion dans les nouvelles institutions congolaises. Elle se situe dans une approche pluridisciplinaire, prenant en compte à la fois les méthodes juridiques et empiriques, historiques et comparatives, sociologiques et anthropologiques.

Comme le précise Ahmed Mahiou[71], «une approche qui se limiterait à l'analyse de l'interprétation des textes juridiques serait absolument insatisfaisante, spécialement dans le cas des régimes politiques africains. Caractériser le régime politique d'un État par référence au seul texte constitutionnel reviendrait à projeter un schéma abstrait et vide sur une réalité différente que l'on se condamne à ne jamais connaître ». Amissah reproche aux juristes leur tendance à discuter du constitutionnalisme sans référence aux conditions économiques et sociales dans les pays concernés, ce qui conduirait à une mauvaise appréciation des causes de succès ou d'échec des

---

[69]Kelsen, H. *Théorie pure du droit*, Paris, LGDJ, Bruxelles, Bruylant, 1999.

[70]Favoreu, L., "Brèves réflexions sur la justice constitutionnelle en Afrique", in Conac, G., (dir.), *Les Cours suprêmes en Afrique*, T. II, La jurisprudence, Paris, Economica, 1989, p. 43.

[71]Mahiou, A., *L'avènement du parti unique en Afrique noire : l'expérience des États d'expression française*, Paris, LGDJ, 1969, p. 12.

régimes[72]. La démarche historique permet de mieux saisir le sens et le contexte des événements qui ont été à la base de la mutation ou du changement de régime et de l'établissement de la nouvelle juridiction. Le recours au droit comparé s'explique par le fait que les sources premières d'inspiration de la constitution et de la Cour constitutionnelle congolaise sont à chercher dans les droits français et belge en y ajoutant certaines expériences tirées des droits de certains États africains qui ont vécu les mêmes difficultés de gouvernance politique.

Il est fait appel à l'anthropologie juridique qui, selon Etienne Leroy, favorise une approche qui permet de sortir de l'opposition entre l'universalisme et le particularisme ; car elle cherche à placer l'être humain pris dans son contexte social et culturel, au centre de son questionnement »[73].

§5. Plan de l'étude

« L'avènement d'une justice constitutionnelle en République démocratique du Congo : de la Cour suprême de justice à la Cour constitutionnelle », est le sujet de cette réflexion qui doit permettre de vérifier si la Cour constitutionnelle, eu égard à son antécédent la Cour suprême de justice, pourra jouer un rôle déterminant dans l'établissement d'un Etat de droit en République démocratique du Congo.

L'étude se subdivise en deux grandes parties. La première partie aborde la contribution de la CSJ à l'État de droit pendant la période transitoire. Elle se décompose en deux chapitres intitulés : La Cour suprême de justice en RDC (chapitre 1), et l'expérience congolaise de la Cour suprême de justice, juridiction de transition (chapitre 2).

Le premier chapitre étudiera la genèse et l'organisation de la Cour suprême de justice (Section 1). Il analysera par la suite les compétences et la suprématie contestée de cette cour suprême de justice (Section 2). Le deuxième chapitre s'occupera d'abord de la confiance ou de la méfiance du peuple à l'égard de la Cour suprême de justice (Section 1). Il analysera ensuite le rôle de la Cour Suprême de justice

---

[72]Amissah, A., « Constitutionnalism and Laur in Africa », dans Rones, D., (ed) ; Démocracy and pluralism in Africa, Boulder : Lynne Renne publishers, 1986, p. 41.
[73]Leroy, R ; « Les fondements anthropologiques des droits de l'Homme. Crise de l'universalisme et post modernité », *RRJ, Droit prospectif*, 1992, n°1, pp.139-160.

en l'absence des trois nouvelles juridictions et montrera que les attentes ont été déçues (Section 2).

La deuxième partie étudiera la Cour constitutionnelle, institution de l'État de droit. Cette seconde partie est aussi subdivisée en deux chapitres avec la présentation de la lente progression de l'État congolais vers un État de droit démocratique par l'établissement de la Cour constitutionnelle (Chapitre 1) d'une part et d'autre part la présentation des compétences de la Cour constitutionnelle et de ses modalités d'exercice (chapitre 2).

Le premier chapitre examinera le contexte historique et sociopolitique à la base de l'avènement de la justice constitutionnelle à travers l'établissement de la Cour constitutionnelle (section 1). Ce chapitre étudiera ensuite l'organisation et le fonctionnement de cette nouvelle juridiction avec l'apport du droit comparé (section 2).

Le deuxième chapitre de cette deuxième partie montrera la diversité des compétences de la Cour constitutionnelle congolaise, ce qui est une situation fréquente en droit comparé (section 1). Ce chapitre s'intéressera aussi à des procédures de contrôle et la mise en place du procès constitutionnel en RDC (section 2). La conclusion prolongera notre étude par un essai de prospective.

PREMIÈRE PARTIE

LA CONTRIBUTION DE LA COUR SUPRÊME DE JUSTICE A L'ÉTAT DE DROIT PENDANT LA PÉRIODE TRANSITOIRE

« L'État de droit est devenu le nouveau credo du discours politique universel. Il remplace la démocratie d'hier et la République d'avant-hier avec, encore, la cohorte de connotations ambiguës. Tous les pouvoirs (régimes politiques) s'en prévalent, désormais, à l'Ouest comme à l'Est voire au Sud. Pour besoin de crédibilité, chacun cherche un message sur les moyens de se réajuster par rapport à ce nouvel idéal »[74].

Dans sa version la plus répandue, l'État de droit se définit et se construit à l'origine par opposition à l'État despotique. « Dans la vision française, c'est l'antagonisme entre le bon plaisir du prince et l'ordre juridique démocratique. L'État de droit, c'est la limitation du pouvoir par le droit »[75]. « Pas de droit sans l'État, pas d'État sans droit. Les théories s'affrontent sur la nature des rapports entre État et droit. Selon qu'on est pour l'une ou l'autre théorie, on ne produit pas les mêmes analyses »[76]. La définition la plus simple que l'on puisse donner de l'État de droit tient, selon Olivier Duhamel et Guillaume Tusseau, en peu de mots : « la soumission de l'État au droit. Ainsi, un État de droit est donc un État dans lequel différents organes agissent en vertu du droit et ne peuvent agir qu'ainsi »[77]. L'État de droit est aussi étroitement dépendant d'un droit politique qui ménage l'alternance par un ensemble de dispositions protectrices des oppositions, donc du pluralisme ;

---

[74]MI LACIC, S., « A l'Est l'État de droit pour induire la démocratie ? », Études offertes à J.-M., AUBY, Paris, Dalloz, 1992, p. 617.
[75]Emeri, C., « L'État de droit dans les systèmes polyarchiques européens », *in RFDC,* n° 9, 1992, pp. 27-41.
[76]Sur la question de rapport entre État et droit ainsi que l'affrontement des théories sur cette relation, lire Duhamel, O., Tusseau, G., *Droit constitutionnel et institutions politiques,* 3e édition, Paris, Seuil, 2013, 448-450.
[77]Duhamel, O., Tusseau, G., *Droit constitutionnel et institutions politique*s, op.cit., p. 450.

Robert Dahl les énumère : « les libertés d'association, d'expression et d'information, le droit de voter et d'être candidat à des élections libres et sincères, le fondement électif des institutions politiques »[78] . Il ressort de ces affirmations que l'ordre juridique se manifeste comme un enchaînement logique des normes, le pluralisme des sources du droit exigeant l'établissement de la hiérarchie entre les normes. Le pragmatisme juridique ne nous enseigne-t-il pas que dans un État, la constitution est la norme suprême et c'est elle qui répartit la matière normative ? « La loi est obligatoire parce que la constitution habilite le législateur à édicter des lois et confère à celles-ci un caractère obligatoire, qu'elle en fait des actes valides ou en d'autres termes encore parce qu'elle ordonne de considérer ces lois comme obligatoires et de s'y conformer »[79]. « Il n'est certes pas absurde, ajoute Dieudonné Kaluba Dibwa, que la loi, émanation du pouvoir constitué, se conforme à la constitution qui est plutôt acte du pouvoir constituant qui est par essence un pouvoir souverain parce qu'initial, inconditionné et autonome »[80]. Il s'en déduit le dualisme des sources de la légalité. D'une part le pouvoir constituant, source de la légalité constitutionnelle, lequel dispose, selon Dominique Maillard Desgrées du Loû, de « la prééminence sur tous les autres, fût-il celui d'une juridiction constitutionnelle et ceci quelles que soient les voies et procédures par lequel il s'exprime »[81]. D'autre part les pouvoirs législatifs, et en France, le pouvoir réglementaire autonome, source de la légalité ordinaire qui est conditionnée par la constitution. Il ne faudrait pas perdre de vue la proximité de la Cour constitutionnelle congolaise avec la parenté génétique romano-germanique. Le droit comparé ainsi que le modèle étranger de justice constitutionnelle dispose à certains égards une certaine influence qui ne peut échapper à notre analyse.

De ce point de vue, il se dégage la subordination des pouvoirs constitués au pouvoir constituant qui leur donne acte de vie et leur

---

[78]Dhal, R., cité par Emeri, C., *op. cit.*, p. 28.

[79]Troper, M., « La suprématie de la constitution » in *Utopie : entre droit et politique, Études en hommage de Claude COURVOISIER*, Dijon, Éditions Universitaires de Dijon, 2005, pp. 259-269.

[80]Kaluba Dibwa, D., *Du contentieux constitutionnel en RDC : contribution à l'étude des fondements et des modalités d'exercice de la justice constitutionnelle*, Berlin, Éditions universitaires européennes, 2010, p.17.

[81]Maillard Desgrées du LOÛ, D, « Le pouvoir constituant dérivé reste souverain », in *RDP,* n° 3, 2003, pp.725-739.

accorde leurs compétences. L'exercice du pouvoir constituant apparaît ainsi selon Dominique Rousseau comme « l'expression directe de la souveraineté nationale »[82]. Le contrôle de la constitutionnalité des lois constitue un outil redoutable et efficace pour assujettir l'État au respect des libertés fondamentales et des droits de l'homme. Le juge constitutionnel devient la clé de voûte et/ou le gardien permanent du temple des droits fondamentaux des citoyens protégés par la loi fondamentale.

Comme ailleurs, en Europe, les années 1990 ont amené nombre d'État africains sur la voie de la démocratisation. La RDC n'est pas restée à l'écart du mouvement, qui a eu des répercussions institutionnelles, partisanes, etc. Aujourd'hui, nous assistons à un renouveau du droit constitutionnel grâce notamment aux juridictions constitutionnelles. Dans cette dynamique, la RDC, sans certainement verser dans le mimétisme va s'engager dans la recherche des voies adaptées pour asseoir une construction constitutionnelle originale. En effet, plusieurs organes dotés des pouvoirs de contrebalancer ont été installés de manière à garantir dans cette nouvelle architecture une stabilité juridico-politique. C'est du moins dans cette optique qu'il faut situer l'émergence en RDC de la problématique de la justice constitutionnelle. « Cette nouvelle problématique traduit d'une certaine manière l'intérêt de cette juridiction dans la dynamique institutionnelle en ramenant au cœur du débat politique l'idée de la constitution et son importance dans la mise en place de l'État de droit »[83].

La nature du régime politique et l'ordonnancement constitutionnel ont été, au cours des dernières années au centre des débats politiques en RDC. Le souvenir des turpitudes de trois décennies d'exercice autocratique du pouvoir par M. Mobutu a conduit les forces du changement à prêter une attention soutenue à l'élaboration des nouvelles règles constitutionnelles. La RDC ne connaît là rien d'original. « Un peu partout en Afrique, affirme Ibrahim Diallo, et quel que soit le mode de transition utilisé, l'objectif était le même : créer les conditions d'une suprématie de la constitution, garantie d'un nouvel

---

[82]Rousseau, D., *Droit du contentieux constitutionnel,* 8è Éditions, Paris, Monchrestien, 2008, p. 138.
[83]Jean du BOIS de Gaudusson, cité par Ibrahima Diallo, « A la recherche d'un modèle africain de justice constitutionnelle », in AIJC, XX, 2004, pp. 93-120, spécialement p. 94.

équilibre des pouvoirs et de l'instauration de l'État de droit ».[84] « Une constitution nouvelle, affirme Évariste Boshab[85], peut procéder à l'ablation des organes anciens et prévoir la création d'autres qui nécessitent, pour leur effectivité, l'accomplissement des plusieurs formalités ». « Dans ces conditions, poursuit-il, l'entrée en vigueur de la nouvelle constitution ne pourra nullement coïncider avec l'effectivité des organes à créer. Entre-temps, se pose le problème de ce qui doit être fait pendant ce temps. La sagesse conseille que les anciens organes subsistent de manière provisoire, pour éviter un vide qui ne serait comblé que par l'anarchie »[86]. Ainsi, la RDC a connu un tournant décisif de son histoire par la promulgation le 18 février 2006 de la constitution de la Troisième République. Cette constitution est choisie par le peuple souverain après près de deux décennies de transition. Elle établit un nouvel ordre dans l'exercice des pouvoirs exécutif, législatif et surtout judiciaire.

En effet, la constitution du 18 février 2006 dans ses articles 157 à 169 institue la Cour constitutionnelle. Celle-ci n'est pas encore effective. Pour éviter le vide qui ne serait comblé que par l'anarchie, selon le propos du Professeur Evariste Boshab, l'article 223 des dispositions transitoires a confié à la Cour suprême de justice « CSJ » l'exercice provisoire des attributions et compétences dévolues à la future Cour constitutionnelle. Sous l'empire de la constitution du 18 février 2006, une législature s'achève et une seconde est en cours et procède à l'établissement de la juridiction constitutionnelle par la nomination de ses membres. Quel que soit le système constitutionnel et politique dans lequel elle s'insère, la Cour constitutionnelle est et reste utile sinon nécessaire. « Car elle donne la possibilité d'instituer

---

[84]Ibid, p. 94 ; voir aussi l'opinion de Bourgi, A. : »La constitution désormais considérée comme le dernier rempart contre les dérives « présidentialistes » de naguère devait permettre d'assurer le respect des libertés fondamentales et le bon fonctionnement du pluralisme « enfin retrouvé » (BOURGI, A., « L'évolution du constitutionnalisme en Afrique : du formalisme à l'effectivité », in *RFDC*, n° 52, 2002, pp 740 et s.).

[85]Boshab, E., « Les dispositions constitutionnelles transitoires relatives à la Cour constitutionnelle»,http://popus.ulg.ac.be/federalisme/Document.php?id=561 Consulté le 26 juin 2011.

[86]Boshab, E., « Les dispositions constitutionnelles transitoires relatives à la Cour constitutionnelle»,http://popus.ulg.ac.be/federalisme/Document.php?id=561 Consulté le 26 juin 2011.

progressivement, par voie du droit, un contre-pouvoir de nature à contrebalancer une majorité trop forte et elle peut faire apparaître une séparation des pouvoirs »[87]. Cette haute juridiction n'est pas une nouveauté radicale de l'actuelle constitution. Elle a ses origines lointaines (Chapitre1) qui méritent d'être connues avant de tenter une appréciation de ses expériences et de ses contributions à la promotion de l'État de droit et de la démocratie en RDC (Chapitre 2).

[87]Favoreu, L., « Brèves réflexions sur la justice constitutionnelle en Afrique », in *Les Cours suprêmes en Afrique, T. II, op.cit.,* p.43.

CHAPITRE PREMIER

LA COUR SUPRÊME DE JUSTICE EN RDC

De nombreuses juridictions africaines (surtout celles des pays francophones) dès leurs origines étaient des produits artificiels, calqués sur les modèles étatiques aux contours imprécis et/ou incertains. « La plupart de ces États, produits de la colonisation cherchaient avant tout à se confirmer en tant que État[88] tout en forgeant leur unité nationale mais aussi en rassemblant toutes leurs énergies pour contrer leur sous-développement. Un tel environnement offre à la constitution « une expression affaiblie et provisoire d'une situation politiquement fragile »[89].

Ainsi, ce chapitre abordera d'une part la genèse et l'organisation de la CSJ (section1). L'étude des origines et de l'évolution de la CSJ en tant que juridiction constitutionnelle permettra d'autre part de se fixer sur des compétences ainsi que sur la procédure de sa saisine (section 2) tout en relevant les effets liés à ses décisions.

Section 1 : Genèse et organisation de la Cour suprême de justice

L'histoire, affirme M. Carbasse, « est une science auxiliaire du droit et de ce fait, sa contribution à la mise en lumière et à la compréhension des appareils juridiques reste fondamentale »[90]

Le contrôle des lois reste l'œuvre créatrice de l'Occident que seule l'histoire du droit peut nous permettre de comprendre. Toutefois, l'essor du contrôle de constitutionnalité a été plus significatif dans des pays à tradition démocratique et constitutionnelle. Il est tout aussi admis

---

[88]Favoreu, L., « Brèves réflexions sur la justice constitutionnelle en Afrique », in *Les Cours suprêmes en Afrique, T. II, op.cit.*, p.43.
[89]*Ibidem*.
[90]Carbasse, J.-M., *Manuel d'introduction au droit*, 2è Édition corrigée, Paris, PUF, 2004, pp. 12-24

que ce contrôle a fonctionné au-delà des frontières occidentales là où il a été longtemps ignoré, maté ou interdit. Il n'est donc pas étonnant que le constituant congolais l'ait adopté pour la CSJ congolaise. Comprendre dès lors comment la CSJ a pu naître (§1) nécessite une réflexion qui relève de l'histoire du droit. Il est tout aussi nécessaire de connaître l'organisation de la CSJ (§2) afin de rendre intelligibles les développements théoriques sur la nouvelle Cour constitutionnelle. Il faut cependant observer que le fondement de la justice constitutionnelle se trouve incarné dans la contestation qui, d'après Jean Gicquel, « réside au cœur de la constitution, puisque « les majorités au pouvoir acceptent que soient contestées, discutées voire annulées les expressions législatives de leur volonté politique. Ainsi, la contestation n'est plus seulement de l'ordre du politique par la reconnaissance du pluralisme, de la compétition des idées, des hommes et des partis au moment d'élections libres et concurrentielles ; elle est intégrée jusqu'au fonctionnement même du régime d'énonciation des normes »[91].

Ainsi au-delà du mimétisme institutionnel tant décrié, la RDC a opté depuis son indépendance, pour cette justice constitutionnelle bien qu'elle tarde à être effective.

§1. Origines et évolutions historiques de la Cour suprême de justice

Le contrôle juridictionnel des actes des gouvernants demeure, sans conteste, l'une de marques indélébiles du droit constitutionnel contemporain. Aussi est-il nécessaire de remonter aux sources lointaines de la CSJ (A) en passant par son évolution dans le temps (B) pour assister au renouveau actuel de la justice constitutionnelle congolaise. Nous verrons ainsi qu'il y a lieu de comprendre « la revendication du mécanisme de contrôle de constitutionnalité comme enjeu central dans la construction d'institutions démocratiques »[92].

A. Les origines de la Cour suprême de justice

La non-effectivité des premières juridictions constitutionnelles congolaises peut être attribuée au caractère autoritaire du régime postcolonial démontrant son incapacité et sa réticence à être soumis à

---

[91]Gicquel, J., *Droit constitutionnel et institution politique, 16è Édition,* Paris, Monchrestien, 1999, p. 67.

[92]Ibrahima Dialo, " A la recherche d'un modèle africain de justice constitutionnelle ", in AIJC, XX, 2004, p. 97.

un contrôle, contrairement aux systèmes ouverts, pluralistes et compétitifs au sein desquels les opportunités de contrôle sont grandes. L'analyse de ce contexte autoritaire nous permettra de remonter à la source de l'impuissance qui a marqué la CSJ pendant les trente premières années de l'indépendance, afin de mieux cerner la qualité des récentes réformes et autres innovations survenues en matière de la démocratisation du pays. Selon Katuala Kaba Kashala et Yenyi Olungu, l'origine de la Cour suprême de justice de la RDC doit être recherchée dans la loi belge du 16 avril 1889 et le Conseil supérieur colonial. Celui-ci, qui siégeait à Bruxelles, était juge d'appel et de cassation des décisions rendues par les cours et tribunaux congolais et Conseil du roi[93].

De son propre côté, « la RDC n'offrait pas un meilleur cadre institutionnel pour l'émergence d'un contentieux constitutionnel pour diverses raisons. D'abord le territoire congolais était dépourvu de la qualité même d'État au sens d'organisation politique souveraine dotée d'institutions politiques et juridiques. Ensuite, l'appartenance de ce territoire au domaine de la souveraineté de l'État belge n'a pas non plus permis un essor du contentieux constitutionnel, par voie de prolongement, de la métropole vers la colonie. La Belgique, elle-même, n'a prévu le mécanisme de contrôle de constitutionnalité que très tardivement »[94]. Enfin, la gestion de la RDC en tant que colonie « relevait moins de la loi au sens strict du terme, donc de l'institution parlementaire que du pouvoir exécutif dont les actes relèvent de la

---

[93]Pour une histoire de la Cour suprême de justice, V., Katuala Ka ba Kashala et Yenyi Olungu, *Cour suprême de justice: historique et textes annotés de procédure*, Kinshasa, Editions Batena Ntambwa, 2000.

[94]Lire le Moniteur belge du 11 avril 2003 qui nous apprend également qu'en 1980, l'article 107 ter (devenu l'article 142 actuel) de la constitution créait une Cour d'arbitrage. La loi ordinaire « portant l'organisation, la compétence et fonctionnement de la Cour d'arbitrage » était adoptée le 28 juin 1983 et publiée au Moniteur belge du 8 juillet 1983. Au départ, ses compétences étaient limitées au contrôle du respect des règles répartitrices de compétences. La Cour d'arbitrage a vu en 1988 ses compétences étendues non seulement aux règles répartitrices de compétences, mais également aux articles 10 (égalité), 11 (non-discrimination) et 24 (liberté d'enseignement) de la constitution. La loi spéciale du 9 mars 2003 modifiant la loi spéciale du 6 janvier 1989 sur la Cour d'arbitrage a étendu les compétences de la Cour d'arbitrage au contrôle de constitutionnalité par rapport à l'entièreté du titre II de la constitution (droits et libertés) et par rapport aux articles 170, 172 et 191 (égalité devant l'impôt, légalité de l'impôt et droit des étrangers) de la constitution.

compétence du Conseil d'État »[95]. A l'accession du pays à son indépendance, deux lois belges furent votées par le parlement belge, sanctionnées et promulguées par le Roi des Belges. Ces lois, comme leurs dates l'indiquent, sont donc antérieures à l'indépendance du Congo. La première est la loi fondamentale du 19 mai 1960 relative aux structures de la RDC. Au lieu d'organiser tous les aspects importants de la vie d'un pays, la loi fondamentale du 19 mai 1960 n'avait réglementé que les seuls pouvoirs politiques au Congo. D'où la nécessité de l'autre loi fondamentale du 17 juin 1960 relative aux libertés publiques. La première est la loi fondamentale du 19 mai 1960 relative aux structures de la RDC. Elle organise les pouvoirs politiques nouveaux, un pouvoir provincial et les rapports entre ces deux pouvoirs. Son article 2 prévoit sagement que « Les lois, décrets et ordonnances législatives, leurs mesures d'exécution ainsi que toutes dispositions réglementaires existant au 30 juin 1960 restent en vigueur tant qu'ils n'auront pas été expressément abrogés ». S'agissant du pouvoir judiciaire, l'article 189 dispose que « Jusqu'à ce qu'une Cour de cassation soit légalement instituée, la Cour de cassation de Belgique fait fonction de Cour de cassation du Congo ». Quant à la loi fondamentale du 17 juin 1960 relative aux libertés publiques, elle avait pour objet, aux termes de son article 1er, de « définir les droits dont les individus jouissent au Congo et dont les autorités doivent assurer le respect ou favoriser la réalisation ».

L'élaboration de ces deux lois fondamentales présente deux particularités importantes. Elles sont d'une part comme dit ci-haut des lois belges, élaborées en prenant comme soubassement les différentes résolutions de la Table ronde belgo-congolaise de janvier et février 1960, autrement appelée Table ronde politique de 1960 pour la distinguer de la Table ronde économique de mai 1960. Ces deux lois forment d'autre part la constitution provisoire du futur État congolais conformément aux articles 3, 5 et 230 de la loi fondamentale du 19 mai 1960. Kayemba Ntamba Mbilanji considère à juste titre que « ces lois fondamentales sont une créature belge, une constitution éphémère, un clou ou un bouclier juridique de l'ordre colonial »[96]. Loin de lui apporter

---

[95]Oronnau, P., « Problèmes posés par l'indépendance des nouveaux États africains et malgache sur le plan du contentieux administratif », *Revue juridique et politique d'Outre-mer*, n° 4, octobre-novembre 1962, pp. 541-614

[96]Kayemba Ntamba Mbilanji, Cours des institutions politiques du Zaïre, Polycopié,

une quelconque stabilité politique ou une prospérité économique, constate El Hadj Mbodj : « l'accession de la RDC à la souveraineté internationale, le 30 juin 1960, allait donc marquer les débuts d'une longue ère de contestation et de remises en cause violentes de la légitimité des gouvernants et de l'autorité de l'État sur toute l'étendue de ce gigantesque pays »[97]. Ce cycle d'instabilité postcoloniale perdurera jusqu'en 1963 et ne permettra pas au parlement de se réunir en assemblée constituante pour élaborer une constitution définitive. « Le Président de la République Joseph Kasa Vubu congédia ce parlement en août 1963 et décida de mettre en place une commission d'experts congolais chargés de rédiger la nouvelle constitution. Ce régime a été renversé par le coup d'État militaire du 24 novembre 1965 par le Haut commandement des forces armées qui a établi un gouvernement de crise après limogeage du Premier ministre Moïse Thsombe »[98].

Après le coup d'État, les nouvelles autorités décidèrent de doter le pays d'une nouvelle constitution dont le projet fut rédigé par une commission gouvernementale sous la direction du chef de l'État en personne. Cette nouvelle constitution a été soumise au peuple à travers le référendum du 4 au 24 juin 1967. Elle fut adoptée et promulguée par le chef de l'État le 24 juin 1967. Il faut cependant retenir que cette constitution dans ses articles 19 et 70 institue une Cour constitutionnelle avec la même motivation que celle évoquée par le constituant de la constitution du 1er août 1964 à la seule différence que le constituant de 1967 a opté pour l'unitarisme comme forme de l'État.

La motivation des auteurs du projet de la constitution du 24 juin 1967 en instituant cette haute juridiction porte essentiellement sur « le problème de la constitutionnalité des actes législatifs, celui de l'interprétation de la constitution et celui du jugement du Président de la République. Ces questions, estiment-ils, présentent un caractère politique trop accentué pour qu'une juridiction de l'ordre judiciaire

---

2è Graduat, Faculté de Droit, Université de Kinshasa,, 1987-1988.

[97]El Hadj Mbodj, « La constitution de transition et la résolution des conflits en Afrique. L'exemple de la République Démocratique du Congo », in *RDP*, n°2, mars-avril 2010, pp. 442-443

[98]Vunduawe te Pemako, F., *Traité de droit administratif*, Bruxelles, Editions Larcier, 2007, p. 194.

puisse en connaître »[99]. La Cour constitutionnelle prévue par la nouvelle constitution de juin 1967 n'a pas aussi été effective comme celle de la constitution de 1964 bien qu'instituée. C'est la Cour d'appel de Kinshasa qui exerça dans un premier temps les attributions dévolues à la Cour constitutionnelle[100]. Partant, conformément à l'article VII, alinéa 2, des dispositions transitoires de la constitution de 1967, la CSJ a dû remplacer la Cour d'appel de Kinshasa qui exerçait provisoirement les attributions de la Cour constitutionnelle.

Depuis, la Cour suprême de justice dont la cérémonie d'ouverture et son entrée effective en service ont eu lieu le 23 novembre 1968, jouit jusqu'à ce jour, de cette compétence, nonobstant le défilement des textes constitutionnels[101]. Ainsi donc, l'attribution à la CSJ de la compétence de juridiction constitutionnelle connaîtra une évolution.

B. Evolution de la Cour suprême de justice

Chronologiquement, l'analyse de l'évolution de la CSJ comme juridiction constitutionnelle se fera selon un découpage qui renvoie à la nature du régime politique en place. D'abord, la CSJ comme juge constitutionnel provisoire (1968-1974) et ensuite, en tant que juge constitutionnel établi (de 1974 à nos jours). Un tel découpage permet de mettre en lumière la nature du régime politique en place en démontrant son impact sur la CSJ.

C'est le lieu de dire avec le Professeur Dieudonné Kaluba Dibwa que « Comprendre cette institution dans le temps permettra de mettre en exergue la fonction régulatrice du droit dans le système politique congolais en soulignant, la prégnance de la ressource juridique dans le champ politico-institutionnel »[102]. Examinons à présent le rôle

---

[99]Mémoire explicatif de la constitution du 24 juin 1967, Moniteur congolais, n° 14, 15juillet 1967, pp. 562-563 consultable aussi à l'adresse www.droitcongolais.info/etat_autorités_rdc_.html

[100]Article 7 alinéas 1, des dispositions transitoires de la constitution du 24 juin 1967.

[101]Sur l'aperçu historique des textes constitutionnels de 1985 à nos jours, lire Vunduawe Te Pemako, F., *Traité de droit administratif, op cit.*, pp. 183-209; Kaluba Dibwa, D., *Du contentieux constitutionnel en République démocratique du Congo: contribution à l'étude des fondements des modalités d'exercice de la justice constitutionnelle, op. cit.,* pp. 31- 47.

[102]Kaluba Dibwa, D., *Du contentieux constitutionnel en République Démocratique du*

de la CSJ dans sa double existence c'est-à-dire ses deux étapes du provisoire au définitif.

1. La Cour suprême de justice comme juge constitutionnel provisoire (1968-1974)

L'institution de la CSJ, est l'œuvre de l'article 59 de la constitution du 24 juin 1967. Elle faisait corps dans l'ordre judiciaire en exerçant le rôle dévolu à une Cour de cassation mais aussi celui du Conseil d'État[103]. Elle est dès ses origines dotée de deux sections : une section judiciaire et une section administrative.

« La section judiciaire est alors compétente pour connaître des pourvois en cassation formés pour violation de la loi et de la coutume, contre les décisions rendues en dernier ressort par la section judiciaire des cours d'appel et par les tribunaux. Elle ne connaît pas du fond des affaires ; juger les membres du gouvernement dans les cas visés par l'article 35 de la présente constitution.

La section administrative est compétente notamment pour connaître en premier et dernier ressort des recours en annulation pour violation de la loi formés contre les actes et les décisions des autorités administratives centrales ; pour connaître de l'appel des décisions rendues par des sections administratives des cours d'appel sur le recours en annulation pour violation de la loi formés contre les actes, règlements et décisions des autorités administratives provinciales et locales ; connaître dans les cas où il n'existe d'autres juridictions compétentes, de demandes d'indemnités relatives à la réparation d'un dommage exceptionnel matériel ou moral résultant d'une mesure prise ou ordonnée par les autorités de la Républiques »[104].

Congo, op. cit., p., 41.

[103]Article 60, constitution du 24 juin 1967.

[104]Art. 60 de la constitution du 24 juin 1967. En droit belge et colonial du Congo belge, la notion de « dommage exceptionnel » a été spécialement conçue pour permettre l'indemnisation des préjudices non couverts par le juge judiciaire, et ce, lorsqu'il y a rupture d'égalité devant les charges publiques. Car l'on ne devait pas continuer à tolérer que les citoyens subissent, sans indemnisation, de lourds sacrifices, alors que la collectivité retirait un avantage des mesures à l'origine des préjudices subis. Sur cette question Lire, Uyttendaelle, M., *Précis de droit constitutionnel belge. Regard sur un système institutionnel paradoxal*, Bruxelles, Bruylant, 2000, 2001, p. 542 ; Lewalle, P., *Contentieux administratif*, collection de la faculté de droit de

A sa création, la Cour suprême de justice ne disposait pas d'une section de législation. Ce qui ne lui avait pas permis de jouer un rôle d'organe consultatif auprès des autres institutions. L'absence de cette section de législation a privé le pays, pendant une période au cours de laquelle il en avait besoin, d'un organe de consultation dans le processus de rédaction des actes législatifs et réglementaires.

Cet organe de conseil aurait permis en effet de recadrer plusieurs textes législatifs, réglementaires ou autres législations édictées dès 1960 sans rédactions appropriées. Il aurait permis en outre une cohérence de textes constitutionnels en évitant toute contradiction possible.

La révision constitutionnelle du 3 juillet 1972[105], comblera ce vide en dotant la Cour suprême de justice d'une section de législation. En outre cette révision de 1972 complète par un nouvel alinéa 2 les dispositions de l'article 7 de la constitution du 24 juin 1967. Cet alinéa est ainsi libellé : « si la Cour suprême de justice est créée avant la Cour constitutionnelle, elle exercera, en attendant la création de celle-ci, les attributions de la Cour constitutionnelle ».

Cet alinéa offre donc à la Cour suprême de justice, la qualité de juge constitutionnel provisoire. En conséquence, l'ordonnance-loi n° 68-248 du 10 juillet 1968 relative au Code de l'organisation et de la compétence judiciaire a été complétée par un autre texte portant sur la procédure à suivre devant la Cour[106].

L'article 122 de cette ordonnance-loi précise que « la Cour suprême de justice, toutes sections réunies, exercera jusqu'à l'installation de la Cour constitutionnelle, les attributions de celle-ci ». Cette compétence existe jusqu'à ce jour. En matière de sa saisine, seules les autorités politiques d'une part, et les deux sections de la Cour suprême de justice d'autre part, peuvent ainsi saisir le juge constitutionnel.

---

l'université de Liège, 2e éd., Bruxelles, Larcier, 2002, p. 415 ; Vunduawe te Pemako, *Traits de droit administratif*, *op. cit.*, pp. 785-790.

[105]Article 1er de la Loi n° 72-008 du 3 juillet 1972 modifiant l'article 60 de la constitution du 24 juin 1967.

[106]C'est l'Ordonnance-Loi n°69-2 du 8 janvier 1969 relative à la procédure devant la CSJ, Moniteur congolais, n°2 du 15 janvier 1969, pp.58-73

- Le Président de la République par une requête écrite.

- L'Assemblée nationale suivant deux modalités: par une résolution si c'est l'Assemblée tout entière qui agit, et par une décision transmise à la haute juridiction par le Président de l'Assemblée lorsque l'initiative provient du bureau de cette institution.

- La section judiciaire ou la section administrative de la Cour suprême de justice peut saisir le juge constitutionnel, par un arrêt transmis à la Cour par le Procureur général de la République ».[107]

. Il découle de l'analyse de ce texte que l'exception d'inconstitutionnalité d'une ordonnance-loi ne pouvait être soulevée par les parties que devant l'une des sections de la CSJ. Or qu'adviendrait-il si cette exception était soulevée devant un tribunal de première instance ou un tribunal ordinaire ?

Quelle section devrait-elle être saisie par renvoi ? Le texte restait silencieux créant parfois la confusion dans certaines saisines.

L'exception d'inconstitutionnalité pouvait aussi être soulevée par les particuliers devant la CSJ lorsque ceux-ci déposent un pourvoi en cassation. Dans ce cas, si « la haute juridiction estime que la législation attaquée par le requérant est inconstitutionnelle, elle pourra alors saisir la Cour constitutionnelle ».[108]

Par ailleurs l'intervention du Procureur Général de la République dans la saisine du juge constitutionnel ne s'avère indispensable que dans l'appréciation de constitutionnalité soulevée par la Cour suprême de justice.

---

[107]Article 122 alinéa 2 de l'Ordonnance-Loi du 8 janvier 1968 portant la procédure devant la CSJ

[108]Il s'agit du Mémoire explicatif du projet de constitution établi sur la base du texte de l'avant-projet présenté au Président de la République et sur la base des discussions de la Commission politique du gouvernement notamment l'article 72, Moniteur congolais, n° 14 du 15 juillet 1967, p. 563

2. La Cour suprême de justice comme juge constitutionnel établi (de 1974 à la renaissance de la Cour constitutionnelle par la constitution du 18 février 2006)[109]

La révision constitutionnelle de 15 août 1974 attribue à la CJS la compétence de contrôle de constitutionnalité des lois. Les détails des attributions de la compétence de cette CSJ sont confiés au parlement. Le nouvel article 70 de la constitution du 24 juin 1967 tel que modifié par la révision constitutionnelle du 15 août 1974 est ainsi libellé : « L'organisation, la compétence de la CSJ et la procédure à suivre sont réglées par la loi. Le contrôle de constitutionnalité des lois relève de la Cour suprême de justice... »[110]. Ainsi donc, la Cour constitutionnelle qui n'a jamais été effective fut simplement supprimée du texte.

Dès cet instant jusqu'à ce jour, la Cour suprême de justice, toutes sections réunies, joue désormais le rôle de la Cour constitutionnelle[111]. L'ordonnance-loi n°82-017 du 31 mars 1982 portant l'organisation et la procédure à suivre devant la Cour suprême de justice[112] consolide cette institution. Il est tout aussi important de souligner que la CSJ n'exerçait plus depuis 1988 son rôle de juge constitutionnel en matière de contentieux électoral pourtant elle était réputée compétente jusqu'à fin 1988[113]. Ce rôle a été dévolu au Comité central du Mouvement Populaire de la Révolution, Parti-État[114].

La loi électorale du 10 janvier 1987 disposait dans ses articles 140 et 141 que la CSJ était compétente en matière de contentieux des

---

[109]Nos lecteurs pourront approfondir leur réflexion en se référant à la thèse du Professeur Dieudonné Kaluba Dibwa, *Du contentieux constitutionnel en RDC : contribution à l'étude des fondements et des modalités d'exercice de la justice constitutionnelle* déjà citée. Lire également Professeur Félix Vunduawe Te Pemako, *Traité de droit administratif*, Bruxelles, Larcier, 2007.

[110]Loi n°74-020 du 15 août 1974.

[111]Lire les articles 102, alinéa 1 de l'Acte constitutionnel de la Transition du 9 avril 1994 ; 150 alinéas 1 et 2 de la constitution du 4 avril 2003.

[112]Moniteur congolais, n°14 du 15 juillet 1967, p. 563.

[113]Article 103 de la constitution du Zaïre telle que modifiée par la Loi n°82-004 du 31 décembre 1982.

[114]Le MPR (Mouvement Populaire de la Révolution), Parti du feu Maréchal MOBUTU a été réputé depuis le 23 décembre 1970 à la fois parti unique et institution suprême de l'État. Le 15 août 1974, le MPR fut proclamé Parti-État. Pour plus d'information, lire Vunduawe te Pemako, F., *A l'ombre du Léopard. Vérité sur les régimes de MOBUTU SESE SEKO*, Tome I, Bruxelles, Éditions Zaïre Libre, 2000.

élections des membres du Conseil législatif (Assemblée nationale de l'époque). Les Cours d'appel étaient compétentes pour les contentieux des élections des membres des entités administratives décentralisées (notamment la Région, Ville, Zone et Collectivité).

Sous la période du Mouvement populaire de la Révolution Parti-Etat, les instances judiciaires disposaient de pouvoirs limités. Sur les questions électorales, le pouvoir de ces instances ne visait que des contestations portant violation des conditions légales d'éligibilité et de la régularité des élections. Les décisions du Comité central, organe suprême de l'État, concernant l'examen des candidatures au Conseil législatif ainsi que celles du comité régional du MPR à des postes des entités locales, n'étaient susceptibles d'aucun recours[115].

Cet organe a été créé le 15 novembre 1980 et était l'instrument de conception, d'inspiration, d'orientation et de décision du MPR en remplacement du bureau politique relégué au rang de simple organe de contrôle des décisions du Parti-État[116]. Une autre révision constitutionnelle[117] opérée le 27 janvier 1988 confiera exclusivement le contentieux électoral au Comité central du MPR. L'article 60 de la constitution du Zaïre (à partir du 15 août 1974, la constitution du 24 juin 1967 fut simplement appelée « constitution du Zaïre ») précisait « le Comité central connaît des contestations électorales ». Ce sont toutes les élections organisées sur l'ensemble du territoire national. D'ailleurs l'exposé des motifs de la loi constitutionnelle du 27 janvier 1988 énonce que : « Le contentieux électoral étant une matière essentiellement politique, il est hautement indiqué qu'il soit vidé par un organe politique ». La CSJ ne retrouve ses prérogatives du contentieux électoral qu'en 1990. L'article 103 de la constitution du Zaïre, telle que modifiée par la loi n°-90-002 du 5 juillet 1990, déclare que « sans préjudice des autres compétences qui lui sont reconnues par la présente constitution ou par les lois, la Cour suprême de justice connaît (…) des

---

[115]Ordonnance-Loi n° 87-002du 10 janvier 1987 portant organisation des élections des membres Conseil législatif, des Assemblées Régionales, des Conseils des Villes, des Conseils des Zones et des Conseils des Collectivités. Journal officiel du Zaïre, n°spécial, 1987.

[116]Lire les articles 60 et 67 de la constitution du 24 juin 1967 telle que révisée par la Loi n° 8O-012 du 15 novembre 1980.

[117]Loi n° 88-004 du 27 janvier 1988 portant révision de certaines dispositions de la constitution.

contestations nées des élections présidentielles, législatives et du référendum ». Pour l'heure, la procédure devant la Cour suprême de justice n'a connu aucune modification devant prendre en compte cette révision constitutionnelle. Les articles 136 à 143 de la procédure initiée par l'ordonnance-loi n°82-017 du 31 mars 1982 ont été indirectement ou implicitement abrogés par l'article 1er des dispositions transitoires de la révision constitutionnelle du 27 janvier 1988[118].

A ce jour, la justice constitutionnelle congolaise semble connaître une certaine évolution. La plus significative concerne surtout le contrôle a priori d'actes législatifs et d'actes des Assemblées.[119] La constitution congolaise du 4 avril 2003 a opté pour la procédure de consultation préalable et obligatoire de la Cour suprême de justice, toutes sections réunies, avant la promulgation des lois organiques[120] ou avant l'entrée en vigueur des règlements intérieurs de l'Assemblée nationale et du Sénat[121].

En revanche, le Dialogue inter-congolais d'Afrique du Sud a prévu une période de transition. Cette transition a été gérée par toutes les parties en conflits et a conduit le pays aux élections présidentielles et législatives de 2006. Pendant cette période, les actes législatifs ou autres lois ordinaires ne pouvaient être promulgués sans consultation préalable du juge constitutionnel.

Le cas contraire exposerait ce texte à la non-conformité constitutionnelle bien qu'il soit voté et ne pourrait être promulgué en l'état[122]. Il s'agit pour la haute juridiction de vider du texte à promulguer l'une de ses dispositions jugées inconstitutionnelles.

---

[118] Cette disposition affirme : « Pour autant qu'ils ne soient pas contraires à la présente constitution, les textes législatifs et réglementaires existant à la date d'entrée en vigueur de la présente constitution restent maintenus jusqu'au moment de leur abrogation ». Par contre les textes législatifs et réglementaires contraires sont d'office abrogés.

[119] L'évolution constitutionnelle congolaise est tributaire des influences du droit étranger dont elle s'inspire notamment et surtout le droit français. Le Conseil constitutionnel français exerce un contrôle a priori des lois, à la différence de son homologue belge pourtant jugé proche par son histoire de la justice congolaise.

[120] Article 121 alinéa 2 de la constitution de la Transition.

[121] Articles 103 alinéa 2 et 109 alinéa 2 de la constitution de la Transition.

[122] Article 131 de la constitution de la Transition.

§2. Organisation de la Cour suprême de justice

« L'organisation du Conseil constitutionnel, déclare Dominique Rousseau, est parfaitement révélatrice du rôle limité que le constituant de 1958 pensait lui avoir attribué et le voir jouer dans l'avenir de la vie constitutionnelle »[123]. Celle de la Cour suprême de justice congolaise est tout aussi révélatrice du rôle que la constitution congolaise du 24 juin 1967 avec toutes ses révisions ainsi que l'Ordonnance-Loi du 31 mars 1982 ont bien voulu lui confier. « L'organisation de la juridiction constitutionnelle, affirme Hans Kelsen, devra se modeler sur les particularités de chacune des constitutions »[124]. Il n'existe donc en matière d'organisation de la justice constitutionnelle aucune (voire très peu) de règles communes. Chaque constitution organise la composition et le fonctionnement de la juridiction constitutionnelle en tenant compte des spécificités juridiques du contexte du pays. La compréhension de l'organisation et du fonctionnement de la CSJ de la RDC passera d'abord par l'analyse de la composition de cette Cour (A) par l'étude des règles statutaires (B) pour vérifier si elles fournissent ou non des garanties substantielles propres à assurer l'épanouissement et l'indépendance d'action de cette haute juridiction.

A. La composition de la Cour suprême de justice

Ni la constitution ni le législateur congolais n'ont déterminé le nombre des juges qui composent la Cour suprême de justice. L'article 51, alinéa 2 de l'Ordonnance-Loi du 31 mars 1982[125] indique simplement : « la Cour se compose d'un premier président, d'un ou de plusieurs présidents et des conseillers ». La non limitation du nombre des juges servira au régime de Mobutu pour affecter à la Cour, des juges suffisamment politisés par l'idéologie du Parti-État pour assurer leur survie plutôt que se consacrer au triomphe du droit. La constitution congolaise de 2006 a comblé cette insuffisance en prévoyant au moins neuf juges pour la future Cour constitutionnelle (voir infra).

---

[123]Rousseau, D., *Droit du contentieux constitutionnel*, 7è édition, Paris, Montchrestien, 2006, p. 30.

[124]Hans Kelsen, « La garantie juridictionnelle de la constitution », *RDP*, 1928, pp 197-257.

[125]Ordonnance-Loi n° 82-O20 du 31 mars 1982, portant code de l'organisation et de la compétence judiciaire, journal officiel du Zaïre, 22è année, n° 7, 1er avril 1982. Lire aussi, *Le code judiciaire congolais*, mis à jour du 31 janvier 1986, sous la direction de Kalongo Mbikayi, Kinshasa 1986, p. 19.

L'article 53 du code de l'organisation et de la compétence judiciaire (C.O.C.J.) du 31 mars 1982 prévoit que la CSJ dispose d'un greffier assisté d'un ou de plusieurs adjoints. Si le nombre des juges reste illimité, l'organigramme de la Cour ne fixe pas non plus le nombre d'agents administratifs indispensables à son bon fonctionnement. La Cour dispose ainsi de plusieurs secrétaires, dactylographes, huissiers et autres chauffeurs. « Il s'agit là note, Évariste Boshab, d'une constellation d'agents publics sans fonction précise, autour de la CSJ »[126].

Techniquement, l'actuelle CSJ reste à notre sens une juridiction judiciaire, emmaillotée d'un costume institutionnel conçu depuis bientôt trois décennies (1982), conséquence d'une double révision constitutionnelle opérée en 1974 et 1978. Cette période est certes celle de « l'âge d'or » de la dictature de Mobutu qui n'aurait accepté en face de lui une quelconque contradiction, surtout pas une puissante CSJ, juge de l'action de son pouvoir politique et qui ne pouvait être totalement contrôlable moins encore maîtrisable. Or depuis la publication de la constitution du 18 février 2006, un nouvel ordre juridique du reste politiquement démocratique a été mis en place. Par contre l'organisation et le mode de fonctionnement de la CSJ, future Cour constitutionnelle, chargée de juger l'action de ces nouvelles institutions politiques demeurent inchangés.

Ainsi si l'on suit ce raisonnement, il devient, aisé pour certaines doctrines d'affirmer que l'actuelle CSJ souffrirait des insuffisances institutionnelles susceptibles d'affecter son efficacité à remplir transitoirement la lourde responsabilité qui lui est confiée. Face à cette réalité, se pose la nécessaire question d'un organe qui, ballotté par l'envie de satisfaire, mieux, faire plaisir aux autorités de nomination pour éviter toute suspicion d'obstruction aux initiatives gouvernementales et par le désir de se racheter à l'égard de la population longtemps opprimée par le rôle politique exercé jadis par les juges, ne peut certes dire le droit. Il ressort de ce dilemme quelques inquiétudes dénotant « l'inadéquation d'une institution dont les missions, à la lisière de la politique, nécessitent une redéfinition pour vaincre la peur des

[126]Boshab, E., « La misère de la justice et la justice de la misère en République démocratique du Congo », *Revue de la recherche juridique, Droit prospectif*, 1998-3, N. XXIII-74, PUAM, 1998, pp. 1164-1184.

magistrats et sécuriser les justiciables »[127]. La Cour constitutionnelle appelée à succéder la CSJ répondra-t-elle ou non à ces inquiétudes ? Ces interrogations feront l'objet d'un développement ultérieur.

B. Les règles statutaires des membres de la Cour suprême de justice

« Les règles statutaires, affirme Dominique Rousseau, se donnent pour objet de garantir l'indépendance et la dignité des fonctions de juge constitutionnel »[128]. L'affirmation du principe de l'indépendance de la justice en RDC, remonte à la première République proclamée le 30 juin 1960 avec l'accession du pays à sa souveraineté internationale. Elle passe aussi par la deuxième République y compris la longue et agonisante période transitoire jusqu'à l'actuelle constitution du 18 février 2006.

En effet, sous la première République de courte durée, la constitution ainsi que le statut des magistrats affirment clairement l'indépendance de la justice. Ainsi l'article 192 de la loi fondamentale du 19 mai 1960 relative aux structures du Congo déclare de façon patente deux garanties de l'indépendance du juge à savoir l'inamovibilité et l'irrévocabilité : « Les magistrats du siège sont inamovibles dans le cadre de leur statut. Ils ne peuvent être déplacés que par une nomination nouvelle et de leur consentement ; ils ne peuvent être privés de leur place, ni suspendus que par un jugement »[129].

L'inamovibilité, gage de liberté et de l'indépendance du juge, manifestement très prisée dans la carrière de celui-ci, ne signifie pas que le juge une fois nommé et affecté à son lieu d'attache est condamné à y demeurer jusqu'à sa retraite. Il est question seulement de préserver les acquis et autres exigences de cette fonction sans que le juge n'ait peur de perdre son poste ou subir des représailles pour son avancement au regard de la sentence qu'il aura prononcée et qu'il soit couvert contre tout déplacement injustifié ou punitif à connotation politique afin de lui permettre d'assurer l'égalité de tous les justiciables devant la loi[130].

---

[127]Boshab, E., *op. cit.*, p. 1164.

[128]Rousseau, D., *La justice constitutionnelle en Europe, op. cit.*, p., 57.

[129]Moniteur belge, 27-28 mai 1960, p. 405.

[130]Sur la notion de l'inamovibilité, lire la thèse de T. Renoux, *Le Conseil constitutionnel et l'autorité judiciaire*, thèse en droit, faculté de droit et de science politique, université d'Aix-Marseille, 1982

Cependant, l'inamovibilité ne signifie point l'immobilisme. « Car la carrière du juge exige la mobilité surtout lorsque celui-ci obtient une promotion dans une nouvelle juridiction à laquelle il a marqué son accord. L'inamovibilité se préoccupe plus de la fonction et non du lieu où doit s'accomplir celle-ci »[131]. « L'autorité administrative compétente peut en raison de la restructuration de service, décider le transfert du siège d'une juridiction, le magistrat du siège devra alors regagner son attache dans le lieu nouvellement établi par cette autorité. Pour Bernard Poulain cité par Évariste Boshab[132] : « la garantie de l'inamovibilité est, en réalité, anachronique. C'était une garantie véritable lorsque le magistrat était attaché au lieu de sa fonction par d'autres liens, généralement de propriété et de notabilité, et se souciait peu des contingences matérielles dont il était le plus souvent garanti par sa fortune ». De cette réalité, François Luchaire estime d'ailleurs que la doctrine reste partagée sur l'opinion selon laquelle « l'inamovibilité ne protège plus l'exercice d'une fonction donnée mais simplement le lieu de son exercice »[133].

L'autre garantie de l'indépendance du juge est l'irrévocabilité. Celle-ci n'est certainement pas sans reproche, à propos de tous les actes ou autres comportements que le juge serait amené à prendre ou à commettre. Lui-même n'est pas au-dessus de la loi. Il ne vit pas non plus sous le règne de l'impunité et il n'est pas exempté de toute sanction à condition que celle-ci soit prise par l'autorité juridictionnelle compétente. Cette dernière autorité a le pouvoir de mettre fin aux fonctions du juge sans toutefois porter atteinte au principe d'irrévocabilité.

Si durant la première République, la constitution et le statut des magistrats réaffirment l'indépendance de la justice, il faut néanmoins reconnaître avec Jean Paul Masseron, qu'en RDC ou autres « pays africains l'écart entre une disposition constitutionnelle et son effectivité constitue souvent un véritable gouffre »[134]. Il est alors difficile de se conformer aux prescrits constitutionnels et d'arguer que l'indépendance

---

[131]Luchaire, F., *La protection constitutionnelle des droits et libertés*, Paris, Economica, 1987, pp., 355-356
[132]Boshab, E., *op.cit.* p. 1166
[133]Luchaire, F., *La protection constitutionnelle des droits et libertés*, op.cit., p., 356
[134]Masseron, J-P, *Le pouvoir et la justice en Afrique noire francophone et à Madagascar*, Paris, éd. Pédone, 1966, P. 87.

du juge est certainement assurée. Il en va de même du statut des magistrats qui ne peut non plus offrir une assurance du fait qu'il n'est pas souvent respecté. Par contre pour comprendre l'indépendance des juges en RDC, il faut se situer au niveau des rapports de forces entre l'exécutif et le pouvoir judiciaire lesquels aboutissent souvent à une nette dépendance du second au premier[135].

Sous la deuxième République c'est le règne de l'autoritarisme et de la négation d'une quelconque indépendance. La justice n'est pas épargnée et ne fait pas exception. Cette deuxième République a eu son acte de naissance par le coup d'État du 24 novembre 1965 et fut condamnée à mort par la Conférence Nationale Souveraine (CNS) en 1991. Mais elle refusera d'appliquer cette sentence jusqu'à ce qu'une coalition hétéroclite des forces armées des pays frontaliers (Rwanda, Ouganda, Burundi et Angola) vienne lui asséner un coup fatal et exécuter sa peine de mort le 17 mai 1997. Du coup dans un tel État, toutes normes constitutionnelles, légales et réglementaires n'ont de valeur que par la volonté du dictateur. Car sa parole a force de loi. Or l'article 63 de la constitution du 24 juin 1967 affirme : « Le statut des magistrats est fixé par une loi ; le magistrat du siège est inamovible ; il ne peut être déplacé que par une nouvelle nomination ». Cette disposition est aussi reprise dans l'article 71 avec suppression d'une partie estimée gênante : « le magistrat du siège est inamovible ». Cette logique se trouve être reprise aussi dans l'article 102 de la constitution du 15 août 1974 telle que modifiée par la loi n°78-010 du 15 février 1978 portant révision de cette constitution. Cet article annule les éléments constitutifs du principe de l'indépendance des juges et se contente de déclarer : « le statut des magistrats est fixé par une loi ». L'indépendance de la magistrature n'y est plus évoquée. L'accroissement du pouvoir dictatorial étouffera l'inamovibilité des juges. Leur consentement pour une nouvelle affectation dans une autre juridiction relève désormais d'une fiction. Par contre, le vent de la démocratie qui souffla sur la RDC des années 1990 conduira le peuple à exiger le rétablissement du principe de l'indépendance de la magistrature. Cette revendication sera entendue et matérialisée par l'article 101 de la constitution telle que modifiée par la loi n°90-002 du 5 juillet 1990 qui dispose : « La mission de dire le droit est dévolue aux

---

[135]En ce sens, Cf. Conac, G., et Gaudusson, Jean de, (Sous la dir.), *Les Cours suprêmes de justice en Afrique, T. III, la jurisprudence administrative*, Paris, Economica, 1988.

cours et tribunaux. Le magistrat, dans l'exercice de cette mission est indépendant »[136]. C'est tout aussi dans cette optique que l'article 97 de l'Acte constitutionnel de la transition reprend : « La mission de dire le droit est dévolue aux cours, tribunaux et Conseils de guerre. Le magistrat dans l'exercice de cette mission est indépendant. Il n'est soumis, dans l'exercice de cette fonction qu'à l'autorité de la loi »[137]. Le régime de crise mis en place le 17 mai 1997 par le pouvoir de l'Alliance des forces démocratiques pour la libération du Congo (AFDL) de Laurent Désiré Kabila soumit la magistrature à sa volonté faisant des magistrats de vulgaires exécutants de la volonté du nouveau maître tout en créant des juridictions spéciales[138] en y affectant les juges réputés dociles qui défendent les opinions de l'exécutif plutôt que de dire le droit.

Ainsi donc, la justice en général et l'institution CSJ en particulier est restée bâillonnée sous l'ère du Parti-État. « Affaibli par la longue tradition de dépendance, rendu indigent par la rémunération de misère qu'il perçoit de manière irrégulière, suffît-il qu'une disposition constitutionnelle le déclare indépendant, pour que le juge retrouve comme par enchantement, l'esprit et les réflexes de cette indépendance ? »[139]. On entend avec Georges Burdeau par la justice indépendante « celle où le juge statue uniquement selon les termes de la loi et les enseignements de sa conscience »[140]. L'indépendance de la justice, affirme Jamel Ajroud « est une question éminemment juridico-politique. Elle permet de mesurer la place du droit et de la justice dans la société et reflète en même temps le degré de démocratisation du système politique et le niveau atteint dans la construction de l'État de droit. Si elle est perdue, tout est perdu : le droit, les libertés, la sécurité, la démocratie et de façon générale l'État de droit »[141].

---

[136]La constitution de la République du Zaïre telle que modifiée par la loi n° 90-002 du 5 juillet 1990, journal officiel de la République du Zaïre, numéro spécial, juillet, 1990, p. 45.

[137]Acte constitutionnel de la transition, Journal officiel de la République du Zaïre, n° spécial, avril 1994, p. 55.

[138]Lire le décret-loi n° 19 du 23 août 1997.

[139]Boshab, E., *op.cit*. p. 1169.

[140]Burdeau, G., *Les libertés publiques*, Paris, LGDJ, 4è édition, 1972, p. 137.

[141]Jamal Ajroud, « L'indépendance de la justice en Tunisie », *RFDC*, n° 86, avril 2011, pp.427-438.

Aucun État à notre connaissance ne peut certes se vanter d'avoir des institutions juridictionnelles parfaites, sans reproches et exemptes de tous soupçons. En France, un premier président honoraire de la Cour de cassation a affirmé : « Dois-je vous faire un aveu ? Je n'ai jamais vu un magistrat indépendant, mais j'ai connu, je dois le dire avec force, beaucoup de magistrats qui sont lucides sur leurs dépendances pour arriver à l'impartialité, ce qui est bien plus essentiel »[142]. « La justice n'a jamais connu l'indépendance totale à moins de revenir sur ses origines lointaines quand elle servait de régulation sociale en l'absence des autres pouvoirs »[143]. Depuis lors « la justice a été durant et quasiment toute son histoire sous la dépendance des gouvernants »[144].

En RDC, l'établissement d'un État de droit auquel tout le monde aspire se trouve coincé entre une vision d'une justice passive, faible et dépendante et une autre trop indépendante voire autoritaire. La problématique réside dans le réglage du degré d'indépendance qu'on doit reconnaître à la justice pour qu'elle ne soit ni trop faible ni trop forte.

Autrement dit, comment obtenir d'abord et garantir ensuite une problématique indépendance de la justice tout en prétendant protéger en même temps les justiciables congolais contre l'arbitraire de ces juges ?

Cruel dilemme du fait de la méfiance des congolais à l'égard aussi bien du pouvoir politique que de la justice. Les dispositifs constitutionnels et statutaires relatifs à la compétence de la CSJ suffisent-ils pour décréter et reconnaître l'indépendance effective de la justice en RDC ? Pas si sûr. Seul le juge devant sa conscience et sa détermination dans l'exercice de ses compétences à dire le droit dans sa plénitude pourrait relever ce défi.

---

[142]Truche, P., « L'éthique du juge : les dépendances du juge », in *Justice et démocratie*, Pulim, 2003, p. 141. Sur la dépendance de la justice en France, lire avec intérêt Eva Joly dans Le Monde du 16 janvier 2009.

[143]Esmein, A., *Éléments de droit constitutionnel français et comparé*, Paris, éd. Panthéon Assas,, 2001, p. 499.

[144]Ardant, P., « Comment les Cours constitutionnelles peuvent-elles par les garanties données à la justice, contribuer à la démocratie ? », *Justice et Démocratie*, Pulim, 2003, p. 102.

Section 2 : Compétences et suprématie contestées de la Cour suprême de justice

La problématique de la compétence d'une juridiction telle que l'actuelle Cour suprême de justice en tant que juridiction constitutionnelle transitoire en RDC soulève des controverses dans la doctrine démontrant du coup son intérêt particulier dans le concert des institutions de la République. En effet l'importance et la sensibilité de la question ont souvent conduit le législateur congolais à adopter un comportement attentif et prudent. La compétence dévolue à la CSJ (§1) reflète le miroir de son environnement immédiat dans lequel elle évolue. La doctrine nous enseigne que la compétence attribuée à une autorité publique ou à une juridiction n'est autre qu'une « aptitude légale à accomplir un acte ou à instruire et juger un procès »[145]. Les arrêts rendus par la haute juridiction ne sont susceptibles d'aucun recours. Sa suprématie (§2) s'exerce sur toutes les autres juridictions nationales à travers tout le territoire congolais. Or certaines parties du territoire se trouvent être confrontées à des conflits armés rendant inopérants l'exercice du pouvoir et l'acceptation de l'autorité politico-administrative et judiciaire.

§1. Compétences de la Cour suprême de justice

La configuration institutionnelle actuelle de la CSJ reste à bien d'égards inadéquate à la pratique des fonctions du juge constitutionnel bien qu'elle soit énormément sollicitée ces dernières années. « La Haute juridiction est organisée en trois sections suivant les compétences et autres matières attribuées notamment section judiciaire, section administrative, et section de législation. Chaque section hormis celle de législation dispose d'une ou de plusieurs chambres. Chaque chambre siège a trois juges, par contre chaque section en chambres réunies, excepté la section de législation qui statue en assemblée mixte, siège a cinq juges. La Cour, toutes sections réunies, siège a sept juges et statue en tant que juridiction constitutionnelle »[146]. Sa propension à exercer,

---

[145]Guillien, R., et Vincent, J., (sous la direction de*), Lexique des termes juridiques*, 17ème édition, Paris, Dalloz, 2009, p.154

[146]Balingene Kahombo, La Cour suprême de justice, Cour constitutionnelle

dans son architecture actuelle, le rôle de la future Cour constitutionnelle avec concentration entre « ses mains » du contentieux judiciaire, administratif et constitutionnel constitue une problématique. L'analyse des compétences de chaque section que compose cette Cour à savoir d'une part la section judiciaire et administrative (A), d'autre part la section de législation et toutes sections réunies (B) permettront d'éclairer cette préoccupation.

A. La section judiciaire et la section administrative de la Cour suprême de justice

Il s'agit de voir en détail les compétences de ces deux sections.

1. La section judiciaire

Il importe d'aborder cette section judiciaire par l'analyse de ses différentes compétences selon qu'elle est juge de fond, de cassation, de révision ou enfin de celui détenant les compétences exclusives[147].

- **Section judiciaire comme juge de fond**

L'article 103 de la constitution [148] fixe la compétence de la CSJ en précisant « qu'elle connaît des recours en appréciation de la constitutionnalité des lois et des actes ayant force de loi ainsi que des recours en interprétation de la présente constitution... » La constitution de transition de 2003 énonce que la « CSJ connaît, en outre, des pourvois en cassation formés contre les arrêts et les jugements rendus en dernier ressort par les cours et tribunaux civils et militaires, ainsi que des recours en annulation des actes et décisions des autorités centrales de la République... »[149]

Cette section, toutes chambres réunies, connaît aussi en premier et dernier ressort des infractions commises par « le Président de la République, Vice-présidents, les députés, les sénateurs, les ministres et vice-ministres ainsi que membres des institutions d'appui à la

---

transitoire, http://www.la-constitutionenafrique.org Consulté le 22 janvier 2012.

[147]A ce sujet, lire avec intérêt Bibombe-Mwamba, « Une Cour suprême, pour quoi faire ? », in Conac, G. (Sous la dir.), *Les Cour suprêmes en Afrique. Tome 1 : Organisation, Finalités, Procédure*, Paris, Economica, 1988, pp. 117-122

[148]Constitution de la République du Zaïre, version 1980, J.O., n° 1 du 1er janvier 1983, mise à jour le 27 juin 1988.

[149]Art. 150, al. 3, constitution de la transition, JORDC, numéro spécial, 5 avril 2003.

démocratie, les magistrats de la CSJ et du parquet général de la République, les Gouverneurs de provinces et les membres de la Cour des comptes »[150]. « Elle connaît également de l'appel des arrêts rendus en premier ressort par les Cours d'appel »[151]. L'article 150, alinéa 3 ci-devant précise « en cas de renvoi, après cassation, les cours et tribunaux (inférieurs) civils et militaires sont tenus de se conformer à l'arrêt de la Cour suprême de justice ».

« On le voit aisément, l'article 103 de la constitution du Zaïre mise à jour en 1988 ainsi que les articles 150 et 151 de la constitution de transition de 2003 font de la CSJ le juge pénal des gouvernants exception faite du Maréchal Mobutu qui, en son temps, était au-dessus des lois (car sa personne était inviolable et il ne pouvait être poursuivi que pour déviationnisme conformément à l'article 63 de la constitution de la République du Zaïre) »[152]. L'ordonnance-loi du 8 janvier 1969 relative à la procédure devant la CSJ (spécialement les articles 107 à 113) comprend la procédure à suivre pour l'exercice des poursuites à mener à l'encontre des gouvernants.

De l'article 94 de l'ordonnance susvisée et sous la seconde République du Maréchal Mobutu, il découle que « l'action publique ne peut être mise en mouvement - à l'encontre des membres du Comité central, des membres du Bureau politique et des membres du Conseil exécutif - que par décision du Président de République. Celui-ci peut agir d'office quand un membre d'un de ces organes précités a commis une infraction ou ordonner au Procureur général de la République d'ouvrir une instruction quand celui-ci l'a avisé de l'infraction commise par un membre d'un de ses trois corps politiques précités. Il faut donc une décision du Président de la République pour ouvrir une instruction et celle-ci terminée, il faut une nouvelle décision du Président de la République pour mettre en jugement le membre inculpé d'un de ses trois organes politiques ou pour classer l'affaire sans suite. Cette dernière décision sera prise au vu du dossier établi par le Procureur général de la République et de sa proposition de mise en accusation ou de classement ».[153] Il se révèle qu'à tout moment, pendant et après

[150]Art. 151de la constitution de la transition, JORDC, numéro spécial, 5 avril 2003.
[151]Art. 98, al. 2, COCJ.
[152]Lutula Piame-ololo Nono, « La Cour suprême de justice du Zaïre », in Conac, G., (sous la dir.), op.cit., pp. 395-405.
[153]Lutula Piame-ololo Nono, « La Cour suprême de justice du Zaïre », in Conac, G.,

l'instruction, le Président de la République en l'occurrence le Maréchal Mobutu, peut ordonner le classement sans suite, puisqu'il détient, seul, la direction et la mise en mouvement de l'action publique. Le Procureur général de la République n'a qu'un rôle d'exécution pour instruire et procéder conformément aux règles ordinaires de la procédure pénale (art.102, al. 1 de ladite ordonnance-loi). C'est cela aussi la volonté du dictateur. Il semble cependant que lorsque la Cour suprême est saisie, le déroulement de la procédure n'est pas suspensif jusqu'au jugement.

➢ **Section judiciaire comme juge de cassation**

Cette section juge les pourvois en cassation pour violation de la loi ou de la coutume formés contre les arrêts et les jugements rendus en dernier ressort par les cours et tribunaux[154]. La violation de la loi et de la coutume comprend[155] : « l'incompétence, l'excès de pouvoir des cours et tribunaux, la fausse application ou la fausse interprétation, la non-conformité aux lois ou à l'ordre public de la coutume dont il a été fait application, la violation des formes soit substantielles, soit prescrites à peine de nullité ». Il faut se garder en esprit que le pourvoi en cassation doit être formé contre les jugements ou les arrêts définitifs rendus sur le fond d'une contestation. Il s'étend à tous les jugements ou arrêts rendus dans les mêmes instances entre les mêmes parties.

➢ **Section judiciaire comme juge de révision**

La section judiciaire de la CSJ statue sous certaines conditions, sur les demandes en révision des condamnations passées en force de chose jugée prononcées par les juridictions inférieures pour toutes les infractions punissables d'une servitude pénale supérieure à deux mois[156]. La recevabilité de la révision des décisions de justice répond à des conditions à la fois matérielles et personnelles.

Les conditions matérielles concernent les décisions attaquées. Elles définissent le type de décisions judiciaires à soumettre à la

(sous la dir.), op.cit., p. 402.

[154]Art. 155, point 1, Ordonnance-loi n° 82-020 du 31 mars 1982 portant Code de l'organisation et de la compétence judiciaire, in Les codes Larcier RDC, tome 1, 2003, P. 265

[155]Art. 156, COCJ du 31 mars 1982.

[156]Art. 70, al. 1. Ordonnance-loi n°82-017 du 31 mars 1982 relative à la procédure devant la CSJ

révision. La loi n'autorise que la « révision des seules condamnations répressives passées en force de chose jugée pour toute infraction punissable d'une peine de servitude pénale supérieure à deux mois, quelle que soit la juridiction qui a statué et la peine qui a été prononcée, lorsque :

- après condamnation, un nouvel arrêt ou jugement aura condamné pour les mêmes faits un autre prévenu et que les deux condamnations ne pouvant se concilier, leur contradiction sera la preuve de l'innocence de l'un ou de l'autre condamné ;
- postérieurement à la condamnation, un des témoins entendus aura été poursuivi et condamné pour faux témoignage contre le prévenu ; le témoin ainsi condamné ne pourra plus être entendu lors de nouveaux débats ;
- après une condamnation pour homicide, il existera des indices suffisants propres à faire croire à l'existence de la prétendue victime de l'homicide ;
- après une condamnation, un fait viendra à se révéler ou des pièces inconnues lors des débats seront de nature à établir l'innocence du condamné »[157].

Les conditions personnelles sont celles relatives à la qualité de personne susceptible d'ester en révision dans les cas prévus aux alinéas 1 et 2 de l'article 70 ci-devant. Le législateur a de façon restrictive définie ces qualités. Il s'agit du Ministre de la justice ; du condamné ou, en cas d'incapacité, de son représentant ; après la mort ou l'absence déclarée du condamné, de son conjoint, de ses descendants, de ses ayants droits coutumiers et de ses légataires universels[158].

➢ **Section judiciaire aux compétences exclusives**

« La section judiciaire de la CSJ a une compétence exclusive en matière de prise à partie, des règlements de juges, les conflits de juridictions ainsi que les demandes de renvois »[159]. *La prise à partie :*

[157]Art.70 point 1 à 4. Ordonnance-loi n°082-017 précitée.
[158] Art. 71 de la même Ordonnance-loi n° 082-017 précitée.
[159]Bibombe-Mwamba, *op. cit*, p. 121.

c'est une voie de droit que la loi reconnaît à une partie de poursuivre devant la CSJ pour obtenir la condamnation à des dommages-intérêts, un magistrat qui s'est rendu coupable de dol ou de concussion soit dans le cours de l'instruction, soit lors de la décision rendue ou enfin en cas de déni de justice[160].

En effet, pour prendre un magistrat à partie il faut l'autorisation du président de la CSJ[161] saisi par voie de requête présentée par un avocat à la haute juridiction. Le président peut, après avis du Procureur général de la République, accepter ou refuser la prise à partie du magistrat. Lorsque la prise à partie a été autorisée ou rejetée, l'ordonnance d'autorisation ou de rejet est signifiée, à la diligence du greffier de la Cour, au requérant et au magistrat poursuivi.[162] Le magistrat pris à partie s'abstiendra de la connaissance de toute cause concernant le requérant, son conjoint ou ses parents en ligne directe, à peine de nullité de tout acte, arrêt ou jugement jusqu'au prononcé de l'arrêt à intervenir ou jusqu'à l'expiration du délai utile pour exercer les poursuites.

Le règlement de juges : Conformément à l'article 69 de l'Ordonnance-loi n° 082-017 du 31 mars 1982 relative à la procédure devant la CSJ, « il y a lieu à règlement de juges lorsque deux ou plusieurs juridictions judiciaires statuant en dernier ressort se déclarent toutes compétentes pour connaître d'une même demande mue entre les mêmes parties ». Tel peut être le cas d'un conflit positif. Par contre il peut aussi s'agir d'un conflit négatif « lorsque les mêmes juridictions se déclarent incompétentes. Le règlement de juges sera demandé par requête de toutes parties à la cause ou du ministère public près l'une des juridictions concernées. La Cour désigne souverainement la juridiction qui connaîtra de l'affaire »[163].

Les renvois de juridiction : au terme de l'article 68 de l'Ordonnance-loi n° 082-017 susvisée et conformément aux dispositions particulières des articles 82, 83 de l'Ordonnance-loi n° 082-020 du 31 mars 1982 portant code de l'organisation et de la compétence judiciaire, la CSJ est la seule compétente, dans sa section judiciaire,

[160]Art. 58 de l'Ordonnance-loi n° 082-017 précitée.
[161]Art.60 Ordonnance-Loi n° 082-017 précitée.
[162]Art. 62 de la même Ordonnance-Loi précitée.
[163]Art. 69, al. 2 et 3 Ordonnance-loi n° 082-017 précitée.

« d'ordonner le renvoi, pour cause de sûreté publique ou de suspicion légitime, d'une Cour d'appel à une autre ou d'une juridiction du ressort de la Cour d'appel à une autre juridiction du même rang du ressort d'une autre Cour d'appel ».

2. La section administrative de CSJ

En vertu des articles 147 à 150 de la constitution de la transition de 2003, la section administrative de la CSJ connaît des recours en annulation, de l'appel des décisions rendues par les Cours d'appel et des demandes d'indemnités.

- **Le recours en annulation**

La section administrative connaît en premier et en dernier ressort, « des recours en annulation pour violation de la loi formés contre les actes, règlements et décisions des autorités centrales et des organismes décentralisés placés sous la tutelle de ces autorités... »[164].

Les requêtes en annulation ne peuvent être introduites que par les particuliers justifiant que l'acte, la décision ou le règlement entrepris leur fait grief et qu'il a été pris en violation des formes soit substantielles soit prescrites à peine de nullité, ou qu'il y ait eu excès ou détournement de pouvoir. La Cour apprécie souverainement quels sont les actes du Conseil exécutif qui échappent à son contrôle. La Cour ne contrôle pas les actes législatifs[165].

« Pour l'application de l'article 87, alinéa 2 de l'ordonnance-loi n° 082-017, sont considérées comme actes de gouvernement, essentiels pour assurer le fonctionnement du pouvoir public, les ordonnances prises par le Président de la République en exécution des actes et procédures accomplis par le Parlement »[166].

---

[164]Art. 147 de l'Ordonnance-loi n° 082-020 du 31 mars 1982 portant code de l'organisation et des compétences judiciaires précitées et art. 150 al. 3 de la constitution de la transition, JORDC, 44ème année, numéro spécial, 5 avril 2003.

[165]Art. 87 Ordonnance-loi n° °82-017 précitée.

[166] Bibombe Mwamba, B., et Bibombe Ilunga, A., *Recueil des principaux arrêts de la jurisprudence administrative congolaise et étrangère*, Kinshasa, E.U.A., 1998, p. 50.

- **L'appel des décisions rendues par les Cours d'appel**

En vertu de l'article 148 de l'ordonnance-loi n° 082-020 du 31 mars 1982 relative au code de l'organisation et des compétences judiciaires, la section administrative de la CSJ « connaît de l'appel des décisions rendues par des Cours d'appel sur recours en annulation formés pour violation de la loi contre les actes, les règlements et décisions des autorités administratives, provinciales ou locales ».

- **Les requêtes en réparation des dommages exceptionnels**

Dans le cas où la loi n'identifie pas la juridiction compétente pour connaître les demandes en réparation d'un dommage exceptionnel, matériel ou moral, conséquence d'une mesure prise ou ordonnée par les autorités de la République, des provinces ou des entités locales, l'action est portée devant la section administrative de la CSJ[167]. Lorsqu'un particulier s'estime lésé ou a subi un dommage exceptionnel alors qu'il n'existe aucune juridiction compétente pour connaître de sa demande de réparation du préjudice subi, il peut solliciter par voie de requête une demande d'indemnité auprès de la Cour[168]. « Cependant nulle demande ne pourra être recevable si le requérant n'a pas au préalable sollicité auprès de l'autorité compétente une équitable réparation en forme d'une réclamation avec une estimation du préjudice. La requête doit être déposée dans les trois mois de la décision ou des actes d'exécution qui ont causé préjudice au requérant »[169].

La loi ne renseigne pas avec exactitude ce qu'il faut entendre par dommage exceptionnel. La jurisprudence congolaise de l'époque coloniale dépendante du Conseil d'État belge enseigne qu'il y a eu des décisions de rejets des recours en indemnité tenant compte de la théorie de souveraineté. Celle du Congo d'après 1960 ne connaît aucun recours en indemnité pour dommage exceptionnel. « Le dommage serait-il qualifié d'exceptionnel, se demande Balanda Mikuin Leilel, eu égard à la gravité des conséquences qu'il a engendrées par exemple si l'acte est d'une nature rare ou inattendue ? Le dommage serait-il exceptionnel si seulement ses conséquences seraient sans proportion par rapport à leur

---

[167]Art 158 de l'Ordonnance-loi n° 082-020 précitée.
[168]Art. 94 de l'Ordonnance-loi n° 082-017 précitée.
[169] Art. 95 de l'ordonnance-loi n°82-017 précité.

cause »[170]. Si la jurisprudence n'a pas éclairé l'opinion sur cette question, la doctrine congolaise de son côté s'est penchée sur cette notion[171]. Que signifie dommage exceptionnel selon la doctrine? Kabange Ntabala répond par une explication théorique du principe ainsi que le fondement de la réparation qu'il peut entraîner[172]. Par contre Félix Vunduawe affirmait dès 1969 que « d'après les travaux préparatoires de la constitution, il s'agit des dommages résultant des faits de guerres, de troubles, de mutineries et des rébellions n'entraînant pas la responsabilité établie de l'administration, car elle pourrait invoquer la force majeure.

Cette argumentation s'est basée sur la situation chaotique de la RDC au lendemain de son indépendance en 1960. Des expatriés belges, installés au Congo et victimes de dommages de cette nature, avaient saisi le Conseil d'État belge de demandes d'indemnités qui ont été, bien entendu rejetées »[173]. Tel ne pourrait pas être le cas dans l'avenir.

Car des Congolais victimes des guerres de libération de l'AFDL sous la conduite de Laurent-Désiré Kabila (1996-1997) et ceux qui ont été victimes des conflits meurtriers des années 1998 à 2003 sans oublier les habitants de l'Est de la RDC actuellement soumis à la folie barbare des bandes armés n'hésiteront pas à recourir à cette procédure pour faire valoir leur droit face au préjudice subi.

Mais le caractère subsidiaire de ce type de recours, du reste très technique et exigeant une requête préalable comme n'importe quel contentieux d'annulation, ne facilitera sans doute pas sa saisine.

---

[170]Balanda Mikuin Leilel, cité par Muruhuka, C., De l'évolution des compétences de la Cour suprême de justice: de la constitution de la transition à la constitution de la IIIème République, Mémoire de Licence, Université Protestante au Congo, 2007, p. 12.

[171]Sur la notion de dommage exceptionnel, lire avec intérêt Vunduawe te Pemako, Cours de contentieux administratif, Deuxième Licence, Faculté de droit, UPC, pp. 46-47.

[172]Kabange Ntabala, C., *Droit administratif*, Tome 1, Kinshasa, Université de Kinshasa, Imprimerie Vina, 1997, pp. 210-217.

[173]Vunduawe, F., cité par Kaluba Dibwa, *D., La saisine du constitutionnel et du juge administratif suprême en droit public congolais*, Mémoire DEA, droit public, Université de Kinshasa, 2005, p. 38.

B. Section de législation et toutes Sections réunies de la Cour

Dans le cadre de ses attributions, la CSJ est dotée de la section de législation (1). Cette Haute juridiction a les compétences d'une juridiction constitutionnelle lorsque toutes ses sections sont réunies (2).

1. La section de législation de la Cour

Au départ, la CSJ ne disposait que de deux sections : section judiciaire et section administrative. Par ces deux sections, la CSJ était rendue compétente pour connaître des pourvois en cassation, juger les membres du gouvernement et connaître des recours en annulation formés contre les actes et les décisions des autorités administratives centrales de même que l'appel contre les décisions rendues par les Cours d'appel et de demandes d'indemnités pour dommage exceptionnel tel que dit plus haut. Ne disposant pas à l'origine de la section de législation, la CSJ n'assurera pas le rôle d'organe consultatif du gouvernement privant le pays d'un organisme de conseil dans le cadre du processus d'élaboration des actes législatifs et réglementaires. C'est la révision constitutionnelle du 3 juillet 1972 qui dotera la CSJ de la section de législation[174].

En effet, cette dernière section donne des avis consultatifs sur les projets ou propositions des lois ou actes réglementaires qui lui sont soumis ainsi que sur les difficultés d'interprétation des textes[175]. Elle n'est pas une juridiction contrairement à la section judiciaire et la section administrative. Elle ne tranche point des litiges et ne rend non plus des arrêts. Elle donne simplement des avis consultatifs qui n'ont aucun caractère exécutoire ni obligatoire. Ces avis ne lient pas l'autorité requérante de même qu'ils ne mettent pas obstacle à toute action ultérieure contre l'acte pour cause d'illégalité ou d'inconstitutionnalité[176]. Il sied de considérer la section de législation comme un « organe consultatif » des autorités législatives et réglementaires[177]. Il n'est pas possible d'exposer ici toutes les jurisprudences de la haute juridiction pour illustrer le rôle de la section

---

[174]Notamment l'article 1er de la loi 072-008 du 3 juillet 1972 portant révision de la l'article 60 de la constitution du 24 juin 1967.

[175]Art. 159 de l'Ordonnance-loi n° O82-020 précitée.

[176]Art. 123, al. 2 de l'Ordonnance-loi n° 082-017 précitée.

[177] Art. 150, al. 4 Constitution de la transition, JORDC, 44é année, numéro spécial, 5 avril 2003.

de législation. Par contre deux jurisprudences constitutionnelles de cette section ont attiré notre attention[178].

➢ **Avis consultatif RL 09 du 20 janvier 2004**

Cet avis concerne la requête en interprétation du 23 décembre 2003 par laquelle le Président de la République sollicite l'avis de la CSJ sur l'interprétation des articles 76 et 94 de la constitution de la transition d'avril 2003[179] au regard des difficultés et autres désaccords éprouvés par la classe politique congolaise sur le sens exact de ces deux articles. Cette requête soulève quelques observations non négligeables. D'abord le mode de saisine. Ensuite la prise de position de la Cour sur la requête et enfin la polémique doctrinale suscitée.

Concernant ***le recours du requérant,*** celui-ci a utilisé dans son mode de saisine toutes les dispositions constitutionnelles et légales en s'appuyant à la fois sur les articles 150 al. 1 de la constitution de la Transition et 159 du COCJ qui disposent pour le premier « Sans préjudice des autres compétences qui lui sont reconnues par la présente constitution ou les lois de la République, la CSJ connaît par voie d'action et par voie d'exception, de la constitutionnalité des lois et des actes ayant force de lois ainsi que des recours en interprétation de la constitution de la transition ».

Le deuxième c'est-à-dire art. 159 COCJ dispose : « La section de législation de la CSJ donne des avis consultatifs sur les projets ou proposition des lois ou d'actes réglementaires qui lui sont soumis ainsi que sur les difficultés d'interprétation des textes ».

Cette saisine ne spécifie pas, laquelle des sections de la CSJ est compétente pour sa requête. Cette imprécision est-elle un oubli, une ignorance ou le requérant a simplement laissé le libre choix à la CSJ.

---

[178]Il s'agit de l'avis n° RL 09 du 20 janvier 2004 et de l'Arrêt R. Const. 06/TSR du 24 mars 2004. Il faut retenir que la saisine de la CSJ est prévue par les articles 121, al. 2 et 150 de la constitution de la transition ; articles 124 al. 3, 160 et 161 de la constitution du 18 février 2006 renforcée par l'Ordonnance-loi n° 082-017 du 31 mars 1982 portant sur la procédure à suivre devant la Cour particulièrement dans ses articles 1 à 13 et 76 suivants mais aussi par l'Ordonnance-loi n° 082- 20 du 31 mars 1982 relative au Code de l'organisation et de la compétence judiciaire précisément dans ses articles 149, 159 et 160.

[179]Lire la requête du Président de la République du 23 décembre 2003, Inédit, p. 1.

Cela nous semble toute proportion gardée incompréhensible et inacceptable.

Secundo, ***la position de la Cour face à cette requête,*** la haute juridiction estime que les dispositions constitutionnelles et légales soulevées par le requérant pour soutenir son action par devant elle la conduit à reconnaître sa section de législation comme compétente pour cette saisine Elle s'est fondée aussi comme le requérant sur l'article 159 du COCJ pour justifier sa position en déclarant conforme dans son avis RL 09 du 20 janvier 2004 le fait pour le requérant de « solliciter l'avis éclairé sur les articles 76 et 94 de la constitution ». Donc, conclut la Cour, l'action du Président de la République répond au prescrit de la loi spécialement l'article 159 susvisé. Cette position de la Cour a soulevé une vive polémique doctrinale dans le milieu scientifique surtout à l'université de Kinshasa.

Tertio, ***la polémique doctrinale autour de la position de la Cour se résume en*** deux tendances. La première trouve la position de la Cour conforme aux dispositions constitutionnelles et légales. La seconde estime par contre que l'action introduite par le Président de la République était mal orientée.

➢ ***Thèse de la requête conforme au droit***

Les partisans de cette tendance recourent à une interprétation minimaliste et littérale de l'article 159 du COCJ tout en brandissant le caractère souple de l'effet juridique que produit un avis. En effet, selon les défenseurs de cette tendance, déclare Dieudonné Kaluba Dibwa, « l'interprétation littérale du texte de l'article 159 susmentionné est possible. Ces dispositions concernent aussi la disposition constitutionnelle du fait que la constitution, bien qu'elle soit une loi fondamentale, demeure un texte juridique ».[180]

« Les tenants de cette thèse notamment le Professeur Kabange Ntabala et Luzolo Bambi font remarquer que l'article 159 du COCJ n'est pas hermétiquement fermé. Il entrevoit la possibilité d'un avis consultatif pour deux types de textes : notamment les projets de lois et de règlements et ensuite des «textes» dont les utilisateurs ont des

---

[180]Kaluba Dibwa, *La saisine du juge constitutionnel et administratif suprême..., op. cit.,p. 52.*

difficultés d'interprétation »[181]. Ces deux défenseurs soutiennent que le fond de la saisine du 23 décembre 2003 est la conséquence directe du fait de la reprise du terme « interprétation » de l'article 159 évoqué ci-haut. De surcroît, cette dernière interprétation, estiment-ils, est conforme surtout lorsqu'elle est combinée avec l'article 115 de l'ordonnance-loi n° 082-017 relative à la procédure devant la CSJ qui dispose que « la section de législation de la CSJ est saisie par requête de l'autorité habilitée à prendre l'acte législatif ou réglementaire ou de celle qui a pris l'initiative de consultation ». Ils reconnaissent toutefois la perplexité que peut soulever cette combinaison. Bien plus, s'agissant de la qualité de la personne à saisir la section de législation de la CSJ, l'article 115 ci-devant précise qu'il revient avant tout à « l'autorité habilitée à prendre l'acte législatif ou réglementaire » et par la suite intervient « l'autorité qui a pris l'initiative de la consultation ». Cette imprécision de la loi sur le type de texte à présenter à la consultation, ajoutent les partisans de la conformité de la saisine, constitue un écueil car le texte peut être ou ne pas être constitutionnel.

Par ailleurs, les partisans de la souplesse d'effet juridique d'un avis, souligne Kaluba Dibwa, minimisent cet effet recherché par le requérant en soutenant qu'il s'agissait d'un simple avis et non d'un arrêt obligatoire. Cette thèse se fonde sur l'article 123 alinéa 3 de l'ordonnance-loi n° 082-017 relative à la procédure devant la CSJ qui dispose que « l'avis ne lie pas l'autorité requérante de même il ne met pas l'obstacle à toute l'action ultérieure contre l'acte pour cause d'illégalité ou d'inconstitutionnalité »[182]. De là, exigé à la CSJ, toutes sections réunies, à n'utiliser que la procédure d'interprétation revienne à réduire les autres voies juridiques.

Aussi, lorsqu'il s'agit du recours en interprétation, la CSJ statue normalement par voie d'arrêt dont l'effet juridique se base sur l'article 134 de l'ordonnance-loi n° 082-017 relative à la procédure devant la CSJ qui dispose que « tout acte déclaré non conforme à la constitution est abrogé de plein droit. L'inconstitutionnalité d'un ou de plusieurs dispositions d'un acte n'entraîne pas nécessairement l'abrogation de tout l'acte ». Or le requérant dans sa saisine au sujet de l'interprétation des

---

[181] *Ibidem.*

[182]Kaluba Dibwa, *La saisine du juge constitutionnel et administratif suprême..., op. cit., p. 52*

articles 76 et 94 ont respecté la disposition de l'article 134 précité spécialement « l'abrogation de plein droit de certains actes déclarés non conformes ». Cette thèse pour constructive qu'elle soit n'a pas suscité l'adhésion de tout le monde. Ses adversaires estiment que la saisine du Président de la République n'a pas été bien orientée.

- ***Thèse de la saisine mal orientée***

Les tenants de cette thèse sont les Professeurs Vunduawe te Pemako et Kabange Ntabala mais aussi l'ancien Bâtonnier Matadi Wamba. Il faut d'emblée retenir que les défenseurs de la saisine mal orientée n'ont pas laissé de soubassement écrit de leur controverse avec leurs adversaires. Nous tenons leurs opinions des débats oraux issus des conférences organisées par la faculté de droit de l'université de Kinshasa. Leur thèse tourne autour d'une requête au libellé obscur d'une part et à la reconnaissance de la compétence de la CSJ toutes sections réunies tout en dénonçant l'incompétence de la section législative d'autre part.

En effet, les défenseurs de cette tendance attaquent la requête du Président de la République en démontrant le caractère obscur et contradictoire de son libellé qui la rend par conséquent irrecevable. Le « concerne » de cette saisine ne renvoie-t-il pas à un avis consultatif au moment où la « conclusion » fait état *expressis verbis* d'une demande en interprétation des dispositions constitutionnelles par la haute juridiction ? Nul n'ignore que l'interprétation de la constitution relève de la CSJ toutes sections réunies. Donc la saisine n'a pas été correctement orientée.

Lorsqu'il s'agit d'interpréter les dispositions constitutionnelles par la CSJ, le recours à la procédure recommandée renvoie aux articles 131 à 135 de l'ordonnance-loi n° 082-017 relative à la procédure devant cette haute juridiction. « Or devant la requête qui lui était soumise, la CSJ aurait pu statuer toutes sections réunies, après être saisie par le Procureur général de la République sur demande du Président de la République conformément à l'article 132 de l'ordonnance-loi susmentionnée. Par contre la section de législation de la CSJ ne peut statuer que sur des projets d'actes législatifs ou réglementaires »[183].

[183]Mpongo Bokako cité par Mabanga Monga Mabanga, *Le contentieux constitutionnel*

Notre position dans cette controverse rejoint celle du Professeur Dieudonné Kaluba Dibwa ainsi que celle de la doctrine des tenants d'une saisine mal orientée. La conclusion à laquelle parviennent les auteurs de cette thèse paraît la plus fondée. Car nous estimons que l'interprétation des dispositions constitutionnelles relève de la compétence certes de la CSJ mais toutes sections réunies et n'est pas l'apanage de l'unique section de législation. Celle-ci ne statue, avons-nous dit plus haut, que sur le projet d'actes législatifs ou réglementaires. Or la saisine sollicitait l'opinion de la Cour sur les articles de la constitution déjà promulguée et non sur un projet de constitution. C'est un texte qui juridiquement existe déjà et qui ne peut être interprété par la seule section de législation au risque de l'exposer à des irrégularités de procédure. « En tant qu'acte introductif d'instance, souligne Kaluba Dibwa, la saisine du Président de la République devait, surtout que cette saisine est considérée par la juridiction suprême comme un moyen d'ordre public, répondre dans sa phase active à un certain nombre d'exigences formelles et légales sous peine d'irrecevabilité »[184]. Il faut cependant reconnaître que la Haute instance en ébranlant la procédure sur la forme devant elle par l'octroi au requérant d'un pouvoir *sui generis*, réalise par cette jurisprudence une grave erreur mais aussi une exception et un revirement jurisprudentiel sans précédent à sa saisine. Or il appartient à la Cour, par ses arrêts et son interprétation, de favoriser la clarification de toutes dispositions ambiguës, obscures, contradictoires voir imprécises. Cette exigence est aussi de stricte observation par le Conseil constitutionnel français. « Le Conseil s'efforce d'adopter l'interprétation la plus raisonnable et la plus équilibrée, celle qui donne un sens utile sans pour autant s'écarter de la lettre du texte. Il arrive, cependant, qu'il opte pour une interprétation plus audacieuse, lui réservant de très larges possibilités d'appréciation discrétionnaire, quitte à revenir quelques années plus tard à une interprétation plus proche du texte. C'est ainsi que le Conseil avait interprété les articles 39, 44 et 45 comme subordonnant la validité des amendements à ce que d'une part, ils dépassent « par leur objet ou par leur portée, les limites inhérentes à l'exercice du droit d'amendement ». Ces limites à vrai dire, n'étaient prévues par aucun texte. Le Conseil constitutionnel a modifié sa jurisprudence et, adoptant une position plus mesurée, maintient naturellement l'exigence d'un lien avec le texte mais

---

congolais, Éditions universitaires africaines, 1999, p. 36.

[184] Kaluba Dibwa, *D.*, *op. cit*, p. 56

ne fait plus état du respect des limites inhérentes au droit d'amendement »[185].

> **L'arrêt R. const. 06/TSR du 24 mars 2004**

Les députés Kazadi Nanshabolowa, Jean Mubanga Kabobela, Alphone Komanda, Bruno Mukadi et Flory Sekelay ont saisi la haute juridiction et sollicité par devant elle l'examen de la conformité à la constitution de la transition de la loi relative à l'organisation et au fonctionnement des partis politiques. Cette saisine est enrôlée sous R.CONST.06/TSR en date du 23 novembre 2003. Elle a abouti à un arrêt de principe de la part de la CSJ.

Le *modus operandi* de la requête des parlementaires est conforme à l'article 131 de la constitution de la transition de 2003. Cette conformité constitutionnelle n'exige aucun commentaire. Toutefois cette saisine reste dans les annales parlementaires du fait qu'une poignée de députés congolais a eu recours à la justice contre une loi dont elle n'avait pu empêcher l'adoption au parlement. Cela constitue une avancée non négligeable. Chacun a pu certes apprécier l'efficacité de ce mécanisme de contrôle auquel la minorité politique a pu recourir. Cependant cette requête appelle aussi de notre part quelques observations sur le fond et la forme au regard de l'Ordonnance-loi relative à la procédure devant la CSJ.

La CSJ dans son arrêt R.CONST.06/TSR du 24 mars 2004 souligne que « s'agissant de la recevabilité du recours en appréciation de la conformité d'une loi à la constitution, l'article 131 de celle-ci pose deux conditions aux parlementaires qui veulent recourir à cette procédure : d'une part le recours doit être formulé par un dixième au moins des membres de l'Assemblée nationale ; d'autre part ce recours doit être déposé dans le délai fixé à six jours francs qui suivent l'adoption » de la loi.

La Cour observe que la requête de députés n'a répondu à aucune de ces conditions. « Aucune de ces conditions n'a été respectée ». « Le recours a été introduit au-delà des six jours francs prévus par l'article 131 de la constitution. Cette requête n'a pu obtenir que cinq signatures

---

[185]Pactet, P. et Melin Soucramanien, F., *Droit constitutionnel*, 23è édition, Paris, Armand Colin, 2004, p. 528.

sur les cinq cent députés que comporte le parlement congolais ». La CSJ, toutes sections réunies et siégeant sur la question constitutionnelle déclare irrecevable la saisine de députés pour non-respect des conditions prévues à l'article 131 de la constitution de transition.

Pour notre part, nous approuvons la décision de la Cour ; dès lors qu'aucune des conditions prévues n'a été respectée par les cinq députés nationaux congolais, la juridiction suprême devait logiquement déclarer leur saisine irrecevable.

En définitive, l'analyse de ces deux cas démontre que la CSJ dans le second arrêt ci-haut examiné (arrêt R06/TSR) a parfaitement dit le droit dans sa rigueur et avec impartialité. Par contre dans l'avis consultatif R.L. 09 du 20 janvier 2004, la haute juridiction a simplement manqué d'audace.

2. La Cour suprême de justice toutes sections réunies

La CSJ siège toutes sections réunies lorsqu'elle connaît :[186]

- des recours en appréciation de la constitutionnalité des lois et des actes ayant force de lois[187] ;
- des recours en interprétation de la constitution[188],
- des conflits d'attribution,
- des contestations électorales[189]
- des pourvois introduits pour la deuxième fois après cassation et concernant la même cause et les mêmes parties
- des pourvois en cassation formés sur injonction du Ministre de la justice

[186]185Art. 160, Ordonnance-Loi n° 82-02O portant code de l'organisation et de la compétence judiciaire, précitée.
[187]186 Art.131, Ordonnance-Loi n°82-017, précité.
[188]Art. 132, Ordonnance-Loi n°82-017, précité.
[189]Art .137, Ordonnance-Loi n°082-017, précité.

- des renvois ordonnés après cassation en matière d'infractions flagrantes intentionnelles.

➢ **Les recours en appréciation de la constitutionnalité des lois et des actes ayant force de loi**

La CSJ, toutes sections réunies, est saisie[190] du recours en appréciation de la constitutionnalité des lois ou actes législatifs par requête du Procureur général de la République agissant d'office, soit à la demande :

- du Président de la République lorsqu'il constate qu'une loi ou acte législatif provenant de l'Assemblée nationale est anticonstitutionnel ;

- du bureau du Parlement. Ce dernier comporte deux chambres : l'Assemblée nationale et le Sénat. Le Président de chaque chambre a la compétence de saisir la juridiction suprême conformément à la constitution[191].

- des juridictions de jugements, lorsqu'une exception d'inconstitutionnalité est soulevée devant elles pour les lois et les actes du Président de la république ayant valeur de loi.

L'article 131 de l'Ordonnance-loi n°82-017 a connu une consécration constitutionnelle et une avancée remarquable à travers l'article 161 de la constitution de la RDC par la suppression du pouvoir d'appréciation en exception d'inconstitutionnalité dont bénéficiait le juge ordinaire. Le juge dans l'article 131 peut à sa convenance apprécier les raisons d'une exception soulevée devant lui. Dans la constitution du 18 février 2006, le juge pour cette question ne peut que surseoir et saisir, toutes affaires cessantes, la Cour constitutionnelle.

Bien plus, l'autre avancée majeure sur le plan de la procédure est la suppression aux parties du droit d'appel dont elles disposaient afin d'éviter des appels complaisants contre le jugement en soulevant l'exception d'inconstitutionnalité renvoyant de surcroît la connaissance de la cause auprès de la CSJ toutes sections réunies. Tout acte déclaré

---

[190] Art 131, Ordonnance-Loi n°82-017 précité.

[191] Art 160 et 161 projet de constitution de la RDC et art. 161 al. 1 de la constitution du 18 février 2006

non conforme à la constitution est abrogé de plein droit. L'inconstitutionnalité d'une ou de plusieurs dispositions d'un acte n'entraîne pas nécessairement l'abrogation de tout l'acte. C'est la Cour qui, souverainement, détermine l'étendue de l'abrogation à opérer. A ce stade, le rapprochement peut être établi avec ce que fait le Conseil constitutionnel français en questions prioritaires de constitutionnalité[192].

➢ **Les recours en interprétation de la constitution**

Il est difficile de donner une définition universelle du mot « interprétation ». En matière constitutionnelle, surtout, il y a quelque artificialité à différencier « interprétation politique » et « interprétation juridique » de la constitution. « L'interprétation de la constitution est la recherche du sens exact d'un terme ou d'un article, à en préciser la portée et à rendre intelligible ses points obscurs, ambigus ou douteux. Elle consiste aussi à la recherche de l'intention réelle ou profonde du constituant ainsi que la signification essentielle des termes utilisés. C'est l'analyse permettant de donner une signification claire à un texte ou de préciser toutes les applications que peut avoir une disposition »[193].

La CSJ, toutes sections réunies, est saisie d'un recours en interprétation de la constitution par requête du Procureur général de la République agissant soit d'office, soit à la demande du Président de la République soit à celle du bureau du Parlement ou de toute juridiction de jugement[194]. Le recours en interprétation, soit de la constitution de la part des juridictions de jugement n'est ouvert que lorsqu'une disposition qualifiée d'obscure doit être appliquée à un litige dont elle est saisie. La constitution du 18 février 2006 apporte une intéressante innovation en la matière. L'article 161 de la constitution du 18 février 2006 constitue un réel progrès du fait de l'ouverture de la saisine du juge constitutionnel à tout citoyen. Cette question relative à la saisine de la Cour constitutionnelle fera l'objet d'un développement ultérieur.

---

[192]Pour une analyse comparative avec les QPC en France, lire nos développements pp.191- 200 de cette thèse.

[193]Cabrillac, R., (dir.), *Dictionnaire du vocabulaire juridique*, 3è édition, Paris, Litec, 2008, p. 236.

[194]Art. 132 Ordonnance-Loi n° 82-017 précitée.

- **Les contestations électorales et référendaires**[195]

Les règles électorales constituent le fondement essentiel de l'organisation des élections. Par conséquent, elles occupent une place prépondérante dans un État de droit démocratique. Alexis de Tocqueville a vu juste lorsqu'il a écrit qu' « en démocratie les lois électorales sont plus importantes. Elles ne doivent pas changer trop souvent. On ne peut les toucher que lorsqu'elles sont dangereuses, mauvaises ou inefficaces »[196]. « C'est dans cette perspective qu'au Bénin, la Cour constitutionnelle s'est montrée très vigilante et intraitable à l'égard des dispositions législatives susceptibles de compromettre la sincérité du scrutin »[197].

La CSJ veille à la régularité des élections présidentielles, législatives ainsi que du référendum. L'article 161 de la constitution du 18 février 2006 n'apporte pas une grande innovation sur ce point. Il se contente seulement d'affirmer que la « Cour constitutionnelle est juge du contentieux des élections présidentielles, législatives ainsi que du référendum ».

L'ordonnance-loi n° 82-017 relative à la procédure devant la CSJ envisage que celle-ci soit saisie, par requête du Procureur général de la République. Ce dernier doit au préalable être saisi avant d'éventuelles plaintes ou autres réclamations à formuler à cet effet et ce, à l'encontre de l'élection présidentielle[198]. Il en va de même des élections législatives où le candidat malheureux est appelé à saisir la Haute juridiction de toute réclamation due aux irrégularités des élections. Il en va aussi des actes de l'Assemblée nationale qui invalide le pouvoir du député ou constatant sa démission d'office[199] : « *Avant les élections de 2006, la jurisprudence sur les contestations électorales en RDC restait quasiment inexistante. Le bâtonnier honoraire Matadi Nenga Gamanda affirme que « la CSJ en sa qualité de juge de recours*

---

[195]Art. 150 Constitution de la transition, Art. 161 de la constitution du 18 février 2006

[196]Tocqueville, A. *De, De la démocratie en Amérique*, 1835, Paris, Réédition Flammarion, 1981, p. 422.

[197]Bole, S., « Les juridictions constitutionnelles africaines et les crises électorales », 5è Congrès de l'ACCPUF, 2005, p. 83.

[198]Art. 138 Ordonnance-Loi n° 82-017 précitée

[199] Lire affaire Mutiri Muyongo contre HCR-PT enrôlée sous R.C.E.001/96 du 4 février 1996.

électoraux n'a réellement siégé dans aucune affaire quand bien même l'enrôlement de 270 affaires dans le registre, toutes enregistrées en 1977... »[200].

Les élections dans le cadre du pouvoir autocratique d'avant 1990 étaient « sans choix et sans risques »[201]. Elles servaient simplement à légitimer et à conforter les intérêts du pouvoir. On a souligné ainsi que « l'organisation des élections législatives, provinciales et communales en 1977 n'a été qu'une façade permettant le maintien d'élites dont le discours change mais non les pratiques »[202] et encore que les élections permettaient « au nom des impératifs de la construction nationale et du développement d'élaborer des stratégies d'accaparement des ressources internes ou des rentes liées à l'extraversion »[203]. Quel pouvait, dans ces conditions, être le rôle réel de la Cour suprême de justice ?

Avant les élections de 2006, avons-nous souligné plus haut, la jurisprudence sur les contestations électorales en RDC restait quasiment inexistante. Ce contexte conduit le bâtonnier honoraire Matadi Nenga Gamanda à affirmer que « la CSJ en sa qualité de juge de recours électoraux n'a réellement siégé dans aucune affaire quand bien même » a-t-il noté « l'enrôlement de 270 affaires dans le registre, toutes enregistrées en 1977... »[204].

Au cours de la période postélectorale 2006-2007, la CSJ a joué un grand rôle tant dans les élections présidentielles que législatives en rendant un nombre important d'arrêts. Avec la construction de l'Etat en RDC, ces arrêts, à la lumière des rapports de force (pouvoir-opposition) sont des dynamiques de consolidation démocratique. A titre indicatif,

---

[200]Lire avec intérêt l'article de Me Matadi Nenga Gamanda, « La question du pouvoir judiciaire en RDC. Contribution à une théorie de réforme », *Revue de droit africain*, n°15, juillet 2000, RDJA a.bs.b.l., Bruxelles, p. 372

[201]Cette expression est du professeur Meledje, D.-F.,, « Le contentieux électoral en Afrique », in Vettogaglia, J.-P., et alii (dir.), *Démocratie et élections dans l'espace francophone*, Vol. II, Bruylant, 2010, p. 141.

[202]Darracq, V., et Magnani, V., « Les élections en Afrique : un mirage démocratique ? », *Revue Politique étrangère*, n°4, 2011, pp.839-850

[203] Bayart, J-F., *L'Etat en Afrique : la politique du ventre*, Paris Fayard, 1989.

[204]Lire avec intérêt l'article de Me Matadi Nenga Gamanda, « La question du pouvoir judiciaire en RDC. Contribution à une théorie de réforme », *Revue de droit africain*, n°15, juillet 2000, RDJA a.bs.b.l., Bruxelles, p. 372

les plus importants de ces arrêts sont : l'arrêt RCE. PR. 009 du 27 novembre 2006 sur le recours du Mouvement de Libération du Congo (MLC) et l'arrêt R.E. OO6 de la même date relatif à la proclamation des résultats définitifs de l'élection présidentielle au deuxième tour du 29 octobre 2006. Il a été rendu une pléthore d'arrêts validant et invalidant le mandat des députés nationaux pour les élections législatives.

En matière référendaire, la CSJ est saisie de tous litiges susceptibles de naître lors des différentes étapes, c'est-à-dire de l'organisation au déroulement de ce scrutin. Le juge constitutionnel est omniprésent en s'occupant du processus référendaire *ab initio* jusqu'à l'apurement total d'éventuels contentieux postérieurs au référendum. Les articles 48 et s. de la loi portant l'organisation du référendum constitutionnel en RDC[205] consacrent un contentieux référendaire dont la compétence est dévolue à la CSJ. Celle-ci est saisie par voie de requête des partis politiques, associations, Procureur de la République ou de toute personne intéressée[206].

➢ **La consultation**

Toute autorité investie du pouvoir de prendre un acte administratif ou législatif voire celle qui a pris l'initiative de la consultation dispose de la possibilité de saisir la section de législation de la CSJ en vue de solliciter ses avis sur les projets ou propositions des lois qui lui sont soumis ainsi que sur les difficultés d'interprétation des textes[207]. La section de législation de la Haute juridiction congolaise n'exerce pas comme il a été dit plus haut une activité juridictionnelle. Elle ne tranche donc pas. Elle émet des avis sur les projets ou autres propositions de loi dont elle est saisie. Elle joue à cet effet le rôle d'un conseiller auprès des autorités publiques ou exécutives qui sont entre autres le Président de la République, les Présidents des deux chambres du Parlement, les Ministres et les Gouverneurs des provinces[208].

---

[205] Loi n°05/010 du 22 juin 2005, journal officiel de la RDC, 44è année, numéros spécial, Kinshasa, 5 juin 2005.
[206]Art. 149 de la Loi n°05/010 du 22 juin 2005, précitée.
[207]Art.159 de l'Ordonnance-loi n° 82-020 précitée.
[208]Voir art. 150 constitution de transition ; art. 159 de l'ordonnance-loi n°82-020 précitée

➢ **Les conflits d'attribution**

La CSJ est la seule compétente en cas de conflit d'attribution et statue à cet effet, toutes sections réunies. Il y a conflit d'attribution lorsqu'une section judiciaire et une section administrative se déclarent pour une même demande, mue entre les parties, à la fois compétentes ou incompétentes. L'exception d'incompétence soulevée devant une section judiciaire ou devant une section administrative sur motif que la demande relève en tout ou en partie de l'autre section doit être tranchée par décision séparée[209].

Lorsque la CSJ a vidé le conflit d'attribution, la section qui n'a pas été reconnue compétente est dessaisie de plein droit de l'action pendante devant elle[210]. La section déclarée compétente sera alors la seule habilitée à trancher le fond du litige sur nouvelle demande de la partie la plus diligente selon les règles prévues par la loi.

§2. La contestation partielle du rôle de la Cour suprême de justice

Évoquant le Conseil constitutionnel français, Dominique Rousseau écrit : « Par l'action de sa jurisprudence, par la dynamique de la réforme de 1974, le Conseil est devenu l'institution majeure, la clé de voûte du système constitutionnel et politique français. Cette position, acquise en peu de temps, dans un pays traditionnellement hostile à ce type d'institution, a permis à la France de s'inscrire et de participer au développement du mouvement général en faveur de la justice constitutionnelle »[211]. La CSJ congolaise dont la naissance remonte en 1968 n'a pas assurément connu la même trajectoire que le Conseil constitutionnel français. En effet, c'est à partir de la date du 10 juillet 1968 que se situe la révolution de la justice congolaise avec la création de la CSJ par l'ordonnance-loi de la même date[212]. Son émancipation et son affirmation en tant qu'institution majeure face aux autres institutions dont l'exécutif et le législatif sont restées une entreprise à construire. Comme toute Cour suprême, elle détient des prérogatives dont nulle autre juridiction congolaise ne peut se prévaloir. Ce qui suscite la contestation, vaste débat et polémique sur son pouvoir effectif

---

[209]Art. 124, al. 2 de l'Ordonnance-loi n° 82-017 précitée.

[210]Art. 129 Ordonnance-Loi n°82-017 précitée.

[211]Rousseau, D., op. cit., p. 78

[212]L'ordonnance-loi n°68/248 du 10 juillet 1968 portant Code de l'organisation et de la compétence judiciaire.

en évoquant le spectre du gouvernement des juges considéré comme une institution antidémocratique. La CSJ a pour mission de contrôler l'application des règles de droit par l'ensemble des juridictions et d'assurer ainsi l'unité de la jurisprudence sur l'ensemble du territoire congolais. Elle est unique (A). Elle ne juge certainement pas des parties mais des jugements (B).

A. La Cour suprême de justice congolaise est unique

La RDC pratique l'unité de juridiction. Pour ce faire, les recours formés contre les actes administratifs notamment pour excès de pouvoir, contentieux de pleine juridiction etc. sont adressés par les requérants aux sections spécialisées des Cours d'appel lorsqu'il s'agit des décisions ou actes administratifs émanant des autorités administratives provinciales ou locales et auprès de la Cour suprême de justice lorsqu'il s'agit des décisions ou actes émanant des autorités du pouvoir central. En effet, il n'existe sur la scène juridique nationale congolaise qu'une seule Cour suprême pour toute la République. Son siège se trouve à Kinshasa capitale du pays. L'unification de la jurisprudence et l'application exacte du droit congolais constituent sa principale mission telle que rappelée ci-haut. Cette unicité est la conséquence de l'unité d'ordre de juridiction qu'a toujours connue la RDC jusqu'à la mise en place de la constitution de 2006 laquelle institue un nouveau régime juridique où existe une dualité de l'ordre de juridiction[213]. Il faut cependant retenir que la création des deux ordres de juridictions en 2006 se fait d'une part au sein d'un pouvoir judiciaire reconnu en tant que tel (ce n'est pas si fréquent, ce n'est pas le cas en France, par exemple). La constitution du Zaïre sous le régime du Maréchal Mobutu reconnaît le pouvoir judiciaire sans pouvoir réel. D'autre part la Cour constitutionnelle fait partie du pouvoir judiciaire mais pas d'un ordre de juridiction précis. Elle est indépendante de ces deux ordres reconnus (cas du Conseil constitutionnel en France). L'unité des juridictions avant 2006 n'opère aucunement de séparation entre les tribunaux administratifs et les tribunaux judiciaires, lesquels se trouvent être dans les mêmes juridictions. Il n'est pas non plus question de la différence entre les juridictions de droit commun et les juridictions militaires. La Haute Cour militaire ne doit pas être

[213]Voir Titre III, chapitre 1er, section 4 (Du pouvoir judiciaire), §2 (des juridictions de l'ordre judiciaire) et §3 (des juridictions de l'ordre administratives) notamment les articles 153 et 154 de la constitution du 18 février 2006.

comparée à la Cour suprême de justice bien que « la tendance actuelle[214] du code de justice militaire soit d'affirmer l'indépendance des juridictions militaires pour les soustraire à la Cour suprême ».[215] Celle-ci demeure la seule juridiction suprême de la République et chapeaute toutes les autres juridictions. L'article 30, alinéa 2 du code de justice militaire affirme qu'en cas de connexité ou de litispendance, le code de justice militaire reconnaît l'autorité de la Cour suprême. Cet article dispose que « Lorsqu'une juridiction militaire et une juridiction de droit commun se trouvent simultanément saisies de la même infraction ou d'infractions connexes, la CSJ, à la requête du Procureur général de la République, détermine la juridiction compétente ».[216]

La primauté de la CSJ en tant que Cour suprême unique résulte de sa position suprême en matière juridique sur le territoire national. La logique juridique implique, pour que soit parfaite la soumission du Politique au Droit, qu'existe aussi un système de sanction, applicable à tous ceux qui ne respectent pas la règle.

Une autre question se pose à la CSJ : celle de son rôle éventuel comme acteur fondamental dans le processus complexe de fabrication des lois lorsqu'elle agit dans une autre fonction que celle de la Cour suprême. La Cour doit dès lors être saisie comme une réalité politique, ne serait-ce que pour clarifier, légitimer ou disqualifier une loi (contrôle par voie d'exception). On peut, à ce propos, affirmer avec Dominique Rousseau que « Le pouvoir de la Cour dans le processus législatif peut être qualifié de pouvoir d'amendement irréfragable. Pouvoir d'amendement parce qu'il peut supprimer des dispositions législatives, en déclarer d'autres dépourvues d'effets juridiques, définir par une interprétation directive les conditions d'application de la loi, ou encore donner, dans la motivation de sa décision, des conseils pour une réécriture constitutionnelle de la loi contestée. Irréfragable parce qu'aucun autre acteur de la procédure législative n'est en position de pouvoir s'opposer, ignorer ou contester ses décisions »[217]. Dès lors la

---

[214]Depuis l'entrée en vigueur de la constitution du 18 février 2006

[215]Kamidi Ofit, R., *Le système judiciaire congolais : organisation et compétence*, Kinshasa, édition Fito, 1999, p.80

[216]Art. 30, al. 2 de la Loi n°023/2002 du 19 novembre 2002 portant code judiciaire militaire, JORDC, Numéro spécial, 20 mars 2003.

[217]Rousseau, D., *Droit du contentieux constitutionnel*, 8è édition, Paris, Montchrestien, 2006, p.78.

Cour va se trouver en surplomb par rapport au pouvoir politique et risque d'encourir la critique classique : elle n'est pas un organe démocratiquement élu. Cette position a souvent été reprochée aux cours constitutionnelles en Europe. Les critiques se sont apaisées avec l'acclimatation du contrôle de constitutionnalité sur les lois au point que celui-ci apparaît comme nécessaire à l'État de droit. C'est ce que résume M. Weber en disant : « *Sans doute, lorsqu'est posée et sanctionnée la supériorité de la constitution sur la loi, l'organe qui dit les règles constitutionnelles est, nécessairement, dans la position supérieure à celui qui écrit la loi. Au demeurant, s'il est question, aujourd'hui de la nouvelle figure de l'État de droit, c'est bien qu'à l'État de la souveraineté de la loi et du Parlement a succédé l'État de la souveraineté de la constitution et la primauté du Conseil constitutionnel* »[218]. La CSJ en République démocratique du Congo peut-elle vraiment se prévaloir d'une telle primauté ? L'étude de son rôle doit être menée pour répondre à cette question.

B. La Cour suprême de justice juge des jugements

En RDC, seule la Cour suprême de justice est compétente pour connaître des pourvois en cassation. Cette haute juridiction ne juge pas les parties au procès mais les « jugements » c'est-à-dire les décisions prises en dernier ressort.

En France, « Il y a un adage traditionnel qui affirme que la Cour de cassation juge des arrêts et non les affaires »[219]. Cet adage s'applique aussi en RDC.

La Cour est appelée non à trancher les litiges mais à dire si l'arrêt ou le jugement, l'objet de pourvoi devant elle, est conforme ou non à la constitution. En conséquence, la Cour suprême de justice ne juge pas le fond des affaires.

Comme la Cour de cassation française, la haute juridiction ne constitue nullement un troisième degré de juridiction. La Cour suprême de justice de la RDC joue aussi le rôle de la Cour de cassation en statuant sur les jugements ou autres décisions. Bien que cet aspect ne soit pas l'objet de notre étude, il convient de souligner en quelques

[218]Rousseau, D., *Droit du contentieux constitutionnel, op.cit.*, p. 80.
[219]Weber, J.-F., *La Cour de cassation*, Paris, Documentation française, 2010, p. 59

lignes la spécificité du procès en cassation ainsi mis en évidence (juge de jugement) :

« En première instance, en appel, le procès met face à face deux ou plusieurs parties, qui débattent librement en droit et en fait de la ou des questions litigieuses, qui produisent des pièces de toute nature. Le juge de fond rend des décisions extrêmement variées : il ordonne des mesures d'instruction (expertise, enquête...), il prononce des condamnations (dommages et intérêts, démolition d'un bâtiment...), il annule un contrat, il déclare la paternité d'un enfant...

Le débat en cassation est tout autre.

Si les parties sont toujours face à face, le procès est avant tout un procès fait à une décision, ainsi que l'indique l'article 604 cité plus haut.

Il s'agit pour le juge de cassation de vérifier si la décision qui lui est déférée est régulière.

Les parties critiquent ou défendent cette décision.

Le juge rejette le pourvoi s'il la juge régulière ; il casse la décision irrégulière et, sauf exception, laisse le soin à une autre juridiction du fond de juger à nouveau le litige »[220].

Ainsi, en principe, la Cour suprême de justice en sa qualité de juge de cassation doit juger l'arrêt en l'état seul des éléments soumis au juge du fond.

Elle ne prononce pas de condamnations, n'ordonne pas de mesures d'instruction; elle juge seulement la décision.

L'analyse de certaines jurisprudences de la Cour suprême de justice congolaise en tant que cour constitutionnelle de transition conduit à reconnaître que cette juridiction est restée et demeure relativement fréquentable. En effet, il y a lieu d'observer avec le Professeur Jean Louis Esambo Kangashe que « le développement d'une nation ne se mesure pas forcement par ses ressources naturelles et autres

---

[220]Jobard-Bachellier, M.- J. et Bachellier X., *La technique de cassation : pourvois et arrêts en matière civile*, 7è édition, Paris, Dalloz, 2010, pp. 5-7.

potentialités dont elle peut disposer. Il est tout aussi tributaire de la capacité de mobilisation des énergies capables de créer un espace d'exercice et de protection des libertés individuelles et des droits fondamentaux de l'homme »[221]. Cette mission est, dans un État de droit, dévolue à un pouvoir judiciaire indépendant. Cette indépendance du juge ne constitue pas un danger dans le fonctionnement des institutions politiques. Elle s'inscrit, tel est le cas aux États-Unis, dans une tradition qui vise le respect de la légalité constitutionnelle, la stabilité institutionnelle et la garantie des libertés publiques. La Cour suprême de justice de la RDC avec les moyens de sa politique veut apporter sa contribution à l'instauration de cet État de droit. C'est d'ailleurs dans ce rôle que la CSJ est ou était contestée.

« Or l'évocation du spectre du gouvernement des juges suffit pour que l'on se pose la question de savoir si, en RDC ou en France, en rendant des arrêts ou décisions dans le domaine politique tel qu'en matière de contrôle de constitutionnalité des lois ou d'interprétation de la constitution, le Conseil constitutionnel ou la Cour suprême de justice n'outrepassent pas leur rôle d'arbitre pour devenir le législateur au même titre que le parlement » [222].

L'expression « gouvernement des juges », est « utilisée aujourd'hui chaque fois que l'on veut critiquer le pouvoir excessif des juges, spécialement et exclusivement, celui des Cours constitutionnelles ».[223] Cette expression a suscité une vive controverse doctrinale[224] que nous nous abstenons de reproduire dans ce travail.

Il faut néanmoins reconnaître et ce, à la suite de Michel Troper, « qu'à l'heure actuelle, il n'existe plus d'auteurs qui contestent aux membres des Cours constitutionnelles la qualité de juge. Le contrôle de constitutionnalité qu'exercent ces juridictions ne porte pas, estime-t-il,

---

[221]Esambo Kangashe, J.-L., *La constitution congolaise du 18 février 2006 à l'épreuve du constitutionnalisme: contraintes pratiques et perspectives,* Louvain-la-Neuve, Academia-Bruylant, 2010, p. 90.
[222]Esambo Kangashe, J.-L., *op. cit.*, p. 92.
[223]Troper, M., « Le bon usage des spectres du gouvernement des juges au gouvernement par le juge », *Le nouveau constitutionnalisme*, Paris, Economica, 2001, p. 49.
[224]Sur la controverse autour de cette expression, Lire Troper, M., « Le bon usage des spectres... », *op.cit.*, pp. 50-51.

atteint au principe de la séparation des pouvoirs »[225]. Hans Kelsen soutient aussi qu'en exerçant le contrôle de constitutionnalité, le juge n'exerce pas uniquement une fonction juridictionnelle mais législative et donc politique, le problème est par contre celui de savoir jusqu'où doit aller ce contrôle.

De notre part, nous estimons que, bien qu'exerçant la fonction juridictionnelle, le juge constitutionnel ne s'arroge point un pouvoir politique excessif dépassant le cadre ou les limites fixées par la constitution. Le constituant congolais, conscient de cette réalité, s'est résolu à doter la RDC d'un pouvoir judiciaire libéré du poids des interférences politiques. La constitution de 2006 dispose que « la République démocratique du Congo est, dans ses frontières au 30 juin 1960, un État de droit, souverain, uni et indivisible, social, démocratique et laïc »[226]. L'État de droit tel qu'énoncé dans cet article ne peut être assuré que dans la mesure où le pouvoir judiciaire s'exerce en toute liberté. Or en République démocratique du Congo les partisans d'un État de droit fondé sur la réelle séparation des pouvoirs s'opposent souvent à ceux qui prônent un État de droit fondé certes sur la séparation des pouvoirs mais avec une surveillance politique des juges. Le but de cette surveillance est d'épargner le Congo d'un « gouvernement des juges »[227]. Car devenus libres, les magistrats qui n'obéissent qu'à leur conscience et qui ne sont soumis à aucun contrôle, même pas celui du peuple, deviendraient dangereux pour l'équilibre social et la démocratie, affirment les opérateurs politiques des institutions exécutives et législatives allant jusqu'à véhiculer leur point de vue au sein de l'opinion publique congolaise à l'occasion des discussions au parlement sur l'arrêt RE007 du 05 mai 2007 de la Cour suprême de justice, lequel arrêt proclamait les résultats définitifs des élections législatives.

Le parlement congolais a introduit une requête auprès de la CSJ en date du 18 mai 2007 afin d'obtenir l'interprétation de la constitution sur la validation des mandats des députés nationaux. La Cour, siégeant en matière d'interprétation de la constitution, dans son arrêt R. const. 050/TSR du 23 mai 2007 indique que « la validation des pouvoirs confiés au parlement, par l'article 114 de la constitution du 18 février

---

[225] *Ibidem.*
[226] Art. 1 alinéa 1de la constitution du 18 février 2006.
[227] Esambo Kanga.she, J.-L., *op. cit.* p. 93.

2006, concerne la vérification des faits tels que l'identité des députés nationaux ou des sénateurs proclamés provisoirement élus. Elle ne vise pas les mandats des personnes dont la régularité de l'élection a été constatée par les instances judiciaires dont les décisions s'imposent à tous ».[228]

Comme le rappelle le Professeur Jean Louis Esambo Kangashe, cet arrêt[229] a été très contesté par des parlementaires qui ont accusé la CSJ de violer la constitution et de se substituer aux autres pouvoirs de l'État. Par une résolution n° 005 du 12 avril 2007, les députés ont créé une « commission inter institutionnelle » inconstitutionnelle dont les pouvoirs variés étaient autant de violations de la constitution. La commission interinstitutionnelle comprenait le Président de la République, le Premier ministre, le président de l'Assemblée nationale, le président du Sénat, le ministre de la justice, le procureur général de la République, le premier président de la Haute Cour militaire et l'auditeur général des Forces armées de la République démocratique du Congo. Elle devait réformer le système judiciaire, avec notamment pour mission de réviser la constitution en ce qui concerne l'indépendance des magistrats. Elle pouvait aussi révoquer les magistrats de la Cour suprême de justice corrompus (en lieu et place du président de la République agissant sur proposition du Conseil supérieur de la magistrature.

« Ce faisant, dit le Professeur Esambo Kangashe, ces députés nationaux se sont constitués en une « juridiction d'exception » qui ne soit nullement prévue par la loi fondamentale[230] . Cette situation a failli plonger le pays dans une crise institutionnelle n'eût été la sagesse de certains députés nationaux qui ont reconnu la primauté du droit et des décisions de la Cour suprême de justice, désamorçant ainsi la crise. Cela témoigne aussi du difficile apprentissage de la démocratie.

Si la crise institutionnelle entre le législatif et le judiciaire a été évitée de justesse, il faut cependant reconnaître avec le Professeur Pierre François Gonidec que « l'emprise du pouvoir exécutif sur la justice y compris constitutionnelle reste une autre réalité. Cette prédominance de l'exécutif dans le système politique constitue une

---

[228]Esambo Kangashe, J.-L., *op. cit.*, p. 95

[229]Arrêt RCE 007 du 5 Mai 2007 proclamant les résultats des élections législatives

[230]Esambo Kangashe, J.-L., *op. cit.*, p. 95.

source de paralysie de l'institution judiciaire »[231]. Tout au long de ce chapitre, il a été question d'une tentative d'analyse de la CSJ s'inscrivant logiquement dans les données heuristiques d'une solution à la question centrale, celle de l'établissement d'un État de droit démocratique en RDC. L'étude de son organisation, du fonctionnement et la diversité des compétences de la CSJ a permis de saisir la diversité des affaires qu'elle était appelée à traiter.

Aussi cette présentation de la CSJ qui a évolué dans un environnement de concentration du pouvoir entre les mains d'une personne a permis d'envisager sa transformation pour une contribution à la construction d'un État de droit et de la démocratie en RDC l'objet du chapitre deuxième.

---

[231]Gonidec, P.-F., *Les Droits africains : Évolution et sources, Tome II, 2è édition, Paris, LGDJ, 1976, 290 p.*

CHAPITRE DEUXIÈME

EXPÉRIENCE CONGOLAISE DE LA COUR SUPRÊME DE JUSTICE : JURIDICTION CONSTITUTIONNELLE DE TRANSITION

La justice pratiquée sur l'ensemble du territoire congolais a été instituée en un peu plus d'un siècle. L'organisation actuelle de cette justice en général et le système de droit en RDC en particulier s'inspirent du modèle positiviste. Le positivisme juridique est « ...une doctrine qui ne reconnaît de valeur qu'aux règles du droit positif et rejette toute métaphysique et toute idée de droit naturel. »[232]. Cette doctrine prône la supériorité des normes étatiques sur les autres normes. Elle considère que le droit ne peut être connu et reconnu que s'il émane de l'autorité détenant le pouvoir qui lui a été confié par la population. La philosophie du positivisme juridique nous enseigne que tout résulte des normes décrétées par les autorités politiques, la pratique du pouvoir comme celle de la justice. Donc le système juridique est organisé totalement par la loi. Dans la pratique, le positivisme juridique s'apparente le plus souvent à un formalisme « absolu » dans le sens où le droit régit presque l'ensemble de l'activité humaine et que les juridictions sont toujours astreintes au respect à la fois de procédures et de formes. « Bien plus, écrit Karine Le Breton, l'organisation juridique résultant de cette doctrine se traduit bien souvent par un rapport hiérarchique entre les juridictions. Le système judiciaire prend en général la forme d'une pyramide. La combinaison de ce formalisme et de cette organisation judiciaire très ordonnée conduit certainement à une justice très structurée qui laisse peu de place au facteur humain »[233].

La justice constitutionnelle congolaise est dans une certaine mesure une application de cette justice positiviste. Néanmoins, l'adoption du positivisme en RDC s'est soldée par un résultat peu reluisant si l'on en juge par la situation globale de la justice congolaise d'aujourd'hui. Pour mieux comprendre l'expérience actuelle de la CSJ,

---

[232]Lexique des termes juridiques, Paris, Dalloz, 19e édition, p. 653.

[233]Le Breton, Karine, *La culture judiciaire kinoise comme cadre de refondation de la justice au Congo*, thèse en droit, Université Paris I- Panthéon-Sorbonne, 2008 p. 29.

juridiction de transition, il est important d'analyser la confiance ou la méfiance de la population à son égard (Section 1). Notre développement sur ce sujet nous permettra d'observer entre autres, l'accueil de cette institution par la population congolaise. Cette juridiction pour des raisons pragmatiques a été provisoirement conservée jusqu'à l'établissement d'une Cour constitutionnelle. La constitution du 18 février 2006 a éclaté cette CSJ en deux ordres de juridictions dont la mise en place est en cours d'être effective. De ce fait, on peut se demander si cet éclatement de la CSJ en trois nouvelles juridictions est une avancée constitutionnelle ou une simple spéculation politique (Section 2).

Section 1 : Confiance ou méfiance du peuple à l'égard de la Cour suprême de justice

Depuis la réforme de 1968 instituant le code de l'organisation et de la compétence judiciaires (C.O.C.J.), l'appareil judiciaire congolais a conservé ses grandes lignes, tout en subissant certains aménagements. De plus, la constitution du 18 février 2006 instaurant la troisième République a apporté aussi de profondes modifications mais elle a gardé les grandes lignes du système précédent. C'est pourquoi la présente analyse démontrera les faiblesses de cette haute juridiction suscitant l'adhésion ou la méfiance du peuple. Sa structure répond-elle aux missions d'une Cour constitutionnelle de transition conformément à l'article 223 de la constitution de 2006 ? (§1). Quelques tentatives jurisprudentielles de cette juridiction constitutionnelle transitoire constituent une évolution réelle bien que timide dans l'établissement d'un État de droit en RDC (§2).

§1. La structure de la Cour suprême de justice répond-elle aux missions d'une Cour constitutionnelle ?

La CSJ est constitutionnellement habilitée à remplir transitoirement les attributions dévolues à la Cour constitutionnelle jusqu'à l'installation de celle-ci. La loi organique portant l'organisation et le fonctionnement de cette haute juridiction a été promulguée le 15 octobre 2013 et les neuf membres qui la composeront ont été nommés le 7 juillet 2014. D'après ces neuf membres, cette nouvelle Cour constitutionnelle ne pourra être opérationnelle qu'en 2015. En attendant, il demeure légitime de s'interroger sur la question de savoir si, pendant la période transitoire, la Cour suprême de justice correspond à ce qu'on peut en attendre, eu égard à ses missions. L'actuelle CSJ, créée par l'ordonnance-loi du 10 juillet 1968, demeure une juridiction fréquentable malgré la méfiance de certains justiciables.

Sans reprendre ici ce qui a été dit et écrit par de nombreux théoriciens, ni évoquer à nouveau les considérations reprises dans le chapitre précédent, il est question d'examiner les difficiles missions de la CSJ en tant que Cour constitutionnelle à partir de la thèse selon laquelle l'actuelle CSJ présenterait des faiblesses institutionnelles susceptibles de compliquer l'exercice harmonieux et transitoire de ses missions (A). La CSJ est une institution qui doit avoir un certain prestige, car elle est garante de la bonne marche des autres institutions de la République. Pourtant son image ne reflète pas cet idéal du reste significatif pour un État de droit. L'adhésion ou le rejet du peuple à son égard dépend de cette image et du fonctionnement de cette institution (B).

A. Difficiles missions de la CSJ aux attributions de la Cour constitutionnelle

Au-delà de virulentes critiques frôlant le dénigrement, la haute juridiction constitutionnelle transitoire de la RDC reste respectable et fréquentable. Il existe une relation directe de cause à effet entre les missions de cette institution (1) et sa structure institutionnelle (2) qui n'a subi le moindre changement.

1. Missions de la Cour suprême de justice sous la transition

Il a été dit ci-haut que la CSJ a été créée par l'ordonnance du 10 juillet 1968. Auparavant la RDC n'était pas dotée de cette juridiction. Les pourvois en cassation étaient renvoyés devant la Cour de cassation belge pendant la colonisation. Au lendemain de l'indépendance, personne ne voulait finir avec ces procédures de cassation déjà initiées ou interdire aux citoyens de se pourvoir en cassation. L'article 189 de la loi fondamentale de 1960 prévoyait que la Cour de cassation belge continuerait à faire fonction d'une Cour de cassation jusqu'à l'instauration de son homologue congolaise. Bien que la constitution du 1er août 1964 ait prévu l'établissement d'une Cour constitutionnelle, il a fallu attendre la constitution du 24 juin 1967, qui suivit le putsch militaire de novembre 1965, pour qu'une loi énonce les modalités de la création de cette haute juridiction laquelle remplit le rôle des trois ordres supérieurs que l'on retrouve en France.

L'actuelle CSJ dispose d'un large panel de compétences. Or dans un grand pays tel que la RDC, le système d'une Cour unique nous semble suranné et inadapté. La haute juridiction peut toutefois remercier la population congolaise qui ne l'a pas trop sollicitée, sinon elle aurait été vite dépassée dans l'accomplissement de ses missions.

Le juge constitutionnel transitoire congolais continue, en dépit de l'environnement qui lui reste hostile, à exercer sa mission principale de gardien du temple constitutionnel au moment où nous écrivons. Car la Cour constitutionnelle n'est pas encore opérationnelle. L'efficacité de la mission de la CSJ dans un tel environnement relève à ce jour d'une illusion. Il n'est pas question ici de reprendre *in extenso* les attributions de la Cour constitutionnelle auxquelles un chapitre lui est ultérieurement dédié[234]. Néanmoins, depuis l'avènement d'un ordre juridique nouveau installé en 2006, le juge constitutionnel s'est réveillé de son comma juridique et est considéré comme le concurrent direct du politique. Or celui-ci par peur du gouvernement des juges se sent moins disposés à se plier aux diktats des juges. Les compétences dévolues à la Cour constitutionnelle sont diverses. L'actuelle CSJ tente de les assumer. L'exercice de chaque compétence se rapporte à des sanctions. Dans le cadre de ses attributions transitoires, deux d'entre ces compétences ont retenu notre attention notamment : le contrôle de constitutionnalité et le contentieux électoral.

Au sujet du contrôle de constitutionnalité qui fera l'objet d'une analyse approfondie ultérieurement[235], la constitution du 18 février 2006 affirme que « tout acte déclaré non conforme à la constitution est nul de plein droit »[236]. En effet, la sanction prévue par cet article concerne logiquement un acte déjà en vigueur. Pour autant, la rédaction de cette disposition risque de poser un problème dans son interprétation. La nullité soulevée dans cette disposition est en rapport avec la sanction d'un recours en inconstitutionnalité. Pour ce qui concerne la sanction

---

[234]Lire le chapitre II de la deuxième partie de cette thèse relatif aux compétences de la Cour et leurs modalités d'exercice à partir de la page 256 et ss.
[235]Voir pp. 273 et ss de cette thèse.
[236]Article 168, alinéa 2 de la constitution du 18 février 2006.

liée au contrôle de constitutionnalité, le mécanisme de ce type de contrôle ne soulève aucune préoccupation pour les traités ou accords internationaux. La constitution de 2006 déclare que si « un traité ou accord international comporte une clause contraire à la constitution, la ratification ou l'approbation ne peut intervenir qu'après la révision de la constitution »[237].

Quant aux autres actes soumis au contrôle de constitutionnalité notamment les lois organiques, les lois ordinaires voire les lois constitutionnelles, les règlements intérieurs des chambres parlementaires, du Congrès, de la Commission Électorale Nationale Indépendante (CENI) et du Conseil Supérieur de l'Audiovisuel et de la Communication (CSAC), la constitution considère qu'une loi ou une de ses dispositions frappée d'inconstitutionnalité ne peut être promulguée en l'état. Il en va de même pour les autres actes qui ne peuvent pas entrer en application. Néanmoins, la haute juridiction constitutionnelle transitoire a de la possibilité de déclarer inséparable ou pas les dispositions réputées contraires à la constitution.

En droit comparé notamment en France une telle possibilité ne pose aucun problème pour le Conseil constitutionnel. Les articles 22 et 23 de l'ordonnance n°58-1067 du 7 novembre 1958 portant loi organique du Conseil constitutionnel français prévoient la divisibilité. « Dans le cas où le Conseil constitutionnel déclare que la loi dont il est saisi contient une disposition contraire à la constitution et inséparable de l'ensemble de cette loi, celle-ci ne peut être promulguée »[238]. Par contre dans le cas où le Conseil constitutionnel déclare que la loi dont il est saisi contient une disposition contraire à la constitution sans constater en même temps qu'elle est inséparable de l'ensemble de cette loi, le Président de la République peut promulguer la loi à l'exception de cette disposition, soit demander aux chambres une nouvelle lecture.[239] D'après l'article 62 de la constitution de 1958, une disposition déclarée inconstitutionnelle sur le fondement de l'article 61 ne peut être promulguée ni mise en application. Lorsqu'une disposition est mise en cause, seule compte la déclaration d'inconstitutionnalité entraînant le

---

[237]Article 216 de la constitution du 18 février 2006.

[238] Article 22 de l'ordonnance n°58_1067 du 7 novembre 1958 portant loi organique sur le Conseil constitutionnel sur www.conseil-constitutionnel.fr Consulté le 14 septembre 2013.

[239]Article 23 de l'ordonnance n° 58-1067 déjà cité.

non promulgation ou l'absence de mise en application.[240] Cette hypothèse a été retenue par la loi organique sur la Cour constitutionnelle en RDC.

Toujours en droit comparé, cette possibilité est aussi prévue au Bénin. La Cour constitutionnelle de ce pays en donne un exemple dans sa décision DCC 05-069 du 27 juillet 2005. Examinant la constitutionnalité de la loi portant sur les règles particulières à l'élection du Président de la République, la Cour a déclaré que certains articles inconstitutionnels de cette loi étaient inséparables de l'ensemble de la loi[241].

Quant au contentieux électoral, spécialement celui qui porte sur les résultats, on relèvera sans pouvoir insister, que la haute juridiction constitutionnelle transitoire ne soit nullement juge de légalité du processus électoral ou des opérations électorales. Ainsi, la violation de la loi électorale ou toute autre loi connexe ne vaut pas automatiquement l'annulation du résultat du scrutin. A tout le moins, la Cour est le juge de la régularité, de la sincérité et de l'exactitude du résultat des élections. Son efficacité réside, entre autres, dans le fait d'échapper ou plutôt de faire croire qu'elle échappe – à toute contingence ou intérêt particulier. Véritable ingénierie constitutionnelle, le corps des professionnels du droit de cette haute institution dispose du choix, au fond, pour considérer les résultats des élections ou leur annulation. La décision ou l'arrêt d'annulation n'intervient que si les irrégularités constatées ou commises peuvent de façon décisive influencer ou modifier le résultat électoral. Sans cela la haute juridiction ne peut que confirmer l'élection sous réserve de la correction de l'erreur matérielle du résultat. Or, le « parasitage » du politique par le droit qui caractérise certains arrêts de la Cour a quelquefois pour effet d'ébranler cette

---

[240]Pour s'imprégner de la doctrine congolaise sur ce point, l'on peut lire avec profit Balingene Kahombo, « La Cour suprême de justice faisant office de la cour constitutionnelle. Esquisse du bilan de près de cinq ans sous l'empire de la constitution congolaise du 18 février 2006 » disponible sur http://www.the-rule-of-law-in-africa.com/wp-content/uploads/2011/08/Balingene1-Franz.pdf Consulté le 17 avril 2013.

[241]Lire la décision DCC 05-069 du 27 juillet 2005 sur le contrôle de constitutionnalité de la loi portant sur les règles particulières à l'élection du Président de République consultable sur le site de la Cour constitutionnelle du Bénin http://www.cour-constitutionnelle-benin.org/doss_decisions/050110.pdf , Consulté le 15 mai 2016.

institution. Tenant compte de son double rôle de juge unique du contentieux électoral et d'institution de confirmation des résultats du scrutin, on peut donc douter de sa capacité à dissiper les soupçons de partialité de ses décisions. La nomination par le Chef de l'Etat de dix-sept nouveaux magistrats à la CSJ à la veille des scrutins du 28 novembre 2011 n'est pas anodine. On ne peut qu'être critique à l'égard de l'arrêt de cette Cour portant référence RCE 011/CR du 16 décembre 2011 déboutant le candidat Kamerhe Lwa Kanyinginyi Vital de sa requête en annulation des résultats provisoires de l'élection présidentielle du 28 novembre 2011.

Ainsi la Cour dispose de la contrainte du droit qui oblige les acteurs politiques à venir sur le terrain du droit où ils ont intérêt à faire usage d'arguments juridiques pour gagner en crédibilité dans leur action. L'arrêt de la Cour octroie ou non une onction vivifiante au pouvoir politique. Il est tout aussi remarquable qu'au-delà des controverses contrariantes autour de cette haute juridiction, celle-ci peut dès lors empêcher l'émergence ou la manifestation des effets juridiques des actes des acteurs politiques. Ce combat judiciaire du juge constitutionnel contribue à construire un État de droit auquel aspire le pays. Si la CSJ est parfois consultante privilégiée des politiques, les insuffisances de son architecture institutionnelle actuelle ne lui permettent pas d'accomplir pleinement ses missions.

2. Une architecture institutionnelle inappropriée

« La déconstruction du droit post colonial exprimée dans le passage d'un constitutionnalisme de figuration, lui-même marqué par un présidentialisme autoritaire et une absence de contrôle de constitutionnalité des lois, vers un constitutionnalisme de confirmation ne pouvait prospérer qu'en faveur des interventions du juge constitutionnel »[242]. A ce propos, l'absence observée d'une architecture institutionnelle appropriée, son statut intérimaire de juridiction constitutionnelle amenuise fortement l'intervention efficace du juge constitutionnel congolais. Cette insuffisance de la structure

[242]Nguélé Abada, « L'indépendance des juridictions constitutionnelles dans le constitutionnalisme des États francophones post guerre froide : l'exemple du Conseil constitutionnel camerounais », Acte du IVè Congrès français du droit constitutionnel, congrès de Montpellier, 9, 10, et 11 juin 2005 disponible sur www.droit constitutionnel.org/congresmtp /textes5/ABADA.pdf, consulté le 25 juin 2010.

organisationnelle de l'actuelle CSJ retarde en partie la construction effective d'un nouvel édifice institutionnel garant de l'équilibre des pouvoirs et de l'instauration de l'État de droit en RDC[243].

En effet, l'actuelle CSJ est composée, avons-nous dit plus haut, de trois sections : section judiciaire, section administrative et section de législation. Or le nouveau constitutionnalisme congolais postérieur aux différents conflits armés a créé un ordre juridictionnel nouveau autour de la Cour constitutionnelle appelée à répondre, empruntant l'expression du Doyen Favoreu, « non seulement aux besoins de la démocratie mais aussi aux exigences de la bonne gouvernance »[244]. La Cour constitutionnelle apparaît ainsi comme l'institution garante de l'État de droit. De cette manière, son architecture institutionnelle doit s'inscrire dans cette logique. La réalité est tout autre. Car l'actuelle CSJ concentre tous les contentieux judiciaires, administratifs et constitutionnels. Cette concentration a fait l'objet d'une controverse doctrinale de la part des juristes congolais. Pour certains, notamment Maître Marcel Matadi Nenga Gamanda, « cette concentration n'a rien d'impressionnant au regard de la faible importance des contentieux constitutionnels et administratifs en RDC »[245]. Tel n'est pas l'avis du Professeur Mboyo Empenge qui qualifie d'insoutenable une telle concentration. Il pense que c'est une « erreur grave et préjudiciable à l'administration d'une juste, saine et bonne justice »[246]. Kabange Ntabala adhère à cette position en affirmant que « la distinction de ces différents contentieux reste avantageuse pour l'étude à la fois qualitative mais aussi quantitative des dossiers »[247]. Les deux dernières hypothèses emportent notre adhésion. Le point de vue de maître Matadi Nenga Gamanda nous laisse perplexe. Si l'État congolais, avec l'aide des organisations internationales et d'ONG., a visiblement progressé ces

---

[243]Lire avec intérêt Bourgi, A., « L'évolution du constitutionnalisme en Afrique : du formalisme à l'effectivité », op.

[244]Favoreu, L., *La politique saisie par le droit*, Paris, Economica, 1988.

[245]Matadi Nenga Gamanda, *Droit privé judiciaire*, Louvain-la-Neuve et Kinshasa, Bruylant, Académia, s. a., Droits Idées Nouvelles, 2006, p.501.

[246]Mboyo Empenge Ea Longila, B. B., « La mégarde des modèles de constitutions euro-occidentales et l'élaboration d'une constitution zaïroise de développement véritablement intériste », *Annales de la Faculté de Droit*, Vol. XXV, Kinshasa, PUZ, Août 1996, p. 172.

[247]Kabange Ntabala, « Quelle constitution pour la Troisième République face aux réalités zaïroises ? », *Annales de la Faculté de Droit*, Vol. XXV, op.cit., pp. 98-99.

dernières années dans ses efforts de redressement du système judiciaire du pays, celui-ci en général et la CSJ en particulier continue de souffrir de sous-investissement. L'organisation interne de la CSJ souffre d'un parfait décalage avec les missions d'une Cour constitutionnelle. L'insuffisance de la saisine du contentieux constitutionnel qu'évoque Maître Matadi Nenga ne doit pas occulter les déboires de cette institution et prendre le dessus sur le travail qualitatif qu'on attend de celle-ci.

Depuis la transition de 2003, la jurisprudence constitutionnelle a subi une évolution continue. Le contentieux constitutionnel et administratif demeure également un processus en constant développement eu égard aux nouveaux mécanismes de protection des droits de l'homme et de la nouvelle décentralisation territoriale opérée par la réforme de 2008[248]. En regard, l'actuelle architecture institutionnelle de la CSJ présente quelques faiblesses dont trois nous paraissent capitales.

La première porte sur l'absence des spécialistes des contentieux constitutionnels ou administratifs. Les juges de l'actuel CSJ sont des généralistes qui se saisissent de tous les dossiers sans compétence spécifique. On leur a notamment reproché d'être pour « la plupart des privatistes n'ayant pas nécessairement la capacité dans la conduite des procès de droit public »[249]. Le gouvernement reconnaît même le besoin urgent d'une meilleure formation de base et d'une formation juridique continue destinée aux juges. Le système congolais de formation juridique n'établit pas de distinction entre la formation des juges et des avocats. Cette absence de spécialité dans la gestion des affaires soumises à la Cour rend les juges incapables d'exercer efficacement leurs fonctions. Il découle de cette situation un tâtonnement et des hésitations exposant les arrêts de la Cour à des critiques tout de même justifiées.

---

[248]Loi organique n° 08/016 du 7 octobre 2008 portant composition, organisation et fonctionnement des entités territoriales décentralisées et leurs rapports avec l'État et les provinces.

[249]Mampuya Kanunk'a Tshiabo, A. , « A propos du projet de loi organique sur la Cour constitutionnelle », Quotidien « *Le Phare* » du 9 avril 2008 ; article rapporté par Stéphane Bolle, « Quelle Cour constitutionnelle en RD Congo », http://www.la-constitution, consulté le 25 mai 2010.

La seconde faiblesse est celle ayant trait à la lourdeur administrative dans le traitement des dossiers suite à un nombre insuffisant de juges formés. Le gouvernement avait même prévu de remettre temporairement en exercice des juges retraités ou de faire appel à des juges étrangers. Ces deux solutions ont été abandonnées au profit de nouvelles nominations et du recrutement de juges supplémentaires.

La dernière difficulté concerne l'interférence du pouvoir exécutif qui prive la haute juridiction de son indépendance proclamée. L'indépendance du pouvoir judiciaire en général et de la CSJ en particulier est devenue un principe largement accepté pour la promotion de l'État de droit tant au niveau national que mondial. La constitution congolaise du 18 février 2006 a été rédigée avec la ferme intention de protéger l'indépendance judiciaire, elle garantit la responsabilité de ses membres. L'expérience, cependant, démontre qu'en dépit des dispositions clairement énoncées dans la constitution et la loi protégeant l'indépendance de la haute juridiction, cette indépendance subit souvent un travail de sape et reste compromise, en grande partie par le pouvoir exécutif, les hauts dignitaires de l'armée, des forces de sécurité, de service de renseignements, l'administration publique et d'autres encore. Ceux-ci estiment ne pas devoir respecter promptement les ordonnances des tribunaux ou les arrêts de la Cour. L'expérience révèle aussi que l'indépendance structurelle de la CSJ n'est pas suffisante ; une culture de l'État de droit est fondamentale pour son indépendance. Comme nous l'avons déjà mentionné, l'analyse que l'on peut s'autoriser à faire par la suite, sur le fond, est de savoir l'effet que l'architecture institutionnelle actuelle de la CSJ exerce sur l'orientation interne de l'institution. L'opération construction, destruction et reconstruction juridictionnelle en RDC est celle de remise en cause de l'ordre ancien. Cet ordre ancien a connu une vie politique et constitutionnelle mouvementée et très peu favorable à une meilleure protection des droits de l'homme. La survivance de cet ancien ordre à travers la CSJ emporte l'adhésion d'une frange de la population mais elle suscite aussi sa méfiance. Ainsi, les Congolais ont été amenés à danser le tango lors de la constituante d'avant 2006 ; et ils sont maintenant amenés à danser la valse constitutionnelle, depuis la promulgation de la constitution du 18 février 2006.

B. Double attitude des Congolais à l'égard de la Cour suprême de justice

L'encadrement juridique des phénomènes politiques constitue l'objet du droit constitutionnel. Si, dans les pays développés, la constitutionnalisation de la vie politique s'est opérée dans un climat apaisé, cela n'a pas été le cas, comme vu plus haut, pour les jeunes États issus de décolonisation. Devenus indépendants, ces jeunes États ont cherché à se doter des institutions répondant à leurs nouvelles aspirations tenant compte de leurs réalités propres. Dans cette quête de nouvelles aspirations aux objectifs nouveaux adaptés à son contexte sociopolitique, la RDC a eu comme tout autre État sa propre voie.

L'acceptation des institutions de la troisième République par les différentes composantes politiques ayant participé à la dernière étape de la transition politique en RDC a suscité un sentiment de méfiance et un réflexe d'autodéfense des uns vis-à-vis des autres. Cette méfiance s'est manifestée aussi à l'égard de la CSJ (1).

On peut évidemment s'interroger si le nouveau constitutionnalisme congolais résistera à des effervescences sans cesse provoquées, montées par ses adversaires qui s'enrôlent aussi bien chez les partisans de sa mise en œuvre que chez les détracteurs (2).

1. La Cour suprême de justice et la confiance des Congolais

Depuis 1989, les États africains ont connu de très profondes mutations politiques provoquant le dépérissement des anciennes structures étatiques et l'établissement des nouveaux régimes se réclamant des démocraties et des États de droits. La RDC n'a pas échappé à la « fièvre constitutionnelle »[250] ou politique. Celle-ci s'est emparée d'elle dès 1990 et continue de l'affecter. Il apparaît d'ailleurs difficile d'opérer une analyse globale de l'évolution de cette question tant les situations sont différentes et complexes. Néanmoins deux observations sont à retenir : d'une part l'abandon effectif et définitif de l'organisation étatique monolithique doublée de la rupture avec le passé consommé. D'autre part, l'émergence de ces nouvelles démocraties semble être ralentie par une série de crises multiformes à la fois économique, politique et sociale susceptibles de faire ressurgir les vieux

---

[250] 200 Formule de M Glélé, rapporté par Jean Du Bois de Gaudusson, « Les contributions africaines », *in Collection retour aux textes*, Bruylant, la Documentation française, p. 9.

démons dictatoriaux. L'organisation des conférences nationales souveraines, particulièrement dans les pays d'Afrique francophone dont la RDC, visait en effet l'instauration de régimes politiques démocratiques avec un équilibre des pouvoirs dans l'État.[251] La Conférence Nationale Souveraine (CNS) congolaise qui s'est tenue à Kinshasa du 07 août 1991 au 06 décembre 1992 s'est proclamée souveraine. Elle a été entre autres chargée de discuter de toutes les questions d'intérêt national en vue de la démocratisation des options fondamentales de la troisième République. Cependant, elle a été fortement réduite mais aussi contestée par les tenants du statu quo, du reste, partisans du dictateur Mobutu. La population congolaise avait de l'espoir en ce forum. « Malheureusement, elle a assisté à une dualité institutionnelle et constitutionnelle débouchant sur deux types d'ordres. L'un établi par la CNS et l'autre par les partisans de Mobutu. Ce désordre institutionnel a produit deux textes constitutionnels distincts : l'Acte constitutionnel harmonisé relatif à la période de transition du 2 avril 1993 d'un côté et de l'autre l'Acte portant dispositions constitutionnelles relatives à la période de transition du 2 août 1992 adopté par la CNS. Le premier texte établit un régime parlementaire, le second consacre un régime semi-présidentiel (parlementarisme rationalisé »[252]. Pour être clair, les mutations politiques initiées depuis 1990 consistaient en la mise en place des structures devant aboutir à un nouvel ordre politique inspirant la confiance du peuple. Il s'agit d'une nouvelle architecture institutionnelle crédible issue de la légitimité des urnes capables de promouvoir les grandes valeurs de la démocratie moderne garanties par une haute juridiction indépendante notamment :

- « les valeurs de la liberté et de la justice, idéaux sans lesquels l'État n'est qu'un repaire des violences destructrices et des sauvageries dictatoriales ;

[251]Sur cette question, de nombreuses réflexions ont été menées. Lire notamment : Gérard Conac (sous la direction), *l'Afrique en transition vers le pluralisme politique*, Paris, Economica, 1993, 200p. ; Henry Roussillon (sous la direction), *Les nouvelles constitutions africaines : la transition démocratique*, Toulouse, Presse de l'institut d'études politiques de Toulouse, 1995, 140 p.

[252]Lire la contribution intéressante du Professeur Grégroire Bakandeja Wa Mpungu, « La nouvelle constitution de la RDC : sources et inventions », in Charles Manga, Fombard et Christiana Murray, *Fostering constitutionnalism in Africa*, éd. Pretoria University Law-Press, 2010, pp. 341-373.

- les valeurs de la solidarité et de la générosité collective, base de toute communauté de destin et toute vraie destinée de bonheur national partagé ;

- les valeurs de la promotion de tous les droits et de tous les devoirs des citoyens et des citoyennes, chemin pour l'épanouissement d'un bien être ensemble paisibles ;

- les valeurs de la mobilisation de tous les pouvoirs des populations pour la construction d'une nation saine, conviviale et créative, socle de toute volonté de réussir le présent et l'avenir ».[253]

Mais le jugement à porter sur le résultat est sévère. Tout est dit par Kä Mana : « En RDC, ces valeurs n'irriguent pas encore suffisamment l'État et ses institutions notamment la CSJ. Cette insuffisance d'éthique préjudicie à la construction d'un nouvel ordre public mais aussi à l'établissement d'une juridiction constitutionnelle à la hauteur des espérances les plus profondes et les plus ardentes ».[254]

En se mettant dans la logique des évolutions politiques de la période de l'Afrique en transition vers le pluralisme politique[255], les Congolais croyaient avoir obtenu « le changement constitutionnel qui ne pouvait que s'orienter vers des lendemains qui chantent pour le constitutionnalisme »[256]. On observe à juste titre que « dans tous les pays engagés dans le processus du changement politique, le constitutionnalisme est invoqué comme une priorité. L'enjeu risqué pour le pouvoir en place est d'accepter des nouvelles « règles du jeu » politiques susceptibles d'entraîner sa défaite, approuvées par le peuple constituant. La garantie constitutionnelle des droits et libertés relève de cette démarche. Il devrait en être de même des principales règles

---

[253]Kä Mana, *Changer la République démocratique du Congo*, éditions CIPCRE, Bafoussam-Yaoundé, 2012

[254]Kä Mana, « Réflexion sur l'invention et refondation de l'État en RDC » in *1er vol. Actes du colloque : Gouvernance et refondation de l'État en RDC*, Goma, Éditions Pole Institute, OGP, Mali, Recip, juin 2012, pp. 20-24.

[255]Tel est l'intitulé de l'ouvrage sous la direction de Gérard Conac, L*'Afrique en transition vers le pluralisme politique,* Economica, 1993, 509 pages.

[256]Djdjro Francisco Meledje, « Faire, défaire et refaire la constitution en Côte d'Ivoire : un exemple d'instabilité chronique », in Charles Manga Fombard et Chritina Murray, *Fostering constitutionnalism in Africa*, op. cit., pp.315-316.

d'organisation de la vie politique, particulièrement celles relatives à la représentation politique »[257].

L'aspiration du peuple congolais pour l'avènement de l'État de droit et la démocratie est donc ancienne et profonde. Le règne autoritaire du Maréchal Mobutu n'a pas réussi à l'annihiler. Si on doit lui reconnaître d'avoir pu maintenir l'ordre et la stabilité dans son pays, on doit aussi relever que ce fut au prix de la négation des principes de l'État de droit, de la violation des droits de l'homme et de l'opposition à toute idée de démocratisation. Or la conférence des Chefs d'État de France et d'Afrique de la Baule du 20 au 21 juin 1990 conditionnait l'augmentation de l'aide aux pays africains en partie à des progrès dans le domaine de la démocratisation.

Yves Poirmeur, en dégageant les logiques contradictoires qui caractérisaient les changements politiques survenus en Union soviétique des 1989-990, affirmait : « la logique de conservation du pouvoir par ceux qui le détiennent les conduit-elle dans cette conjoncture à conjuguer dans les réformes politiques qu'ils entreprennent des éléments démocratiques et des éléments autoritaires qui donnent au régime un caractère ambigu »[258]. Cette ambiguïté est en effet visible dans le changement constitutionnel initié par le gouvernement de Mobutu qui, faisant démonstration de l'autoritarisme finit par admettre le processus de démocratisation du pays. La même ambiguïté est aujourd'hui perceptible dans l'organisation interne de l'actuelle CSJ portant provisoirement le manteau de la Cour constitutionnelle.

De ce fait, l'évolution de l'attitude du chef de l'État explique l'évolution du contenu et des étapes du processus lui-même, ses blocages, ses difficultés et parfois ses avancées. Les blocages et les difficultés ont été nombreux, mais la détermination des négociateurs politiques a rendu les avancées perceptibles. « C'est pourquoi si l'Acte

---

[257]Doumbé-Billé, S., « Les transformations au Cameroun : un processus d'élargissement prudent », in Roussillon, H., *Les nouvelles constitutions africaines : la transition démocratique*, Toulouse, Presse de l'Institut d'études politiques de Toulouse, 1995, pp. 69-83.

[258]Poirmeur, Y., « Changement social et changement politique en URSS », in Cao-Huy Thuan (études réunies par), *Regards sur le changement en Union soviétique*, Paris, PUF, 1990.

constitutionnel du 9 avril 1994 est issu d'un processus de négociations politiques qui se sont déroulées au Palais du peuple après l'échec de l'application de résolutions de la conférence nationale souveraine, il faut néanmoins considérer qu'en réalité, ce sont à la fois les exigences démocratiques du peuple congolais, les principes contenus dans les actes la Conférence Nationale Souveraine et dans les accords politiques de janvier 1994 qui constituent, ensemble, les fondements politiques du droit constitutionnel de la transition congolaise ».[259] La population congolaise a adhéré à ce nouvel ordre du droit constitutionnel espérant obtenir une haute juridiction censée assurer le respect de la légalité dans la construction de l'État de droit.

A l'heure actuelle, la plupart des Congolais ne comprennent ni le rôle fondamental de la juridiction constitutionnelle congolaise de transition (CSJ), ni sa composition qu'ils considèrent éminemment politique, ni les procédures de sa saisine, moins encore l'impact de ses arrêts.

Néanmoins quelques avancées sont à relever, notamment l'implication des médias qui essaient de commenter les arrêts de la Cour, parfois excessivement et avec une certaine coloration politique selon qu'on est pour ou contre. Les commentaires sont même beaucoup plus politiques que juridiques. Le cas est classique. En France même une censure de la loi par le Conseil constitutionnel est souvent présentée et ressentie comme un désaveu de la politique du gouvernement, sans égard pour les arguments juridiques. Tel fut dernièrement le cas de la taxe à 75% du gouvernement de Jean Marc Ayrault censurée par le Conseil constitutionnel[260]. La politique gouvernementale congolaise a-t-elle déjà été censurée par la haute juridiction constitutionnelle de transition et subi un affront à l'instar de ceux qu'infligerait le Conseil constitutionnel au gouvernement français ? Pas du tout à notre connaissance, bien que les attributions ou les compétences de ces deux organes ne soient pas les mêmes. L'homme politique congolais reste réfractaire à la notion d'affront. Par contre, pour le justiciable congolais, les arrêts de conformité de la CSJ sont souvent considérés comme un

---

[259]Waleka Kitoko, Les *aspects constitutionnels de la transition démocratique manquée dans l'ex-Zaïre, op. cit.* pp. 128-164.

[260]Décision n°2012-662 DC du 29 décembre 2012 relative à la loi des finances pour 2013. www.conseil-constitutionnel.fr, Consulté le 23 août 2013.

soutien au pouvoir politique en place. Certains font référence à la décision du Conseil constitutionnel français relative à l'interdiction de dissimulation de visage dans l'espace public[261] avec ignorance de la réalité française. Les citoyens se sont rapprochés du Conseil constitutionnel grâce à la procédure de question prioritaire de constitutionnalité.

« Aux États-Unis, la Cour ne possède ni « la bourse », ni « l'épée », son autorité repose de manière ultime sur la confiance de l'opinion publique »[262].

En RDC, la légitimité de la justice constitutionnelle est souvent mise à l'épreuve. Elle soulève la question légitime du rôle respectif du peuple et de la Cour en matière constitutionnelle. Les rapports qui existent entre la Cour constitutionnelle et l'opinion publique, entendue par Hegel comme « la façon inorganique dont un peuple fait savoir ce qu'il veut et ce qu'il pense »[263], spécialement en RDC ne sauraient se réduire à une critique opportuniste. Il n'y a pas, sauf à des rares moments qui sont du reste de courte durée, l'attachement du peuple congolais à sa Cour constitutionnelle de transition. La Cour ne dispose pas suffisamment de capital de confiance auprès de l'opinion publique congolaise. La persistance de ce désamour entre la Cour et le peuple peut certainement entraîner l'érosion du soutien de celui-ci susceptible de remettre en cause, à terme, la légitimité de la Cour. Or la nécessité d'admettre les arrêts de la Cour permet de s'assurer que celle-ci reste, par sa jurisprudence, connecter avec les réalités de sa société. Pourtant les arrêts de la Cour suprême de justice en tant que Cour constitutionnelle de transition sont souvent contestés et de fois source de manifestations violentes. En dépit de certains arrêts à controverse, et nonobstant les velléités pertinentes visant à remettre en question l'autorité de cette institution, il est aujourd'hui certain que la haute juridiction reste intégrée dans la société congolaise. Néanmoins, il est tout aussi clair que l'idée de la remise en cause de la légitimité sociale de la Cour mérite une certaine nuance. Elle reste certes précaire, faible

---

[261]Décision n°2010-613 DC du 7 octobre 2010 relative à la loi interdisant la dissimulation du visage dans l'espace public. www.conseil-constitutionnel.fr, Consulté le 18 mars 2012

[262]Fassassi, I.,"L'exigence continue de légitimité sociale de la Cour suprême", in *Les Cahiers du Conseil constitutionnel*, n°26, 2009, pp. 142-149.

[263]Hegel, F., *Le principe de la philosophie du droit*, Paris, Vrin, 1975, p. 318.

et n'est point acquise tant en temps de paix qu'en période des conflits. C'est aussi cela son apprentissage de culture démocratique en s'appropriant des mécanismes juridiques mis à sa disposition notamment la question préjudicielle et le recours en annulation qui leur sont ouvert.

D'ailleurs l'hétérogénéité des questions dont traite la Cour porte sur toutes les disciplines du droit. De là elle privilégie dans ses rapports tant avec les autres organes constitutionnels qu'avec l'opinion publique congolaise « la coopération »[264] plutôt que « la confrontation »[265]. Cette tactique de coopération ne s'avère toujours pas payante au regard de la nature sensible des arrêts souvent rendus. Tel par exemple le vandalisme des locaux de la Cour à Kinshasa par une foule en colère contestant l'arrêt de cette institution confirmant la victoire du candidat Joseph Kabila aux scrutins présidentiels de 2006. La suite a été une confrontation armée dans la capitale congolaise entre les partisans du Président proclamé vainqueur par la CSJ, Joseph Kabila, et ceux de l'opposition représentée par le candidat malheureux du MLC Jean Pierre Bemba.

Au-delà de confrontation violente se trouve la complexité et le caractère trop académique, voire difficilement saisissable aux non juristes, des arrêts de la Cour. Pourtant une meilleure compréhension de cette institution suppose l'accessibilité et l'intelligibilité de ses arrêts par le grand public. Il est certes évident que la technicité de la question qui est à la base des arrêts exige parfois les interventions des professeurs de droit ou autres spécialistes juridiques pour éclairer l'opinion publique. Car il ne suffit pas que cette haute juridiction soit connue du grand public, elle doit tout aussi gagner sa confiance en sa qualité de contre-pouvoir sans obligatoirement et systématiquement se soumettre à sa dictature. *Il est des moments critiques, observe Marc Verdussen, où les juridictions constitutionnelles doivent n'écouter que leur*

---

[264]Pouvons-nous parler en quelque sorte d'une tactique de la part de la haute juridiction en vue de gagner la confiance du public congolais mais aussi de ses partenaires institutionnels.

[265]Bossuyt, M., et Riet Leysen, « La justice constitutionnelle : fonctions et relations avec les autres autorités publiques », in Rapport national pour le XVème Congrès de la conférence des Cours constitutionnelles européennes, présentée par la Cour constitutionnelle de Belgique, Mai 2011, sur le site www.confeuconstco.org consulté le 18 décembre 2012.

courage, quitte à affronter l'hostilité immédiate d'une opinion publique qui n'est pas toujours disposée à accepter les implications découlant des valeurs sociales les plus fondamentales[266]. L'organisation et le fonctionnement de cette nouvelle Cour devront répondre aux exigences contextuelles et évolutives de son environnement et dire le droit en toute indépendance.

Les obstacles politiques dressés ont visiblement freiné les ardeurs et la confiance de ceux qui souhaitaient un changement réel au sein de la CSJ. A partir de là, commence une valse d'arrangements politiques qui affectent inévitablement l'installation de la Cour constitutionnelle.

2. La diversité des arrangements politiques et la méfiance des congolais

Les différentes rébellions survenues ou en cours en RDC et dont l'objectif manifeste était ou est de construire un nouvel ordre politique dans ce pays, ont souvent provoqué ou provoquent une désorganisation de l'ordre juridique et politique en construction sur la base de la constitution existante. Plusieurs arrangements politiques ont été adoptés ou sont en cours d'adoption soit par des accords conclus entre les parties congolaises, soit par les actes unilatéraux concoctés par les organisations internationales impliquées dans la résolution du conflit[267].

Dans ces circonstances, il y a une friction entre droit et politique ; et chaque camp, chaque protagoniste du conflit recourt à l'instrument qu'il juge approprié pour faire triompher sa cause et ses positions. Il y a en fait une instrumentalisation du droit qui pousse le justiciable à être méfiant à l'égard des hommes des lois. L'incertitude constitutionnelle en RDC est également perceptible. Elle est souvent aggravée par l'inflation des arrangements politiques qui ont pour impact la production de nouvelles règles du jeu où le justiciable ne trouve pas son compte et ce, en marge de la constitution. Pour certaines de ces règles, il existe comme en Côte d'Ivoire sous la constitution de 2000[268], un accord entre les acteurs politiques pour changer les prescriptions

---

[266]Verdussen, M., *Les douze juges, la légitimité de la Cour constitutionnelle*, Bruxelles, édition Labor, volume 70 de Quartier Libre, 2004, p. 78.

[267]L'accord de Sun City avril 2003, Accord de Lusaka, Nairobi et tant d'autres.

[268]Djedjro, Francisco Meledje, « Faire, défaire et refaire la constitution en Côte d'Ivoire : un exemple d'instabilité chronique », in Charles Manga Fombad, *Fostering constitutionnalism in Africa, op., cit.*, pp. 309-339.

constitutionnelles sans demander l'avis de la population. Pour d'autres changements effectués, il se dégage une difficulté réelle à saisir les vrais périmètres de la constitution ; clairement « il s'est réalisé en RDC une amplification des incertitudes sur les prescriptions constitutionnelles. Or la constitution est censée mettre en place un système juridique. Elle est un ensemble de règles juridiques organisant la vie politique et sociale ainsi que le pouvoir et s'imposant à lui, l'obligeant à respecter certaines formes, à utiliser les procédures convenues et à prévoir la participation des citoyens aux choix des gouvernants et à l'élaboration de certaines décisions »[269].

Le droit constitutionnel rédigé par le constituant congolais de 2006 ne peut être dissocié du mouvement de transition démocratique observé dans la plupart des pays d'Afrique francophone au début des années 1990 comme évoqué précédemment.

Il est d'ailleurs important de noter que la RDC est parmi les pays grands consommateurs de constitutions. C'est aussi un pays qui a connu et connaît encore de nombreuses guerres et rébellions comme il a été dit plus haut. Celles-ci ont eu pour cause principale le déficit démocratique et institutionnel. Hormis la loi fondamentale du 19 juin 1960 relative aux structures du Congo léguées par le colonisateur, on peut recenser officiellement huit constitutions[270] en quarante-cinq ans, avec trente-deux années passées sous une seule constitution celle du 24 juin 1967. *Celle-ci, déclare Professeur Grégoire Bakandeja Wa Mpungu, faisait continuellement l'objet de révisions parfois avec un bout de crayon, parfois par simples discours, par des communiqués ou même un simple silence*[271]. Francis Delpérée observe que « s'il est un domaine dans lequel le Congo a le plus excellé depuis son indépendance le 30 juin 1960, c'est celui de la production constitutionnelle »[272]. Pour

[269]Bakandeja Wa Mpungu, G., « La nouvelle constitution de la RDC : sources et inventions *», op., cit.,* 343.

[270] Notamment : la constitution du 1er août 1964, la constitution du 24 juin 1967, la loi constitutionnelle du 15 août 1974, l'Acte constitutionnel harmonisé du 2 avril 1993, l'Acte constitutionnel de la transition du 9 avril 1994, le Décret-loi constitutionnel du 27 mai 1997, la constitution de la Transition du 3 avril 2003 et l'actuelle constitution du 18 février 2006.

[271]Bakandeja Wa Mpungu, G., « La nouvelle constitution de la RDC : Sources et innovations *», op. cit.*, p. 344

[272]Delperée, F., *Droit constitutionnel de la Belgique*, Bruxelles, Bruylant, Paris LGDJ, 2000, p.6.

autant, cette « production » perpétuelle n'a pas influencé jusqu'à introduire en RDC une démocratie véritable[273].

D'une manière générale, le mal gouvernance de la CSJ et ses manques de moyens ne contribuent pas à auréoler sa confiance auprès de la population congolaise. Celle-ci ne demande que l'amélioration de son vécu quotidien au plan juridique. Elle considère parfois cette juridiction comme la source de son insécurité juridique et non un organe de l'État de droit. Elle n'a pas tort. A ce propos, le Professeur Auguste Mampuya nous fait remarquer que « les différentes institutions mises en place dans l'histoire politique de la RDC se sont souvent révélées impuissantes à trouver des solutions durables aux crises politiques et institutionnelles »[274]

En attendant l'épreuve de la pratique constitutionnelle, on peut espérer que la population congolaise retrouvera confiance en sa juridiction suprême qui est appelée à discipliner tout comportement antidémocratique. Il a été écrit que « La haute juridiction devra éviter les balbutiements jurisprudentiels susceptibles de provoquer une véritable crise institutionnelle »[275]. A cet égard, sa jurisprudence a jusqu'à présent, un apport à l'Etat de droit, maigre, insignifiant... parce qu'elle n'a pas eu à traiter de questions importantes, ou parce qu'elle n'a pas su les traiter comme il faut, ou au contraire parce qu'elle l'a fait ? L'analyse qui suit fera l'objet de cette préoccupation.

§2. Quelques tentatives jurisprudentielles de la CSJ, juridiction constitutionnelle de transition

En RDC comme dans la quasi-totalité des États de l'Afrique au sud du Sahara, la jurisprudence constitutionnelle a été, avant la conférence nationale souveraine, presque inexistante. Elle était tellement rare au point d'être un luxe. Jusqu'en 2003, la CSJ n'a rendu

---

[273]Bakandeja Wa Mpungu, G., « Les institution de l'État de droit et la démocratie en Afrique : l'expérience congolaise « in Sayeman Bula Bula, *Pour l'épanouissement de la pensée juridique congolaise : Liber amicorum Marcel Antoine Lihau,* Bruxelles, Bruylant, Kinshasa, presses universitaire de Kinshasa, 2006, pp. 52-83

[274]Mampuya Kanuk'a-Tshiabo, A., *Espoir et déception de la quête constitutionnelle congolaise. Clés pour comprendre le processus constitutionnel au Congo-Kinshasa,* Nancy-Kinshasa, AMA-BNC, 2005.

[275]Balingene Kahombo, « La Cour suprême de justice, Cour constitutionnelle transitoire » en ligne à l'adresse http://www.la-constitution, Consulté le 12 juin 2012.

que trois arrêts relevant de la jurisprudence constitutionnelle. Ce qui fait dire au juriste Matadi Nenga Gamanda que « le juge constitutionnel était caractérisé par l'oisiveté »[276].

On peut s'en douter, cette sécheresse jurisprudentielle en matière constitutionnelle se justifie par l'existence d'un pouvoir autoritaire incapable de supporter le contre-pouvoir. « Celui-ci était représenté par une institution hybride mi-politique, mi-judiciaire ayant seul qualité de saisir la CSJ en tant que juge constitutionnel sur le contrôle de constitutionnalité des normes »[277]. Il s'agit du Procureur général de la République agissant soit d'office, soit sur demande du Président de la République, ou du Bureau du parlement ou encore à la suite d'une exception d'inconstitutionnalité soulevée devant une juridiction quelconque[278].

Bien entendu, d'aucuns ont soutenu que le Président de la République en exercice répugnerait à se remettre en cause spontanément au regard de ses ordonnances-lois qui arment son pouvoir au détriment des autres institutions. Un Bureau du Parlement à sa solde aurait-il résisté s'il avait mis en cause les actes du Président ? Le Procureur général de la République pouvait-il agir de sa propre initiative pour les mêmes causes sans se référer au premier magistrat du pays, le Président de la République ? Répondre par l'affirmative, c'est ignorer l'interprétation présidentialiste des dispositions constitutionnelles dans un sens favorable au Chef de l'État. Tous s'y employèrent. « La plupart des prérogatives reconnues au Bureau du Parlement et au Procureur de la République en cette matière sont confrontées au double mépris du Chef de l'État : avoir établi une confusion entre les institutions de l'État et celles du parti ; son omnipotence sur toutes les institutions »[279]. Dès lors la loi du 23

---

[276]Matadi Nenga Gamanda, *La question du pouvoir judiciaire en RDC : Contribution à une étude de réforme*, Kinshasa, Droits et idées nouvelles, pp. 377-378. Lire aussi Mabanga Monga Mabanga, *Le contentieux constitutionnel congolais*, Kinshasa, Éditions universitaires africaines, 1999, 104 pages.

[277]Wetshokonda Koso, M., «Le contentieux constitutionnel congolais des droits de l'homme du 18 février 2006 au 18 février 2011 : Essai de Bilan et perspectives d'avenir », Inédit.

[278]Sur ce contrôle voir Mpongo Bokako Bautolinga, « Le contrôle du constitutionnalité des lois sous l'Acte constitutionnel de transition du 9 avril 1994 », *Annales de la faculté de droit*, Vol. XXV, Unikin, Août 1996, pp. 321-355.

[279]Lumanu Mulenda Bwana N'Sefu, A., « Les révisions constitutionnelles au Zaïre :

décembre 1970 portant institutionnalisation du Mouvement Populaire de la Révolution (MPR) fait de ce « Part-Etat » « institution suprême de la République (et) toutes les autres institutions lui sont subordonnées et fonctionnent sous son contrôle »[280], on ne voit comment un pouvoir législatif mono partisan peut résister et remettre en cause les actes du Président de la République. Le Procureur général de République dépouillé de moyens d'action, craignant la marginalité ou pour sa carrière est incapable d'agir de ses propres initiatives. L'exception d'inconstitutionnalité reste cette hypothétique arme pouvant donner la moindre consistance au contrôle de constitutionnalité des normes. Les difficultés aussi bien politiques que psychologiques ont certes impacté négativement la CSJ dans sa pratique constitutionnelle sur le terrain.

L'activité de la Cour change radicalement à partir de 2003. Entre cette date et 2006, la CSJ rend une trentaine d'arrêts. A y regarder de plus près, cette situation n'est pas le fruit du hasard, elle est la résultante de la combinaison de plusieurs facteurs à la fois politiques, techniques ou juridiques.

Le facteur politique nous enseigne qu'aucun belligérant dans les conflits armés congolais n'a pu imposer sa volonté par le droit de la force. L'intervention de la force du droit s'est alors avérée plus qu'indispensable pour à la fois arbitrer ces conflits ou du moins pour éviter leur avènement en procédant au partage équitable et équilibré du pouvoir politique. La politique est donc, selon l'expression du professeur Louis Favoreu, saisie par le droit.

Concernant le facteur technique, une nouvelle modalité de la saisine de la haute juridiction pour question de contrôle de constitutionnalité a été instituée par la constitution congolaise du 4 avril 2003 combinant la saisine officielle des autorités constitutionnellement reconnues (Président de la République, les présidents des chambres parlementaires, les présidents des institutions d'appui à la démocratie) et la saisine parlementaire. Le constituant du 18 février 2006 a introduit une innovation à ce contrôle de constitutionnalité en le rendant obligatoire à l'égard des règlements intérieurs des chambres ainsi que des lois et des règlements intérieurs des institutions d'appui à la

---

étude d'une dynamique de construction-destruction d'un ordre politique », *Revue Genève-Afrique*, Vol. XXVII, 2, 1989, p. 46

[280] Article 19 bis.

démocratie. Le même constituant du 18 février 2006 a permis aux particuliers l'accès direct à la juridiction constitutionnelle au moyen du recours individuel[281]. Comme cela était prévisible, cela a entraîné comme conséquence le changement de contenu des litiges et des arrêts de la Cour. Comme le dit Marcel Wetsh'Okonda « une lecture approfondie desdits arrêts laisse apparaître un effort relatif en matière de protection juridictionnelle des droits de l'homme constitutionnellement garantis ». Cette protection ne se limite plus seulement aux droits de la défense auxquels on a semblé l'enfermer. Elle s'étend à d'autres droits notamment le droit à la vie, le droit à l'indépendance du pouvoir judiciaire, le droit à l'inviolabilité du domicile, le droit à l'égalité, le droit à la liberté de l'information et le droit à la participation politique.

La constitutionnalisation de ces droits et libertés, l'objet du titre II de la constitution de 2006, est l'une des avancées considérables du droit positif congolais. Conformément au régime juridique de l'exception d'inconstitutionnalité, l'article 61 de la constitution de 2006 déclare qu'en « aucun cas, et même lorsque l'état de siège ou l'état d'urgence aura été proclamé conformément aux articles 85 et 86 de la présente constitution, il ne peut être dérogé aux droits et principes fondamentaux énumérés ci-après (…) les droit de la défense et le droit de recours ».

Cette interprétation est aussi confirmée par l'article 156, alinéa 2 de la même constitution. Sur les atteintes aux droits à la vie, la constitution de 2006 reste silencieuse se limitant seulement d'affirmer son caractère sacré et non dérogeable conformément aux articles 16 et 61.

Aussi, il est nécessaire de montrer certaines errances de la CSJ dans quelques procès de droit public (A) avant de nous pencher sur la portée réelle et audacieuse de certains de ces arrêts dans l'établissement de l'État de droit en RDC (B).

---

[281]Article 162 de la constitution du 18 février 2006.

A. Les errances du juge constitutionnel transitoire dans quelques procès de droit public congolais

Le procès de droit public (constitutionnel ou administratif) est « un procès contre un acte, sauf si le requérant postule également, en sus de l'annulation dudit acte et ses effets, à l'allocation à son profit des indemnités ou d'autres formes de réparation du préjudice subi »[282]. « Ce procès comme les autres doit répondre aux canons de l'équité au sens large. Ainsi il doit se dérouler dans un délai raisonnable, répondre aux exigences de la publicité et du contradictoire »[283]. Ce type de procès relevant du droit public n'a pas en principe de demandeur moins encore de défendeur contrairement au droit privé. Seul le requérant et l'acte attaqué intéressent le juge constitutionnel. Or on observe depuis quelque temps la tendance pour ces juges constitutionnels de transition en RDC à ne point se démarquer de la « privatisation » des procès de droit public. Ce qui traduit parfaitement ses errances dans certains de ces arrêts faute de compétences spécifiques en matière constitutionnelle ou administrative. On rappelle à ce sujet les critiques et autres attaques de ses détracteurs contre certains de ses arrêts notamment l'arrêt R.CONST.51/TSR du 31 juillet 2007[284] prononcé dans la cause opposant l'Assemblée provinciale du Kasaï-Occidental à Trésor Kapuku Ngoy, Gouverneur de cette dite province à propos de la constitutionnalité de la motion de défiance adoptée le 7 juin 2007 par la première à l'encontre du second. Les critiques portent sur la définition extensive que donne cet arrêt à la notion d'« actes législatifs ».

La lecture attentive de cet arrêt renvoie à un autre arrêt de la CSJ dans l'affaire Union Sacrée de l'Opposition Radicale et Alliés (USORAL)[285] qui proclame en son temps la définition de cette notion

---

[282]Balingene Kahombo, « La Cour suprême de justice, Cour constitutionnelle transitoire », déjà citée.

[283]Burgorgue-Larsen, L., « Chronique de la jurisprudence constitutionnelle comparée 2001 », RDP, n°4, 2002, p. 1016.

[284]Disponible auprès de l'auteur. A ce propos, lire le commentaire de Marcel Wetsh'Okonda Soko Senga, « La définition des actes législatifs dans l'arrêt de la CSJ n°R.CONST.51/TSR du 31 juillet 2007 à l'épreuve de la constitution du 18 février 2006 », *Revue de droit et de science politique « HORIZON »*, n°5, Butembo, juin pp. 12-36.

[285]CSJ, 21août 1996, RA 320, USORAL, Bulletin des arrêts de la cour suprême de justice, années 1990- 1999, Editions Service de documentation et d'études du ministère de justice, 2003, pp. 155- 163.

(actes législatifs). Il faut adjoindre à ces deux arrêts un autre arrêt RCE/ADP/021 du 21 mars 2007[286] qui confirme définitivement l'élection d'André Kimbuta Yango, candidat de l'Alliance pour la majorité présidentielle (AMP), comme Gouverneur de la ville province de Kinshasa. La jurisprudence constitutionnelle connaîtra de nombreux développements sur lesquels il est impossible d'insister ici et qui peuvent faire l'objet d'une autre étude. « Il n'en reste pas moins que quant aux arrêts concernant les « affaires » ayant une dimension politique, le mal paraît plus profond encore, faute de sortir d'une alternative redoutable entre l'étouffement si la presse n'a rien dit et le « lynchage » si elle s'est déchaînée »[287]

B. La portée et l'audace de l'œuvre jurisprudentielle de la haute juridiction transitoire dans l'édification de l'État de droit en RDC

« Pas de droit sans l'État, pas d'État sans droit, ces points établis ne tranchent pas la question des rapports entre État et droit »[288]. Différentes théories rivalisent quant à la nature de cette relation. Selon que l'on adopte l'une ou l'autre, on ne produit pas les mêmes analyses, affirme le Professeur Olivier Duhamel.

Tout compte fait, il importe de retenir avec Olivier Duhamel que « la définition la plus simple que l'on puisse donner de l'État de droit tient en peu de mots : la soumission de l'État au droit. Un État de droit, écrit Olivier Duhamel, est donc un État dans lequel les différents organes agissent en vertu du droit et ne peuvent agir qu'ainsi »[289]. « Autrement dit le pouvoir est institué par le droit et encadré par le droit. Mais comment le droit peut-il limiter l'État alors que c'est l'État qui fait le droit ? Par une certaine structure de l'État ; plus précisément par une structuration de l'ordre juridique. Ce dernier ordre doit être hiérarchisé. Le respect de cette hiérarchie doit être assuré, son irrespect sanctionné »[290]. A cet égard, on observera que l'œuvre jurisprudentielle de la CSJ a permis d'éclairer l'obscurité juridique par la consolidation du droit d'accès direct de tout congolais au juge constitutionnel. La

---

[286]CSJ, 21 mars 2007, RCE/ ADP/ 021, inédit.
[287]Duhamel, O. *Droit constitutionnel et institutions politiques*, Paris, Seuil, 2009, p. 428.
[288]Idem, p. 417.
[289]Idem, p. 420.
[290]*Ibidem.*

manifestation effective de ce droit se traduit par une certaine tendance à la juridictionnalisation de la vie politique congolaise.

1. Portée des arrêts de la CSJ dans l'établissement d'un État de droit en RDC

Dans ces arrêts R.CONST. 051/TSR du 31 juillet 2007 prononcés en l'affaire dite Trésor Kapulu Ngoy, à l'investiture d'un gouverneur de province par rapport à son entrée en fonction et RCONST-062/TSR du 26 décembre 2007 relatif à la conformité à la constitution de la résolution de l'Assemblée provinciale du Sud-Kivu portant motion de censure à charge du Gouverneur Célestin Cibalonza Byatarama, la CSJ a fondé sa compétence pour procéder à l'examen et apprécier la conformité à la constitution de ces deux résolutions de deux Assemblées provinciales (Kasaï-Occidental d'une part et Sud-Kivu d'autre part) sur le fait que lesdites résolutions rentrent dans la catégorie des actes législatifs. La Cour définit l'acte législatif dans l'arrêt Trésor Kapuku Ngoy en ces termes : « le Vocable acte législatif couvre non seulement les lois stricto sensu ou les actes ayant force de loi mais également tout document concerné ou acte émanant ou accompli dans l'exercice du pouvoir législatif à l'instar de la motion de défiance concernée ». Cette notion n'est pas nouvelle dans les annales de la CSJ. L'arrêt R.A. 320 du 21 août 1996 autrement dit l'arrêt Tshisekedi aborde cette notion en ces termes : « ... le vocable actes législatifs dont le contrôle est proscrit couvre non seulement les lois stricto sensu ou les textes ayant valeur de loi, mais également tout document ou acte émanant ou accompli dans l'exercice du pouvoir législatif »[291].

L'explication de l'arrêt Trésor Kapuku Ngoy peut être recherchée dans le caractère quasi instantané de l'application de l'article 80 de la constitution. La Cour reprend l'article 198, alinéa 6 de la constitution qui dispose qu'« avant d'entrer en fonction, le gouverneur présente à l'Assemblée provinciale le programme d'action de son gouvernement ». Il ne fait guère de doute que la Cour opère une interprétation restrictive de cette disposition. De même les termes de l'alinéa 7 de l'article 198 de la constitution disposent que « lorsque le programme est approuvé par l'Assemblée provinciale, celle-ci investit les ministres ». Assurément le raisonnement des alinéas 6 et 7 de

---

[291]Bulletin des arrêts de la CSJ, année 1990-1999, éditions du service de documentation et d'études du ministère de la justice, Kinshasa, 2003, pp. 161-162.

l'article 198 précité ne peut être interprété séparément au regard de leur connectivité. La doctrine semble d'accord sur ce point. Or le juge constitutionnel a eu une lecture contraire du moins contestable et juridiquement indéfendable.

« Le moins que l'on puisse dire, affirme Marcel Wetsh'Okonda, c'est que la CSJ a ainsi confondu malencontreusement les actes législatifs et les actes d'assemblées. En considérant une motion de défiance comme un acte administratif dans ses arrêts joints RAA0 087/RAA 088 du 21 septembre 2009 relatifs à la régularité de la motion de défiance adopté par l'Assemblée provinciale de l'Équateur, il y a lieu de se demander si la CSJ n'a pas implicitement reconnu cette confusion d'une part et d'autre part si elle n'a pas franchi le comble de cette confusion »[292].

Une autre différence peut être notée dans la démarche du juge constitutionnel congolais. Dans son arrêt RCE/ADP/021 du 21 mars 2007 ci-haut évoqué, la Cour a fait un acte de contrition en essayant de s'amender de ses précédentes erreurs et confusions.

« La commission électorale indépendante (CEI), déclare la Cour, n'a pas qualité de partie au procès en matière de contentieux électoral mais peut présenter ses observations pour éclaircir et apporter des éléments d'informations complémentaires sur des questions de droit ou de fait susceptibles d'être soulevées par elle »[293] . Cette affirmation a permis à la haute juridiction constitutionnelle de préciser la spécificité du droit juridictionnel constitutionnel par rapport aux autres branches de l'activité juridictionnelle[294]. Mais aussitôt la Cour retombe de nouveau dans ses confusions pour les autres points de cette affaire[295].

---

[292]Wetsh'Okonda Soko, M., Le contentieux constitutionnel congolais des droits de l'homme du 18 février 26 du 18 février 2011, *op., cit.*, p.11. A propos de ces arrêts joints. lire avec intérêt CSJ, 21 septembre 2009, RAA087/RAA088, Makila, Bulletin des arrêts de la CSJ, années 2004-2009, Tome 1, Kinshasa, Editions du Ministère de la justice et des droits humains, 2010, pp. 177-184.

[293]CSJ du 9 février 2007, RCE 010, affaire Kanku; Schrameck, O., « Le conseil constitutionnel et l'élection présidentielle de 1995 », *AJDA*, 1996 ? PP ; 2-21, spécialement p. 18

[294]Aguila, Y., *Le conseil constitutionnel et la philosophie du droit*, Paris, LGDJ, 1995, p.89

[295]Lire à ce sujet la réflexion de Balingene Kahombo, « La CSJ cour constitutionnelle

Il est surprenant de constater que la Cour ait fait comparaître les deux parties dans cette affaire à travers leurs avocats-conseils aux fins de conclure et plaider comme dans un procès privé.

En ce qui concerne le contentieux des résultats il est souligné que cette voie de recours ne se concilie pas avec l'article 74, alinéa 3 de l'ancienne loi électorale du 9 mars 2006 qui confère un délai de deux mois à la Cour pour rendre des arrêts. Ce délai est ramené à sept jours pour l'élection présidentielle. Les manifestations d'impertinence abondent. Surencombrement et misère se conjuguent pour rendre impossible le traitement des affaires dans des délais suffisants pour que le justiciable ait le sentiment que la justice puisse lui être rendue.

Ainsi ceux qui connaissent le système judiciaire congolais en général et la CSJ en particulier n'ont guère de mal à déceler les revers de la médaille, ni à imaginer des solutions. Dans ces conditions, le balbutiement de la Cour et ses errances ont été sources d'une crise institutionnelle entre le pouvoir judiciaire et l'Assemblée nationale en 2007 à la suite des arrêts de la CSJ rendus sur le contentieux de l'élection des députés nationaux. Ceux-ci ont reprouvé la haute juridiction d'avoir statué hors délai légal et déjugé ses propres arrêts du fait de recours des tierces oppositions. Ce groupe des députés invalidés contestait les arrêts de la Cour les qualifiant même « d'anticonstitutionnels et illégaux ». La constitution du 4 octobre 1958, fidèle à la tradition française de méfiance du politique à l'égard des juges semble emporter en quelque sorte l'adhésion de son homologue de la RDC.

Quoi qu'il en soit, l'exercice du contrôle de constitutionnalité médiatisé bénéficie, comme en France, de l'autorité de la chose décidée. En effet, le Conseil constitutionnel français juge que, en vertu de l'article 62 *in fine* de la constitution, l'autorité de ses décisions « s'attache non seulement à leur dispositif mais aussi aux motifs qui en sont le soutien nécessaire et en constituent le fondement même »[296]. En RDC, l'explication doit être recherchée dans la force du droit qui a supplanté la politique au point que l'invalidation de ces 18 députés a été

transitoire », précité.

[296]Décision n°62-18 L du 16 février 1962, Loi d'orientation agricole, REC. p. 31, 1er considérant, décision n°92-312 DC du 2 septembre 1992, dite Maastricht II, Recueil p. 76, 4e considérant.

de surcroît confirmée. De la même manière, on a vu que la plénière de l'Assemblée nationale renvoyait explicitement aux articles 149, alinéa 1 et 151 alinéa 2 de la constitution du 18 février 2006. Le premier dispose que « le pouvoir judiciaire est indépendant du pouvoir législatif et du pouvoir exécutif ». Le second déclare que « le pouvoir législatif ne peut ni statuer sur les différends juridictionnels, ni modifier une décision de justice, ni s'opposer à son exécution ».

Enfin, il n'est pas inintéressant de relever que nonobstant ses imperfections décriées, la CSJ, juridiction constitutionnelle de transition, ne brille pas que dans la torpeur. Face à l'incertitude terminologique observée dans certains de ces arrêts et à la signification retenue par les principales sources formelles, on admettra que la haute juridiction a laissé son empreinte à travers une jurisprudence qui restera dans les annales contemporaines du droit constitutionnel congolais.

2. Le renouveau de la jurisprudence constitutionnelle congolaise grâce au droit de recours individuel garanti

La lecture attentive de l'actualité congolaise offre certes de quoi enrichir cette réflexion, en analysant, selon les cas les insuffisances aussi bien que les excès du droit qui constituent du reste les limites de l'État de droit.

« Les règles de droit, les pouvoirs de les fixer, l'autorité qui s'en charge ne s'équivalent point. Ni en droit ni en politique »[297]. A cet égard, on remarquera que le renouveau de la jurisprudence constitutionnelle congolaise contribue à la fondation de son État de droit en construction à travers le droit de recours constitutionnellement garanti reconnu aux particuliers de saisir directement le juge constitutionnel. L'effectivité de ce droit d'accès direct du citoyen pourra certainement conduire à la juridictionnalisation de la vie politique congolaise. Garantira-t-on ainsi l'exécution de la volonté démocratique laquelle est de connivence avec l'État de droit ? « La démocratie et l'État de droit sont, selon Gérard Conac, comme deux aimants s'orientant vers le même pôle. Les uns venant renforcer ou consolider les autres »[298].

En effet, il a été dit plus haut que c'est à partir de la constitution

---

[297]Duhamel, O., *Droit constitutionnel et institutions politiques, op. cit.*, p.422.

[298]Conac, G., « L'État de droit et démocratie » in Conac, G. (sous la dir. de), *L'Afrique en transition vers le pluralisme politique*, Paris, Economica, 1990, p. 485.

du 4 avril 2003 que le processus de la réforme de la saisine du juge constitutionnel a été enclenché et celle-ci a été élargie. La constitution du 18 février 2006 a, de son côté, achevé le pyramide d'élargissement de ce droit de recours. On ne s'étonnera cependant pas comme vient d'être dit qu'il ait fallu près d'un demi-siècle pour passer de la conception de l'accès direct pour tous au juge constitutionnel à son application malgré la réticence des uns et résistance des autres. Certains magistrats conservateurs ou autres nostalgiques rechignent et réservent même à cet élargissement un sens restrictif. Or la saisine de cette institution ne doit plus être l'apanage d'une certaine caste.

L'œuvre jurisprudentielle de la CSJ se traduit par la définition de certaines notions essentielles du droit public pour éviter toute interprétation erronée ou confuse. Ce sont entre autres la notion de droit de la défense mais aussi celle relative au calcul de la majorité absolue.

La Cour a en effet définit la notion « majorité absolue » dans son arrêt RCE 014 du 16 février 2007 dans l'affaire Mbatshi Mbatsha candidat de l'Alliance pour la Majorité Présidentielle (AMP), parti au pouvoir en RDC, élu Gouverneur de la Province de Bas-Congo mais dont l'élection a été contestée par le Mouvement pour la Libération de la RDC (MLC), parti politique de l'opposition dont est issu le candidat malheureux Fuka Unzola au motif qu'aucun candidat n'a obtenu la majorité absolue des votants (29 députés provinciaux présents lors du vote). Le candidat de l'AMP a recueilli 15 voix contre 14 voix pour son challenger de MLC. Le second conteste l'élection du premier au motif que le vainqueur n'a pas obtenu la majorité absolue calculée à 15,5 voix des suffrages exprimés. Dans sa définition contenue dans son arrêt, la Cour indique que « le mode de calcul de la majorité absolue diffère suivant que le nombre des suffrages exprimés est un chiffre pair ou impair. Lorsqu'il s'agit d'un nombre pair, la majorité absolue est la moitié plus un, tandis qu'en cas de chiffre impair, la règle est que la majorité absolue se calcule en retenant la moitié du chiffre pair immédiatement inférieur à laquelle il est ajouté une unité ». Partant de ce principe, la Cour a non seulement déclaré non fondée la requête du MLC mais a confirmé par la même occasion, l'élection au premier tour du scrutin le candidat Mbatshi Mbatsha en tant que Gouverneur de la province du Bas-Congo. La CSJ a aussi formulé une ébauche de définition sur la protection des droits de la défense dans son arrêt RCONST.062/TSR du 26 décembre 2007, prononcé dans l'affaire

Célestin Cibalonza Byaterana.[299] Il s'agit d'une motion de censure de l'Assemblée provinciale du Sud-Kivu à charge de son Gouverneur ci-devant cité. Cette motion est consacrée par les articles 19, alinéa 3 et 61, alinéa 5 de la constitution mais ne la définissent pas. La CSJ a fondé sa compétence pour apprécier la conformité à la constitution de la résolution de cette Assemblée provinciale contre Célestin Cibalonza sur le fait que la motion de censure rentre dans la catégorie des actes législatifs dont il a été question plus haut. Dans cet arrêt, la CSJ a défini les droits de la défense comme « l'ensemble des droits appartenant à une personne qui se trouve partie à un litige ou en dehors de tout procès, qui est l'objet d'une mesure défavorable ayant le caractère d'une sanction ou prise en considération de sa personne ».

Une partie de la doctrine a salué cette définition dont le mérite est d'avoir déterminé le champ d'application des droits de la défense. Celui-ci englobe tous les litiges soumis à un procès *lato sensu*. Il ne se limite pas seulement au domaine pénal. Les droits de la défense restent applicables en cas de condamnation d'un justiciable. Si la Cour a précisé le champ d'application des droits de la défense, qu'a-t-elle voulu dire lorsqu'elle évoque une personne ayant fait l'objet d'une « mesure défavorable prise en considération de sa personne », au-delà de tout caractère de sanction. L'arrêt de la Cour a encore un autre mérite celui d'avoir privilégié dans sa définition le caractère global, total et pluriel des droits de la défense tel que pratiqué aussi en droit international.

La définition préconisée par l'arrêt de la Cour présente par contre un grand inconvénient. Elle pêche par un manque de soubassement matériel et ne spécifie pas le groupe des droits pris en considération. Néanmoins, l'arrêt reconnaît que ces droits impliquent « le principe du contradictoire ». Dans son arrêt R.CONST.078/TSR du 4 mai 2009, relatif à la régularité de la motion de défiance adoptée par l'Assemblée provinciale de la province de l'Équateur, la Cour a enrichi sa définition en y incluant le droit d'une personne ou, ajoute-t-elle, d'un « organe » à l'information sur la récrimination retenue à sa charge. Il s'agit d'une nouvelle extension des droits de la défense et de surcroît une grande nouveauté. En effet les articles 19 et 61 de la constitution

---

[299]A ce sujet, lire la contribution de Jean-Louis Esambo Kangashe, Les normes susceptibles de contrôle devant la Cour constitutionnelle, Contribution inédite et dont l'auteur possède un exemplaire.

du 18 février 2006 se rapportent manifestement aux personnes alors que l'innovation de cette jurisprudence élargit le droit de la défense aux organes (organe... de personne morale?). De quels organes s'agit-il ? Nul doute, ce sont les organes politiques dont les acteurs au regard de leur responsabilité sont passibles devant la Cour. C'est notamment le Gouvernement national mais aussi les gouvernements provinciaux. Ceux-ci peuvent faire l'objet de motion de censure de la part de l'Assemblé nationale ou des Assemblées provinciales conformément aux articles 147 et 198 de la constitution de 2006.

Il convient enfin de retenir que les droits de la défense n'impliquent pas seulement le principe du contradictoire et le droit à l'information sur les charges à l'encontre de l'accusé mais ces droits de la défense couvrent aussi tous les droits qui garantissent la tenue d'un procès équitable, notamment le droit de voir sa cause être entendue par un tribunal compétent, indépendant et impartial, le droit de se faire assister d'un avocat de son choix, la présomption d'innocence, la publicité des audiences, le droit à un jugement dans le délai ou du moins sans retard excessif ainsi que le double degré de juridiction. L'audace et la portée de ces droits sur le terrain sont à la hauteur de l'ambition d'une justice en quête de rayonnement dans un État de droit en construction.

Il nous semble approprié à ce stade de notre réflexion de faire un rapprochement avec les droits administratif et constitutionnel français tout en prenant en compte le droit de la Convention européenne des droits de l'homme. A ce propos, l'analyse de Paul Mathonnet est une contribution enrichissante pour la compréhension de ce rapprochement.

L'auteur affirme au sujet des principes ayant trait au procès équitable que « dominé par le principe de la légalité, la procédure pénale ne peut faire que difficilement place à la formulation de principes généraux du droit. Deux modes de manifestation de ces principes sont possibles. Le premier est la formulation, par le juge judiciaire ou administratif, des principes généraux du droit. Le second est l'application et l'interprétation à valeur constitutionnelle par le Conseil Constitutionnel. »[300] Nous affirmons avec Paul Mathonnet et à la suite d'une certaine doctrine qui analyse les principes dégagés par le juge

---

[300] Mathonnet, P., "Le procès équitable dans l'espace normatif pénal français", l'article déjà cité.

judiciaire ou administratif dans le procès équitable que certains l'ont été par le juge pénal. Mathonnet cite « entre autres les principes relatifs au respect des droits de la défense, au contradictoire, à la publicité des débats[301], à l'oralité des débats[302], au principe de loyauté, au droit à un recours »[303]. La justice congolaise s'applique à œuvrer pour la matérialisation de ces mêmes principes sur le sol congolais. Bien que reconnus et proclamés, ces principes sont souvent violés pour diverses raisons rendant de surcroît le procès inéquitable. L'image de la justice congolaise est à ce sujet à redorer tant aux plans interne qu'international. L'ambition de cette justice en quête de rayonnement en matière de procès équitable est parsemée d'embûches, d'obstacles et de tentations. A ce jour, la portée matérielle de ces différents principes reste très critiquable ou presque inexistante.

Pour le cas de la France, Paul Mathonnel « fait remarquer la faible portée matérielle de ces principes ». Il affirme que « le contenu de chacun d'entre eux est largement contredit par les dispositions légales. Le principe du droit à un recours a pu être formulé à une époque où l'appel des arrêts de la Cour d'assise n'existait pas. Le principe du contradictoire a amené à considérer que la défense avait la parole en dernier devant la chambre d'accusation alors que la solution inverse était pratiquée devant la Cour d'appel. Cette faible portée matérielle s'explique aussi, selon Paul Mathonnet, par la place accordée aux principes généraux du droit dans la hiérarchie des normes »[304].

Il est vrai qu'en matière constitutionnelle, si le juge constitutionnel français, à travers l'émergence d'un bloc de constitutionnalité, arrive à dégager certains principes constitutionnels susceptibles d'être appliqués aux questions pénales, la Cour suprême de justice congolaise agissant en cette qualité a du mal à se faire entendre et à se placer au soleil. Or, la constitution française du 4 octobre 1958 tout comme celle de RDC du 18 févier 2006 présente certains principes relatifs à la procédure pénale. Un parallélisme peut ainsi être établi avec le droit constitutionnel congolais qui puise dans le constitutionnalisme français une partie de son anatomie constitutionnelle.

---

[301]Cass., Crim., 12 octobre 1972, Bull. Crim. n°285.
[302]Cass, Crim., 31 mars 1965, Bull. Crim. n°94.
[303]*Ibidem.*
[304]*Ibidem.*

A condition qu'elle le veuille, la Cour congolaise pourrait facilement s'inspirer de son exemple. Le droit au procès équitable en RDC vise souvent les juridictions, lesquelles sont appelées au respect des exigences de tels procès. En France, c'est la Cour de cassation qui est la plus visée. Si cette dernière a subi quelquefois l'influence de l'article 6 de la convention européenne des droits de l'homme (CEDH), la justice congolaise l'est autant avec l'article 7 de la Charte africaine des droits de l'Homme et des peuples.

Les dispositions de l'article 6 de la convention européenne des droits de l'Homme « imposent aux juridictions étatiques de statuer dans un délai raisonnable ». L'article 7d, de la chartre africaine des droits de l'Homme reconnaît également « le droit d'être jugé dans un délai raisonnable par une juridiction impartiale » c'est-à-dire le droit à un jugement dans le délai ou du moins sans retard excessif.

Si le droit administratif et constitutionnel français ainsi que le droit de la convention européenne des droits de l'homme nous offrent des jurisprudences enrichissantes sur le procès équitable, le droit constitutionnel congolais, en dépit du parallélisme tiré de droit comparé, peine encore à se concrétiser sur le terrain. Ce faisant et à la suite de Paul Mathonnet, il peut être admis que « La notion de procès équitable permet de relativiser les droits compris dans l'article 6 de la CEDH et préserver certains traits d'une procédure marquée par son origine inquisitoire »[305].

Toutes ces considérations permettent un parallèle avec le droit constitutionnel congolais. Il convient cependant de noter un relatif regain de la juridictionnalisation de la vie politique en RDC. Cette période (2003-2006) correspond à l'explosion de la jurisprudence constitutionnelle, laquelle fait ses premiers pas avec hésitation mais est susceptible de perfectionnement. Elle correspond aussi aux arrêts rendus par la CSJ particulièrement sur la notion d'actes législatifs. La politique et ses acteurs sont ainsi saisis par le droit au détriment de lutte armée comme instrument de revendications politiques. Le droit à son tour est aussi saisi par la politique. Nous en voulons pour preuve, l'arrêt R. CONST.112/TSR du 5 février 2010 relatif à la conformité ou non à la constitution du 18 février 2006 de l'adhésion de la RDC au Traité de

[305]Cass, Crim., 31 mars 1965, Bull. Crim. n°94.

Port-Louis du 17 octobre 1993 instituant l'Organisation pour l'harmonisation en Afrique de droit des affaires, ci-après appelée OHADA, dans laquelle la CSJ s'est prononcée sans motivation et dans la précipitation sans avoir suffisamment du temps pour analyser les questions qui lui sont soumises[306].

En droit le délai d'instruction en matière de contrôle de constitutionnalité varie pour la Cour entre six jours et trois mois. Pour le traité OHADA la Cour a disposé d'un mois pour vider sa saisine[307]. Ce délai est normal même en droit comparé. Au regard des controverses et des enjeux autour de ce Traité, ce délai était-il suffisant à la Cour pour rendre son arrêt ? Pourquoi l'a-t-elle rendu sans motivation ? Cet arrêt est-il un trompe-l'œil ? Or ce traité avait soulevé un débat houleux au parlement congolais où certains députés ou sénateurs estimaient qu'il comportait certaines dispositions susceptibles d'entrer en contradiction avec la constitution notamment en ces articles 122, point 8, 153, alinéa 2 et 215 relatifs à l'inclusion dans le domaine de la loi des questions relatives au droit commercial, à la compétence en matière de cassation des décisions définitives des cours et tribunaux congolais et aux conditions d'application des traités internationaux dans l'ordre juridique congolais.

La CSJ aurait pu être saisie à ce stade pour éclairer la religion des parlementaires conformément à l'article 216 de l'actuelle constitution qui reconnaît à un dixième des députés ou sénateurs cette faculté. La majorité au pouvoir dont la préoccupation était ailleurs n'a pas recouru à cette disposition. C'est l'opposition politique qui a ainsi saisi la CSJ sur cette matière.

D'ailleurs les arrêts de la CSJ rendus sur la saisine de l'opposition politique sont pratiquement insignifiants. Les arrêts les plus

306Sur cette jurisprudence du délai d'instruction, lire les arrêts : CSJ, 19 mai 2004, RCONST.08/TSR sur la conformité à la constitution de la loi modifiant et complétant le Décret-loi n° 081 du 2 juillet 1998 portant organisation territoriale et administrative de la RDC telle que revue par le Décret-loi n°018/2001 du 28 septembre 2001 et CSJ, 4 mai 2009, RCONST.078/TSR relatif à la conformité de la motion de défiance adoptée par l'Assemblée provinciale de la province de l'Équateur à l'encontre du Gouverneur José Makila Sumanda. Tous ces arrêts sont inédits et disponibles auprès de l'auteur.

307Saisie par le Président de la République le 7 janvier 2010, l'arrêt de la Cour est intervenu le 5 février 2010.

connus sont l'arrêt RCONST.06/TSR du 25 mars 2004 relatif à la conformité à la constitution de transition du 4 avril 2003 de la Loi n°04/002 du 15 mars 2004 sur les partis politiques et l'arrêt RCONST. 044/TSR du 3 janvier 2007 relatif à l'expression « configuration politique » contenue dans le règlement intérieur de l'Assemblée nationale. Ces deux requêtes étaient irrecevables.

La Cour n'a pas motivé son arrêt sur l'OHADA pourtant elle aurait mieux fait en s'inspirant de la jurisprudence internationale africaine et/ou européenne pour motiver son arrêt. Il s'agit pour illustration des décisions du Conseil constitutionnel français sur la ratification du Traité de Maastricht[308] ou la décision relative au Traité d'Amsterdam[309] ou encore du Statut de Rome de la Cour pénale internationale[310]. Ces différentes décisions du Conseil constitutionnel ont été motivées afin d'éclairer les français sur les questions de droit, particulièrement sur le transfert de compétences, la limitation de la souveraineté et le statut pénal du Président de la République. La CSJ a prononcé, par son arrêt RCONST.112/TSR du 5 février 2010 que le Traité OHADA ne comporte aucune clause contraire à la constitution. La loi autorisant son adhésion a été promulguée le 11 février 2010 par le Président de la République.

L'arrêt OHADA a le mérite de corriger l'erreur de la CSJ, au sujet de l'Avis RL 09 du 20 janvier 2004 sur les difficultés d'interprétation des articles 76 et 94 de la constitution de transition du 4 avril 2003, analysées dans le premier chapitre[311]. La Cour s'est déclarée incompétente pour statuer sur la requête du Président de la République en sa section de Législation. Par contre c'est la CSJ toutes sections réunies qui est compétente en matière d'interprétation du texte constitutionnel. Le même arrêt OHADA a refusé la demande d'irrecevabilité de la requête du Président de la République exposée par

---

[308]Décision n°92-308 DC du 9 avril 1992, non-conformité partielle du Traité sur l'Union européenne, Recueil, p. 66 et Décision n°92-312 DC du 2 septembre 1992 sur la conformité du Traité sur l'Union européenne, Recueil, p. 76.

[309]Décision n°97-394 DC du 31 décembre 1997 relative au Traité d'Amsterdam modifiant le Traité sur l'Union européenne, les Traités instituant les Communautés européennes et certaines actes connexes, Recueil, p. 344. Non-conformité partielle.

[310]Décision n°98-408 DC du 22 janvier 1999 relatif au Traité portant Statut de la CPI, Recueil, p. 29. Non-conformité partielle.

[311]Lire à ce sujet nos précédents développements, pp. 64-69 de la présente thèse.

le ministère public en soulevant l'article 131 de la loi portant procédure devant la CSJ qui dispose que « celle-ci n'est saisie qu'à la requête du Procureur général de la République… ». Cette dite loi sur la procédure devant la CSJ reste muette sur l'absence ou l'obligation de motivation du Procureur de la République.

Pratiquement, la CSJ n'applique pas son contrôle avec la même intensité sur les dispositions non contestées. Elle a été sollicitée à plusieurs reprises pour solutionner les conflits entre les exécutifs provinciaux avec leurs assemblées provinciales respectives. Les quelques cas dont elle a été saisie (affaires Trésor Kapuku Ngoy, Célestin Cibalonza et José Makila, Traité OHADA) ont fait l'objet des arrêts qui ont été exécutés.

Ces quelques balbutiements jurisprudentiels témoignent de l'autorité de la haute juridiction, bien que parfois contestée (Assemblée nationale dans l'affaire des 18 députés invalidés en 2006). Le politique s'en remet à la Cour afin d'obtenir son avis sur la conformité à la constitution et en droit de leurs actes. Le recours au juge constitutionnel dans les règlements des conflits politiques ne fait plus guère d'illusion en RDC. Il est bénéfique pour le pays car il permet d'éviter la contestation de régime par les armes. C'est aussi le prix à payer pour l'établissement d'un État de droit. Ajoutons enfin qu'il est des inconstitutionnalités virtuelles ou cachées, voire insoupçonnables, qui ne se révéleront qu'à l'application. L'imagination des juges a ses limites, et avec elle la sûreté du contrôle abstrait. Que la confrontation de la loi aux droits fondamentaux garantis par la constitution de 2006 soit soumise aux aléas de la saisine ne peut que satisfaire ceux qui s'en tiennent à la suprématie de la loi.

La Cour constitutionnelle pourra bientôt être effective. Sa loi organique portant sur son organisation et son fonctionnement a été promulguée. Ses neuf membres sont nommés. Par contre, la Cour de cassation et le Conseil d'État prévus par le constituant de 2006 tardent à devenir une réalité.

Section 2 : La Cour suprême de justice en l'absence des trois nouvelles juridictions : les attentes déçues

L'État, la construction nationale, la politique de développement économique et le droit constitutionnel congolais ont été instrumentalisés par le politique. Le tournant des années 1990, semblait représenter un espoir pour la modernisation des institutions congolaises par une nouvelle constitution. « Celle-ci, selon Carré de Malberg, dote l'État des organes nécessaires à son existence juridique et à la manifestation de sa personnalité »[312]. Elle se doit d'être libre et de s'adapter aux aspirations du peuple qu'elle est censée régir. Autrement, elle deviendra un vulgaire instrument de domination politique entre les mains des dirigeants politiques.

A cet égard, l'éclatement de la CSJ en trois nouvelles juridictions décidées par la constitution du 18 février 2006 relève certes d'une avancée constitutionnelle. Ces trois nouvelles juridictions sont : la Cour constitutionnelle, la Cour de cassation et le Conseil d'État. Car rien n'obligeait le constituant de 2006 à entreprendre un tel éclatement.

Par contre, les différentes tergiversations et autres obstacles dans la finalisation, la promulgation des lois organiques de ces nouvelles institutions ainsi que leur installation effective seraient certainement imputables à la volonté des parlementaires peu soucieux de voir s'installer ces institutions chargées de censurer les lois mais aussi capables d'invalider leur élection tout en bénéficiant d'une réelle indépendance à l'égard du pouvoir exécutif et du pouvoir législatif.

On peut dès lors comprendre, comme le fait remarquer Évariste Boshab, que « les difficultés qui pourraient bloquer l'installation rapide de la Cour constitutionnelle ne sont pas seulement d'ordre matériel ; les plus grandes se situeraient plutôt au niveau psychologique : les élus, jaloux de l'onction populaire dont ils ont été couverts, saisissent difficilement la légitimité d'un autre organe qui ne serait pas issus des urnes. Dès lors, comment ne pas s'inquiéter quant à la question de savoir si l'Assemblée nationale va allouer à la Cour constitutionnelle des

---

[312]Carré de Malberg, R., *Contribution à la théorie générale de l'État*, tome I, Paris, PUF, 2003, pp.64-66.

crédits nécessaires aussi bien pour son installation que pour son fonctionnement »[313].

Les faits ont attesté et certifié cette difficulté d'émergence de ces nouvelles juridictions. La Cour constitutionnelle, est en voie d'être installée, à travers la promulgation de sa loi organique le 15 octobre 2013 ainsi que la nomination de ses neuf membres le 9 juillet 2014. La loi organique n° 13/010 du 19 février 2013 relative à la procédure devant la Cour de cassation[314] est promulguée mais ses membres tardent à être nommés et le Conseil d'Etat reste encore à l'état embryonnaire. Les justifications officielles de ces retards constituent simplement des spéculations politiques sans aucune consistance. La mise en place de ces trois juridictions issues de l'éclatement de la CSJ prévue par la constitution de 2006 reste à ce jour un processus inachevé (§1). Au moment où nous couchons ces lignes, seules les lois organiques sur la Cour constitutionnelle[315] et sur la Cour de cassation[316] sont promulguées. Celle du Conseil d'État est encore en chantier. En observant de près la scène politique congolaise, on remarque la volonté délibérée des uns et des autres de torpiller le processus d'installation de certaines institutions consacrées par la constitution de 2006. Cela est dû en partie à la formation juridique d'une culture politique déficitaire (§2) aussi bien chez les acteurs politiques que leurs sympathisants.

§1. La mise en place des autres ordres juridictionnels prévus par la constitution du 18 février 2006 : un processus inachevé

L'éclatement de la CSJ en trois nouveaux ordres juridictionnels (Cour constitutionnelle, Cour de cassation et Conseil d'Etat) a été une des grandes réalisations de la constitution du 18 février 2006. Mais pour des raisons éminemment politiques, l'initiative constitutionnelle

---

[313]Boshab, E., « Les dispositions constitutionnelles transitoires relatives à la Cour constitutionnelle de la République démocratique du Congo, Fédéralisme Régionalisme, vol.7, 2007, n°1, -Premiers scrutins et contrôle de constitutionnalité en RDC : la mise en œuvre d'une constitution « régionalisée », en ligne à l'adresse: http://popups.ulg.ac.be/federalisme/document.php?id=561

[314]www.droitcongolais.info/files/1.17.18.-lo-organique-du-19-fevrier-2013_procedure-devant-la-cour-de-cassation.pdf Consulté le 04 mars 2013.

[315]Loi organique n°13 du 15 octobre 2013 portant organisation et fonctionnement de la Cour constitutionnelle, en ligne : www.presidentrdc.cd/spip.php?article283 consulté le 16 octobre 2013.

[316]Loi n°13/010 du 19 février 2013 relative à la procédure devant la Cour de cassation, à l'adresse : www.droitcongolais.info Consulté le 21 février 2013.

d'établir la juridiction de l'ordre judiciaire et son homologue de l'ordre administratif s'opère « à pas de caméléon » et sans réelle volonté politique (A). Par juridiction d'ordre judiciaire, il faut entendre « l'ensemble des juridictions, placées sous le contrôle de la Cour de cassation, et compétentes pour connaître des litiges entre personnes privées ainsi que du contentieux répressif »[317]. La révision constitutionnelle unilatérale du 20 janvier 2011, du reste inopportune bien que juridiquement conforme à la procédure de révision, a été l'objet d'une controverse exaltante. Cette révision s'est opérée dans un environnement préélectoral tendu, aux motivations moins convaincantes et peu rassurantes a-t-elle consacré la suprématie juridique ou relève-t-elle d'une illusion constitutionnelle ? (B)

A. De la Cour de cassation au Conseil d'État : une mise en place « à pas de caméléon » et sans réelle volonté politique

La création d'une Cour de cassation et d'un Conseil d'État par la constitution du 18 février 2006 était une avancée constitutionnelle sans précédent dans l'histoire politico-juridique de la RDC, dans la mesure où ces deux juridictions suprêmes devraient renforcer l'institution judiciaire. Ce qui, à n'en point douter, constitue un élément remarquable de l'État de droit et de la démocratisation du système politique congolais. Pourtant, si le pluralisme et les élections (présidentielles et législatives de 2006 et 2011 en dépit de certains égarements du scrutin) ont été des signes d'un certain succès de la constitution de 2006, en revanche la justice à travers ces nouvelles juridictions prévues reste à ce jour parent pauvre de la démocratisation. L'institution judiciaire est affectée par les réformes institutionnelles qui se réalisent malheureusement « à pas de caméléon » en dépit des revendications populaires.

La loi organique relative à la procédure devant la Cour de cassation a été adoptée par le Sénat dans sa séance plénière du 27 avril 2011 après présentation du rapport portant harmonisation des textes par la commission paritaire mixte Assemblée nationale Sénat. Cette loi organique a été finalement promulguée par le chef de l'État le 19 février 2013 deux ans après son adoption. Ce délai excessivement long est la résultante de la réticence de certains conservateurs, nostalgiques de leur

---

[317]Cabrillac, R, (dir.), *Dictionnaire du vocabulaire juridique*, 3e édition, Paris, Litec, 2008, p. 280.

passé indétrônable qui se retrouvent à la fois au sein du corps judiciaire ainsi que dans la classe politique.

Le texte compte 92 articles répartis en cinq titres. L'économie de ce texte rappelle que l'éclatement de la CSJ conduit à une réforme entraînant la réparation et la spécification des compétences et de procédures à suivre devant chacune de ces nouvelles juridictions.

La Cour de cassation diffère de la CSJ qui était à la fois une juridiction de fond, une juridiction de cassation, une juridiction d'annulation, une juridiction d'avis et d'interprétation des textes et une juridiction constitutionnelle. En règle générale, la Cour de cassation est le juge du droit et non du fond. Toutefois, elle statue comme juge du fond à l'égard des personnes visées à l'article 153 de la constitution[318] et en matière d'appel des décisions rendues au premier degré par les cours d'appels en matière répressive.

Elle assure le contrôle de légalité dès lors qu'il lui est reconnu le droit de casser toutes les décisions de dernier ressort prises en violation de la loi ou de la coutume, ainsi que l'unité de la jurisprudence par ses décisions qui s'imposent aux juridictions de renvoi. La loi organique promulguée organise la procédure de cassation en matière de droit privé et en matière pénale.

Il faut retenir que le pourvoi en cassation est exercé par toute personne ayant été partie à la décision attaquée ou par le Procureur général agissant soit dans le délai légal soit à l'expiration de ce délai mais sur injonction du ministère de la justice ou dans le seul intérêt de la loi.

Le Conseil d'État est la juridiction suprême de l'ordre administratif. Il est compétent pour connaître des litiges dans lesquels

---

[318]Notamment « les membres de l'Assemblée nationale et du Sénat ; les membres du Gouvernement autres que le Premier ministre ; les membres de la Cour constitutionnelle ; les magistrats de la Cour de cassation ainsi que du parquet près cette Cour ; les membres du Conseil d'État ainsi que le parquet près ce Conseil ; les membres de la Cour des comptes et le parquet près cette Cour ; les Premiers présidents des Cours d'appel ainsi que les Procureurs généraux près ces cours ; les premiers présidents des Cours administratives d'appel et les Procureurs près ces cours ; les Gouverneurs, les Vice-gouverneurs de province et les ministres provinciaux ; les Présidents des assemblées provinciales ».

l'administration est impliquée. Placé au-dessus des cours et tribunaux administratifs, « le Conseil d'État connaît, en premier et dernier ressort des recours pour violation de la loi, formés contre les actes, règlements et décisions des autorités administratives centrales. Il connaît en appel des recours contre les décisions des Cours administratives d'appel. Il statue sur l'inexistence d'autres juridictions compétentes, de demande d'indemnités relatives à la réparation d'un dommage exceptionnel, matériel ou moral, résultant d'une mesure prise ou ordonnée par les autorités de la République. Il se prononce en équité en tenant compte de toutes les circonstances d'intérêt public ou privé »[319].

D'après Babakane Coulibaly, « l'intervention du juge administratif suprême visera à soumettre l'administration au respect des règles qui régissent l'exercice de ses pouvoirs, à contenir les privilèges dans les limites que leur assigne la règle de droit, et à permettre aux administrés soit de paralyser une activité administrative irrégulière, soit d'obtenir une certaine compensation pour les préjudices qu'elle a pu leur causer ». Jean-Marie Auby et Roland Drago diront que « le contentieux administratif remplit donc une fonction de protection des administrés contre l'administration. Il met les individus à même de préserver, dans la mesure prévue par la règle de droit, leurs droits et intérêts à l'encontre des exigences de l'action administrative ».[320]

Jean Du Bois de Gaudusson fait observer que « dans un contexte politique et institutionnel autoritaire dominé par un parti unique »[321], le contrôle dévolu à un juge sur l'action administrative où la finalité ainsi assignée à la juridiction suprême de l'ordre administratif peut ne révéler

---

[319]Article 155 de la constitution du 18 février 2006. Lire également, Makengo Nkutu, *Les institutions politiques de la RDC : De la République du Zaïre à la République Démocratique du Congo (1990- à nos jours)*, Paris, L'harmattan, 2010, pp. 128-134.
[320]Auby, J.-M., et Drago, R., *Traité de contentieux administratif*, 3è édition, vol. 1, Paris, LGDJ, 1984, p. 15 cité par Babakane Coulibaly, « Le juge administratif, rempart de protection des citoyens contre l'administration en Afrique noire francophone ? », à l'adresse http://www.Afrilex.u-bordeau4.fr/le-juge-administratif-rempart-de.html/ Consulté le 25 avril 2013.
[321] Jean du Bois de Gaudusson, "Trente ans d'institutions constitutionnelles et politiques : points de repère et interrogations", *Afrique contemporaine*, n°164, octobre-décembre 1992, p.52 cité par Babakane Coulibaly, "Le juge administratif, rempart des citoyens contre l'administration en Afrique noire francophone", à l'adresse: http://www.afrilex.u-bordeaux.fr/le-juge-administratif-rempart-de.html/ consulté le 25 avril 2013.

qu'une stratégie politique « susceptible de fournir un exutoire légal aux mécontentements dont tout régime autoritaire redoute la fermentation »[322]. Selon Babakane Coulibaly, « une autre fonction du contentieux administratif dans ce cadre sera de servir d'instrument devant concourir à une plus forte affirmation du pouvoir hiérarchique en s'assurant la garantie de la docilité de l'ensemble de l'administration. On verra alors dans le redressement par le juge des irrégularités administratives, le moyen d'obliger les diverses autorités administratives au respect des règles établies par les autorités placées à la tête du corps politique »[323].

Le Conseil d'Etat congolais, une fois établi, les usagers de l'administration congolaise pourront le saisir pour qu'il assure, comme ce doit être son rôle, le respect de la légalité et la réparation des préjudices que cette administration leur ferait subir.

Toutes ces bonnes dispositions ne suffisent pas à changer les mauvaises habitudes. Beaucoup le constatent. J. Milleliri, écrit que « Malgré l'« affichage démocratique », les garanties voulues par la constitution apparaissent aujourd'hui largement mises à mal... Les programmes des réformes prévues par la constitution et le contrat de gouvernance n'ont pas été suivis, la présidentialisation du pouvoir s'est accentuée et les velléités de contestation ont été réprimées et ce, malgré les nombreuses garanties constitutionnelles »[324]. Et selon un rapport d'International Crisis Group datant de 2010[325], *la présidence a assujetti tout à la fois le gouvernement, le parlement et le pouvoir judiciaire en profitant de la faiblesse de l'opposition et de la corruption endémique au sein de l'élite. De plus, le 29 mars 2010, le gouvernement congolais a annoncé son intention de modifier le mandat présidentiel, et ce en*

---

[322]Rivero, J., *Précis de droit administratif*, 13è édition, Paris, Dalloz, p. 299. cité par Babakane Coulibaly, "Le juge administratif, rempart de protection des citoyens contre l'administration en Afrique noire francophone", article déjà cité.

[323]Babakane Coulibaly, « Le juge administratif, rempart de protection des citoyens contre l'administration en Afrique noire francophone ? », à l'adresse http://www.Afrilex.u-bordeau4.fr/le-juge-administratif-rempart-de.html/ Consulté le 25 avril 2013.

[324]Milleliri, J., *Étude de gouvernance République démocratique du Congo (RDC)*, Promotion JIT, 2009/2010, IEHI-Aix-en-Provence, 2010, p. 15.

[325]Lire avec intérêt, International Crisis Group, Congo : l'enlisement du projet démocratique, Poriefing. Afrique n°23,8, Avril 2010

dépit de l'article 220 de la constitution selon lequel [...] le nombre et la durée des mandats du Président de la République [...] ne peuvent faire l'objet d'aucune révision constitutionnelle. L'intention du Gouvernement a été matérialisée par la révision constitutionnelle du 20 janvier 2011 malgré de vives contestations, querelles et autres controverses constitutionnelles.

B. La controverse autour de la révision constitutionnelle du 20 janvier 2011 : une suprématie juridique retrouvée ou illusion constitutionnelle

« Un peuple a toujours le droit de revoir, de réformer et de changer sa constitution. Une génération ne peut assujettir à ses lois les générations futures »[326]. Cela justifie-t-il toutes les révisions ?

Le constituant congolais de 2006 a établi et organisé le contrôle de constitutionnalité des lois organiques et des lois ordinaires. Ce même constituant est resté silencieux sur les compétences de la Cour constitutionnelle en matière des lois de révision constitutionnelle, adoptées conformément selon l'article 218 *in fine* de la constitution. Cette juridiction constitutionnelle est-elle compétente pour se prononcer sur la conformité à la constitution des lois de révision constitutionnelle ? Cette question est d'une importance majeure. Car la jeune constitution est déjà soumise à des révisions. « Les révisions récentes dans les pays africains dont la RDC mettent en évidence un constat : plusieurs initiatives de révision ont un but avoué ou non soit de consolidation du pouvoir de ses initiateurs soit de leur permettre d'imposer leurs idées et leur conception des principes qui doivent guider l'action du pouvoir. La révision constitutionnelle se présente dès lors à la fois comme un processus et un résultat. Conçue comme processus, la révision exprime un mouvement dont la caractéristique essentielle aujourd'hui est de devenir acyclique pour ne pas dire récurrent dans ces États ; conçue comme résultat, la révision constitutionnelle consacre un nouvel ordre dès que la modification est intégrée au texte constitutionnel, ce qui du reste met en exergue les rapports quasi dialectiques entre révision constitutionnelle et affermissement de l'État de droit ». La Cour se présente alors comme le dernier recours ultime contre des révisions constitutionnelles fantaisistes destinées à tailler le

---

[326] Art. 28, la mythique constitution du 24 juin 1793.

pouvoir sur mesure et à le confisquer au détriment de l'Etat. L'idée est d'éviter de réviser la constitution « ni trop souvent, ni trop rapidement[327] afin de préserver « le temps consolidé de constitution »[328].

Samedi 15 janvier 2011, l'Assemblée nationale et le Sénat congolais se sont prononcés en faveur de la proposition de loi portant révision de la constitution du 18 février 2006. Le Président de la République, Joseph Kabila, a promulgué la constitution révisée, le 18 janvier 2011. La proposition de la loi soumettait huit articles de la constitution à la révision. Le point saillant de cette révision concernait l'élection du Président de la République à un tour unique, au lieu de deux, comme c'était le cas dans le texte constitutionnel adopté par référendum en décembre 2005 et promulgué le 18 février 2006. L'enjeu politique de l'époque s'articulait autour de l'article 71 qui définit le mode du scrutin présidentiel. La révision de cet article a suscité de vives réactions et controverses aussi bien au sein de la communauté nationale qu'internationale reléguant, sous silence les autres articles jugés mineurs. Il s'agit de la reprise du mandat parlementaire dès que cesse l'exercice d'une fonction politique incompatible (article 110)[329] ; l'ouverture des crédits provisoires en cas de renvoi au Parlement par le Président de la République pour une seconde délibération de projet de loi finances (article 126)[330] ; la déconstitutionnalisation de la programmation de 26 provinces au profit de la discrétion du législateur

[327]Verdussen, M., « La procédure de révision de la constitution : données comparatives » in Delpérée, F., et de CROO, H., La procédure de révision de la Constitution, Bruxelles, Bruylant, 2003, p. 96.

[328]L'expression de Gianformaggio, cité par Marc Vedussen, « La procédure de révision de la constitution comparatives *», op, cit.*, p.96.

[329]Le nouvel article 110 est ainsi libellé « Toutefois lorsqu'un député national ou un sénateur est nommé à une fonction politique incompatible avec l'exercice de son mandat parlementaire, celui-ci est suspendu. Il reprend de plein droit son mandat parlementaire après la cessation de cette fonction politique incompatible. Toute cause inéligibilité, la date des élections, constatée ultérieurement par l'autorité judiciaire compétente entraîne la perte de mandat de député national ou de sénateur. Dans les cas énumérés ci-dessus, le député national ou le sénateur est remplacé par le premier suppléant, ou à défaut, par le second suppléant. En cas de carence de suppléant, une élection partielle est organisée dans la circonscription électorale concernée ».

[330]Un nouvel alinéa a été ajouté à ce nouvel article 126 : « Si le projet de loi de finances voté en temps utile par le Parlement et transmis pour promulgation avant l'ouverture du nouvel exercice budgétaire fait l'objet d'un renvoi au parlement par le Président de la République, le Gouvernement demande à l'Assemblée nationale et au Sénat l'ouverture des crédits provisoires. »

(article 226)[331] ; l'octroi au Président de la République de la prérogative de dissolution de l'Assemblée provinciale (article 197, alinéa 7 de la loi constitutionnelle du 20 janvier 2011)[332] et de démettre le gouvernement provincial (article 198, alinéa 1)[333]. Ces dispositions constitutionnelles mineures ont été l'objet d'une certaine convergence politique des parlementaires affirmant la primauté juridique de ces modifications. L'intangibilité de l'article 220 de la constitution n'a pas été affectée par cette révision constitutionnelle, ce que conteste une partie de la doctrine à travers les articles controversés.

Parmi ces articles très controversés, il y a lieu de retenir le rattachement du parquet au ministère de la justice (article 149, alinéa 2)[334] ; l'instauration d'une élection présidentielle à un seul tour (article 71, alinéa 1)[335] ; la prérogative octroyée au Président de la République

---

[331]Le nouvel article 226, alinéa 1 dispose : « Une loi de programmation détermine les modalités d'installation de nouvelles provinces citées à l'article 2 de la présente constitution... ». La version originale de cette disposition affirmait « Les dispositions de l'alinéa 2 de la présente constitution entreront en vigueur endéans trente-six mois qui suivront l'installation effective des institutions politiques prévues par la présente constitution ». L'attention est plus portée sur le caractère procédural de l'installation des 26 provinces. Le libellé des articles 2 et 226 de la constitution version originale relève d'un compromis politique de constituant de 2006.

[332]L'article 197, alinéa 7 est rédigé en ces termes « Lorsqu'une crise politique grave et persistante menace d'interrompre le fonctionnement régulier des institutions provinciales, le Président de la République peut, par une ordonnance délibérée en Conseil des ministres et après concertation avec les Bureaux de l'Assemblée nationale et du Sénat, dissoudre l'Assemblée provinciale... ».

[333]L'article 198, alinéa 1 issu de la révision dispose : « Lorsqu'une crise politique grave et persistante menace d'interrompre le fonctionnement régulier des institutions provinciales, le Président de la République peut, par une ordonnance délibérée en Conseil des ministres et après concertation avec les Bureaux de l'Assemblée nationale et du Sénat relever de ses fonctions le Gouverneur d'une province. »

[334]Le nouvel article 149, alinéa 2 amputant du pouvoir judiciaire les parquets dispose : « Il est dévolu aux cours et tribunaux qui sont : la Cour constitutionnelle, la Cour de cassation, le Conseil d'État, la Haute cour militaire ainsi que les cours et tribunaux civils et militaires ». C'est une petite retouche qui a été opérée sur cet article. Car le nouvel alinéa 2 de cet article ne reconnaît plus l'indépendance des parquets qui sont désormais rattachés au Ministère de la justice. Serait-il contraire à la clause d'intangibilité de l'article 220 sur l'indépendance du pouvoir judiciaire ?

[335]La nouvelle formulation de l'article 71 dispose : « Le Président de la République est élu à la majorité simple des suffrages exprimés » Loi n° 11/002 du 20 janvier 2011 portant révision de certains articles, JORDC, n°3, 1er février 2011.

de convoquer le peuple au référendum (article 218, alinéa 3)[336]. Pour certains, la révision de ces articles à controverse ne porte pas atteinte aux matières non-révisables et intangibles de l'article 220. Elle reste conforme à ce dernier tout en opérant une harmonisation avec l'ordonnance-loi n° 82-020 du 31 mars 1982 portant code de l'organisation et de compétence judiciaire et la loi organique n°06/020 du 20 octobre 2006 portant statut des magistrats qui affirment que l'officier du ministère public exerce ses fonctions sous l'autorité hiérarchique du ministère de la justice.[337] Les débats récents en France sur l'indépendance de la magistrature et le statut du parquet illustrent cette problématique.

Une autre partie de la doctrine estime d'ailleurs que la révision de ces articles viole incontestablement l'article 220 notamment l'art.149 sur l'indépendance du ministère public qui fut certes une disposition innovante et révolutionnaire du constituant de 2006.

Au surplus, il faut souligner avec le Professeur Auguste Mampuya que « l'ancien l'alinéa 2 de l'article 149 du reste supprimé, était une forte avancée de l'État de droit. En incluant les parquets dans le pouvoir judiciaire et en les faisant bénéficier de l'indépendance de leur corps, la constitution de 2006 avait fait un grand pas en avant alors que les vieilles démocraties débattent aujourd'hui de la question de l'indépendance du ministère public »[338]. L'option adoptée par le constituant de 2006 n'était nullement une illusion constitutionnelle. Ce fut un choix réfléchi en faveur d'une conception moderne des pays anglo-saxons.

En effet, toute action judiciaire débute par la mise en accusation qui ne peut absolument être séparée de la fonction judiciaire. « En quoi, s'interroge le Professeur Auguste Mampuya, le pouvoir judiciaire sera-t-il indépendant si les poursuites sont ordonnées ou ne peuvent être actionnées que par l'exécutif si la plénitude de l'action publique n'est

---

336Seule l'alinéa 3 de l'article 218 qui a subi une légère retouche en précisant que « la révision n'est définitive que si le projet, la proportion ou la pétition sont approuvés par référendum ».

337Cette situation ne constitue pas une nouveauté à la congolaise. Le droit comparé notamment le droit français illustre bien cette orientation.

338MampuyaKanuk'aTshiabo,A.,:http://www.lepotentiel.com/afficher_article.php?id_edition=&id_article=105507/

plus au parquet général mais au ministère de la justice, si l'exécutif peut dire qui on poursuit et qui on ne poursuit pas » ?[339] Concernant enfin l'article 71, la constitution prévoyait que le Président de la République soit élu au suffrage universel direct par un scrutin à deux tours. La loi électorale[340] qui organise ce scrutin, précise que l'élection à deux tours a été choisi pour permettre « au futur Président de la République d'être toujours élu par une majorité absolue d'électeurs et, donc, de bénéficier d'une légitimité incontestable ». Juridiquement, la modification du mode de scrutin par la révision du 20 janvier 2011 n'a pas à première vue d'impact décisif. Elle l'est par contre sur le plan politique et/ou sociologique. Ce qui conforte la position de ceux qui estiment que cette modification viole également l'article 220. Le choix de cet article 71, a été remis en cause en procédant par la même occasion à la révision des articles 101, 112 et 114 de la loi électorale ci-haut citée.

La RDC s'est dotée d'une constitution élaborée avec l'appui de la communauté internationale[341] adoptée par le référendum du 18 au 19 décembre 2005 et promulguée par le Président de la République, le 18 février 2006. Ce texte fondamental consacre un État souverain et démocratique, qui permet l'exercice du pouvoir fondé sur le respect constitutionnel. Or l'initiative de la révision constitutionnelle de 2011 a été rejetée par la coalition des partis politiques de l'opposition. Elle a été dénoncée par la société civile, les ONG de défense des droits de

---

[339]Mampuya Kanuk'a-Tshiabo, A., « Au feu ! L'article 220 violé », article déjà cité.

[340]Article 101 de la loi n°06/006 du 9 mars 2006 portant organisation des élections présidentielles, législatives, provinciales, urbaines, municipales et locales, JORDC, n° spécial, 20 juin 2006, pp.151 et ss.

[341]L'implication de la communauté internationale dans la résolution des conflits armés congolais (1998-2003) a été décisive et son influence ne peut être remise en cause. A ce sujet, lire Jean Du Bois de Gaudusson, « Les nouvelles constitutions africaines et le mimétisme », in Dominique Darbon et Jean Du Bois de Gaudusson (dir.), *La création du droit en Afrique,* Paris, Karthala, 1997, pp. 309-316. Il affirme à cet effet que « le droit constitutionnel en Afrique résulterait d'un simple exercice de copiste sous l'autorité des bailleurs de fond internationaux et étrangers et sous magistère de leurs hommes de plume et de sciences... Juridique » p. 313. Cette réalité est évidente en RDC mais avec un certain relativisme. A ce sujet, Lire El Hadj Mbodj, « La constitution de transition et la résolution des conflits en Afrique : l'exemple de la RDC », *RDP,* n°2, 2010, pp 441-471. Il parle du collège des experts internationaux (p.445, note 7). Lire également la contribution des experts internationaux dans l'élaboration de la constitution du 18 février 2006. Cité par Jean-Louis Esambo, *La constitution congolaise du 18 février 2006 à l'épreuve du constitutionnalisme,* Academia-Bruylant, Louvain-La-Neuve, 2010, p.51.

l'homme et l'église catholique. Au regard de cette contestation, la CSJ en sa qualité de Cour constitutionnelle de transition aurait pu être saisie par la coalition de l'opposition en vertu des articles 139, alinéa 4 et 160, alinéa 4 de la constitution de 2006. Cette Cour est-elle compétente? En droit comparé africain, la jurisprudence constitutionnelle reste partagée. Certaines juridictions constitutionnelles ne se reconnaissent pas compétentes pour contrôler la conformité des lois de révision constitutionnelle alors que d'autres se déclarent compétentes. Celle de RDC est certes prévenue du problème qu'elle affrontera. Ce juge constitutionnel congolais devra choisir entre se déclarer compétent comme ses homologues béninois ou maliens en renforçant l'Etat de droit tout en limitant toutes velléités frénétiques de révision constitutionnelle. Le juge constitutionnel pourra aussi décliner toute compétence en matière de contrôle des lois constitutionnelles à l'instar de ceux du Sénégal avec le risque de favoriser la banalisation et l'instrumentalisation de la révision constitutionnelle.

Loin d'apaiser les esprits congolais, cette dernière révision a failli être source d'insécurité, contestations pré et post électorales rendant la CSJ compétente en cas de saisine. Selon le Professeur Jacques Chevallier, « le rôle politique de la juridiction constitutionnelle apparaît en pleine lumière en période de fortes tensions politiques (le juge constitutionnel devenant alors l'arbitre des différends entre acteurs politiques)... »[342]. Si cette saisine de la CSJ par la coalition des partis politiques de l'opposition avait été faite, elle aurait permis au moins à la haute juridiction constitutionnelle congolaise d'éclairer l'opinion des acteurs politiques. La saisine du politique dans ce cas d'espèce par le droit pourrait être considérée comme une avancée constitutionnelle.

Agissant en « aiguilleur », le Conseil constitutionnel français peut imposer la voie de la révision constitutionnelle pour que certaines réformes entrent en vigueur[343]. « C'est dire que les réformes sensibles nécessitent la réalisation d'un plus large consensus politique soit par l'assentiment du peuple souverain, soit par le vote des assemblées

[342]Chevallier, J., *L'État de droit,* 4 e édition, Paris, Montchrestien, 2003, p. 134.

[343]En ce sens, Favoreu, L, « Les décisions du Conseil constitutionnel dans l'affaire de nationalisation », *RDP*, 1982, pp 377, spécialement p. 419 : « Le Conseil constitutionnel, placé au carrefour crucial, est en quelque sorte un aiguilleur ou un régulateur indiquant quelle voie réglementaire, législative ordinaire, législative organique ou constitutionnelle – doit suivre la réforme pour être adoptée ».

réunies en Congrès et se prononçant à une majorité renforcée »[344]. L'expérience congolaise des quelques années qui viennent de s'écouler montre que plusieurs difficultés et crises politiques rencontrées sont d'ordre institutionnel ; elles ont pour origine les imperfections des textes constitutionnels en quelque sorte inachevés, faute de prévoir certaines situations et en raison de dispositions trop sommaires et trop rigides. La mise en place effective des trois nouvelles juridictions pourra permettre de combler cette lacune. Or tout le monde s'accorde à reconnaître que la démocratie institutionnelle congolaise est confrontée à diverses forces centrifuges. Cette démocratie institutionnelle est malade de la culture politique et juridique de ses acteurs marquée par la recherche effrénée du gain individuel au détriment de l'intérêt de la collectivité nationale. La formation juridique d'une culture politique d'excellence s'avère indispensable.

§2. La contribution juridiquement inégale de la Cour suprême de justice à la formation d'une culture démocratique

« Dans une RDC caractérisée par des crises récurrentes, quel juge ou du moins quelle juridiction, observe, Pambou-Tchivounda, pourrait aller à l'encontre de la volonté du plus fort au motif que l'intérêt du peuple n'est pas pris en compte sans ruiner définitivement sa carrière, contraint à l'exil ou jeté en prison »[345] ?

Slobodan Mladic estime qu'« au-delà du juridique et du politique même, c'est la culture qui est la meilleure garantie de la bonne application des valeurs et des principes. La culture comme système de valeurs assimilées, induisant les attitudes et les comportements conformes aux exigences des règles juridiques et politiques »[346].

344Vedel, G., « Schengen et Maastricht » *RFDA,* 1192, p.173 spécialement pp. 179-180 : La formule « la loi n'exprime la volonté générale que dans le respect de la constitution » justifie le contrôle de constitutionnalité mais elle n'a cette vertu que parce qu'elle sous-entend que l'obstacle que la loi rencontre dans la constitution peut être levé par le peuple souverain ou ses représentants s'ils recourent au mode d'expression suprême : la révision constitutionnelle. Si les juges ne gouvernent pas, c'est parce que, à tout moment, le souverain, à la condition de paraître en majesté comme constituant, peut, dans une sorte de lit de justice, briser leurs arrêts ».

345Pambou-Tchivounda, G., « Une juridiction constitutionnelle au Gabon : A propos de la chambre constitutionnelle de la Cour suprême du Gabon », in Darbon, et Conac, G., *Les Cours suprêmes en Afrique*, Tome 2, 1989, pp. 97-105.

346Milacic, S., « La démocratie politique éclipsée par l'Etat de droit », in Illessy, I. (dir.), *Constitutionnal consequences of the EU Memberships*, Université de Pécs,

Théodore Holo considère que « la culture démocratique ne naît pas spontanément au sein du peuple. Un effort doit être fait par les hommes et les femmes attachés à la démocratie pour créer et entretenir cette nécessaire culture démocratique »[347]. L'on notera évidemment que les analystes reconnaissent la relation entre la culture et la démocratie qui doit passer nécessairement par l'éducation.

La culture politique, c'est un ensemble d'attitudes politiques[348], c'est-à-dire « une disposition ou encore une préparation à agir d'une façon plutôt que d'une autre. Elle est la probabilité de l'apparition d'un comportement donné dans un certain type de situations »[349]. La sociologie politique distingue trois dimensions de la culture politique sur la base desquelles la doctrine analyse la nécessité d'une culture démocratique en Afrique en générale et RDC en particulier.

La première est cognitive et embrasse des connaissances dont dispose chaque citoyen ou communauté sur le politique. Son couronnement passe par l'éducation de l'homme mais aussi par la formation de ce citoyen, considérées comme essentielles pour l'ancrage de la démocratie. On se rappellera que Montesquieu s'est basé sur la nécessité de la démocratie gouvernante ou représentative sur l'adage selon lequel le peuple serait habile à choisir ses gouvernants et n'est point apte à gouverner par lui-même, et qu'il fallait des hommes instruits aux préceptes de la démocratie[350]. Si ce point de vue reste discutable[351], on perçoit néanmoins la portée de l'éducation dans la théorie du constitutionnalisme. L'éducation est le complément de la démocratie, pour empêcher d'une part des programmes ou projets de

---

Faculté de droit, 2005, p. 241.

[347]Holo, Th., « La transition vers la démocratie : le cas du Bénin dans la consolidation de la démocratie pluraliste en Afrique, Actes de conférence internationale, Dakar 6-9 novembre 1990, Alternative démocratique dans le tiers monde, *Revue d'Études, de recherches, d'informations et d'opinions de CERDET*, juillet-décembre, 1990, p. 134.

[348] Lancelot, A., *Les attitudes politiques*, Paris, 1974, pp. 6-7.

[349]Cot, P., Mounier, J.-P., *Pour une sociologie politiques*, Tome III, Paris, Seuil, 1974, pp. 15-18.

[350]Autrement dit, le peuple serait un piètre législateur s'il devait fabriquer lui-même les lois. Par contre, ce même peuple se distingue dans la désignation de ses représentants.

[351]Sans la connaissance et la maîtrise de la chose politique, il est difficile pour le peuple de distinguer le bon du mauvais gouvernant et faire ainsi un parfait choix. D'ailleurs en choisissant ses représentants, ce même peuple se gouverne par lui-même.

société fantaisistes des candidats, et d'autre part, aux électeurs de faire des choix conséquents tenant compte de l'intérêt national. *On ne fait une démocratie qu'avec des citoyens ; on ne fait des citoyens qu'avec les hommes; on ne fait des hommes que par l'éducation, affirme Vacherot*[352]. Une véritable démocratie est conditionnée par l'éducation. Elle est irréalisable si l'homme reste à l'état de nature. Mais l'éducation est insuffisante à elle seule ; elle doit s'appuyer sur un autre élément de la culture tout aussi important.

La deuxième dimension de la culture politique, nous semble-t-il, est affective. C'est ce poids affectif que porte toute valeur sociale qui détermine l'attitude de l'individu par rapport aux conditions exigées par le système ainsi que dans ses relations avec les acteurs politiques. Cette dimension est à la base d'une certaine idée, du reste négatrice, selon laquelle la démocratie constitutionnelle, en tant qu'institution importée d'Occident reste inadaptée pour les pays du Tiers monde en général et d'Afrique en particulier. Cette thèse fait principalement de la spécificité culturelle, sur la conception du pouvoir dans la tradition des pays d'Afrique qui serait sacré et personnel, mais aussi sur l'exigence du développement et de l'unité, pour refuser à ces Etats africains leur aptitude à la démocratie. Cette thèse n'emporte pas notre adhésion. La spécificité culturelle n'est pas systématiquement incompatible, ni avec l'Etat de droit moins encore avec la démocratie. L'analyse succincte des valeurs qui gouvernent les institutions politiques de l'Afrique précoloniale en constitue une parfaite illustration. La notion du pluralisme ne saurait être déniée à l'Afrique en général et à la RDC en particulier, parce qu'elle est fondamentalement plurale tant sur l'aspect des peuples que des ethnies. Du point de vue matériel, les grands principes du constitutionnalisme occidental n'étaient guère ignorés en Afrique ; ils étaient basés sur la tradition. Cela peut la rapprocher du constitutionnalisme anglais traditionnel. Le contraste se situe au niveau de leur pertinence en termes de hiérarchie des valeurs. On ne reprendra pas ici cette colossale analyse doctrinale sur cette question.

La troisième dimension de la culture politique est celle d'ordre évaluative. Elle consiste à des affirmations faites sur les phénomènes politiques suivant une certaine échelle des valeurs hiérarchisées. Ainsi « l'histoire du droit public congolais, reconnaît Anicet Mobe, est

---

[352]Vacherot, E., *La démocratie*, Paris, F. Chamerot, Libraire-éditeur, 1860, p. 33.

émaillée depuis 1885 d'une hallucinante et stupéfiante succession d'anomalies juridiques. Celles-ci n'ont guère résolu les écueils institutionnels comme les révocations réciproques entre le Président Joseph Kasa Vubu et son Premier ministre Patrice Lumumba du 5 septembre 1960 ; l'absorption de l'État par le parti unique à partir de 1970 ; ni les blocages politiques comme en octobre et novembre 1965 ; en 1992-1993 après la Conférence Nationale Souveraine ou actuellement une révision constitutionnelle viciant l'ordre juridique... » [353].

Ainsi les normes juridiques décrétées en RDC depuis 1960 n'ont certainement guère réussi à instituer et à consolider un État de droit en protégeant les citoyens de l'arbitraire des pouvoirs publics. Le peuple congolais est toujours à la quête de la liberté, de l'Etat de droit, de la démocratie, comme en témoignent d'ailleurs, les différentes constitutions de ce pays, même celle de la période de la dictature. L'alternance politique peut-elle retourner la situation sans plonger le pays dans l'instabilité aux effets juridiques incertains ? (A). Les jeux sont loin d'être joués, encore moins d'être gagnés au regard de l'environnement de l'opposition politique congolaise. Le constituant de 2006 a fait un choix en faveur d'un État de droit. Il a opté que tout pouvoir politique soit désormais conquis de manière légitime et non conflictuelle par la voie électorale afin de garantir la paix civile et la stabilité sociale. Les élections de 2006 et de 2011 ont en partie répondu à cette préoccupation malgré quelques soubresauts inhérents à ce genre d'événements. Ces élections ont-elles consacré la fracture électorale en RDC ? (B).

A. La CSJ et l'alternance politique en RDC : stabilité ou instabilité politique et ses effets juridiques

L'alternance est une exigence de la démocratie. Elle trouve ses origines dans la Grèce antique. « Il est évident, dit Aristote, que tous, pour bien des raisons, doivent jouer pareillement tour à tour les rôles de gouvernant et de gouverné »[354]. Il n'est pas politiquement sain et juste que ce soit toujours les mêmes qui gouvernent. Le terme alternance recouvre plusieurs significations et est même un thème récurrent du

---

353 www.congoforum.be/fr/analysedetail.asp Consulté le 22 août 2013.

354 Aristote, *Politique,* Livre VII, 13-14, Traduction inédite, introduction, notes et index de Pierre Pellegrin, Paris, Flammarion, 1995, 490-495.

débat politique. Il peut se définir comme un chassé-croisé des forces politiques dont l'une est la majorité au pouvoir et l'autre l'opposition dans le respect des règles constitutionnelles établies. Il suppose un régime pluraliste nécessitant l'intervention claire des gouvernés dans le choix de ses gouvernants à travers les libertés publiques et politiques constitutionnellement garanties[355]

De nombreux auteurs s'accordent pour dire que l'alternance obéit à quelques conditions. Pour Elisabeth Zoller : « l'alternance obéit à deux exigences entre lesquelles il faut trouver un équilibre : une exigence de justice dans la mesure où elle doit donner à chaque courant, à chaque sensibilité politique, une chance d'accéder au pouvoir ; une exigence d'efficience dans la mesure où elle doit être organisée de telle sorte qu'elle fasse jaillir, de la multiplicité des courants d'opinions autorisés à concourir dans la conquête du pouvoir, un choix clair des citoyens qui indiquera la manière dont la Nation entend être gouvernée »[356]. Pour Edgar Faure, « l'alternance n'est pas le modèle typique de la démocratie selon le génie français »[357]. Serait-elle, dès lors, le produit spécifique du monde anglo-saxon ? « Au Royaume-Uni, elle rythme la vie parlementaire depuis la seconde moitié du 19e siècle. Aux Etats-Unis, elle fait permuter à la Maison Blanche un Président démocrate avec un Président républicain »[358].

« Certes l'alternance au pouvoir n'est pas devenue la seule forme possible de démocratie occidentale[359]. On ne la rencontre pas en Suisse ni dans des démocraties consociatives. Par contre là où elle est pratiquée, elle fait figure d'« idéal type ». « Rien n'est plus simple, que de savoir si un régime politique est démocratique ou non, du moins dans les pays industrialisés, écrit Valéry Giscard d'Estaing, car les pays en

---

[355]Parmi les études sur l'alternance, voir Quermone, J.-L., *L'alternance au pouvoir*, Paris, Montchrestien, 2003, p. 8; Hermet, G., Badie, B., Birnbaum, P., Braud, P., "Dictionnaire de la science politique et des institutions politiques", Paris, Armand Colin, 1994, p. 21.

[356] Zoller, E., « comment la constitution de 1958 règle-t-elle l'alternance? » disponible à l'adresse http// : conseil- constitutionnel.fr/conseil-constitutionnel/français/la-constitution/la-constitution-de-1958-en-20-questions-question-n-10.17358html Consulté le 17 juin 2013.

[357] Faure, E., « L'alternance ou la noix creuse », *Pouvoirs*, n°1, 1977, p. 16.

[358] Faure, E., « L'alternance ou la noix creuse », *op.cit.,* p. 7.

[359] Quermone, J.-L., *Les régimes politiques occidentaux,* 4è édition, Paris, coll. Points essais, Seuil, 2006, 17.

développement posent d'autres problèmes. Il est inutile de se référer aux affirmations de ses dirigeants. Ce régime admet-il l'existence d'une opposition effective, disposant la possibilité de devenir à son tour la majorité ? Il est réellement démocratique et populaire. La refuse-t-il ? Dans ce cas, il n'est ni populaire, ni démocratique ». [360]

La montée en puissance de la future Cour constitutionnelle congolaise et le respect dont elle pourra bénéficier auprès des politiques congolais et même des novices, malgré des imperfections évidentes, dépendront de sa capacité de résistance au pouvoir politique. Le succès de l'action du juge constitutionnel en RDC, surtout dans un environnement de politisation systématique de tous les secteurs, est à rechercher, à la suite de Stéphane Bolle, « dans sa conception originelle, dans sa volonté d'indépendance et dans sa jurisprudence certes audacieuse[361], tout en étant ostensiblement trop maximaliste ».

La Cour constitutionnelle congolaise n'assurera effectivement une véritable alternance politique en RDC que si elle incarne la voix de la constitution. Sans État de droit, cette haute juridiction n'apparaîtrait que comme un visage défiguré et pâle dans une caricature institutionnelle propre à un pays à forte tradition autocratique. Si dans les démocraties occidentales, l'alternance est banalisée du fait qu'elle est courante, en RDC elle ne peut qu'être le couronnement d'un long apprentissage de la démocratie qui ne saurait se réduire à un changement au sommet de l'Etat. Pris sous cet angle, une véritable alternance politique en RDC est le point de départ d'une autre étape certainement plus délicate à gérer : la réalisation concrète et la préservation des acquis démocratiques dans le pays par les gouvernants actuels et les générations futures. L'or est éprouvé par le feu, ainsi la Cour constitutionnelle le sera à l'épreuve de faits en marquant solennellement l'histoire d'alternance politique par son indépendance.

---

[360]Giscard D'Estaing, V., *Démocratie française*, Paris, Fayard, 1976, p.147 cité par Quermone, J.-L., *Les régimes politiques occidentaux, op.cit,* p. 17.

[361]Bolle, S., *Le nouveau régime constitutionnel du Bénin, Essai sur la construction d'une démocratie africaine par la constitution*, thèse de Droit public, Montpellier, 13 décembre 1997, pp. 717-733.

1. La CSJ et l'alternance politique en RDC : stabilité ou instabilité politique ?

La RDC n'ayant pas répondu aux exigences d'une alternance, il est naturel que la vie politique congolaise ne s'y prête. Aussi, a-t-on pu se demander, jusqu'à une époque récente – au regard du passé douloureux de la première et deuxième République – si la RDC n'est pas allergique à une véritable alternance politique démocratique. L'on s'interroge encore cinquante ans après son indépendance, si son avènement stabiliserait ou non le régime. « La victoire de l'opposition, écrivait, René Capitant, elle doit se produire un jour, risque-t-elle d'ébranler ou de modifier la constitution ? »[362]. Il fut le premier à répondre : « Non, car cette constitution a marqué, du point de vue des principes et de l''efficacité de la démocratie, un progrès tel par rapport au régime représentatif précédemment en vigueur, qu'il sera impossible de revenir en arrière...Aussi, l'opposition n'aura-t-elle de chance de l'emporter dans les élections et de relayer un jour la majorité au pouvoir que si d'abord elle se rallie à la Vème République, dont les règles constitutives pourront parfaitement s'accommoder à sa victoire ».

Et René Capitant d'ajouter : « Ce jour-là, sera clairement établi la distinction nécessaire entre la constitution, bien commun de la majorité et de l'opposition, d'une part, et d'autre part les programmes politiques, enjeux des luttes partisanes livrées dans le cadre de la constitution. Ces luttes seront tempérées par la nécessité où seront les partis de composer avec la politique présidentielle, sous l'arbitrage du peuple ». L'intuition de René Capitant devait être servie par l'apparition, dans la vie politique française, de la bipolarisation qui, à défaut du bipartisme, permettra un jour l'avènement de l'alternance. La suite de la vie politique française de 1981 à nos jours lui donne raison. Tel n'est pas le cas pour la RDC.

Tout au long de son histoire, ce pays a traversé des crises politiques très graves. « Ces crises cycliques, écrit El Hadj Mbodj, pouvaient aller de la remise en cause violente du pouvoir démocratiquement et légitimement établi au lendemain de son

---

[362]Capitant, R., *Principes constitutionnels*, Paris, Éditions du CNRS, 1982, p. 400 et ss.

indépendance, jusqu'à des longs et sanglants conflits armés ayant débouché quelquefois sur le démembrement et l'occupation de larges portions de son territoire par des seigneurs de la guerre, souvent entretenus par des puissances étrangères » [363].

Le régime de Mobutu instaurera une certaine stabilité malheureusement au prix de violations massives des droits de l'homme, du refus au principe de démocratie pluraliste et de bonne gouvernance ainsi que de personnification du pouvoir[364]. La plupart des Chefs d'État africains en exercice dans les années 1990 y compris Mobutu n'ont accepté de démocratiser leur régime qu'à condition que cela ne remette pas en cause leur maintien à la tête de l'État. Cette volonté a justifié le choix des armes par Laurent Désiré Kabila qui liquida le pouvoir de Mobutu en mai 1997 avec l'appui des pays voisins. Cette coalition de circonstance des Etats de l'Est de la RDC ne résistera pas à la contestation et prendra un relief particulier avec les secondes guerres de 1998 à 2003.

La CSJ s'est gardée de s'affranchir en mai 1997 de la tutelle du pouvoir politique et de heurter de front le tombeur de Mobutu en prenant solennellement acte de sa prestation de serment sans un fondement juridique clair. La CSJ avait ainsi manqué son rendez-vous avec l'histoire en ne saisissant pas cette occasion pour affirmer son indépendance. C'est ici qu'apparaît un décalage criard entre le proclamé et le pratiqué.

Ainsi, les rares alternances politiques qui se sont produites en RDC l'ont été au moyen du succès des armes au détriment du choix des urnes. L'instabilité se présente pour le cas de la RDC comme limite de l'alternance. Si dans des pays occidentaux, l'alternance n'a aucun effet

---

[363]El hadj Mbodj, « La constitution de transition et la résolution des conflits en Afrique. L'exemple de la République démocratique du Congo », *RDP*, n°2, 2010, pp.442-443

[364]Le maréchal Mobutu affirmait souvent que « Le pouvoir est à vie et le pouvoir d'un chef est censé être un pouvoir absolu », Études congolaises, Vol. 27, Bruxelles, 1982, p. 9. Lire également à ce sujet, Jean du Bois De Gaudusson, « Quel statut constitutionnel pour le Chef de l'État en Afrique ? », in *Le nouveau constitutionnalisme: Mélanges à l'honneur du Gérard Conac*, Paris, Economica, 2001, pp. 329 et ss. ; Faure, Y.-A., « Les constitutions et l'exercice du pouvoir en Afrique. Pour une lecture différente des textes », *Politique africaine*, n°1, janvier 1981, p. 46.

juridique sur le pouvoir ou l'autorité judiciaire, elle reste très influente dans les pays en développement notamment la RDC au regard des enjeux politiques liés à la dévolution et à la conservation du pouvoir.

2. Les effets juridiques de l'alternance politique en RDC

A ce niveau de la réflexion, on peut parler de « l'atrophisation quantitative du droit constitutionnel », évoquée par Florence Galletti [365] qui apparaît lorsque la constitution se trouve être liée à la personne du Chef de l'État : cette « constitution (devient) l'instrument de la personnification du pouvoir »[366]. L'alternance peut avec ou sans une telle constitution avoir plusieurs effets juridiques dont entre autres la double influence sur la composition de la juridiction constitutionnelle et la détermination de la politique publique de la nation. Seul le premier aspect intéresse notre réflexion.

En effet, les autorités de nomination issues de l'ancienne opposition n'hésitent souvent pas à placer à la tête des institutions judiciaires des personnalités qui leur sont proches en s'assurant de leur probité en vue surtout des prochaines élections mais aussi du contrôle de conformité des lois à la constitution. Abdourhamane Boubacar ne dit pas autre chose quand il écrit : « dans un pays donné, les élections présidentielles et législatives ne visent pas seulement à désigner le Chef de l'État et les députés. Indirectement, elles peuvent aussi dessiner la couleur politique partielle ou totale de la Cour constitutionnelle proportionnellement au nombre des juges à désigner et à la répartition des quotas entre l'exécutif et le parlement »[367].

En principe, les changements souvent opérés dans la composition des juridictions constitutionnelles ne visent pas à remettre en cause l'indépendance de ces juridictions dans l'exercice de leurs attributions. L'alternance permet aux juges constitutionnels de veiller au respect par la majorité des principes constitutionnels et des bases démocratiques du régime. En RDC, tel n'a pas toujours été le cas. La

---

[365]Galletti, F., *Les transformations du droit public africain francophone : entre étatisme et libéralisation,* Bruxelles, Bruylant, 2004, p.338.

[366] Ibidem, p. 340.

[367]Boubacar Issa Abdourhamane, *Les Cours constitutionnelles dans le processus de démocratisation en Afrique : analyse comparative à partir des exemples du Bénin, de la Côte d'Ivoire du Niger*, Thèse de droit, université de Bordeaux IV, Montesquieu, 2002, p. 140

CSJ s'est toujours, dans la plupart de ses arrêts, rangée aux côtés du pouvoir.

Au temps fort du régime de Mobutu, le président du Conseil judiciaire, organe institué par l'ordonnance-loi n°77-030 du 29 novembre 1977, qui était aussi Procureur Général de la République, exerçait sous l'autorité de Mobutu, toutes les attributions dévolues jusqu'alors au ministre de la justice. « Il pouvait, malgré l'expiration des délais de recours, les parties entendues, suspendre l'exécution et requérir de la CSJ la modification en fait comme en droit de toute décision judiciaire qui lui paraît non conforme à l'administration de la bonne justice. Il ne faut cependant pas déduire que l'ensemble des magistrats ait accepté l'assujettissement de la magistrature au pouvoir exécutif. Moyennant quel prix ! La CSJ a aussi fait allégeance au régime de Laurent Désiré Kabila qui ne s'est guère privé de l'instrumentaliser et de « cabinetiser » la magistrature »[368]. A ce jour, la nomination des juges à la CSJ reste une prérogative du Président de la République. Aux effets juridiques de l'alternance qui viennent d'être analysés, s'ajoute aussi la fracture électorale aux conséquences juridiques et politiques incertaines.

B. La fracture électorale et la culture juridique: entre calcul politique et avancée juridique en RDC

Définir la culture juridique est une entreprise risquée au regard des controverses qui l'entourent. Nous proposons avec Frédérique Audren et Jean-Louis Halpénin de partir d'une définition aussi provisoire que minimaliste des cultures juridiques conçues comme « un ensemble de valeurs, de savoir et savoir-faire qui orientent, donnent sens et cohérence aux activités des différents professionnels du droit »[369]. L'on estime que les « sages » de la CSJ sont ainsi investis de cette culture pouvant les mettre à l'abri de toute instrumentalisation par le politique. Ce qui lui permettra de dire le droit sans tenir compte de la couleur politique. La fracture électorale et la fracture sociale renvoient à une concurrence de significations. S'il ne s'agit pas ici de sélectionner

[368]Lire le Rapport annuel 1999 de l'ONG de droit de l'homme congolais ASADHO : Rapport annuel 1999. République démocratique du Congo, La guerre : prétexte à tous les abus, Kinshasa, avril, 2000.

[369] Audren, F., Halpérinn, J.-L., *La culture juridique française: entre mythes et réalités*, Paris, CNRS, 2013, p. 7.

la « meilleure », la multiplicité des occurrences invite à définir plus précisément les termes.

L'expression « fracture sociale » sert à désigner le fossé qui sépare une partie de la population socialement intégrée d'une autre constituée de personnes socialement exclues, victimes de l'exclusion sociale. Un glissement peut ainsi être opéré de la fracture sociale à la fracture électorale.

La fracture électorale est la déconnexion qui existe entre un candidat et son électorat. Celui-ci estime que le premier est trop éloigné de ses préoccupations. Loin d'être un désintéressement pour la chose publique, la fracture électorale peut être interprétée comme une déception, une colère intérieure. « Ce qui mesure dans le monde moderne, le degré de la démocratie d'un pays, c'est le niveau des libertés dont jouissent les citoyens »[370].

En effet, la fin de la transition en RDC a été sanctionnée par les élections présidentielles et législatives de 2006 d'abord et ensuite de 2011, lesquelles sont à situer selon l'expression de Roland Pourtier entre « cafouillage et tripatouillage »[371]. D'aucuns craignaient que la fracture électorale et /ou politique en termes de blocs Est/Ouest ne compromette l'intégrité physique du territoire congolais à la suite de ces élections au regard de scénarios et autres calculs politiques de la classe politique congolaise. La lutte politique en RDC est souvent travestie en diversité ethnique. Cette mosaïque interculturelle congolaise s'identifie dans la plupart de cas au gré de leurs intérêts propres selon la logique linguistique.

On n'hésite pas à actionner le levier ethnique pour une population sans culture politique ou juridique vouée à l'extrême pauvreté et vulnérable à la manipulation. Cela pose *in fine* la question de l'articulation entre le processus électoral et la démocratie dans les sociétés africaines en général et congolaise en particulier en quête de mode spécifique d'exercice du pouvoir. Le juge constitutionnel est à cet

---

[370]Chantebout, B., *Droit constitutionnel,* Paris, Dalloz, 28e édition, 2011, p. 358 et ss.
[371]Pourtier, R., « Les élections de 2011 en RDC : entre cafouillage et tripatouillage », à l'adresse: www.ecchogeo.org/13119 consulté le 18 août 2012. Nous reviendrons sur l'analyse de ces deux élections présidentielles et législatives de 2006 et de 2011 un peu plus loin.

effet porté au sommet par le texte constitutionnel mais aussi établi comme arbitre suprême et intraitable de cette compétition concurrentielle.

Si les Congolais ont franchi certes un pas considérable dans l'appropriation du jeu démocratique malgré les vicissitudes de ces mécanismes, la justice constitutionnelle congolaise a été un arbitre très éprouvé. Elle « se devait alors de reconstruire la légitimité du droit d'un nouveau type et sanctionner un droit politique nouveau d'application, mission d'autant plus délicate que le juge lui-même faisait son apprentissage du nouveau système »[372] tout en ne bénéficiant pas d'un préjugé favorable dans l'opinion, surtout lorsqu'on l'apprécie dans ses rapports avec le pouvoir politique. « Il n'est plus pour certains un gardien de la constitution, mais du pouvoir en place, n'hésitant pas à rendre des décisions purement politiques aux conséquences dramatiques »[373].

La mise en place des institutions politiques prévues par la constitution du 18 février 2006 nécessitait l'organisation cyclique des élections à tous les échelons du pouvoir étatique « en vue de mettre fin à cette crise chronique de légitimité des institutions et de leurs animateurs à cause de contestations politiques récurrentes dont est confrontée la RDC depuis son indépendance, le 30 juin 1960 »[374].

Outre les contraintes logistiques, l'organisation de ces élections était confrontée à « la résistance traditionnelle des opérateurs politiques congolais, entrés en politique par effraction et par « partage équitable », du pouvoir, qui n'étaient pas disposés à quitter l'arène du pouvoir en se pliant au verdict des urnes »[375].

En effet, le 30 juillet 2006, le peuple a été appelé après plus d'un quart de siècle d'un pouvoir autocratique, à des élections libres, démocratiques, transparentes et pluralistes afin de choisir ses dirigeants

---

[372]Hourquebie, F., Mastor, W., « Les cours constitutionnelles et suprêmes étrangères et les élections présidentielles », *Les nouveaux cahiers du Conseil constitutionnel*, n°34, 2012, p. 148.
[373]*Ibidem*, p. 156. Le conflit qui a opposé le Conseil constitutionnel ivoirien aux candidats à l'élection présidentielle de 2010 constitue un exemple éloquent.
[374]Ce sont les termes de l'exposé des motifs de la constitution du 18 février 2006.
[375]Minani, B., *1990-1997, 17 ans de transition politique et perspectives démocratiques en RDC*, Kinshasa, CEPAS/RODINEAC, 2008, p. 103.

pour présider à ses destinées. Il s'agissait d'élire au suffrage universel direct le Président de la République ainsi que les députés nationaux. Trente-trois candidats ont été enregistrés pour l'élection présidentielle et 9 709 candidats à la députation nationale.

D'après les résultats du premier tour, le taux de participation avoisinait 70,5% et aucun candidat au scrutin présidentiel n'avait pu obtenir la majorité absolue. Néanmoins trois candidats avaient largement survolé la barre de 5% des voix notamment Joseph Kabila : 44,81% ; Jean-Pierre Bemba : 20,03% et Antoine Gizenga : 13,06%. Cinq autres candidats n'ont même pas franchi le seuil de 5% notamment Mobutu Nzanga : 4,77%, Oscar Kashala : 3,46%, Azarias Ruberwa : 1,69%, Pierre Pay-Pay : 1,58% et Vincent de Paul Lunda Bululu : 1,4%. Les 25 candidats restant n'obtenaient même pas 1% de voix[376].

A ce premier tour, aucun candidat n'avait obtenu la majorité absolue des suffrages exprimés. Un second tour fut organisé le 29 octobre 2006 et opposa les deux candidats arrivés en tête. Un rapide examen des résultats du premier tour conduisit certains candidats et leur parti à accepter la logique majoritaire en concluant des alliances pour la conquête du pouvoir présidentiel.

Ainsi Antoine Gizenga (13,06%) et Nzanga Mobutu (4,7 %) ont choisi la politique d'ensemble et ont porté leur préférence sur Joseph Kabila. Ce schéma idyllique pour ce dernier a assuré sa victoire, proclamé vainqueur par la Cour suprême de justice le 27 novembre 2006 avec 58,05% contre 41,95 pour son challenger Jean-Pierre Bemba, bien que victorieux dans au moins six provinces sur les onze que composent la RDC. Ce triomphe électoral a permis d'observer une « fracture verticale du pays en deux espaces géopolitiques. Kabila ayant gagné la majorité des voix dans les provinces de l'Est et Bemba s'emparant de la majorité des suffrages exprimés à l'Ouest[377] ». Il faut tout de même retenir que l'annonce des résultats provisoires le 2 août 2006 ainsi que la proclamation des résultats définitifs furent à l'origine

[376]Pour l'ensemble de ces résultats provisoires du premier tour tels que publiés par la CEI, lire le Rapport de la mission d'observation électorale du forum parlementaire de la SADC disponible à l'adresse: aceproject.org/ero-en/.../dr-congo-presiential-election-observation-report.pdf. Consulté le 12 janvier 2010.

[377]Lubanza, M-a., *Élections et constructions des identités politiques en RDC*, Kinshasa, CEROPIC, 2011, p. 97.

d'affrontements armés à Kinshasa entre les partisans de Joseph Kabila et la garde rapprochée de Jean-Pierre Bemba aux Forces Armés de la RDC (FARDC).

Les élections législatives nationales de 2006 ont mobilisé, pour 500 sièges à pourvoir, 9709 candidats. La réalité des urnes a produit une fragmentation des voix. A ce titre, le PPRD parti de Joseph Kabila obtint 111 sièges soit 22,2% des députés au parlement dont 72,07% des sièges conquis à l'Est du pays. Le MLC, parti de Jean-Pierre Bemba disposa de 64 députés soit 13% dont 54% des sièges obtenus à l'Ouest du pays. Jacques Djoli Eseng'Ekoli fait observer « qu'on est donc en face des partis à l'implantation géographique limitée dans un champ politique dominé par l'idéologie tribale »[378]. Pour les institutions provinciales, il a été enregistré pour la même période de 2006, 13474 candidats à la députation provinciale pour constituer les Assemblées provinciales, lesquelles sont chargées entre autres d'élire au second tour les gouverneurs des provinces et leurs vice-gouverneurs.

En ce qui concerne les élections de 2011, l'organisation a été confiée à la Commission Électorale Nationale Indépendante (CENI) dotée d'indépendance à l'égard des pouvoirs publics[379]. En vertu de l'article 211 de la constitution qui dispose : « ...la CENI est chargée de l'organisation du processus électoral, notamment de l'enrôlement des électeurs, de la tenue du fichier électoral, des opérations de vote, de dépouillement et de tout référendum. Elle assure la régularité du processus électoral et référendaire »[380]. Cette disposition a été complétée par la loi sur la CENI qui, en son article 9 dispose que « la CENI a pour mission d'organiser, en toute indépendance, neutralité et

---

[378]Djoli Eseng'Ekoli, J., *Droit constitutionnel : l'expérience congolaise (RDC)*, Paris, l'Harmattan, 2013, p.221

[379]L'article 7 de la loi organique sur la CENI atteste l'indépendance de cet organe vis-à-vis des autres institutions avec lesquelles elle collabore. Sur l'indépendance des autorités administratives indépendantes. Lire avec intérêt l'excellente réflexion du Professeur Dominique Maillard Desgrées du Loû, *Institutions administratives*, Paris, PUF, 2011, pp. 222-230

[380]L'article 211 de la constitution du 18 février 2006 n'a pas été affecté par la révision constitutionnelle du 20 janvier 2011. Lire également l'article 2 de la loi n°11/003 du 25 juin 2011 modifiant la loi n°06/006 du 9 mars 2006 portant organisation des élections présidentielles, législatives, provinciales, urbaines, municipales et locales, JORDC, 52e année, n°12, juillet 2011, coll 6.

impartialité des scrutins libres, démocratiques et transparents »[381]. Son Bureau a été constitué sans consensus politique et dans un climat de crispation lié particulièrement à la modification de l'article 71 de la constitution relatif aux modalités de l'élection du Président de la République en imposant l'abandon du scrutin à deux tours au bénéfice d'une élection à un seul tour à la majorité relative[382]. Dans leur intéressant ouvrage, André Cabanis et Michel Louis Martin, étudiant les différentes réformes du scrutin électoral engagé par certaines constitutions africaines pour le ramener à un tour déclarent « quelles que soient les justifications officielles, ces réformes en faveur de l'élection à un tour constituent un premier témoignage de la volonté des dirigeants de rester au pouvoir tout en faisant semblant de respecter les apparences démocratiques.

La possibilité d'être élu à la majorité relative à l'issue d'un scrutin unique favorise le Président sortant en lui permettant de l'emporter sur une pluralité de candidats d'oppositions... »[383]. « L'absence d'un véritable consensus politique autour des modifications apportées a engendré des tensions qui ont fragilisé davantage le processus engagé »[384].

Toutefois, nous pouvons affirmer avec Joseph Kazadi Mpiana qu'il serait « excessif de prétendre que la CENI puisse organiser les élections à la perfection et ce, même si l'idéal devrait tendre vers cet objectif »[385]. Les contraintes logistiques et surtout de temps couplées

---

[381]Loi organique n°10/013 du 28 juillet 2010 portant organisation et fonctionnement de la CENI, JORDC, n° spécial, 51eme année, du 28 juillet 2010.

[382]Loi n°11/002 du 20 janvier 2011 portant révision de certains articles de la constitution du 18 février 2006, JORDC, n° spécial, 52eme année, 5 février 2011.

[383]Cabanis, A. et Martin, M.-L., *Le constitutionnalisme de la troisième vague en Afrique francophone*, Louvain-la-Neuve, Academia -Bruylant, PUF, 2010, p. 65 c'est nous qui soulignons. Cette pratique électorale demeure dans bon nombre d'États africains bien que la tendance vers le scrutin à deux tours semble s'imposer. Lire l'analyse du Professeur Balanda Mikeuin Lekiel, G., « Les constitutions africaines : esquisse d'une étude comparative » in Bula Bula, S., (dir*), Pour l'épanouissement de la pensée politique congolaise. Liber Amicorum, Marcel Lihau, op., cit.*, pp. 85-103.

[384]Mission d'observation électorale de l'Union européenne, Rapport final, élections présidentielles et législatives du 28 novembre 2011, p. 10

[385]Kazandi Mpiana, J., « L'élection présidentielle du 28 novembre 2011 en RDC. Pour une interprétation alternative des résultats électoraux » ddata.over-blog.com/.../KAZADI-interprétation-alternative-présidentielle-du-28nov-doc

avec la crispation imposeront à cette institution une gestion organisationnelle des élections sur le mode d'urgence et de chaos. Il est vrai que rares sont les élections organisées à travers le monde, même dans les pays à forte culture électorale, sans qu'un cas d'irrégularité, même isolé, ne soit signalé. Tel par exemple les élections des États-Unis de 2000 entre Bush et Gore. L'organisation d'une élection idéale nécessite une implication de tous les acteurs doublée d'une culture politique respectable.

Si le déchaînement de violences pré et postélectorales est en partie imputable à cette insuffisance de la CENI, la responsabilité de cette violence reste tout de même la conséquence directe du comportement et autres attitudes des acteurs politiques et de leurs adeptes. Les élections sont cependant le miroir quasi instantané d'une société, avec ses forces et ses faiblesses. Faire le procès des élections, affirme Jacques Djoli, c'est faire le procès de la société.

En RDC, « La rationalité qui gouverne la compétition électorale dans ce climat est, en général, moins la volonté de servir la nation qu'une logique néo-patrimoniale, alimentaire, qui explique à la fois la passion, la volonté institutionnelle de tricher, la fourberie, le recours aux arguments tribaux et claniques, la déloyauté, la virulence des discours, l'intolérance et surtout le recours à la violence ou la contre violence »[386].

Comme en 2006, les élections présidentielles et parlementaires de 2011 ont reproduit, *mutatis mutandis*, « la cristallisation de l'électorat ethno-tribalo-provincialiste c'est-à-dire un vote tribal dominé par les éléments de solidarité et d'allégeance au groupe d'appartenance du leader. D'après les résultats provisoires publiés par la CENI et confirmés par la CSJ, Joseph Kabila est déclaré vainqueur de l'élection présidentielle du 28 novembre 211, après avoir obtenu 8 880 944 de voix, soit 48,65% des suffrages exprimés. On constate une diminution de 556 615 suffrages par rapport au second tour de 2006. Son Challenger, Etienne Tshisekedi, obtient 32,33%, puis Vital Kamerhe avec 7,74%, et Léon Kengo wa Dondo 4,9%, etc. Le taux de participation à ce scrutin s'élève à 58,81% »[387]. Concernant les élections

[386]Djoli Eseng'Ekeli, J., *Droit constitutionnel : expérience congolaise (RDC), op. cit.*, p.228

[387]Rapport de la Mission de l'Union européenne, *op., cit.*, p.8. Pour plus de détail des

législatives du reste éclipsées par les enjeux de l'élection présidentielle, les résultats partiels et provisoires publiés par la CENI le 26 janvier 2012 indiquent que la mouvance présidentielle remporte la majorité absolue avec 340 sièges. Le recours aux alliances et autres agrégations s'est avéré décisif.

« Les dix premiers partis ont les résultats suivants : PPRD : 62 députés ; UNC : 17 députés ; ARC: 16 députés ; AFDC: 15 députés. Au total, 98 partis sont représentés à l'Assemblé nationale dont 45 disposent d'un seul député. 16 sont des députés indépendants. Cette Assemblée nationale ne comporte que 44 femmes »[388]. Au regard de la prolifération des partis politiques aucun d'entre eux n'a obtenu à lui seul la majorité absolue. L'opposition congolaise s'est présentée en ordre dispersé compromettant ainsi ses chances. Dans le camp présidentiel, la coalition MP avec les autres partis s'est constituée au prix de rudes tractations.

Quant au contentieux électoral des élections présidentielles et législatives de 2011, l'opposition congolaise a présenté une unité en trompe-l'œil dans la contestation des résultats. Seul un candidat à l'élection présidentielle a reconnu sa défaite. Les autres, tout en rejetant en masse les résultats de l'élection du candidat Kabila, ne se sont pas non plus accordés sur la suite à donner à ce contentieux. Certains, au regard des données qu'ils détenaient n'ont pas plaidé pour l'invalidation du scrutin d'où l'auto-proclamation de leur leader comme vainqueur malgré les irrégularités et autres preuves de fraudes. D'autres ont préféré saisir la CSJ en tant que Cour constitutionnelle de transition pour l'annulation du scrutin en réclamant l'organisation d'une nouvelle élection conformément aux prescrits constitutionnels. D'autres enfin ont préféré la voie du dialogue au-delà du cadre institutionnel en place pouvant produire un gouvernement transitoire. Il y a ainsi lieu de remarquer que le contentieux post électoral n'a pas permis à l'opposition congolaise de s'accorder sur l'issue à privilégier.

En effet, la question du Contentieux électoral semble être une question sensible et délicate du processus électoral. Elle reste très polémique en Afrique et en RDC. Il suffit de consulter quelques

---

résultats : http://www.ceni.gouv.cd/resultats.aspx consulté le 15 février 2012

[388]Djoli Esengi'ekeli, J., *Droit constitutionnel : l'expérience congolaise* (RDC)., *op., cit.*, p. 225.

contributions de la doctrine sur ce type de contentieux ainsi que la jurisprudence congolaise en la matière pour s'en convaincre[389].

L'organe devant statuer sur ce contentieux électoral notamment la CSJ en vertu de l'article 223 de la constitution lui conférant les attributions dévolues à la Cour constitutionnelle a été, dans cet environnement de crise, l'objet de violentes critiques au point que certains ont même émis des doutes sur sa capacité à ce sujet. Ces critiques sont-elles toutes fondées ? Ces critiques, bien que fondées à certains égards, méritent tout autant une certaine pondération dans l'action concrète de cette institution.

L'arrêt de la Cour sur le contentieux électoral rendu à la suite de la requête du parti politique Union pour la Nation Congolaise (UNC) paraît être discutable au-delà des controverses politiques et de la méfiance envers cet organe[390]. Devant statuer sur l'existence réelle ou présumée des irrégularités constatées lors du double scrutin présidentiel et législatif du 28 novembre 2011, ainsi que celles relevées au cours de la compilation des résultats présidentiels pour leur éventuelle annulation, la CSJ se retrouvait devant l'inexistence des preuves matérielles des requérants.

Les candidats plaignants ne doivent pas se contenter de relever des irrégularités du scrutin mais doivent soutenir leur requête par des preuves en guise de pièces à convictions. Ils ne doivent pas non plus se baser seulement sur les rapports des différents observateurs tant nationaux qu'internationaux pour solliciter l'invalidation du scrutin[391].

---

[389]Lire avec intérêt Stéphane Bolle « Vices et vertus du contentieux des élections en Afrique » in Vettovaglia J.-P., et les autres (dix*), Démocraties et élections dans l'espace francophone*, Bruxelles, Bruylant, 21, pp. 532-552 ; Djedjro Francisco Meledje, « Le contentieux électoral en Afrique », *Revue Pouvoirs*, n°129, 2009, pp. 139-155. Pour la jurisprudence congolaise, consulter l'œuvre de Katuala Kaba Kashala, *La jurisprudence électorale congolaise commentée*, Kinshasa, centre Carter, 2007, 463 p.

[390]L'article 161, alinéa 2 de la constitution institue la CSJ comme juge du contentieux des élections présidentielles et législatives ainsi que du référendum.

[391]C'est le cas de la requête de l'UNC du 12 décembre 2011 et l'arrêt de la CSJ est intervenu le 16 décembre 2011. La requête de l'UNC se fonde en partie sur le Rapport du Centre Carter ainsi que la déclaration de l'Archevêque de Kinshasa. Il s'agit de la requête en contestation des résultats provisoires du scrutin présidentiel du 28 novembre 2011 rendus publics par la CENI le 9 décembre 2011. Cette requête a été signée et introduite auprès de la haute juridiction constitutionnelle de la transition par

Pour le succès d'une telle requête, ils doivent prouver sur pièce que les différentes irrégularités et autres violations relevées lors de cette élection ont eu un impact décisif sur les résultats définitifs. Or aucune mission d'observation ou les partis politiques n'ont pu sur ce point, produire des preuves édifiantes. L'UNC s'appuie dans sa requête entre autres sur la perte de 3 200 000 votes par procuration mais également de la disparition de certains plis. Peut-on tenir pour responsable de cette situation tel candidat plutôt que tel autre ? Il est difficile d'emblée d'affirmer qu'une telle perte profiterait à tel ou tel candidat.

Néanmoins, la requête de l'UNC reste par ailleurs pertinente sur la violation par la CENI de la loi électorale. La CSJ aurait pu toutefois évaluer et apprécier la pertinence de certains éléments soulevés par la requête de l'UNC qui se fonde en partie sur les rapports préliminaires des missions internationales. C'est notamment le cas du refus d'autoriser l'accès des témoins des partis politiques et des observateurs étrangers au centre national de traitement[392] des fichiers mais aussi le Rapport du Centre Carter et la déclaration de l'Archevêque de Kinshasa constatant l'existence des irrégularités lors du scrutin.

Les partis politiques de l'opposition, et l'UNC à travers sa requête auraient pu se concentrer sur des irrégularités flagrantes et solliciter l'invalidation des résultats des circonscriptions concernées. Il s'agissait surtout de certaines circonscriptions et de quelques bureaux

---

le président du parti, du reste, candidat malheureux à ce scrutin. Cette requête dénonçait au-delà des irrégularités constatées, la violation par la CENI de la loi électorale et sollicite de la haute juridiction l'annulation de cette élection et l'organisation d'un nouveau scrutin dans le délai légal.

[392]Il faut d'ailleurs garder à l'esprit, pensons-nous avec Joseph Kazadi Mpiana que les rapports des missions internationales peuvent servir à éclairer la religion des juges sans pour autant s'imposer à ceux-ci, bien que le requérant les considère comme pièces à conviction. En effet, parmi les rapports préliminaires des missions d'observation, ceux de l'Union Européenne et du Centre Carter ont emporté l'adhésion populaire des Congolais. Ces missions ont été critiques sur la crédibilité et la transparence du double scrutin du 28 novembre 2011. Ces missions restent aussi pessimistes sur la procédure de compilation des résultats du scrutin présidentiel. La délégation de la mission de l'Union Européenne avait déployé 147 observateurs sur le terrain alors que le Centre Carter en comptait 70. L'étendue du territoire congolais couplée avec les difficultés d'atteindre certains recoins du pays limitaient énormément l'action des observateurs qui se sont contentés d'être présents dans quelques bureaux de vote de grands centres urbains. Ainsi, il serait exagéré de considérer que ces rapports recouvrent toutes les réalités qui se voulaient aussi globales.

de vote de la province du Katanga et celle de la ville province de Kinshasa. Qu'auraient produit l'invalidation partielle et l'organisation des nouvelles élections dans ces circonscriptions ? Il n'est pas certain, pensons-nous, que cette nouvelle donne aurait modifié l'ordre des résultats compte tenu des écarts de voix entre les candidats en tête du scrutin présidentiel. Ces irrégularités sont néanmoins de nature à jeter le discrédit sur la transparence du processus électoral.

Dans l'affaire soumise à la Cour, il était indispensable à celle-ci de parvenir à un « équilibre judicieux » dans son arrêt. La CSJ, comme du reste toute juridiction, fonde sa conviction dans ses arrêts sur la base des pièces à conviction et des argumentations des parties. Les preuves fournies par l'UNC étaient-elles suffisantes et convaincantes pour emporter l'adhésion de la Cour ? Car l'arrêt de la Cour doit en toute objectivité refléter la vérité judiciaire souvent distincte de celle de la réalité des faits.

C'est pourquoi, l'arrêt de la CSJ du 16 décembre 2011, tout en déclarant la requête de l'UNC recevable mais non fondée considérait que les argumentations et les faits avancées par le requérant n'étaient pas solidement conséquents pour prononcer l'invalidation des résultats provisoires. La CSJ en tant que juge électoral congolais fonde sa décision sur les conséquences juridiques tirées de la mise en œuvre stricte de l'article 75 in fine de la loi électorale du 25 juin 2011 qui dispose « ... Dans tous les autres cas, elle peut annuler le vote en tout ou en partie lorsque les irrégularités retenues ont pu avoir une influence déterminante sur le résultat du scrutin. S'il n'y a pas appel, un nouveau scrutin est organisé dans les soixante jours de la notification »[393].

La CSJ a rendu son arrêt sans procéder à un travail d'investigation au fond. Ainsi Stéphane Bolle note justement à la suite du Professeur Jean du Bois de Gaudusson qu' « appliquer à la lettre la constitution autorise le juge à rappeler à l'ordre les gouvernants et à discipliner l'exercice du pouvoir. Elle constitue, en particulier, un puissant instrument de régulation de la production de droit infra institutionnel »[394]. Il faut aussi reconnaître que dans les sociétés

---

[393]Article 75 alinéa 2 de la loi n°11/003 du 25 juin 2011 modifiant la loi n°06/006 du 9 mars 2006 portant organisation des élections présidentielles, législatives, provinciales, urbaines, municipales et locales, JORDC, n°13, 52e année, 1er.07.2011

[394]Bolle S, *op. cit.*, p. XIII-XIV cfr, Diara, A., *Démocratie et droit constitutionnel*

pluriethniques comme celle de la RDC, l'application brutale de l'arrêt de la CSJ dans ce type de contentieux et dans un contexte sociopolitique extrêmement fragile comporte des potentialités conflictuelles. Il y a un risque qu'un tel arrêt puisse effectivement faire resurgir des rivalités historiques, lesquelles sont systématiquement exploitées dans la lutte pour le pouvoir aussi bien par ceux qui le détiennent que par ceux qui y aspirent.

De ce fait en rendant son arrêt, le juge doit garder à l'esprit que la règle qu'il pose à cette occasion constituera une jurisprudence. L'une des pierres angulaires de l'intégrité judiciaire, c'est l'acceptation de l'arrêt de la Cour qui peut parfois être sujet à controverse mais dont l'autorité est sans contestation et s'impose à tous. L'article 168 de la constitution déclare : « les arrêts de la Cour constitutionnelle ne sont susceptibles d'aucun recours et sont immédiatement exécutoires. Ils sont obligatoires et s'imposent aux pouvoirs publics, à toutes les autorités administratives et juridictionnelles, civiles et militaires ainsi qu'aux particuliers ». Il est cependant à retenir que dans « la gestion du contentieux électoral, affirme Jean Louis Esambo Kangashe, le juge ne sanctionne pas toute violation de la loi électorale étant donnée qu'il n'est pas juge de la légalité des élections, mais celui de la sincérité des résultats »[395]. « Or la violation de la loi électorale peut dans une certaine mesure impacter la sincérité même du résultat »[396].

Bien plus, le délai constitutionnel du recours en contentieux électoral[397] de deux jours à partir de la proclamation provisoire des résultats par la CENI ne peut permettre aux candidats malheureux de réunir toutes les pièces à conviction devant soutenir leur requête. Le législateur de la loi électorale congolaise, aurait dû adopter face à la question si cruciale du contentieux électoral, un délai raisonnable pour respecter les droits de la défense des parties en contestation. « Si dans la démocratie, l'élection est naturellement placée au cœur même du système, il est indispensable de faire en sorte que le droit de suffrage

---

dans les pays francophones d'Afrique noire : le cas du Mali depuis 1960, Paris, Karthala, 2010, p. 358.

[395]Esambo Kangashe, J-L., *La constitution congolaise du 18 février 206 à l'épreuve du constitutionnalisme, op., cit.*, p. 127.

[396]Ghevontion, R., « La notion de sincérité du scrutin », *Les cahiers du conseil constitutionnel*, n°13, 2002, pp. 63-68

[397]Article 73 de la loi électorale.

accordé à chaque citoyen puisse s'exercer dans des conditions telle que sa volonté réelle soit déterminante pour la désignation des élus. L'adéquation totale entre ce qu'a choisi en toute liberté la majorité des citoyens et le résultat proclamé du scrutin est en conséquence la condition première du bon exercice de toute démocratie »[398].

« Les élections compétitives, affirme le Professeur Gérard Conac, malgré un environnement international devenu très favorable à la démocratie, ont pu parfois donner lieu soit à des blocages institutionnels, soit à des dérapages dus à la volonté d'un chef d'État de rester au pouvoir, soit à l'acharnement d'un candidat à le conquérir ou le reconquérir »[399].

La question du contentieux électoral devient dans ces conditions une des préoccupations cruciales et sensibles du processus électoral[400] du fait à la fois de la multitude et la persistance de dysfonctionnement et des pratiques frauduleuses dont tous s'accordent à dénoncer l'ampleur et la fréquence. Les juges chargés de la gestion du contentieux électoral, ce lieu stratégique où se croisent élections et démocratie ont une grande responsabilité. « L'office de ce juge électoral

---

[398]Ghevontian, R., « La sincérité du scrutin », *Les Nouveaux Cahiers du Conseil constitutionnel*, n°13, 2002, p. 61.

[399]Conac, G., « Les aspects juridiques : Démocratie et élections », in Vettovaglia et Alii, *Démocratie et élections dans l'espace francophone*, Bruxelles, Bruylant, 2010, p. 24

[400]Pour un aperçu détaillé et concret de la doctrine sur le contentieux électoral en Afrique ainsi que la Jurisprudence congolaise, se reporter notamment à Stéphane Bolle, « Vice et vertus du contentieux des élections en Afrique », in Vettovaglia, J.P et les autres, *Démocratie et élections dans l'espace francophone*, Bruxelles, Bruylant, 2010, pp. 532-552 ; Kosi SOMALI, « Les élections présidentielles devant le juge constitutionnel » *RDP*, n°5, 2013, pp. 100-103 ; Djedjero Francisco Maledje, « Le contentieux électoral en Afrique », *Pouvoirs*, n°129, 2009, pp. 139-155 ; Fall, A., « Le processus de démocratisation en Afrique francophone : le juge de l'élection dans l'impasse ? (Essaie de prospective) », in Vettovaglia, J-P., et les autres, *op., cit.*, pp. 553-573 ; Aspect du contentieux électoral en Afrique., OIF, 1998 ; Fall, A., « Le juge, le justiciable et les pouvoirs publics : pour une appréciation concrète de la place du juge dans les systèmes politiques en Afrique », in *Les défis des droits fondamentaux,* sous la direction de J.-Y., Morin et G., Autis, AUF, édition Bruylant, Burxelles, 2000. A propos de la jurisprudence congolaise, cfr Katuala Kaba Kashala, *La jurisprudence électorale congolaise commentée*, Kinshasa, centre Carter, 2007 ; Yav katshung,J., De l'appréciation du critère de « l'influence déterminante » dans la question du présent contentieux électoral en RDC, http://pambazuka.org/fr/category/comment/38441

comme celui du juge constitutionnel est un exercice délicat en soi ; L'on a droit de se demander si ces juges des élections ne sont-ils pas investis de compétences et pouvoirs excessifs par rapport à leurs moyens et à leur statut mais aussi eu égard aux conséquences politiques que peuvent engendrer leur jugement dans un contexte démocratique encore fragile »[401].

L'arrêt de la Cour dans l'affaire UNC démontre que, malgré ces imperfections inévitables et l'impossibilité de se situer par-dessus l'arène politique, « il faut absolument mettre une démarcation entre d'une part le purement politique partisan et la volonté de sacrifier la cohérence et l'intégrité dans le but de garantir un résultat prédéterminé et d'autre part le domaine réservé au juge conscient de sa situation politique, engagé sur le plan éthique et cantonné dans son contexte historique qui travaille en tant qu'être humain faillible résolu quand même à défendre la cohérence et l'intégrité »[402].

Ce que l'on peut exiger de mieux au juge électoral congolais, c'est qu'il rende des arrêts qui apaisent les disputes politiques et en adoucissent les mœurs. Puisque « l'élection en RDC est juste pour le vainqueur mais injuste pour le malheureux vaincu ». Dans ces conditions, le règlement du contentieux des élections par le juge constitutionnel peut, selon Stéphane Bolle, ruiner « la croyance en la vertu du processus de désignation des représentants du peuple et, en conséquence, de l'élection comme fondement démocratique de la légitimité ».[403]

«Sans pouvoir pénétrer dans les consciences, les cultures juridiques ont pour but d'interpréter des pratiques et des discours qui accompagnent l'application et la transmission des règles de droit. C'est la transmission même de certaines valeurs juridiques dans ses formes les plus ritualisées tant à la classe politique qu'aux citoyens afin de

---

[401]Jean Du Bois de Gaudusson, « Les élections à l'épreuve de l'Afrique », *op., cit.*, p. 103

[402]Ronsenfeld, M., « Bush contre Gore : trois coups portés à la constitution, à la Cour et à la démocratie », *Les Cahiers du Conseil constitutionnel*, n°13, pp. 81-90, spécialement p. 90.

[403]Bolle, S., « Vices et vertus du contentieux des élections en Afrique », in Vettovaglia, J.-P., et les autres, Démocratie et élections dans l'espace francophone, *op. cit.*, p. 533.

s'affranchir de certaines contraintes, voire subvertir telle ou telle façon de faire ou de voir »[404]. L'on estime aussi qu'un homme politique responsable doit également avoir une certaine culture juridique lui permettant de rendre compte à son électorat de ses actions et initiatives selon le principe de responsabilité politique. « Celle-ci marque une différence entre une « démocratie gouvernée » et une « démocratie gouvernante », la seconde étant caractérisée par la responsabilité des gouvernants face aux gouvernés »[405]. Or la majorité de Congolais est à peine alphabétisée. Elle est de plus en plus sous informée, désabusée par les années d'oppression politique, de crise économique et de guerres. Elle est dépourvue d'une quelconque culture juridique comme sa classe politique. C'est d'ailleurs sur un ton d'autodérision volontiers sardonique, que les Congolais dépeignent la nécessité dans laquelle ils sont placés, laquelle les conduit sans cesse à repousser les frontières du possible : « quand on est au fond du puits, on peut encore creuser »[406].

Dans ce pays, fonction et dysfonction, ordre et désordre se conjuguent au point de paraître se confondre. L'instrumentalisation du désordre comme calcul ou stratégie politique témoigne de l'urgence qu'il y a pour le juge constitutionnel congolais de rester constamment éveillé. L'ancien président congolais (Brazzaville), Pascal Lissouba, confessait qu'« On n'organise pas les élections pour les perdre ». Les élections organisées en RDC en 2006 et en 2011 telles qu'analysées ci haut laissent un goût ambigu[407]. « Ont-elles contribué à la promotion de l'alternance démocratique et politique, c'est-à-dire ces élections s'inscrivent-elles dans les progrès de l'État de droit ou charrient-elles les promesses non réalisées de la classe politique »[408] cause de la fracture électorale ? Elles constituent, dans une certaine mesure, pour

[404]Audren, F., Halpérinn, J.-L., *La culture juridique française : entre mythes et réalités*, Paris, CNRS, 2013, pp. 9-10.
[405]Ngoma, S., Munzele, M., et Mputu, N., *Sur les sentiers de la culture congolaise. Nos hommes de culture nous parlent*, USA, Congo Vision March, 2009, p. 105 et ss.
[406]Trefon, T., *Ordre et désordre à Kinshasa. Réponses populaires à la faillite de l'État*, Paris, L'harmattan, 2004, p. 15.
[407] Jean du Bois De Gaudusson, « Les élections à l'épreuve de l'Afrique », Les *cahiers du Conseil constitutionnel*, n°13, 2002, pp. 100-105 ; Lire également Pascal Quantin, « Pour une analyse comparée des élections africaines », *Politique africaine*, n°69, 1998, pp. 12-29.
[408] Dodzi Kokoroko, « Les élections disputées : Réussites et échecs », *Pouvoirs*, n°129, 2009, pp. 115-125.

ce pays une grande avancée pour la démocratie. Cette avancée démocratique et/ ou juridique est parfois mise à mal par certains hommes politiques congolais qui croient pouvoir manipuler la CSJ afin qu'elle rende des décisions conformes non au droit mais à leur volonté. Ainsi, « lors du dépôt des requêtes comme au prononcé de l'arrêt, par la CSJ, on a souvent droit à un déchaînement de folklore avec des cortèges de candidats prenant d'assaut la CSJ, précédés chacun de leur griot et féticheurs, suivis de leurs clients avec tambours, flûtes, groupes d'animation et, parfois de leurs guerriers tribaux »[409] afin d'impressionner et tenter d'influencer l'issue décisionnelle de la Cour. Heureusement, on pourrait affirmer avec le Professeur Gérard Conac sur l'expérience africaine de justice constitutionnelle que « cette justice-là, n'est plus un gadget et le juge constitutionnel est sorti de son recueillement muet pour s'affirmer comme le point d'ancrage incontestable de la démocratie et de l'État de droit en construction sur le continent noir »[410].

Dans l'ensemble, ce qui ressort de cette spéculation intellectuelle critique sur le droit constitutionnel se résume ainsi en la proclamation formelle de la suprématie de la norme constitutionnelle, qui obère curieusement la réalité de l'incapacité des mécanismes pour en assurer le respect. « Ce qui au fond est essentiel c'est l'éthique constitutionnelle des gouvernants et des élites ; celle-ci est souvent malmenée, mais sans elle, on ne saurait obtenir l'adhésion des gouvernés ni donner une chance au constitutionnalisme et aux valeurs démocratiques et libérales qui lui confèrent tout son sens »[411].

En fait, « les valeurs politiques d'une société correspondent aux exigences, aspirations acceptées et adoptées par la collectivité qui influencent la totalité de ses membres et dirigent leur comportement.

---

[409]Mampuya Kanu'ka-a- Tshiabo, A., « A propos du projet de loi organique sur la Cour constitutionnelle », parue dans le quotidien Kinois « *Le Phare* » du 9 avril 2008.
[410]Conac, G., *L'Afrique en transition vers le pluralisme politique, op. cit.*, p. 193. Lire également Franck Moderne, « L'évolution des juridictions constitutionnelles », *Les institutions constitutionnelles d'Afrique francophone et de la République malgache*, Paris, Economica, 1919, p. 185.
[411]Du Bois De Gaudusson, J., « Constitution sans culture constitutionnelle n'est que ruine du constitutionnalisme : poursuite d'un dialogue sur quinze années de transition en Afrique et en Europe », in *Démocratie et liberté : tension, dialogue, confrontation, Mélanges en l'honneur de Slobodan Milacic*, Bruxelles, Bruylant, 2008, p. 348.

Ce sont ces valeurs qui préservent l'unité politique de la collectivité ainsi que sa stabilité. Ces valeurs exercent une influence régulatrice, normative sur les individus et sur la collectivité, qui se sentent consciemment obligés de les respecter. Il y a là l'existence d'un sentiment de droit et d'une nécessité de droit. La reconnaissance et la protection par les normes juridiques des valeurs politiques, conduit à la notion des valeurs juridiques »[412].

On admet avec la doctrine que la reconnaissance de ces valeurs par le constituant congolais n'est pas une curiosité. Il existe une responsabilité de la part des gouvernants de préserver la liberté des individus et de renforcer l'État de droit. Aussi il y a besoin d'assurer l'alternance au pouvoir par les moyens constitutionnels de dévolution du pouvoir. Le nouvel ordre établi en RDC nous semble être conforme aux standards démocratiques.

Ses règles juridiques, vecteurs de nouvelles valeurs doivent œuvrer au changement de système et, le droit constitutionnel nouveau pourra de ce fait être regardé comme le moteur de l'évolution historique dans la mesure où il prescrit de nouveaux comportements et propose de nouvelles perspectives pour le développement de la RDC.

Que valent les valeurs sans leur apprentissage ou la culture ? Nous sommes tentés de dire avec Jean du Bois de Gaudusson que le constitutionnalisme sans valeurs constitutionnelles n'est que ruine de la constitution, concernant surtout les relations entre le constitutionnalisme et la culture politique et/ou démocratique.

[412]Kpodar, A., « Bilan sur un demi-siècle de constitutionnalisme en Afrique noire francophone », à l'adresse : http://afrilex.u-bordeaux4.fr/ bilan-sur-un-demi-siecle-de.html Publié en janvier 2013. Consulté le 12 octobre 2011.

Conclusion de la première partie

Cette première partie a été essentiellement consacrée à l'analyse de la Cour suprême de justice, une juridiction suprême exerçant toutes les compétences censées appartenir aux autres juridictions de l'ordre suprême notamment la Cour constitutionnelle, la Cour de cassation et le Conseil d'Etat. Cette juridiction dispose de trois grandes sections (section judiciaire, administrative et de la législation). Toutes ces sections réunies exercent les compétences dévolues à la Cour constitutionnelle. Cette juridiction est le juge d'interprétation, de cassation et d'annulation. Elle a fonctionné dans un environnement autocratique qui ne supportait pas la contradiction. Aucun juge ne pouvait exercer correctement sa mission sans qu'il ne soit l'objet de violences de divers ordres. Le règne de la Cour suprême de justice est caractérisé par une sécheresse jurisprudentielle en matière constitutionnelle. Le juge congolais était dans le congélateur et n'exerçait le contrôle de constitutionnalité qu'en la faveur de la volonté du Chef de l'Etat. Aucun procureur général de la République n'a, *proprio mutu*, pris l'initiative de saisir la Cour suprême de justice en matière de constitutionnalité de lois ou des actes ayant valeur de lois ou d'interprétation constitutionnelle.

En dépit cet environnement difficile, la Cour suprême de justice a pu toutefois rendre un arrêt audacieux et courageux condamnant la République du Zaïre dans l'affaire "Témoins des Jéhovah". Cet arrêt peut être considéré comme précurseur de l'avènement de la justice constitutionnelle en RDC.

Cette partie s'est aussi penchée sur l'expérience de cette Cour suprême de justice en qualité de juridiction constitutionnelle de transition. Le nouveau contexte sociopolitique a permis de se rendre compte comment la Cour suprême de justice a exercé et exerce encore les attributions de la Cour constitutionnelle et l'impact de son image sur les Congolais.

En effet, la transition est caractérisée par l'explosion jurisprudentielle en matière constitutionnelle. La Cour suprême de justice a été plusieurs fois sollicitée pour résoudre le contentieux constitutionnel aussi bien qu'électoral malgré les vicissitudes inhérentes

à la pratique de ces nouvelles compétences. La Cour suprême de justice a su tout de même rendre quelques arrêts importants en droit public congolais. Mais les Congolais ont un sentiment partagé entre confiance ou méfiance à son égard. La Cour suprême de justice assume l'expérimentation de la justice constitutionnelle conformément à l'article 223 de la constitution de 2006. Elle est le fruit de l'histoire d'un pays dont le régime a été caractérisé par des hésitations à établir une juridiction capable de censurer, en toute indépendance, les actes inconstitutionnels des gouvernants contribuant à l'édification d'un Etat de droit en RDC l'objet de la deuxième partie de notre réflexion.

DEUXIÈME PARTIE

LA COUR CONSTITUTIONNELLE, INSTITUTION DE L'ÉTAT DE DROIT

« Les pays d'Afrique noire francophone dans leur grande majorité ont connu dès les années 1990 des changements politiques, lesquels ont chamboulé leurs architectures institutionnelles et politiques intérieures au point de justifier une lecture sous le paradigme de la démocratisation. Les conséquences de ces changements sont entre autres la disparition du parti unique entraînant la légalisation des partis d'opposition, l'organisation des élections générales, la séparation des pouvoirs mais aussi la reconnaissance des droits »[413].

Le socle commun de toutes ces expériences institutionnelles reste le renoncement au monolithisme institutionnel dont la forme la plus dépravée se trouve être « le présidentialisme africain »[414] lequel a largement croisé les trajectoires politiques des États[415] dont la République démocratique du Congo.

En effet, plusieurs organes dotés des missions de contre-pouvoirs[416] apparaissent afin d'éviter aux nouveaux systèmes les pratiques de la personnification du pouvoir tant décriée. La lutte contre ces démons du passé, en particulier le pouvoir personnel, exige l'établissement ou le fonctionnement des mécanismes institutionnels de contrôle afin « d'assurer la régulation des pouvoirs publics, la protection des droits et libertés ainsi que l'arbitrage des élections. C'est ce contexte qui justifie l'émergence des cours constitutionnelles en Afrique au

---

[413]Jean du Bois de Gaudusson, « Trente ans d'institutions constitutionnelles et politiques : points de repère et interrogations », *Afrique contemporaine,* 4è trimestre, n° spécial, 1992, pp. 50-58

[414] Lampue, P., « Les constitutions des États africains d'expression française », *Revue juridique et politique d'outre-mer*, 15, 1961, p. 513.

[415]Conac, G., (dir.), *Institutions constitutionnelles et politiques des États d'Afrique francophone et Malgache, Paris,* Economica, 1979.

[416]Ces organes aux objectifs bien précis sont notamment les Commissions électorales, les organes de régulation des médias, les commissions parlementaires, les ombudsmans ou médiateurs, des organes contre corruption, etc.

début des années 1990 »[417] et celle de la RDC instituée par la constitution du 18 février 2006. Elle traduit d'une façon générale le retour de la justice constitutionnelle dans la dynamique institutionnelle spécialement en République démocratique du Congo « en ramenant au cœur du débat politique l'idée de la constitution et son importance dans le projet de mise en place de l'État de droit »[418]. En s'affirmant progressivement et de façon indiscutable comme garantes du respect et de l'effectivité constitutionnelle, les cours constitutionnelles dans leur ensemble ont œuvré activement au fonctionnement des systèmes politiques au cours de trois dernières décennies. La future Cour constitutionnelle congolaise s'inscrit dans ce mouvement.

Qu'il s'agisse d'interprétation audacieuse du contrôle de constitutionnalité, de l'arbitrage des conflits de compétence entre l'exécutif et le parlement, de la proclamation des résultats des scrutins électoraux, de la destitution des chefs d'États défaillants,[419] de l'autonomie des nouvelles autorités administratives indépendantes[420] et de la protection des droits de l'homme, ces institutions ont favorisé la rénovation de la problématique du constitutionnalisme en Afrique et en RDC. Qu'en sera-t-il avec la Cour constitutionnelle en RDC?

Discrètes ou spectaculaires, les juridictions constitutionnelles sont, avant tout, des institutions et comme telles leurs fonctions et la façon de les exercer dépendent dans la plupart des cas des conditions de leur établissement autrement dit, les processus sociopolitiques dans et par lesquels elles émergent. Les cours constitutionnelles notamment

---

[417]Ahmed Salem Ould Bouboutt, « Les juridictions constitutionnelles africaines : évolution et enjeux », *AIJC*, XIII-1997, pp. 31-45.

[418]Jean Du Bois de Gaudusson, « Réflexion sur les nouveaux développements du constitutionnalisme en Afrique », in *L'Afrique subsaharienne : récente société et développement*, Paris, 1993, pp. 179-197.

[419]Madagascar (1996), tentatives avortées aux Comores (1992), au Niger (1996) et dernièrement au Mali (mars 2012) qui s'est soldée par la prise du pouvoir par les militaires après destitution du Président Amani Toumani Touré pour y être remplacé par la suite par le président de l'Assemblée nationale M. Dioncounda Traoré dont l'intérim s'est achevé par les élections Présidentielles d'août 2013 où Ibrahim Boubacar Kéita a été élu Président de la République.

[420] Maillard Desgrées du Loû, D., Institutions administratives, Paris, PUF, 2011; Abdoulaye Diarra, « Les autorités administratives dans les États francophones d'Afrique noire : cas du Mali, du Sénégal et du Bénin », Revue électronique *Afrilex*, n° 00, janvier 2000 : http://www.afrilex.u-bordeaux.fr

celle de la République démocratique du Congo « ne sauraient être comprises en se limitant aux seuls aspects constitutionnels et légaux qui proclament leur existence, définissent leur domaine de compétence et décrivent leur mode d'organisation ».[421] Ces trois aspects sont non négligeables et ne peuvent être considérés à la légère d'autant moins que les juridictions constitutionnelles d'aujourd'hui ne viennent pas de nulle part mais ont leur histoire dont les origines et remontent pour la plupart à l'accession de ces États à l'indépendance. Cela démontre la place prépondérante qu'occupent les contextes institutionnels de leur évolution.

En effet, les processus de construction institutionnelle démocratique restent au cœur des préoccupations d'un État de droit. Ces processus ne donnent pas seulement naissance à des institutions, ils décrivent en outre les conflits et les compromis entre les forces politiques et sociales appelées à se battre pour la conservation ou la conquête du pouvoir. La transition de la Cour suprême de justice à la Cour constitutionnelle n'est pas un long fleuve tranquille. Les divergences apparaissent entre les acteurs politiques et se déclinent le plus dans la définition des règles du jeu, c'est-à-dire la structuration institutionnelle de l'espace public. La Cour constitutionnelle en tant que produit de ces réformes porte ainsi la marque du contexte sociopolitique du pays et soulève au moins en théorie l'importance cruciale de son rôle régulateur de la vie politique. Ces juridictions constitutionnelles, dont celle de la République démocratique du Congo, « concourent à la recherche des voies pour construire de nouveaux ordres politiques au sein desquels l'effectivité des institutions sera garantie par l'application des dispositions constitutionnelles et la régulation des conflits institutionnels suivant des règles et procédures pacifiées ».[422] Elles font partie des solutions institutionnelles susceptibles de relever les défis de l'effectivité du droit auxquels sont confrontée la plupart des États africains dont la République démocratique du Congo. De même, elles constituent des mécanismes de régulation des rapports d'une part entre les institutions publiques et d'autre part entre l'État et la société. L'importance des enjeux que la Cour constitutionnelle congolaise est

[421]Boubacar Issa Abdourhamane, *Les cours constitutionnelles dans le processus de démocratisation en Afrique : analyse comparative à partir du Bénin, de la Côte d'Ivoire et du Niger*, *op. cit.* , p. 37.
[422]*Ibidem.*, p. 37.

appelée à gérer et à résoudre accroît son intérêt pour les acteurs impliqués dans le processus de réformCe institutionnelle de la République démocratique du Congo et « renseigne sur les stratégies parfois contradictoires, parfois aussi consensuelles relative à leur mode d'organisation ».[423]

Dans cette deuxième partie, il est question d'examiner dans le premier chapitre, la lente marche de la RDC vers l'État démocratique à travers l'établissement de la Cour constitutionnelle par la constitution du 18 février 2006. L'étude de la genèse et de l'organisation de cette juridiction permettra de démontrer le contexte sociopolitique précédant la création de la Cour constitutionnelle. Elle a été prévue dès l'indépendance du pays en 1960 mais n'a jamais connu un début de fonctionnement. La loi organique n°13/026 du 15 octobre 2013 portant organisation et fonctionnement de la Cour constitutionnelle et la nomination de neuf membres de cette juridiction par l'ordonnance n°14/020 du 7 juillet 2014 présage sa matérialisation. A ce propos, le Professeur Évariste Boshab affirme que « toujours à l'ordre du jour lors de l'élaboration de chaque nouvelle constitution, la Cour constitutionnelle constitue une véritable hantise dans l'évolution constitutionnelle de la RDC. Elle est réclamée, soit pour que le contrôle de constitutionnalité des lois qui garantissent le respect des droits et libertés des citoyens, soit pour que chaque institution fonctionne dans les limites à elle assignées par le constituant, soit pour éviter la fraude à la constitution en passe de devenir un véritable culte sinon une vertu pour nombre de gouvernants africains »[424]. Le deuxième chapitre analysera les compétences de cette nouvelle juridiction ainsi que ses modalités d'exercice. L'étude des circonstances de l'établissement de la Cour constitutionnelle, à travers cette deuxième partie, permet de comprendre que cette institution est « le fruit de l'histoire d'un pays dont le régime a été caractérisé par des hésitations à mettre en place une juridiction capable de censurer, en toute indépendance, les actes inconstitutionnels des gouvernants »[425] pour une bonne marche de l'État démocratique et de l'État de droit.

---

[423] *Ibidem*, p. 38.

[424]Boshab, E., « Les dispositions constitutionnelle transitoires relative à la Cour constitutionnelle de la RDC », Fédéralisme et Régionalisme, Vol. 7, n° 1.

[425]Esambo Kangashe, J.-L., *op. cit.*, p. 226.

CHAPITRE PREMIER

LA LENTE PROGRESSION DE L'ÉTAT CONGOLAIS VERS UN ÉTAT DÉMOCRATIQUE PAR L'ÉTABLISSEMENT DE LA COUR CONSTITUTIONNELLE

« Dans un État de droit, affirme Maurice Duverger, les gouvernants ne sont pas des personnes spéciales qui échappent au droit »[426]. Cet auteur poursuit en affirmant qu'à « l'instar des cours et tribunaux ordinaires qui sanctionnent les actes antisociaux des citoyens, il existe des juridictions constitutionnelles chargées de contrôler l'action des institutions politiques »[427]. Cette présentation de Maurice Duverger est catégorique et manque de nuance.

Les actes des institutions politiques ne sont pas que soumis au contrôle de constitutionnalité. D'autres, notamment les juridictions administratives peuvent dans les limites fixées par la constitution, contrôler la légalité des actes administratifs des gouvernants.

L'analyse de la situation constitutionnelle en RDC conduit à reconnaître le manque de fermeté dans l'attitude du constituant congolais au regard de la création d'une Cour constitutionnelle distincte du pouvoir judiciaire. Instituée par la constitution du 18 février 2006,[428] la Cour constitutionnelle est organisée par une loi organique[429]. L'élaboration de ces deux textes, affirme Jean-Louis Esambo, « augure la victoire du constitutionnalisme sur l'autoritarisme ». « La complexité, la technicité des affaires soumises à la compétence de la Cour suprême de justice et l'encombrement de cette juridiction ont notamment justifié

---

[426]Duverger, M., *Institutions politiques et droit constitutionnel,* Paris, PUF, 18è édition, 1988, p. 28.

[427]*Ibidem.*

[428]Article 149, al. 1 et article 157 de la constitution du 18 février 2006.

[429]Votée par l'Assemblée nationale le 14 novembre 2008 et transmise au Sénat pour une seconde lecture puis de nouveau retournée au parlement. Le texte final est le fruit de l'harmonisation de la commission paritaire Assemblée nationale-Sénat. C'est ce texte qui est l'objet de la loi organique n°13/026 portant organisation et fonctionnement de la Cour constitutionnelle promulguée le 15 octobre 2013 par le Président de la République.

la création d'une Cour constitutionnelle ».[430] L'établissement de celle-ci est la conséquence de l'éclatement de l'actuelle Cour suprême de justice en trois juridictions autonomes (Cour constitutionnelle, Cour de cassation et Conseil d'État).

La future Cour constitutionnelle a pour volonté de finir avec le règne de l'arbitraire et de l'impunité de la classe dirigeante. Le succès de cette démarche se trouve être confronté à une autre volonté, celle qui résiste à toute instauration d'une justice constitutionnelle navigant à contre-courant d'une tradition politique expérimentée mais aussi ancrée dans la société congolaise pendant plusieurs années.

Selon cette tradition, la résolution d'un quelconque conflit politique doit être l'œuvre d'une instance non institutionnelle composée « de sages » qui recourent à des procédures jugées moins contraignantes que celles prévues par les textes.

La création de la Cour constitutionnelle suscite déjà des agitations, craintes et malaises auprès de certains acteurs politiques congolais.[431] Ceux-ci trouvent en cette future juridiction un laissez-passer permettant aux juges de s'ingérer et de se saisir des affaires politiques. Malgré le sentiment dubitatif de certains Congolais sur la mollesse de l'actuelle Cour suprême de justice à censurer les actes inconstitutionnels des gouvernants congolais, l'avènement d'une Cour constitutionnelle apparaît certes comme un impératif.

L'environnement sociopolitique antérieur à l'établissement de cette juridiction constitutionnelle (section1) est souvent constitué par la problématique de survie politique des dirigeants congolais. L'étude des circonstances de la création de cette « nouvelle juridiction » permet de comprendre le fonctionnement de cette institution (section 2).

---

[430]Esambo Kangashe, J-L., *La constitution congolaise du 18 février 2006 à l'épreuve du constitutionnalisme*, *op.cit*, p. 227.

[431]En témoigne les vives critiques des députés nationaux face à l'indépendance du pouvoir judiciaire lors des arrêts rendus par la Cour suprême de justice au sujet du contentieux électoral de 2006 par cette juridiction.

Section 1 : Historique et politique de la création de la Cour constitutionnelle

La connaissance de la Cour constitutionnelle exige avant tout la compréhension historique de sa formation (§1) à travers l'environnement politique antérieur à sa mise en place. Cette compréhension permet de faire l'autopsie de l'action de la CSJ en tant que Cour constitutionnelle de transition en démontrant l'impact de son image auprès du justiciable congolais.

En effet, la loi organique portant l'organisation et le fonctionnement de la Cour constitutionnelle, conformément à l'article 169 de la constitution du 18 février 2006, est déjà adoptée par les deux chambres du parlement. Elle est promulguée par le chef de l'État le 15 octobre 2013. Cette institution une fois établie sera empreinte d'une originalité novatrice. Toutefois, l'organisation atypique de cette Cour (§2) n'est pas un cas unique. D'autres cours constitutionnelles de certains pays africains et du monde présentent les mêmes caractéristiques. Le législateur organique congolais s'est inspiré dans l'élaboration de certains points de cette loi de la constitution française de 1958 ainsi que de la loi spéciale sur la Cour d'arbitrage belge[432] tout en recourant également au constitutionnalisme euro-américain. L'utilisation par la commission parlementaire chargée des questions politiques, administratives et judiciaires de la documentation essentiellement occidentale dans la rédaction du texte de base n'enlève rien à son originalité ni à ses innovations, de quoi « tordre le coup à toute présomption de mimétisme aveugle ».[433]

§1. Formation historique de la Cour

« Si d'une manière générale, tous les systèmes juridiques ont mis en place, en fonction de leur propre histoire et de leur propre culture, des cours et tribunaux ayant compétence d'une part, en matière civile, d'autre part, en matière criminelle, voire en matière administrative, l'existence de cour ayant une compétence en matière constitutionnelle,

---

[432]Lire la bibliographie de cette loi organique.

[433]Bolle, S., « Vers une Cour constitutionnelle à la congolaise », http://www.la-constitution-en-afrique.org/article-23102653.html consulté 23 janvier 2010.

c'est-à-dire chargée de faire respecter la constitution comme la norme suprême de l'ordre juridique interne, s'inscrit dans une histoire relativement courte, au moins au regard de l'histoire juridique ».[434]

Il est question ici de procéder à l'analyse des origines lointaines de la Cour constitutionnelle et son évolution (A). Cet exercice est très important sur le plan heuristique. Il permet d'éviter toute spéculation inutile pour ne s'intéresser qu'à l'action du juge constitutionnel en tant que gardien de la légalité constitutionnelle et des droits fondamentaux des citoyens. La justice constitutionnelle ne peut s'envisager *in abstracto*. L'action de la Cour doit se définir plus relativement à celle du pouvoir judiciaire dans lequel elle évolue (B).

A. Les origines lointaines de la cour et son évolution

Le Professeur Rivero, dans une publication, consacrée à la genèse et à l'évolution du Conseil constitutionnel déclarait que « Les institutions à la différence des satellites, demeurent rarement sur l'orbite où leur créateur avait entendu les placer. Elles échappent à la volonté du constituant ou du législateur qui leur a donné vie. L'événement, le milieu, la personnalité des hommes qui les incarnent, déterminent leur trajectoire. Ainsi du Conseil constitutionnel, le père spirituel de la constitution de 1958, qui n'avait pas, pour les juristes, un goût excessif, n'avait sans doute pas pressenti qu'en plaçant certains des votes du Parlement sous le contrôle d'un Conseil constitutionnel tout justement appelé à la vie, il allait parachever la construction, en France, de l'État de droit, en rendant effective la soumission du Législateur souverain à la règle qui fonde son pouvoir et en le contraignant par là au respect des libertés publiques. Vingt années ont suffi à rendre caduque une tradition vielle d'un siècle et demi et que quatre Républiques semblaient avoir sacralisée ».[435]

La doctrine s'accorde pour reconnaître qu'au moment de la mise en place des institutions de la Cinquième République, le rôle qui a été reconnu au Conseil constitutionnel était à bien des égards éloigné de celui qu'il connaît aujourd'hui. « Le Conseil constitutionnel n'est pas

---

[434]Maus, D « Le recours aux précédents étrangers et le dialogue des cours constitutionnelles », *RFDC*, PUF n°80, octobre 2009, pp. 675-696.

[435]Rivero, J., « La fin d'un absolutisme », *Pouvoirs*, n° 13, Le Conseil constitutionnel, avril 1980 (nouvelle édition juillet 1991), pp. 5-16.

créé, en 1958, comme une juridiction chargée de contrôler la constitutionnalité des lois : mais le texte de la constitution, plus ouvert que celui de la IV République, n'interdit pas complètement ce devenir ».[436]

La Cour constitutionnelle congolaise prévue par la constitution du 18 février 2006 ne suit pas la même trajectoire. Pour le savoir, il faut remonter à ses origines lointaines depuis l'indépendance du pays où elle était déjà confrontée à une double installation manquée en 1960 et 1964 (1). Au-delà de cette tentative manquée, la juridiction constitutionnelle congolaise a connu une certaine évolution dans le temps (2).

1. Double tentative avortée de l'établissement d'une Cour constitutionnelle par la loi fondamentale du 19 mai 1960 et par la constitution du 1er août 1964 : une réalité occultée

Les cinq premières années qui suivirent l'indépendance de la RDC ont été caractérisées par des troubles multiformes et autres guerres civiles. Toutefois l'établissement de la Cour constitutionnelle par la loi fondamentale du 19 mai 1960 (a) et par la constitution du 1er août 1964 (b), bien que non effectif témoigne de l'apparence de volonté des gouvernants de l'époque de poser le jalon d'un État congolais réellement démocratique.

a. Première tentative manquée de l'établissement d'une Cour constitutionnelle par la loi fondamentale du 19 mai 1960

Le professeur Félix Vunduawe te Pemako nous fait observer « qu'avant cette date, des compétences juridictionnelles avaient été conférées à des institutions étrangères à savoir : la Cour de cassation, le Conseil d'État et la Cour des comptes de Belgique »[437]. « Il est utile de rappeler que la loi fondamentale du 19 mai 1960 relative aux structures du Congo était une loi belge, votée par le parlement belge, sanctionnée et promulguée par le Rois des belges, le Roi Baudouin. Faisant office de constitution provisoire avec la loi fondamentale du 17 juin 1960 relative aux libertés publiques, la loi fondamentale du 19 mai s'était largement inspirée de la constitution belge du 7 février 1831 »[438].

---

[436] Rousseau, D., *Du contentieux constitutionnel*, *op. cit.*, p. 23.
[437] Vunduawe te Pemako, F., *Traité de droit administratif, op. cit., p. 851.*
[438] Vunduawe Te Pemako, F., *Traité de droit administratif*, op. cit., p.352.

La loi fondamentale du 19 mai 1960 relative aux structures du Congo, spécialement son article 226 crée en République démocratique du Congo une Cour constitutionnelle « composée d'une chambre de constitutionnalité, d'une chambre des conflits et d'une chambre d'administration ».[439] Les décisions et arrêts de cette Cour ne sont susceptibles d'aucun recours.[440] Seules les chambres de constitutionnalité et celle des conflits rentrent dans le champ de notre étude.

La chambre de constitutionnalité émet des avis motivés ou se prononce par arrêt sur la conformité des mesures législatives centrales ou provinciales aux dispositions de la loi fondamentale du 19 mai 1960 relative aux structures du Congo et de la loi fondamentale relative aux libertés publiques. [441]

Ce contrôle de constitutionnalité par voie d'arrêt motivé s'exerce *a posteriori* c'est-à-dire après la promulgation des actes législatifs centraux (notamment des lois en provenance du Parlement et Ordonnance-Loi émanant du Président de la République) mais aussi des actes législatifs provinciaux tels que les édits provenant de l'Assemblée provinciale.[442]

Ce contrôle des actes législatifs centraux et provinciaux se faisait aussi *a priori* par voie d'arrêts motivés. La chambre de constitutionnalité, après avoir été obligatoirement saisie devait émettre des avis motivés sur les projets de loi avant leur promulgation ainsi que, sauf une urgence spéciale dûment constatée, sur les ordonnances-lois avant leur signature par le chef de l'État.

Il faut cependant retenir que ce type de contrôle (contrôle a priori) devait s'exercer principalement au niveau du pouvoir central. Néanmoins la chambre de constitutionnalité pouvait aussi être saisie avant toute promulgation des édits. Les lois et les édits budgétaires, conformément à la disposition de l'article 230 alinéa 1, n'étaient pas soumis au contrôle de constitutionnalité.

---

[439]Article 226 de la Loi fondamentale du 19 mai 1960.
[440]Article 227 de » la Loi fondamentale du 19 mai 1960.
[441]Article 230 de la loi fondamentale déjà citée
[442]Article 230, alinéas 4 et 5 de la loi fondamentale, déjà citée.

Par ailleurs, en ce qui concerne les effets ou sanctions du contrôle de constitutionnalité exercés par la chambre de constitutionnalité, article 231 alinéas 2 et 3 déclare que : « toute loi ou ordonnance- loi déclarée non conforme est abrogée de plein droit ». Il est tout autant pour l'édit provincial vis-à-vis de la constitution provinciale. C'est cela le contrôle a posteriori. Lorsque par contre les lois et les édits sont déclarés non conformes, ils ne peuvent être promulgués en l'état. Il faut souligner aussi que les ordonnances-lois subissant les mêmes conditions ne peuvent pas être signées. La chambre de constitutionnalité était réputée compétente pour connaître du contentieux de l'administration verticale des pouvoirs. La chambre de constitutionnalité doit se prononcer sur chaque constitution provinciale dès qu'elle a été adoptée par l'Assemblée provinciale. Aussi, une constitution provinciale ou les dispositions de celle-ci qui sont déclarées non conformes ne peuvent être promulguées[443]. Subsidiairement, le fait que la chambre des conflits était chargée de trancher les conflits de compétence survenant entre le pouvoir central et le pouvoir provincial,[444] la chambre de constitutionnalité pouvait tout aussi contrôler si les édits n'étaient pas contraires aux lois, aux ordonnances-lois, règlements et ordonnances dans les matières du ressort à la fois du pouvoir central et provincial[445]. La chambre des conflits, au contraire, était compétente pour trancher les conflits devant survenir entre le pouvoir central et le pouvoir provincial.

A ce stade de la réflexion, il faut cependant souligner que « jusqu'à ce que la Cour constitutionnelle soit légalement organisée conformément aux articles 229, 230, 232, et 236, le Conseil d'État de Belgique exerce, selon la procédure qu'il détermine les compétences de la Cour constitutionnelle telle qu'elles résultent des articles 229 à 236 »[446]. Cette disposition reconnaissant l'exercice par le Conseil d'État de Belgique des attributions de la Cour constitutionnelle a été supprimée par l'article 3 de la loi constitutionnelle du 18 juillet 1963 portant modification de la loi fondamentale du 19 mai 1960 relative aux structures du Congo.

---

[443]Article 231 de la loi fondamentale du 19 mai 1960.
[444]Article 232 de la loi fondamentale du 19 mai 1960.
[445]Article 231, § 1 de la loi fondamentale du 19 mai 1960.
[446]Article 253 de la loi fondamentale du 19 mai 1960.

L'analyse des situations tant matérielles que législatives de l'établissement d'une Cour constitutionnelle démontre d'emblée que le législateur belge, promoteur de la loi fondamentale, était mal placé pour faire fonctionner une institution qui n'existait pas en Belgique. Comment concevoir la naissance d'une Cour constitutionnelle qui ne pourrait être opérationnelle ? C'est le contresens parfait de la réalité ou la fausse naissance d'une institution trompe-l'œil dépourvue d'une effectivité.

La situation de la fonction du juge constitutionnel de transition par le Conseil d'État belge, pour un Congo indépendant, démontre à suffisance l'intention inavouée de ce constituant circonstanciel de ne pas laisser s'appliquer la protection de la primauté constitutionnelle. L'apport de la jurisprudence du Conseil d'État belge (si apport il y a) s'inscrit-il dans le sens voulu par les rédacteurs de la loi fondamentale ou, au contraire, consacre-t-il des solutions éloignées des intentions initiales ? La situation chaotique du pays constituait un sérieux handicap pour la bonne marche de ce nouvel État mais aussi de sa justice constitutionnelle.

Or si cette juridiction avait été installée, elle aurait peut-être contenue les ardeurs bellicistes des politiciens congolais de l'époque et évité la sécession, rébellion et autres troubles qui ont ensanglanté le pays entre 1960 et 1965.

Au-delà de cette constatation et en tout état de cause, la transposition de la pratique constitutionnelle belge sans tenir compte de la spécificité congolaise ne pouvait, en l'état, contribuer à asseoir une bonne justice constitutionnelle. Quoi qu'il en soit, il ne faut pas négliger non plus les stigmates de l'héritage colonial et reconnaître que l'absence de la Cour constitutionnelle comme régulateur du pouvoir a conduit le constituant congolais de 1964 à opter pour la matérialisation de cette institution au travers de la constitution du 1er août 1964.

b. Deuxième tentative manquée d'établissement d'une Cour constitutionnelle par la constitution du 1er août 1964

Selon la loi fondamentale de 1960 « le Chef de l'État et les deux chambres composent le pouvoir constituant ».[447] Il faut y voir par-là

[447] Article 4 de la loi fondamentale du 19 mai 1960.

« une manière d'affirmer que la République n'accepte pas de corps intermédiaires, susceptibles en tant que tels d'introduire une division du pouvoir »[448]. Une commission constitutionnelle chargée de rédiger le projet de constitution de 1964 mise en place par le Président Kasa Vubu a produit un texte qui a été soumis au peuple par le référendum[449].

Cette constitution de 1964 a été l'objet de plusieurs critiques mais avec le Professeur Félix Vunduawe Te Pemako, nous pouvons, sans doute admettre que « dès lors que le peuple congolais souverain est intervenu pour l'adopter, nul reproche ne peut lui être formulé car son pouvoir est inconditionnel et inconditionné »[450]. De manière fort significative, la Constitution du 1er août 1964 reprend de nouveau l'institution de la Cour constitutionnelle par la combinaison des articles 53 et 165.

Au vrai, le procédé n'est pas totalement neuf. Pour défendre les raisons de la création d'une telle juridiction, le mémoire explicatif de cette constitution dresse le constat que « le problème de la constitutionnalité des actes législatifs, celui de l'interprétation de la constitution et celui du jugement des autorités gouvernementales accusées de haute trahison et de violation intentionnelle de la constitution, ont retenu l'attention de la commission. Celle-ci a rejeté le projet que la sous- commission judiciaire avait présenté et qui désignait la CSJ comme juridiction compétente pour connaître de ces affaires.

Elle a estimé que l'appréciation de la constitutionnalité des lois, l'interprétation de la constitution et le jugement des autorités gouvernementales étaient des questions présentant un caractère politique trop accentué pour être examinées par une juridiction de l'ordre judiciaire.

C'est pourquoi elle a prévu l'institution d'une juridiction spéciale dénommée Cour constitutionnelle »[451]. De façon connexe,

---

[448]Lemaire, F., *Le principe d'indivisibilité de la République: mythe et réalité,* presses universitaires de Rennes, 2010, p. 182.
[449]Lire l'ordonnance n° 226 du 29 septembre 1963 ayant clôturé la session parlementaire tout en mettant sur pied une commission d'élaboration d'un projet de constitution.
[450]Vunduawe Te Pemako, F. *Traité de droit administratif, op. cit.* p. 101.
[451]Lire le mémoire explicatif de la constitution du 1er août 1964, M.C., n° spécial, 1er août 1964, pp. 117- 118.

l'article 167 de cette constitution déclare que « la Cour constitutionnelle est compétente pour connaître:

- des recours en interprétation de la présente constitution …
- de toutes les affaires à l'égard desquelles la présente constitution lui attribue compétence ;
- la régularité de l'élection du Président de la République et des gouverneurs (...). La Cour statue, en cas de contestation, sur la régularité des élections des membres du parlement et des Assemblées provinciales (…). Elle veille à la régularité des opérations de référendum (...) »[452].

Ces dispositions constitutionnelles démontrent que l'exclusivité de la justice constitutionnelle revient à cette Cour constitutionnelle, juridiction spécialisée.

De façon plus spécifique, d'autres dispositions constitutionnelles confirment les missions principales assignées à la Cour constitutionnelle congolaise telles que reconnues aussi à d'autres juridictions constitutionnelles classiques en droit comparé notamment : le contrôle de constitutionnalité des actes législatifs,[453] les contentieux des élections et des consultations populaires, [454] ainsi que le contentieux de la division verticale des pouvoirs [455]c'est-à-dire entre le pouvoir central et la province. Le droit de saisine dans ce type de contentieux est largement ouvert[456]. En France, cet élargissement de la saisine aux députés appartenant ou non à un ou plusieurs groupes de l'opposition

---

[452]Le Moniteur congolais, n° spécial, 1er août 1964, p. 28.
[453]Article 167, alinéa 1er, 1° de la constitution du 1er août 1964
[454]Article 167, alinéas 2, 3 et 4, de la constitution du 1er août 1964.
[455]Article 167, alinéa 1er, 2°, de la constitution du 1er août 1964.
[456]Le Conseil constitutionnel français est saisi par 60 députés ou 60 sénateurs. Aujourd'hui, la révision constitutionnelle du 23 juillet 2008, complétée par la loi organique du 10 décembre 2009 offre la possibilité au justiciable français à l'occasion d'un procès en cours, de contester la constitutionnalité d'une disposition législative, applicable dans ce procès, en dénonçant sa non-conformité aux droits et libertés que la constitution garantit. En Belgique tout individu ou son cabinet conseil justifiant d'un intérêt peut saisir la cour constitutionnelle conformément à l'article 142 alinéa 3 de la constitution belge et article 5 de la loi spéciale du 6 janvier 1989 sur la cour d'arbitrage.

constitue « la clé de voûte du statut de l'opposition »[457]. En Belgique l'accès très large des particuliers à la justice constitutionnelle constitue une avancée considérable dans la protection des libertés constitutionnelles. Il raffermit l'État de droit dont la Cour constitutionnelle apparaît de plus en plus comme son protecteur.

La constitution de 1964 avait soulevé la question de la saisine de la Cour constitutionnelle par les particuliers. Le mémoire explicatif de cette constitution renseigne d'ailleurs que « les particuliers (personnes physiques ou morales) ne seront habilités à saisir eux-mêmes la cour constitutionnelle. Dans l'esprit de la disposition proposée par le secrétariat (article 168 de la constitution), ils pourront néanmoins, soulever une exception d'inconstitutionnalité devant la CSJ lorsqu'ils y introduisent un pourvoi en cassation. Dans ce cas, si elle estime que la disposition législative attaquée par le requérant est inconstitutionnelle, la Cour suprême pourra, elle-même saisir la Cour constitutionnelle d'une demande en appréciation de la constitutionnalité ».[458] La constitution de 1964 prévoyait déjà l'élargissement de la saisine de la Cour par les particuliers.

La Cour constitutionnelle n'a pu être établie et jouir de la plénitude de son existence par manque d'un texte devant l'organiser pourtant prévu à l'article de 165, alinéa 7 de la constitution de 1964, lequel article détermine les procédures à suivre devant cette juridiction. Elle ne verra jamais jour et ne sera jamais établie comme celle prévue par la loi fondamentale du 19 janvier 1960.

Toutefois l'article 196 portant dispositions transitoires prévoyait déjà qu'en cas de non établissement de cette haute juridiction, ses attributions sont dévolues à la Cour d'appel de Léopold Ville (actuelle Kinshasa la capitale).

Après le renvoi du parlement en congé *sine die* par le chef de l'État Joseph Kasa-Vubu, celui-ci accapara le droit de légiférer par voie d'ordonnances-lois conformément à la procédure prévue à l'article 37 de la Loi fondamentale qui dispose que « ...le gouvernement peut, pour l'exécution urgente de son programme, demander aux chambres

---

[457]Burdeau,G, Hamon, F., et Troper, M., *Droit constitutionnel*, 24e éd. , Paris, LGDJ, 1995, p. 677.
[458]Mémoire explicatif de la constitution du 1er août 1964, *op. cit.,* p.119.

l'autorisation pour le chef de l'État, de prendre par l'ordonnance-loi et pour les matières déterminées, des mesures qui normalement relèvent du domaine de la loi... ».

A vrai dire, le constat d'une paix précaire entre les belligérants de ces conflits armés a permis l'organisation des élections suivie par la mise sur pied d'une commission constitutionnelle chargée d'élaborer une constitution définitive. C'est celle du 1er août 1964. Elle est l'œuvre des Congolais bien que les contributions doctrinales internationales aient pu y être apportées.

Le coup d'État du 24 novembre 1965 replongea le pays dans une certaine incertitude. Le gouvernement de crise issu de ce putsch ignora superbement la constitution du 1er août 1964 en mettant fin au régime normal qui était en place par la neutralisation à la fois du Président de la République et de son Premier ministre. Le Président issu de ce putsch n'est certes pas élu et le Premier ministre est désigné en dehors des règles constitutionnelles. Un tel régime ne peut accepter l'existence d'une Cour constitutionnelle. Celle-ci à défaut de son effectivité est restée coquille vide malgré les bonnes intentions des constituants. La sortie de crise (conflits armés pendant au moins cinq ans) aurait pu inciter les nouvelles autorités à promouvoir une justice constitutionnelle indépendante répondant à l'aspiration démocratique du peuple congolais. Tel n'a pas été les cas. La justice en général et la justice constitutionnelle en particulier sont restées très éloignées de cette aspiration. Elles ont même été à la merci des humeurs des nouvelles autorités. Au lieu de s'ouvrir à la cité et résister aux flux et reflux des tentations, cette justice est demeurée cloîtrée dans sa citadelle imprenable et a donné une image d'une institution dépourvue d'humanisme sans capital de confiance populaire. A ce jour, la justice constitutionnelle congolaise a connu quelques progrès malgré les vicissitudes inhérentes à l'exercice de cette fonction[459].

2. L'évolution de la juridiction constitutionnelle congolaise à travers la constitution du 24 juin 1967 et ses différentes révisions

Il est question ici d'analyser l'évolution de la juridiction constitutionnelle congolaise au regard de l'invention d'un nouvel ordre juridictionnel entre 1965 et 1997 (a). Le recours à la juridiction

[459]Lire à ce sujet notre paragraphe 2, pp. 97 et ss de cette thèse

constitutionnelle par les belligérants de conflits armés entre 1997 et 2006 (b) dans la résolution de leurs différends permet d'apprécier la place de cette institution dans la mise en place d'un État de droit démocratique en RDC.

a. De 1965 à 1997: du règne du pouvoir monolithique à l'ère du balbutiement démocratique

La constitution de la deuxième République est l'œuvre du gouvernement de Mobutu. Il a à cet effet institué une commission qu'il a lui-même présidée. Il s'est d'ailleurs entouré des experts congolais de l'époque notamment Etienne Tshisekedi, Marcel Lihau, Gérard Kamanda, etc. Cette constitution d'après une certaine doctrine, s'est inspirée théoriquement voire idéologiquement de la constitution française de la Ve République du 4 octobre 1958. « L'initiateur de ce texte (Mobutu), estime Vunduawe te Pemako, a été un grand fanatique du Général de Gaulle »[460]

L'avènement de la deuxième République correspondait à la création de la Cour suprême de justice comme juge provisoire d'abord pour devenir ensuite juge définitif de constitutionnalité. Cette deuxième République est caractérisée par deux moments forts dont le premier est celui de l'âge d'or du MPR, parti-État (1965-1990). Pendant cette période, aucun contrôle, même symbolique, des actes des gouvernants n'était envisageable. Pourtant, un État moderne démocratique ne peut se passer d'un contrôle, fût-il constitutionnel. Celui-ci porte en lui le problème de la justice constitutionnelle. Dans ce lieu vide, l'activité de la CSJ a été presque nulle. C'est avec prudence qu'on doit accepter le jugement selon lequel la portée de sa jurisprudence aurait été « presque inexistante ». Le deuxième moment fort part du discours historique de Mobutu sur la démocratisation du pays du 24 avril 1990[461] jusqu'à la prise du pouvoir par de Laurent-Désiré Kabila le 17 mai 1997[462]. Sous l'empire de cette constitution, plusieurs révisions ont été réalisées.

---

[460]Vunduawe te Pemako, *A l'ombre du Léopard, vérités sur le régime de Mobutu Sese seko*, tome I, éditions Zaïre libre, 2000, p. 165.

[461]Sur le contenu et la portée du discours historique du 24 avril 1990, lire Waleka Kitoko, *Les aspects constitutionnels de la transition démocratique manquée dans l'Ex-Zaïre,* Thèse de doctorat, Droit Public, Université Montesquieu-Bordeaux IV, 2002, pp138-145.

[462]El Hadj Mbodj, « La constitution de transition et la résolution des conflits en Afrique. L'exemple de la RDC », *RDP*, n°2, mars-avril 2010, pp 441-471.

L'énumération systématique de ces révisions constitutionnelles constitue un travail de longue haleine et ne fait pas l'objet de cette étude. Certaines de ces révisions ayant un intérêt direct avec notre travail ont été cependant retenues. C'est le cas notamment de la loi n° 93-001 du 02 avril 1993 portant Acte constitutionnel harmonisé relatif à la période de transition.

Cette loi est le fruit du conclave politique de Kinshasa qui a essayé, sans succès, de finir avec le dédoublement institutionnel : deux textes constitutionnels (la constitution du 24 juin 1967 et l'Acte portant dispositions constitutionnelles relatives à la période de transition élaborés par la Conférence Nationale Souveraine (CNS) et non promulgués par le Président de la République), deux gouvernements (celui dirigé par Faustin Birindwa et celui dit « des verts » dirigé par Étienne Tshisekedi). Cette querelle politique est à mettre à la fois sur le compte de la lutte de survie et du maintien au pouvoir de M. Mobutu mais surtout la lutte pour la conquête des libertés par le peuple congolais. Cette confrontation a fatalement engendré des opinions divergentes dans la doctrine congolaise. Il s'agit là de la défense d'intérêts plutôt que du débat juridique de haute facture et désintéressé.

C'est également la vanité de l'argument d'absence d'autorité de la chose jugée qui est attaché à l'arrêt dit « Témoins de Jéhovah » tant dans sa motivation que dans son dispositif, encore qu'une des parties audit arrêt se trouve être la République du Zaïre actuellement RDC qui ne peut ignorer les lois qu'elle a elle-même produites. L'arrêt dit « Témoins de Jéhovah » constitue une jurisprudence de référence non pas au regard de son contenu juridique du reste source d'une intense polémique doctrinale mais surtout par l'audace et le courage des juges qui ont dit le droit en condamnant la République du Zaïre après qu'ils eurent d'abord annulé l'ordonnance dépossédant cette association sans but lucratif à caractère religieux[463]. Cet arrêt a été rendu par la CSJ, toutes sections réunies, siégeant comme Cour constitutionnelle. C'est un arrêt précurseur de la justice constitutionnelle étouffée par le pouvoir monolithique de M. Mobutu. Il (cet arrêt) sonne la revanche du juge et

---

[463]Lire l'arrêt R.A. 266 du 8 janvier 1993. ASBL « Témoins de Jéhovah » contre la République du Zaïre, Bulletin des arrêts de la CSJ, années 1990 à 1999, Kinshasa, Éditions de service de documentation et d'études du Ministère de la justice, 2003, pp. 78-82.

du droit sur la politique. C'est dans cet environnement de confusion chaotiquement entretenu tant sur le plan politique caractérisé par le dédoublement institutionnel que sur le plan stratégique, que le Conclave politique national, réuni au Palais de la Nation du 9 au 19 mars 1993, a élaboré un texte constitutionnel composite dit harmonisé.

L'Acte constitutionnel de transition du 9 avril 1994 est un texte constitutionnel provisoire destiné à gouverner le pays jusqu'à la mise en place d'une constitution définitive de la troisième République par référendum. Cet Acte constitutionnel de la transition présente certes la spécificité d'avoir été élaboré par un pouvoir constituant *sui generis* mais juridiquement inexistant. Car à la date du 9 avril 1994 l'organe appelé Haut-conseil de la République ou parlement de transition (HCR-PT) n'était pas encore établi. Le fait politique HCR-PT a précédé le constituant. La pierre angulaire de cette construction institutionnelle se nomme le HCR-PT lequel a été à la fois le constituant originaire bien que *sui generis*, le constituant dérivé en vertu des articles 55, 58, 69 al. 3 et 116 de l'acte constitutionnel de transition et le législateur ordinaire. Nous pouvons remarquer avec le Professeur. Vunduawe te Pemako que cet Acte constitutionnel de transition a régi le pays du 9 avril 1994 au 17 mai 1997, date de la prise de pouvoir par l'Alliance des forces démocratiques pour la libération du Congo (A.F.D.L.) de Laurent-Désiré Kabila.

D'ailleurs certaines des dispositions de ce texte sont restées en vigueur du 27 mai 1997 au 4 avril 2003 nonobstant la mise en place du Décret-loi constitutionnel 003 du 27 mai 1997. Pour des raisons historiques, il est bon de noter que le dédoublement institutionnel prit fin avec ce texte constitutionnel de 1997. Celui-ci a été à son tour remplacé par la constitution du 4 avril 2003.

La constitution de transition du 4 avril 2003 ou la seconde constitution transitoire de la RDC est le fruit du dialogue inter congolais. L'accord de Lusaka pour un cessez-le-feu en RDC signé les 10, 30 et 31 juillet avait prévu le dialogue national ouvert à toutes les forces politiques en vue de définir le nouvel ordre politique[464]. Le dialogue inter congolais eut lieu du 25 février au 12 avril 2002 à Sun

[464]Pour toutes les informations relatives à cette période décisive de l'histoire politique de la RDC, lire avec intérêt le Recueil des textes pour le dialogue inter-congolais, JORDC, 42ème année, n° spécial, Kinshasa, mai 2001, p. 245.

City en Afrique du Sud. Il déboucha sur l'accord global sur la transition en RDC, signé le 17 décembre 2002 et adopté à Sun City le 1er avril 2003. Eu égard à son importance, cet accord global (encore appelé Accord inclusif) est parfois considéré comme la « source sociologique de la constitution de la transition », en sorte que « le dialogue Inter congolais apparaît de ce point de vue comme un pouvoir constituant originaire sui generis ».

En effet, c'est dans ce cadre que s'inscrit l'accord de Lusaka pour un cessez-le-feu du 10 juillet 1999 qui prévoit entre autres un plan de sortie du conflit congolais par l'application de l'article 3, points 16, 19, 20 et du chapitre 5 de l'annexe « A » portant modalités de mise en œuvre de l'Accord de cessez-le-feu en RDC. Cet accord est la résultante de plusieurs instruments internationaux dont le communiqué du sommet de Pretoria du 23 août 1998, le communiqué du sommet de Victoria Falls tenu du 7 au 8 septembre 1998, la résolution 1234 du 9 avril 1999 ainsi que les autres résolutions et décisions pertinentes du Conseil de sécurité des Nations Unies sur le Congo mais aussi l'accord de paix signé à Syrte en Libye le 18 avril 1998. La constitution de la transition est restée en vigueur jusqu'à la promulgation le 18 février 2006 de la nouvelle constitution.

De manière directe, le recours au Procureur de la République pour soulever une question d'appréciation de la constitutionnalité des lois et des actes ayant force de loi constituait une lueur. Pourtant c'est au Procureur de la République que revient la quasi-totalité du pouvoir de saisine de la haute juridiction. Pour ester en justice contre les actes inconstitutionnels des gouvernants, il faut les attaquer en annulation auprès du juge administratif, lequel s'est souvent déclaré incompétent invoquant la théorie des actes de gouvernement. Ce comportement du juge congolais est symptomatique de sa volonté délibérée de ne pas bousculer l'autorité exécutive qui assure sa promotion et sa rémunération. L'opinion congolaise sait aussi que cette justice est assujettie aux plus forts politiquement et financièrement.

La prolifération des accords politiques n'aura pas montré les signes d'une ingénierie constitutionnelle dans un rapport régulé entre l'autorité et la liberté. La suprématie de la constitution a été reléguée dans les oubliettes de l'histoire faute d'un gardien de la constitutionnalité. L'avènement d'un nouvel ordre constitutionnel marqué par une compétition électorale constituait une réponse nécessaire au conflit qui couvait dans le pays. « La question est aussi de savoir si le constitutionnalisme répond au besoin de la démocratie et de l'État de droit en étant lui-même un mode de règlement des conflits politiques dans le cas de la RDC »[465].

En effet, le constitutionnalisme de transition en Afrique et en RDC trouve ses racines dans la conception libérale du droit public proposant la limitation des pouvoirs afin que soient garantis les droits et les libertés de la personne. Le contrôle de constitutionnalité constitue le gage de l'intégrité de la constitution. Il contribue à assurer le respect des principes de l'État de droit en organisant leur justiciabilité. On se trouve alors dans ce que Pierre Avril présentait comme « une revanche du droit constitutionnel »[466]. Car la période est constituée de multiples rebondissements où la conquête du pouvoir ignorait les règles constitutionnelles. Pourtant, les tiroirs de la justice constitutionnelle auraient pu être remplis si les acteurs politiques de cette période de balbutiement démocratique avaient souhaité briser les obstacles juridiques ou recourir à un arbitre impartial à leurs conflits politiques. Sur ce flou politico-juridique, nul ne peut affirmer les limites de cette transhumance des acteurs politiques au point qu'il fallut l'arrivée victorieuse de l'AFDL de Laurent-Désiré Kabila appuyé par des pays voisins, notamment l'Angola, l'Ouganda et, surtout, le Rwanda. Cette coalition hétéroclite victorieuse a eu raison des scénarios conventionnels auxquels elle n'était partie prenante.

b. De mai 1997 à 2006 : transition conflictuelle et mise en place des institutions transitoires

Cette seconde période de transition en RDC est très disputée à la suite de la suspension de l'Acte Constitutionnel de Transition du 9 avril 1994 par la déclaration de prise du pouvoir d'État[467] le 17 mai 1997, à Lubumbashi, par l'Alliance des Forces Démocratiques pour la libération du Congo, dirigée par son Président Laurent Désiré Kabila. La RDC connut un vide constitutionnel. Les nouvelles autorités, de

---

[465]Ibidem.

[466]Avril, P., « Une revanche du droit constitutionnel », *Pouvoirs*, n°49, avril 1989, pp. 5-13.

[467] La Déclaration de prise de pouvoir par A.F.D.L., J.O.R.D.C., n°spécial, mai 1997, pp. 5-7.

manière unilatérale et afin de donner une base juridique à leur pouvoir, signeront le 27 mai 1997 le décret-loi constitutionnel n°003 portant l'organisation et l'exercice du pouvoir en RDC.

Le décret-loi constitutionnel n°003 du 27 mai 1997 inaugure le régime politique de la confiscation du pouvoir issu du coup d'État du 17 mai 1997. La lecture de l'article 2 dudit décret-loi ne peut se faire qu'en le complétant par les dispositions de ce même texte en vertu desquelles les dispositions constitutionnelles antérieures non contraires demeurent en vigueur. La conséquence de cette nouvelle lecture est la consolidation des droits et des libertés proclamées par l'Acte constitutionnel de Transition d'avril 1994 dans son Titre II. Dès lors, nous pouvons soutenir que le changement de constitution n'a pas entraîné « le phénomène de déconstitutionnalisation des droits et des libertés »,[468] mais au contraire, il a donné lieu à « la cristallisation des conquêtes populaires en cette matière »[469].

Proclamer les droits et les libertés est une chose. Favoriser leur application et assurer leur protection en constituent une autre. La violation des libertés physiques en RDC était et reste une pratique courante. Stéphane Hessel fait observer que « le pouvoir n'est légitime que s'il sait protéger, préserver et promouvoir les droits de l'homme »[470]. Sous cette transition, le problème de l'exercice des libertés publiques s'est posé et se pose encore de nos jours de manière permanente. Le droit à l'intégrité physique impliquant l'interdiction de la torture, des traitements inhumains ou de la peine de mort est constamment ignorée.

A l'époque du gouvernement de Laurent Désiré Kabila, plusieurs cas d'atteintes caractérisées aux libertés publiques ont été portés à la connaissance de la commission des droits de l'homme de l'ONU. Les associations de droits de l'homme ont relevé aussi plusieurs cas similaires où plusieurs personnes ont subi des tortures et autres traitements dégradants, cruels, inhumains de la part de la force coalisée

[468]Vudisa Mugumbushi, J.N, « Changement de constitution et déconstitutionnalisation des droits et libertés en RDC », une *Revue de droit africain*, n°3, juillet 1997, p.49.
[469]Vudisa Mugumbushi, J.N., « changement de constitution et déconstitutionnalisation des droits et libertés en RDC », *op. cit.*, p.49.
[470]Hessel. , S., « L'Afrique et les droits de l'homme », conférence-débats, Paris, 24 octobre 1996 cité par Waleka Kitoko, *Les aspects constitutionnels de la transition démocratique manquée dans l'ex-Zaïre, op.cit*, p.312.

de Kabila.[471] Quant à la peine de mort, le tombeur de Mobutu la justifiait par la nécessité de garantir la sécurité des biens et des personnes. « Malgré l'annonce officielle du ministre des droits humains, le 10 décembre 1999, de décréter un moratoire, plusieurs personnes ont été victimes d'exécution sommaire, et d'autres ont été condamné à mort, même si les peines de certains d'entre elles ont été commuées par la cour d'ordre militaire (COM), juridiction d'exception qui statue sans aucun appel. L'organisation non gouvernementale Amnesty International a d'ailleurs dénoncé plusieurs autres cas extrajudiciaires »[472].

En l'absence des préalables ci-devant rappelés, l'AFDL de Laurent Désiré Kabila se précipitera à engager la procédure extrajudiciaire à l'encontre des dignitaires de l'ancien régime de Mobutu dont la plupart ont été arrêtés, détenus, puis libérés. Cette absence de cadre juridique pour poursuivre ces anciens dignitaires du régime déchu permet de considérer la démarche de l'AFDL comme une véritable chasse aux sorcières.

S'agissant de la responsabilité pénale de ces anciens dignitaires, l'un d'entre eux, Professeur de droit pénal, soulignait non sans pertinence que « notre système répressif étant légaliste, il importe à l'occasion de l'examen des faits reprochés à une personne de préciser le texte de loi applicable à défaut duquel il ne peut y avoir de sanction pénale »[473]. Sur la validité juridique des poursuites à l'égard de ces anciens dignitaires, M. Jean Pierre Kilenda Kakendi Basila note que « afin que le glaive de la justice ne rate pas sa cible, les poursuites judiciaires devraient se dérouler dans le strict respect des lois de fond et de forme de la République seules à même de faire l'économie de l'arbitraire. Contre-valeur sur contre-valeur ne vaut (...). Le droit de la Conférence Nationale Souveraine participe de ces mesures hautement révolutionnaires qui doivent être parachevées par l'actuel pouvoir pour le triomphe de l'État de droit ».[474]

---

[471]Voir notamment Appel urgent n°003/97 de l'Association Zaïroise des Droits de l'Homme (AZADHO).
[472]Waleka Kitoko, *op. cit.* , p.313
[473]Likulia Bolongo, *Droit pénal spécial*, Paris, LGDJ, 1985, p.16.
[474]Kilenda Kakendi Basila, J.P. , « Quelle validité juridique des poursuites judiciaires diligentées à charge des gestionnaires publics des première et deuxièmes République

« Les exactions et les arrestations arbitraires sont telles que les alliés d'hier de Laurent Désiré Kabila finissent par déclencher le 2 août 1998 une nouvelle guerre laquelle durera cinq ans et ne connaîtra une fin qu'à travers l'accord global de Pretoria. Un tel environnement ne peut sans nul doute favoriser l'émergence ou la primauté de la constitution qui est soit dit en passant ramenée au même niveau voire au-dessous de l'accord global inclusif ».[475]

Cette transition de l'après conflits armés se caractérise par la méfiance des parties en conflit. *Cette méfiance des belligérants constitue une occasion qui fera émerger le juge constitutionnel appelé désormais à régler les différends politiques entre belligérants au moyen des instruments juridiques et non par la force des armes.* Le droit constitutionnel retrouve sa belle robe et devient incontournable pendant cette transition. La politique est ainsi saisie par le droit. Le président de l'Assemblée nationale recourt à l'expertise de la haute juridiction dans l'interprétation de certains termes juridiques avant l'adoption des textes législatifs. Cette période de transition disputée est aussi celle où le droit de saisine est reconnu à une minorité parlementaire[476]. L'avènement du contrôle préventif de constitutionnalité dans l'environnement institutionnel de la RDC offre du travail aux juges constitutionnels. Le contrôle de constitutionnalité redevenait incontournable pour les belligérants dans le règlement de leurs différends politiques. La peur des armes ainsi que la méfiance qu'elles inspirent ont fini paradoxalement par activer le système de contrôle de constitutionnalité tout en s'assurant de son exercice. La force du droit a eu sa revanche sur le droit de la force des belligérants. Ce droit devenait un arbitre et remplaçait les armes qui garantissaient l'inviolabilité des belligérants. Ainsi donc, il y a l'indépendance évidente entre le passé oppresseur des droits de l'homme et la nécessité de finir avec la dérive dictatoriale même par le langage des armes lequel justifie à notre avis le contrôle

---

au Congo-Kinshasa » *Revu de droit africain*, n°3, juillet 1997, p.69.

[475]Lire Zegbe Zegs , F., « La répartition équitable et équilibrée des responsabilités au regard de la constitution de la transition et des instruments juridiques internationaux en matière de droits de l'homme en RDC » in *Congo-Afrique* , n°339, Kinshasa, Mars 2005, pp.135-150.

[476]Article 131 de la constitution de transition du 4 avril 2003. Ce mécanisme a été activé par quelques parlementaires dans l'arrêt R. const 06/TSR du 24 mars 2004 dans lequel la question de la constitutionnalité de la loi sur les partis politiques n'a pu être tranchée sur le fond par la CSJ dû au non-respect de la procédure sur la forme.

juridictionnel des lois, symboles législatifs de la majorité militaire ou politique.

Sans entrer dans la polémique ni dans des longues analyses juridiques, nous pensons que le nouveau système politique ou le nouvel ordre politique véritablement démocratique en RDC est le fruit d'un antagonisme politique dont l'échec a produit la liquidation par la lutte armée. Cette dernière a été balayée par la volonté du peuple congolais de construire un État de droit au cœur de l'Afrique centrale manifestée par l'adoption référendaire de la constitution du 18 février 2006.

Avec **la constitution du 18 février 2006** une nouvelle ère constitutionnelle s'ouvre. Cette constitution a la particularité, comme les deux précédentes constitutions définitives du pays (1964 et 1967), d'être adoptée par référendum populaire. Elle instaure un régime parlementaire et organise un État à régionalisme constitutionnel très proche du fédéralisme dont les contours seront connus à l'épreuve de la pratique constitutionnelle. La doctrine récente montre en effet que ces pratiques influent de façon plus ou moins consciente sur les mœurs de l'État moderne au point même de les dévoyer.

Il faut aussi souligner que *c'est sous la seconde transition, spécialement celle précédant la constitution du 18 février 2006 que s'est réalisée l'explosion jurisprudentielle en matière constitutionnelle*. Le pays connaît son « âge d'or » en contentieux électoral tant législatif que présidentiel[477]. Cette explosion est la résultante d'une grande carence en jurisprudence constitutionnelle, hormis quelques arrêts audacieux en matière administrative. Le juge administratif suprême de l'époque a eu le courage d'affronter la dictature en rendant un arrêt devenu jurisprudence bien que timoré en matière de protection des droits humains notamment l'arrêt Témoins de Jéhovah évoqué plus haut.

Replacé dans le contexte spatio-temporel, cet arrêt arrête le mouvement libérateur de 1993. Aussi invraisemblable que cela puisse paraître, le juge constitutionnel de l'après 2006 va recourir à cet arrêt comme raisonnement pour protéger les droits de l'homme. Il faut relever par ailleurs que les élections législatives et celles des gouverneurs ont été à la base d'une jurisprudence ayant contribué

---

[477]En 2006, le Greffe de CSJ indique plus de 200 dossiers enrôlés en matière électorale. En 2011, c'est plus de 500 dossiers enrôlés toujours dans la même matière.

modestement à l'essor du droit public congolais malgré la polémique qu'elle a pu susciter[478]. Il en va de même de plusieurs arrêts d'irrecevabilité pour défaut de qualité manifeste ou non apparente de certains requérants du contentieux de candidature[479] ou des contestations électorales[480].

Les contentieux électoraux présidentiels de 2006 ou de 2011 n'ont pas été riches en notions constitutionnelles susceptibles de soutenir un État de droit congolais en construction. Le juge constitutionnel congolais a soigneusement évité de traiter une matière qui relève de sa compétence se contentant d'examiner sommairement les rares recours introduits par les candidats malheureux (Bemba pour MLC en 2006 et Kamhere pour UNC en 2011 ainsi que certains candidats malheureux à la députation nationale). Donc, le contentieux constitutionnel congolais a vécu de merveilleux moments mais aussi de pires difficultés. Les droits de l'homme ont été relativement mieux protégés pendant cette période par le juge constitutionnel. Ce dernier s'est moins déclaré incompétent à cause certainement de l'avènement de la démocratie mais surtout par la confiance retrouvée des Congolais dans le texte constitutionnel à travers le référendum.

Chaque fois que le juge constitutionnel s'est déclaré incompétent pour résoudre le conflit politique, c'est juste pour éviter de prendre position pour ou contre un camp au lieu de dire le droit. La justice constitutionnelle congolaise n'offre pas une certaine assurance malgré quelques efforts réalisés. Il serait ainsi prétentieux de notre part sans le développement de cette justice constitutionnelle de déterminer d'avance tous les traits caractéristiques de cette institution. « Toujours à l'ordre du jour lors de l'élaboration de chaque nouvelle constitution, dans l'incapacité de franchir l'étape de l'effectivité, la Cour

[478]Il est question ici de la définition des termes majorité absolue et relative en jurisprudence congolaise spécialement dans l'arrêt en appel au sujet de l'élection du Gouverneur de la province du Bas-Congo. Lire arrêt RCE 014 du 16 février 2007 de la CSJ.

[479] Voir CSJ, Djuma Anabeku, Arrêt RCDC 005/KN du 10 avril 2006. Inédit. Convention chrétienne pour la démocratie, Lisanga Bonganga. RCDC012/KN du 13 avril 2006.

[480]L'acceptation de cette voie de recours a démontré les atermoiements de la CSJ sur son fondement légal. Est-ce qu'il faut suivre le code de procédure civile ou alors se remettre sur celle prévue devant elle ?

constitutionnelle constitue une hantise dans l'évolution constitutionnelle de la RDC. Il faut une Cour constitutionnelle pour que le contrôle de constitutionnalité des lois garantisse le respect des droits et libertés des citoyens. Il faut une Cour constitutionnelle pour que chaque institution fonctionne dans les limites à elle assignée par le constituant[481]. Il faut une Cour constitutionnelle pour éviter la fraude à la constitution en passe de devenir un véritable culte sinon une vertu pour nombre des gouvernants africains »[482]. La volonté du constituant de 2006 a été de renforcer et parfaire le pouvoir judiciaire à travers cette haute juridiction constitutionnelle.

B. L'accord solide du constituant pour renforcer et parfaire le pouvoir judiciaire

Il est fondamental de bien considérer avec toutes leurs implications la place et le rôle du juge, spécialement ceux du juge constitutionnel dans la « trinité des pouvoirs » pour reprendre l'expression du doyen Rivero[483]. Il s'agit en effet de saisir dans toute leur ampleur tous les problèmes que posent dans la société congolaise d'aujourd'hui éminemment complexes l'exercice du pouvoir, et ses implications quant à la situation de l'individu confronté à la puissance exorbitante de l'Etat.

De nos jours, l'État moderne a adapté au profil du pouvoir politique des mécanismes de coercition d'une ampleur disproportionnée. Celui de la RDC n'échappe pas à cette réalité. Le passé douloureux de ce pays témoigne aujourd'hui des dérives qu'a pu connaître l'exercice irréfléchi du pouvoir politique. Les conflits armés qui ont ravagé et persistent encore, les dérives dictatoriales que l'on a pu constater en RDC sont autant des preuves éloquentes de cette

---

[481]Cette opinion est largement partagée par des Congolais mais aussi au-delà des frontières congolaises. Tel l'exemple de la Cour d'arbitrage en Belgique devenue Cour constitutionnelle. En France, une certaine opinion réclame l'instauration d'une véritable Cour constitutionnelle à la place de l'actuel Conseil constitutionnel. L'institution de la QPC répond en partie à cette préoccupation. Lire Lang J., *Changer,* Paris, Plon, 2005, pp. 174-175.

[482]Boshab, E., « les dispositions constitutionnelles transitoires relatives à la cour constitutionnelle en RDC », Fédéralisme, Régionalisme, Volume7 : 2007. http://popus.ulg.ac.be/federalisme/.document php?id=561

[483]Rivero, J., « l'idéologie et techniques dans le droit des libertés publiques », in *Histoire des idées et idées sur l'histoire, Études offertes à Jean Jacques Chevallier*, Paris, éditions Cujas, 1977, pp.247-258.

perversion dans l'utilisation de la puissance publique. Cette situation constitue à l'évidence, un danger notoire pour l'épanouissement des libertés individuelles. Au-delà du développement inconsidéré d'un pouvoir politique attentatoire aux libertés, il faut ajouter la dimension sociale de l'exercice du pouvoir. Le problème de la misère, la désertification de la campagne pour une surpopulation intolérable des grands centres urbains congolais sont autant des facteurs qui ont généré et génèrent encore une nouvelle perception dans l'exercice du pouvoir, lequel doit inévitablement s'accompagner de l'accomplissement d'une certaine justice sociale. La réaction du droit à l'ensemble de ces phénomènes s'est organisée de différents points de vue à travers l'intervention du constituant congolais. Celui-ci veut renforcer et parfaire le pouvoir judiciaire de ce pays en offrant aux citoyens une justice protectrice et équitable pour tous. Il est question à ce stade de réflexion de nous consacrer aux particularités de l'accord du constituant de 2006 établissant la Cour constitutionnelle en garantissant la justice en RDC (1) puis à décrire les acteurs ayant permis son application (2).

1. Les particularités de l'accord du constituant de 2006 : ambitions d'une Cour émergente

La justice en RDC est entourée d'un certain nombre des principes pour garantir sa bonne gouvernance. Ces principes permettent aux représentants de la justice de pouvoir exercer leurs fonctions dans des conditions optimales sans craindre d'éventuelles pressions. Mais ces principes permettent aussi de rendre la justice à chaque citoyen, dans le respect de l'égalité, sans privilège lié à l'argent et au pouvoir. Pour cela le constituant congolais a bien voulu renforcer et parfaire l'appareil judiciaire avec des grands principes garantissant une bonne justice, c'est-à-dire une justice qui ne soit pas discrétionnaire et s'adapte en fonction de la personne qu'elle doit juger, mais bien une justice qui soit égalitaire entre tous quelle que soit la personne qui est en face d'elle.

La constitution de transition de la RDC de 2003 s'était donnée comme objectif « d'édifier un État de droit durable fondé sur le pluralisme politique, la séparation des pouvoirs entre l'exécutif, le législatif et le judiciaire, la participation des citoyens à l'exercice du pouvoir, le contrôle des gouvernants par les gouvernés, la transparence dans la gestion des affaires publiques, la subordination de l'autorité militaire à l'autorité civile, la protection des personnes et de leurs biens, le plein épanouissement tant spirituel que moral de chaque citoyen congolais ainsi que le développement harmonieux de la communauté nationale »[484]. Le principe de l'État de droit ne prend absolument pas en compte la spécificité de chaque État, bien au contraire il cherche à aligner tous les États sur le même modèle, à les mettre « dans le même panier ».

Or il nous semble que l'apparition d'un système totalement africain ou congolais ne soit pas incompatible avec la volonté des bailleurs de fonds internationaux qui soutiennent les réformes à entreprendre. Élément essentiel à l'avènement du constitutionnalisme, « l'encadrement juridictionnel du pouvoir suppose l'existence d'une constitution qui lie les organes de l'État et les oblige à n'emprunter que les voies qu'elle a tracées »[485] . La Constitution congolaise du 18 février 2006, malgré le contexte politique et socio-économique particulier de son élaboration dû aux guerres civiles et autres rébellions, tente tout de même d'encadrer le pouvoir en instituant un contrôle de constitutionnalité des lois. Cette constitution impose « au pouvoir exécutif et surtout législatif un corpus de règles et de principes qui président à leur action. De plus, elle dispose une série de droits et libertés fondamentaux d'origine interne ou internationale comme autant de garde-fous, assignant des limites au pouvoir politique et garantissant la protection de ses droits et libertés fondamentaux »[486].

Après un long coma que lui ont asséné les gouvernants, la résurrection de la juridiction constitutionnelle en RDC rime avec l'émergence d'une prise de conscience politique de la nécessité de bâtir un État de droit basé sur la « judiciarisation » de la vie politique c'est-à-dire la soumission des actes politiques au respect de la règle de droit. La Cour constitutionnelle se présente, d'après la constitution du 18 février 2006, comme le moteur de ce nouveau constitutionnalisme. Un paragraphe entier lui est consacré. Treize articles[487] portent sur cette institution contrairement aux précédentes constitutions[488]. Le prix attaché par le constituant à l'établissement de cette haute juridiction

[484]Lire le préambule de la constitution du 4 avril 2003.
[485]Favoreu, L, et alii, *Droit constitutionnel,* Paris, Dalloz, 2006, p. 69.
[486]Mborantsuo, M-M, *Cours constitutionnelles africaines et Etat de droit*, *op. cit.*, 100.
[487]La loi fondamentale du 19 mai 1960 relative aux structures du Congo en comptait 10 (articles 226 à 237), la constitution du 1er août 1964 en avait prévu cinq (articles 165 à 169) et celle du 24 juin 1967 en prévoyait quatre (articles 70 à 73).
[488]JORDC, n° spécial du 06 février 2007, col. 1.

aurait dû pousser le législateur à adopter rapidement et en urgence la loi organique relative à l'organisation et au fonctionnement de cette institution. Tel n'a pas été le cas. Pourtant, instituée par l'ordonnance n° 07/001 du 5 février 2007 le gouvernement ne l'a pas estimé urgente et a pris treize mois pour déposer le projet de loi organique sur le bureau de l'Assemblé nationale[489]. Ce projet de loi organique du gouvernement est intervenu cinq mois après celui du député Bule Gbangolo Basabe sur le même sujet[490]. Ces deux projets ont servi de document de travail à la commission Politique, Administrative et juridique de l'Assemblée nationale[491]. Finalement, la loi organique sur la Cour constitutionnelle congolaise a été promulguée le 15 octobre 2013 par le Président de la République cinq ans après son adoption.

En définitive, « les citoyens congolais ont vécu durant de longues années dans des régimes politiques qui n'ont ni assuré le respect des droits de l'homme, même les plus élémentaires, ni créé des conditions de vie permettant l'épanouissement individuel ou collectif »[492]. L'histoire du Congo a été et reste douloureuse. Le souvenir traumatisant de cette expérience explique pour beaucoup pourquoi plusieurs dispositions constitutionnelles ont été rédigées telles qu'elles le sont[493]. Le constituant congolais a tenu compte de ce passé douloureux auquel le peuple congolais a payé un lourd tribut. Ce peuple à travers le constituant est convaincu que l'absence de démocratie et de la justice sont à l'origine des malheurs qu'il a connus et continuent à l'endeuiller jusqu'à ce jour. Il rejette, en conséquence, tout système conduisant à l'exercice d'un pouvoir oligarchique[494]. Le constituant

---

[489]Ce projet a été déjà préparé par la commission des réformes du droit congolais. Il a été enrôlé sous le n° 081 à la Direction des séances de l'Assemblée nationale le 26 mars 2008.

[490]Le projet loi du député Bule a été déposé le 30 octobre 2007 sous le n° 55.

[491]Lire le Rapport de la commission Politique, Administrative et juridique de l'Assemblé nationale sur la proposition de loi relative à l'organisation et le fonctionnement de la Cour constitutionnelle, Kinshasa, juin 2008 pp. 2-3.

[492]Banneux, N., Boshab, E., Bossuyt M., Kabamba, B., et Verjan, P., « République démocratique du Congo : une constitution pour une troisième République équilibrée » *Fédéralisme-régionalisme*, volume 5, 2004-2005; La troisième République démocratique du Congo, http://popups.ulg.ac.be consulté le 17 juillet 2012.

[493]C'est le cas notamment de l'importance attachée, par la constitution du 18 février 2006, au multipartisme (article 7) et aux droits de l'opposition politique, devenus ainsi « sacrés » (article 8).

[494]Voir par exemple à ce propos la constitution du 18 février 2006 spécialement les

réaffirme l'attachement de la République à un État de droit qui selon Jean-Louis Esambo, implique la mise en place d'un arsenal législatif de contrôle de constitutionnalité des actes juridiques des gouvernants. Ce principe suppose qu'en vertu du principe de parallélisme de forme et de procédure, seule une loi constitutionnelle modifie la constitution[495]. L'existence d'une juridiction constitutionnelle dont les décisions sont opposables à tous rejoint la réflexion de Louis Favoreu selon laquelle *sans la justice constitutionnelle, la constitution risque d'apparaître comme un recueil ou un simple programme politique*[496]. L'application du principe de constitutionnalité exige-t-elle nécessairement l'existence constitutionnelle d'une Cour constitutionnelle ? Faut-il cette Cour pour que s'impose ce principe ?

Actuellement en RDC la suprématie constitutionnelle reste encore un vœu pieux. Il s'ensuit pour le constituant l'idée de renforcer la légalité du pouvoir en le rendant plus lisible tout en contrôlant son exercice.

Au regard du passé douloureux du Congo, le constituant congolais a même prévu « les mécanismes de limitation et de contrôle du pouvoir notamment par la représentation massive des citoyens, l'établissement de la démocratie directe ou semi-directe, l'autolimitation des gouvernants par le droit, la séparation des pouvoirs et surtout le contrôle de constitutionnalité des lois »[497]. Le corpus juridique relatif au pouvoir judiciaire constitue pour le constituant congolais un élément capital du nouvel équilibre constitutionnel et un garde-fou essentiel de sa durabilité. Le pouvoir judiciaire est, en RDC, « un pouvoir » contrairement à la France où il n'est qu'une simple

---

dispositions relatives à la police nationale (article 193) qui affirment le caractère apolitique de ces corps et prohibent qu'ils soient détournés à des fins personnelles. Plus particulièrement sur l'armée, l'article 188 insiste sur son caractère républicain et sa soumission à l'autorité civile.

[495]Cela ne fut pas le cas en RDC. En effet, le décret-loi n°003 du 27 mai 1997 relatif à l'organisation et à l'exercice du pouvoir en RDC a été modifié par un texte qui initialement s'intitulait décret-loi avant sa publication au JORDC. Cette publication a été effectuée sous une nouvelle appellation décret-loi constitutionnel n° 074 du 28 mai 1998.

[496]Favoreu, L, *Droit constitutionnel op. cit.*, p.142.

[497]Esambo Kangashe, J-L., *La constitution congolaise du 18 février 2006*, Thèse, *op. cit.*, p. 239.

« autorité »[498]. La consécration d'un pouvoir judiciaire implique une assurance de séparation (séparation des pouvoirs) mais aussi une égalité entre les trois pouvoirs. L'article 149 al. 1 affirme son indépendance aux deux autres pouvoirs. Le constituant congolais est plus circonspect qu'en France au regard de la réalité congolaise où le pouvoir judiciaire est souvent assujetti aux autres pouvoirs, plus spécialement au pouvoir exécutif. Le constituant congolais a prévu un certain nombre de mesures pour assurer cette indépendance[499].

Ainsi le constituant a élargi la notion même de « Pouvoir judiciaire »[500] puisqu'elle recouvre aussi bien les juridictions des ordres judiciaires[501] et administratifs que la Cour constitutionnelle, du reste chargée d'arbitrer les conflits relatifs à l'attribution d'un litige à l'une ou l'autre des juridictions[502]. Le constituant affirme l'indépendance du pouvoir judiciaire[503] dont les membres sont en règle[504] (c'est-à-dire exempts de tout reproche) issus du Conseil supérieur de la magistrature[505] désormais composés exclusivement des magistrats[506].

2. Les acteurs du nouveau changement du pouvoir judiciaire congolais

Quelles que puissent être les qualités de dispositions constitutionnelles pour renforcer ou parfaire le pouvoir judiciaire, il appartient aux membres des organes judiciaires de remplir leurs

---

498Section IV du Chapitre 1du titre III de la constitution congolaise: "Du pouvoir judiciaire". Titre VIII de la constitution française: "De l'autorité judiciaire".
499Lire nos développements ultérieurs, pp. 197 et ss de la présente thèse.
500Voir art. 149 et suivant de la constitution du 18 février 2006.
501Cette notion prend aussi en compte tant les juridictions civiles que militaires dont les statuts particuliers ont néanmoins nécessité une disposition séparée (art 156).
502Art 161, al. 4. C'est le seul recours prévu par la constitution contre un arrêt du Conseil d'État ou de la Cour de cassation. La loi visée au dernier alinéa de cet article, estiment Nicolas Banneux et alii, devra entre autres, prévoir quelle sera l'éventuelle incidence d'un arrêt de la Cour constitutionnelle déclarant sans juridiction un ordre juridictionnel qui a connu du litige : l'affaire sera-t-elle renvoyée devant la juridiction adéquate ou une nouvelle procédure devra-t-elle être introduite ? Dans ce dernier cas, les délais impartis aux parties pour agir auront-ils été interrompu ?
503Art 149 de la constitution du 18 février 2006.
504Le statut des membres de la Cour constitutionnelle fait l'objet de dispositions spécifiques. Voir. art. 158-159 et infra
505Art. 82 de la constitution du 18 février 2006.
506La composition pléthorique de cette institution pourrait la paralyser et rendre son fonctionnement périlleux.

fonctions en toute indépendance et dans l'intérêt exclusif des citoyens congolais. La constitution du 18 février 2006 affirme dans son article 150 al. 2 que « Les juges ne sont soumis dans l'exercice de leurs fonctions qu'à l'autorité de la loi ». Le constituant les a établis en garde-fous pour assurer et favoriser le bon fonctionnement de l'État de droit au Congo. En dépit des obstacles, ils ne doivent pas déroger à leurs missions. Ils doivent exercer leurs compétences de manière à récréer la confiance et à assurer l'épanouissement des Congolais. Pour renforcer et protéger l'appareil judiciaire ainsi que les magistrats contre les influences néfastes, la constitution a affirmé dans son article 151 l'impossibilité pour l'exécutif ou le législatif d'intervenir dans l'exercice du pouvoir judiciaire.

« Le pouvoir exécutif ne peut donner d'injonction au juge dans l'exercice de sa juridiction, ni statuer sur les différends, ni entraver le cours de la justice, ni s'opposer à l'exécution d'une décision de justice. Le pouvoir législatif ne peut statuer sur les différends juridictionnels, ni modifier une décision de justice, ni s'opposer à son exécution. Toute loi dont l'objectif est manifestement de fournir une solution à un procès en cours est nulle et de nul effet »[507]. Le juge est compétent de constater cette nullité et d'écarter cette loi.

La constitution du 18 février 2006 garantit le droit d'être jugé par son juge naturel lequel se manifeste notamment par l'égalité des individus devant la justice mais également la gratuité de celle-ci. Toute personne a droit de recourir au juge déterminé par la loi.

Quels que soient leur classe sociale, leurs revenus et leur niveau d'instruction, tous les citoyens sont égaux devant la loi, devant la justice. En RDC, rien de cela. Plusieurs contre-valeurs nuisent considérablement à l'image de cette justice (corruption, tribalisme, trafic d'influence, etc.) et faussent le jeu. Néanmoins, la constitution du 18 février 2006 affirme le principe d'égalité devant la loi[508] ouvert aux citoyens congolais. Le renforcement du pouvoir judiciaire congolais passe aussi par l'application du principe des droits de la défense. Le droit de réponse face aux accusations faites doit être une règle d'or dans le règlement des conflits et dans la gouvernance d'une bonne justice.

---

[507]Art. 151 de la constitution du 18 février 2006.
[508]Art.82 de la constitution du 18 février 2006.

L'État de droit auquel aspire la RDC exige l'application de ce principe. La constitution du 18 février 2006 prévoit de garantir ce droit de la défense[509] et s'engage à fournir un avocat à tout citoyen sans ressource.

Nous venons d'énoncer les différents mécanismes qui permettront aux justiciables congolais d'accéder à une justice garantie, mais aussi qui offriront au pouvoir judiciaire les moyens pour renforcer et parfaire ses devoirs dans les meilleures conditions. L'appareil judiciaire à travers ses différentes juridictions, en particulier la juridiction constitutionnelle est quelquefois soumis à l'épreuve de la réalité politique. Cette future juridiction constitutionnelle congolaise présente un cadre plus proche de celui de la cinquième République française.

§2. Un cadre proche de celui du Conseil constitutionnel français, enrichi par le modèle belge

Au regard de la proximité de la Cour constitutionnelle congolaise avec la parenté génétique romano-germanique, il nous semble important d'analyser en quelques lignes l'aperçu en droit comparé du modèle étranger de la justice constitutionnelle congolaise (A) en particulier celui que certains pays ont essayé et qui a fait ses preuves parmi lesquels la France mais aussi la Belgique. Les deux pays ont sans nul doute légué un droit actuellement en vigueur en RDC. Toutefois, même si l'adoption du modèle français et/ou belge est assortie de réserve et de garanties supplémentaires, le constituant congolais pèse-t-il toutes les conséquences de son mimétisme ? (B)

A. Aperçu en droit comparé du modèle étranger de la justice constitutionnelle congolaise

Le modèle de la justice constitutionnelle française a rencontré l'adhésion du constituant congolais au point de s'être imposé à lui (1). Le recours à la doctrine française est abondant mais aussi son expertise surtout dans les travaux techniques de préparation de l'actuelle constitution congolaise de 2006. L'étude du système belge (2) nous permettra de saisir l'enrichissement de son apport au modèle congolais. Ceci étant, analysons d'abord le cas français.

---

[509]Art.19 de la constitution du 18 février 2006.

1. Le système français actuel : le Conseil constitutionnel

La France est restée pendant longtemps à la traîne du mouvement pour la justice constitutionnelle. La marche vers l'établissement du juge constitutionnel en France remonte très loin dans le passé et Louis Favoreu en dresse des grandes étapes historiques[510] et nos lecteurs peuvent s'y reporter. Son adhésion à cette justice constitutionnelle est récente[511].

En 1958, nonobstant les précédents et à contre-courant de la tradition, un organe régulateur de l'activité des pouvoirs publics s'est installé[512] et a été chargé de dire le droit avec l'autorité absolue de la chose jugée.

Une institution nouvelle et particulière, le Conseil constitutionnel est l'expression de l'État de droit. « Il a franchi deux étapes sur le terrain de l'État de droit, en 1974, lors de l'élargissement de sa saisine à l'opposition (la seconde naissance) et, en 2008, avec l'adoption de la question prioritaire de constitutionnalité (Q.P.C.), qui marque l'achèvement de son processus de juridictionnalisation »[513].

Le Conseil constitutionnel français constitue-t-il un contre-pouvoir ? Cette question paraît sans doute discutable. Mais il est de plus en plus difficile de nos jours d'affirmer qu'il n'est pas un juge[514]. Les attributions de cette haute institution se situent au confluent du droit et

---

[510]Favoreu, L., et alii, *Droit constitutionnel, op. cit.*, p. 258.

[511]Si l'existence de la justice constitutionnelle remonte à 1958, il faut cependant reconnaître que l'institution ne s'est affirmée qu'à partir de la décision CC 71-44 DC du 16 juillet 1971 octroyant au Conseil constitutionnel le certificat de naissance et de durée. Cette décision a été aussi une véritable révolution jurisprudentielle et politique en affranchissant le Conseil de la souveraineté de la loi. Cet affranchissement du Conseil constitutionnel conduit finalement celui-ci à devenir la pierre angulaire de la 5ème République.

[512]CC, 6 novembre 1962, Élection du Président de la République, DC 62-20, Rec. 27 in Favoreu, L., et Philip, L., *Les grandes décisions du Conseil constitutionnel,* 4ème édition, Paris, Sirey, 1986, pp. 172-183.

[513]Gicquel, J., et Gicquel, J.-E., *Droit constitutionnel et institutions politiques*, 25ème édition, Paris, Montchrestien, 2011, p. 736.

[514]Renoux, T. S., et Villiers, M. de, *Code constitutionnel*, Paris, Litec, 1994, p. 44O ; Guillenchimit, M. de, Droit constitutionnel et institutions politiques, Paris, Economica, 2005, p. 398.

de la politique[515]. L'exercice de ces attributions ne souffre d'aucune ambiguïté.

➢ **Les attributions du Conseil en dehors du contrôle de constitutionnalité**

Le contrôle de constitutionnalité n'est que l'un des aspects du rôle du Conseil. Le constituant lui a confié en effet plusieurs autres attributions importantes dont leur étude ne fait pas l'objet de ce travail, mais pour besoin d'éclairage de notre étude, il n'est pas inutile de les énumérer à la suite des Professeurs Pierre Ardant et Bertrand Matthieu:

- Attributions électorales : il veille à la régularité des référendums conformément aux articles 11 et 89 (consulté il rend des avis) mais aussi des élections présidentielles dont il proclame les résultats. Le Conseil statue sur les contestations concernant les élections législatives et sénatoriales. Dans ce cas il exerce le rôle d'un juge ordinaire. Il a même renforcé récemment son caractère juridictionnel de la procédure et notamment la place du contradictoire.

- Attributions consultatives : le Président de la République le consulte avant de mettre en vigueur l'article 16 de la constitution et sur les mesures prises par lui sur la base de cet article 16 ; rôle dans la fin de l'application de l'article (réforme 2008);

- Il constate enfin éventuellement que le Président de la République est empêché de remplir ses fonctions (décès, maladie, captivité, disparition...) [516]

---

[515]Ardant, P., Mathieu, B., *Institutions politiques et droit constitutionnel*, 25è édition, Paris, LGDJ, 2013, p. 102. L'éminent Professeur Louis Favoreu démontre et « essaye de convaincre constitutionnalistes et politistes que l'on ne peut pas vraiment, désormais, appréhender la réalité politique sans tenir compte des données juridiques » (p. 7). En effet de nos jours, la politique, affirme Dieudonné Kaluba Dibwa, « est assujettie au droit tant pour des raisons de décorum politique du reste à la mode mais surtout pour des raisons de légitimité démocratique qui passent par la démocratie constitutionnelle. Le grand prêtre de cette grande messe démocratique se trouve être le juge constitutionnel ; pour avoir les faveurs de ce prélat, le gouvernant moderne est au minimum obligé d'emprunter au moins le langage du droit pour accéder à la sainteté des actes ».

[516]Ardant, P., Mathieu, B., *Institutions politiques et droit constitutionnel*, 25ème

Ces différentes attributions ne font pas cependant du Conseil le gardien de la constitution. Ce rôle est en effet réservé au Président de la République (art. 5). Par sa composition, le Conseil est plus proche des organes politiques, mais le statut de ses membres tend à assurer leur indépendance.

a. La composition du conseil et le statut des membres

– composition du Conseil

Le Conseil est composé de membres nommés et, éventuellement, de membres à vie. Les membres nommés sont au nombre de neuf dont trois sont choisis par le Président de la République, trois par le Président de l'Assemblée nationale et trois autres enfin par le Président du Sénat. Ce recrutement des membres du Conseil est partagé entre l'exécutif et le législatif avec l'avantage marqué au profit de ce dernier. Toutefois depuis la réforme de 2008, ces nominations sont désormais soumises à la procédure du « contrôle a priori » des commissions parlementaires sur proposition des autorités compétentes. Cette procédure a été activée pour la première fois en mars 2010.

Le Conseil est aussi composé de membres à vie et de droit qui sont uniquement des anciens Présidents de République. Cette présence est souvent qualifiée d'anomalie française et est jugée aujourd'hui inadaptée. Toutes les réformes visant sa suppression suggérée par le comité Balladur en 2007, la Commission Jospin en 2012 avec soutien du Président François Hollande sont restées sans succès.

Le général de Gaulle n'a jamais assisté aux séances du Conseil contrairement à Vincent Auriol et Raymond Coty. Valéry Giscard d'Estaing y siège depuis printemps 2004 et Jacques Chirac depuis la fin de son mandat en 2007. Le 6 mars 2011, à la veille de l'ouverture de son procès, qui avait finalement été reporté, Jacques Chirac a annoncé, dans une lettre au Président du Conseil constitutionnel, sa décision de ne plus siéger pendant toute la durée de son procès. Le versement de l'indemnité de 11.000 euros à laquelle ont droit tous les membres du Conseil a alors été interrompu. Depuis, la situation n'a pas changé. Sa condamnation pour « détournement de fonds publics », « abus de confiance », et « prise illégal d'intérêts » dans l'affaire des emplois

---

édition, Paris, LGDJ, 2013, p. 101.

fictifs à la mairie de Paris ne lui enlève pas son droit de siéger parmi les « sages ». Lui qui jusqu'à son décès, souffrait en outre de troubles neurologiques n'avait pas pu reprendre son siège. Nicolas Sarkozy y a siégé depuis juin 2012 et a manifesté son intention de ne plus y prendre part à cause de la décision du Conseil du 4 juillet 2013 n°2013-156 PDR[517].

La Présidence du Conseil est assurée par l'un des membres, désigné par le Président de la République. Ce Président du Conseil n'est pas nécessairement issu des membres qu'il a nommés et dispose de la prépondérance de voix en cas d'égalité de vote de membres.

La composition du Conseil constitutionnel français reste cependant marquée par un certain déséquilibre entre les membres issus du monde politique et les juristes professionnels. Cette institution dispose en son sein d'un certain nombre des juristes éprouvés et de grands talents dont les anciens Premiers présidents de la Cour de cassation et vice-présidents du Conseil d' État ainsi qu'un Premier président de Cour d'appel mais également un professeur de droit.

– **Statut des membres**

Les membres du Conseil ont un mandat de neuf ans non renouvelable. Pour assurer la continuité du Conseil et celle de sa jurisprudence, il est procédé tous les trois ans au renouvellement d'un tiers de ses membres. Chaque autorité ayant pouvoir de nomination désigne chacune un nouveau membre. Les « sages » du Conseil ne sont ni révocables ni renouvelables dans leurs fonctions, donc ils n'exercent qu'un mandat. Cette dernière rigidité a été atténuée au profit du membre ayant succédé un autre membre démissionnaire ou décédé dans les trois dernières années de son mandat. Un renouvellement pour neuf ans est alors possible, ce qui porte à douze ans, dans ce cas, la durée maximum

---

[517]Décision n°2013-156 PDR du 4 juillet 2013 sur le recours de M. Sarkozy dirigé contre la décision du 19 décembre 2012 de la Commission nationale des comptes de campagnes et de financement politiques, www.conseil-constitutionnel.fr Consulté le 22 octobre 2013. Nous tirons ces informations de Patrick, R., « Sarkozy au Conseil constitutionnel : un membre de droit qui n'y siège pas », in www.lemonde.fr/politique/article/2013/03/22/sarkozy-au-conseil-constitutionnel-un-membre-de-droit-qui-n-y-siege-pas_1852876_823448.html du 22 mars 2013. Consulté le même jour.

des fonctions[518]. Le secret des délibérations (il est parfois quelque peu transgressée et ne vaut que pour les vingt dernières années[519]), l'obligation de réserve à laquelle ils sont astreints (cette règle est interprétée de plus en plus largement, notamment, par Valéry Giscard d'Estaing, membre de droit, à l'occasion de la campagne présidentielle de 2007), une indemnité alignée sur celle du traitement du président de section du Conseil d'État (art. 6 de l'ordonnance du 7 novembre 1958)[520].

Le régime des interdictions de cumul avec des postes de responsabilité ou de direction au sein d'un parti politique (art. 2 du décret du 13 novembre 1959) mais aussi des fonctions gouvernementales et autres mandats électifs, une obligation générale de s'abstenir de tout ce qui pourrait compromettre l'indépendance et la dignité de leurs fonctions (art.1er du décret du 13 novembre 1959) assurent une indépendance. La loi organique n° 2013-906 relative à la transparence de la vie publique a apporté la modification sur le dernier alinéa de l'article 4 de l'ordonnance n°58-1067 du 7 novembre 1958 portant loi organique sur le Conseil constitutionnel. Ce dernier alinéa de l'article 4 modifié par deux alinéas ainsi rédigés: « l'exercice des fonctions de membre du Conseil constitutionnel est incompatible avec l'exercice de toute fonction publique ou toute autre activité professionnelle ou salariée. Les membres du Conseil constitutionnel peuvent toutefois se livrer à des travaux scientifiques, littéraires ou artistiques ». C'est cette loi de 2013 qui est venue remettre de l'ordre et de la transparence dans la vie publique. « Est-il normal, s'interrogent Pierre Ardant et Bertrand Mathieu, qu'on puisse être à la fois membre du Conseil et plaider, consulter ou participer à des arbitrages ? De même, en 2005, Simone Veil demanda – et obtint, de façon tout aussi contestable – à être mise en congé pour prendre part à la campagne sur la constitution européenne »[521]. C'est cette loi organique de 2013 sur la transparence de la vie en France qui a été la réponse à cette anomalie.

---

[518]Ibidem.

[519]Décision n°2008-566 DC du 9 juillet 2008 portant sur la loi organique relative aux archives du Conseil Constitutionnel, www.conseil-constitutionnel.fr, consultée le 22 octobre 2013. En effet, le Conseil constitutionnel a décidé d'ouvrir ses archives et en a confié le dépouillement à l'Association française de droit constitutionnel.

[520]v. Assemblée nationale, Rapport Launey, n° 2857.

[521]Ardant, P., Mathieu, B., *Institutions politiques et droit constitutionnel*, 25 édition, *op. cit.*, p. 104.

« Un conseiller relève de sa conscience et traduit une certaine indépendance »[522]. Comment le Conseil constitutionnel français est-il saisi ? De quelle manière procède-t-il pour instruire et juger le litige ?

b. Les formes du contrôle du Conseil constitutionnel

Le juge constitutionnel français dispose de facilités lors du déroulement de la procédure du fait de son formalisme très peu prononcé. Néanmoins, les modalités et les procédures d'accès à ces juges sont préétablies à la fois par la constitution et par l'ordonnance du 7 novembre 1958 portant loi organique sur le Conseil constitutionnel.

- **Le contrôle a priori sur saisine politique**

On distingue dans ce type de contrôle : les saisines interdites, le contrôle impossible, le contrôle obligatoire (article 61, al. 1), et le contrôle facultatif ou provoqué de l'article 61, alinéa 2 et 5[523].

Les particuliers ne peuvent saisir le Conseil dans le système de contrôle par voie d'action. Par contre, le juge français peut soulever d'office des reproches qui n'ont pas été soulevés par des saisissants. Le Conseil ne peut se saisir lui-même. L'auto-saisine aurait renforcé grandement son autorité. Il est arrivé parfois que le Conseil ait partiellement tourné cette interdiction.

Par-delà ces considérations, la procédure devant le juge constitutionnel français reste gratuite et sans moindre frais. Tel est aussi le cas pour la future Cour constitutionnelle congolaise. Le recours commande cependant que le défendeur juge de l'opportunité à agir comme dans toutes les affaires en justice. Il faut néanmoins reconnaître que les différents textes restent relativement muets sur les conditions de recevabilité des recours engagés devant le Conseil constitutionnel (condition de forme et de délai). Ce silence des textes témoigne de la grande flexibilité dans le processus de vérification de ces conditions de recours de recevabilité. Les décisions du Conseil constitutionnel français sont revêtues de l'autorité absolue de la chose jugée envers à la fois les pouvoirs publics et toutes autorités administratives et

---

[522]Ardant, P., *Institutions politiques et droit constitutionnel,* 8ème édition, Paris, LGDJ, 1996, pp. 126-129.

[523]En effet, nous renvoyons nos lecteurs, pour plus de détails sur cette question, aux développements de Pierre Ardant et de Bertrand Mathieu, *Ibidem*.

juridictionnelles conformément à l'article 63 al. 2 de la constitution française de 1958. Une fois que le Conseil constitutionnel s'est prononcé, il est pratiquement impossible de solliciter le réexamen de la décision ni contester cette décision auprès d'un autre organe ou autre juge. On affirme souvent que l'autorité de la chose jugée s'applique exclusivement au dispositif de la décision, c'est-à-dire particulièrement les articles finaux de la décision où le Conseil constitutionnel désigne les articles qui sont conformes ou pas à la constitution. Cette autorité a été néanmoins étendue aux motifs qui constituent le soutien mais aussi le fondement même de la décision. Ainsi, cela imprime une force à l'interprétation du Conseil constitutionnel, surtout à ses réserves d'interprétations[524].

L'article 23-10 de l'ordonnance n°58-1067 du 7 novembre 1958 portant loi organique sur le Conseil constitutionnel institue le contradictoire devant cette institution. Cet article 23-10 dispose: « Le Conseil constitutionnel statue dans un délai de trois mois à compter de sa saisine. Les parties sont mises à même de présenter contradictoirement leurs observations. L'audience est publique, sauf dans le cas exceptionnel défini par le règlement intérieur du Conseil constitutionnel ».

Le gouvernement s'est vu octroyé le droit de saisir le juge en vue d'obtenir la délégalisation des textes législatifs qui chevaucheraient sur le domaine réglementaire. Le contrôle des traités internationaux (art. 54 de la constitution) s'explique initialement par le besoin d'affirmation de la souveraineté nationale à l'heure des actions de l'Union européenne. On parle alors de « contrôle de conformité ».

Le Conseil constitutionnel dans sa décision 2003-469 du 29 mars 2003 intitulé Loi constitutionnelle relative à l'organisation décentralisée de la République, s'est déclaré incompétent pour contrôler

---

[524]Conseil d'Etat a rappelé récemment qu'il se soumettait aux réserves d'interprétations formulées par le Conseil constitutionnel; C.E., 1ère et 6è sous-section réunies 15 mai 2013, 340554, Commune de Gurmençon, considérant 4: "Considérant, en troisième lieu, que les réserves d'interprétation dont une décision du Conseil constitutionnel assortit la déclaration de conformité à la constitution d'une disposition législative sont revêtues de l'autorité absolue de la chose jugée et lient le juge administratif pour l'application et l'interprétation de cette disposition; qu'il appartient à celui-ci d'en faire l'application, le cas échéant, d'office". www.legifrance.gouv.fr/affichjuriadmin.doc Consulté le 22 février 2015.

l'inconstitutionnalité des lois constitutionnelles. La décision du 29 mars 2003 reste claire qu'aucun contrôle direct des lois de révision constitutionnelle n'est possible[525].

Lors d'une saisine en inconstitutionnalité établie par plus de soixante sénateurs sur la base de l'article 54 de la constitution, le Conseil a jugé que « le pouvoir constituant est souverain sous réserve des limitations formelles touchant aux périodes aux cours desquelles une révision de la constitution ne peut être engagée ou poursuivie et des limitations matérielles (la forme républicaine du gouvernement) ». La décision de Maastricht du 2 septembre 1992 a suscité de nombreuses interrogations en déclarant que le pouvoir constituant est souverain sous certaines réserves. Plus exactement, la décision est ainsi libellée : « sous réserve, d'une part, des limitations touchant aux périodes aux cours desquelles une révision de la constitution ne peut pas être engagée ou poursuivie, qui résultent des articles 7, 16 et 89, alinéa 4, du texte constitutionnel et, d'autre part, du respect des prescriptions du cinquième alinéa de l'article 89 en vertu desquelles « la forme républicaine du gouvernement ne peut faire l'objet d'une révision », le pouvoir constituant est souverain ».[526]

Le doyen Georges Vedel affirme sur ce sujet que « le pouvoir constituant dérivé n'est pas un pouvoir d'une autre nature que le pouvoir initial : la constitution lui donne sa procédure..., elle ne borne pas son étendue »[527]. La constitution française du 4 octobre 1958 en son article 61 al. 2 établit un contrôle *a priori* et abstrait sur une loi. Toutefois le Conseil constitutionnel a quelquefois admis un contrôle limité des lois déjà promulguées (DC 85-187 du 25 janvier 1985)[528]. Depuis la révision de 1998, le Conseil est aussi compétent pour contrôler les « lois du pays » adoptées par le Congrès de Nouvelle-Calédonie (art.77 c).

---

[525]Pour l'analyse de cette décision, lire avec intérêt Dominique Maillard Desgrées du Loû, "Le pouvoir constituant dérivé est souverain", *RDP*, 3-2003, pp. 725-739.
[526]CC n°92-312 DC du 2 septembre 1992. Lire avec intérêt, Dominique Maillard Desgrées du Loû, "Le pouvoir constituant dérivé est souverain", op. cit., pp.726-729. Rigaux, M.-F., *La théorie des limites matérielles à l'exercice de la fonction constituante*, Bruxelles, Larcier, 1985.
[527]Vedel, G., « Schengen et Maastricht », *RFDA,* 1992, p.179.
[528]Décision n°85-187 DC du 25 janvier 1985 relative à l'état d'urgence en Nouvelle Calédonie et dépendances, www.conseil-constitutionnel.fr . Consultée le 12 mars 2010.

- **Le contrôle des articles 41 et 37, alinéa 2**

Le Conseil constitutionnel peut à travers ces deux autres procédures intervenir et faire respecter la constitution par le législateur. Ces procédures tiennent compte de la séparation des domaines législatif et réglementaire.

En effet, la procédure de l'article 41 permet au Gouvernement ou aux Présidents des assemblées de rejeter lors d'un débat parlementaire une proposition ou un amendement qui n'est pas du domaine de la loi. Cet article 41 offre une certaine possibilité d'intervenir lors de la procédure d'élaboration de la loi, en devançant le vote, afin d'éviter la non-conformité de la loi à la constitution[529]. Il étouffe dans l'œuf une violation des dispositions constitutionnelles. Il permet au domaine réglementaire de se défendre. Le Gouvernement ou le Président de l'assemblée saisie peut opposer l'irrecevabilité. En cas de désaccord entre le Gouvernement et le président de l'Assemblée intéressée, le Conseil constitutionnel est appelé à se prononcer. Il doit apporter la réponse dans les huit jours.

La procédure de l'article 37, alinéa 2 offre au Gouvernement la possibilité de modifier par décret, après décision du Conseil constitutionnel, une loi intervenue depuis 1958 dans un domaine qui ne relève pas du législateur. Le Conseil corrige par un contrôle *a posteriori* l'intervention du parlement dans le domaine du règlement. Le Conseil est apparu comme un organe régulateur de l'activité des pouvoirs publics par la combinaison des articles 61, 41 et 37, alinéa 2. La constitution a déterminé les domaines d'action spécifiques pour le Gouvernement et le Parlement, et « il appartient au Conseil constitutionnel de veiller au respect des frontières en procédant au déclassement d'une disposition législative égarée dans le domaine réglementaire »[530].

Cette image doit être nuancée. Car la révolution juridique de 1958 s'est avérée limitée. Le Conseil constitutionnel, affirme Jean

---

[529]Décision du C.C. n ° 82-143 DC du 30 juillet 1982 relative à la loi sur le prix et le revenu, notamment ses articles 1, 3 et 4. Réc. p. 57. Journal officiel du 31 juillet 1982, p. 2470.

[530]Gicquel, J., « Comment la constitution met-elle en rapport Parlement et Gouvernement ? », www.conseil-constitutionnel.fr . Consulté le 12 mars 2010.

Gicquel, a interprété de façon généreuse les domaines de la loi et, à force de reculer les limites, il est parvenu à les supprimer. La décision du 30 juillet 1982, blocage des prix et des revenus[531] sonne le glas de la délimitation opérée par les articles 34 et 37 de la constitution en restituant à la loi sa liberté d'action, comme par le passé. Donc celle-ci peut de nouveau statuer sur toutes matières, dès lors que le Gouvernement n'invoque pas l'irrecevabilité de l'article 41[532].

Néanmoins, au terme d'une jurisprudence volontariste, le Conseil constitutionnel s'est résolu à restaurer l'esprit originaire de l'article 34, en restreignant la portée de la loi ci-haut citée. La loi a pour vocation d'énoncer des règles et doit par la suite être revêtue d'une portée normative[533]. Pour avoir confondu la normativité et les déclarations d'intention, la loi est censurée[534].

c. La question prioritaire de constitutionnalité (QPC) ou le contrôle a posteriori

Le Conseil constitutionnel n'est pas aujourd'hui ce qu'il devait être pour ses fondateurs ; très exactement même, il est la figure inversée de leur intention : le gardien de la constitution et des droits et libertés des citoyens plus que l'arbitre des conflits de compétences entre les grands organes de l'État, pour reprendre les propos de François Luchaire.[535] La révision constitutionnelle de 2008 a apporté une grande innovation à l'institution qui s'est peu à peu affirmée comme garante des droits et libertés constitutionnellement reconnus aux citoyens. « Adoptée par le Congrès, à une courte majorité de deux voix, la révision constitutionnelle du 23 juillet 2008 présente tous les traits d'une « révolution silencieuse » sur au moins un point : l'ouverture à tout justiciable du droit de contester, a posteriori, après promulgation, la conformité d'une loi déjà entrée en vigueur, même antérieure au 4

---

[531]Décision n°82-143 DC du 30 juillet 1982 relative à la loi sur les prix et les revenus, notamment ses articles 1, 3 et 4, www.conseil-constitutionnel.fr Consultée le 13 mars 2010.

[532]Gicquel, J., op. cit.

[533]Décision n°2004-500 DC du 29 juillet 2004 portant sur la loi organique relative à l'autonomie financière des collectivités territoriales, www.conseil-constitutionnel.fr Consultée le 13 mars 2010.

[534]Décision n°2005-512 DC relative à la loi d'orientation et de programme l'avenir de l'école, www.conseil-constitutionnel.fr

[535]François Luchaire cité par Dominique Rousseau, op. cit., p. 28

octobre 1958, ceci au regard des droits et libertés garantis par la constitution. Ce dispositif, applicable depuis le 1er mars 2010 et désormais dénommé « question prioritaire de constitutionnalité (Q.P.C.) », ne remplace pas, tout au moins juridiquement, le mécanisme existant d'un contrôle préventif a priori, à la demande d'un groupe de députés ou de sénateurs ainsi que d'autorités politiques dûment habilitées par la constitution »[536].

Pour la doctrine constitutionnelle, l'approche purement procédurale de la réforme semble plus attractive par son apparente complexité que par son sens profond, relativement peu exploré et cependant source d'innovations prometteuses en ce qu'elles vont affecter durablement, dans un avenir très proche, la nature même, l'identité oserait-on écrire, du droit constitutionnel français. Ainsi avec la révision constitutionnelle du 23 juillet 2008, complétée par la loi organique du 10 décembre 2009 ainsi que l'entrée en vigueur de l'article 61-1 de la constitution, une nouvelle ère s'ouvre avec l'introduction des avocats au Conseil constitutionnel, à moins que ceux-ci fassent parler le droit constitutionnel au sein de leur cabinet-conseil. « Quelle place pratique et effective, et par voie de conséquence quel intérêt les avocats auraient pu porter au système constitutionnel français, non pas à raison de leur qualité de citoyens, mais de professionnels en recherche de solutions pratiques... ? »[537]

La loi constitutionnelle du 23 juillet 2008 prévoit que « lorsque, à l'occasion d'une instance en cours devant une juridiction, il est soutenu qu'une disposition législative porte atteinte aux droits et libertés que la constitution garantit, le Conseil constitutionnel peut être saisi de cette question sur renvoi du Conseil d'État ou de la Cour de cassation qui se prononce dans un délai déterminé » (art. 61-1, al. 1 c)[538].

En effet, l'entrée en vigueur de cet article 61-1 nouveau de la constitution française offre la possibilité désormais à toute partie, devant n'importe quelle juridiction, à tout niveau de l'instance (appel,

---

[536]Magnon, X., (Sous la dir.), *Q.P.C. La question prioritaire de constitutionnalité: pratique et contentieux*, Paris, Litec, 2011, pp. 9-10.
[537]Magnon, X., *QPC. La question prioritaire de constitutionnalité: pratique et contentieux*, *op. cit.*, pp. 3-4.
[538]Loi constitutionnelle 2008-74, du 23 juillet 2008 de modernisation des institutions de la Vème République, J O, 24 juillet 2008, p. 11890.

cassation...), en tout état de cause, de soulever une violation d'un droit ou d'une liberté garantis par la constitution, pour demander au juge de surseoir à statuer, de renvoyer à la juridiction suprême de sa hiérarchie juridictionnelle (Cour de cassation ou Conseil d'État), laquelle, si la question est nouvelle ou présente un caractère sérieux, décidera si elle mérite d'être transmise pour l'examen de ce point de droit au Conseil constitutionnel.

L'introduction en France d'un mécanisme permettant un contrôle efficace des lois promulguées répond à un triple objectif :

D'abord, la révision du 23 juillet 2008 mise en œuvre par la loi organique du 10 décembre 2009, elle-même relayée par un «décret de procédure » du 16 février 2010 ainsi que le règlement pris par le Conseil constitutionnel, reconnaît un droit nouveau au justiciable qui seul peut l'actionner en se prévalant de ses droits et libertés garantis par la constitution.

Ensuite, cette réforme permet de procéder au toilettage de l'ordre juridique : des dispositions législatives qui sont contraires à la constitution pourront être abrogées par le Conseil constitutionnel. Les décisions du Conseil produiront sans conteste un effet *erga omnes* qui du moins constitue une des caractéristiques du contrôle de constitutionnalité français.

Enfin, « cette règle de sélection procédurale des moyens dirigés contre la loi est parfaitement cohérente avec la hiérarchie des normes dans l'ordre juridique interne, au sens où l'entendent le Conseil constitutionnel, le Conseil d'État et la Cour de cassation »[539]. Concrètement cette réforme assure la primauté de la constitution dans l'ordre interne en mettant fin à la singularité de la hiérarchie des normes. Cette particularité française ne voulait pas que la norme suprême ne soit recourue dans une procédure devant le juge ordinaire tant qu'une loi faisait « écran ». Par ailleurs, l'apport de la loi organique du 10 décembre 2010 à la mise en œuvre de l'article 61-1 se résume en trois points essentiels qui sont :

Primo cette loi traduit le besoin d'une grande ouverture de ce nouveau droit reconnu au justiciable tout en le filtrant de façon qu'il ne

---

[539]*Ibidem.*, p. 513.

soit source de dysfonctionnement de la justice constitutionnelle. Le législateur a verrouillé l'utilisation procédurière de la QPC afin d'éviter tout effet abusif de son recours sur la procédure. Alors que les juridictions relevant du Conseil d'État ou de la Cour de cassation sont saisies des QPC, elles ne peuvent les renvoyer directement au Conseil constitutionnel, mais doivent préalablement les transmettre à la cour suprême dont elles relèvent.

Devant les juridictions relevant du Conseil d'État ou de la Cour de cassation, les moyens tirés de ce qu'une disposition législative porte atteinte aux droits et libertés garantis par la constitution est, à peine d'irrecevabilité, présenté dans un écrit distinct et motivé. Une telle question peut être soulevée pour la première fois en cause d'appel. Elle ne peut être soulevée d'office[540]. Les griefs susceptibles d'être relevés d'office sont communiqués aux parties et autorités compétentes pour qu'elles puissent présenter leurs observations dans le délai qui leur est imparti[541]. Elle ne peut nullement être soulevée devant la Cour d'assise.

Par contre elle peut toutefois être soulevée avant ou après le procès criminel. La procédure de la QPC est centrée dans des délais où le juge est appelé à se prononcer « sans délai » c'est-à-dire aussi rapide que possible. L'ordonnance n° 58-1067 du 7 novembre 1958, art. 23-2, al. 1 et 6 dispose : « la juridiction statue sans délai par une décision motivée sur la transmission de la QPC au Conseil d'État ou à la Cour de cassation. (...) La décision de transmettre la question est adressée au Conseil d'État ou à la Cour de cassation dans les huit jours de son prononcé avec les mémoires ou les conclusions des parties. Elle n'est susceptible d'aucun recours. Le refus de transmettre la question ne peut être contesté qu'à l'occasion d'un recours contre la décision réglant tout ou partie du litige ».

La Cour de cassation ou le Conseil d'État disposent d'un délai de trois mois pour se prononcer sur l'éventuelle saisine du Conseil constitutionnel. Selon l'article 23-4 de l'ordonnance n°58-1067 du 7 novembre 1958, « dans un délai de trois mois à compter de la réception de la transmission prévue à l'article 23-2 ou au dernier alinéa de l'article 23-1, le Conseil d'État ou la Cour de cassation se prononcent sur le

---

[540]Article 23-1, al. 1er de l'ordonnance n° 58-1067, du 7 novembre 1958

[541]Article 7 de Règlement du Conseil constitutionnel du 4 février 2010.

renvoi de la QPC au Conseil constitutionnel. (...) ». Celui-ci possède à son tour d'un délai de trois mois pour statuer. Ce délai est confirmé par l'ordonnance citée ci-devant en son article 23-10 qui dispose que « le Conseil constitutionnel statue dans un délai de trois mois à compter de sa saisine. (...) ». C'est ici qu'une décision du Conseil constitutionnel n°2009-595 DC du 3 décembre 2009[542] apporte une précision sur les délais fixés à trois mois. Cette même décision prévoit le caractère contradictoire de la procédure applicable devant le Conseil et le principe de la publicité des audiences. L'objectif visé par ce dispositif est que, d'une part lorsqu'une QPC est soulevée devant une juridiction de première instance ou une Cour d'appel, la question doit être examinée sans délais. Le temps d'examen de la QPC doit s'imputer sur le temps de la procédure et ne doit pas la retarder.

Secundo, la loi organique reconnaît le caractère prioritaire de la QPC c'est-à-dire la question de constitutionnalité reste prioritaire. Lorsque la juridiction est saisie de moyens qui contestent à la fois la constitutionnalité de la loi (question de constitutionnalité) et le défaut de conformité de cette loi aux traités et accords internationaux (exception d'inconventionnalité) la juridiction doit d'abord examiner la question de constitutionnalité[543]. Cette disposition est capitale.

---

[542]Loi-Organique relative à l'application de l'article 61-1 de la constitution. Recueil, p. 206, JO, du 11 décembre 2009, p. 21381.

[543]Sur cette question, v. la jurisprudence de la Cour de justice de l'Union européenne (CJUE) du 22 juin 2010. La CJUE dans sa décision du 22 juin 2010 (Aziz Melki et Sélim Abdeli, aff. Jointes C-188/10 et C-189/10) a répondu à la question préjudicielle dont elle avait saisie été en urgence par la Cour de cassation le 16 avril 2010. La réponse la CJUE risque ne pas apaiser le débat entre les partisans de la QPC et leurs adversaires. En substance, la Cour de Luxembourg valide la QPC pour autant qu'elle ne prive pas le juge national de poser une question préjudicielle à tout moment et qu'elle lui permette de laisser inappliquée la disposition législative nationale s'il la juge contraire au droit de l'Union. Par deux arrêts du 16 avril 2010 (cass., QPC, 16 avril. 2010), la Cour de cassation, saisie d'une QPC qui invoquait la contrariété de l'article 72-2, alinéa 4 du Code de procédure pénale, à la liberté d'aller et venir garantie à la fois par la constitution et par l'article 67 du traité sur le fonctionnement de l'Union européenne (TFUE), avait décidé d'interroger la CJUE sur la conformité du mécanisme de la QPC au droit communautaire (article 267 TFUE). Le Conseil d'Etat était également revenu, à l'occasion d'un pourvoi de l'Office français de protection des réfugiés (OFPRA) concernant une décision de la commission des recours des réfugiés, sur l'articulation de contrôle de conventionalité et de la QPC (CE 14 mai 2010, M.B....). v. commentaires de l'arrêt de la CJUE du 22 juin 2010 sur http//:www.actu-dalloz-etudiant.fr/a-la-lune/article/question-prejudicielle-v-qpc-

Lorsqu'on se réfère à l'ordre juridique interne, la constitution se trouve être au sommet de la hiérarchie des normes comme évoquée ci-haut. Cette primauté constitutionnelle est reconnue par les hautes juridictions françaises notamment le Conseil constitutionnel, le Conseil d'État et la Cour de cassation. La primauté du droit constitutionnel s'étend sur le droit communautaire. Donc le juge ne peut constitutionnellement statuer sur une affaire d'incompatibilité avec le droit communautaire sans s'enquérir ou se décider sur la transmission d'une question de constitutionnalité. Il n'est pas exclu dans ce cas que le juge judiciaire soulève une question préjudicielle à la cour de Luxembourg. Les juridictions siégeant en dernier ressort ont le devoir de poser cette question préjudicielle surtout lorsqu'elles se heurtent à des obstacles d'interprétation en droit communautaire.

Tertio, la loi organique prévoit trois critères essentiels pour la transmission de la QPC à la Cour de cassation par le juge du fond. Une QPC est transmise à la cour de cassation ou au Conseil d'État si les critères suivant sont réunis :

- « La disposition législative critiquée est applicable au litige ou à la procédure, ou constitue le fondement des poursuites ». Il appartient au requérant et à son conseil de déterminer le plus précisément possible la disposition législative dont il entend contester la constitutionnalité, en veillant bien qu'elle soit applicable au litige, à la procédure ou qu'elle constitue le fondement des poursuites.

- « La disposition législative critiquée n'a pas déjà été déclarée conforme à la constitution dans les motifs et dispositifs d'une décision du Conseil constitutionnel, sauf changement des circonstances ». Ce deuxième critère a pour objet d'imposer le respect de la chose jugée par le Conseil constitutionnel, ses décisions possédant un effet *erga omnes*, ce qui a déjà été jugé ne pouvant plus être remis en cause et s'imposant à tous. Ce critère est aussi assorti d'une exception : « changement des circonstances ». Sa notion est complexe. « Le changement des

---

reponse-de-lacjue/h/76cb0c0f0966fa843393et20027823e4.html et aussi sur le site du Conseil national des barreaux cnb.avocats.fr/la-question-prioritaire-de-constitutionnalité-est-compatible-avec-le-droit-communautaire-jurisprudence-CJUE-22-juin-a_906.html consulté le 17 juillet 2014.

circonstances » présente une double difficulté, il est à la fois délicat à définir- les juges se heurtant à l'appréciation concrète de cette notion – et utilisé à des fins différentes par les juridictions suprêmes et le Conseil constitutionnel. La jurisprudence étant dans tous les cas en devenir, il est nécessaire d'attirer l'attention sur le fait que plaider le « changement des circonstances » peut s'avérer aléatoire. Comment savoir si la disposition a déjà été examinée par le Conseil constitutionnel ? Pour répondre à cette préoccupation, un tableau a été mis à la disposition des justiciables sur le site Internet du Conseil Constitutionnel. Ce tableau est un outil d'appréciation importante mais insuffisante. En effet, le respect de cette condition par les justiciables et leurs conseils a été facilité par le Conseil constitutionnel, lequel propose sur son site Internet un tableau récapitulant les « dispositions déclarées conformes à la constitution dans les motifs et le dispositif d'une décision du Conseil constitutionnel ». Cependant, il conviendrait de ne pas se borner à la lecture de celui-ci dans la mesure où une jurisprudence abondante et évolutive, apportant des indications supplémentaires et précieuses, se développe sur cette deuxième condition fixée par l'article 23-2 de l'ordonnance n°58-1067 du 7 novembre 1958 portant loi organique sur le Conseil constitutionnel.

- « La question est nouvelle et n'est pas dépourvue de caractère sérieux ». Cette dernière condition est moins exigeante devant les Cours suprêmes. Tandis que l'article 23-2 de l'ordonnance citée ci-haut sur la loi organique exige – à la forme négative – que la question soulevée devant le juge a quo « ne soit pas dépourvue de caractère sérieux », l'article 23-4 de la même ordonnance sur la loi organique affirme que le Conseil d'État et la Cour de cassation, en tant que filtres, procèdent au renvoi devant le Conseil constitutionnel la QPC « dès lors que les conditions prévues aux 1° et 2° de l'article 23-2 sont remplies et que la question nouvelle présente un caractère sérieux ». « Afin d'éviter tout pré jugement des QPC par les juges du fond, la loi organique est donc moins exigeante quand les questions sont soulevées devant ces derniers »[544]. Il ressort ainsi des travaux

[544]Magnon, X., op. cit. p. 240.

parlementaires afférents qu'à ce stade de la procédure cette « condition vise à écarter les questions fantaisistes dont l'objet n'a souvent qu'un caractère dilatoire »[545]. Ce dernier critère ne doit pas être négligé en raison à la fois des exigences des cours suprêmes mais aussi pour éviter les coûts de procédure.

Avec la QPC, on assiste à un véritable procès de constitutionnalité devant le Conseil constitutionnel dont l'audience est publique. Les règles de procédure sont fixées par le règlement intérieur du Conseil constitutionnel adopté avant le 4 février 2010.

La révision du 23 juillet 2008 révolutionne le Conseil constitutionnel. L'époque où cette institution était réputée distante des avocats est désormais dépassée. La QPC inaugure un terrain neuf de la dialectique juridique. Comme il n'y a aucun monopole de représentation devant le Conseil constitutionnel, seuls les avocats les plus éprouvés pourront s'affirmer et s'imposer.

En définitive, le modèle congolais de la saisine de la Cour constitutionnelle largement ouvert au citoyen, par une certaine imitation institutionnelle, a attiré la France qui s'est par la suite résolue à moderniser ses institutions par la réforme de 2008 qui révolutionne le Conseil constitutionnel. Sa mutation vers une véritable Cour constitutionnelle, selon une certaine doctrine, doit-elle être encore d'actualité ? Le suivisme[546] français avec l'introduction de la QPC se démarque par contre de la fragile justice constitutionnelle congolaise. Cette fragilité est la conséquence à la fois des crises multifactorielles du pouvoir judiciaire de ce pays, mais aussi de l'insuffisante culture politico- juridique de ce peuple. Cette insuffisance de la culture politique et juridique a conduit le constituant congolais à affirmer l'indépendance du pouvoir judiciaire par rapport aux deux autres pouvoirs[547] en adoptant un certain nombre de mesures visant à garantir ce pouvoir judiciaire. C'est d'abord, comme en France, par

---

[545]Portelli, H., Rapport fait au nom de la commission des lois, 29 septembre 2009, n° 632, p. 43

[546] Sur cette notion, lire Jean du Bois de Gaudusson, , Conac, G., et Desouches, C., *Les constitutions africaines publiées en langue française,* tome 1, Paris, La Documentation française, Bruxelles/Bruylant, 1997.

[547]Article 149, al. 1er : « Le pouvoir judiciaire est indépendant du pouvoir législatif et du pouvoir exécutif », constitution du 18 février 2006.

l'établissement du Conseil supérieur de la magistrature. Il est l'organe de gestion du pouvoir judiciaire[548]. L'objectif est de préserver ce pouvoir d'une subordination trop excessive à l'exécutif (la soumission au pouvoir exécutif reste en soi normale. Car la justice est un service public et les membres sont des fonctionnaires).

Le CSM élabore les propositions de nomination, de promotion et révocation des magistrats qu'il soumet à la sanction du Président de la République[549]. Le même CSM congolais exerce le pouvoir disciplinaire sur les magistrats[550]. Il est présidé non pas par le Président de la République comme en France mais par celui de la Cour constitutionnelle.

Au regard du déficit démocratique congolais tenant compte de la réalité de ce pays, le constituant n'a pas voulu prendre le risque de jouer avec le feu. Ensuite l'inamovibilité du magistrat du siège tel que décrite plus haut est consacrée par la constitution du 18 février 2006[551] comme gage d'indépendance du pouvoir judiciaire. L'indépendance financière est constitutionnellement reconnue au pouvoir judiciaire congolais. Le CSM est chargé d'élaborer le budget de ce pouvoir et le transmettre au gouvernement pour être inscrit dans le budget général de l'État[552].

De plus, d'autres règles spécifiques destinées à lutter contre les ingérences des deux autres pouvoirs au sein du pouvoir judiciaire sont consacrées par la constitution[553]. On le voit, les règles contenues dans l'article 151 de l'actuelle constitution ne sont pas expressément prévues en France. Mais le respect de ces règles reste problématique et laisse à désirer. Les exemples abondent, notamment, de l'inertie de l'administration à l'égard des décisions de justice lorsque celles-ci la condamnent. Donc, ces règles n'ont pas toujours été respectées et peut-être ne le sont-elles pas davantage encore. Le constituant congolais prévoit plus de garanties qu'en France à cause du déficit de culture démocratique. Par ailleurs, la Constitution du 18 février 2006 consacre

---

[548]Article 152, al. 1er de la constitution du 18 février 2006.
[549]Article 152, al. 3 ; art. 82, al. 1Er de la constitution du 18 février 2006.
[550]Article 152, al. 4 de la constitution du 18 février 2006.
[551]Article 150, al. 4 de la constitution du 18 février 2006.
[552] Article 149, al. 6 de la constitution du 18 février 2006.
[553]Article 151 de la constitution du 18 février 2006.

aussi le dualisme juridictionnel qui prévoit l'existence de deux ordres de juridictions. D'une part un ordre de juridictions judiciaires (voir paragraphe 2 de la section 4 « Du pouvoir judiciaire » de la constitution de 2006) constitués des cours et tribunaux civils et militaires placés sous l'égide de la Cour de cassation[554]. D'autre part, un ordre de juridictions administratives (c'est le paragraphe 3 de section 4 de la même constitution) composé du Conseil d'État et des cours et tribunaux administratifs[555].

Il faut reconnaître que le dualisme juridictionnel est une innovation de la constitution congolaise de 2006. Car les différentes et précédentes constitutions de la RDC préconisaient en effet un seul ordre juridictionnel. Sur cette question, le constituant congolais a une fois encore fait le choix constitutionnel du modèle français[556].

Le constituant congolais a par contre consacré l'existence de juridictions administratives (qui du reste ne dispose pas de compétence consultative afin d'éviter toutes liaisons dangereuses entre la justice et l'exécutif) et définit par la même occasion leur domaine de compétence[557] pour parer à d'éventuels empiétements des juridictions judiciaires. Le dualisme juridictionnel n'est pas à l'abri des conflits de compétences.

Ceux-ci peuvent à tout moment poindre entre les deux ordres de juridictions. La résolution de ces conflits est confiée à un organe spécifique. En RDC, c'est la Cour constitutionnelle qui est chargée de régler tous conflits d'attribution ou de compétences entre ordres juridictionnels[558]. Il convient de noter que la Cour constitutionnelle congolaise fait partie du pouvoir judiciaire. Tel n'est pas le cas pour le Conseil constitutionnel en France. Cette haute juridiction

---

[554]Article 153, al. 1er de la constitution du 18 février 2006.

[555]Article 154 de la constitution du 18 février 2006.

[556]Le dualisme juridictionnel en France est consacré par le Conseil constitutionnel et non par la constitution qui reste muette sur l'existence de juridictions administratives ainsi que leurs compétences respectives (CC décision n° 119 DC, 22 juillet 1980, Validation actes administratifs, Réc., p. 46 ; CC n° 224 DC, 23 janvier 1987, Conseil de la concurrence, p. 8.

[557]Article 155 définit le domaine de compétence du Conseil d'État. Article 153 alinéas 2 et 3 définit expressément les compétences de la Cour de cassation (constitution du 18 février 2006).

[558]Article 161, alinéa 4 de la constitution du 18 février 2006.

constitutionnelle congolaise constitue l'objet d'une section à part, elle est analysée au paragraphe 5 de section 4 consacrée au « Pouvoir judiciaire »[559]. Il est évident que l'appellation « Cour » et non « Conseil » constituait une preuve supplémentaire. La modalité de désignation des membres de cette juridiction – du reste semblable au modèle français[560]- n'apporte pas de grandes transformations, d'autant que, à l'opposé de la France, des compétences juridiques sont imposées tout au moins aux deux tiers des membres[561].

Il faut enfin observer que le pouvoir judiciaire est aussi dévolu à des juridictions militaires. C'est l'objet du paragraphe 4 de la section 4 du chapitre 1 titre III de l'actuelle constitution de 2006. Ces juridictions militaires exercent une compétence pénale tant en temps de paix qu'en temps de guerre[562]. Au-delà de ces juridictions, l'article 149, alinéa 4 dispose « qu'il ne peut être créé de tribunaux extraordinaires ou d'exception sous quelque dénomination que ce soit ».

Toujours dans le cadre du pouvoir judiciaire, nous pouvons remarquer avec Delphine Pollet-Panoussis, que « le modèle français de justice constitutionnelle présente des similitudes mais aussi quelques contrastes avec le modèle congolais »[563]. En effet, le pouvoir judiciaire est, en RDC « un pouvoir ». Tel n'est pas le cas pour la France où le pouvoir judiciaire n'est qu'une simple « autorité »[564].

L'utilisation de cette expression suppose l'égalité entre les trois pouvoirs ; il n'est pas admissible que le pouvoir judiciaire soit à la traîne des deux autres et être théoriquement considéré comme indépendant de ces deux autres pouvoirs[565]. Généralement, affirme Delphine Pollet-

[559]Article 149, alinéa 1er dispose que « le Pouvoir judiciaire... est dévolu aux cours et tribunaux qui sont : la Cour constitutionnelle (...) ».

[560]Article 158, al. 1er de la constitution du 18 février 2006.

[561]Article 158, al. 2 et l'article 159 de la constitution du 18 février 2006.

[562]Article 156, alinéas 1 et 2 de la constitution du 18 février 2006.

[563]Delphine Pollet-Panoussis, *"La constitution congolaise de 2006: petite sœur de la constitution française de 1958", op. cit.*, pp. 481-484.

[564]Le pouvoir judiciaire en RDC est la section IV du chapitre 1 du titre III de la constitution du 18 février 2006 : « Du pouvoir judiciaire ». Par contre le titre VIII de la constitution française s'intitule : « De l'autorité judiciaire ».

[565]Le constituant congolais est beaucoup plus prudent que son homologue français au regard de la faible culture démocratique de la société congolaise. La réalité congolaise prouve toujours que le pouvoir judiciaire est souvent dépendant des deux autres

Panoussis, « les institutions congolaises sont très proches de celles mises en place par la Vème République. Il existe cependant quelques nuances souvent introduites par précaution par le constituant congolais, ce dernier souhaitant s'adapter au contexte politique et culturel de la RDC. Cette dernière ne possédant pas la même culture démocratique qu'en France, préfère introduire un certain nombre de garanties supplémentaires. »[566]. Cet auteur rejoint l'analyse et la conclusion de Stéphane Bolle pour soutenir que le mimétisme juridictionnel en RDC est donc pratiqué d'une manière habile et perspicace. Il n'est pas question d'une reproduction naïve des institutions françaises, celles-ci prennent en compte les réalités et autres spécificités congolaises. L'ancienne Cour d'arbitrage belge devenue Cour constitutionnelle ressemblera-t-elle au Conseil constitutionnel français, parrain génétique de la Cour constitutionnelle de la RDC ? C'est l'objet du développement qui suit.

2. Le système belge de la justice constitutionnelle : la Cour constitutionnelle

« Le Royaume de Belgique a été la puissance colonisatrice de la RDC. Son droit a certainement influencé le droit congolais dans la mesure où les Belges furent les dirigeants de ce pays à l'époque du Congo-belge. Partant, le droit établi est d'inspiration belge en dépit de quelques adaptations dans le temps »[567]. Comme nous le savons, « la constitution belge a régi la RDC et la charte coloniale était une loi particulière prise en application de ladite constitution. D'où l'importance de la jurisprudence et de la doctrine belges pour mieux connaître notre droit public »[568]. En effet, la Belgique a convolé avec la RDC pour plus d'un siècle d'histoire commune[569]. Jadis occupée par la France, la Belgique s'est libérée du légicentrisme français par sa « loi spéciale de réforme institutionnelle » du 8 août 1980 avec l'établissement d'une Cour d'arbitrage (article 107 ter, constitution de l'époque). Cette disposition constitutionnelle a été mise en œuvre par la

pouvoirs surtout l'exécutif.

566Delphine Pollet-Panoussis, « La constitution congolaise, petite sœur africaine de la constitution française », *RFDC*, n° 75, juillet 2008, p. 483.

567Vunduawe te Pemako, F., *Traité de droit administratif, op. cit.*, p. 144.

568*Ibidem.*

569Lire à ce propos Ndaywel e Nziem, I., *Histoire générale du Congo. De l'héritage ancien à la RDC*, Bruxelles, Larcier, 1998.

loi du 28 juin 1983, qui a concrétisé la composition, la compétence et le fonctionnement de cette juridiction[570].

Lors de la révision constitutionnelle du 15 juillet 1988 et de la loi spéciale du 6 janvier 1989, la compétence de la Cour a été étendue et les textes organiques anciens complètement remaniés. La même révision constitutionnelle de 1988 a laissé au législateur spécial le soin d'accorder à la Cour d'arbitrage le pouvoir de contrôler la compatibilité avec d'autres articles de la constitution. C'est finalement la révision constitutionnelle du 7 mai 2007 qui modifiera la dénomination de la Cour d'arbitrage en celle de Cour constitutionnelle[571].

Dans l'ordre juridique interne de la Belgique (comme celui de la France ou de la RDC), la primauté de la constitution est reconnue comme norme supérieure placée au sommet de la hiérarchie des normes. La constitution est talonnée dans cette échelle juridique par la loi spéciale puis par la loi ordinaire suivie du décret communautaire ou régional adopté à la majorité spéciale, également des décrets ordinaires et des ordonnances des institutions bruxelloises, les arrêtés du pouvoir exécutif national et des gouvernements de communauté ou région, les règlements et les arrêtés provinciaux, enfin les règlements et arrêtés communaux forment les derniers échelons de cette pyramide juridique belge[572].

En Belgique, le contrôle de constitutionnalité des lois et des décrets par les juridictions n'a jamais bénéficié de l'autorisation ou l'interdiction clairement exprimée par la constitution. Celle-ci est restée pendant longtemps muette et la doctrine belge est restée divisée sur la question. Une partie de cette doctrine a d'ailleurs longtemps accepté que la règle de séparation des pouvoirs et celle de souveraineté de chacun dans son domaine interdisent ce contrôle de la loi, laquelle est le fruit de l'institution parlementaire. Ganshof Van Der Meersch fait observer

---

[570]«De la Cour d'arbitrage à la Cour constitutionnelle», in www.const-court.be/fr/common/home.html Le site officiel de la Cour constitutionnelle belge. Consulté le 12 septembre 2012.

[571]«Évolution vers une Cour constitutionnelle », www.const-court.be consulté la 12 septembre 2012.

[572]Lire avec intérêt l'ouvrage Ergec, R., Introduction au droit public, tome 1, Le système institutionnel, 2è édition, revue et augmentée, collection à la rencontre du droit, Bruxelles, Story Scientia, 1994.

« le risque du gouvernement des juges, technocrates non élus, qui tiendraient en échec la volonté générale en faisant prévaloir les considérations d'opportunité politique. C'est la thèse classique du légicentrisme »[573]. Cette affirmation n'a pas rencontré l'adhésion d'une autre frange de la doctrine préférant soutenir la juridiction constitutionnelle. Les juridictions suprêmes en Belgique sont jusqu'en 1974 souvent opposées à tout contrôle de constitutionnalité des lois.

Bien que la situation ait évoluée, la Cour de cassation belge s'était toujours opposée à tout contrôle des lois. Le Conseil d'État ne nous renseigne pas non plus sur un quelconque cas de contrôle de constitutionnalité des lois quoique le contrôle de tous les arrêts ou autres règlements relève de la compétence des cours et tribunaux. Ceux-ci invoquent souvent l'article 159 de la constitution belge pour réfuter toute application des arrêts et règlements contraires à la constitution. Le Conseil d'État belge se fonde sur l'article 14 des lois coordonnées du 12 janvier 1973 afin d'annuler ces textes non conformes à la constitution. Il faut cependant remarquer que ce même Conseil d'État exerce, à travers sa section de législation, un contrôle préventif des lois par voie d'avis. Cette compétence est certainement non juridictionnelle. Par ailleurs, il importe d'observer que la Cour constitutionnelle belge est une juridiction spécialisée. Elle est compétente pour trancher sur les compatibilités des actes législatifs et d'autres lois votées en conformité ou non avec la constitution. Il sied de constater que la Cour d'arbitrage belge est une juridiction à compétence limitée. En effet, dans l'interprétation plus large de sa compétence, la cour se dédouane *de facto* des limites constitutionnelles sources de son blocage au contrôle de toutes les dispositions constitutionnelles.

S'agissant du statut de la Cour, il faut simplement retenir que le fonctionnement de cette haute juridiction belge est de nos jours régi par la loi du 6 janvier 1989 qui prend en compte les dispositions antérieures correspondantes à cette Cour. Celle-ci se trouve être en dehors de trois pouvoirs traditionnels du système institutionnel belge. Mais le législateur spécial belge a opté pour la transformation de cette cour en juridiction constitutionnelle effective. Sa compétence porte initialement sur le contrôle des lois, des décrets et ordonnances qui enfreignent les

[573]Ganshof Van Der Meersch, Conclusion à cass. Belge, 27 mai 1971, Pasicrisie, 1971, p. 881 cité par Kaluba

règles de répartition des compétences entre l'État, les communautés et les régions ou qui violent les articles 10, 11 et 24 de la constitution garantissant le principe d'égalité, la non-discrimination et les droits et libertés en matière d'enseignement. La révision de la constitution de 1988 a accordé à la Cour d'arbitrage belge devenue Cour constitutionnelle le pouvoir de contrôler la compatibilité avec d'autres articles de la constitution. Cette possibilité a été utilisée par la loi spéciale du 9 mars 2003. Ce ne sont pas uniquement les articles 10, 11 et 24 de la constitution mais la totalité de son titre II (articles 8 à 32 relatif aux droits et libertés des belges) ainsi que les articles 170 et 172 (légalité et égalité des impôts) et 191 (protection des étrangers) de la constitution qui constituent désormais le cadre de référence pour la compétence de la Cour[574].

Concernant l'organisation de la Cour constitutionnelle, cette Cour est composée des douze juges dont six appartiennent au groupe linguistique français et six autres au groupe linguistique néerlandais, nommés à vie par le Roi sur une liste double présentée alternativement par la chambre des représentants et celle du Sénat. Cette liste est adoptée à la majorité de deux tiers au moins de suffrage des membres présents[575].

Les juges qui composent la haute juridiction constitutionnelle belge proviennent des différents milieux professionnels notamment magistrats à la Cour de cassation ou au Conseil d'État, référendaires à la Cour constitutionnelle ou professeurs de droit dans une des universités belges. Sont aussi susceptibles d'être nommés à la Cour constitutionnelle belge, les anciens parlementaires ayant cinq ans ancienneté au parlement (les deux chambres confondues) ou aux Conseils communautaires régionaux.

La Cour est dirigée à tour de rôle par deux présidents élus par chaque groupe linguistique pour une période d'un an débutant le 1er septembre de chaque année. Elle est assistée de référendaires (au maximum 24, autant de francophones que de néerlandophones) nommés par elle à la suite d'un concours organisé conformément aux articles 38 et 39 de loi spéciale du 6 janvier 1989 susmentionnée. L'âge

---

574« Évolution vers une Cour constitutionnelle », www.const-court.be, consulté le 12 octobre 2012.

575 Art. 31 de la loi spéciale du 6 janvier 1989 sur la Cour d'arbitrage.

minimum pour être nommé juge à la Cour constitutionnelle est de quarante ans accomplis.

La procédure devant la Cour constitutionnelle belge est classique, à la fois écrite et contradictoire. Cette juridiction siège en chambre restreinte de sept membres. En vertu d'un dispositif de filtrage des recours prévus par la loi spéciale du 6 janvier 1989, la Cour peut à l'initiative des deux juges rapporteurs, en une de ses chambres composée de ses rapporteurs et du Président, déclarer l'irrecevabilité de la procédure. Elle peut aussi se déclarer incompétente pour se prononcer sur une question préjudicielle dont elle a été saisie directement ou par renvoi. Cela concerne également le recours en annulation qui serait formé devant elle.

Par ailleurs, la Cour constitutionnelle belge présente deux types d'attributions. Elle est d'abord juge de constitutionnalité des actes législatifs. Elle est ensuite juge des questions préjudicielles. Il ressort de l'exercice de cette prérogative deux types de contrôle. Un contrôle abstrait portant en effet sur le contentieux en annulation des actes législatifs et un contrôle concret relatif à l'examen des questions préjudicielles.

La spécificité du droit belge fait que la Cour constitutionnelle dispose non seulement de la compétence à l'égard des règles de répartition des compétences entre État, les communautés et les régions précédemment évoquées mais aussi à l'endroit des droits fondamentaux garantis aux articles 10 et 11 de la constitution. La Cour est ainsi considérée comme garante du temple fédéral et des droits des citoyens.

La saisine de la Cour en annulation est réservée au seul Conseil des ministres ainsi que le gouvernement des communautés et des régions. Toutefois, les présidents des assemblées législatives nationales, communautaires ou régionales à la demande de deux tiers de leurs membres, peuvent aussi et de plein droit saisir la Cour.

Depuis sa création, affirment Marc Bossuyt et Roger Henneuse, présidents de la Cour dans le rapport annuel 2011 de cette institution[576], « la Cour a vu modifier successivement sa procédure, sa compétence et

[576]Spreutels, J., et les autres, Cour constitutionnelle : Rapport 2011, Vanden Broele, Bruges, p. 11.

son nom. Dans un premier temps, elle ne pouvait recevoir que le recours introduit par des requérants « institutionnels » (gouvernement et assemblées) et répondre aux questions posées par des juges, dans la seule matière des règles répartitrices de compétences (1983). Dans un deuxième temps, elle a été habilitée à recevoir des recours des personnes physiques ou morales justifiant d'un intérêt, son contrôle s'étendant à la liberté d'enseignement et au respect du principe d'égalité et de non-discrimination (1989). Enfin, elle a été chargée du contrôle de l'ensemble des droits fondamentaux et des libertés constitutionnelles (2003) ».

Les requérants (personnes physiques ou morales) disposent d'un délai de six mois pour constituer le recours en annulation dès la publication par la Cour de l'acte législatif querellé. Un nouveau délai de six mois est accordé lorsque, statuant sur question préjudicielle, la Cour déclare un acte législatif contraire aux règles de compétences entre l'État et ses entités fédérées voire aux articles 10, 11 et 24 de la constitution.

Les arrêts de la Cour constitutionnelle belge sont sans recours et sont dotés de l'autorité absolue de la chose jugée aussitôt après leur parution dans le Moniteur belge. L'annulation prononcée par la Cour produit un effet *erga omnes*. Cette même Cour dispose du pouvoir de restriction des effets d'annulation de l'acte législatif. Elle est aussi habilitée à annuler totalement ou partiellement un acte législatif. Les arrêts de rejets d'annulation prononcés par Cour restent obligatoires auprès des juridictions produisant le même effet *erga omnes*. Il est évidemment indispensable d'indiquer que la requérante belge demande à la Cour constitutionnelle la surséance de la norme dont l'annulation est prononcée. Cette demande peut se formuler dans la même requête ou être l'objet d'une autre. L'examen de la recevabilité de cette requête peut conduire la Cour à suspendre la norme incriminée pour une période ne dépassant pas trois mois pendant laquelle elle devra statuer sur le fond de la demande d'annulation. Pour que soit acceptée la suspension sollicitée, il faut la réunion de deux conditions. D'une part la demande doit présenter les moyens sérieux d'annulation. D'autre part la demande doit démontrer que l'exécution provisoire de la norme est susceptible de causer un préjudice gravement irréparable.

La Cour constitutionnelle peut aussi être saisie de question de constitutionnalité, questions dites « préjudicielles ». « Le mécanisme de renvoi préjudiciel est consacré par l'article 142 de la constitution et organisé par la loi spéciale sur la Cour constitutionnelle. Néanmoins le législateur belge s'est largement inspiré de l'expérience de la cour constitutionnelle italienne et celle de la Cour de justice de Luxembourg »[577].

Toute juridiction, quelle que soit sa position dans la pyramide juridictionnelle, l'ordre auquel elle se rattache (judiciaire ou administratif), la nature de ses attributions (civiles, pénales, commerciales, sociales, etc.) ou encore le caractère de son intervention (fond, en urgence et au provisoire, etc.) peut saisir la Cour constitutionnelle d'une question préjudicielle. « Cependant, s'il s'agit d'une loi portant assentiment à un traité constituant de l'Union européenne, à la convention européenne des droits de l'homme ou à un de ses protocoles additionnels, la juridiction n'est pas autorisée à interroger la Cour constitutionnelle. Cette restriction procède du souci de contribuer à la stabilité des relations internationales de l'État belge »[578].

Selon l'article 30 de la loi spéciale sur la Cour constitutionnelle, « la décision de poser une question préjudicielle suspend la procédure et le délai de procédure et de prescription depuis la date de cette décision jusqu'à celle à laquelle l'arrêt de la Cour constitutionnelle est notifié à la juridiction qui a posé la question préjudicielle ». Un arrêt par lequel la Cour constitutionnelle saisie d'une question préjudicielle, constate l'inconstitutionnalité d'une loi n'a pas une autorité *erga omnes* comparable à celle d'un arrêt d'annulation, ce qu'une partie de la doctrine considère comme « un défaut de construction majeur ».[579] « En

[577]Verdussen, M., et Cardon de Lichtbuer, N., « L'empreinte des juridictions constitutionnelles européennes sur la Cour d'arbitrage », in *Liber Amicorum Jean-Claude Escarras, La communicabilité entre les systèmes juridiques*, Bruxelles, Bruylant, 2005, pp. 274-275.

[578]Verdussen, M., « Le contrôle de constitutionnalité par voie préjudicielle en Belgique : quelques écueils », in Badinter, R., Bon, P. et les autres, *Contrôle de constitutionnalité par voie préjudicielle : la saisine par les citoyens*, Aix-en-Provence, PUAM,, 2009, pp. 109-126.

[579]Behrendt, C., « Quelques réflexions relatives aux effets, en droit, des arrêts de la Cour constitutionnelle », in *L'effet de la décision de la justice. Contentieux européens, constitutionnel, civil et pénal* (dir. G. De Leval et F. Georges), Liège, Anthemis, 2008,

clair, la loi n'est ni abrogée ni annulée. Cependant l'arrêt a tout de même une autorité qui rayonne au-delà du litige qui a vu naître la question »[580]. L'arrêt prive ultérieurement toute juridiction de l'application de loi jugée inconstitutionnelle; et si la juridiction n'est pas convaincue, il lui est reconnu la possibilité de poser à nouveau la question préjudicielle.

Le mécanisme de renvoi préjudiciel offre deux avantages majeurs[581]. D'une part il favorise l'émergence des débats constitutionnels au sein du même prétoire des juridictions ordinaires. D'autre part, il permet l'éradication d'inconstitutionnalités qui, n'ayant pu être détectées au moment de l'adoption de la loi, se sont révélées, fût-ce tardivement, lors de l'application de celle-ci. Pour cette raison, seule l'institution d'un tel système permet aux normes constitutionnelles d'accéder pleinement au rang des normes prééminentes[582].

Il n'en reste pas moins qu'un tel mécanisme est de toute évidence de nature à créer des tensions entre la juridiction constitutionnelle et les juridictions ordinaires. En Belgique, des crispations sont apparues à plusieurs niveaux entre la Cour constitutionnelle et les autres juridictions. Cela concerne surtout les juridictions suprêmes, spécialement la Cour de cassation. Ces crispations éveillent le spectre d'une « guerre des juges »[583] évitée grâce aux débats d'idées entre les représentants des trois ordres juridictionnels. « La vérité impose de préciser, affirme Marc Verdussen, que ce débat touche au problème de la coexistence entre les ordres juridictionnels autonomes et non hiérarchisés entre eux. C'est là une des difficultés majeures d'un mécanisme - des questions préjudicielles – qui est au cœur du modèle

---

p.148.

580 Van Compenolle, J., et Verdussen, M., « La réception des décisions d'une Cour constitutionnelle sur renvoi préjudiciel. L'exemple de la Cour d'arbitrage de la Belgique », *Les Cahiers du Conseil constitutionnel*, n° 14, 2003, pp. 87-89.

581 Verdussen, M., « Regard comparatiste sur le Rapport du comité Balladur », *RFDC*, n° spécial (Hors-série), 2008, p. 230 ; « Le juge constitutionnel et le juge ordinaire : ingérence ou dialogue ? L'exemple de la Cour constitutionnelle de Belgique », in *Le dialogue des juges, Mélange en l'honneur du président Bruno Genevois*, Paris, Dalloz, 2008, p. 1080.

582 Verdussen, M., « Le contrôle de constitutionnalité par voie préjudicielle en Belgique », op. cit., pp.112-113.

583 Van Compernolle et, J., et Verdussen, M., « La guerre des juges aura-t-elle lieu ? A propos de l'autorité des arrêts de la Cour d'arbitrage », *Journal des tribunaux*, 2000, p.297.

européen de justice constitutionnelle ». Très brièvement, nous rappellerons que tout contrôle de constitutionnalité d'une loi suppose une opération préalable de qualification qui met en présence la loi contrôlée et une disposition tirée de la constitution. Il s'agit en effet de vérifier si la norme constitutionnelle invoquée est bien applicable à la loi querellée. La juridiction qui interroge la Cour constitutionnelle, par voie d'une question préjudicielle, est donc présumée avoir opéré cette vérification. La Cour constitutionnelle belge peut cependant procéder à une substitution de qualification et se prononcer sur la disposition querellée en retenant une autre qualification que celle que la juridiction avait retenue[584].

En Belgique, la relation entre la Cour constitutionnelle et les autres juridictions est faite souvent de tensions mais également elle n'est pas caractérisée par un lien hiérarchique[585]. Chaque ordre juridictionnel se meut sur le territoire qui lui a été attribué et sur lequel il jouit d'une autonomie. La détermination de ces territoires n'est pas toujours appréhendée de la même façon de part et d'autre. « Pour éviter cette cacophonie qui pousse le justiciable belge à croire que ses juges se complaisent à se faire la guerre »[586], il est préférable que les responsabilités des uns et des autres soient clairement déterminées et d'imposer à chacun l'observation stricte d'un principe de non-ingérence.

L'expérience belge au sujet du contrôle de constitutionnalité par voie préjudicielle est autant large mais elle n'est pas pour autant ancienne. Sous sa forme actuelle, l'expérience est large, puisqu'elle a prononcé depuis vingtaine d'années plusieurs arrêts[587].

Cette expérience belge de justice constitutionnelle ressemble à s'y méprendre et à la variante près à l'ensemble de la justice

---

[584]V. par ex. l'arrêt n°52/2009 du 19 mars 2009 est consultable sur www.const-court.be

[585]Delpérée., et Baetens-Spetschinsky,M., « La saisine de la Cour d'arbitrage », in *Standing to raise constitutionnal issues : comparative perspectives (éd. R.S.)*, Bruxelles, Bruylant, 2005, p.100.

[586]Martens, P., « La Cour d'arbitrage et le troisième millénaire », *Journal des tribunaux*, 2000, p. 5.

[587]Les données statistiques annuelles peuvent être consultées sur www.const-court.be: arrêts. Il est difficile de donner les chiffres exacts sur les questions d'inconstitutionnalité en Belgique, car un bon nombre sont identiques, et les arrêts portent fréquemment sur plusieurs questions.

constitutionnelle congolaise d'après le système conçu par la constitution de 2006. Le modèle belge de justice constitutionnelle a aussi influencé le constituant congolais de 2006 dans la mise en place d'une véritable juridiction constitutionnelle protectrice de l'État de droit en construction mais également garante des droits et libertés fondamentaux des Congolais.

Pour aider à l'établissement effectif de la Cour constitutionnelle congolaise, son homologue belge met souvent à la disposition des autorités judiciaires congolaises son expertise en matière de justice constitutionnelle. Les membres de la haute juridiction constitutionnelle belge se rendent souvent à Kinshasa pour animer les colloques ou autres conférences-débats liés aux matières de leur compétence.

De manière générale, s'agissant de la Cour constitutionnelle congolaise, il y a une grande similitude non seulement avec la situation française mais également avec celle de la Belgique. Néanmoins, il existe quelques bémols souvent introduits par précaution par le constituant congolais qui préfère un certain nombre de garanties supplémentaires au regard de la faible culture juridique et démocratique de la société congolaise. Bien plus, même si le texte est assorti de précautions et de garanties supplémentaires, le constituant congolais de 2006 a-t-il évalué les conséquences de son mimétisme juridictionnel ? La constitution congolaise est-elle, dès lors, mauvaise et dangereuse ?, s'interroge Delphine Pollet-Panoussis. Pas forcément...

B. Les implications du mimétisme constitutionnel et/ou juridictionnel congolais

Si, comme l'écrit Arnaud Mezers, « à la base de toute institution se trouvent des forces brutales, des besoins, des intérêts pressants des instincts, des appétits, des volontés passionnées », ces éléments matériels tendent à dépasser par « des idées réfléchies » qui en établissent la rationalité. Et cet élément rationnel est lui-même transcendé par des « sentiments moraux, des principes de conduite » qui font accéder l'institution à la durée qui s'inscrit dans les mœurs et est le signe de son accession à une véritable maturité sociale »[588]. En effet, le mimétisme recouvre plusieurs sens. « Il peut consister, dans le règne animal ou végétal à une capacité à se confondre avec des éléments d'une

---

[588]Hauriou, M., *Principe de droit public*, Paris, Dalloz, 1910, p. 129.

autre espèce, mais il peut aussi s'agir d'une reproduction involontaire du comportement d'autrui. Ramené à la matière constitutionnelle, on pourrait définir le mimétisme comme la transposition d'une constitution d'un État vers un autre État, une exportation plus moins consciente et plus ou moins complète »[589]. Envisagé au plan juridictionnel, le mimétisme consiste à une transposition plus ou moins consciente et assortie d'adaptation locale d'un modèle juridictionnel d'un État vers un autre.

Partant de cette définition, pouvons-nous réellement affirmer l'existence d'un mimétisme constitutionnel ou juridictionnel en Afrique francophone en général et particulièrement en RDC ? La question mérite d'être posée. La doctrine ne s'accorde pas sur la réalité de ce vocable et reste très divisée. Tout dépend de la vision de chacun et de la prise de position affichée. Le problème majeur concerne l'évaluation même du mimétisme. Une série de questions, à la suite de Mlle Fleur Dargent méritent d'être soulevées. « Est-il nécessaire pour estimer qu'il y a mimétisme, que la transposition soit un miroir parfait du modèle exporté ? Peut-on parler de mimétisme lorsque la terminologie est la même dans les deux textes ? Ou bien doit-on avant tout comparer la pratique constitutionnelle issue de la norme fondamentale, parce que le texte n'est qu'un support et que mimétisme dans le texte ne signifie pas mimétisme dans le comportement des acteurs institutionnels ? »[590]. Nous sommes d'accord avec une partie de la doctrine qui refuse de taxer automatiquement les acteurs institutionnels africains en général et congolais en particulier de comportement mimétique, surtout ceux à qui revient la responsabilité de rédiger la constitution. Agir autrement serait, affirme Stéphane Bolle, « nier le discernement... et l'originalité dont font preuve ces élites »[591].

A ce stade de travail, nous n'avons aucune prétention de faire une démonstration de l'existence supposée ou non du mimétisme juridictionnel en RDC (ce n'est pas l'objet de notre étude), mais « de

---

[589]Nous tirons cette définition de l'article de Mlle Fleur Dargent, « Les échecs du mimétisme constitutionnel en Afrique noire francophone », in www.droitconstitutionnel.org /congresNancy /com4/dargentT4.pdf.

[590]Dargent F., *op.cit.*

[591]Bole, S., « Des constitutions made in Afrique », Communication au VIeme congrès français de droit constitutionnel, Montpellier, 9, 10, 11 juin 2005, in www.droitconstitutionnel.orgcongresmtp/textes7/BOLLE.pdf consulté 28.12.2012

considérer que celui-ci consiste en la reproduction d'institutions (la futur Cour constitutionnelle congolaise) et de mécanismes propres à un autre régime, transposition par le texte ou transposition par la pratique constitutionnelle »[592]. En effet, le mimétisme dans le texte ne signifie pas le mimétisme dans la pratique. Il y a effectivement, nous fait observer Fleur Dargent, « tout un processus d'appropriation des écrits car on ne peut jamais prévoir ce que donnera telle ou telle disposition appliquée à un contexte particulier »[593]. « Le mimétisme sert ainsi de passerelle, poursuit Mlle Fleur Dargent, le « jeune » constituant apprend et développe sa culture constitutionnelle, confronte des modèles à son État, parfois échoue et recommence en essayant de gommer les imperfections ».

Il en résulte que la réception du constitutionnalisme moderne en Afrique et plus spécialement en RDC n'est pas à analyser simplement comme une acceptation de toutes les formes qu'il a pu avoir dans les pays occidentaux, encore moins aux actes de la force dominante auxquels il est toujours possible de résister, mais plutôt comme volonté de rompre avec une culture du pouvoir fondée sur l'arbitraire des règles imprécises voire autoritaires. Pourtant, nonobstant ces imperfections, quel autre modèle du constitutionnalisme pourrait avoir de l'influence sur la RDC si ce n'est, en premier lieu, celui de son ancienne métropole ? [594]. Il s'ensuit que les conditions d'exercice du pouvoir du constitutionnalisme en RDC se sont inscrites, dès son avènement, dans une sorte de « décalcomanie juridique »[595] caractérisée par la réception des droits métropolitains (1). Cette réception a-t-elle résisté à l'épreuve de la pratique constitutionnelle locale sans décevoir ? (2).

---

[592]Dargent, F., « Les échecs du mimétisme constitutionnel en Afrique noire francophone », *op.cit.*

[593]*Ibidem.*

[594]Bayron, M.-A., *L'État de droit face aux usages et enjeux politiques du droit constitutionnel en Côte d'Ivoire*, Thèse en droit public, université Paris I, Panthéon-Sorbonne, 2008, pp. 60-63.

[595]Mazeres, J.-A., « La théorie de l'institution de Maurice Hauriou ou l'oscillation entre l'instituant et l'institué », in *Pouvoir et Liberté : Études offertes à Jacques Mourgeon*, Bruxelles, Bruylant, 1998, p. 250.

1. La transposition du principe des modèles constitutionnels et/ou juridictionnels

L'acceptation du principe du constitutionnalisme de l'ordre étatique, correspond plus à la volonté du constituant congolais d'opérer une nouvelle répartition du pouvoir entre les organes constitutionnels. L'établissement de la Cour constitutionnelle congolaise répond d'ailleurs et entre autres à cet objectif qui consiste à assurer le respect à ce nouvel équilibre entre ces organes institutionnels.

Dans l'hypothèse où ce mimétisme constitutionnel et/ou juridictionnel existe en RDC, il y a lieu de se demander quel intérêt conscient ou inconscient et quelle finalité ce choix présentait pour le constituant. La situation de la RDC est à la fois préoccupante et complexe depuis bientôt deux décennies (succession de différents conflits armés déstabilisant la gouvernance du pays). La constitution est d'ailleurs mise à rude épreuve au point de s'interroger sur son objet. Pourtant, elle est l'acte fondateur de l'institution étatique, laquelle selon les termes du Professeur Maurice Hauriou est « une organisation sociale, établie en relation avec l'ordre général des choses, dont la pertinence est assurée par un équilibre des forces ou par une séparation des pouvoirs, et qui constitue par elle-même un État de droit »[596]. Étant donné qu'il s'agit d'une « organisation faite par une collectivité d'individus », l'État de droit ainsi envisagé, « dépasse l'individu humain » et sera par ce fait même considéré comme « la véritable réalité sociale séparable des individus »[597]. La constitution est le texte fondateur de la République qui définit mais aussi organise les différentes institutions qui forment un Etat. Selon Pierre Avril, la constitution « est un instrument du gouvernement, autant qu'une charte des libertés et elle est à ce titre inséparable du jeu des forces qui en conditionnent l'application »[598]. C'est d'ailleurs dans cette optique que le constituant congolais a été séduit et a accepté de recourir au modèle de juridiction constitutionnelle et des régimes constitutionnels ayant acquis déjà un certain perfectionnement. Cependant, il est clair que la transposition d'un modèle de justice constitutionnelle n'est peut-être pas judicieuse. Il est même risqué de faire délibérément recours à un modèle

---

[596]Hauriou, M., *Précis de droit administratif*, cité par Mezers, J.-A., *op. cit.*, p. 247.
[597]*Ibidem*.
[598]Avril, P., « Une survivance : le droit constitutionnel non écrit », in *Mélanges Ardant,* Paris, LGDJ, 1999, pp. 4-5.

dont on est conscient qu'il est potentiellement périlleux dans un pays qui ne dispose pas la même culture démocratique.

Par conséquent, ce qui peut être acceptable et satisfaisant en France ou en Belgique ne l'est pas nécessairement en RDC. Ainsi, déclare Mlle Fleur Dargent, « le mimétisme peut être en lui-même une cause, mais son utilisation partielle ou erronée peut aussi conduire à l'insuccès. La pratique constitutionnelle joue là encore, un rôle primordial dans la réussite ou l'échec d'une greffe constitutionnelle »[599]. Pierre Pactet et Ferdinand Mélin-Soucramanien abondent dans le même sens en affirmant que « la constitution ne tranche véritablement que des principes et du problème assez théorique et abstrait de la source du pouvoir, mais se borne en ce qui concerne son exercice à tracer des perspectives à venir et à indiquer ce qui doit être. La pratique politique, au contraire, est décisive en ce qui concerne l'exercice du pouvoir et l'observation montre que la réalité ne correspond pas toujours, ni même souvent, à l'optimisme des schémas constitutionnels »[600]. La transposition du principe des modèles constitutionnels et/ou juridictionnels constitue un défi au regard de la réalité locale du pays importateur de modèle, en l'occurrence la RDC. Ce deuxième défi est à situer au carrefour de notre analyse sur la transposition du principe des modèles constitutionnels et/ou juridictionnels. « La réception critique et nécessaire des modèles exogènes de juridiction constitutionnelle a incontestablement été, pour des raisons conjuguées de rapidité, de continuité et de simplicité, le « prix » et le fruit de la maturité politique et juridique progressivement acquise »[601]. Les défis de la transposition consistent à se démarquer des modèles d'importation. « Or ces modèles de justice constitutionnelle occidentale, française en particulier, sont porteurs, dans leur esprit comme dans la technique juridique qui l'exprime, des valeurs aujourd'hui reconnues universelles, il s'est beaucoup plus agi en réalité de l'adhésion à un corpus de principes qui transcendent les régimes et les époques, que la simple

---

599Dargent, F., *op. cit.*

600Pactet, P. et Mélin-Soucramanien, F., *Droit constitutionnel et institutions politiques*, 22ème édition, Paris, Armand Colin, 2003, p.66.

601Breton, J.-M., « Trente ans de constitutionnalisme d'exportation dans les pays d'Afrique Noire francophone. Entre mimétisme et réception critique : cohérence et incohérence (1960-1990) », in Actes du Congrès de Montpellier, Atelier 7, Le constitutionnalisme : un produit d'exportation, in www.droitconstitutionnel.org consulté le 12 décembre 2012.

reproduction du cadre institutionnel qui peut en être ici ou là le support »[602].

Quoi qu'il en soit, la justice constitutionnelle congolaise à travers sa future juridiction constitutionnelle telle que prévue par le constituant de 2006 ne peut se détacher totalement du mimétisme. Car l'environnement international et régional s'y prête et incite même à une certaine standardisation[603].

En souscrivant à un constitutionnalisme de façade et en faisant semblant d'observer des mécanismes démocratiques, le constituant congolais veut afficher une certaine maturité disposant d'un système rationalisé. Incapable de résoudre les conflits et de réguler la vie politique, les défis de la transposition se présentent sous une double casquette : ils consistent d'abord à faire reconnaître la spécificité et le pouvoir de la justice constitutionnelle en RDC. Cela suppose la dé-marginalisation de la constitution c'est-à-dire une constitution « facilement lavable et biodégradable » (constitution taillée sur mesure et révisable à volonté) mais aussi rendre ordinaire dans le subconscient des citoyens l'idée de justice constitutionnelle. Ces défis consistent ensuite à soutenir la légitimité de la juridiction constitutionnelle auprès des citoyens.

- **De-marginaliser la justice constitutionnelle**

« Faire accepter la spécificité et l'autorité de la justice constitutionnelle en France passe par une prise de conscience par les élus et par les juges dits ordinaires de l'intérêt et de l'importance de la justice constitutionnelle dans un État de droit[604] ». Quoique cette nécessité, affirme Mme Fatin-Rouge Stefanini, ait été largement constatée, la banalisation de la justice constitutionnelle est loin d'être acquise en France. Ce constat vaut aussi pour la haute juridiction constitutionnelle congolaise. Robert Badinter n'hésite pas à nous faire

---

[602]*Ibidem.*

[603]Cette question est mieux approfondie dans la deuxième partie de l'article de Mlle Fleur Dargent. L'article déjà cité.

[604]Fatin-Rouge Stefanini, M., « Les qualités d'une Cour constitutionnelle : retour sur la dénomination du Conseil Constitutionnel et la contestation de son caractère juridictionnel en comparaison avec le cas de la Belgique », in Actes du Congrès de Montpellier, www.droitconstitutionnel.org consulté le 13 décembre 2012.

remarquer qu'aux États-Unis « un tiers seulement des Américains sont capables de nommer les trois instances du pouvoir, et les trois quarts ne comprennent pas la différence entre le juge et le législateur. Je ne suis pas sûr que les mêmes questions posées aux Français suscitent des réponses plus satisfaisantes. Et gardons-nous de leur demander : « Connaissez-vous l'existence du Conseil constitutionnel ? », suivie d'une interrogation subsidiaire : « Quelle est sa fonction ? »[605]. Si l'Américain ou le Français est incapable de faire cette distinction et ne peut non plus répondre à ces questions, qu'adviendra-t-il alors du Congolais dont majorité croupit dans le désert de l'ignorance ?

« Pour les juges ordinaires, poursuit Mme Fatin-Rouge Stefanini, la reconnaissance du Conseil constitutionnel fut longue, laborieuse et n'est pas achevée »[606]. L'expérience congolaise en la matière sera tout aussi laborieuse. Le juge suprême constitutionnel en RDC a et aura du pain sur la planche pour s'affirmer et faciliter l'épanouissement de son institution. « La guerre des juges » épargnera-t-elle la juridiction constitutionnelle congolaise ?

En France, une certaine résistance a été constatée dans l'application de la QPC bien qu'à ce jour le climat semble être apaisé entre les juridictions. Au terme de l'article 23-2 de la loi organique, « la juridiction doit, lorsqu'elle est saisie de moyens contestant la conformité d'une disposition législative, d'une part, aux droits et libertés garantis par la constitution et d'autre part, aux engagements internationaux de la France, se prononce par priorité sur la transmission de la question de constitutionnalité au Conseil d'État ou à la Cour de cassation ». Cette obligation de priorité ne vaut, évidemment, que dans l'hypothèse où le justiciable - en fait son avocat - soulève devant le juge deux moyens, celui de la non-conformité à la constitution de la disposition législative et celui de la non-conformité à tel ou tel traité international et, en particulier, au Traité de Lisbonne. Il était logique que législateur posât cette priorité. En effet, dans l'ordre juridique interne français, la Cour de cassation par l'arrêt Fraisse[607] et le Conseil d'État par l'arrêt Saran[608] ont affirmé la primauté de la constitution ; dès lors il était naturel

---

[605]Préface de Robert Badinter dans l'ouvrage de Stéphane Breyer, *La Cour suprême, l'Amérique et son histoire*, Paris, Odile Jacob, 2011, 362 pages

[606]Fatin-Rouge Stefanini, M. *op. cit.*

[607]C. Cass., Ass. Plén., 2 juin 2000, Fraisse, *RDP*, 2000, p. 1037, note X. Pretot.

[608]CE, Ass., 30 octobre 1998, Saran, *RFDA*, 1998, p. 1081, concl. Ch. Maugûe.

d'obliger le juge à vérifier d'abord la cohérence de la disposition législative de droit interne contestée avec « sa » norme de référence interne qui lui est supérieure, la constitution. Il ressort clairement du rapport Balladur et des débats parlementaires que le constituant avait pour souci et pour intention d'assurer un plein effet à la primauté de la constitution dans l'ordre juridique interne en faisant de la question de constitutionnalité de la loi une question prioritaire.

Qu'en sera-t-il de la RDC où la justice est monnayable ? La constitution du 18 février 2006 prévoit la saisine de la haute juridiction constitutionnelle par les citoyens. A-t-elle prévu le filtrage avant toute transmission, comme dans les autres juridictions constitutionnelles appliquant le renvoi de juge à juge d'une question préjudicielle de constitutionnalité ? Il est institué une procédure de filtrage en cas d'irrecevabilité, d'incompétence ou de non fondement manifeste de la requête[609] L'article 52 de la loi organique sur la Cour constitutionnelle congolaise dispose : « Hormis les traités et les accords internationaux, toute personne peut invoquer l'inconstitutionnalité des actes cités à l'article 43 de la présente loi organique dans une affaire qui la concerne devant une juridiction... Dans ce cas, la juridiction sursoit à statuer et saisit la Cour toutes affaires cessantes ». Il appartient au juge de fond d'apprécier le cas échéant la nécessité mais aussi la pertinence et le bien-fondé même de la question au regard de la cause ou du litige[610].

Quant aux élus, plus spécialement les parlementaires, l'acceptation du Conseil constitutionnel français comme véritable juridiction paraît encore difficile. Les députés congolais tiennent aussi la même attitude face à la Cour suprême de justice exerçant provisoirement les prérogatives de la Cour constitutionnelle. Cette reconnaissance suppose, selon Mme Fatin-Rouge Stefanini, « une vraie prise de conscience des limites du législateur, de sa faillibilité et de l'impossibilité pour la majorité d'exercer une dictature au détriment des droits et libertés fondamentaux des citoyens. Cette situation n'a nullement empêché les élus d'accepter l'autorité de la chose jugée par le Conseil constitutionnel. Au demeurant, lors de la révision constitutionnelle de 2008, de nombreuses décisions du Conseil

---

[609]Lire chapitre 1er du titre IV de la loi organique n°13/026 du 15 octobre 2013.
[610]Lire à ce sujet le « chronique belge » in *AIJC*, 2008, Economica-, p. 526. Voir également à ce propos l'article 26 §2 et 3 de la loi spéciale belge du 6 janvier 1989.

constitutionnel ont été reconsidérées par le constituant non pas pour discréditer ou vilipender le Conseil constitutionnel mais pour opérer une certaine modernisation avec le rééquilibrage institutionnel au regard de la jurisprudence rendue »[611]. L'appropriation par le peuple de la légitimité sociale de la haute juridiction constitutionnelle constitue un second défi. Le comportement des élus congolais sur cette question relève de la politique de la girouette qui consiste à adhérer aux arrêts de la Cour suprême lorsque ces arrêts répondent à leur préoccupations, le cas échéant, ils montent au créneau, fustigent, dénigrent voire incitent leurs partisans à résister aux arrêts de cette haute juridiction d'où la problématique de la légitimité sociale de cette institution.

– **Diffuser une légitimité sociale auprès des citoyens**

Le Conseil constitutionnel français ou la Cour constitutionnelle congolaise a besoin d'une légitimité sociale[612] entendue comme l'acceptation par les citoyens de l'utilité mais aussi de la nécessité de la Cour en matière constitutionnelle. « L'exigence de la légitimité sociale implique non seulement que le *judicial review*, en tant qu'institution, soit accepté par le corps social, mais aussi que les décisions rendues sur le fondement de ce pouvoir le soient également »[613]. La légitimité, c'est « la qualité du pouvoir dont l'acceptation se fonde non sur la coercition comme ressource première, mais sur le consentement réputé libre de la population qui s'y trouve soumise »[614].

Le Conseil ou la Cour constitutionnelle doit prêter l'oreille, même discrète, au grand public. Si certains soutiennent, à juste titre d'ailleurs, affirme Idriss Fassassi, que la Cour influence dans une certaine mesure l'opinion publique, il est toutefois difficile de prouver irréfutablement cette affirmation. A l'inverse, l'influence de l'opinion publique sur la Cour peut cependant être vérifiable, mais tout aussi complexe quant à ses modalités. La Cour ne peut s'opposer sur le long

---

[611]Voir à ce propos Fatin-Rouge Stefanini, « Le Conseil constitutionnel dans la révision constitutionnelle du 23 juillet 2008 sur la modernisation des institutions », *RFDC*, n°78, 2009, pp. 269-298.

[612]Idriss Fassassi a produit un article intéressant à ce sujet. Voir Fassassi, I., « L'exigence continue de légitimité sociale de la Cour suprême », in *Les Cahiers du Conseil constitutionnel*, n°26, 2009, pp. 142-149.

[613] Fassassi, I., *op.cit.*, p. 144.

[614]Hermet, G., Badie, B., Birnbaum, P. et Braud, P., *Dictionnaire de la science politique et des institutions politiques,* Armand Colin, Paris, 6è édition, 2005, p.170.

terme aux attentes de la majorité des citoyens, en ce qu'elle ne saurait « s'affranchir indéfiniment de l'air du temps »[615].

Les mécanismes de protection des droits et libertés institués par le texte de la constitution de 2006 comprennent à la fois, les juridictions de l'ordre judiciaire relevant toutes, de la Cour de cassation comme celles de l'ordre administratif, coiffées par le Conseil d'État et la Cour constitutionnelle. Les cours et tribunaux congolais participent également à la protection des droits de la personne et des libertés publiques.

L'analyse qui suit porte sur la Cour constitutionnelle qui est l'objet de notre étude. Celle-ci, conformément aux textes qui la régissent, va progressivement instituer des procédures de recours, d'examen, d'investigation et d'enquête pour soutenir le sérieux et la force de ses futurs arrêts. D'où la nécessité d'analyser l'organisation et le fonctionnement de cet organe constitutionnel.

Section 2 : L'organisation et le fonctionnement de la Cour constitutionnelle

La loi organique portant l'organisation et le fonctionnement de la Cour constitutionnelle telle que prévue par l'article 169 de la constitution du 18 février 2006 a été adoptée par le parlement et le Sénat. Elle a été promulguée par le Chef de l'État le 15 octobre 2013[616]. L'entrée de cette institution dans le paysage institutionnel congolais sera incontestablement empreinte d'une certaine originalité. Elle est sans doute l'une des innovations les plus bénéfiques du constitutionnalisme du renouveau démocratique en RDC. En effet, certains points de cette loi ont indéniablement subi à la fois l'influence de la constitution française de la Ve République et de la loi spéciale sur la Cour d'arbitrage

---

[615]Cohen-Tangi, L., *Le Droit sans l'État*, PUF, Paris, cité par Fassassi, I., *op. cit.*, p. 143.

[616]Loi organique n°13/026 du 15 octobre 2013 portant organisation et fonctionnement de la Cour constitutionnelle. A l'adresse www.presidentrdc.cd/spip.php Consulté le 20 octobre 2013.

belge devenue Cour constitutionnelle. La documentation utilisée[617] par la commission politique, administrative et juridique (PAJ) de l'Assemblée nationale congolaise lors de la rédaction de ce projet loi organique sur la Cour constitutionnelle est essentiellement d'origine étrangère (occidentale). Il faut aussi reconnaître l'interférence de l'histoire coloniale de la RDC qui, dans une certaine mesure, explique aussi la prédisposition dans cette loi au constitutionnalisme européen. Le lien avec l'Occident demeure toujours très fort. La culture juridique des nouveaux dirigeants congolais reste dominée par les influences belges et françaises. Certaines personnes estiment même que cette loi organique est à des variantes près, un simple décalque du texte franco-belge. Mais au-delà d'une « certaine admiration » pour des modèles éprouvés, c'est surtout un souci d'efficacité qui a présidé au choix du constituant congolais de 2006 à la base de la constitution du 18 février 2006.

Car il s'est agi dans un contexte de transition et de sortie de crise aux équilibres encore fragiles d'affirmer le plus rapidement possible l'autorité de l'État. Ainsi nous pouvons remarquer par-delà l'évidence des ressemblances avec les modèles de cours constitutionnelles des démocraties occidentales[618]. La RDC à travers cette loi organique veut une Cour constitutionnelle aux spécificités congolaises avec une certaine innovation, « de quoi tordre le cou à toute présomption de mimétisme aveugle »[619].

---

[617]RUEDA, F., *Le contrôle de l'activité du pouvoir exécutif par le juge constitutionnel : Exemples français, allemand et espagnol,* Paris, LGDJ, 2000. Drago, G., *Le contentieux constitutionnel français,* 2e édition, Paris Montchrestien, 2006.

[618]Lire sur ces différentes juridictions constitutionnelles : Favoreu, L. et Wanda Mastor, *Les cours constitutionnelles*, Paris, Dalloz, 2011; Favoreu, L., *Les cours constitutionnelles*, « *Que sais-je* ? » n°2293, 1986; Rousseau, D., *La justice constitutionnelle en Europe,* Paris, Montchrestien, « clefs », 3e éd., 1998; Bon, P., Moderne, F., Rodriguez,Y., *La justice constitutionnelle en Espagne*, Economica/PUAM,1984; Bon, P., Casalta Nabais, J., Lobo Antunes, M., et Miranda, J., *La justice constitutionnelle au Portugal,* Paris, Economica,1989; Delpérée, F., « La justice constitutionnelle en Belgique et le recours des particuliers », *RFDC*,1990/4, p.676; Rochrssen,G., « Le contrôle juridictionnel des lois en Italie *», Mélange Dabin*, Sirey, 1963, p. 97; Eisemmann, Ch., *La justice constitutionnelle dans la RFA, op cit.*, p.195

[619]Bole, S., « Vers une cour constitutionnelle à la congolaise » consultable sur http://www.la-constitution-en-afrique.org/article-23102653.html consulté le 12 mai 2010.

L'organisation atypique de la Cour constitutionnelle congolaise est en effet révélatrice du rôle que la constitution du 18 février 2006 entend lui confier. Cette opération est donc le produit de différents éléments innovants du reste critiquables, notamment les trois catégories de magistrats constitutionnels. Aussi l'efficacité de cette juridiction est tributaire à la fois de la qualité de ses membres mais aussi de la manière dont ceux-ci sont désignés.

Adoptée par l'Assemblé nationale le 14 novembre 2008[620] et le Sénat le 7 novembre 2009[621] et promulguée le 15 octobre 2013, la loi portant organisation et fonctionnement de la Cour constitutionnelle précise que celle-ci siège avec le concours d'un parquet général[622] et l'appui technique des conseillers référendaires[623]. La composition et le fonctionnement de la Cour constitutionnelle issue de la constitution du 18 février 2006, elle-même produit d'une sortie de longs conflits armés, sont des modalités d'organisations indispensables pour comprendre la justice constitutionnelle en RDC[624]. Ils mettent en scène la figure du juge constitutionnel ainsi que sa méthode. L'organisation atypique de la Cour constitutionnelle congolaise est le produit de ces différents éléments innovants mais aussi discutables (§1). D'autre part, il s'agira de comprendre par qui et comment les juges sont sélectionnés et dans quelle mesure le statut qui leur est conféré contribue à assurer la sérénité dans l'exercice de leurs fonctions (§2).

§1. Organisation spécifique de la Cour

« L'humilité des procédures est moins exaltée que la formulation des principes ». Mais c'est grâce aux procédures, si du moins elles sont faites à leur mesure ou du moins conçues en vue de l'efficacité, que les hommes vivent les principes. Et la vie des hommes est seule importante. Il faut laisser le dernier mot au maître de l'histoire des idées qui écrivait en hommage à Maurice Hauriou : « En matière de science

---

620Adopté avec 441 voix pour, 0 contre et 1 abstention.

62182 voix pour, 0 contre et 0 abstention. Voir « Adoption du projet de loi sur la cour constitutionnelle ». www.lepotentielonline.com consulté le 24 novembre 2010.

622Art. 12 de loi organique n°13/026 du 15 octobre 2013 portant organisation et fonctionnement de la Cour constitutionnelle, à l'adresse www.presidentrdc.gov.cd

623Art. 20, al 1 et 21 de loi organique n°13/026 du 15 octobre 2013 sur la Cour constitutionnelle.

624Salem ould Bouboutt, « Les juridictions constitutionnelles en Afrique : Enjeux et évolutions », *AIJC*, Paris, Economica/Puam, 1997-XIII, pp 31-52.

constitutionnelle, les procédés sont plus importants que les dogmes, car les dogmes peuvent se contenter de vains et platoniques hommages ; les procédés régissent directement et pratiquement, eux, l'activité des hommes »[625].

Cette affirmation tout empreinte de réalisme du Professeur Rivero, indique franchement « la nécessité de mettre en place des institutions fortes, de leur donner une assise textuelle solide, de les entourer du maximum de garanties de telle sortes qu'elles puissent assurer au mieux leur mission, afin que ni les grandes déclarations ni l'édification de l'État de droit, ni l'instauration de la démocratie ne restent lettre morte »[626].

L'organisation de la Cour constitutionnelle, à notre avis discutable, est réglementée par le titre III de la Constitution du 18 février 2006 et notamment par son article 169 ainsi que par la loi organique (titre II) portant organisation et fonctionnement de cette institution du fait de sa promulgation par le Président de la République (A). A noter que dans l'architecture organisationnelle de la Cour constitutionnelle se trouvent trois catégories de magistrats du parquet (qualifiés par certains de l'œil discret du pouvoir exécutif) mais également les conseillers référendaires à la lumière de ceux de la Cour constitutionnelle de Belgique (B).

A. Organisation de la Cour

C'est le paragraphe 5 de la section 4 du chapitre 1 de titre III de la constitution du 18 février 2006 qui organise la Cour constitutionnelle et fixe ses pouvoirs. L'article 169 de cette constitution de 2006 renvoie l'organisation et le fonctionnement de cette institution à une loi organique. La composition de la Cour est régie par la constitution (1). Le président de cette haute juridiction constitutionnelle, élu par ses pairs, détiendra d'importantes prérogatives (2).

---

[625]Rivero, J., « Idéologie et technique dans le droit des libertés publiques » in *histoire des idées et des idées sur l'histoire, Mélange J.J. Chevalier,* Paris, Cujas, 1977, p. 247.

[626]Mborantsuo, M.M., *Les cours constitutionnelles africaines et Etat de droit, op. cit.*, p. 51.

1. Composition de la Cour

A propos de la composition de la Cour, l'article 158, alinéas 1 et 2 de la constitution du 18 février 2006 dispose : « la Cour constitutionnelle comprend neuf membres nommés par le Président de la République pour un mandat de neuf ans renouvelable par tiers. Trois membres sont nommés à l'initiative du chef de l'État, trois désignés par le parlement réunis en congrès et trois autres par le Conseil supérieur de la magistrature. Les deux tiers doivent être des juristes provenant de la magistrature, du barreau ou de l'enseignement universitaire ». Ces membres de la Cour sont communément appelés « les sages ». Ainsi, contrairement à la pratique de la Vè République française[627], et du droit comparé africain notamment le Conseil constitutionnel camerounais[628] où siègent dans cette institution constitutionnelle, des membres nommés et ceux de droit[629], la Cour constitutionnelle congolaise ne dispose que d'une seule catégorie de membres. Les membres de la haute juridiction constitutionnelle congolaise sont nommés par ordonnance du Président de la République. Dans une Afrique en général, et la RDC en particulier où l'on dénonce de plus en plus une collusion entre le pouvoir politique et l'institution constitutionnelle, la Cour constitutionnelle congolaise devra comme son homologue béninois faire plutôt office de modèle. Son indépendance face au pouvoir politique devra susciter confiance et adhésion auprès de l'opinion congolaise.

Néanmoins, les derniers développements de la vie politique nationale congolaise et la pratique du système institutionnel depuis 1990, révèlent un risque potentiel de dérive, d'abus d'influence et de surpuissance mutuelle entre la Cour et le pouvoir politique. Cette surpuissance mutuelle s'explique par l'affranchissement et l'affirmation de la Cour au pouvoir politique. Celui-ci en RDC comme dans certains pays africains acceptent difficilement les décisions du juge qui ne leur sont pas favorables. Ces dérives seront surtout manifestes dans le

---

[627]Pactet, P., *Droit constitutionnel et institutions politiques*, Paris, Armand Colin, 2003, pp. 526-527.

[628]Lire à ce sujet l'article de Atangana Amougou, J.-L., « La constitutionnalisation du droit en Afrique : l'exemple de la création du Conseil constitutionnel camerounais », in Annuaire International de justice constitutionnelle (AIJC), XIX, 2004, pp. 45-63.

[629] Il s'agit en effet de la présence des anciens Présidents de la République au sein de cet organe constitutionnel.

domaine du contrôle de constitutionnalité de la loi et en matière électorale.

Il a été dit plus haut que la composition des juridictions constitutionnelles est régie par la constitution· Elle renvoie d'une part aux modalités de désignation des juges constitutionnels. Tout en fixant des limites à l'exercice du pouvoir de nomination des membres de la Cour, le constituant congolais de 2005 ne fait aucune obligation à ses titulaires à en faire une application totalement dépolitisée. Ceux-ci disposent de la liberté de nommer dans cette haute juridiction, des membres de leur formation politique dont on peut douter, *a priori*, la partialité et le militantisme.

La pratique de la première composition de la Cour constitutionnelle congolaise, rendue publique le 9 juillet 2014, confirme d'ailleurs ce jugement politique qu'on peut déjà, avoir du mode de formation de cette institution constitutionnelle. La plupart des personnalités désignées sont d'une manière générale membres de partis politiques de la Majorité présidentielle (MP) ou en étaient du moins sympathisants. La propension systématique des opérateurs politiques congolais à placer à la tête de la Cour (hier CSJ et aujourd'hui Cour constitutionnelle) l'un des leurs afin d'en disposer théoriquement et formellement le contrôle, a éveillé davantage le soupçon du Congolais sur la perfidie des politiques. Cette impression est presque fondée que la RDC paraît être infectée par le « virus du tout politique » qui ramène la compréhension et le fonctionnement de la société congolaise à la seule entrée politique. Il nous paraît opportun à ce stade de réflexion d'attirer l'attention du lecteur sur le mode de désignation du président de la Cour qui est complètement atypique ; ce sera l'objet de l'analyse suivante.

2. Le cas particuliers de la fonction de président de la Cour

« Une institution est sans doute une histoire, une idée faite corps, des intérêts contraires coagulés mais aussi des hommes ; et pour celui qui la dirige, le souci de l'institution se confond nécessairement avec le souci de soi »[630].

---

[630]Dominique Rousseau, « La doctrine Badinter et la démocratie, Descartes et cie, 1997 cité par Manangou, Vivient, *les évolutions récentes du constitutionnalisme en*

Contrairement à la pratique institutionnelle en Afrique francophone qui prône en grande partie la nomination par le chef de l'État[631], le président de la Cour constitutionnelle congolaise est élu par ses pairs conformément à l'article 9 de la loi organique n°13/026 du 15 octobre 2013 sur la Cour constitutionnelle qui dispose : « Le Président de la Cour est élu par ses pairs pour une durée de trois ans renouvelable une fois, dans les conditions déterminées dans le règlement intérieur ». Cette élection voulue par le constituant congolais témoigne de la stricte application du sacro-saint principe de la séparation des pouvoirs.

La fonction du président de la Cour constitutionnelle congolaise est soumise aux mêmes règles générales que les autres membres de la Cour. Cependant, le président dispose certaines prérogatives. Comme l'a bien écrit Dominique Rousseau « ...Chaque président transmet au Conseil, une partie de lui-même, une part de ses convictions, de sa philosophie... ». Cette affirmation de Dominique Rousseau n'est valide que lorsque le président d'une Cour dispose d'un certain nombre de pouvoirs que lui confèrent les dispositions textuelles relatives à l'organisation et au fonctionnement de ladite institution.

Or, la doctrine nous enseigne qu'en France, ni la constitution du 4 octobre 1958, ni l'ordonnance n°58-1067 du 7 novembre 1958 portant loi organique sur le Conseil constitutionnel français ne fixe pas les pouvoirs du président du Conseil et particulièrement sur l'administration du Conseil. Seul l'article 16 de cette ordonnance portant loi organique dispose que le président du Conseil est l'ordonnateur du budget. Cette carence inattendue d'attributions spécifiques du président du Conseil constitutionnel français contraste avec les pouvoirs que possèdent les présidents des autres juridictions constitutionnelles européennes. Cette absence peut se justifier globalement et sans doute par le niveau de budget, les moyens matériels et en personnel très faibles en France en comparaison des autres juridictions constitutionnelles dotées de compétence plus considérables. La loi

---

RDC, op. cit., p.35.

[631]Exceptés quelques pays africains notamment : le Togo et le Gabon. Voir pour le Togo, l'article 101 de la constitution du 14 octobre 1992, in Jean du Bois de Gaudusson , Conac (G.), Desouches (Ch.), *Les constitutions africaines*, Tome I, Paris, Bruxelles, Bruylant, La documentation française, 1998, p. 387. Pour le Gabon, voir l'article 89 de la constitution du 26 mars 1991, in Bois de Gaudusson (J. du), Conac (G.), Desouches (Ch.), Tome I, *op.cit.*, p. 354.

organique sur la Cour constitutionnelle de la RDC opte pour un choix contraire de celui fait par le Conseil constitutionnel français.

En effet, le président de la Cour constitutionnelle congolaise possède un très large pouvoir. D'après l'article 38 de la loi organique n°13/026 du 15 octobre 2013 sur La Cour constitutionnelle, « le président est chargé de l'administration de la Cour. Il est l'ordonnateur de son budget». A ce titre, il est inévitablement un acteur incontournable tant dans l'administration de la Cour que tout au long de la procédure du procès constitutionnel. Par ailleurs, le président de la Cour est assisté dans l'accomplissement de sa tâche administrative par un greffe[632] mais aussi par des Conseillers référendaires chargés d'assister la Cour dans l'étude et la préparation technique des dossiers[633]. Comme c'est le cas dans la plupart des Cours et Conseils constitutionnels, l'organisation des séances, la convocation des membres et bien sûr la police pendant les séances échoit également au président de la Cour. C'est aussi au président de la Cour qu'est notifiée la démission d'un des membres. Le président en informe le Président de la République, le président de l'Assemblée nationale, le président du Sénat et le président du CSM[634].

Le président a autorité sur les services administratifs et juridiques comme dit ci-haut mais aussi il a autorité sur les services financiers de la Cour. En tant qu'ordonnateur[635], le président a la charge de mandater les dépenses, sachant qu'en général, la Cour dispose de l'autonomie financière ; cette fonction est non négligeable. L'autonomie de la gestion financière de l'institution est toujours apparue comme une garantie indispensable de l'indépendance de l'institution[636]. Or l'article 39 de loi organique promulguée le 15 octobre 2013 semble limiter l'autonomie budgétaire de la Cour. C'est notamment dans le cas de divergences d'orientations politiques entre la Cour et le pouvoir

---

[632]Article 19 de la loi organique sur la Cour constitutionnelle du 15 octobre 2013.
[633]Article 21 de loi organique sur la Cour constitutionnelle du 15 octobre 2013.
[634]Article 28 de la loi organique du 15 octobre 2013 sur la Cour constitutionnelle. Il ressort de l'article 8 de la loi n° 08/013 du 05 août 2008 portant organisation et fonctionnement du CSM que le président de la Cour constitutionnelle est de droit président du CSM.
[635]Article 38 de la loi organique du 15 octobre 2013 sur la Cour constitutionnelle.
[636]Rigaux, M.-F. et Renauld, B., La Cour constitutionnelle, Bruxelles, Bruylant, 2008, p. 313.

politique. Dans ce scénario-ci, l'on pourrait avoir un budget qui ne serait en réalité que le produit de rapport de forces, d'où, nous semble-t-il, l'idée de cette limitation. L'article 39 ci-devant cité dispose que « La Cour prépare l'avant-projet de son budget. Le Président le transmet au Bureau du CSM en vue de son intégration au budget du pouvoir judiciaire». Cette disposition soulève des inquiétudes et des questions : pourquoi la Cour doit-elle recourir à un intermédiaire pour la transmission de son projet de budget ? Est-ce une manière de la soumettre à l'autorité du CSM ? Pourquoi ne laisse-t-on pas explicitement au président de la Cour la compétence de proposer le budget tout en sachant qu'il est de droit le président du CSM conformément à l'article 8 de la loi n°08/013 du 5 août 2008 portant organisation et fonctionnement du CSM ? Pourtant c'est lui l'arbitre des priorités budgétaires. Lui confier ce rôle revient à affirmer son autorité sur l'ensemble de l'institution.

Face à ces différentes interrogations, le législateur organique congolais aurait pu s'inspirer de la jurisprudence des juridictions constitutionnelles qui ont fait leurs preuves en la matière. Le modèle béninois constitue un parfait exemple. L'article 18 de la loi organique relative à l'organisation et au fonctionnement de la Cour constitutionnelle béninoise[637] fait du Président de cette juridiction l'auteur du projet de budget de la Cour mais aussi l'ordonnateur des dépenses: « Sur proposition du Président de la Cour constitutionnelle, les crédits nécessaires au bon fonctionnement de ladite Cour sont inscrits au Budget National. Le Président de la Cour est l'ordonnateur des dépenses ». La précision d'une disposition vaut mieux que la formulation fourre-tout congolaise laquelle fait de l'ensemble de la juridiction constitutionnelle l'auteur du projet de budget. Or en réalité c'est le Président qui endosse la responsabilité.

Outre sa mission essentielle de juge, le Président incarne en quelque sorte l'institution comme dit ci-haut. C'est lui qui représente la Cour devant les autres institutions de la République. Il se doit dès lors de transmettre au plus haut niveau tous les gages de crédibilité et d'efficacité de son institution, sans lesquels l'activité de la Cour risquerait de se voir largement dépréciée. Aussi, peut-on honnêtement

---

[637]Loi n°91-009 du 4 mars 1991 portant loi organique sur la Cour constitutionnelle modifiée par la loi du 31 mai 2001 à l'adresse www.cour Consulté le 25 octobre 2013.

affirmer que le Président, au regard de différentes considérations ci-devant, se doit non seulement d'observer strictement les dispositions textuelles relatives au statut des membres de la Cour, mais aussi d'aller plus au-delà des textes pour être exempt de tout soupçon, tant dans l'exercice de ses fonctions qu'en dehors de la Cour. De même, comme le Président de la République est le garant des institutions, le Président de la Cour constitutionnelle doit s'affirmer comme garant de son institution en offrant les gages les plus efficients de probité morale et intellectuelle. Si l'on examine l'ensemble des compétences dévolues par les dispositions constitutionnelles à la Cour, l'on s'aperçoit que le choix du président revêt une importance primordiale.

Car c'est lui qui d'une certaine manière est sur « le devant de la scène ». Le législateur organique congolais a opté pour le mode d'élection du président par ses pairs au scrutin majoritaire à deux tours, à bulletin secret pour une durée de trois ans renouvelable une fois[638].

La question de l'élection du président de la Cour par ses pairs constitue un choix démocratique. Ce type de désignation par élection a aussi ses inconvénients. « L'argument principal contre ce système est l'introduction du combat politique à l'intérieur de la Cour : candidatures multiples, possible division des juges constitutionnels en groupes, campagne électorale, ...et dans la communauté restreinte, les effets d'une compétition électorale risquent de laisser les traces durables qui peuvent gêner le fonctionnement ultérieur de la Cour »[639]. Un certain nombre d'États africains notamment le Cameroun, le Congo Brazzaville, etc. ont opté pour le choix inverse, celui de nomination du président de la Cour ou Conseil constitutionnel par le Président de la République. La France a retenu aussi le système de désignation par une main extérieure. Certains Présidents du Conseil constitutionnel français ont été des juristes « vertébrés » comme Robert Badinter. D'autres ont accédé à ce poste grâce à leur lien personnel avec le Président de la République notamment Jean Louis Debré et Jean Mazeaud qui furent des vieux amis du Président Chirac. Cette nomination est essentiellement politique contrairement à ce qui se passe dans d'autres États européens qui associent toujours le parlement à cette nomination. Ce modèle français de nomination du président du Conseil ou de la

[638]Article 9 de la loi organique du 15 octobre 2013.

[639]Rousseau, D., *La justice constitutionnelle en Europe*, *op. cit.*, p. 60.

Cour est partagé par plusieurs États africains mais soulève souvent de vives controverses.

Nous l'avons vu, en RDC, la loi organique opte pour la démocratisation de la juridiction constitutionnelle en offrant aux membres de la Cour de procéder à l'élection de leur président. Or certaines dispositions notamment l'article 9 de cette loi organique suscitent des interrogations et le législateur organique n'y répond point.

La première question concerne la durée du mandat du président de la Cour. D'après l'article 9, ce mandat est de trois ans renouvelable une fois. Or l'article 6 de la loi organique dispose que le mandat des membres de la Cour est de neuf ans. La combinaison des articles 6 et 9 de la loi organique met en lumière la pertinence de la durée du mandat du Président qui est de trois ans avec la possibilité de renouvellement donc six ans. Il en résulte une impossibilité de présider la Cour pendant neuf ans. Pour quel motif ? Il aurait été conforme, à notre avis, que le mandat du Président de la Cour corresponde à celui prévu pour l'ensemble des membres de la Cour c'est-à-dire neuf ans.

La deuxième observation vise la composition du corps électoral. La diversité des juges constitutionnels ne disposant pas de statut unique rend complexe ce corps électoral. Qui a droit ou non à participer à l'élection du Président de la Cour ? La Cour est composée outre les neuf membres, des Magistrats et des Conseillers référendaires. Ceux-ci ont-ils droit d'élire le Président de la Cour ? Nous estimons que cette question semble être résolue tacitement par l'article 9 de la loi organique, lequel consacre l'élection du Président de la Cour uniquement aux membres désignés conformément à la procédure prévue à l'article 2 de la loi organique[640]. Le législateur organique n'a pas par contre clairement résolu cette préoccupation. Cette dernière a même constitué un des points inscrits à l'ordre du jour de la session extraordinaire du CSM qui s'est tenue du 17 au 24 août 2012 à Kinshasa. Il revient donc au législateur organique de clarifier le statut des autres Magistrats ainsi que des Conseillers référendaires.

[640]Il s'agit de "neuf membres nommés par le Président de la République, dont trois sur sa propre initiative, trois désignés par le Parlement réunis en Congrès et trois autres par le Conseil supérieur de la magistrature".

En définitive, le débat entre partisans du système de l'élection par ses pairs et ceux du système de la désignation ne sera certainement pas tranché et reste toujours d'actualité. Le constat à faire est qu'élus ou nommés les présidents des cours constitutionnelles doivent user d'une grande indépendance de jugement. La composition de la Cour constitutionnelle congolaise peut en confirmer. La désignation des trois membres par le parlement réuni en Congrès a été l'objet d'une intense tractation politique.

L'ensemble de ces développements, laisse apparaître une volonté indéniable : celle d'ancrer l'idée d'État de droit dans le fonctionnement des institutions. Bien sûr, des difficultés structurelles existent déjà aujourd'hui pour la CSJ. Elles ne manqueront certainement pas pour la future Cour constitutionnelle où nombre d'imperfections seront à relever. Mais le principe d'un État de droit en construction en RDC, par-delà les obstacles s'imposera incontestablement. La Cour n'est pas seulement composée de neuf membres mais aussi des magistrats de parquet et des Conseillers référendaires.

B. L'établissement des magistrats du parquet et des Conseillers référendaires : entre défi d'originalité et régression mimétique

L'établissement d'un parquet près la Cour constitutionnelle résulte de la volonté du constituant. En effet, l'article 149 révisé de la constitution congolaise de 2006 dispose que « le pouvoir judiciaire est indépendant du pouvoir législatif et du pouvoir exécutif. Il est dévolu aux cours et tribunaux qui sont : la Cour constitutionnelle, la Cour de cassation, le Conseil d'État, la Haute cour militaire ainsi que les cours et tribunaux civils et militaires ».

D'ailleurs, l'une des principales innovations de la loi organique est la diversité des magistrats près la Cour. Il s'avère ainsi indispensable de faire la distinction, outre les juges constitutionnels, il y a d'un côté les magistrats du parquet de l'autre les conseillers référendaires.

1. Le magistrat du parquet : œil indiscret du pouvoir exécutif ?

« D'après une loi classique de science administrative, affirme Guillaume Drago, toute institution tend naturellement à développer ses compétences, ses moyens, son personnel, son influence »[641]. Nous pouvons oser dire que la haute juridiction constitutionnelle congolaise ne se dérobera pas à cette règle.

En effet, parmi les trois sortes des magistrats près la Cour, les magistrats du parquet représentent une catégorie particulière. Or la juridiction constitutionnelle est distincte des autres juridictions. A ce titre, l'établissement d'un parquet près la Cour constitutionnelle aux attributions de ministère public peut paraître, selon Stéphane Bolle, incongrue. Cette option n'a pas été adoptée ou n'a pas suscité l'adhésion des pays se réclamant du modèle Kelsenien de la justice constitutionnelle. Pour autant, la loi organique relative à la Cour constitutionnelle congolaise s'aligne sur la volonté du constituant congolais de 2006 sans apporter une nouveauté. Cette loi organique n'a fait que retranscrire l'article 149, alinéa 1er de la constitution du 18 février 2006. Conformément à l'article 17 de la loi organique, ce parquet est doté d'un secrétariat dirigé par un premier secrétaire nommé par ordonnance du Président de la République. Le CSM est l'autorité chargée de faire la proposition du nom de la personne à occuper ce poste conformément à l'article 12 de la loi organique n° 013/026 du 15 octobre 2013 sur la Cour constitutionnelle.

D'après l'article 13 de la loi organique, le parquet général est assisté, d'un ou plusieurs Premiers avocats généraux et d'un ou plusieurs avocats généraux. L'alinéa 3 du même article dispose qu'ils ont le statut de magistrats et sont nommés pour un mandat de trois ans renouvelable une seule fois par ordonnance du Président de la République, sur proposition du Conseil supérieur de la magistrature parmi les magistrats de l'ordre judiciaire ou administratif ayant au moins quinze ans d'expérience.

A la lumière de cet article, les magistrats du parquet disposent des mêmes droits et devoirs statutaires reconnus aux autres magistrats. Cette situation est-elle compatible avec leur position hiérarchique dans cet organe ? Lorsqu'on porte le regard sur la loi organique n°06/020 du 10 octobre 2006, est-il convenable que ces magistrats du parquet puissent faire l'objet de poursuites disciplinaires et être soumis à la

---

[641]Drago, G., « Réformer le Conseil constitutionnel ? », in *Pouvoirs*, n°105, avril 2003, pp. 73-88.

révocation ? Ces développements ci-devant soulèvent les questions d'indépendance du parquet général près la Cour constitutionnelle. Ces mêmes développements s'interrogent sur le refus d'accorder aux membres du parquet des garanties exorbitantes du droit commun reconnues aux membres de la Cour constitutionnelle, membres dont le statut sera examiné plus loin. Or le régime des incompatibilités prévu à l'article 31 de la loi organique relative à l'organisation et au fonctionnement de la Cour constitutionnelle proscrit une série de fonctions tant politiques que publiques aux magistrats et aux juges constitutionnels. On peut alors se demander avec Vivien Manangou pourquoi, poser plus d'obligations que de droits aux magistrats du parquet ?

Quant au rôle de ce parquet, l'article 14, alinéas 2 et 3 de la loi organique sur la Cour constitutionnelle disposent: « En matière pénale, il recherche et constate les infractions relevant de la compétence de la Cour, soutient l'accusation et requiert les peines. Dans les autres compétences de la Cour il émet des avis motivés ». L'article 17 al. 3 de cette même loi organique dispose qu'« un décret délibéré en conseil des ministres sur proposition de la Cour constitutionnelle fixera l'organisation, le fonctionnement du secrétariat ».

Son rôle pourra être déterminant dans la résolution du contentieux constitutionnel. Conformément à l'article 89 de la loi organique, le ministère public est informé du dossier de procédure afin d'émettre, dans un délai de huit jours, un avis à intervenir, après la conclusion de toutes les parties concernées. C'est après l'avis du ministère public que le Président de la Cour confie le dossier à un rapporteur qui procède ainsi à l'instruction de l'affaire en vue d'un rapport écrit à soumettre à la Cour[642]. Il ressort de cette disposition que le parquet constitue l'une des pièces maîtresses à la fois dans le procès constitutionnel mais également dans l'organisation de la Cour. La place qu'occupe ce parquet pose tout aussi le problème de son indépendance face au pouvoir exécutif. Un parquet à la solde du gouvernement constitue un danger voire une dérive pour une justice constitutionnelle telle que prévue par Hans Kelsen. S'il peut paraître acceptable que l'influence du parquet reste à certains égards décisive devant la haute juridiction constitutionnelle, cette acceptation accentue par contre la

[642]Article 98, alinéas 2 et 3 de loi organique sur la Cour constitutionnelle.

polémique autour de ce corps. Cette controverse sur le bien-fondé d'un parquet représentant un « agent » du pouvoir exécutif est d'autant plus fortifiée que ce système constituera une originalité. Car il n'existe nulle part en droit comparé un parquet rattaché à la Cour constitutionnelle. Bien que l'article 27 de la loi organique dispose que « les membres de la Cour, ceux du Parquet Général et les Conseiller référendaires ont droit à un traitement et à des avantages qui assurent leur indépendance et leur dignité.... ». La réalité de cette disposition pourrait répondre positivement ou négativement à cette préoccupation.

2. Les Conseillers référendaires : entre nouveauté et imitation gratuite

La constitution du 18 février 2006 est muette sur le corps référendaire. C'est une innovation entièrement due à la loi organique. « Le nombre restreint de collaborateurs auprès des membres du Conseil constitutionnel facilite sans doute la circulation de l'information et la simplicité des relations.

Mais l'effet de « grande famille » ainsi créé ne doit pas prendre le pas sur les exigences de l'efficacité. Ainsi, le nombre trop limité de membres du « service juridique » nuit objectivement, malgré la grande qualité de ses membres, à la recherche d'une information qu'il faut compléter dans un temps limité.

Mieux voudrait y associer des assistants de justice et des collaborateurs plus nombreux et plus stables, ainsi que des référendaires attachés directement à chaque membre du Conseil... »[643]. Cette affirmation de Guillaume Drago, explique ou justifie l'établissement d'un corps de Conseillers référendaires au sein de la haute juridiction constitutionnelle congolaise. Conformément à l'article 20 de la loi organique, un corps des Conseillers référendaires est créé et placé sous l'autorité du Président de la Cour constitutionnelle.

a. Conseillers référendaires : suppléants du juge constitutionnel

La loi organique prévoit la création au sein de la haute juridiction constitutionnelle congolaise d'un corps de Conseillers référendaires sans préciser un statut pour ce corps[644]. L'article 22 de la

---

[643]Drago, G, « réformer le Conseil constitutionnel » *op. cit,* p.79.

[644]Art. 21 de la loi organique sur la Cour constitutionnelle dispose : « les Conseillers référendaires assistent la Cour dans l'étude et la préparation technique des dossiers

loi organique sur la Cour prévoit un quota des trois quarts des Conseillers référendaires réservé aux juristes ayant une expérience professionnelle de dix ans au moins dans le domaine juridique, administratif ou politique. L'article 23 prévoit la catégorie de non juriste répondant à une certaine condition pour être recruté Conseiller référendaire. Ainsi un détenteur d'un Master 1 en histoire, géographie, philosophie, mathématiques ou lettres justifiant d'une expérience professionnelle de quinze ans au moins dans le domaine politique ou administratif peut prétendre au poste de Conseiller référendaire. Quel crédit la Cour constitutionnelle doit-elle accorder à ces non juristes pour sa bonne gouvernance ? L'importance de cette question n'est pas à démontrer. Car le critère de l'origine professionnelle peut faire obstacle au recrutement de complaisance basé sur le tribalisme, le régionalisme ou l'appartenance à une même famille politique. L'article 24 de cette même loi organique sur la Cour dispose : « les Conseillers référendaires sont recrutés sur concours ».

Cette disposition ne nous renseigne pas sur la nature de ce concours de recrutement au regard des deux catégories prévues aux articles 22 et 23 de la ladite loi organique. Ces épreuves seront-elles identiques pour tous les concourants (les juristes et non juristes) ? Le texte reste aussi muet sur la composition du jury chargé de corriger ces épreuves. Le député Bulle Gbangolo Basabe dans sa proposition de loi organique qu'il a initié proposait à l'article 11 un corps des Conseillers référendaires réservé aux juristes ayant des compétences « éprouvées ». Cet article 11 de la proposition de la loi organique du député préconisait deux modalités de recrutement. D'abord un concours destiné aux juristes dont l'organisation revient à la haute juridiction constitutionnelle. Ensuite une faculté de recruter basée sur les mérites des juristes ayant à leur actif des publications. Cet article n'a pas été retenu par le législateur organique. Néanmoins la loi organique dispose que les Conseillers référendaires sont soumis au statut des membres de la Cour.[645] Le nombre des conseillers référendaires ne devra pas dépasser soixante membres en vertu de l'alinéa 2 de l'article 20 de loi organique. Seul le plafond est fixé. Par contre le nombre exact des

---

dont elle est saisie ».

[645]Art. 25 de la loi organique sur la Cour constitutionnelle affirme que « les dispositions de l'alinéa 3 de l'article 13 s'appliquent, mutatis mutandis, au Conseiller référendaire ».

Conseillers demeure un mystère. Donc seul le texte peut définir le statut de Conseillers.

b. Un corps de conseillers : A quoi servir ?

A quoi serviront les 60 conseillers référendaires ? Seront-ils des assistants rattachés aux membres de la Cour, à l'instar des assistants parlementaires ou des juges constitutionnels de second rang, délestant les membres de la Cour des tâches fastidieuses ? Ce sont là des questions que se demande M. Stéphane Bolle. L'article 21 de la loi organique du 15 octobre 2013 dispose: « les Conseillers référendaires assistent la Cour dans l'étude et la préparation technique des dossiers dont elle est saisie ».

Placés sous l'autorité directe du Président de la Cour[646], les Conseillers référendaires ne sont pas des experts à la disposition de la haute juridiction. Cette dernière dispose de la possibilité de recourir à l'expertise tant nationale qu'internationale[647]. Les fonctions des Conseillers référendaires doivent, selon Jean-Louis Esambo, « être entourées de confidentialité encadrée par la prestation de serment. Elles le seront d'autant plus que les bénéficiaires devront se soumettre à l'obligation de réserve et de discrétion. Ils ne doivent pas, sauf disposition légales contraires, exercer des activité publiques ou privées incompatibles avec leurs fonctions »[648]. Sur ce corps des Conseillers référendaires, le législateur organique congolais s'est *mutatis mutandi* inspiré de la loi spéciale sur la Cour d'arbitrage belge. En effet, « le juge constitutionnel belge est assisté par vingt-quatre référendaires au maximum »[649] dans l'accomplissement de ses missions.

Le rôle d'assistant est dévolu aux Conseillers référendaires congolais, deux hypothèses confortent notre analyse : d'un côté les modalités de recrutement ressemblent à celles adoptées par son homologue belge c'est-à-dire le concours comme voie de recrutement ;

---

[646]Article 20, al. 1 de la loi organique.

[647]Article 26 de la loi organique.

[648]Esambo, J-L., *La constitution congolaise du 18 février 2006 à l'épreuve du constitutionnalisme : contraintes pratiques et perspectives,* Louvain-la-Neuve, Académia-Bruylant, 2010, pp. 256-257.

[649]Article 25 de la loi spéciale du 06 janvier 1989 sur la cour d'arbitrage, modifiée en dernier lieu par la loi spéciale du 9 mars 2003 sur le site www.accuf.org consulté le 20 décembre 2012.

de l'autre côté l'obligation d'avoir un diplôme de licence ou de doctorat en droit. Alors pourquoi le législateur organique congolais ne pousse-t-il pas sa logique ou son inspiration jusqu'au bout en reprenant à juste titre le statut des référendaires belges pour le calquer aux réalités congolaises ?

En l'absence d'un statut défini ou d'une réponse textuelle précise, le corps des Conseillers référendaires congolais tel qu'il est présenté dans l'actuelle loi organique relève plus d'une imitation gratuite que d'une nouveauté. La présentation de la juridiction constitutionnelle congolaise nous a permis de mettre en lumière les acteurs-clés de la justice constitutionnelle que sont les juges constitutionnels. L'organisation de cette juridiction est certes portée vers l'émergence d'une Cour capable de résister et de limiter le pouvoir à moins que son fonctionnement ne subisse l'ombrage du politique et de l'absence d'une culture constitutionnelle.

§2. Le statut des membres de la Cour

Le souci du constituant congolais d'assurer la pleine indépendance aux membres de la Cour constitutionnelle apparaît dans plusieurs domaines et a même bénéficié d'une solide protection constitutionnelle du législateur organique congolais. Les domaines ayant bénéficié de cette solide protection sont notamment celui du mandat du juge constitutionnel, les incompatibilités liées à ses fonctions, de ses obligations ainsi que des avantages matériels essentiels à la fonction de membre de la Cour.

« Pour toutes les cours constitutionnelles, déclare Dominique Rousseau, les règles statuaires se donnent pour objet de garantir l'indépendance et la dignité des fonctions de juge constitutionnel »[650]. Donc, « la détermination du statut des juges constitutionnels est fondamentale dans le fonctionnement de cette institution car ces règles statutaires ont pour ambition de protéger la fonction des membres de la Cour »[651]. Selon Dominique Rousseau, « le statut est conçu de manière à ne pas priver le Conseil de la présence de personnalités connues et

[650]Rousseau, D, *La justice constitutionnelle en Europe*, op, cit, p. 57.
[651]Turpin, D, *Le Conseil Constitutionnel, son rôle, sa jurisprudence*, 2eme éd, paris, Hachette supérieure, 2000, p. 28.

actives et garantir l'indépendance et la dignité de leurs fonctions »[652]. La loi organique sur la Cour constitutionnelle congolaise rencontre les mêmes préoccupations soulevées par le Professeur Dominique Rousseau. L'article 27 de cette loi organique reprend les mots de dignité et d'indépendance. Le statut des membres de la cour constitutionnelle renvoie avant tout à l'organisation de leur mandat en terme de durée (long ou cour et renouvelable ou non). Il renvoie ensuite aux garanties octroyées à ces juges dans l'exercice de leurs fonctions par des prescriptions constitutionnelles et légales drapées de droits et obligations.

A. Les Modalités de désignation des juges constitutionnels : une innovation discutable

Les modalités de désignation des juges constitutionnels relèvent des dispositions constitutionnelles et elles sont précisées par des lois organiques. Ces règles déterminent le nombre de juges ainsi que les autorités en charge de la nomination. Ces autorités n'ont pas la même marge de liberté dans la sélection et elles sont tenues de respecter un certain nombre de conditions. La mise en œuvre de l'ensemble de ces dispositifs permet de déterminer le profil des juges constitutionnels.

1. Les autorités de désignation

Plusieurs autorités et institutions interviennent dans le processus de sélection et de désignation des juges constitutionnels. Celles-ci varient suivant les pays, de même que, la répartition de leurs pouvoirs en matière de nomination. Quels que soient la période et le pays, il y a une omniprésence de deux institutions politiques centrales : le Président de la République et l'Assemblée nationale.

Ce pouvoir de désignation a été depuis quelques années étendu aux associations de la société civile appartenant à la sphère du droit. La RDC ne déroge pas à cette pratique. Outre le Président de la République et l'Assemblée nationale, la désignation des membres de la Cour constitutionnelle congolaise a été élargie au Conseil Supérieur de la Magistrature[653].

---

[652]Rousseau, D, *Droit du contentieux constitutionnel*, *op. cit,* p. 70.
[653]Art. 158, al.1 de la constitution du 18 février 2006.

➢ Le poids du Président de la République et du Parlement

Conformément à l'article 158 de la constitution du 18 février 2006, repris tel quel par l'article 2 de la loi organique, la Cour constitutionnelle congolaise est composée de 9 membres. Ces membres sont désignés par des personnalités politiques. Cette forme de désignation des membres varie suivant les pays. L'article 56 de la constitution française de 1958 pose effectivement le principe d'une nomination politique des membres du Conseil constitutionnel repartis entre le Président de la République, le président de l'Assemblé nationale et le président du Sénat. Chacune de ces personnalités nomme trois membres. Ce mode de désignation se retrouve aussi partout en Afrique. La tendance générale est à la mise en valeur du rôle de chef de l'État dans ces nominations. Certaines constitutions africaines se sont ainsi inspirées du constituant français en cette matière surtout les pays africains d'espace francophone.

En RDC les présidents de l'Assemblée nationale et du Sénat ne nomment pas les membres de la Cour constitutionnelle. Seul le Parlement réuni en Congrès désigne trois membres conformément à l'article 2 de la loi organique n°13/26 du 15 octobre 2013 portant organisation et fonctionnement de cette haute juridiction congolaise. Ainsi en Côte d'ivoire, parmi les sept juges constitutionnels siégeant au sein de la chambre constitutionnelle puis du Conseil constitutionnel mis en place en 1994, quatre étaient désignés par le Président de la République et trois autres par le Président de l'Assemblée nationale. Le Conseil constitutionnel sera dissout à la suite de la prise du pouvoir par la force. Le chef de la junte militaire, auteur du coup d'État, le Général Robert Guéi, nommera l'ensemble des sept juges constitutionnels pour la période de transition dans le but de superviser l'ensemble du processus électoral. La nouvelle constitution issue du référendum du 23 juillet 2000 est identique au modèle mise en place en 1994. Les sept juges constitutionnels ivoiriens sont nommés par le Président de la République (quatre) et le président de l'Assemblée nationale (trois).

Lorsque nous observons la répartition dans la nomination des juges entre les diverses autorités, nous pouvons d'une manière générale constater que le Président de la République possède une grande liberté de choix, mais qu'il en va autrement de l'Assemblé nationale. En effet, le caractère discrétionnaire de la désignation directe par l'Assemblé nationale singularise le Bénin par rapport à la Côte d'Ivoire et au Niger. Dans les deux derniers pays, le Président de l'institution parlementaire peut nommer les juges de son choix. « Au Bénin par contre, ce pouvoir n'appartient pas au président de l'Assemblé nationale mais à toute l'institution. Pour être valable, la désignation du Bureau de l'Assemblé nationale est approuvée par la plénière, suivant le principe majoritaire, après avoir fait l'objet de discussion au sein du bureau élargi aux commissions et à la conférence des présidents des groupes parlementaires »[654].

A partir de 1999, le cas du Niger s'est démarqué de la Côte d'Ivoire. En effet, la constitution nigérienne de 1999 reconnaît le pouvoir de nomination au bureau de l'Assemblé nationale, ce qui signifie que la désignation n'est plus de la discrétion du seul Président[655]. Il est cependant admis que le choix des membres de la Cour constitutionnelle est souvent limité par une série d'autres conditions. La loi organique sur la Cour constitutionnelle congolaise s'inscrit dans cette logique mais va au-delà des seules désignations politiques par l'introduction d'une désignation partagée. Il n'existe pas de modèle idéal dans la composition d'une Cour constitutionnelle. Celle-ci varie comme dit ci-haut d'un juge à l'autre ou d'un régime à l'autre. En France[656], « le renouvellement ayant lieu par tiers tous les trois ans, chacun des présidents désigne donc un membre tous les trois ans »[657]. Les trois autorités titulaires de nomination disposaient jusqu'à la révision récente de ce juillet 2008 d'une totale liberté de choix. Les textes ne fixaient aucune condition d'âge, de profession, de compétence, ni aucune obligation de consultation préalable. Dominique Rousseau réagit à cette situation en affirmant qu'en « comparaison avec les exigences que la plupart des constitutions européennes imposent pour les nominations de leurs juges constitutionnels[658], le modèle français de

---

[654]Loi 91-009 du 4 mars 1991 portant Loi-Organique sur la cour constitutionnelle du Bénin, modifié par la loi du 17 juin 1997. www.Courconstitutionnelle.gouv.bj consulté le 22 novembre 2012.

[655]Boubacar Issa Abdourhamane, *Les cours constitutionnelles dans le processus démocratique en Afrique..., op. cit.*, pp.113-166.

[656]Art. 56 de la constitution du 4 octobre 1958.

[657]Rousseau, D., *Droit du contentieux constitutionnel*, Paris, Montchrestien 2011, 9eme édition. p. 59.

[658]Qualifications juridiques, expérience professionnelle, désignation par les parlementaires avec la règle d'une majorité qualifiée obligeant la majorité à s'entendre.

désignation des membres du Conseil suscitait (ou continue de susciter) de nombreuses critiques qui pouvaient se résumer en une seule : la politisation »[659]. Faute d'une disposition contraignante, la constitution définissait un pouvoir discrétionnaire au profit des trois principaux personnages politiques de l'État qui avaient ainsi toute liberté pour nommer leurs amis politiques personnels.

Pour finir avec ces accusations, la révision de juillet 2008 introduit une disposition dans l'article 56 relative au contrôle parlementaire sur les nominations au Conseil. Le nouvel article 56 remanié dispose, par ricochet au nouvel article 13 que « le pouvoir de nomination du Président de la République s'exerce après avis public de la commission permanente de chaque Assemblée concernée »[660]. Ce contrôle parlementaire s'exerce également sur le pouvoir de nomination des présidents du Sénat et de l'Assemblée nationale. C'est la commission permanente du Sénat pour le premier et de l'Assemblée nationale pour le second. Ce contrôle parlementaire reste incontestablement un progrès pour cette institution.

Le Conseil comprend ensuite les membres de droit. Selon l'article 56 de la constitution « font de droit partie à vie du Conseil constitutionnel, les anciens Présidents de la République ». Les membres de droit sont une anomalie à la française. Cette disposition, qui semble correspondre à une conception purement honorifique de l'appartenance au conseil (comme les anciens présidents italiens qui sont les sénateurs à vie), est généralement considérée comme peu heureuse, commente Simon-Louis Formey. Au regard de la position qu'occupe aujourd'hui le Conseil constitutionnel, la présence d'un ancien Président peut susciter le doute sur l'impartialité de ses décisions lesquelles sont censées dépourvues de toute inspiration politique. « Le comité consultatif dirigé par Georges Vedel avait proposé dans l'avis rendu en février 1993 la suppression des membres de droit. La question a été de nouveau débattue à l'occasion de la révision de juillet 2008 ; la suppression était formellement proposée par le comité Balladur ; mais peut-être pour ne pas se montrer désobligeant à l'égard des anciens

---

[659]Ibidem.

[660]Nouvel article 56 de la constitution française du 4 octobre 1958. Pour plus de détails, lire Formey S.-L., *La constitution commentée article par article*, 14e édition, Hachette supérieur, 2011-2012, p-118.

présidents, actuels membres de droit, le statu quo a été préféré ».[661] Au Bénin, « la Cour constitutionnelle est composée de sept membres désignés pour un mandat de cinq ans renouvelable une fois. Quatre de ces membres sont nommés par le bureau de l'Assemblé nationale et trois par le Président de la République. Aucun membre de la Cour constitutionnelle ne peut siéger plus de dix ans »[662]. Il est exigé pour être membre de la Cour constitutionnelle béninoise, une compétence professionnelle avérée, une moralité exemplaire et une très grande probité.

Dans la réalité, « la Cour constitutionnelle du Bénin comprend trois magistrats lesquels ont une expérience professionnelle d'au moins quinze ans. Deux de ces magistrats sont nommés par le bureau de l'Assemblée nationale et un par le Président de la République. Siègent également à la Cour deux juristes de hauts niveaux recrutés parmi les professeurs ou praticiens du droit. L'un d'eux est nommé par le Bureau de l'Assemblée nationale et l'autre par le Président de la République. A côté des juristes, la Cour comprend deux personnalités de grande réputation dont l'une est nommée par le Bureau de l'Assemblée nationale et l'autre par le Président de le République »[663].

Par rapport à la constitution française, affirme Jean Louis Esambo, le constituant béninois procède à un partage de compétences entre le Président de la République et le Bureau de l'Assemblé nationale dans la nomination des membres de la Cour constitutionnelle. Il détermine leur origine et en fixe les conditions de nominations[664].

Le Conseil constitutionnel du Sénégal est organisé par la loi n°92-23 du 30 mai 1992[665]. Celle-ci dispose que le « Conseil constitutionnel comprend cinq membres nommés par décret présidentiel pour six ans renouvelables, dont un Président et un Vice-président. Il est renouvelé tous les deux ans à raison de deux membres

---

[661]Formery S.-L., *La constitution commentée article par article*, op. cit., p119.
[662]Article 115, al 1 de la constitution du Bénin du 11 décembre 1990 à l'adresse http://www.cour-constitutionnelle-benin.org/lacourpresent/decrets/Constitution.pdf Consulté le 22 novembre 2012.
[663]Art. 115, al 2 et 3 de la constitution du Bénin du 11 décembre 1990.
[664]Esambo Kangashe, J-L, *La constitution congolaise du 18 février 2006 à l'épreuve du constitutionnalisme*, *op. cit.*, p. 249
[665]Cette loi a été modifiée par la loi n°99-71 du 17 février 1999.

au plus »[666]. Les membres de la haute juridiction constitutionnelle sénégalaise sont choisis en partie parmi les anciens magistrats. Deux membres de cette institution sont choisis parmi les professeurs des facultés de droit. Sont susceptibles d'être recrutés au Conseil constitutionnel, les inspecteurs généraux de l'État ayant au moins vingt-cinq ans d'ancienneté dans la fonction publique. Les avocats ayant une expérience de vingt-cinq ans d'exercice de leur profession peuvent faire partie du Conseil constitutionnel[667]. Le constat pour le cas du Sénégal est que la plupart des membres de cette haute juridiction sont des magistrats en fonction ou anciens à l'exception des Professeurs des universités. Les constitutions du Tchad et du Gabon se sont aussi inspirées des propositions imaginées par le constituant français avec trois membres désignés par le Président de l'Assemblée nationale et trois autres par celui du Sénat. Il est vrai que leur choix est limité par l'obligation pour chacun de nommer au Gabon, deux juristes dont un magistrat (art.89 de la constitution du Gabon), au Tchad, un magistrat et deux juristes (art.165 al.1er de la constitution du Tchad). Le Cameroun a adopté aussi une proposition similaire, mais en ajoutant deux membres supplémentaires aux neuf précédents, choisis par le Conseil supérieur de la magistrature, ainsi que les anciens Président de la République siégeant au titre des membres de droit et à vie (art. 51-2° de la constitution du Cameroun).

La République centrafricaine, Madagascar et le Mali pour leur part, ont conservé le chiffre de neuf membres, mais avec les modalités de désignation un peu différentes. Trois de ces membres demeurent dans tous les cas nommés par le Président de la République, trois autres représentent le pouvoir judiciaire, soit qu'ils soient désignés par le Conseil supérieur de la magistrature (à Madagascar et au Mali), soit qu'il s'agisse de magistrats élus par leurs pairs (Centrafrique), trois autres enfin représentent le pouvoir législatif, soit qu'ils soient nommés par le président de l'Assemblée nationale (Centrafrique et Mali), soit qu'ils soient choisis à raison de deux par l'Assemblée nationale et un par le Sénat. Ces trois constitutions (Madagascar, Centrafrique et Mali) ont donc fait preuve d'originalité en assurant au sein du Conseil constitutionnel une représentation équilibrée des trois pouvoirs

[666]Art.3 de la loi du 17 février 1999.

[667]Art 4. De la loi du 17 février 1999.

distingués par Montesquieu[668]. Pour la RDC, la Cour constitutionnelle dont ses origines lointaines remontent à la loi fondamentale du 19 mai 1960 relative aux structures du Congo n'a pas été établie. Sa composition a été organisée dans la constitution du 1er août 1964 laquelle dispose que « la Cour constitutionnelle comprend onze conseillers dont le mandat est de neuf ans. Il n'est pas immédiatement renouvelable. La cour se renouvelle tous le trois ans »[669].

Les Conseillers de cette haute juridiction constitutionnelle « sont nommés par le Président de la République sur proposition, pour un tiers des Conseillers, par la Conférence des gouverneurs, pour un autre tiers, par les deux Bureaux réunis des Chambres législatives nationales et pour un dernier tiers, par le Conseil supérieur de la magistrature »[670].

Pour espérer siéger à cette Cour, il faut : « être Congolais et remplir les conditions pour être éligible au Sénat. Une personne qui a suivi, pendant au moins dix ans, le barreau ou exercé des fonctions judiciaires ou juridiques peut être nommée à la Cour constitutionnelle. La personne qui a enseigné le droit dans une université ou un établissement d'enseignement supérieur peut-être nommée à la Cour constitutionnelle. »[671] Le nombre des Conseillers à la Cour constitutionnelle a été ramené à neuf dans la constitution du 24 juin 1967. Leur mandat est maintenu à neuf ans. « Les Conseillers à la Cour sont nommés par le Président de la République pour un tiers sur sa propre initiative, pour un autre tiers, sur la proposition du Conseil supérieur de la magistrature »[672] . Aucune condition d'âge, de profession ou de compétence n'a été prévue pour être Conseiller à la Cour. La constitution du 18 février 2006 détermine la procédure de nomination des membres de la Cour constitutionnelle et en fixe les conditions. La désignation des membres est prévue par l'article 2 de la loi organique. Le Président de la République est l'autorité de nomination. Dans la pratique le pouvoir de désignation est par contre partagé comme dans d'autres Cours ou Conseils analysés ci-devant. Le Président de la

---

[668]Cabanis, A., et Louis-Martin, M. *Les constitutions d'Afrique francophone : Évolutions récentes,* Paris, Karthala, 1999, pp. 163-164.
[669]Art. 165. al 1 et 2 de la constitution du 1er Août 1964.
[670]Art.165, al.3 de la constitution du 1er août 1964.
[671]Art.165 al 4 de la constitution du 1er août 1964.
[672]Art.70, al. 3 de la constitution du 24 juin 1967.

République en RDC désigne trois membres sur sa seule initiative, les six autres membres sont désignés en raison des trois par le parlement réuni en congrès et par le Conseil supérieur de la magistrature.

La désignation des juges constitutionnels congolais par les parlementaires n'est pas une invention congolaise, d'autres pays africains et européens analysés ci-haut recourent à ce mode. C'est aussi le cas de l'Espagne. L'article 159 de la constitution espagnole de 1978 dispose que les membres du tribunal constitutionnel sont nommés par le Roi dont quatre sur proposition du Congrès et quatre autres sur proposition du Sénat, le tout à la majorité des trois cinquième. Il faut admettre que la loi organique ne va pas aussi loin, toutefois l'idée de confier au Congrès le choix de la désignation de trois membres de la Cour constitutionnelle congolaise en lieu et place d'une désignation relevant du pouvoir discrétionnaire des présidents des Chambres parlementaires constitue une originalité voire une avancée indéniable. « Cette exigence oblige la majorité parlementaire à trouver un large consensus sur les candidats présentés »[673]. On peut en déduire avec une certaine réserve que les juges disposent d'une certaine légitimité démocratique[674] bien qu'en pratique « un candidat n'aura de chance d'être présenté que s'il a le soutien du groupe politique à qui revient la place »[675]. Il importe tout de même de remarquer qu'en Espagne, le Congrès des députés et le Sénat désignent séparément les membres du tribunal constitutionnel. La désignation des membres de la Cour constitutionnelle par l'institution parlementaire présente un autre avantage. C'est celui de favoriser l'esprit consensuel autour des membres à désigner. L'idéal consiste à ce que les différentes formations politiques composant le parlement aboutissent à un choix partagé ou à une entente autour des membres de la Cour à désigner par le parlement. En RDC, cet exercice peut apparaître comme une source de blocage à cause des intérêts égoïstes de certaines formations politiques. L'article 2 de la loi organique ne se démarque pas profondément de l'article 159 de la constitution espagnole de 1978 en l'absence d'une obligation de majorité qualifiée de désignation. Il y a lieu de penser que la volonté de

[673]Courtoy, C., « La formation et le renouvellement de la Cour d'arbitrage en Belgique », C.D.P.K., Chroniques de droit public, Bruxelles, 2000, p. 540.
[674]Rasson-Roland, A., « Les modifications relatives à la composition de la Cour d'arbitrage », *La Cour d'arbitrage, vingt ans après*, Bruxelles, Bruylant, 2004, p. 24.
[675]Rasson-Roland, A., Op. Cit., p. 25.

la majorité parlementaire primera sur l'opposition. Avec l'harmonie des majorités et l'influence du Président de la République, les juges ainsi désignés ne pourront qu'être choisis par celui-ci, ou au mieux la majorité devra au moins recevoir l'accord du Chef de l'État avant de procéder à la validation d'une quelconque désignation.

L'article 2 de la loi organique confie la désignation du tiers restant des membres de la Cour constitutionnelle au Conseil supérieur de la magistrature. La contribution de cette dernière institution dans la désignation des membres de la haute juridiction constitutionnelle congolaise constitue aussi une avancée quand bien même cette participation ne serait pas une nouveauté du législateur organique congolais. Cette désignation d'une partie des membres de cette juridiction constitutionnelle est largement répandue en Afrique. Cette avancée vaut-elle une expression manifeste du pluralisme ? Moins sûr.

En RDC, cette question paraît être capitale. En effet, le député Tshibangu Kalala avait déposé le 5 novembre 2007 une proposition de révision constitutionnelle sous forme de pétition et soutenue par les députés de la majorité à l'Assemblé nationale congolaise. La proposition du député concernait particulièrement l'article 152 de la constitution du 18 février 2006 relatif à la composition et au fonctionnement du CSM.

Le but poursuivi par cette proposition était d'obtenir la modification de l'article 152 en son alinéa 2 afin de réduire l'effectif de cet organe d'une part et d'autre part intégrer en son sein non seulement le Président de la République mais aussi le ministre de la justice et autres personnalités indépendantes de la société civile. L'opposition cria au scandale. Elle considérait cette proposition comme une manœuvre politique de la majorité avec appui du Président de la République dans le but de contrôler le CSM pour bien le museler. Face à la résistance de l'opposition, le Président de la République avait été contraint à abandonner cette révision[676]. Il est clair que la désignation partagée voulue par le législateur organique n'offre pas le pluralisme au sein de la haute juridiction constitutionnelle. Cette même désignation opérée par le CSM en son état actuel n'offre pas non plus une garantie à

[676]Mampuya, A., « Le problème posé par la révision constitutionnelle est le résultat de la turpitude des politiciens congolais » in www.lepotentielonline.com consulté le 31 mars 2010.

l'indépendance et à l'impartialité de la juridiction. Ce type de désignation peut prêter à des critiques susceptibles d'impacter la portée des arrêts de la Cour. C'est le cas du Conseil constitutionnel français dont certains ont toujours soutenu qu'il n'est pas composé de façon à offrir les garanties que doit avoir une haute juridiction. Qu'à cela ne tienne, le Conseil constitutionnel dit toujours le droit et ses décisions ne souffrent d'aucune contestation.

Toutefois au-delà de controverses autour de ce mode de recrutement, la crédibilité de la haute juridiction constitutionnelle congolaise dépendra plus de la manière dont ses membres assumeront leur missions que des dispositions relatives à leur recrutement. Leur indépendance d'esprit, leur compétence, leur crédibilité ainsi que leur probité offriront le maximum de garanties vis-à-vis des pouvoirs publics et à l'égard des citoyens dont ils se doivent de garantir les droits et libertés. Toute tare susceptible de faire douter de l'indépendance des membres et de leurs compétences *ab initio* entamerait irrémédiablement l'autorité de la Cour. La loi organique relative à la Cour constitutionnelle fait preuve d'une originalité en assurant au sein de cette institution une représentation équilibrée des trois pouvoirs. Certaines dispositions de cette loi organique visent à rendre le choix des membres plus approprié et plus sélectif.

2. Un mode de recrutement encadré ou la diversité quant aux critères de choix des juges constitutionnels

Le recrutement des membres de la Cour est non seulement partagé mais aussi encadré. En effet, « l'introduction de critères dans le processus de désignation des juges constitutionnels vise d'une part à renforcer la crédibilité des cours constitutionnelles et d'autre part à assurer l'élaboration de décisions juridiques de qualité »[677]. Il faut néanmoins retenir qu'à travers le monde, les modèles divergent d'un pays à l'autre. Les conditions à remplir par les juges constitutionnels semblent être la règle dans la plupart des pays d'Afrique et d'Europe. Toutefois, il importe de remarquer l'exception de la France[678] et des

---

[677]Boubacar Issa, Abdourhamane. *Les Cours constitutionnelles dans le processus de démocratisation en Afrique..., op. cit.*, pp.119-120.

[678]D'après Dominique Rousseau, la France est le seul État en Europe à ne pas fixer aucune condition d'âge, de formation universitaire, de compétence ou d'expérience professionnelle pour devenir membre du Conseil constitutionnel, de sorte que les

États-Unis. Il faut par ailleurs préciser au préalable que ces critères ne s'imposent pas dans certains cas, de la même façon à tous les juges siégeant au sein d'une même juridiction. En effet, si le critère d'expérience professionnelle se trouve être mentionné explicitement dans la plupart des constitutions notamment celle de la RDC, celui de l'âge dépend d'un pays à l'autre. Conformément à l'article 159 de la constitution du 18 février 2006 repris par l'article 3 de la loi organique, certaines conditions sont requises pour devenir juge constitutionnel. Hormis la condition de nationalité du reste obligatoire et pourvue du bon sens, l'article 3 fixe deux autres conditions : primo avoir une expérience éprouvée de quinze ans dans le domaine juridique ou politique. Secundo, interdiction est faite aux parents jusqu'au troisième degré de siéger à la Cour en même temps.

a. Condition liée à l'expérience juridique ou politique de quinze ans

Hans Kelsen considérait « qu'il est d'une plus grande importance d'accorder dans la composition de la juridiction constitutionnelle une place adéquate aux juriste de profession » sans exclure « la collaboration des membres appelés à la défense des intérêts proprement politiques »[679]. Manifestée sous diverses expressions, l'exigence de la compétence professionnelle revient dans la plupart des législations des différents pays. Cette exigence semble être bien sélective dans ce sens qu'elle ne vise pas les juges au même degré et qu'elle peut être soit générale soit spéciale. Ainsi la combinaison des articles 158, alinéa 2 et 159 de la constitution du 18 février 2006 mentionne : « Les deux tiers des membres de la Cour constitutionnelle doivent être des juristes provenant de la magistrature, du barreau ou de l'enseignement universitaire ; et nul ne peut être nommé à la Cour s'il ne justifie d'une expérience éprouvée de quinze ans dans les domaines juridiques ou politiques ».

L'article 3 alinéa 2 de la loi organique pose clairement le principe de l'expérience juridique ou politique de 15 ans pour devenir juge constitutionnel congolais. Cet article, reconnaît Jean Louis Esambo, « se borne à recopier la constitution, sans dresser, dans les

---

autorités de nomination disposent d'une totale liberté de choix, Rousseau, D., La *justice constitutionnel en Europe*, *op. cit.*, p.53.

[679]Hans Kelsen, « La garantie juridictionnelle de constitution. (La justice constitutionnelle) ». *RDP*, 1928, p. 227.

deux domaines, une liste des fonctions, qui en raison de leur importance, pourraient légitimer l'accès à la charge de membre de la Cour constitutionnelle »[680]. Cet article n'est pas non plus une innovation en soi. Certaines constitutions en droit comparé africain comportent cette exigence professionnelle. A notre connaissance, nous n'avons pas rencontré dans quelques constitutions des pays africains consultées des exigences alternatives de l'expérience politique comme condition pouvant justifier le statut de membre de la Cour constitutionnelle.

Ainsi l'article 115 alinéa 2 de la constitution du Bénin dispose que : « pour être membre de la Cour constitutionnelle, outre la condition de la compétence professionnelle, il faut être de bonne moralité et de grande probité »[681]

Au Bénin, les trois magistrats prévus dans la composition de la Cour constitutionnelle devront aussi justifier d'au moins 15 ans d'expérience professionnelle. Cette même exigence professionnelle s'applique également aux « juristes », qu'ils soient professeurs ou praticiens du droit. La constitution ivoirienne de 2000[682] reste dans cette même logique constitutionnelle en optant pour des « personnalités connues pour leur compétence en matière juridique et administrative ». Cette disposition reste plus ou moins similaire de celle de la constitution nigérienne rappelant aussi « l'expérience professionnelle, la compétence en matière juridique et administrative ».

Avant la création de la Cour constitutionnelle nigérienne, aucun des trois magistrats siégeant à la chambre constitutionnelle ne venait des juridictions inférieures. La loi disposait qu' « aucun magistrat ne pouvait être membre de la chambre constitutionnelle de la Cour suprême du Niger s'il ne justifiait de 10 ans au moins de pratique

---

[680]Esambo Kangashe, J.-L., « Dette de clarification autour de la proposition de loi organique portant organisation et fonctionnement de la Cour constitutionnelle congolaise », in http://www.la-constitution-en-afrique.org/tag/rd%20du%20congo/3 consulté sur le site le 08.12.2009.

[681]La constitution de la République du Bénin du 11 décembre 1990, sur http://www.cour-constitutionnelle-benin.org/lacourpresent/decrets/Constitution.pdf consulté le 15 juillet 2012.

[682]Arrêt n°1 du 28 juillet 2000 portant proclamation définitive des résultats du référendum constitutionnel des 23 et 24 juillet 2000, adopté par 86,58%, J.O.R.C.I., 3 août 2000.

professionnelle »[683]. Bref, les exigences de qualité professionnelle sont aussi d'application au Gabon, Tchad, Sénégal, Centrafrique, le Cameroun, etc. rappelant par-là les systèmes adoptés par les Cours constitutionnelles européennes[684].

En RDC, si l'exigence de durée d'expérience professionnelle peut constituer une garantie d'efficacité pour les futurs juges constitutionnels, le législateur organique reste vague dans la rédaction de l'article 3 de cette loi organique tout en faussant la portée réelle de ce principe. Ce manque de clarté de l'article 3 suscite autant de questions et pousse M. Jean-Louis Esambo à se demander pourquoi le législateur organique congolais ne devait-il pas plutôt s'inspirer de la solution judicieusement retenue au Sénégal par l'article 4 de la loi de 1992 sur le Conseil constitutionnel ?[685] La grande question concerne le décompte de l'expérience professionnelle. A partir de quand ce décompte de l'expérience professionnelle doit-il être pris en compte ?

En effet, si le décompte de l'expérience professionnelle en matière juridique ne pose aucun souci notable, car il est facile de retrouver le début d'une quelconque fonction juridique, le décompte de l'expérience politique par contre paraît être compliqué. « Autant la fonction juridique peut aisément être déterminée autant la fonction politique est difficilement déterminable ». Il semble que les auteurs de la loi organique aient souhaité que l'expérience tant juridique que politique soient appréhendées de la manière la plus large. L'expérience

[683]Article 6 de la loi 90-10 du 10 juin 1990 relative à la Cour suprême du Niger.

[684]Tel que analysé par le professeur Dominique Rousseau dans son ouvrage, La justice constitutionnelle en Europe déjà cité.

[685]L'article 4 de la loi n° 92-23 du 30 mai 1992 sur le Conseil constitutionnel modifié par la loi n° 99-71 du 17 février 1999 dispose que : « les membres du Conseil constitutionnel sont choisis parmi les anciens présidents du Conseil d'État, le premier président et les anciens premiers présidents de la Cour de cassation, les anciens procureurs généraux près la Cour suprême, les procureurs généraux près la Cour de cassation et les anciens présidents de section à la Cour suprême, les présidents de section et les anciens présidents de section du Conseil d'État, les présidents et anciens présidents des chambres à la Cour de cassation, les anciens premiers avocats généraux près la Cour suprême, le premier avocat général et les anciens premiers présidents des Cours d'appel, les procureurs généraux et les anciens procureurs près les cours d'appel. Deux membres du Conseil sur cinq peuvent en outre être choisis par les professeurs et les anciens inspecteurs généraux d'État, et les avocats à condition qu'ils aient au moins 25 ans d'ancienneté dans la fonction publique ou 25 ans d'exercice de leur profession ».

politique s'entend-t-elle au sens de l'exercice d'un mandat politique dans une structure d'État, de province ou partisane ? »[686]. La loi organique ne dit rien sur cette question pourtant capitale. La crédibilité des futurs juges constitutionnels est en jeu. Cette crédibilité est mise en danger lorsque l'article 3 de la loi organique ne dit rien.

D'après la Commission Politique, administrative et juridique, « toute fonction - partisane et non seulement un mandat électif ou une fonction ministérielle - devra être prise en compte dans le décompte de la durée de l'expérience requise »[687]. Est-il acceptable et judicieux que le Président de la République ou le parlement en Congrès choisissent un responsable local d'un parti politique avec 15 ans d'ancienneté et sans aucune connaissance juridique pour devenir juge constitutionnel ?

Nous estimons que l'essentiel du principe d'expérience politique devrait être clarifié en précisant quel type de fonction politique est exigé pour siéger à la Cour constitutionnelle. Si en effet, l'exercice d'un mandat électif peut offrir l'acquisition d'une certaine connaissance du fonctionnement des services publics, il est faux de prétendre qu'un responsable de section locale d'un parti politique peut bénéficier d'une connaissance analogue au point de se faire hisser à la haute juridiction constitutionnelle. Le mandat constitutionnel nécessite des compétences indéniables et est ouvert à tout citoyen sans discrimination.

b. Exclusion des parents ou alliés pour éviter le népotisme ou clientélisme constitutionnel

L'article 2, alinéa 2 de la loi organique pose un autre principe qu'on peut qualifier d'innovant qui ne soit non plus prévu par la constitution : Ce principe commande « qu'il ne peut y avoir deux membres parents ou alliés jusqu'au troisième degré inclusivement ni plus d'un membre issus d'une même province » « afin de renforcer l'indépendance de cette dernière, en la mettant à l'abri du tribalisme, du clientélisme et du népotisme ». Cet article paraît à première vue acceptable mais sa constitutionnalité au regard de l'article 59 de la constitution de 2006, affirme Jean-Louis Esambo, reste discutable. Ce

[686]Manangou, Vivien, *Les évolutions récentes du constitutionnalisme en RDC..., op. cit.*,

[687]Rapport de la commission politique, administrative et judiciaire de l'Assemblée nationale relative à la proposition de loi organique portant organisation et fonctionnement de la cour constitutionnelle., juin, 2008., pp. 7-8.

présent article de la constitution habilite le législateur organique à fixer l'organisation et le fonctionnement de la Cour constitutionnelle. Il convient néanmoins de garder à l'esprit qu'une loi organique complète ou précise la constitution, et à l'instar de tout texte d'application ne peut que la prolonger, alors qu'en espèce la commission s'affranchit de cette règle.

En effet, « il y a un élément mentionné dans les dispositions constitutionnelles des États africains mais que les autorités de désignation gardent certainement à l'esprit au moment de leur choix, c'est la représentation ethnique au sein de l'organe de contrôle de constitutionnalité »[688]. Mettre en place une Cour où la représentation ethnique est la plus large possible constitue, affirme Mborantsuo, incontestablement un facteur de stabilité de l'institution dont les décisions seront certainement mieux perçues par l'ensemble des citoyens. La taille réduite des membres qui composent cette institution (neuf membres dans la plupart des cours) ne permet pas d'assurer une représentativité totale. Cependant cette situation peut être un facteur d'intégration à ne point sous-estimer, bien qu'au regard de certains principes juridiques le phénomène peut paraître choquant quoiqu'il ne soit pas propre aux États Africains[689].

Cependant, dans aucune constitution européenne l'on ne peut retrouver l'interdiction faite aux parents de siéger au même moment à la Cour ou Conseil constitutionnel. Il est vrai que la constitutionnalité de cet article peut être sujette à discussion. Serait-il inconstitutionnel que le député Louis Giscard d'Estaing siège en qualité de membre du Conseil constitutionnel en même temps que son père Valéry Giscard d'Estaing conformément à l'article 56 de la constitution de 1958 ? Pourquoi la RDC ferait-elle une exception ? Il n'est donc pas exclu que deux parents ou alliés puissent siéger en même temps dans la juridiction constitutionnelle. Pourquoi deux éminents juristes fussent-ils frères ne siégeraient-ils pas en même temps dans une Cour ? D'aucuns ne contesteront que le tribalisme, le népotisme, l'ethnicisme constituent un fléau pour la société africaine en général et congolaise en particulier,

[688]Mborantsuo, M. M, *Cours constitutionnelles africains et État de droit, op. cit.* p. 69.

[689]Mborantsuo, M. M, *Cours constitutionnelles africains et État de droit, op. cit.* p. 69.

les institutions de ces sociétés ne sont pas épargnées par ce phénomène. De là affirmer que la juridiction congolaise sera infectée de ce fléau si deux parents ou alliés siégeaient en même temps au sein de la Cour, cela relève d'ailleurs de la méconnaissance des talents des autres. Croire à cette éventualité, c'est remettre en cause l'éthique qui doit s'imposer aux membres de la Cour, leurs qualités morales et de grande probité.

« Le tribalisme trouve ses assises sur la parenté mais également sur la tribu. De son côté le clientélisme peut être favorisé par une appartenance partisane. Il est incontestable que ce phénomène constitue une préoccupation non négligeable dans le système politique africain. Des juges nommés par une même majorité au pouvoir peuvent certainement s'entendre et orienter les décisions de la Cour ; il en va de même pour les juges de même tribu qui peuvent aussi s'entendre sur la base tribale et orienter les décisions de la Cour »[690]. L'un comme l'autre ne correspondent pas à l'esprit que l'on veut insuffler à l'institution. S'il est alors pernicieux à ce stade de porter des jugements a priori sur les membres de la Cour constitutionnelle au motif de leur appartenance ethnique ou partisane qui influencerait les arrêts de cette haute juridiction, c'est par ce qu'au Congo, comme dans la plupart des Etats d'Afrique noire, les nominations politiques s'appuient très souvent sur le poids politique de l'individu au sein de sa tribu ou de son ethnie au-delà de la proclamation des principes de valeur démocratique. La conséquence inéluctable dans cette configuration est que l'homme politique est instrumentalisé du fait qu'il sert d'argument de légitimité politique à partir de sa légitimité sociale. Or « l'Etat de droit repose, selon Jacques Chevallier, sur la confiance placée dans le droit, sur le culte voué aux vertus de la dogmatique juridique; l'Etat de droit repose sur le fétichisme de la règle de droit ».[691] Comme on peut le remarquer justement, il n'y a aucune contradiction logique d'affirmer avec Jacques Chevallier que « cette confiance placée dans le droit n'est pas seulement d'ordre rationnel; elle relève d'un jeu de croyances plus profondes ; au-delà de son contenu concret et de sa portée pratique, la règle juridique est nimbée d'un halo mystique, investie de cette dimension sacrée qu'on

[690]Manangou, V, *Les évolutions du constitutionnalisme en République Démocratique Congo: une analyse du Rapport remis le 9 juin 2008 par la Commission politique, administrative et judiciaire de l'Assemblée nationale,* Mémoire Master 2 Droit public transformation de l'Etat, Université Cergy Pontoise, 2009

[691] Chevallier, J., *L'Etat de droit*, Paris, Montchrestien, 2010, p. 64.

trouve déjà dans la conception rousseauiste de la loi »[692]. La sacralité du droit en Occident n'est plus un problème pour personne. En RDC, cette sacralité se confond avec celle du pouvoir. Le pouvoir est souvent détenu et exercé par un petit clan politique entouré des hommes fidèles pour qui la norme juridique n'est plus le produit antagonique des forces politiques, économiques et sociales, lesquelles forces en réalité et en principe, ne devraient se déterminer qu'en fonction de support juridiques. La soumission de la politique au droit que l'on pourrait observer en RDC serait toujours teintée par le calcul politique. Tout en adhérant en partie à l'analyse de Mme Mborantsuo, nous estimons que le verrou posé par le législateur organique congolais par cet article 2, alinéa 2 de la loi organique en question est à la hauteur de la réalité sociopolitique congolaise.

La question du choix des membres de la Cour n'est pas de moindre intérêt. Des difficultés ou autres imperfections peuvent être relevées. Mais le principe d'un État de droit semble apte par-delà les obstacles à imposer à travers le statut, les solutions à l'ensemble des membres de la Cour en affirmant leur autorité tout en garantissant les moyens de leur intervention. La Cour constitutionnelle bénéficie - comme les autres juridictions constitutionnelles – des garanties accordées à ses membres.

B. Le mandat et les garanties juridictionnelles des membres de la Cour

Les juges constitutionnels congolais n'ont pas un mandat à vie. Les dispositions constitutionnelles limitent le mandat des membres de la Cour.

1. Le mandat des membres de la Cour

En règle générale, on relève les juges nommés pour une durée déterminée et ceux ayant un mandat à vie[693]. La plupart des États africains notamment la RDC ont adopté les systèmes de nomination proches de celui du Conseil constitutionnel français[694]. Même au sein

---

[692] Chevallier, J., *L'Etat de droit*, 2e édition, Paris, Montchrestien, 1994, p. 65.

[693]Les juges de la Cour suprême des États-Unis sont nommés à vie contrairement aux juges constitutionnels européens ou africains ayant des mandats limités dans le temps. Sur ce sujet, on se reportera à Louis Favoreu et Wanda Mastor, *Les cours constitutionnelles*, Paris, Dalloz, 2011.

[694]L'article 56 alinéa 1 de la constitution française dispose : « Les neuf membres du Conseil constitutionnel sont nommés pour neuf ans avec renouvellement par tiers tous

des États qui limitent les mandats des juges, on distingue des pays ayant des mandats limités mais renouvelables de ceux disposant des mandats limités mais non renouvelables.

a. La variété des choix retenus dans les constitutions africaines

« La durée du mandat des juges constitutionnels est un élément important de leur indépendance. Un mandat court risque en effet de mettre les juges directement sous la dépendance de l'évolution du jeu électoral et d'aboutir à une composition des cours semblable à celle des organes titulaires du pouvoir de nomination ; les changements fréquents des juges sont également de nature à freiner la constitution et la gestion de jurisprudence, et en conséquence à nuire à l'autorité des cours »[695].

Les cours constitutionnelles des États africains, en raison de leur mode de nomination, sont plus sensibles aux changements qui affectent la vie politique notamment les échéances électorales et leurs résultats. En ce sens, ces juridictions constitutionnelles des pays africains tout comme le Conseil constitutionnel français, sont politiquement indépendants au regard du mode de nomination et de durée du mandat des membres[696].

La question de la politisation des Cours et/ou Conseils constitutionnel s'est toujours posée partout ; elle se manifeste en France avec son mode de désignation critiquable mais aussi en Allemagne ou en Espagne où pourtant le système de désignation paraît plus démocratique. La politisation est le reflet d'une carence d'indépendance de la juridiction constitutionnelle. Nous affirmons à la suite du Professeur Fréderic Joël Aïvo, que « le risque d'une politisation de l'institution peut être le fait du rapport de force entre les différentes tendances politiques en présence. Deux scénarios peuvent ainsi se présenter. Dans un premier cas, en cas de divergences d'orientation politique entre le Président de la République et le Bureau de l'Assemblée nationale. Dans ce schéma-ci, l'on pourrait avoir une jurisprudence de la Cour qui ne serait en réalité que le produit du rapport de force entre les courants politiques en présence, d'où le risque de

---

les trois ans ».

[695]Rousseau, D. *La justice constitutionnelle en Europe, op, cit,* p. 57.

[696]Sur cette question et pour une analyse comparative, lire l'article de Morton, F-L, « Point de vue d'outre Atlantique sur le Conseil constitutionnel », *Pouvoirs*, n°46, 1988, pp. 133-134.

déphasage et de clivage au sein d'une institution qui, en réalité et en principe, ne devrait se déterminer qu'en fonction de support juridiques. La politisation de la Cour peut aussi être facilitée voire accélérée par la concordance éventuelle d'orientations politiques entre le Président de la République et l'ensemble du Bureau de l'Assemblée nationale. C'est le deuxième scénario. Dans ce cas qui s'est déjà produit, l'inquiétude d'un alignement des sages de la Cour sur la position politique de la majorité gouvernementale reste aussi bien une éventualité qu'un vrai prétexte de contestation de la juridictionnalisation de l'organe »[697].

Nous estimons que le renouvellement à intervalles réguliers de la composition d'une Cour constitutionnelle permet d'une part de renforcer la responsabilité des juges vis-à-vis des autres institutions et d'autre part, permet de réduire considérablement le risque de paralysie qui aurait pu provoquer un affrontement entre une nouvelle majorité politique et une Cour dont l'essentiel des membres auraient été désignés par l'ancienne majorité qui a perdu le pouvoir. Ainsi, dans tous les États africains, le mandat des juges constitutionnels n'est-il pas renouvelable, à l'exception cependant de quelques-uns notamment le Mali (7 ans renouvelable), le Gabon (5 ans renouvelable). « En Europe, deux pays font exception : l'Espagne où seul renouvellement immédiat est interdit ; la Hongrie où le mandat est renouvelable une fois »[698], « ce qui peut poser le problème de dépendance à l'égard de l'organe de nomination. Car la tentation peut être grande de ne pas le « mécontenter pour gagner un second mandat » »[699]. Une autre thèse soutiendrait que la constitution en sortirait affaiblie, la flexibilité du processus de désignation des juges peut renforcer l'idée qu'il suffirait de changer les juges qui l'interprètent pour lui donner un autre contenu. Dans tous les cas, il est assez remarquable de relever que généralement les mandats des juges sont à l'épreuve des fluctuations politiques[700].

---

[697]Aïvo, F., J., *Le juge constitutionnel et l'Etat de droit en Afrique : l'exemple du modèle béninois*, Paris, L'Harmattan, 2006, p. 129.
[698]Rousseau, D, *La justice constitutionnelle en Europe*, *op. cit.*, p. 58.
[699]Rousseau, D, *La justice constitutionnelle en Europe*, *op. cit.*, p. 58.
[700]Boubacar Issa Abdourhamane, *Les Cours constitutionnelles dans le processus de la démocratisation en Afrique, op. cit.* pp. 136-143.

b. Des mandats longs et non renouvelables à l'épreuve des variations politiques

L'exclusion du mandat à vie par le système constitutionnel africain et la répétitivité des interventions des autorités politiques dans la nomination des juges renforcent le lien entre le calendrier politique et la désignation des juges constitutionnels. Par calendrier politique, nous entendons aussi bien l'apparition des institutions formelles (issues du processus électoral) que les institutions informelles dues entre autres à un coup d'État qui touche l'existence politique du régime en place et par voie de conséquence celle des autorités de désignation.

En effet, dans certains pays africains, les élections présidentielles et législatives ne consistent pas seulement à choisir le chef de l'État et les députés. Elles peuvent parfois indirectement dessiner « la couleur politique » partielle ou totale de la Cour constitutionnelle proportionnellement au nombre des juges à désigner et à la répartition des quotas entre l'exécutif et le parlement. Cette hypothèse concerne particulièrement des pays où ils se partagent exclusivement la prérogative de nomination de leurs juges. L'hypothèse s'applique surtout au Bénin et à la Côte d'Ivoire, là où le Président de la République et de l'Assemblé nationale se partage exclusivement la prérogative de désigner les juges. Au Niger par contre, ces deux institutions ne désignent que deux juges sur sept qui composent la Cour, les cinq autres étant issus de corporations professionnelles et associations. Cette répartition de la prérogative de désignation qui a été faite officiellement au détriment du « politique » et en faveur de la « société civile » donne l'impression que les élections politiques ne peuvent affecter que très modestement la composition de la Cour.

En RDC, le mandat des membres de la Cour constitutionnelle est long (9 ans) et non renouvelable conformément à l'article 158, alinéa 3 de la constitution repris par l'article 6 alinéa 1 de loi organique. Ces juges constitutionnels ne peuvent être ni révoqués ni être renouvelés. Ils jouissent de ce qu'on appelle l'inamovibilité que définit Esmmein comme étant « le fait de ne plus avoir rien à craindre ni attendre de l'autorité de nomination ». Le mandat long et non renouvelable constitue un élément primordial pour une Cour constitutionnelle. Deux raisons peuvent le justifier : primo, un tel mandat permet aux membres de la Cour de travailler sereinement dans la durée en façonnant leurs méthodes de travail qui soient satisfaisantes à tous. Secundo, la longueur du mandat permet aux juges constitutionnels d'être à l'abri des invectives des autorités ou de la famille politique auxquels ils doivent leur nomination. En accordant aux membres de la Cour un mandat long et non renouvelable pour faire sereinement leur travail et échapper ainsi aux pressions politiques, la loi organique s'identifie par-là à des démocraties occidentales. Dans la plupart des pays d'Afrique subsaharienne, c'est le principe des mandats longs et non renouvelable qui prévaut aussi.

Le non renouvellement de mandat constitue objectivement, un gage d'indépendance par rapport à l'autorité de désignation. Néanmoins, lorsqu'il y a vacance, à la suite d'une démission [701] ou pour des raisons d'incompatibilité[702], une nomination par l'autorité compétente pourvoit le poste vacant. Le nouveau membre nommé achève le mandat commencé. A la fin de ce mandat, ce membre peut être renouvelé pour un autre mandat à condition que ce remplacement soit inférieur à trois ans[703]. Cette disposition peut engendrer la méfiance lors d'un éventuel refus de l'autorité de nomination de reconduire le remplaçant pour un nouveau mandat. Cette éventualité reste à confirmer avec la réalité. Sur la question du mandat, la loi organique n'apporte pas d'innovation mais préfère la sécurité en adoptant les systèmes des cours constitutionnelles qui ont fait leurs preuves sous d'autres cieux, notamment le système européen à travers le modèle français et belge tel qu'analysé plus haut.

« Toutefois, une question mérite d'être posée : celle relative à la révocabilité des membres de la Cour. Peuvent-ils être révoqués ? Dans l'affirmative par qui ? L'inamovibilité répond-t-elle à cette préoccupation ? L'on a évoqué l'inamovibilité, mais c'est simplement que l'on présume qu'ils sont irrévocables pendant l'exercice de leur mandat. Toute solution inverse conduit à placer le juge constitutionnel en permanence sous l'épée de Damoclès entre les mains de l'autorité de désignation »[704].

---

[701]Article 28, de la loi organique portant organisation et fonctionnement de la Cour constitutionnelle de la RDC. .

[702]Article 31, de la loi-organique sur la Cour constitutionnelle.

[703]Article 8 de la Loi-Organique, sur la Cour constitutionnelle, précitée.

[704]Manangou, V., *Les évolutions récentes du constitutionnalisme en RDC... op cit,* p.

De fait, il s'impose que toute procédure disciplinaire visant par exemple à mettre un terme prématuré au mandat doit être organisée et maîtrisée par la Cour elle-même[705]. En France, aucun article de la loi organique sur le Conseil constitutionnel moins encore le texte même de la Constitution ne prévoit l'irrévocabilité. Seule l'absence de désignation d'une autorité compétente pour révoquer un Conseiller constitutionnel nous permet de dire qu'ils sont irrévocables. Cette présomption en France ne souffre pas de violation. Car le pays a une vieille tradition démocratique et/ou la lecture de contre-pouvoir reste vive bien que la légitimité du Conseil ait été à un certain moment mise en mal.

Dans un pays comme la RDC, qui expérimente la démocratie et la justice constitutionnelle, il peut paraître fondé que soit tranché par un article la question de l'irrévocabilité des juges constitutionnels, comme c'est déjà le cas au Burkina Faso où l'article 3 de la loi organique sur le Conseil constitutionnel prévoit l'impossibilité d'une révocation des membres de cette juridiction. C'est aussi le cas au Bénin où l'article 115 de la constitution pose le même principe. La Cour constitutionnelle est irrévocable dans sa totalité comme dans ses composantes individuelles. « Cette non révocabilité de membres en cours de mandat est opposable aux pouvoirs publics en général et particulièrement à l'autorité compétente qui l'ont nommé »[706]. De ce point de vue, tout du moins à l'égard des institutions de désignation et de l'autorité de nomination qui est « le Président de République et du Bureau de l'Assemblée nationale, le mandat du Conseiller à la Cour est absolu. Car ni l'un ni l'autre ne peut provoquer l'arrêt ou l'interruption des fonctions des membres de la Cour bien qu'il a eu le pouvoir de les nommer »[707].

La fonction du juge constitutionnel est hautement sensible du fait des enjeux juridiques et des conséquences politiques et sociales des décisions qu'il est appelé à rendre. En effet, si le choix des juges est assorti de conditions[708] que l'autorité de nomination doit respecter,

58.

705Mborantsuo M-M, *Cours constitutionnelles africains et État de droit, op. cit*. p. 78.

706Aïvo, F., J., *Le juge constitutionnel et l'État de droit en Afrique : l'exemple du modèle béninois*, *op. cit*., p. 146.

707*Ibidem*, p. 146.

708Les qualités, compétences ou techniques juridiques des juges ne constituent pas le seul et principal critère de sélection des membres de la Cour.

celles-ci ne justifient pas entièrement les raisons des choix individuels effectués par ces autorités. Les conflits constatés au moment de la désignation des membres de la Cour, même quand ils concernent des questions de procédure, renvoient absolument à une contestation implicite de ce pouvoir des autorités de nomination.

Dans ces conditions, le grand défi, que le juge constitutionnel congolais affrontera, est celui de la neutralité face aux pressions extérieures visant à l'influencer dans l'exercice de ses attributions. Aussi, toute une série de garanties a été mise en place pour protéger les juges contre ces éventuelles pressions et leur permettre de prendre leurs décisions en toute sérénité.

2. Garanties juridiques : protection morale et matérielle des membres de la Cour

Les constitutions et les lois nationales garantissent des droits et immunités aux membres des Cours afin de les mettre à l'abri des pressions multiformes qu'ils peuvent subir ou craindre. « Les garanties juridiques des juges se manifestent sous la forme d'une liberté de jugement, de la reconnaissance de certaines immunités et enfin d'une protection matérielle »[709].

a. Garanties octroyées aux membres de la Cour

La fonction des juges constitutionnels nécessite certes des compétences indéniables comme nous l'avons affirmé précédemment. Les membres de la Cour ont dans leur passé assumé des charges importantes tant publiques que dans le secteur privé. Ces responsabilités les ont conduits à empocher des traitements qui peuvent leur être versés lors de leur mandat à la Cour. Il ne s'agit pas que le décalage des revenus entre les membres de la Cour et ceux des autres institutions (exécutif, législatif) soient trop importants, ce d'autant que la fonction des membres de la cour constitutionnelle en Afrique en général et RDC en particulier est loin d'être selon l'expression de Mborantsuo « une sinécure » dans une institution « sous haute surveillance » autant par l'appareil politique que par le média ou l'opinion »[710]. Réagissant à l'interpellation du Président du CSM lors de

[709]Babacar Issa Abdourhamane, *Les cours constitutionnelles dans le processus de démocratisation en Afrique, op. cit., p. 149.*

[710]Mborantsuo, M-M, *Cour constitutionnelles et État de droit, op. cit.*, p.78.

l'ouverture de la session extraordinaire de cet organe le 17 août 20 12, le président de l'intersyndicale des magistrats congolais, René Sibu Matubula a indiqué que « les magistrats ont aussi des droits, qui méritent toute attention des autorités, notamment le droit à une vie descente et aux meilleures conditions de travail par un bon salaire ». Il poursuit en déclarant : « Il faut que les droits du magistrat (qui exerce une mission délicate) soient aussi respectés et qu'ils (les magistrats) soient dans des conditions de vie et de travail acceptables. Dernièrement, il y a eu des promesses officielles et fermes, pour payer aux moins gradés de la magistrature 1 700 dollars américains. Mais jusqu'à présent ça traîne. »[711]

En effet, au cours de son discours bilan du 14 septembre 2011, le Président Joseph Kabila avait déclaré que « les magistrats ont eux aussi vu leur salaire augmenter. De 704 dollars américains en 2008, il est monté (...) avant d'atteindre 1 600 dollars en 2009 ». Cette déclaration du Président de la République avait soulevé une vive protestation de la part des magistrats, affirmant n'avoir jamais touché cette dernière somme.

Cette indépendance matérielle reste en effet un moyen d'épargner les membres de toute tentation corruptrice, pour les hommes ou des femmes dont chacune des décisions impacte de manière décisive le fonctionnement et la conduite de l'État.

Les juges constitutionnels jouissent comme dit ci-haut, dans l'exercice de leurs fonctions d'immunités qui sont destinées à garantir leur indépendance et liberté de jugement.

Néanmoins, si l'inverse devrait se produire, pour d'autres motifs, il faudrait que la Cour elle-même envisage une procédure spéciale pour lever l'immunité des membres incriminés et éviter que d'autres institutions recourent à cette procédure pour la déstabiliser. Les membres de la Cour jouissent d'un rang protocolaire au même titre que des titulaires en charge de l'État.

---

[711]« RDC : les magistrats interpellés sur leur laxisme dans le traitement des dossiers judiciaire », in https://www.radiookapi.net/actualite/2012/08/18/rdc-les-magistrats-interpelles-sur-leur-laxisme-dans-le-traitement-des-dossiers-judiciaires consulté le 18 août 2012.

Un autre respect du statut des membres de la Cour tient non plus aux garanties octroyées mais aux obligations qui s'imposent aux juges constitutionnels dans l'exercice de leurs fonctions, mais dont la finalité se traduit par l'affirmation réelle de leur indépendance. Il ressort de ces obligations un sévère régime d'incompatibilité et une obligation de réserve.

b. Les incompatibilités et obligation de réserve des membres de la Cour constitutionnelle de la RDC

Le statut du juge constitutionnel est incompatible avec l'exercice de certaines fonctions. Autant, le même juge constitutionnel est durant son mandat soumis à l'obligation de réserve.

- **Les incompatibilités ou l'apanage de l'exercice du mandat**

Le régime des incompatibilités défini par le titre II[712] de la loi organique n°13/026 du 15 octobre 2013 prévoit les matières qui ne peuvent cohabiter ou cumuler avec les fonctions de membre de la Cour constitutionnelle congolaise. Aux incompatibilités classiques avec les fonctions ministérielles ou une quelconque fonction au sein des assemblées parlementaires, la loi ajoute en outre le principe d'une incompatibilité avec « l'exercice de tout mandat électif, de tout emploi public, de toute qualité de mandataire public ainsi que de l'appartenance à un parti politique, à un regroupement politique ou un syndicat »[713].

Aussi, le régime d'incompatibilité est assorti des sanctions ; conformément à l'article 34 alinéa 1 de la loi organique, « tout membre de la Cour ou du Parquet, tout Conseiller référendaire qui se trouve dans l'un des cas d'incompatibilité visés à l'article 31 de la présente loi organique lève option, dans un délai de huit jours à compter de la date de notification de sa nomination. A défaut, il est réputé avoir renoncé à ses fonctions de membres de la Cour, du Parquet Général ou de Conseiller référendaire. Dans ce cas, il est fait application de la procédure prévue à l'article 35 de la présente loi organique ». Cette sanction est aussi d'application en cas de perte de droits civiques et politiques ou de l'empêchement définitif par suite d'incapacité physique ou mentale ou toute condamnation irrévocable pour infraction

---

[712]Notamment la section 3 du chapitre 5 de ce titre II, précisément les articles 31 à 35 de cette loi organique.

[713]Art. 31 de la loi organique du 15 octobre 2013.

intentionnelle. « Le but de non-cumul du mandat des membres du Conseil constitutionnel avec toute autre fonction vise à assurer l'indépendance du Conseil constitutionnel et par la suite, à renforcer l'autorité de l'institution »[714]. Cette position est partagée par le constituant organique congolais. Nous estimons qu'autoriser le juge constitutionnel à cumuler ses fonctions avec d'autres notamment celles de n'importe quelle autre institution de la République mettrait assurément à mal le sacro-saint principe de séparation des pouvoirs.

Le constituant congolais a donc très tôt compris la gravité de la question en encadrant solidement les incompatibilités. La proposition de la loi organique avait même porté cette interdiction jusqu'à deux ans après la sortie de la Cour constitutionnelle. Le législateur organique n'a pas retenu cette proposition. Pourtant elle aurait constitué une avancée. L'intérêt de cette interdiction prolongée pourrait éviter aux membres de la Cour constitutionnelle de recourir à des démissions d'opportunité ou des arrêts abusifs en vue de l'obtention d'une faveur ou poste à la fin de leur mandat. Cela aurait été un progrès par rapport à ce qu'on connaît ailleurs notamment en France. Sans entrer dans les détails des différentes constitutions africaines, nous pouvons globalement considérer que le régime des incompatibilités, parce qu'il est gage d'impartialité et d'indépendance des juges constitutionnels, a été adopté par l'ensemble des pays africains disposant d'une Cour constitutionnelle. Or ce régime tel que prévu par la loi organique en RDC garantit-t-il pour autant l'indépendance des membres de la haute juridiction ? La confusion dans la rédaction de certaines incompatibilités notamment la distinction entre fonction publique et service public évoquée précédemment peut fissurer cette indépendance. Par ailleurs, les membres de la Cour constitutionnelle congolaise ne jouissent pas d'une immunité fonctionnelle. Pourtant la loi organique fixe une série d'obligations à ces membres sans leur offrir par contre une protection indispensable. « La jurisprudence française en matière d'immunité nous enseigne que les Conseillers constitutionnels ne bénéficient pas d'une immunité fonctionnelle mais ils disposent d'un statut suffisamment protecteur. L'affaire Dumas en est l'exemple »[715]. L'article 8 de la proposition du député Bule Gbangolo Basabe[716]

[714]Formery, S.-L., « La constitution commentée article par article », *op. cit.*, p. 122.
[715]Rousseau ; *Droit du contentieux constitutionnel*, *op. cit.*, pp.73-75.
[716]Bule Gbangolo Basabe Mohamed, proposition de loi-organique portant

considérait les membres de la Cour constitutionnelle comme étant des justiciables, en premier et dernier ressort devant la Cour de cassation.

Cette proposition du député Bule Gbangolo Basabe n'a pas rencontré l'adhésion du législateur organique et ne répond pas à la préoccupation bien qu'une partie de la réponse soit donnée, c'est-à-dire la désignation d'un juge compétent pour connaître des litiges à l'encontre des membres de la Cour. « Il s'agit de déterminer les garanties judiciaires que le statut de juge constitutionnel accorde et le texte ne nous dit rien ou presque. L'expérience nous dira si les députés congolais ont eu raison de n'accorder aucune protection fonctionnelle pour les juges »[717].

Certaines cours constitutionnelles de certains États africains ont résolu cette préoccupation, notamment le Mali et le Burkina Faso. Pour le Mali, l'article 7 de la loi organique de la juridiction constitutionnelle dispose que sauf le cas de flagrant délit, les membres de la cour constitutionnelle ne pouvant être poursuivis, arrêtés, détenus ou jugés en matière pénale qu'après avis de la Cour constitutionnelle. Cette disposition constituait un bouclier protecteur du juge constitutionnel contre toutes pressions ou autres menaces judiciaires fantaisistes. Cette disposition protectrice s'avère encore plus indispensable surtout lorsqu'un membre de la Cour est désigné rapporteur d'une affaire et est sous le coup d'une procédure judiciaire. La Cour peut différer son avis conformément à cette disposition et permettre à ce membre de finaliser sereinement son dossier. Il pourra alors présenter un travail soigné et sans pression. Le flagrant délit est la seule condition où l'avis de la Cour constitutionnelle n'est plus requis avant tout déclenchement d'une procédure. Le Burkina Faso dispose du même principe avec la même exception que le Mali. Par contre au Burkina Faso le président de la haute juridiction a une obligation d'information immédiate ou au plus tard dans les 48 heures en cas de flagrant délit[718]. Les juges constitutionnels congolais ne disposent pas de ces types de boucliers

---

organisation et fonctionnement de la cour constitutionnellement assemblée nationale, octobre 2007.

[717]Manangou, V. Les évolutions récentes de la justice constitutionnelle en RDC, *op.cit.*, p. 48.

[718]Article 5 de la loi organique n°001-2000/an du 27 avril 2000 portant composition, attributions et fonctionnement du conseil constitutionnel et procédure applicable devant lui.

protecteurs. La loi reste muette et dans le silence des textes, le régime excessif de droit commun est d'application. Or le juge constitutionnel n'est pas un magistrat ordinaire ni dans son statut moins encore dans sa fonction.

Nous évoquions plus haut que l'exercice par le juge constitutionnel de toute autre activité est interdit par la Cour. En effet, nous pensons qu'il faut instaurer une certaine « respiration » des membres de la Cour qu'il convient de ne pas enfermer dans leur tour d'ivoire. Nous estimons que toute interdiction générale et absolue ne doit pas s'inscrire comme une nécessité dans le statut des membres.

Certes, certaines activités sont incontestablement à proscrire, toutefois, l'exercice de fonctions secondaires qui n'interfèrent pas, ni ne disqualifient leur mission de juge constitutionnel permet aux membres de la Cour de s'insérer dans le tissu social, de se trouver confrontés aux réalités matérielles de l'organisation sociale et politique du pays et en ce sens, ces activités s'affirment bien plus comme des avantages que des inconvénients. L'exemple de professeurs des universités est éloquent. Il y a certainement à première vue un risque pour les membres d'une Cour à enseigner une matière dont, dans une certaine mesure ils modifient les contours. Pour autant, quelle valeur ajoutée à la fois pour les étudiants que pour l'enseignant ?

Les premiers profitant d'une éminente expérience pratique, le second trouvera dans les techniques pédagogiques déployées un instrument idéal dans l'élaboration des futures décisions. « Toutefois, il ne s'agit surtout pas pour le juge enseignant de violer le secret des délibérations ou plus généralement « l'intimité » de la Cour. Mais, aussi longtemps que les informations livrées sont en définitive accessibles à l'ensemble des administrations ou régulièrement publiées, aucune raison alors d'opposer ce genre d'interdiction aux juges »[719] . En fait nous touchons là aussi un autre aspect d'une obligation qui s'impose encore aux membres de la Cour, à savoir le devoir de réserve.

- **Une obligation de réserve**

Le devoir de réserve pour les membres de la Cour constitutionnelle de la RDC s'exprime notamment par le fait qu' « ils ne

[719]Rousseau, D., *La justice constitutionnelle en Europe*, *op. cit*, p. 61.

peuvent, durant leurs fonctions, ni prendre une position publique ni donner une consultation sur des questions ayant fait ou susceptibles de faire l'objet de décision de la Cour. Ils ne peuvent adopter des attitudes ou des comportements qui laisseraient penser à une appartenance politique ou syndicale »[720]. L'obligation de réserve reste un principe globalement partagé par la plupart des systèmes constitutionnels. Certains pays européens notamment la France, la Belgique, l'Allemagne, l'Espagne[721] mais aussi en Afrique ou des pays tel que Bénin, Niger, Congo Brazzaville, Gabon, Centrafrique,...prévoient une obligation de réserve pour les membres du Conseil ou de la Cour constitutionnelle. L'obligation de réserve demeure un principe indispensable. Il est ainsi inconcevable qu'une Cour constitutionnelle censée trancher, faire respecter et appliquer la constitution soit constituée des personnalités affichant par ailleurs leur totale liberté lors des interventions publiques au risque de contredire voire compromettre les décisions de la Cour. La crédibilité, l'efficacité et l'indépendance de l'institution peuvent en faire le prix.

L'obligation de réserve se trouve en partie dans le serment que les membres de la Cour constitutionnelle prêtent avant la prise de fonction[722], qui entre autres impose « de ne prendre aucune position publique, de ne donner aucune consultation à titre privé sur les questions relevant de la compétence de la Cour constitutionnelle et n'entreprendre aucune activité mettant en cause l'indépendance, l'impartialité, et la dignité de la Cour ». « Si cette obligation s'impose sans réserve, pour préserver l'unité de la Cour, il paraît évident que le devoir de réserve ne doit pas être assimilé à un mutisme total »[723].

A notre avis, et à la suite de madame Mborantsuo, « une information la plus objective possible sur l'action entreprise par la Cour s'impose comme une nécessité. L'activité de la Cour, sa mission au sein des institutions ne peuvent véritablement être perçues et admises qu'à

---

[720]Article 29 de la de loi organique portant organisation et fonctionnement de la Cour constitutionnelle.

[721]Favoreu, L, Wanda Mastor, Les cours constitutionnelles, *op. cit.*, pp. 50-54

[722]Art. 10 de la loi organique sur la Cour constitutionnelle du 15 octobre 2013.

[723]Sur la question du serment des membres de la cour voir Mampuya Kanuk'a-Tshiabo « A propos du projet loi organique sur la cour constitutionnelle », in le quotidien « Le phare » du 9 avril 2008 publié aussi sur le site http://www.la-constitution-en-afrique.org/tag/rd%20du%20congo/3 consulté le 15 avril 2010

partir du moment où les citoyens administrés et même les groupements politiques pourront en avoir une juste conception »[724]. Cette information est capitale à la fois pour faire admettre la haute juridiction, mais surtout pour que les attributions de celle-ci soient nettement établies et ses solutions expliquées à la population. « Sans cela, recourir à la justice congolaise, estime le justiciable, n'est qu'une perte de temps »[725]. « En contrepartie, la Cour verra s'améliorer et se juridiciser les recours, car trop souvent les requérants confrontés à une autorité juridictionnelle nouvelle ne prennent pas totalement la mesure de l'institution »[726].

Cette action « pédagogique » de la Cour, certainement dans le respect de l'obligation de réserve, s'inscrit comme une préoccupation dans nos États. La concrétisation d'un État de droit, en vue duquel la Cour constitutionnelle a été établie, passe bien sûr par cette action informative, comme un préalable incontournable à la participation effective des citoyens au processus démocratique. Au regard des obligations et interdictions imposées aux membres de la Cour constitutionnelle se greffe la question de leur qualité de magistrat. La lecture attentive des dispositions constitutionnelles portant sur la haute juridiction constitutionnelle congolaise n'offre pas avec clarté la qualité de magistrat que doivent posséder les membres de cette Cour. Le constituant organique indique que la Cour statue par voie d'arrêt[727] . Il faut reconnaître qu'en droit les arrêts ne sont rendus que par les magistrats plus particulièrement des juges. Ainsi, bien que certains membres de la Cour ne soient pas magistrats, plus particulièrement les juges, ils sont sur la base de l'article 93 alinéa 2 et 3 de loi organique revêtus de la qualité de magistrat. Plusieurs pays partagent cette position. La constitution française de 4 octobre 1958 ne permet d'identifier clairement si les membres du Conseil constitutionnel sont des magistrats. La réalité ne dénie pas à ces Conseillers constitutionnels la qualité de magistrat. « En RDC, affirme Jean-Louis Esambo, le constituant ne fait pas de distinction entre la qualité de juge avec celle

---

[724]Mborantsuo, M-M ; *Cours constitutionnelles africaines et État de droit* , *op. cit*, pp.80-81

[725]voir l'article « Justice : redorer le blason terni », consultable sur le site http://www.congoforum.be/fr/nieuwsdetail.asp?subitem=3&newsid=188468&Actualiteit=selected Consulté le 25 juin 2012

[726] *Ibidem*, p.81

[727]Article 93 de la loi organique.

de magistrat attribuée aux membres de la Cour constitutionnelle. Les constitutions du 1er août 1964 et 24 juin 1967 ont clairement attribué aux membres de la Cour constitutionnelle la qualité des Conseillers (et donc des magistrats) »[728]. La CSJ en sa qualité de juge de la constitutionnalité des lois et des actes ayant force de loi, était composée de magistrats qui rendaient des arrêts et parfois des avis. Les membres de la Cour constitutionnelle peuvent bénéficier de ce même principe conformément à l'article 149 de la constitution du 18 février 2006 qui précise que la Cour constitutionnelle fait partie du pouvoir judiciaire.

L'étude des compétences et leurs modalités d'exercice par le juge constitutionnel permettent de dégager les fonctions que le constituant congolais a assignées à cette haute juridiction constitutionnelle. C'est l'objet du chapitre suivant.

---

[728]Esambo J.-L., *La constitution congolaise du 18 février 2006 à l'épreuve du constitutionnalisme, op. cit*, pp. 254-255.

CHAPITRE DEUXIÈME

LES COMPÉTENCES DE LA COUR CONSTITUTIONNELLE ET LEURS MODALITÉS D'EXERCICE

L'étude des compétences du juge constitutionnel a toujours été une problématique dont l'analyse présente un intérêt indéniable. « Si en effet l'univocité du but de la justice constitutionnelle, est de garantir le fonctionnement de l'État conformément à la constitution, l'étude des tribunaux constitutionnels montre en revanche que ces derniers sont dotés de formes et des compétences fort diverses »[729]. Il en va ainsi de la Cour constitutionnelle de la RDC sans toutefois oublier qu'il existe un certain rapport entre le caractère d'un régime politique et la compétence dévolue à une juridiction, fût-elle constitutionnelle.

Les compétences de la Cour sont l'ensemble des attributions qui consacrent le pouvoir d'examen des juges constitutionnels. La question de compétence est capitale dans la décision des juges d'examiner ou non une requête dont ils sont saisis, constituant par-là un préalable avant tout examen de l'affaire au fond.

Ce chapitre est ainsi axé sur l'étude des compétences comme l'étendue et les limites des attributions constitutionnelles et légales dont sont dotées les juridictions constitutionnelles notamment et surtout celle de la RDC qui est l'objet de notre travail de recherche. Cette étendue de la compétence peut être large ou restreinte. D'ailleurs, l'observation générale des attributions reconnues aux juges constitutionnels ne fait pas apparaître de façon formelle une grande différence entre les pays. L'apparente intelligibilité des textes constitutionnels et légaux sur la compétence, son étendue et ses limites n'empêche pas, pour autant, la nécessité d'interpréter la règle dans un sens ou un autre. L'analyse pointilleuse de la jurisprudence démontre certes les obstacles et autres paradoxes soulevés par cette complexité de la question de la compétence. Si les Cours constitutionnelles reconnaissent disposer d'une compétence d'attribution qui empêche de franchir les limites fixées par la constitution et les lois nationales, elles admettent détenir

[729]Manangou, V., *Les évolutions récentes du constitutionnalisme en RDC*, op.cit, p48.

néanmoins quelques latitudes par le truchement de l'interprétation des textes. L'analyse des compétences au-delà des interprétations des juges constitutionnels visant à les élargir ou les restreindre montre une certaine convergence du champ couvert. Cependant, « les convergences de ces attributions n'impliquent pas forcément un même degré dans la protection de ces dispositions. C'est ainsi qu'en matière de protection des droits, la compétence des juridictions est prévue par toutes les constitutions mais son application est faite de manière différente suivant les pays[730] ».

Au demeurant, l'étude des compétences de la Cour constitutionnelle congolaise nous conduira au recours de la démarche diachronique par la combinaison réflexive de la justice constitutionnelle avec un regard rétrospectif sur son évolution.

Les compétences de la haute juridiction constitutionnelle congolaise sont de natures diverses. Elles résultent des dispositions des articles 74, 76, 99, 128, 139, 145, 160, 161, 162, 163, 164, 167 alinéa 1er et 216 de la constitution du 18 février 2006 repris par l'article 42 de la loi organique sur la Cour constitutionnelle. Ainsi à la lumière de ces différentes dispositions constitutionnelles, la Cour constitutionnelle congolaise possède une diversité de compétences, du reste une situation fréquente en droit comparé (section 1). Nous aborderons ensuite les procédures de contrôle et de la mise en place du procès constitutionnel en RDC (section 2).

Section 1 : La diversité des compétences de la Cour constitutionnelle de la RDC : une situation fréquente en droit comparé

La justice constitutionnelle recouvre en son sein une réalité multiforme. Il convient de distinguer dans cette section d'une part la compétence de la Cour constitutionnelle en tant qu'elle est chargée des contestations électorales et référendaires (§1) ce qui sur le plan purement technique, relève sans doute de la compétence matérielle de la juridiction constitutionnelle. Cette même juridiction possède d'autre part des compétences en matière contentieuse notamment le

[730]Boubacar Issa Abdourhamane, *op. cit.*, p. 185.

contentieux des normes (§2). La Cour constitutionnelle congolaise est aussi juge de la délimitation des compétences entre l'exécutif et le législatif d'une part et d'autre part entre le pouvoir central et provincial. Cette Cour constitutionnelle est en outre juge pénal de l'exécutif congolais (§3). Cette même Cour constitutionnelle est garante des droits humains dans un pays où les droits et libertés fondamentaux des citoyens sont constitutionnellement garantis (§4).

§1. La Cour comme juge des contestations électorales et référendaires

« Le volet électoral de la compétence de la Cour constitutionnelle est une innovation heureuse et une amélioration du mécanisme de désignation des représentants du peuple. Cette fonction n'existait pas dans les précédents textes constitutionnels qui organisaient les parodies électorales. Place à l'expression véritable de la souveraineté du peuple. Elle passe par l'expression libre et transparente du suffrage populaire »[731].

« Devant l'incertitude que fait planer toute élection au suffrage universel direct, affirme Fweley Diangituka, chaque groupe organisé – qu'il s'agisse du gouvernement sortant, d'un parti politique ou de toute autre organisation qui ambitionne occuper des postes politiques – est souvent tenté de mettre en place des mécanismes des fraudes électorales afin de s'assurer le succès des résultats »[732]. L'envie pressant de victoire à tout prix est à la base de certaines pratiques malhonnêtes avant, pendant et après les scrutins. Si le désir de gagner est le propre de la nature humaine qui pour parvenir à ses fins, ne se prive pas de recourir à tous les artifices à sa disposition, seule la vigilance de la Cour après saisine, empêchera à tout fraudeur de tricher.

Aussi avant la proclamation des résultats électoraux présidentiels et législatifs (A), le constituant congolais de 2005 a fait de la Cour constitutionnelle en tant que juge électoral le seul garant de la légalité et de la régularité des élections le plus régaliennes de l'Etat afin d'éviter que les électeurs ne soient trompés par le plus fortuné, le plus rusé ou le plus violent des candidats. Cette vérification évitera

---

[731]Aïvo, F.-J., *Le juge constitutionnel et l'État de en Afrique : l'exemple du modèle béninois*, *op. cit.*, p. 113.

[732]Lire à ce propos, Fweley Diangitukwa, *Les fraudes électorales : comment on recolonise la RDC*, Paris, L'Harmattan, 2007,

ultérieurement tout contentieux complaisant. Cette analyse porte *mutatis mutandis* sur la proclamation des résultats référendaires (B).

A. Proclamation des résultats électoraux présidentiels et législatifs

« Pour les présidentielles aussi bien que pour les législatives, la Cour constitutionnelle a la lourde responsabilité – sur un continent aux élections éternellement imparfaites et traditionnellement contestées – de proclamer les résultats définitifs. Cette mission est d'autant plus sensible qu'elle est appelée à déchoir éventuellement le roi, ou à faire le nouveau roi »[733]. Ce rôle est souvent considéré par les Congolais, en empruntant l'expression de Fréderic Joël Aïvo, « comme celui consistant à distribuer les cartes du pouvoir et confier la clé de l'État à un homme ». La Cour constitutionnelle devra prouver le contraire de cette impression en assumant avec intrépidité et impartialité cette lourde mission.

Nous évoquerons ainsi dans les lignes qui suivent, la proclamation des résultats électoraux et référendaires en tant que attributions constitutionnelles et légales de la Cour constitutionnelle congolaise. On retrouve ici d'une part les attributions de la Cour relatives aux deux consultations électorales nationales que sont les élections à la présidence de République et les élections parlementaires (1), d'autre part, les attributions de la Cour relative aux opérations de référendum (2).

1. La proclamation des résultats électoraux présidentiels

Le Président de la République est élu à la majorité absolue des suffrages exprimés (…). Est déclaré élu au second tour, le candidat ayant recueilli la majorité des suffrages exprimés[734]. La Cour constitutionnelle est le juge du contentieux des élections présidentielles et législatives ainsi que du référendum[735]. L'article 81 de la loi organique n°13/026 du 15 octobre 2013 sur la Cour constitutionnelle reprend cette disposition constitutionnelle. Ces dispositions affirment que le Président de la République ainsi que les parlementaires tant nationaux que provinciaux doivent être déclarés élus. « La Cour

---

[733]Aïvo, F.-J., *Le juge constitutionnel et l'État de droit en Afrique : l'exemple du modèle béninois*, *op. cit.*, p. 114.
[734]Art. 71, al. 1 et 3 de la constitution du 18 février 2006.
[735]Art. 161, al. 2 de la constitution du 18 février 2006.

constitutionnelle proclame les résultats définitifs de l'élection présidentielle dans les deux jours qui suivent l'expiration du délai de recours, si aucun recours n'a été introduit devant elle.

La Cour constitutionnelle, la Cour administrative d'appel, le tribunal administratif et le tribunal de paix, selon le cas, proclament les résultats définitifs des élections législatives, provinciales, urbaines, communales et locales dans les huit jours qui suivent l'expiration du délai de recours, si aucun recours n'a été introduit devant la juridiction compétente »[736]. (…) La Cour constitutionnelle est le juge du contentieux des élections présidentielles, législatives ainsi que du référendum (...)[737]. Les règles juridiques applicables à l'élection du président de la République sont réparties dans des textes assez disparates, de valeurs juridiques différentes, plusieurs fois modifiés et dans lesquels il faut rechercher les compétences de la Cour.

L'analyse croisée de ces dispositions citées ci-devant accorde à la Cour constitutionnelle congolaise le pouvoir de proclamer les résultats définitifs des élections présidentielles et législatives dans les deux jours pour les premières et dans les huit jours pour les secondes qui suivent l'expiration du délai de recours, si aucune réclamation ou contestation n'a été introduite devant elle.

En France, en ce qui concerne les compétences du Conseil constitutionnel, l'article 58 de la constitution dispose : « le Conseil constitutionnel veille à la régularité de l'élection du président de la République. Il examine les réclamations et proclame les résultats du scrutin ». Il doit proclamer les résultats et le président élu, dans le délai de dix jours suivant la clôture du scrutin[738]. L'article 30 de l'ordonnance du 7 novembre 1958 précise : « les attributions du Conseil constitutionnel en matière d'élection à la présidence de la République

[736]Art. 72 de la loi n°11/003 du 25 juin 2011 modifiant la loi n° 06/006 du 9 mars 2006 portant l'organisation des élections présidentielles, législatives, provinciales, urbaines, municipales et locales, JORDC, n°13, 52eme année, Kinshasa, 1er juillet 2001.

[737]Art. 161, al. 2 de la constitution du 18 février 2006.

[738]D'après les références de la note de bas de page 154 de Dominique Rousseau, *Droit du contentieux constitutionnel*, op. cit., p. 435 ; « Les délais semblent se raccourcir régulièrement puisque les résultats ont été proclamés le 9e jour en 1965, le 4e en 1969 et en 1995, le 5e en 1974 et 1981 et le 3e en 1988 ».

sont déterminées par la loi organique relative à cette élection »[739]. Ce dispositif de proclamation des résultats des élections est de nature, par sa complexité au regard du contentieux électoral, à redonner un pouvoir d'intervention à la Cour constitutionnelle. Car dans cette empoignade électorale qui se transforme parfois en rivalités sanglantes en lieu et place d'une contradiction constructive, il est certain que la proclamation des résultats par la Cour constitutionnelle paraît être une solution. L'ancien article 75 de la loi n°06/006 du 9 mars 2006 admet dans son 1er alinéa que : « si les recours sont déclarés irrecevables ou non fondés, la CSJ (…) proclame les résultats définitifs des élections ». De cette disposition, la CSJ a jugé irrecevables les recours qui ont été enrôlés sous RCE PR001, 002, 005, 007 et 008. Elle a refusé l'examen du recours inscrit sous RCE PR 006 considérant qu'elle était incompétente. En revanche, elle a écarté les recours enrôlés sous RCE PR 003 et 004 qu'elle considérait comme non fondés et proclame les résultats définitifs suivants[740]. Cet arrêt de la CSJ a été à la base d'une controverse doctrinale au regard de l'expédition dans le traitement des contestations, il a confirmé tout de même l'organisation du second tour du scrutin présidentiel en déclarant, conformément à l'article 114 de la loi 06/006 du 9 mars 2006, Messieurs Kabila Kabange Joseph et Bemba Gombo Jean Pierre, deux candidats ayant recueillis les plus grands nombre des suffrages exprimés au premier tour autorisés à se présenter au second tour de l'élection présidentielle. La Cour intervient aussi dans le contentieux de l'établissement de la liste des candidats[741]. Elle exerce

[739]L'ordonnance n°58-1064 du 7 novembre 1958 portant loi organique relative à l'élection du président de la République a été remplacée par la loi référendaire du 6 novembre 1962, elle-même modifiée à plusieurs reprises. Ces modifications concernent diverses modalités de l'élection : conditions de présentation des candidats à l'élection (loi organique n°76-528 du 18 juin 1976 ; n°88-35 et 88-36 du 13 janvier 1988 ; n°95-62 du 19 janvier 1995 ; n°2001-100 du 5 février 2001) ; dépenses électorales, frais de campagne et situation patrimoniale des candidats (lois organiques n°88-226 du 11mars 1988 ; n°90-383 du 10 mai 1990 ; n°95-72 du 20 janvier 1995 ; 5 février 2001 précité) ; vote des français de l'étranger (loi organique n°76-97 du 31 janvier 1976). Pour partie, ces modifications successives sont dues aux observations précises et argumentées du Conseil constitutionnel faites à la suite des élections présidentielles. Le Conseil exerce ici, à son initiative, une fonction juridique prospective de conseil en relevant les défauts dans le déroulement du processus électoral. Lire Guillaume Drago, *contentieux constitutionnel français*, 2 édition refondue, Paris, PUF, 2006, pp. 218-219.

[740]Voir l'arrêt de la CSJ, arrêt RE 05 du 15 septembre 2006, p. 3. Inédit.

[741]Art. 81 al. 2 de la loi organique sur la Cour constitutionnelle.

une compétence de vérification. Le droit de réclamation contre la liste des candidats est ouvert à toute personne ayant fait l'objet de présentation. La réclamation doit intervenir avant l'expiration du jour suivant la publication de la liste des candidats, la Cour statuant alors sans délai.

Ce contentieux est peu abondant et les décisions de la Cour montrent que les requêtes sont peu fondées ou hors délais. En France le Conseil constitutionnel a d'ailleurs précisé le sens de ce droit de réclamation qui « a pour seul objet de permettre aux demandeurs qui s'y croient fondés de contester la régularité dès la décision prise au regard des conditions énoncées ci-dessus ».[742] Sont irrecevables les requêtes émanant des personnes n'ayant pas le droit de présentation des candidats.

En réalité, l'essentiel du travail de la Cour ne relève pas du contentieux mais de sa compétence de vérification afin d'éviter tout contentieux ultérieur, en particulier la contestation de l'élection elle-même fondée sur la contestation des candidats[743].

2. Proclamation des résultats des élections législatives

Les questions électorales relèvent comme dit ci-haut du contentieux électoral mais aussi sont une des compétences non contentieuses du juge constitutionnel. La Cour constitutionnelle congolaise proclame les résultats des élections législatives nationales ou provinciales[744]. Elle est compétente en cas de contestation en appel des résultats de ce scrutin.

a. Proclamation des résultats des élections législatives nationales

Il faut d'abord rappeler que le fait de confier le contentieux des élections parlementaires à une institution extérieure aux assemblées parlementaires comme le Conseil constitutionnel en France constitue l'une des innovations de la constitution de la Ve République. « Le Constitutionnel français est le juge des élections nationales. Il statue, en

---

[742]C. const., 9 avril 1995, Dominique Lebel, Rec. 47.

[743]Sur ces points, Camby, J.-P., *Le Conseil constitutionnel, juge électoral*, 6e édition, Paris, Dalloz, 2013, n° 341 et s.

[744]Conformément à l'article 197 de la constitution de 2006. Les articles 100 à 109 de la même constitution sont applicables, mutatis mutandis, aux Assemblées provinciales

cas de contestation, sur la régularité de l'élection des députés et des sénateurs »[745].

« Le Conseil constitutionnel français a retenu pour les législatives françaises, une solution qui rompt avec la tradition parlementaire et, du même coup, avec les abus auxquels elle donna lieu, par exemple en 1956 lorsque, sans craindre de justifier l'antiparlementarisme de ses adversaires, une majorité de l'Assemblée invalida l'élection de onze députés poujadistes pour les remplacer, sans élection partielle, par leurs adversaires battus »[746]. Avec Olivier Duhamel et Guillaume Tusseau, il n'est pas inutile de constater que « Tout candidat, tout électeur d'une circonscription peut présenter un recours contre l'élection dans les dix jours qui suivent la proclamation des résultats par la commission de recensement des votes. Le Conseil écarte les requêtes irrecevables ou comportant des griefs à l'évidence sans influence sur l'élection et instruit contradictoirement les autres, en une de ses trois sections constituées à cette fin avec le renfort des rapporteurs issus du Conseil d'État ou de la Cour des comptes. Il peut réformer les résultats et proclamer élu un autre candidat, mais ne l'a jamais fait. Il peut annuler l'élection contestée, et le fait lorsqu'il constate un comportement irrégulier susceptible d'avoir exercé une influence déterminante sur le résultat. Cette jurisprudence réaliste offre l'avantage de ne pas multiplier les annulations perturbatrices et largement inutiles lorsque les candidats invalidés sont réélus, l'inconvénient de ne pas sanctionner des fraudes avérées »[747]. La jeune démocratie congolaise en construction a opté théoriquement pour ce modèle français. La réalité de ce modèle appliqué en RDC est confrontée aux déficits de la culture politico-juridique et électorale des gouvernants et des gouvernés congolais.

En RDC, la proclamation des élections législatives nationales par la Cour constitutionnelle trouve ses fondements juridiques dans l'article 127 de la loi électorale n°06/006 du 9 mars 2006, lequel se réfère aux articles 68 à 72 de la même loi électorale tel que modifié par

[745]Art. 59 de la constitution française du 4 octobre 1958.

[746]Duhamel, O., et Tusseau, G., *Droit constitutionnel et institutions politiques,* 3e édition, Paris, Seuil, 2013, p. 782.

[747]Duhamel, O., et Tusseau, G., *Droit constitutionnel et institutions politiques,* Op. Cit., p. 782.

la loi n°11/003 du 25 juin 2011[748]. L'article 72, alinéa 2 dispose : « la Cour constitutionnelle (...) proclame les résultats définitifs des élections législatives (...) dans les huit jours qui suivent l'expiration du délai de recours, si aucun recours n'a été introduit devant la juridiction compétente. Lorsqu'il y a recours, la Cour dispose d'un délai de deux mois à compter de la date de sa saisine[749]. L'article 111 de la loi organique n°13/026 du 15 octobre 2013 sur la Cour constitutionnelle dispose : « La Cour rend son arrêt dans les délais fixés par la loi électorale ». Cette question de délai fera l'objet d'analyse ultérieure dans le même chapitre.

Nul n'ignore que l'exercice du pouvoir politique constitue souvent une source de convoitises, de dérapages et des conflits qu'il faut encadrer.

Pour une frange importante de la doctrine, la qualité du député ne s'obtient qu'après adoption et validation des mandats par des assemblées parlementaires. « La validation du mandat est une opération (déclarative) de vérification, consistant pour une autorité (juge, administration) ou une assemblée à reconnaître la véracité d'un fait (validation de signature) ou la régularisation d'un acte (validation d'une élection) »[750].

Les assemblées parlementaires recourent et appliquent souvent la procédure de validation des mandats qui, à notre avis constitue un acte éminemment politique mais également un acte parlementaire dont la légalité constitutionnelle peut être contrôlée par la Cour constitutionnelle conformément à la disposition de l'article 144 de la procédure devant la CSJ[751] .

Ainsi que l'explique très justement le Professeur François Luchaire, « en devenant juge, non de toutes les élections, mais

---

[748]Lire les articles 68 à 72 de la loi n°11/003 du 25 juin 2011 modifiant la loi n°06/006 du 9 mars 2006 portant organisation des élections présidentielles, législatives, provinciales, urbaines, municipales et locales, JORDC, 52e année, n°13, Kinshasa, 1er juillet 2011.

[749]Article, al. 3 de la loi électorale n° 11/003 modifiant la loi n°06/006 du 09 mars 2006.

[750]Cornu, G., *Vocabulaire juridique*, Paris, PUF, 2012, p. 1053.

[751]Lire Art. 144 de l'ordonnance-loi n°82-017 du 31 mars 1982 relative à la procédure devant la CSJ.

seulement de celles qui sont contestées, le Conseil constitutionnel s'est rapproché du juge administratif : un requérant tente de prouver que la proclamation d'une élection est irrégulière ; le contrôle devient alors une procédure permettant à un candidat de faire valoir son intérêt auquel s'oppose naturellement celui de l'élu. D'un contentieux en principe objectif et établi dans l'intérêt général on passe ainsi à un contentieux beaucoup plus subjectif dans lequel l'intérêt général n'est nécessairement oublié mais vient souvent en second lieu car il s'estompe derrière le conflit opposant les candidats ».[752]

b. Proclamation des résultats des élections législatives provinciales

Le contentieux des élections législatives provinciales ne relève pas de la compétence de la Cour constitutionnelle mais de la Cour administrative d'appel conformément à l'article 72 de la loi électorale[753]. Cependant, contrairement aux apparences, le recours formé en appel contre les arrêts rendus et mal acceptés au premier degré par la Cour d'appel rend la Cour constitutionnelle compétente sur le résultat contesté des législatives provinciales. Certains arrêts de la CSJ attestent cette réalité notamment les arrêts RCE/ADP/012 du 9 février 2007, CEI contre le mouvement pour la libération du Congo (MLC) et RCE/ADO/010 du 9 février 2007, CEI contre union pour la nation (UN). Nous avons constaté qu'à travers ces arrêts, la CSJ a été saisie en qualité de juridiction d'appel d'une réclamation introduite devant elle concernant la candidature à l'élection provinciale du gouverneur de Province écartée par la CEI mais confirmée par l'arrêt RCCE/001 du 3 février 2007 de la Cour d'appel de Kananga. La Cour constitutionnelle fera-t-elle comme la CSJ ? La future Cour constitutionnelle congolaise est indépendante, selon les textes constitutionnels et organiques. Ce qui exclut toute automaticité dans l'héritage jurisprudentiel légué par la défunte CSJ. Les erreurs de l'ancienne CSJ ne doivent pas être reproduites par la Cour constitutionnelle au risque d'entamer sa crédibilité. Elles doivent par contre servir de leçon pour rendre une bonne justice constitutionnelle. Il n'en reste pas moins que, ces deux arrêts ne peuvent relever que du domaine du contentieux de candidature

---

[752]Luchaire, F., *Le Conseil constitutionnel*, tome IV, Paris, Economica, 2006, n°416.
[753]Lire l'article 72 de la loi électorale. Loi n° 11/003 modifiant la loi n°06/006 du 09 mars 2006 portant organisation des élections présidentielles, législatives, provinciales, urbaines, municipales et locales.

où l'intervention de la Cour constitutionnelle est décisive puisque c'est auprès d'elle que tout contentieux de candidature en appel est formulé. Elle est ainsi compétente pour statuer sur ce contentieux des candidatures mais aussi sur celui des résultats. Qu'en est-il de la proclamation des résultats du référendum ?

B. Proclamation des résultats du référendum

La Cour constitutionnelle est le juge de la régularité des élections politiques nationales (élections présidentielles et parlementaires) ainsi que des référendums nationaux.

L'étude de la loi référendaire n°05/010 du 22 juin 2005 portant organisation du référendum constitutionnel en RDC[754] renseigne que le juge constitutionnel congolais est compétent et est appelé à proclamer les résultats référendaires. « La Cour suprême de justice proclame les résultats définitifs du référendum dans les trois jours qui suivent l'expiration du délai visé à l'article 49 de la présente loi si aucun recours n'a été introduit devant elle, et les signifie aux institutions politiques de la transition qui en déterminent les priorités »[755]. La Cour constitutionnelle congolaise est le juge du contentieux des élections présidentielles, législatives nationales et du référendum. Elle connaît des recours en contestation de la régularité des candidatures, des résultats des élections présidentielles, législatives nationales ainsi que du référendum[756]. Cette même Cour constitutionnelle congolaise est saisie conformément à la loi électorale ou référendaire. Elle procède à tous les devoirs d'instruction nécessités par l'enquête[757].

De manière traditionnelle, les actes relatifs à l'élection en général, et au référendum en particulier sont constitués de ceux qui précèdent l'opération électorale ou référendaire qui lui sont intimement liés, c'est-à-dire ceux qui interviennent lors du déroulement du scrutin lui-même. Les deux réflexions plus récentes au sujet des élections en Afrique[758] ont amplement démontré que celles-ci sont loin d'être

---

754Lire cette loi dans le JORDC, 46e année, n° spécial, KINSHASA, 25 juin 2005.

755Art. 51 de la loi référendaire n°05/010 du 22 juin 2005, déjà cité.

756Art. 81 de la loi organique n°13/026 du 15 octobre 2013 sur la Cour constitutionnelle de la RDC.

757Art. 110 de la loi organique déjà citée.

758Kokoroko, V. D., « Les élections disputés : réussites et échecs », *Revue Pouvoirs*, La démocratie en Afrique, n°129, pp. 115-124 et Francisco Meledje, D., « Le

parfaites, tant les irrégularités demeurent à ce jour important. L'on remarque surtout que les dysfonctionnements les moins visibles et les plus sournois - et aussi redoutablement efficaces - interviennent durant la phase préélectorale : la désignation des juges qui composent la Cour constitutionnelle[759], ainsi que leur statut et leur indépendance, sont des domaines qui n'échappent guère aux calculs et autres des hommes politiques qui préparent le succès de leurs candidatures aux prochaines élections.

« Le déroulement même de l'opération est l'un des autres aspects de l'élection ou référendum qui révèle, lui aussi, bien des dysfonctionnements, nécessitant encore plus de rigueur et de fermeté de la part du juge constitutionnel. Le plus souvent, les conflits politiques et les violences dans les rues des capitales africaines interviennent lors de cette phase décisive du processus électoral »[760]. La proclamation des résultats est généralement suivie de contestations fondées sur les preuves fictives ou réelles de la part des autres candidats ou de ceux qui sont pour le « Non » au référendum ainsi que leur parti politique ou du regroupement politique se réclamant lésés suite à des multiples irrégularités ayant accompagné le vote référendaire.

La période post-électorale ou référendaire est le stade où les recours contentieux soumettent le juge constitutionnel à rude épreuve en le mettant devant ses responsabilité qu'ils ne sont toujours prêts à assumer.

---

contentieux électoral en Afrique », même revue, pp. 139-155

[759]Le système de nomination des juges par le pouvoir politique est souvent critiqué surtout en Afrique où l'on soupçonne les hommes au pouvoir de choisir ceux qui leur assureront la victoire lors des futures échéances électorales. Un tel mode de désignation des juges suprêmes suscite une certaine contestation auprès de ses détracteurs qui préfèrent par contre l'élection des juges. Sur ce point, lire nos analyses plus haut qui à cet instant peut être résumée à travers la déclaration de Robert Badinter, lorsqu'il était président du Conseil constitutionnel, s'était adressé, semble-t-il, aux autres membres du Conseil constitutionnel en leur disant grosso modo : "***Rappelez-vous que vous devez à ceux qui vous ont nommés, une totale ingratitude..".*** Nous tenons ce propos de Alioune Fall, « Le processus de démocratisation en Afrique francophone : le juge de l'élection dans l'impasse ? (essai de prospective) », in Vettovaglia, J. P., et les autres, *Démocratie et élection dans l'espace francophone*, Bruxelles, Bruylant, 2010, pp. 567-569.

[760]Alioune Fall, « Le processus de démocratisation en Afrique francophone : le juge de l'élection dans l'impasse *?, op. cit.*, p. 569.

A la faveur de la constitution de la transition du 4 avril 2003, le juge constitutionnel a été saisi pour contrôler la régularité des opérations référendaires. En date du 27 décembre 2005, la CSJ a été saisie par le parti politique Générale libre socialiste (GLS). La requête de ce parti porte sur « la non-reconnaissance de la structure même du référendaire pour non-conformité tant à la loi référendaire qui fonde le scrutin en cause qu'envers la constitution actuelle ». Ce parti politique a en outre sollicité « la dissolution immédiate de la Commission électorale indépendante pour incompétence, partialité et trahison ».

Dans son arrêt RCE 09/05 du 11 janvier 2006[761], la CSJ s'est déclarée incompétente à connaître de la demande tendant à l'amener à statuer sur la conformité ou non de la « structure du scrutin du 18 décembre 2005 » à la loi référendaire. L'incompétence de la CSJ a été justifiée par le fait que seule sa section administrative dispose de cette compétence pour statuer sur le recours en annulation pour violation de la loi, formé contre les actes, règlements et décisions des autorités centrales et organismes décentralisés placés sous tutelle de ces autorités.

La CSJ souligne qu'en matière de contentieux électoral, sa compétence se limite à examiner les contestations nées à l'occasion des opérations de vote. Concernant la demande de la dissolution immédiate de la Commission électorale indépendante (CEI), elle indique qu' « aucune disposition de la constitution de transition ou d'une loi ne lui reconnaît le pouvoir de dissoudre une institution de transition ».

Le même parti politique GLS a introduit en date du 17 janvier 2006 une autre requête réclamant l'annulation des résultats du référendum du 18 décembre 2005. D'après ce parti, les opérations référendaires ont été organisées en violation de la loi sur le référendum constitutionnel en RDC, l'arrêt RCE 014 du 31 janvier 2006[762] déclare l'irrecevabilité de la requête pour motif qu'elle a été introduite par un parti politique dépourvu de la personnalité juridique.

---

[761]L'arrêt de la CSJ, RCE 09/05 du janvier 2006 relatif à la contestation de l'organisation des opérations référendaires et à la dissolution de la Commission électorale indépendante. L'auteur en possède une copie.

[762]L'arrêt de la CSJ, RCE 014 du 31 janvier 2006 portant annulation des résultats du référendum constitutionnel. L'auteur en détient une copie.

Sur fondement de l'article 51 de la loi référendaire de 2005 et par l'arrêt RE 04 du 3 février 2006, la CSJ a proclamé les résultats définitifs et déclaré que le OUI a recueilli 84,31% des voix et le Non 15,69%[763]

En effet, l'arrêt de proclamation des résultats référendaires par la CSJ ne suscite pas des critiques particulières. La haute juridiction a simplement fait l'application de l'article 52 de la loi 05/010 du 22 juin 2005 qui dispose : « si les recours sont déclarés irrecevables ou non fondés, la CSJ proclame les résultats définitifs du référendum » (...). La saisine de la CSJ par CEI a été accompagnée d'un procès-verbal des résultats provisoires décrivant les résultats de chaque bureau de vote sur l'ensemble du territoire congolais. Comme nous l'avons vu, l'efficacité du contrôle juridictionnel, de la transparence, passe également par le respect de certaines dispositions constitutionnelles, des mesures exceptionnelles par l'opinion publique.

§2. La Cour constitutionnelle comme juge des normes

Le développement du contrôle juridictionnel de constitutionnalité des lois, soit de manière diffuse par le système judiciaire, soit de manière concentrée par des juridictions spécialisées, soit suivant des formes mixtes, les Cours intervenant a priori (avant l'entrée en vigueur des lois) ou a posteriori (après le vote et à l'occasion d'une instance) ou à la fois a priori et a posteriori est une des évolutions institutionnelles majeures intervenues au plan institutionnel. La doctrine universitaire et les commentateurs spécialisés l'ont salué comme un des phénomènes majeurs de l'affirmation du constitutionnalisme. On a pu d'ailleurs se demander parfois face à tant d'enthousiasme si une vision plus traditionnelle des institutions conservait encore une signification[764] .

Selon Alain Delcamp, il s'agit là non d'un objet de polémique ou l'expression d'un regret mais le constat qu'une réflexion est devenue nécessaire pour tenter de situer les deux approches du constitutionnalisme : celle d'institutions bâties essentiellement sur la

---

[763]Lire l'arrêt de la CSJ, RE 04 du 3 février 2006, inédit, p. 4.

[764]Delcamp, A., « Cours constitutionnelles et parlements ou comment se conjuguent aujourd'hui principe de souveraineté et État de droit », in *Les Nouveaux Cahiers du Conseil Constitutionnel*, n° 38, 2013, pp. 183-203.

notion d'État de droit et son développement sous l'égide de principes généraux du droit découverts par le juge national mais souvent inspirés par les conventions internationales ; celle d'institutions inspirées par le principe de souveraineté du peuple issues de l'élection. Le développement de la justice constitutionnelle poursuit le secrétaire général du Sénat français Alain Delcamp est en effet, en soi, un questionnement du concept de démocrate bâti sur l'élection dans la mesure où ces cours, qui ne sont pas issues directement du suffrage, ont, par définition, la possibilité de faire obstacle à la volonté du peuple exprimée par ses représentants, au point que le grand constitutionnaliste Hans Kelsen, avait pu les qualifier de « législateur négatif »[765].

Le texte constitutionnel est un outil de référence quotidien du contentieux présenté devant les juges judiciaires et administratifs. « En tant que norme directement invocable par les justiciables, hormis en présence d'un écran législatif, la constitution est l'objet d'une interprétation dynamique, en plus de voir son respect garanti par la sanction des actes infra législatifs inconstitutionnels »[766]. Le juge constitutionnel est donc un gardien et un interprète actif du texte constitutionnel. A ce titre, il n'exerce pas que des attributions non contentieuses ou gracieuses. Il est chargé, dès par sa fonction d'aiguilleur, de trancher un conflit de droit porté devant lui en indiquant la voie normative à suivre pour réaliser telle ou telle réforme ou pour prendre telle ou telle mesure étant donné que, seule la voie constitutionnelle reste ouverte ; il a aussi pour mission de dire le droit et de veiller à la régularité de l'entrée des normes non nationales dans l'ordre juridique interne.

Ainsi, il est question d'analyser à ce stade de réflexion, les normes telles que consacrées à la fois par la constitution et par la loi organique portant organisation et fonctionnement de cette haute juridiction. En matière contentieuse, la Cour contrôle la constitutionnalité des lois à faire ou à parfaire à la loi promulguée (A). Elle contrôle les règlements des assemblées, des institutions d'appui à la démocratie ainsi que le contrôle de conformité des traités et accords internationaux (B). La dynamique des normes juridiques qui résulte de

---

[765] *Ibidem.*

[766]Bonnet, J., *Le juge ordinaire français et le contrôle de constitutionnalité des lois : analyse critique d'un refus,* Paris, Dalloz, 2009, p. 87.

ces phénomènes revêt une telle ampleur et constitue une telle nouveauté qu'il convient ainsi d'en rendre compte.

A. Contrôle de constitutionnalité des lois: des lois à faire ou à parfaire à la loi promulguée

« Dans un ordre juridique en pleine transformation, les lois ne sont plus à certains égards qu'une catégorie des normes parmi d'autres. Elles n'en conservent pas moins l'aura que donne le mot même de « loi ». La loi est dans les sciences de la nature ou dans les sciences de l'homme, une sorte de modèle mathématique exprimant des rapports entre deux ou plusieurs données (loi de la chute de corps...). Débordant ainsi le domaine du droit où elle apparaît comme un élément de réglementation de la conduite des êtres humains, elle caractérise toute une manière de penser »[767]. Sa définition est relativement complexe et fait apparaître une assez grande diversité des actes législatifs.

La détermination des lois est opérée différemment selon que le régime politique est caractérisé par la confusion des pouvoirs ou par la séparation : dans le premier cas, le critère formel intervient seul; dans le second cas, le critère organique est primordial mais il peut être combiné avec un critère matériel, comme dans la constitution française de 1958. Ainsi la définition de la loi n'est pas unique et constitue souvent une question complexe, aux implications et aux ramifications multiples que cette étude ne saurait évidemment épuiser, ni même recenser. Il est en revanche possible d'esquisser la problématique d'un double point de vue : matériel ou formel et organique de cette notion.

En effet, lorsqu'on parcourt tout le droit public français depuis la révolution, la loi se définit par sa légitimité et, selon l'exposé de Jean-Jacques Rousseau dans *Du contrat social* (1762), la loi sera dite « expression de la volonté générale », définition qui figure dans l'article 6 de la déclaration de 1789. Mais peu feront attention à la double facette de l'analyse de Rousseau, selon laquelle « ...quand tout le peuple statue sur tout le peuple, il ne considère que lui-même: et s'il se forme alors un rapport, c'est de l'objet entier sous un point de vue à l'objet entier sous un autre point de vue, sans aucune division du tout. Alors la

---

[767]Supiot, A., « L'empire des lois ou les avatars d'une façon de penser », in *la norme, la ville, la mer. Écrits de Nantes pour le doyen Yves Prat*, éditions de la Maison des sciences de l'homme, 2000, p. 21.

matière sur laquelle on statue est générale comme la volonté qui statue. C'est cet acte que j'appelle loi »[768]. « Traduisons: une loi doit être générale par son auteur (le peuple) et par son contenu (elle ne doit viser que des objets d'intérêt commun). C'est annoncer la distinction classique entre les deux critères de la loi, le critère organique (ou formel, bien que les deux mots ne soient pas exactement synonymes) et le critère matériel. Mais sur ce point comme sur d'autres, Rousseau sera trahi: la force du principe de souveraineté dont l'Assemblée élue se trouve être en fait l'unique dépositaire à la Révolution fera que le droit français ne retiendra que le critère formel : est loi tout texte voté par le Parlement, suivant la procédure prévue par la constitution, et promulgué par le Président de la République »[769].

Jusqu'à 1958, la loi était uniquement définie par référence aux critères organiques et formels tels que repris ci haut. Cela signifie qu'elle se définissait simplement par son auteur (critère organique) et par sa procédure d'élaboration (critère formel). Elle était ainsi présentée comme l'acte voté par le Parlement selon la procédure prévue par la constitution. Aucune considération « matérielle », c'est-à-dire de contenu, n'intervenait. La loi avait un domaine d'application illimité. Comme l'avait très bien expliqué le célèbre juriste Carré de Malberg, le Parlement était « maître de légiférer sur tout objet »[770]. Cette toute-puissance incitait même à parler de « souveraineté du législateur » (l'expression est demeurée usuelle), alors qu'en toute logique dans un État de droit démocratique la souveraineté c'est-à-dire le pouvoir de déterminer soi-même sa propre compétence- ne saurait appartenir qu'au peuple.

Avec la constitution de 1958, la définition de la loi a été profondément modifiée. En assignant au législateur une compétence d'attribution, son article 34 a en effet fait voler en éclats le mythe de sa souveraineté, en même temps qu'il a introduit le critère matériel aux

---

[768]Rousseau, J-J., *Du contrat social*, Livre II, chapitre 4

[769]De Villiers, M., et Berranger, T., (sous la dir.), *Droit public général: institutions administratives et politiques, européenne-Droit administratif-Finances publiques,* 5e édition, LexisNexis, 2011, pp. 93-94.

[770]Pour la suite du raisonnement, lire Carré de Malberg, R., *La loi, expression de la volonté générale,* Sirey, 1931. Cette œuvre a été rééditée en 1984 aux éditions Economica et Collection « classique » série politique et constitutionnelle avec le préface de Georges Burdeau.

côtes des critères organique et formel. Désormais, « la loi ne se définit plus simplement par son auteur et par sa procédure d'élaboration, mais aussi par son contenu, par son domaine d'application : à s'en tenir à une lecture stricte de la constitution, elle est ainsi l'acte voté par le parlement selon la procédure à cet effet et dont le contenu porte sur l'une des matières énumérées par l'article 34 »[771].

Ce changement de définition a impacté l'administration dont la loi, jusqu'en 1958, a encadré presque la totalité de son action. Même lorsqu'il consentait à « délégaliser » certaines matières au profit du pouvoir réglementaire, le législateur demeurait libre de reprendre ce qu'il avait donné. L'administration ne disposait, dans une certaine mesure, que d'une autonomie librement révocable. Avec l'article 34, par contre, la loi est circonscrite dans un domaine strictement limité, dont il est quasi impossible, ou tout au moins très difficile, de sortir. La grande partie de l'action administrative - non prévues à l'article 34 – échappe alors à l'encadrement législatif : des « règlements autonomes », dont l'existence est constitutionnellement protégée par l'article 37 s'installent à côté des classiques règlements d'application des lois.

La définition de la loi qui vient d'être esquissée mérite d'être relativisée pour un double motif. La première porte sur l'imprécision même du critère matériel. Limité au départ à l'article 34, le domaine de la loi s'est accru avec le temps, au point de disposer aujourd'hui de contours incertains. Cette problématique résulte en partie du Conseil constitutionnel qui a mis à jour d'autres sources de compétences législatives que l'article 34. Il s'agit entre autres de l'article 66 de la constitution française de 1958[772], de la déclaration de 1789[773], et des principes généraux du droit et la Charte de l'environnement[774]. La haute juridiction est allée plus loin en permettant à la loi d'envahir ce qui reste encore du domaine réservé aux règlements autonomes dès lors que le

---

[771]Lebreton, G., *Droit administratif général*, 5e édition, Paris, Dalloz, 2009, pp. 48-50.

[772]« C.C. 28.11.1973 Mesures privatives de la liberté: domaine de la loi et du règlement, compétence exclusive du législateur pour prévoir des mesures privatives des libertés, déclaration de droit de l'homme » in Favoreu, L., et Philip, L., *Les grandes décisions du Conseil constitutionnel*, 3e éd., Paris, Sirey, 1984, pp. 261-273.

[773]Même décision de la note de bas de page 777

[774]C.C. 26.06.1969 Protection des sites, Grandes décisions du Conseil constitutionnel.

gouvernement ne s'y oppose pas[775]. Si bien que certains auteurs parviennent à la conclusion peu mesurée selon laquelle « les règlements autonomes n'existent pas »[776] et que le cryptage du critère matériel correspond à un « retour au critère organique »[777]. Sans aller dans ce point de vue tranchant et tranché, force est aujourd'hui de définir avec Gilles Lebreton la loi comme « l'acte voté par le parlement selon la procédure prévue à cet effet et dont le contenu porte soit sur l'une des matières énumérées par l'article 34 ou par le Conseil constitutionnel, soit avec l'accord du gouvernement, sur une autre matière »[778].

En droit congolais, cette conception formelle de la loi remonte seulement à partir de la loi belge du 18 octobre 1908 dite « Charte coloniale » en son article 7. Avant cette date, le Roi Léopold II administrait le Congo de l'époque indifféremment en toutes matières au moyen des décrets. Car il n'existait pas des lois au sens organique et formel du terme. La loi, selon la conception formelle en droit positif congolais, est un acte voté par l'organe législatif qui a revêtu plusieurs formes et a porté différentes dénominations (Assemblée nationale, Conseil législatif, Parlement, Haut Conseil de la République Parlement de Transition, Assemblée constituante et Législative Parlement de Transition), quel que soit le mode de désignation de ses membres.

Elle est par la suite promulguée par le Président de la République. « Selon la nature de la loi, dont procède sa place dans la hiérarchie des normes, il convient de distinguer : la loi constitutionnelle, exempte de tout contrôle de constitutionnalité est au sommet de cette hiérarchie ; la loi organique, véritable texte complémentaire d'application de la constitution, et soumise à ce titre à un contrôle systématique de constitutionnalité, occupe une place intermédiaire entre la loi constitutionnelle et la loi ordinaire ; la loi ordinaire peut faire l'objet d'un contrôle de constitutionnalité, qui s'exerce notamment par rapport aux deux autres catégories de lois, auxquelles elle est par conséquent subordonnée »[779].

---

775 C.C. 30.07.1982 Blocage de prix et des revenus, Grandes décisions du Conseil constitutionnel

776 C'est le titre même d'un article de Louis Favoreu dans le *RFDA*, 1987, p. 871.

777 Pactet, P., *Mélanges Chapuis*, Paris, 1992, p. 503.

778 Lebreton, G., *Droit administratif général, op. cit.,* p. 50.

779 Duhamel, O., et Meny, Y., *Dictionnaire constitutionnel,* Paris, PUF, 1992, p. 597.

« Dans l'histoire du droit positif congolais, nous dénombrons avec Félix Vunduawe te Pemako huit catégories de lois :

- Les lois constitutionnelles et les lois ordinaires ;
- Les lois référendaires et les lois « parlementaires » ;
- Les lois organiques et les lois de police et de sûreté ;
- Les lois budgétaires ou les lois de finances et la loi financière ;
- La loi d'habilitation et la loi de ratification ;
- Les lois d'abrogation et les lois d'assentiment ou d'autorisation des traités et des accords internationaux ;
- Les lois présidentielles et les lois parlementaires du régime M.P.R., Parti État, sous l'empire de la loi constitutionnelle du 15 août 1974 ;
- Les lois-cadres et les lois particulières »[780].

Puisque notre analyse s'intéresse aussi à cette question du droit positif, il importe d'étudier certaines de ces lois sans méconnaître ou mépriser la portée des autres. En rapport avec les matières qu'elle organise, la loi peut avoir une nature constitutionnelle, organique, ordinaire mais aussi référendaires ou autres.

1. Les lois constitutionnelles, référendaires, organiques, ordinaires et édits provinciaux

Il s'agit de faire une analyse succincte de ces différentes lois. Cette réflexion permettra de comprendre la nette distinction existant entre ces types des lois. Une place importante doit être accordée à la question de l'utilisation des lois constitutionnelles, mais il ne faut pas négliger le rôle joué par les lois référendaires, organiques, ordinaires ainsi que les édits provinciaux en RDC. Les lois constitutionnelles et référendaires connaissent-elles le même régime juridique aux effets équivalents ?

[780]Pour les détails de ces différentes lois, lire avec intérêt Vunduawe te Pemako, F., *Traité de droit administratif, op. cit.*, pp. 221-230.

a. Les lois constitutionnelles

Une constitution, c'est un contenu et une forme. Le bon sens, semble-t-il, exige de s'attacher essentiellement au contenu mais précisément « ce qui caractérise une constitution, affirme Jean Rivero, c'est l'autorité des règles qu'elle pose, non l'homogénéité de la matière qu'elle régit ».

Dans un sens large, une loi constitutionnelle est dans une certaine mesure synonyme de constitution et désigne, parmi les lois, celle qui règle l'organisation des pouvoirs publics et leurs rapports. Formellement la constitution procède d'une loi constitutionnelle.

Au sens strict, « le terme désigne la loi modifiant ou complétant la constitution (loi dénommée « amendement » dans la terminologie anglaise). Adoptée selon la procédure spéciale – procédure de révision – elle est la manifestation du pouvoir constituant dit dérivé ou institué »[781].

Une loi constitutionnelle est « une loi qui établit une constitution ou qui modifie le texte d'une constitution existante. Dans le premier cas, il s'agit d'un pouvoir constituant originaire et dans le second le pouvoir constituant constitué (ou dérivé) »[782]. L'expression de pouvoir constituant originaire signifie un changement de régime, celle du pouvoir constituant constitué marque une évolution du régime existant, pouvoir constitué par ce qu'il s'exerce selon une procédure fixée par la Constitution alors que le pouvoir constituant originaire est affranchi du respect des formes préexistantes.

En droit positif congolais, les lois constitutionnelles sont réglées par les articles 218 à 220 de la constitution du 18 février 2006. Elles se distinguent des lois ordinaires par le vote renforcé et selon la procédure de révision constitutionnelle prévue[783]. Il importe toutefois de souligner que dans l'actuelle constitution, le Parlement, pouvoir constitué, n'est plus considéré comme le vrai pouvoir constituant dérivé de l'État

---

781Duhamel, O. et Meny, Y., *Dictionnaire constitutionnel, op. cit.,* pp. 598-599.

782Cette question fait l'objet de développements approfondis de la part du professeur Dominique Maillard Desgrées du Loû : « Le pouvoir constituant dérivé reste souverain », *RDP*, n°3, 2003, pp. 125-139.

783Article 218, al. 2 de la constitution du 18 février 2006. Lire aussi Vunduawe Te Pemako, F., *Traité de droit administratif, op. cit.,* p.221.

contrairement aux différentes constitutions antérieures de ce pays[784] étant donné que le peuple lui-même adopte en définitive la révision constitutionnelle. En effet, le projet de révision constitutionnelle dont l'initiative appartient concurremment au Président de la République ou au gouvernement, la proposition de révision dont l'initiative revient à la moitié des membres de chaque chambre, la pétition de révision adressée à l'une de deux chambres par une fraction du peuple à concurrence de 100 000 personnes, une fois acceptée à la majorité absolue de chacune des chambres du Parlement sont provisoirement approuvés ou adoptés par le Congrès à la majorité des trois cinquième des membres composant ce parlement. Par contre, la révision ne peut être définitive que lorsque le peuple l'adopte par voie de référendum[785] .

A ce stade, nous pouvons nous demander si le juge constitutionnel dispose du pouvoir de contrôler les actes du souverain ? Cette question se rapporte particulièrement à la notion du pouvoir constituant considérée en doctrine comme un pouvoir souverain au sein de l'État qui ne pourrait théoriquement accepter un quelconque contrôle fût-il juridictionnel. La problématique de cette question a été l'objet de débats et autres études contradictoires en droit comparé. Elle a conduit le Conseil constitutionnel français à affirmer dans sa décision du 2 septembre 1992 dite Maastricht II que « le pouvoir constituant est souverain, qu'il lui est loisible d'abroger ou de compléter les décisions de valeur constitutionnelle »[786]. Cependant la forme de la révision échappe au contrôle de ce juge du fait qu'elle constitue l'essence de la souveraineté du pouvoir constituant.

En RDC, les articles 219 et 220 de la constitution du 18 février 2006 établissent les limites matérielles et temporelles de la révision, lesquelles limites fondent en effet la compétence du juge constitutionnel. Nous ne pouvons clore l'analyse des lois constitutionnelles sans renvoyer le lecteur à celle ayant abouti à la révision de certains articles de la constitution du 18 février 2006[787].

---

[784]Notamment l'article 74 de la constitution du 24 juin 1967 ; l'article 116, al. 2 de l'Acte constitutionnel de Transition, ainsi que de l'article 201, al. 2 de la constitution de Transition du 3 avril 2004.

[785] Article 218 de la constitution du 18 février 2006.

[786]Déc. n°92-312 DC du 2 septembre 1992 relative au Traité sur l'Union européenne

[787]La Loi n°11/002 du 20 janvier 2011 portant révision de certains articles de la

Bien que cette loi, tout en gardant une certaine pertinence, ait fait l'objet de réflexion dans un des chapitres plus haut. Bref, la question est trop importante et les enjeux démocratiques tellement vitaux que la loi constitutionnelle du 20 janvier 2011 a suscité une controverse frontale tant au sein de la classe politique congolaise que dans la doctrine. Ces considérations valent-elles pour des lois référendaires ?

b. Les lois référendaires

Les lois référendaires sont des lois adoptées par le peuple consulté directement par la voie référendaire. Le constituant congolais n'a pas clairement défini la loi référendaire mais se borne simplement à affirmer que « ...tout pouvoir émane du peuple qui l'exerce directement par voie de référendum... »[788].

En effet, le régime juridique de la loi référendaire congolaise comme celui de la France est paradoxal. D'une part, elle ne peut faire l'objet d'un contrôle de constitutionnalité au motif principal qu'une telle loi « est l'expression directe de la souveraineté nationale »[789], ce qui revient en pratique à dispenser la loi référendaire du respect de la constitution, donc à permettre d'y recourir pour réviser la constitution (l'exemple célèbre du référendum du 18 octobre 1962). « Mais ce qui, de fait, est possible n'est pas pour autant politiquement recommandable et reste juridiquement, en doctrine du moins, contestable. D'autre part, et sous réserve qu'elle porte sur une matière qui soit de la compétence législative ordinaire du Parlement, elle peut être modifiée par une loi parlementaire votée selon la procédure législative habituelle, avec, dans ce cas, le contrôle possible du Conseil constitutionnel »[790]. C'est notamment le cas où la procédure d'adoption de la loi référendaire ne serait pas organisée dans des conditions constitutionnellement acceptables et violerait en outre les droits de l'homme par le recours à des procédés antidémocratiques. En RDC, le juge constitutionnel n'est

---

constitutions de la RDC du 18 février 2006, JORDC, n°3, 52e année, 1er partie, du 1er février 2011.

[788]Article 5 de la constitution du 18 février 2006.

[789]C.C n°62-20 DC, du 6 novembre 1962, Loi relative à l'élection du Président de la République au suffrage universel direct, adoptée par le référendum du 28 octobre 1958, Recueil p. 27 ; C.C n°92-313 DC, du 23 septembre 1992 relative à la loi autorisant la ratification du traité sur l'Union européenne, Recueil, p. 94.

[790]Michel de Villiers et Armel Le Divellec, *Dictionnaire du droit constitutionnel, op. cit.,* p.223.

pas compétent pour apprécier la constitutionnalité des lois référendaires parce que adoptées directement par le peuple qui est souverain en vertu de l'article 5 de la constitution.

Cette même disposition prévoit une deuxième probabilité lorsqu'elle dispose que : « tout pouvoir émane du peuple qui l'exerce directement par voie de référendum... ou indirectement par ses représentants ». L'expression « ses représentants » nous renvoie à la notion de « lois parlementaires », adoptées par la représentation nationale. Pour une telle loi, il n'y a aucun inconvénient ou aucune interdiction qu'elle subisse la modification par le pouvoir constituant dérivé c'est-à-dire les représentants du peuple

Ainsi, les lois parlementaires peuvent s'analyser comme des lois élaborées par le Parlement suivant la procédure législative prévue par la constitution, complétée par le règlement intérieur de chaque chambre. Qu'en est-il des lois organiques ?

c. Les lois organiques

« La notion de loi organique recoupe deux idées : il s'agit à la fois d'une loi qui a trait aux « organes » de l'État - cette définition étymologique semble évidente – et d'un texte pris pour l'application de la constitution »[791]. C'est une loi qui, à la demande explicite du constituant, complète et précise la constitution.

En France, la loi organique est adoptée selon une procédure en principe intermédiaire entre la procédure de révision constitutionnelle et la procédure législative ordinaire, mais plus exigeante que celle-ci. « Une loi organique, est celle prévue par la constitution destinée à préciser certaines de ses articles.

Adoptée selon une procédure spéciale ou particulière (délai en première lecture minimum est de six semaines entre le dépôt et la discussion de la loi, sauf bien sûr procédure accélérée qui réduit le délai à quinze jours, adoption à la majorité absolue par l'Assemblée nationale en dernière lecture en cas de désaccord entre les deux assemblées, accord indispensable du Sénat, si la loi organique le concerne, elle ne

[791]Camby, J.- P., « La loi organique dans la constitution de 1958 », *RDP*, 1989, pp. 1401-1441.

peut être promulguée sans contrôle de constitutionnalité préalable »[792]. Il est clair que la loi organique permet d'aérer la constitution des dispositions superflues et de faciliter des ajustements souvent non substantiels de l'organisation des pouvoirs publics. En ce sens, la constitution de la Vè République n'a certes pas « créé » les lois organiques mais elle a fait œuvre d'originalité en leur conférant pour la première fois dans l'histoire constitutionnelle française, une place spécifique parmi les normes juridiques, singulièrement en la distinguant de la loi ordinaire.

Des articles 41 et 61 alinéa 1 de la constitution du 4 octobre 1958, il découle nettement que les lois organiques ne peuvent être promulguées qu'après avoir été examinées par le Conseil constitutionnel[793]. « Le contrôle est ici obligatoire, sans toutefois être automatique dans la mesure où le Conseil n'exerce son contrôle que lorsqu'il a été saisi ; et en la matière, le Premier ministre reste la seule autorité habilitée à transmettre au Conseil les lois organiques. Il n'a pas le choix. La saisine ne dépend pas d'un doute sur la constitutionnalité de telle ou telle loi organique, elle est un élément obligatoire du régime juridique de cette catégorie-là de loi.

La seule liberté dont dispose le Premier ministre est le moment de la saisine dans la mesure le texte ne lui fixe aucun délai ; liberté toutefois limitée car tant qu'il n'a pas saisi, tant que le Conseil ne s'est pas prononcé sur la conformité à la constitution de la loi organique, celle-ci ne peut être promulguée et par conséquent appliquée »[794]. Il existe cependant deux affaires portant sur des lois organiques relatives au statut des magistrats, où « le Garde de Sceaux, agissant par délégation du Premier ministre » a saisi le Conseil Constitutionnel[795].

---

[792]Bigaut, Chr., *Lexique de la Vème République*, *op. cit.*, p. 133.

[793]Art. 46, al. 5 : « les lois organiques ne peuvent être promulguées qu'après déclaration par le Conseil constitutionnel de leur conformité à la constitution ». Art. 61, al. 1 : « Les lois organiques, avant leur promulgation doivent être soumises au Conseil constitutionnel qui se prononce sur leur conformité à la constitution ».

[794] Rousseau, *Droit du contentieux constitutionnel*, 10e édition, Paris, LGDJ, 2013, pp. 192-194.

[795]C.C. 67-33 DC portant loi organique modifiant et complétant l'ordonnance n°58-1270 du 22 décembre 1958 sur la loi organique relative au statut de la magistrature du 12 juillet 1967 et C.C. 67-34 DC, portant loi organique instituant un congé spécial pour les magistrats du corps judiciaire, du 12 juillet 1967.

La logique de ce contrôle ne reposant pas sur l'existence de griefs particuliers. Le Conseil doit examiner les lois organiques dans leur totalité. Le Conseil vérifie d'abord que la procédure spéciale d'élaboration de ces lois est réellement observée. Il vérifie ensuite si la loi porte sur une matière qualifiée d'organique par la constitution[796]. Le Conseil constitutionnel, dans sa décision du 7 janvier 1988[797], a prononcé la non-conformité totale d'une loi organique prise sur fondement du dernier alinéa de l'article 34 de la constitution lequel n'a pas en réalité pour objet de compléter la liste des matières relevant du domaine de la loi mais celui de réglementer la procédure législative.

Le contrôle de l'objet de la loi a conduit le Conseil à distinguer deux possibilités : lorsqu'une loi organique porte sur une matière pour laquelle la constitution n'a pas prévu de loi organique, ou contient des dispositions qui relèvent du domaine de la loi ordinaire, le Conseil se contente de reclasser chaque disposition dans sa catégorie – organique ou ordinaire – sans prononcer l'inconstitutionnalité de ces empiétements[798] ; lorsqu'en revanche une loi ordinaire intervient sur une matière organique, le Conseil la déclare contraire à la constitution[799].

En droit positif congolais, l'existence des lois organiques remonte, à notre connaissance, à la constitution du 24 juin 1967 avant sa révision constitutionnelle du 15 août 1974 et étaient organisées par

---

[796]Sont par exemple du domaine de la loi organique, les règles d'organisation et de fonctionnement du Conseil constitutionnel, le statut des magistrats, les modalités de l'élection du Chef de l'État, les régimes d'inéligibilités et des incompatibilités, etc.
[797]C.C. 87-234 DC, du 18 janvier 1988 portant loi organique relative au contrôle du Parlement sur les finances des régimes obligatoires de sécurité sociale, Recueil, p. 26.
[798]C.C. 75-63 DC, du 28 janvier 1976 portant sur la loi organique modifiant les dispositions du code électoral relatives à la représentation des départements du sein des assemblées parlementaires, Recueil, p. 27 ; C.C. 87-228 DC, du 26 juin 1987 portant sur la loi organique relative à la situation des magistrats nommés à la fonction du premier grade, (conformité), Recueil, p. 38 ; C.C. 99-410 DC, du 15 mars 1999 portant sur la loi organique relative à la Nouvelle Calédonie (Non-conformité partielle), Recueil, p. 51.
[799]C.C.99-409 DC, du 15 mars 1999 portant sur la loi organique relative à la Nouvelle Calédonie (Non-conformité partielle), Recueil, p. 63 ; C.C. 2000-427, du 30 mars 2000 portant sur la loi organique relative aux incompatibilités entre les mandats électoraux (Conformité), Recueil, p. 5246 ; C.C. 2000-429 DC, du 30 mai 2000 relative à la loi tendant à favoriser l'égal accès des femmes et des hommes aux mandats électoraux et fonctions électives (Non-conformité partielle), Recueil, p. 84.

l'article 49. La notion des lois organiques a été rétablie par la constitution de Transition du 4 avril 2003 spécialement en son article 121. Elle vise particulièrement les lois votées par le Parlement et promulguées par le Chef de l'État spécialement dans les matières ci-après :

- La fixation des conditions de reconnaissance, d'acquisition, de perte et de recouvrement de la nationalité congolaise[800] ;

- L'organisation, les attributions et le fonctionnement des institutions d'appui à la démocratie notamment la Commission Électorale Nationale Indépendante (CENI), l'Observatoire National des Droits de l'Homme (ONDH), la Haute Autorité des Médias (HAM), La Commission Vérité et Réconciliation (CVR) ainsi que la Commission de l'Éthique et de la Lutte contre la Corruption (CELC) en RDC[801] ;

- L'armée et la défense ainsi que la composition, les attributions, le fonctionnement et l'organisation du Conseil supérieur de la défense[802].

La constitution actuelle du 18 février 2006 a prévu aussi les lois organiques, qui sont votées et modifiées à la majorité absolue des membres composant chaque chambre, et leur promulgation soumise au contrôle a priori de leur conformité à la constitution par la Cour constitutionnelle[803]. L'article 44 de la loi organique n° 13/026 du 15 octobre 2013 sur la Cour constitutionnelle dispose « les lois auxquelles la constitution confère le caractère de la loi organique ne peuvent être promulguées qu'après déclaration par la Cour de leur conformité ». Ces lois organiques sont destinées à préciser les matières contenues dans les articles 2 al. 5 ; 3, al. 4 ; 8, al. 2 ; 10, al. 4 ; 150, al. 3 ; 152, al. 6 ; 153,

---

[800]Article 14 de la constitution de Transition du 4 avril 2003. Voir aussi Loi n° 04/024 du 12 novembre 2004 relative à la nationalité congolaise, JORDC, n° spécial, 17 novembre 2004.

[801]Lire les Lois n° 04/009 du 5 juin 2004 sur la CEI devenue CENI par la loi n° 10/013 du 28 juillet 2010 ; n° 04/017 du 30 juillet 2004 sur la HAM ; n°04/018 du 30 juillet 2004 sur la CVR ; n° 04/019 du 30 juillet 2004 sur l'ONDH et n° 04/020 du 30 juillet 2004 sur la CELC, JORDC, n° spécial, 1er août 2004, pp. 4-55.

[802]Voir la Loi n° 04/023 du 12 novembre 2004 portant l'organisation générale de la défense et des forces armées, JORDC, n° spécial, du 13 novembre 2004.

[803] Article 124 de la constitution du 18 février 2006.

al. 5 ; 155, al. 4 ; 156, al. 3;169 ; 177 ; 179 ; 181, al. 5 ; 186 ; 191 ; 192, al. 3 ; 194 ; 196, al. 2 ; 200, al. 7 ; 210 ; 211, al. 4 ; 212, al. 4, 222, al. 3, de la constitution du 18 février 2006.

Le juge constitutionnel peut se prononcer postérieurement sur la constitutionnalité d'une loi organique lorsqu'elle est sujette d'un contentieux c'est-à-dire lorsqu'elle porte des dispositions contraires à la loi fondamentale [804] bien que cette loi ait été au préalable soumise à la déclaration de conformité. Par contre la loi des finances échappe effectivement au contrôle du juge constitutionnel. Or si cette même loi ne se conforme pas à la répartition des recettes nationales prévue par le constituant, elle viole ainsi la constitution et doit alors être déclarée anticonstitutionnelle. Cette saisine en inconstitutionnalité doit aussi tenir compte de l'impératif de la continuité de la vie publique. La doctrine reste unanime et justifie cette particularité par la nécessité et la survivance de la vie nationale.

d. Les lois ordinaires

Une loi, déclare le Conseil constitutionnel dans sa décision du 29 juillet 2004[805], a pour vocation d'énoncer des règles « et le principe de clarté de la loi et l'objectif de valeur constitutionnelle d'intelligibilité et d'accessibilité de la loi qui imposent au législateur d'adopter des dispositions suffisamment précises et des formules non équivoques afin de prémunir les sujets de droit contre une interprétation contraire à la constitution ou contre le risque d'arbitraire ». Pierre Mazeaud, ancien Président du Conseil constitutionnel français déclarait le 4 janvier 2005, lors de la présentation des vœux au Chef de l'État que « la loi n'est pas faite pour affirmer des évidences, émettre des vœux ou dessiner l'état idéal du monde ; elle est faite pour fixer des obligations et ouvrir des droits ; le Conseil est prêt à censurer désormais les neutrons législatifs ».

Il importe par contre de souligner que les lois ordinaires, relèvent d'une catégorie privilégiée du contrôle de constitutionnalité. Elles sont souvent soumises au contrôle du juge[806]. « Votées par le

---

[804]Le constituant congolais l'a exprimé à travers l'article 162 de la constitution du 18 février 2006 pour l'inconstitutionnalité de tout acte législatif ou réglementaire.

[805]C.C. 2004-500 DC., 29 juillet 2004, portant sur la loi organique relative à l'autonomie financière des collectivités territoriales (Non-conformité partielle), Recueil. p.116.

[806]Art. 43 de la loi organique n° 13/026 du 15 octobre 2013 dispose « la Cour connaît

parlement, affirme Jean-Louis Esambo, ces lois sont dans la plupart des cas le résultat des manœuvres et âpres batailles politiques entre le gouvernement et les parlementaires. Tout contrôle qui pourra y être envisagé peut ainsi être interprété comme une remise en cause d'un accord politique souvent obtenu non sans peine »[807].

« Cette opinion a été développée pour dénoncer un « contrôle total et absolu » des actes politiques par le juge constitutionnel. La tentation conduirait même à l'établissement d'« une dictature des juges » dans la République. Elle serait même la négation du principe de séparation des pouvoirs. Pour cette doctrine, le juge constitutionnel est, dans la pratique, appelé à jouer quelquefois à l'équilibriste, au centrage pour reconstituer, intérêt général oblige, l'unité politique. Il doit être réaliste »[808].

Ainsi dans sa décision du 8 novembre 1976[809], le Conseil constitutionnel français a déclaré irrecevable un recours dirigé contre un texte encore en cours d'examen parlementaire ; et dans la décision du 29 décembre 1989[810], il déclare inopérant le moyen tiré de la suppression d'un article dans la mesure où la contestation porte sur « une disposition qui ne figure pas dans la loi soumise » à son examen. Il faut donc que l'Assemblée nationale et le Sénat aient terminé la discussion et voté le texte en termes identiques pour que la saisine soit recevable.

Le même Conseil constitutionnel français refusait d'examiner la constitutionnalité de dispositions législatives déclarées par lui « dépourvues de portée normative ». Mais par sa décision du 21 avril 2005[811], le Conseil change sa doctrine et décide de censurer les articles des lois jugés « manifestement dépourvues de toute portée normative », en l'espèce, un article énonçant que l'« objectif de l'école est la réussite de tous les élèves ». Cette évolution jurisprudentielle est l'œuvre du

de la constitutionnalité des traités et accords internationaux, des lois, des actes ayant force de loi, des édits, des règlements intérieurs des chambres parlementaires, du Congrès et des institutions d'appui à la démocratie ainsi que des actes réglementaires des autorités administratives ».

807 Esambo Kangashe, J.-L., *La constitution du 18 février 2006, op. cit.,* p. 280.

808 Esambo-Kangashe, J.-L., La constitution du 18 février 2006..., *op. cit.*, p. 281.

809 C.C. 76-69 DC 8 novembre 1976, R. p. 37.

810 C.C. 89-268 DC du 29 décembre 1989, R. p. 110.

811 CC 2005-512 DC du 21 avril 2005, R. p. 82.

président Mazeaud explicitée par sa déclaration précitée. En réalité, la censure d'une loi n'a pas que des désavantages. Elle est dans une certaine mesure propice au travail parlementaire. Tout en étant évident que son travail peut être censuré, le législateur se veut attentif à travers une autolimitation juridique, c'est-à-dire s'autocensurant avant la production de son texte devant le juge constitutionnel. Il est ainsi acquis que les lois ordinaires ne soulèvent certainement pas de polémiques sur le contrôle de leur constitutionnalité. Les édits provinciaux répondent-ils aux mêmes préoccupations ?

e. Les édits provinciaux

« Les édits sont des lois prises au niveau provincial par les Assemblées provinciales dans les limites territoriales qui leur sont assignées. Au regard du critère organique et de la procédure de son élaboration, l'édit constitue sans nul doute un acte législatif provincial »[812]. Or l'assiette constitutionnelle de l'édit n'est pas paradoxalement la constitution. Celle-ci reste moins nette sur ce terme figurant à l'article 197, alinéa 2 de la constitution du 18 février 2006 qui ne nous renseigne pas formellement si l'édit provincial peut être soumis au contrôle de constitutionnalité.

Par contre, les termes de l'article 73 de la loi portant principes fondamentaux relatifs à la libre administration des provinces[813] ne laissent pas place au doute et comblent cette lacune constitutionnelle en posant de manière particulièrement claire, le principe du contrôle de constitutionnalité des édits provinciaux par le juge constitutionnel. Cet article 73 dispose : « la Cour constitutionnelle connaît de la constitutionnalité des édits ». Il résulte de cette disposition une convergence du régime juridique des lois nationales et les édits provinciaux en matière du contentieux constitutionnel.

L'initiative d'édit appartient concurremment au gouvernement provincial et à chaque député provincial[814]. Comme on le voit, le régime

---

[812]Lire Masuka, S., *La nature juridique d'un édit en RDC*, Éditions universitaires européennes, 2012, 116 page. Consulter aussi le site de l'Assemblée provincial du Nord Kivu en RDC www.assembleenordKivu.org/index.php?pid=15 consulté le 15 mars 2012.

[813]Loi n° 08/012 du 31 juillet 2008 portant principes fondamentaux relatifs à la libre administration des provinces, JORDC, 49eme année, n° spécial, 31 juillet 2008.

[814]Article 33 al. 2 de la loi n° 08/012 du 31 juillet 2008 sur la libre administration des

juridique des édits prévu à l'article 33 de la loi sur le principe de libre administration reste identique au régime des lois ordinaires nationales.

Tenant compte du critère organique et de la procédure d'élaboration d'un édit, il constitue un acte législatif provincial. Étant un acte législatif provincial, l'édit occupe comme la loi, en cas des compétences exclusives des provinces, la deuxième position après la constitution au sein de la hiérarchie des normes en RDC.

La Cour constitutionnelle congolaise connaît des conflits de compétence entre l'État et les provinces[815] sur des actes énumérés à l'article 43 de la présente loi organique pris en violation des articles 202 à 205 de la constitution[816] .

L'article 64 de la loi organique n°13/026 du 15 octobre 2013 sur la Cour constitutionnelle congolaise dispose : « dans les matières relevant de la compétence concurrente entre l'État et les provinces, énumérées à l'article 203 de la constitution, tout édit incompatible avec les lois et règlements nationaux est nul de plein droit ».

L'article 63 de la loi organique déjà citée déclare : « La Cour constitutionnelle statue sur saisine des autorités ou groupe d'autorités citées à l'article 54 de la présente loi organique »[817].

Le député national Francis Kalombo Tambwa, partant de cette disposition, a ainsi formé un recours contre l'édit n°001/008 du 22 janvier 2008 portant création de la Direction Générale des recettes de la ville de Kinshasa par l'Assemblée provinciale de la ville de Kinshasa.

---

provinces.

[815]Art. 61 de la loi organique n° 13/026 du 15 octobre 2013 sur la Cour constitutionnelle.

[816]Art. 62 de la loi organique n°13/026 du 15 octobre 2013 déjà citée.

[817]L'article 54 de la loi organique du 15 octobre 2013 sur la Cour constitutionnelle dispose : « La Cour connaît des recours en interprétation de la constitution à la requête du Président de la République, du Gouvernement, du Président du Sénat, du Président de l'Assemblée nationale, d'un dixième des membres de chacune des chambres parlementaires, des Gouverneurs de Province et des Présidents des Assemblées provinciales ».

2. Les actes ayant force de loi : ordonnances, ordonnances lois [818]

Par une série de construction juridique, les actes ayant force de loi sont « toutes déclaration de volonté émanant de l'exécutif et destinées à produire, en vertu de la constitution ou des théories de circonstances exceptionnelles, des effets juridiques équipollents à ceux d'une loi »[819].

Au regard de cette définition, il est indispensable d'affirmer avec la doctrine que les actes ayant force de loi sont toutes les déclarations de volonté de la part du pouvoir exécutif, qu'il soit bicéphale ou monocéphale, voire hétéroclite, comme ce fut le cas sous la constitution de la transition issue du dialogue inter congolais d'Afrique du sud. « Ces déclarations de volonté trouvent leur fondement, soit dans la constitution qui est la loi fondamentale d'un pays, soit dans les théories des circonstances exceptionnelles et destinées à produire les effets juridiques équipollents ou équivalents à ceux d'une loi »[820]. En vertu de l'ensemble de ces caractéristiques, il est possible de considérer que les

---

[818]"La RDC a en effet connu plusieurs changements d'ordre institutionnel entraînant à chaque fois des réformes sur le plan de la terminologie. Les textes légaux quant à eux n'ont pas connu une mise à jour systématique, avec pour conséquence la survivance d'appellations devenues anachroniques. Le pays connaît dans son architecture légale, plusieurs types de textes dont les dénominations sont différentes selon l'époque de leur entrée en vigueur. Deux actes peuvent porter une même appellation, sans toutefois revêtir nécessairement la même portée juridique. En effet, alors qu'un décret de 1930 est un acte législatif émanant du Roi, il est acte réglementaire du Premier ministre en 1995 et, trois ans plus tard, un acte réglementaire du Chef de l'État. Le lecteur devra prêter dès lors attention à la date du texte et à l'organe duquel il émane pour en connaître la portée exacte", nous prévient le code Larcier de la RDC http://clrdc.larcier.com consulté le 15 mars 2013. *Les codes Larcier* -RDC- Tome I à VII, 1ere édition 2010. Il faut noter par ailleurs avec ce même code Larcier que "deux grandes périodes sont en prendre en compte, la législation coloniale d'une part et la législation post coloniale d'autre part. Pendant la période antérieure à 1960, les textes légaux comprennent les décrets royaux, les règlements, les arrêtés-royaux, les arrêtés-lois, les ordonnances du gouverneur général et les ordonnances législatives. Quant à la législation intervenue après 1960, le lecteur distinguera les textes à caractère législatif (lois, décret-lois ou ordonnances-lois) des textes à caractères réglementaires (ordonnances, décrets et arrêtes). Le lecteur remarquera aussi que certaines appellations ne trouvent de correspondance dans l'ordre juridique en vigueur. C'est notamment le cas du « Gouverneur Général ». Il revient au législateur de procéder à la mise à jour des textes en les adaptant à la réalité socio-juridique du moment".

[819]Vunduawe Te Pemako, *Traité de droit administratif, op., cit.*, pp. 231-232.

[820] *Ibidem*, p. 232.

conditions de validité des actes ayant force de loi sont déterminées par la constitution, mais en l'absence de celle-ci, ces actes ayant force de loi recourent au fondement doctrinal de la théorie des circonstances exceptionnelles.

Les actes ayant force de loi sont donc en principe déterminés par la constitution. A titre d'illustration, la charte coloniale dans ses articles 7 et 22 alinéa 4 avait défini ces conditions. Ainsi, l'article 22, alinéa 4 dispose par exemple que « le Gouverneur général représentant le Roi du Congo peut édicter des ordonnances législatives qui peuvent modifier ou suspendre un décret du Roi pour une période de six mois. Au-delà de ce délai, ces ordonnances législatives ne peuvent être maintenues en vigueur que si elles étaient approuvées par décret. Sans ce dit décret approuvant une telle ordonnance, celle-ci cesse d'être obligatoire »[821].

Sous la loi fondamentale de 1960, c'est l'article 37 qui définit les conditions de validité des actes ayant force de loi et dispose : « le gouvernement peut pour exécution urgente de son programme demander aux chambres l'autorisation pour le Chef de l'État de prendre par ordonnances-lois et pour une matière déterminée des mesures qui sont normalement du domaine de la loi ».

Ces ordonnances-lois, du reste élaborées en conseil des ministres et a priori soumises à la chambre de constitutionnalité, devenaient caduques si elles ne bénéficiaient pas de l'approbation des chambres dans un délai de six mois à dater de leur entrée en vigueur. Forte de cette continuité dans le temps, c'est tout naturellement que cette idée se retrouve développée sous la constitution de Luluabourg par les articles 95 à 97 et 183. Conformément à l'article 95 par exemple, les chambres parlementaires pouvaient à leur propre initiative ou à la demande du Président de la République, prendre une loi d'habilitation pouvant permettre à celui-ci d'exercer le pouvoir législatif national pour certaines matières déterminées et pour une durée qu'elle fixait. A l'inverse, selon cette disposition, si un décret-loi faisait l'objet d'un rejet de la part d'une des chambres dans le délai fixé par la loi d'habitation, le Président de la République devant s'abstenir de sa promulgation.

---

[821]Article 22, al. 4 de la charte coloniale du 18 octobre 1908.

Bien plus, aux termes de l'article 96, d'autres conditions sont posées. Il s'agit notamment du cas d'extrême urgence autres que ceux prévus à l'article 97. Le Président de la République pouvait alors recourir aux décrets ayant force de loi à condition qu'ils soient présentés dans les 24 heures de leur signature aux Bureaux des chambres en vue de leur confirmation par une loi et à la haute juridiction constitutionnelle pour contrôler leur conformité à la constitution. Les décrets-lois non approuvés dans le délai constitutionnel de soixante jours à partir de leur publication deviennent caduques et sans effets.

Une démarche identique est à relever à propos des conditions de validité des actes ayant force de loi à travers les articles 52 de la constitution du 24 juin 1967, les articles 48 à 50 et 89 de l'Acte constitutionnel de transition du 9 avril 1994 ainsi que les articles 119 et 134 à 136 de la constitution de transition du 4 avril 2003.

A défaut de la constitution, les actes ayant force de loi trouvent leur fondement doctrinal dans la théorie des circonstances exceptionnelles notamment les guerres, les coups d'État mais aussi la période des crises critiques en temps de paix.

D'après les époques et les constitutions, le Professeur Félix Vunduawe dresse une classification de deux types d'actes ayant force de loi en RDC : les actes ayant force de loi édictés en vertu de la constitution en temps normal et les actes ayant force de loi pris en circonstances exceptionnelles.

Dans la première catégorie, il existe plusieurs types de régimes juridiques applicables aux actes ayant force de loi et regroupés en deux cas, notamment les actes ayant force de loi édictés en vertu de la loi d'habilitation constitutionnelle directe au sein desquels se trouvent être les ordonnances législatives de l'article 22 de la charte coloniale du reste considérée comme texte constitutionnel mais aussi sous l'empire de la constitution du 24 juin 1967 posant une double condition d'urgence et d'absence de session parlementaire pour la validité des ordonnances-lois. Le second cas concerne par contre les actes ayant force de loi pris en vertu d'une loi d'habilitation. Ce second cas rassemble primo le cas d'habilitation pour certaines matières déterminées et pour une durée que le Parlement fixe, avec possibilité de rejet par celui-ci avant la promulgation de décrets-lois par le président de la République[822] ; secundo, le cas d'habilitation parlementaire pendant un délai, mais sans limitation des matières ni obligation de ratification après coup par le Parlement[823] et enfin tertio le cas d'habilitation parlementaire pour l'exécution urgente du programme du gouvernement[824].

En dépit de ces quelques cas, l'utilisation des actes ayant force de loi pendant la période du décret-loi constitutionnelle n°003 du 27 mai 1997 a été inexistante et seule l'Assemblée Constituante et législative disposait de la compétence du vote des lois.

Sous l'empire du décret-loi constitutionnel du 27 mai 1997, il est tout de même difficile de penser que la saisine par requête du Procureur Général de la République, agissant sur demandes des organes politiques notamment le Président de la République ou le Bureau des chambres du parlement puisse se tenir. La réalité du contentieux constitutionnel n'était qu'un leurre au regard de la prise du pouvoir par la force des armes.

Certaines dispositions constitutionnelles pouvant trouver justification par la doctrine et en droit comparé, ont servi, sous cette période de coup d'État de mai 1997 à garnir les vitrines et destinées à la consommation extérieure. La Constitution du 18 février 2006 organise un régime spécial aux actes ayant force de loi c'est-à-dire ceux pris en circonstances exceptionnelles constituant par la même occasion la deuxième catégorie de la typologie de Félix Vunduawe.[825] De la

---

[822]C'est le régime qui était prévu par la constitution du 1er août 1964 en temps normal. Cette délégation de compétence législative, affirme Félix Vunduawe, pouvait se réaliser soit à l'initiative des chambres (chambre des députés et sénat) ou à la demande du Président de la République.

[823]C'est notamment le régime des ordonnances-lois prises sous l'empire du texte original de la constitution du 24 juin 1967, ayant connu et connaissent une existence définitive dans la législation nationale.

[824]A la suite du Professeur Félix Vunduawe, suivant ce régime, c'est uniquement le gouvernement qui prend l'initiative pour obtenir l'autorisation d'édicter les mesures qui sont normalement du domaine de la loi. Cette autorisation est accordée dans la limite de temps fixée par le Parlement. Dans ce délai, les actes pris doivent être ratifiés ou approuvés par une loi de ratification, sinon ils deviennent caducs, c'est-à-dire ils n'ont d'abord qu'une existence provisoire. C'est le régime de la loi fondamentale du 19 mai 1960 et l'Acte constitutionnel de la Transition du 9 avril 1994 ainsi que la constitution de Transition du 4 avril 2003.

[825]Vunduawe Te Pemako, *Traité de droit administratif*, *op., cit.*, pp.236-238.

même manière, l'analyse met en évidence que les mesures prises par de telles ordonnances (articles 143 et 145) relèvent de la loi ou même de la constitution, non seulement elles sont soumises au contrôle du juge constitutionnel qui se prononce sur sa constitutionnalité mais en plus elles constituent des actes de gouvernement d'autant que les ordonnances visées concernent les rapports entre les pouvoirs constitutionnels lesquels échappent ainsi au contrôle du juge administratif. Il s'agit justement de la décision initiale de faire appel à l'article 145 de la constitution et ensuite des pouvoirs qu'il met en œuvre au terme de la procédure. Si, comme le déclare le discours doctrinal, le Chef de l'État est un dictateur constitutionnel, il ne doit pas instrumentaliser les ordonnances prises dans ce cadre. L'État de droit constitutionnel exige même que les ordonnances prises dans de telles circonstances soient contrôlables par la Cour constitutionnelle devant laquelle la théorie des actes de gouvernement ne trouve application. Telle est la justification du régime des actes de l'Exécutif intervenus dans le domaine de la loi. Existe-t-il une lecture convergente des actes de l'Exécutif de ceux des assemblées parlementaires ou autres qui peuvent être portés devant la cour constitutionnelle ?

a. Les actes d'Assemblée

A la lecture de certaines dispositions constitutionnelles[826], nous pourrions tenter de croire que le constituant congolais de 2006 aurait écarté du domaine de contrôle de constitutionnalité tous les actes qui n'ont pas été spécialement repris dans la constitution. Celle-ci dispose que « tout acte déclaré non conforme par la constitution est nul de plein droit »[827].

Cette disposition concerne certaines catégories spécifiques de normes qui peuvent être portées ou évoquées devant la juridiction constitutionnelle congolaise entre autres les actes d'assemblée.

Les actes d'assemblée sont donc des actes non législatifs c'est-à-dire ceux qui participent à l'organisation et au meilleur fonctionnement du Parlement ou de l'Assemblée provinciale au-delà de sa mission de légiférer. Tel par exemple une résolution de l'Assemblée nationale ou provinciale qui adopte une motion de censure ou de

---

826Précisément les articles 160, 162, al. 2 et 216 de la constitution du 18 février 2006.
827Article 168, al. 2 de la constitution du 18 février 2006.

défiance. Cette résolution est certes considérée d'actes d'assemblée susceptibles d'être soumis au contrôle du juge constitutionnel[828] . Le constituant congolais ne définit pas un acte d'assemblée. Il désigne avec précision les normes que peut prendre une Assemblée parlementaire. En dehors de ces normes de nature législative, les assemblées parlementaires édictent des actes réglementaires et des actes d'assemblée[829]. Ceux-ci ne doivent pas être confondus avec les actes administratifs. Ces derniers sont pris par les Présidents des chambres du Parlement telles par exemple les décisions d'affectation des agents de carrière des services publics de l'État mis à leur disposition, nomination du personnel politique et du personnel d'appoint des cabinets des membres des bureaux des chambres parlementaires ainsi que de nombre de commissions parlementaire ad hoc[830].

Les actes d'Assemblée s'intéressent particulièrement à l'élaboration et à l'adoption des règlements intérieurs des chambres parlementaires nationales, des motions de défiance ou de censure ainsi que les résolutions, les recommandations adressées à d'autres institutions. La Cour Constitutionnelle congolaise est compétente pour contrôler la conformité de certains de ces actes d'assemblée à la constitution conformément à l'article 162, al. 3 de la Constitution. Donc certains actes d'assemblée ne peuvent échapper au contrôle du juge constitutionnel tant qu'ils violent les droits et les libertés publiques garanties par la constitution ou qui portent atteinte à ce que le constituant a considéré comme matière protégée[831].

---

[828]Lire CSJ, Trésor Kapuku Ngoy c/ Assemblée provinciale du Kasaï occidental, R.const 051/TSR du 31 juillet 2007 ; CSJ, Célestin Cibalonza Byatarana c/ Assemblée provinciale du Sud-Kivu, R.const 062/TSR du 26 décembre 2007, inédits.

[829]Lire à ce sujet, Vundwawe Te Pemako, *Traité de droit administratif*, *op., cit.*, pp.857-858.

[830]Lire Wetsh'Okonda Koso Senga, M, « La définition des actes législatifs dans l'arrêt de la CSJ n°R- Const-51/ TSR Du 31 Juillet 2007 à l'épreuve de la constitution du 18 février 2006 » : http://www.la-constitution-en-afrique.org/tag/rd%20du%20congo/3 Consulté le 24 janvier 2010. L'article est publié dans la revue Horizons, revue de Droit et de Science politique du Graben n°5, Juin 2008, pp.2-36.

[831]Prévues par l'article 220 de la constitution de 2006 notamment la forme républicaine de l'État, du principe du suffrage universel, de la forme représentative du gouvernement, du nombre et de la durée des mandats du président de la République, de l'indépendance du pouvoir judiciaire, du pluralisme politique et syndical, des droits et libertés de la personne humaine ou des prérogatives constitutionnelles des

L'on notera en effet qu'en raison d'un malaise terminologique, la CSJ a été pendant quelque temps confrontée à une certaine confusion théorique laquelle mélange les actes d'assemblée avec les actes législatifs. D'ailleurs, dans l'exercice de ses attributions comme Conseil d'État ou Cour de cassation, la CSJ se confrontait souvent à beaucoup de difficultés pour qualifier les actes juridiques soumis à son contrôle au point de prendre des actes réglementaires pour des actes législatifs[832] ou des actes de gouvernement[833] et des actes ne relevant ni des uns ni des autres pour des actes réglementaires[834].

Ainsi, l'ancien Gouverneur de la province du Sud Kivu, Célestin Cibalonza Byatarana, avait saisi, le 15 novembre 2007 la CSJ afin d'obtenir l'annulation de l'acte d'Assemblée provinciale du 14 novembre 2007 relative à la motion de censure contre lui et son gouvernement provincial conformément à la constitution de 2006, au regard de théorie et du principe ci-devant évoqué.

Pour soutenir l'inconstitutionnalité et obtenir l'annulation de la motion portée contre lui, le requérant soulève la violation par l'Assemblée provinciale des articles 12, 19 al. 3 et 61 al. 5 de la constitution de 2006 lesquels articles consacrent l'égalité des Congolais devant la loi confirmant par la même occasion le droit de la défense. Ces articles ne définissent pas le droit de la défense. Il faut tout de suite relever que l'article 19 de constitution évoque la notion de droit de la défense au singulier au moment où l'article 61, al.5 en fait au pluriel. D'où cette perplexité terminologique au point de s'interroger si l'on est

---

provinces.

[832]Kambale Kalume, P., « L'arrêt de la CSJ du 22 mars 1995 sur la liberté de manifestation au Zaïre », *Revue interdisciplinaire des droits de l'homme,* Vol. I, n°2, mai-août 1995, pp. 40659 ; Dibunda Kabunji, « De la constitutionnalité de l'ordonnance n°25/505 du 5 octobre 1959 relatives aux réunions et manifestations publiques », Kinshasa, Justice science et paix, n°24, 1995, pp. 2-6.

[833]Okitenembo Wetshongunda, « La théorie des actes de gouvernement dans de la CSJ RA459 et consorts du 26 septembre 2001 sur la révolution de 315 magistrats », Lubumbashi, Les Analyses juridiques, n°5, 2005, pp. 13-27 ; Kaluba Dibwa, D., La saisine du juge constitutionnel et du juge administratif suprême en droit constitutionnel congolais, lecture critique de certaines dispositions de la CSJ d'avant la constitution du 18 février 2006, Kinshasa, Editions Eucalyptus, 2007, pp. 90-92.

[834]RCE/DN/KN/312 du 28 février 2008, Kikaya Bin Karubi c/ Assumani, avec note Tshizanga Muttshipangu, Les Annales juridiques, n°11, Lubumbashi, 2007, pp. 51-53.

en présence d'un seul droit de la défense ou alors d'un ensemble de droits. La CSJ a ainsi esquissé « la notion de droits de la défense » dans son arrêt R.const.062/TSR du 26 décembre 2007, prononcé dans l'affaire Célestin Cibalonza Byatrana. Elle a même élargi cette notion dans cet arrêt du 26 décembre 2007 en raison de son malaise dû à une certaine confusion qu'elle aurait ressenti dans l'affaire Célestin Cibalonza Byatarana.

La CSJ, toutes sections réunies, a rendu le 27 décembre 2007, après analyse de la requête du requérant susvisé, l'arrêt R. const. 062/TSR déclarant inconstitutionnelle la motion de l'Assemblée provinciale du 14 novembre 2007 pour violation des dispositions constitutionnelles garantissant le droit de la défense.

Cet ancien Gouverneur se trouvait devant une motion de censure adoptée par l'Assemblée provinciale du Sud-Kivu, le 12 novembre 2007 le balayant avec son équipe gouvernementale provinciale. Par définition, en droit congolais, à la différence d'une motion de défiance qui est dirigée contre une personne membre d'un gouvernement, la motion de censure, concerne cette personne en tant qu'organe. Conséquemment, l'ex Gouverneur Cibalonza Byatarana pouvait-il prétendre au bénéfice des droits de la défense, sachant que sa personne avait été, du point de vue juridique et théorique, étrangère à ladite motion ?

« Or la CSJ n'aurait pas dû accorder les droits de la défense au bénéfice d'une personne. Telle a été l'erreur de la CSJ. Pourtant la sanction de l'Assemblée provinciale, du reste frappée d'inconstitutionnalité, concernait plutôt l'organe auquel ces droits étaient, aux termes de la définition donnée en l'espèce par la haute juridiction elle-même, purement et simplement inapplicables »[835]. Cet arrêt a été intéressant au regard de son apport théorique sur la notion constitutionnelle du droit de la défense.

Au-delà de certaines vicissitudes, la justice constitutionnelle congolaise à travers cet arrêt ainsi que tant d'autres du même genre[836] a

[835]Balingene Kahombo, La Cour suprême de justice, Cour constitutionnelle transitoire, www.la6constitution-en-afrique.org/8-catégorie-10195444.html Consulté 15 avril 2012.

[836]Notamment les arrêts : CSJ, R. const. 04/TSR du 30 octobre 2003 ; R. const.

été anoblie en se mettant à la fois au service de l'État et du citoyen congolais. Il s'ensuit que les actes ayant force de loi (ordonnances, ordonnances-lois) en ayant une valeur législative, sont susceptibles du contrôle de constitutionnalité au même titre que les lois et les actes réglementaires.

b. Les actes réglementaires

La constitution congolaise de 2006 ne donne aucune définition de l'acte réglementaire. Ce dernier peut être considéré comme tout acte unilatéral pris par l'administration dans ses rapports avec les administrés[837]. Œuvre d'une autorité administrative, l'acte réglementaire est destiné, selon Félix Vunduawe te Pemako, à créer des règles juridiques générales et impersonnelles[838]. L'élaboration d'un tel acte ne nécessite pas une discussion entre l'administration et ses usagers et il a pour finalité la réalisation de l'intérêt général.

Concrètement, un acte réglementaire, en droit français auquel se réfère le droit congolais, peut avoir deux natures : il est autonome ou subordonné. Le règlement est subordonné lorsqu'il complète la loi et en assure l'exécution. Le règlement autonome par contre est un acte pris par l'exécutif en toute matière où la constitution ne donne pas expressément compétence au législateur.

Cet acte intervient dans des matières autres que celles qui sont du domaine de la loi[839]. Au regard de leurs auteurs, les actes réglementaires sont très variés et fortement hiérarchisés. La constitution congolaise de 2006 prévoit que le Président de la République statue par ordonnance[840] et le Premier ministre par décret[841] Le ministre national[842], le gouverneur de province[843], le ministre provincial[844], le

---

043/TSR du 21 décembre 2006 ; R. const. 110/TSR du 5 février 20010. Inédits.

[837]Esambo Kangashe, J.-L., *La constitution congolaise du 18 février 2006 à l'épreuve du constitutionnalisme, op. cit.*, p. 282.

[838]Vunduawe Te Pemako, *Traité de droit administratif, op. cit.*, p. 303.

[839] Art. 128 de la constitution du 18 février 2006.

[840]Art. 72, al. 3 de la constitution du 18 février 2006.

[841] Art. 92, al. 2 de la constitution du 18 février 2006.

[842]Art. 93, al. 2 de la constitution du 18 février 2006.

[843]Art. 28 al. 6 de la loi n° 08/012 du 31 juillet 2008 portant principes fondamentaux à la libre administration des provinces, J.O.R.D.C., n° spécial, du 31 juillet 2008, pp. 1-18.

[844] Art. 29, al. 3 de la loi n°08/012 du 31 juillet 2008 susmentionnée.

maire[845], le bourgmestre[846], ainsi que le chef de secteur ou de chefferie[847], agissent par voie d'arrêté. Il est également possible d'ajouter sur ce point que dans l'organisation administrative, l'autorité compétente peut recourir à d'autres actes réglementaires notamment les circulaires, les règlements d'administration et de police ainsi que les notes de service. Tous ces actes sont en principe soumis au contrôle de légalité devant le juge administratif. Le juge constitutionnel n'intervient que lorsque ces actes violent manifestement la constitution par la méconnaissance des droits et libertés de la personne humaine.

Le contrôle de la constitutionnalité des normes réglementaires n'a pas toujours été consacré en droit constitutionnel congolais. La constitution de 2006 en l'établissant fait œuvre d'originalité et façonne ainsi progressivement une « obligation de bien légiférer » qui serait « fondée sur les exigences d'encadrement » du pouvoir des gouvernants permettant ainsi au juge constitutionnel d'assurer la régulation de l'activité normative des pouvoirs publics »[848]. L'innovation importante opérée par le constituant de 2006 sera encore mieux à l'égard des règlements intérieurs des chambres parlementaires.

B. Contrôle des chambres parlementaires, institutions d'appuis à la démocratie, des traités et accords internationaux

La démocratie constitutionnelle implique que les règlements intérieurs des chambres parlementaires et du Congrès (1), des institutions d'appui à démocratie (2) et des traités et accords internationaux (3) soient soumis aux contrôles constitutionnels.

1. Les règlements des chambres parlementaires et du Congrès

Le contrôle des actes parlementaires regroupe des actes parlementaires bien différents. Il s'agit d'abord du contrôle des règlements des assemblées parlementaires et ensuite du Congrès.

---

[845]Art. 44 de la loi organique n° 08/016 du 7 octobre 2008 portant composition, organisation et fonctionnement des entités territoriales décentralisée et leurs rapports avec l'État et les provinces, J.O.R.D.C., n° spécial, 10 octobre 2008, pp. 5-32.

[846]Art. 63 de la loi organique n° 08/016 du 7 octobre 2008 précitée.

[847]Art.89 de la loi organique n° 08/016 du 7 octobre 2008 précitée.

[848]Drago, G., *Contentieux constitutionnel français*, Paris, PUF, coll. Thémis, 2006, 303.

a. Le règlement des chambres parlementaires

« Tout ce qui intéresse la procédure législative, tout ce qui intéresse les rapports des assemblées entre elles, tout ce qui intéresse les rapports de l'Assemblée et du Gouvernement constitue des dispositions qui dépassent le caractère réglementaire au sens strict : elles sont d'inspiration constitutionnelle, elles touchent au mécanisme des institutions »[849].

« Les règlements des chambres parlementaires sont aussi appelés règlements des assemblées »[850]. « Ce sont les résolutions adoptées par chaque Assemblée et qui ont pour objet l'organisation de leur fonctionnement interne, des procédures de délibération et de la discipline de leurs membres »[851]. Sont donc exclues du contrôle toutes les autres dispositions de la vie interne de des Assemblées (secrétariat des groupes, nombre et fonction des assistants parlementaires, etc.) qui ne figurent pas dans le règlement mais dans d'autres documents comme l'instruction générale du bureau de l'Assemblée nationale. Selon l'article 61 de la constitution française, « les règlements des Assemblées parlementaires avant leur mise en application, doivent être soumis au Conseil, qui se prononce sur leur conformité à la constitution ». Comme pour les lois organiques, le contrôle n'est pas automatique ; le Conseil ne peut statuer que s'il est saisi par les seules autorités habilitées ici à le faire : les Présidents de chacune des deux Assemblées.

Les règlements sont soumis à un contrôle particulièrement serré puisque le Conseil constitutionnel vérifie leur conformité par rapport à l'ensemble des éléments composant le bloc de constitutionnalité, par rapport aux lois organiques[852], et aussi par rapport « aux mesures législatives nécessaires à la mise en place des institutions prises en vertu

---

[849]Michel Debré, cité par Avril, P. et Gicquel, J., *Droit parlementaire*, 3e édition, Paris, Montchrestien, 2004, n°13.
[850]Avril, P. et Gicquel, J., *Lexique du droit constitutionnel, op. cit.,* p. 103
[851] Rousseau, D., *Droit du contentieux constitutionnel*, 10e édition, Paris, LGDJ, p. 195.
[852]On se souvient que le Conseil a par exemple invalidé des dispositions réglementaires contraires à l'ordonnance organique du 24 octobre 1958 relative aux incompatibilités (C.C. 59-2 DC, 24 juin 1959, Recueil, p. 58 ; C.C. 59-3 DC, 24 et 25 juin 1959, Recueil, p. 61), à l'ordonnance organique du 7 novembre 1958 relative à la délégation du droit de vote (C.C. 61-19 DC, du 31 juillet 1962, Recueil, p.19 ; C.C. 73-49 DC, du 17 mai 1973, Recueil, p. 15).

de l'alinéa 1 de l'article 92 de la constitution »[853]. Il faut retenir que la rigueur du contrôle peut être, selon Dominique Rousseau, à « double détente ». « Lorsque les dispositions réglementaires sont déclarées contraires à la constitution, l'Assemblée concernée reprend la rédaction du règlement en tenant compte de la décision d'invalidation, et son Président représente à nouveau au contrôle du Conseil le projet de règlement modifié »[854].

En droit congolais, le règlement de chaque chambre trouve son fondement dans l'article 112 de la constitution du 18 février 2006. « Avant sa mise en application, le règlement intérieur de l'Assemblée nationale ou celui du Sénat est obligatoirement transmis par le Président du Bureau provisoire de cette institution à la Cour constitutionnelle qui se prononce sur sa conformité dans le délai de quinze jours. Passé ce délai, le règlement intérieur est réputé conforme »[855]. Il s'agit ici d'un contrôle de constitutionnalité a priori. Toutefois, au regard des matières que renferme ledit règlement ainsi que l'impact qu'elles exercent sur le fonctionnement d'une institution centrale du régime politique, le contrôle *a posteriori* de ce règlement est tout aussi envisageable.

L'Assemblée provinciale de Bandundu a fonctionné pendant quelque temps sans que son règlement ne soit déposé à la CSJ pour vérification de sa conformité à la constitution créant une confusion générale à la suite de la motion de censure adoptée contre son Gouverneur de l'époque Richard Ndambu[856] . C'est le cas aussi du règlement intérieur de la province de l'Équateur qui exige un quorum différent de celui exigé par la loi sur la libre administration des

---

[853] C.C. 66-28 DC, du 8 juillet 1966 Résolutions tendant à modifier les articles 18, 42, 54 et 60 du règlement du Sénat et à compléter celui-ci par l'adjonction par l'article 21 bis, Recueil, p. 15. « Considérant que la conformité à la constitution des règlements des Assemblées parlementaires doit s'apprécier tant au regard de la constitution elle-même que des lois organiques prévues par elle ainsi que des mesures législatives nécessaires à la mise en place prises en vertu de l'alinéa 1er de l'article 92 de la constitution ».

[854]Rousseau, D., *Droit du contentieux constitutionnel*, 10e édition, *op. cit.,* p. 196. Voir également : C.C. 59-4 DC, du 24 juillet 1959, Recueil p. 63 ; C.C. 60-9 DC, 18 novembre 1960, Recueil, p. 17 ; C.C. 64-26 DC, 15 octobre 1964, Recueil, p. 25 ; C.C. 69-38 DC, 15 janvier 1970, Recueil, p. 21.

[855]Article 112 de la constitution du 18 février 2006.

[856]Lire le quotidien congolais *Le Phare* : « Retombées de l'arrêt de la CSJ : le Sénat est illégal ! »

provinces pour ce qui concerne l'adoption d'une motion de censure ou de défiance contre le gouverneur de province[857]. Puisque le règlement intérieur viole la loi organique de surcroît les dispositions constitutionnelles visées par ladite loi organique, il est indispensable d'attaquer en inconstitutionnalité un tel règlement intérieur conformément à l'article 162, alinéa 2 de la constitution du 18 février 2006.

Quant au règlement intérieur du sénat il y a lieu de retenir que l'analyse développée précédemment au sujet du règlement intérieur de l'Assemblée nationale vaut *mutatis mutandis* pour le règlement intérieur du sénat. Celui-ci est l'une de deux chambres du parlement congolais.

b. Le règlement intérieur du Congrès

Nous pouvons seulement relever concernant le règlement intérieur du Congrès que celui-ci concerne les deux chambres de parlement réunies et instituées par l'article 114 de la constitution du 18 février 2006. L'observation permet de retenir que plus de trois ans après leur installation sous la première mandature de la troisième république, les deux chambres du parlement congolais se sont réunies deux fois en Congrès pour entendre le discours du chef de l'État sur l'état de la nation sans disposer du règlement intérieur déclaré conforme à la constitution. La tenue de ces réunions est, en principe, contraire à la constitution.

Par ailleurs, un tel règlement est susceptible de porter atteinte aux droits et libertés individuelles garantis par la constitution. Par conséquent, il ne doit pas échapper au contrôle du juge constitutionnel afin de prévenir une telle éventualité.

En effet, la constitution congolaise de 2006[858] commande que le règlement intérieur du Congrès soit obligatoirement adopté pendant les sessions extraordinaires qui suivent la proclamation des résultats des élections législatives[859]. Il s'ensuit qu'à l'instar du droit comparé, spécialement du système constitutionnel français, le contrôle de constitutionnalité des règlements des Assemblées parlementaires en

---

[857]Lire article 86 du règlement intérieur de l'Assemblée provinciale de l'Équateur ainsi que l'article 41 alinéa 2 de la loi n°08/012 du 31 juillet 2088 portant principes fondamentaux relatifs à la libre administration des provinces.
[858]Article 119, point 3 de la constitution du 18 février 2006.
[859]Article 144, al. 3 de la constitution du 18 février 2006.

RDC contribue d'après Dimitri Georges Lavroff « à la rationalisation du régime parlementaire de surcroît à l'encadrement du pouvoir »[860]

2. Le contrôle des règlements des institutions d'appui à la démocratie

La constitution de transition du 4 avril 2003 avait prévu cinq institutions d'appui à la démocratie qui sont des organismes publics constitutionnellement reconnus chargés d'apporter l'expertise à la gestion de certains secteurs-clés de la nation. Les performances de ces institutions d'appui à la démocratie sont telles que la constitution du 18 février 2006 a retenu seulement la Commission Nationale Électorale Indépendante[861] et le Conseil Supérieur de l'Audiovisuel et de la Communication[862]. Les autres commissions n'ont pas d'audience ni de force de coercition. Elles n'ont pas convaincu les législateurs de leur pertinence.

a. La Commission Électorale nationale Indépendante (CENI)

La CENI est une institution d'appui à la démocratie, consacrée par la loi organique n°10/013 du 28 juillet 2010 portant organisation, attributions et fonctionnement de cette institution tel que modifié par le nouveau texte de loi organique n°13/012 du 19 avril 2013. Elle est un organisme de droit public congolais autonome, neutre et doté de personnalité juridique. Elle jouit de l'autonomie administrative et financière. Elle dispose d'une dotation propre susceptible d'être complétée par des apports extérieurs. La CENI jouit de l'indépendance d'action par rapport aux autres institutions de la République[863] et dotée d'un pouvoir de décision[864]. Elle bénéfice néanmoins dans l'exercice de

---

[860]Lavroff, D-G., *Le droit constitutionnel de la Ve République*, Paris, Dalloz, 1999, 3e éd., p.175.

[861]Article 211 de la constitution du 18 février 2006.

[862]Article 212 de la constitution du 18 février 2006.

[863] www.ceni.gov.cd consulté le 13 octobre 2011.

[864]Le Professeur Jacques Chevallier souligne : « ...autorités, les autorités administratives le sont dans les deux sens du terme. D'abord parce que leur fonction n'est pas de gestion mais de régulation (...). Ensuite, parce qu'elles disposent pour remplir la fonction qui leur est assignée du pouvoir de décision qui leur donne la possibilité de modifier l'ordonnancement juridique et les situations individuelles », Jacques Chevallier, « Réflexions sur l'institution des autorités administratives indépendantes », in *JCP*, La semaine juridique I, n°3254, 1986. Selon le Professeur Gérard Timsit cité par Jacques Chevallier, les autorités administratives indépendantes « contribuent autant à l'élaboration du droit que les autorités administratives classiques, par des moyens qui ne sont pas nécessairement des moyens classiques de

sa mission de la collaboration de ces institutions. En effet, les décisions de la CENI sont politiquement sensibles de surcroît ne pouvant être soustraites du contrôle de la Cour constitutionnelle. Pourtant la CENI est une autorité administrative indépendante (AAI), ses décisions devraient en principe être soumises au contrôle du juge administratif. La CENI exerce une partie de la fonction administrative de l'État sans toutefois être placée sous la dépendance hiérarchique des ministres. Cette situation pourrait paraître contraire à la constitution. Les autorités administratives indépendantes, écrit le Professeur Dominique Maillard Desgrées du Loû, « sont des rouages permanents d'administration qui donnent à l'État les moyens d'accomplir ou de faire accomplir par leur entremise les missions qui ont justifié leur création, sans que ces rouages soient soumis au contrôle hiérarchique des ministres »[865].

La naissance d'une telle autorité se justifie par le constat unanime du constituant congolais de 2006 selon lequel l'institution classique se trouvait inadaptée, voire inappropriée, face aux impératifs et aux enjeux (la transparence au sommet de l'État, la tenue des élections régulières, libres, fiables et transparentes, le respect du pluralisme de la presse, etc.) à assurer l'exercice de cette lourde mission. L'administration, transformée en relais du système politique, est incapable de remplir ses missions traditionnelles[866]. Les raisons de

---

la contrainte et de l'injonction mais qui souvent n'en sont pas moins efficaces : information, investigation, proposition et recommandation », *op. cit.*, p. 316. Enfin, l'auteur souligne que leurs pouvoirs « relèvent très largement d'un autre registre qui n'est pas le caractère « obligatoire » des « décisions » prises par ces autorités administratives classiques qui résulte en effet largement de la contrainte qui peut éventuellement s'exercer en cas de non-respect de l'une de ces « décisions » par le destinataire auquel elles s'adressent, mais qui est l'ensemble des stratégies dans lesquelles s'inscrit l'action entreprise par les autorités administratives indépendantes », *op. cit.*, p. 317.

[865]Maillard Degrées du Loû, D., *Institutions administratives*, Paris, PUF, 2011, p. 213. Outre cette excellente contribution du Professeur Dominique Maillard Desgrées du Loû sur les autorités administratives indépendantes, voir également: Paul Sabourin, « Les autorités administratives indépendantes : une catégorie à préciser », *AJDA,* mai 1989, pp. 275-295 ; Marie José Guédon, *Les autorités administratives indépendantes*, Paris, LGDJ, 1991 ; Michel Gentot, *Les autorités administratives indépendantes*, Paris, Montchrestien, 1991 ; Claude-Albert Colliard et Gérard Timsit (dir.*), Les autorités administratives indépendantes*, Paris, PUF, « Les voies du droit », 1988.

[866]Voir pour tous ces points Gérard Conac, « Le développement administratif dans les États d'Afrique noire », dans Gérard Conac, (dir.), *Les institutions administratives des États francophones d'Afrique noire. La vie du droit en Afrique*, Paris, Economica,

recours à l'administration d'autorités indépendantes, constate le Professeur Dominique Maillard Degrées du Loû, « tiennent dans la dépréciation réelle ou supposée des capacités de l'administration classique à agir de façon impartiale, opportune, adéquate, face à des enjeux majeurs pour les individus (la protection de leurs droits et libertés individuelles) ou pour les acteurs économiques et la société (protection de l'Etat de droit, établissement d'une régulation économique acceptable et efficace) »[867].

Le constituant congolais, comme du reste les autres constituants africains, a ainsi procédé à « une redéfinition des rapports entre administration et administrés[868] » en créant des AAI, notamment la CENI, en vue d'exiger de l'administration le respect de la constitution en matière des libertés et des droits constitutionnalisés et de consultations électorales[869]. « Ces autorités (AAI), affirme le Conseil d'État français, ont en commun d'agir au nom de l'État sans être subordonnées au Gouvernement et de bénéficier, pour le bon exercice de leurs missions, de garanties qui leur permettent d'agir en pleine autonomie, sans que leur action puisse être orientée ou censurée, si ce n'est par le juge »[870]. La CENI étant un organisme congolais de droit public est soumise à l'obligation d'impartialité en vertu de l'article 9 de la loi organique portant organisation et fonctionnement de la CENI[871]. L'impartialité est aussi cette obligation imposée à tout organisme administratif français comme l'a si bien rappelé le Conseil constitutionnel français[872].

Il paraît acceptable au regard du système juridique congolais que l'institution CENI qui s'occupe aussi du processus électoral et

---

1979, p. VII.

[867]Maillard Desgrées du Loû, D., *Institutions administratives*, *op. cit.*, p. 215.

[868]Diarra, A., « Les autorités administratives indépendantes dans les Etats francophones d'Afrique noire : cas du mali, du Sénégal et du Bénin », in Revue électronique *AFRILEX,* n°3, 2002, Université de Bordeaux. Consulté le 13 juin 2011.

[869]Sur la gestion des élections par les autorités administratives indépendantes, cf. : *Francophonie et démocratie*, Paris, Ed. Pedone, 2000, pp. 167-259 notamment.

[870]Conseil d'État, Les autorités administratives indépendantes, Rapport public, 2001, EDCE, n°52, *La documentation française*, p. 257.

[871]Loi organique n°10/013 du 28 juillet 2010 portant organisation et fonctionnement de la CENI, JORDC, n° spécial, 51è année, 2010.

[872]CC, n°89-260 DC du 28 juillet 1989, loi relative à la sécurité et à la transparence du marché financier.

référendaire soit soumise au contrôle du juge constitutionnel aux moyens de ses décisions. Les actes administratifs réglementaires de cette institution, de par leur fin, intronisent les fonctions politiques de l'État et partant, relèveraient de la compétence de la Cour constitutionnelle. Il faut néanmoins retenir qu'un recours en annulation pour excès de pouvoir à l'encontre du règlement illégal de la CENI reste envisageable.

Si la CENI travaille en amont, la juridiction constitutionnelle est à la fois arbitre en amont et en aval. Elle est arbitre en amont en tant que juge des lois électorales et juge des actes préparatoires des élections. La Cour est aussi un arbitre en aval en tant que juge suprême de la validité de l'élection et du référendum. Elle s'occupe surtout de la proclamation définitive des résultats. D'ailleurs, l'article 211 alinéa 3 de la constitution de 2006 dispose que la CENI « assure la régularité du processus électoral et référendaire ». Donc la CENI dispose des pouvoirs juridiques qui méritent un encadrement par le droit.

Une étude approfondie[873] du fonctionnement de cette institution montre qu'elle ne mérite ni louanges ni condamnation définitive. « Par un de ces retournements familiers de l'histoire, les commissions électorales se voient attribuées en raison de leurs insuffisances, de leurs errements et de leurs abus, la responsabilité des tensions et des crises qui secouent les élections. Elles souffriraient d'une forte et inévitable politisation entraînant des blocages faute d'accords entre les partis, qu'ils en soient ou non directement membres. Il est reproché un manque de professionnalisation constituées qu'elles sont le plus souvent élections par élections et dépourvues de moyens matériels et des ressources humaines suffisantes. On ne compte plus les incidents électoraux imputables au mauvais fonctionnement des Commissions électorales, aux dissensions qui les traversent et à l'incapacité d'exercer des compétences trop étendues pour être maîtrisées et trop mal définies pour être effectives »[874], comme en témoigne la CENI congolaise. Elle

---

[873]Pour une étude très récente, lire Sory Baldé, *La convergence des modèles constitutionnels : études de cas en Afrique subsaharienne*, Thèse en droit public, Université Montesquieu Bordeaux IV, 2009.

[874]Jean du Bois de Gaudusson, « Les structures de gestion des opérations électorales : Bilan et perspectives en 2000 et … dix ans après », in Vettovaglia, J.-P., et alii, (dir.), *Démocratie et élections dans l'espace francophone*, Bruxelles, Bruylant, 2010, pp. 259-286, spécialement pp.275-276.

a été totalement discréditée dans la gestion du processus ayant abouti aux élections présidentielles et législatives du 28 novembre 2011 en RDC. Les différentes missions d'observations nationales et internationales « considèrent que les résultats de ces élections présidentielles et législatives publiées par la CENI ne sont pas crédibles à la lumière des nombreuses irrégularités et fraudes constatées lors du processus électoral »[875]. Le cardinal Laurent Monsengwo Pasinya avait soutenu, à la publication des premiers résultats partiels par la CENI, que « ces derniers n'étaient conformes ni à la justice, ni à la vérité. Ces résultats étaient caractérisés par un profond manque de transparence et des multiples incidents de fraudes ainsi que de bourrages d'urnes »[876].

Au regard de ces critiques et autres polémiques relevées dans la gestion chaotique du processus électoral du 28 novembre 2011, la CENI ne jouit plus du soutien de ses « amis » de la majorité ni de ses « ennemis » de l'opposition. Son existence n'est pas remise en cause mais sa restructuration était devenue inévitable, ouvrant de nouvelles perspectives dans leur utilité fonctionnelle en incluant la société civile dans le but de contribuer à « sa transparence, son indépendance et sa fiabilité ». Cette réforme de la CENI a été rendue effective par la promulgation par le Président de la République en date du 28 avril 2013 de la nouvelle loi sur cette institution[877].

La nouvelle configuration de la CENI ne fait pas l'unanimité au sein de l'opinion et suscite déjà des critiques au sein de l'opposition et de la société civile congolaise alors que la majorité au pouvoir semble satisfaite de cette réorganisation.

En effet, la CENI comptera une assemblée plénière de treize membres à sa tête et prévoit 30% des femmes dans ses rangs. Cette

---

[875]Lire le Rapport final de la Mission d'observation électorale de l'UE en RDC en 2011 sur www.eueom.eu/files/pressreleases/english/moeue-rdc2011-rapport-final_fr.pdf consulté le 15 mars 2012. Jean-Pierre Mbelu, Les élections, les congolais (es) et le courage de la vérité, www.Congoindependant.com du 30 mars 2012. Consulté le 2 avril 2012.

[876]Cros, M.-F., « Les évêques à la CENI: corrigez ou démissionnez ! » consultable sur le site www.lalibre.be/actu/interbational/article/713102/les-eveques-a-la-ceni-corrigez-ou-demissionnez.html Consulté le 2 avril 2012.

[877]Lire la loi organique n°13/012 du 19 avril 2013 modifiant et complétant la loi organique n°10/013 du 8 juillet 2010 portant organisation et fonctionnement de la CENI, à consulter sur www.ceni.gouv.cd Consulté le 16 avril 2013

assemblée plénière sera l'organe de contrôle et d'orientation où les décisions seront délibérées. Hormis l'assemblée plénière, la nouvelle CENI dispose d'un autre organe : le Bureau, composé de six membres et dont le président sera issu de la société civile. L'article 53 bis de la loi modifiant la CENI prévoit que « le Bureau de l'Assemblée nationale devra prendre toutes dispositions pour que l'installation de nouveaux organes de la CENI soit effective dans les quarante-cinq jours dès la promulgation de la présente loi ». Les composantes de cette institution (c'est-à-dire majorité présidentielle, opposition et société civile) devront désigner leurs représentants dans le délai fixé par la loi. Respecteront-elles ce délai ? Pour mémoire, les membres de l'actuelle CENI ont été investis dix mois après la promulgation de la loi créant cette institution parce que leurs composantes avaient été incapables de s'entendre autour des noms à soumettre. Cette nouvelle CENI tombera-t-elle dans les erreurs du passé ou se servira-t-elle de ces erreurs pour se réhabiliter devant l'opinion nationale et internationale ?

D'aucuns ont même estimé que la CENI devrait être laissée entre les mains des experts pour « lui garantir » une véritable indépendance. « Nous aurions voulu, déclare Vital Kamerhe de l'opposition parlementaire congolaise, que la CENI soit un organe véritablement neutre, c'est-à-dire, de par sa composition, elle ne puisse pas favoriser une quelconque force qui va concourir aux élections (...) ».

Le parti présidentiel congolais à travers Emmanuel Ramazani Shadari, président du groupe parlementaire de ce parti à l'Assemblée nationale, ne cache pas sa satisfaction devant toutes les « innovations majeures » apportées à la CENI. La société civile estime que « cette nouvelle CENI reste encore très politisée et les attributions accordées à son président semblent plus cosmétiques que réelles », souligne Donatien Nsholé, Secrétaire adjoint de la conférence épiscopale nationale congolaise[878].

Cette très forte politisation liée à la présence permanente des partis politiques a pour conséquence la transformation de la CENI en champ d'affrontements politiques. Une dépolitisation de la composition de cette institution répondrait aux principes de l'État de droit et de la

[878]Lire toutes les réactions sur la nouvelle CENI sur www.rfi.fr/afrique/20130430-rdc-reforme-ceni-unanimité-reaction-kabila Consulté le 30 avril 2013.

démocratie, accordant une large place aux experts et techniciens avérés. L'Assemblée nationale congolaise a établi une clé de répartition de la CENI suivant un quota attribué à chaque composante (Majorité présidentielle, opposition et société civile) en tenant compte de la configuration politique pour permettre la participation de toutes les forces de manière à garantir la transparence dans la gestion des élections. Malgré les critiques dont la CENI est la cible, cette institution paraît être entrée définitivement dans le patrimoine institutionnel et démocratique de la RDC. Elle est devenue même « incontournable » dans le paysage institutionnel et politique dont ne saurait se priver un État de droit en construction qu'est la RDC.

C'est dans cette perspective qu'il est intéressant de rappeler à ce stade que le droit constitutionnel, autrement dit le droit politique, « ce sont des textes et des institutions mais aussi des hommes et un esprit. Le propos vaut pleinement pour les élections et leur encadrement juridique et institutionnel : l'efficacité des dispositifs institutionnels et, de manière générale, la transparence démocratique des élections sont étroitement liées à la nature du système de partis et à la structuration des formations politiques. Or cette dernière n'est guère acquise ; le système des partis est souvent caractérisé par un multipartisme éclaté entre des partis « unipersonnels » impuissants à remplir les fonctions qui leur sont imparties »[879].

Ainsi, le sort des élections et de la CENI ne peuvent véritablement s'apprécier, l'observation des dernières élections en offre des exemples, qu'en prenant en considération la radioscopie totale de la chaîne électorale dans laquelle elles s'insèrent. Qu'en est-il alors des missions traditionnelles reconnues aux médias en général à savoir informer, former, éduquer, distraire ? La réponse à cette préoccupation est à trouver auprès d'une autre institution d'appui à la démocratie en RDC notamment le Conseil Supérieur d'Audiovisuel et de la Communication (CSAC).

---

[879]Jean du Bois de Gaudusson, « structures de gestion des opérations électorales », *op.cit.*, p.283.

b. Le Conseil Supérieur d'Audiovisuel et de la Communication (CSAC)

La constitution du 18 février 2006 prévoit au nombre d'institutions d'appui à la démocratie, un Conseil Supérieur de l'Audiovisuel et de la Communication (CSAC) doté de la personnalité juridique. Cette institution a pour mission de garantir et d'assurer la liberté et la protection de la presse ainsi que de tous les moyens de communication de masse dans le respect de la loi. En outre, il veille au respect de la déontologie en matière d'information et à l'accès équitable des partis politiques, des associations et des citoyens aux moyens officiels d'information et de communication[880] .

Conformément à la loi n°04/017 du 20 juillet 2004 portant organisation, attributions et fonctionnement de la Haute Autorité des Médias[881] (H.A.M.), la mission dévolue à cet organe est étendue à tous les médias, publics et privés. Il s'agit d'une mission générale à l'égard de toute la presse tant écrite qu'audiovisuelle dans le but de veiller au pluralisme, à la neutralité, à l'indépendance et au professionnalisme des médias ; et en tant qu'une autorité de régulation dans le secteur de la presse, la H.A.M veille au respect des lois, notamment celle sur les modalités de l'exercice de la liberté de la presse, en vue de garantir aux citoyens leurs libertés fondamentales qui peuvent être mises à mal par les organes de presse[882]. Il est aussi affirmé dans son texte d'organisation que le CSAC est une autorité indépendante de toutes les institutions de la République avec lesquelles, elle entretient une franche collaboration[883] .

En effet, l'analyse que nous avons précédemment développée sur la CENI vaut aussi *mutatis mutandis* pour le CSAC. Il convient cependant de souligner que le principe de la liberté de presse est garanti

---

[880]Voir article 212 alinéas 2 et 3 de la constitution du 18 février 2006. Article 8 de la loi organique n°11/001 du 10 janvier 2011 sur le CSAC

[881]Voir JORDC, n° spécial, 1er août 2004, pp. 13-23. Cette haute autorité est l'ancêtre du conseil supérieur d'audiovisuel et de la communication sous la transition congolaise d'avant 2006.

[882]Voir les articles 9 à 16 et 18 à 19 de la loi n°04/017 du 30 juillet 2004 portant organisation, attribution et fonctionnement de la H.A.M. précitée

[883]Article 2 de la loi organique n°11/001 du 10 janvier 2011 portant composition, attribution et fonctionnement du CSAC.

par la constitution[884] mais aussi par les lois de juin 1996 fixant les modalités d'exercice de la liberté de la presse ainsi que la loi organique du 10 janvier 2011 relative à la composition, attributions et fonctionnement du CSAC. La liberté d'expression va de pair avec la liberté politique constitutionnellement protégée. L'une est pour l'autre à la fois le frein et le moteur. Ainsi le CSAC peut porter atteinte aux droits fondamentaux attachés à la liberté d'expression et à celle d'opinion. Ces deux libertés fondamentales forment un solide soubassement de la démocratie dont l'usage ne saurait être laissé à la merci d'une institution dont les membres ne dépendent pas directement du souverain primaire. C'est d'ailleurs à juste titre que le Professeur Félix Vunduawe affirme que « cette institution d'appui à la démocratie a l'énorme responsabilité d'assurer le respect de l'expression pluraliste des courants de pensées et d'opinions, spécialement en ce qui concerne les émissions d'information politique »[885].

Or tout en consacrant le pluralisme des médias, « le cadre juridique du secteur médiatique congolais reste lacunaire, principalement en ce qui concerne la gestion des délits de presse et d'accès aux informations. Le projet de loi sur la dépénalisation du délit de presse déposé depuis 2006 à l'Assemblée nationale est resté jusqu'à ce jour lettre morte. Une telle loi aurait pu jouer un rôle primordial en période électorale dans un pays où l'environnement médiatique est très riche avec près de 250 radios, 80 chaînes de télévision et une centaine de journaux enregistrés »[886]. Il n'existe par ailleurs aucune loi sur l'accès aux sources d'informations par les médias. Le secteur médiatique congolais reste à bien d'égards fortement politisé, impactant le travail des journalistes malgré les règles de déontologie.

« Durant la période électorale de 2011, le CASC n'a pas joué son rôle de régulateur avec impartialité. Il n'a pas non plus garanti le droit à un accès équitable des candidats et des partis politiques, surtout dans les médias publics"[887]. Nous avons relevé pendant la campagne

---

[884]Article 23 et 24 de la constitution du 18 février 2006.

[885]Vunduawe Te Pemako, F., *Traité de droit administratif*, *op., cit.*, p.845.

[886]D'après le Rapport final de la Mission d'observation électorale de l'Union européenne en RDC sur les élections couplées présidentielle et législative du 28 novembre 2011. Consultable sur www.eueom.eu déjà cité.

[887]Rapport final de la Mission d'observation électorale de l'Union européenne en RDC en novembre 2011 précité. Lire aussi Kafuka Rujamizzi, J., « L'audiovisuel public

électorale et après le jour du scrutin de 2011, des mesures arbitraires et discriminatoires du CSAC contre certains médias d'opposition. Ceux-ci ont vu leur signal coupé sans aucune décision officielle ni le respect de la procédure légale. Le développement et la démocratie ne sont pas réalisables sans l'existence d'un espace public ouvert et libre, où tous les problèmes concernant la vie des citoyens peuvent être soulevés et débattus, et qui offrent aux citoyens, la possibilité de prendre part à la prise de décision. Les médias audio-visuels se trouvent mieux placés pour favoriser et faciliter le dialogue démocratique par la création de l'espace approprié - à moins que leurs services puissent être accessibles, indépendants, crédibles et ouverts aux débats contradictoires.

Au regard de ces actes du CSAC, il est donc cohérent dans le système de justice constitutionnelle de la RDC que les règlements provenant de cette autorité soient soumis au double contrôle de légalité et de la constitutionnalité. En sera-t-il, de même des traités et accords internationaux ?

3. Le contrôle de conformité des traités et accords internationaux

Les relations internationales constituent le domaine par excellence dans lequel traditionnellement, le pouvoir exécutif joue un rôle prépondérant, sans pour autant échapper à tout contrôle. Le contrôle de la constitutionnalité des engagements internationaux diffère de manière très sensible de celui des lois par son domaine et par ses procédures.

En droit constitutionnel congolais, « traités et accords internationaux » sont-ils synonymes ?, s'interroge Joseph Kazadi Mpiana[888]. L'usage de cette expression n'est pas uniforme, répond-t-il. « Tantôt ils sont équivalents[889], tantôt les premiers sont conclus de

---

congolais (RDC) à la veille des échéances électorales : état des lieux » sur www.congoforum.be/fr/analysedetail.asp?subitem=&id=187661analyse=selected, consulté le 15 mars 2013.

[888]Kazadi Mpiana, J., *La position du droit international dans l'ordre juridique congolais et l'application de ses normes*, EPU, Droit & Sciences Politiques, Droit international, 2013, pp. 92-93.

[889] Il suffit de se référer au Mémoire explicatif à la constitution de Luluabourg de 1964 qui considère traités et accords internationaux comme synonymes. Il en va aussi du Décret-loi constitutionnel 003 du 27 mai 1997. L'article 8, al. 2 de ce Décret-loi dispose sèchement : » le gouvernement négocie les accords internationaux sous l'autorité du Chef de l'Etat ».

manière solennelle alors que les seconds le sont de manière simplifiée »[890]. La pratique congolaise nous montre, à la suite de Joseph Kazadi Mpiana, « que ces deux termes sont utilisés de manière interchangeable ».

En France, depuis 2004, le droit communautaire dérivé échappe nettement au contrôle du Conseil constitutionnel lequel a décidé, en 2013, de poser une question préjudicielle à la Cour de justice de l'Union européenne[891].

Selon l'article 54 de la constitution française, le contrôle de constitutionnalité porte sur les « engagements internationaux ». Cette expression est vague, poussant le Conseil constitutionnel à en donner une définition plus large. Font partie des « engagements internationaux » tous les traités et accords visés aux articles 53 de la constitution du 4 octobre 1958 (214 de la constitution congolaise du 18 février 2006 ajouté par nous) : traités de paix, de commerce, traités et accords relatifs aux organisations internationales, ceux qui engagent les finances publiques, qui modifient les dispositions législatives, ceux qui sont relatifs à l'état des personnes, ceux qui comportent cession, échange, ou adjonction de territoire[892]. Ces différents textes ne peuvent être ratifiés ou approuvés qu'au moyen d'une loi. Ils peuvent donc être soumis au contrôle du Conseil ou de la Cour constitutionnelle qui déclare si l'autorisation législative peut être accordée, ou avant toute chose, réviser la constitution.

Le Conseil constitutionnel a considéré qu'entrent également dans la catégorie « engagements internationaux » les traités et accords non soumis à la ratification parlementaire. Cette compétence du Conseil

---

[890]« C'est du moins dans cette optique que nous pouvons encadrer les accords non soumis à la ratification conclus en droit congolais par le gouvernement. Cfr Art. 213, al. 2 de la constitution du 18 février 2006. L'Acte constitutionnel de transition du 9 avril 1994 (J.O., numéro spécial, avril 1994) était plus explicite. En effet, après avoir énoncé à l'article 110, al. 1 que le gouvernement négocie les traités et accords internationaux sous l'autorité du Président de la République, l'alinéa 3 du même article précise que le gouvernement signe les accords internationaux… ».

[891]Lire sur cette question l'analyse intéressante du Professeur Dominique Rousseau, *Droit du contentieux constitutionnel*, 10e édition, Paris, LGDJ, 2012, pp. 199-210.

[892]Le Conseil constitutionnel a ajouté à ces hypothèses la sécession de certains territoires de la République. C.C. 75-59 DC, du 30 décembre 1975 portant loi relative aux conséquences de l'autodétermination des îles des Comores, Recueil, p. 26.

sur ces actes a été contestée. Dès lors que l'objet du contrôle est de permettre ou non l'autorisation législative, certains auteurs en ont conclu que les engagements internationaux qui n'ont pas besoin de l'intervention du Parlement pour entrer en vigueur, échappent par là même à tout contrôle de constitutionnalité[893]. Une autre partie de la doctrine reconnaît par contre que le Conseil demeure compétent pour connaître des engagements internationaux même non soumis à l'autorisation législative en se basant sur des arguments pertinents : « d'abord que l'article 54 ne reprend pas les termes « traités et accords » de l'article 53 mais se réfère à la notion plus large d'« engagement international » ; ensuite que le contrôle porte sur la conformité à la constitution des clauses de l'engagement international et non sur l'éventuelle loi de ratification »[894].

Cette dernière hypothèse a emporté l'adhésion du Conseil qui se reconnaît tout de même compétent pour apprécier la constitutionnalité de la décision du Conseil des Communautés européennes relative à l'élection au suffrage universel direct du Parlement européen. Cette décision ne nécessite pas nécessairement une ratification parlementaire parce qu'elle se présente comme une mesure d'exécution d'une disposition du Traité de Rome, lequel Traité est déjà repris dans l'ordonnancement juridique interne[895]. D'ailleurs le Conseil n'a pas trouvé important de justifier sa compétence au point qu'il faut simplement se rendre compte que celle-ci va au-delà des actes internationaux prévus à l'article 53.

Enfin, rentrent en plus dans la catégorie « engagement international », les décisions des organisations internationales. Le Conseil s'est reconnu compétent pour contrôler la constitutionnalité des décisions du Conseil des Communautés européennes.

Quant aux procédures de contrôle des « engagements internationaux », la constitution congolaise de 2006 déclare si un traité ou accord international comporte une clause contraire à la constitution,

---

[893]Rousseau, D., *Droit du contentieux constitutionnel,* Paris, 10e édition, *op. cit.,* p. 200.

[894]Luchaire, F., *Le Conseil constitutionnel*, Paris, Economica, 1980, p. 232.

[895]C.C. 76-71 DC, du 30 décembre 1976 portant décision du Conseil des communautés européennes relative à l'élection de l'Assemblée des communautés au suffrage universel direct, Recueil, p. 15.

la ratification ou l'approbation ne peut intervenir qu'après la révision de la constitution. Cette inconstitutionnalité est constatée par la Cour constitutionnelle préalablement consultée par le Président de la République, le Premier ministre, le Président de l'Assemblée nationale ou celui du Sénat, un dixième des députés ou des sénateurs[896]. L'approbation ou la ratification est soumise à une habilitation législative préalable dans une série d'hypothèses[897] et à un référendum dans le cas d'une modification des frontières congolaises. Si la norme internationale est déclarée contraire à la constitution, sa ratification ou son approbation ne pourront intervenir qu'après une révision constitutionnelle. « Cette disposition était nécessaire pour permettre de déférer un traité ou un accord international à la Cour constitutionnelle lorsqu'une loi d'assentiment n'est pas requise »[898]. La ratification d'un traité ou accord ne peut intervenir qu'après révision constitutionnelle.

Dans les discours doctrinaux et politiques sur l'évolution constitutionnelle en RDC, il y a lieu de soutenir que la Cour constitutionnelle, à l'exception de quelques textes constitutionnels[899], organise le contrôle de constitutionnalité des traités et accords internationaux.

La constitution du 24 juin 1967 dispose en matière de contrôle de constitutionnalité des traités et accords internationaux que « si la Cour constitutionnelle, consulté par le Président de la République ou président de l'Assemblée nationale, constate qu'un traité ou un accord international comporte une clause contraire à la constitution, la ratification ne peut intervenir qu'après la révision de la constitution »[900]. La loi constitutionnelle n°74/020 du 15 août 1974[901] organise aussi le contrôle de constitutionnalité des traités et accords internationaux devant la Cour suprême.

---

[896]Article 216 de la constitution du 18 février 2006.

[897]Article 214 al. 1 de la constitution du 18 février 2006.

[898]Kumbu Ki Ngimbi ; J-M., Kabamba, Bob et Esambo, Kangashe, J.L., « La constitution de la RDC, in Ibrahima Niane et les autres, *La consolidation du cadre démocratique en RDC*, PNUD, Kinshasa, 2012, p. 17.

[899]Il s'agit en effet de la loi fondamentale du 19 mai 1960 relative aux structure du Congo, la constitution du 1er août 1964 ainsi que le décret-loi n°003/ du 27 mai 1997 relatif à l'organisation et l'exercice du pouvoir en RDC.

[900]Article 68, alinéa 4 de la constitution du 24 juin 1967.

[901]Article 76, alinéa 9 de la loi constitutionnelle du 15 août 1974.

L'Acte constitutionnel harmonisé relatif à la période de la transition[902] ainsi que l'Acte constitutionnel de transition[903] autorisent, en plus du Président de la République et celui de l'Assemblée nationale, le gouvernement à consulter la CSJ en vue de déclarer une clause contenue dans un traité ou un accord international contraire à la constitution. Le contrôle des engagements internationaux est confronté au double conditionnement : il doit d'abord être régulièrement conclu et signé par le Président de la République ou le Gouvernement. Il doit ensuite contenir une clause contraire à la constitution.

En somme, en vertu de l'observation du droit positif congolais de 1967 à la constitution actuelle de 2006, il conviendrait de concéder l'objection selon laquelle bien qu'organisé, le contrôle de constitutionnalité des traités et accords internationaux ne constitue pas à ce jour une réalité en RDC faute d'une jurisprudence.

Dans un tel environnement où chaque ordre de juridiction peut disposer de sa propre vision, une unité jurisprudentielle s'avère indispensable. Cette question semble être complexe pour les pays ayant connu la dualité ou la pluralité des ordres de juridiction. La RDC avait été épargnée par cette question nébuleuse. C'est l'éternelle question de résolution des conflits de compétence.

§3. La Cour comme organe régulateur des activités des pouvoirs publics

La Cour constitutionnelle est reconnue de nos jours comme un acteur incontournable de la régulation du jeu politique et démocratique du pouvoir institutionnel. Son intervention se traduit généralement par le refus des politiques extrêmes, la limitation des ambitions partisanes par l'encadrement des réformes de ces institutions avec l'ordre constitutionnel existant. La Cour joue selon l'expression d'Alain Richard « le rôle d'amortisseur d'alternance »[904].

La Cour est dotée de nombreuses attributions qui font d'elle une institution au carrefour des pouvoirs constitués. Elle est juge de la constitutionnalité de la loi et des engagements internationaux, juge des mandats nationaux, juge électoral. Or, précisément dans ce paragraphe,

---

[902]Article 120 de l'Acte harmonisé relatif à la période de la transition.

[903]Article 113 de l'Acte constitutionnel de la transition.

[904]Richard, A., *Les partis politiques et le Conseil constitutionnel*, Paris, Economica, 1987, p. 97.

il s'agit d'analyser d'abord certaines compétences de la Cour qui ne soulèvent aucune question contentieuse notamment la réception du serment du Président de la République[905], le constat de la vacance de la présidence de la République[906], la réception et communication à l'administration fiscale de la déclaration du patrimoine du Président de la République et des membres du gouvernement [907](A). L'analyse nous conduira ensuite à l'étude du contrôle pénal de l'exécutif (B). La Cour en tant qu'organe régulateur des activités des pouvoirs publics s'intéresse aussi et surtout aux désaccords entre l'exécutif et le législatif mais aussi l'exécutif central et ses provinces (C).

A. Les compétences non contentieuses de la Cour

1. La réception du serment du Chef de l'État

« Le juge constitutionnel - arbitre et régulateur du fonctionnement des institutions et de l'activité des pouvoirs publics – est d'abord conçu pour incarner la neutralité de l'État et l'impartialité de celui-ci à l'égard des forces politiques »[908]. A partir de cette considération, le juge constitutionnel congolais est appelé à constater, avec l'exigence qui sied à ce stade de responsabilité, l'entrée en fonction du chef de l'État. C'est l'article 74, alinéa 2 de la constitution du 18 février 2006 qui l'en autorise. Il dispose en effet « qu'avant son entrée en fonction, le Président de la République prête, devant la Cour constitutionnelle, le serment ci-après (…) ».

D'après Pierre Avril et Jean Gicquel, « le serment est un engagement solennel de comportement d'une personne lors de la prise de ses fonctions. C'est une promesse de fidélité ou de loyauté envers une nation, un peuple ou une autorité politique »[909]. L'honneur de l'assermenté est engagé à travers cet acte. Certaines fonctions exigent, avant leur exercice et au préalable la prestation de serment tels les médecins, les magistrats en général, le Président de la République, les membres de la juridiction constitutionnelle. Toute autorité qui ne se

[905]Art. 74 de la constitution du 18 février 2006.
[906] Art. 76, al 1 de la constitution du 18 février 2006
[907] Art 99, al 1 et 3 de la constitution du 18 février 2006
[908]Aïvo, F., J., *Le juge constitutionnel et l'Etat de droit en Afrique : l'exemple béninois, op. cit.,* 117
[909]Avril, P., et Gicquel, J., Lexique du droit constitutionnel, Paris, PUF, *Qu'est sais-je* ?, 2004, 2e éd, p. 112.

soumet pas à cette exigence (si elle est prévue) se voit priver de tout bénéfice légal de sécurité et de protection liées à cette fonction. Tout acte accompli avant le serment tombe souvent sous le coup de nullité et sans valeur ou effets juridiques.

En effet, le terme serment relève fondamentalement du droit constitutionnel. Le serment constitutionnel tel que contenu dans l'article 74 alinéa 2 de la constitution congolaise du 18 février 2006 semble selon Professeur Auguste Mampuya Kanuka « refléter une conception restrictive et surannée, rétrograde, du devoir de réserve des membres d'une si haute juridiction agissant en une matière qui a un contenu visiblement politique »[910]. La problématique de cette disposition constitutionnelle consiste à se demander si le juge constitutionnel est compétent à l'égard de l'assermenté.

Le constituant congolais de 2006 est resté dans la continuité de ses prédécesseurs en matière d'obligation reconnue au Président de la République de prêter solennellement le serment constitutionnel avant sa prise de fonction. Excepté la loi fondamentale du 19 mai 1960 relative aux structures du Congo ainsi que quelques constitutions de la transition[911], l'obligation du serment reste une tradition constitutionnelle congolaise inébranlable. L'expression employée par le constituant varie d'un texte à un autre, affirme Jean-Louis Esambo. La formule a été prévue soit par la constitution[912], soit par un texte réglementaire[913]. Le juge constitutionnel a-t-il obligation juridique en théorie constitutionnelle de recevoir le serment constitutionnel d'un

---

[910]Mampuya Kanuk'a-Tshiabo, « A propos du projet de loi organique sur la cour constitutionnelle », in le quotidien kinois « Le phare » du 9 avril 2008 déjà cité.

[911]Dont l'Acte constitutionnel harmonisé relatif à la période de transition 1992, Acte portant dispositions constitutionnelles relatives à la période de transition du 2 août 1992, l'Acte constitutionnel de la transition du 9 avril 1994, le décret-loi constitutionnel n°003 du 27 mai 1997 relatif à l'organisation et à l'exercice du pouvoir en RDC.

[912]Art. 56 al 6 de la constitution du 1er août 1964 ; art. 22 de la constitution du 24 juin 1967, art. 32 de la loi constitutionnelle n°020 du 15 août 1974, art. 37 de la loi constitutionnelle n°078-010 du 15 février 1978, art. 39 de la loi constitutionnelle n°90-002 du 5 juillet 1990, art. 76 de la constitution de la transition du 3 avril 2003 et de l'art. 74 de l'actuelle constitution du 18 février 2006.

[913]Lire à ce sujet, Esambo Kangashe, J-L., « Le texte de la constitution du 3 avril 2003 de la RDC à l'épreuve de l'identité constitutionnelle », *Revue de Droit africain,* n° 27, Bruxelles, juillet 2003, pp. 349-364.

Président de la République élu ? Théoriquement, cette question revêt une importance capitale et dépend d'un pays à l'autre ou d'une juridiction constitutionnelle à l'autre. « Le juge constitutionnel – arbitre et régulateur du fonctionnement des institutions et de l'activité des pouvoirs publics – est d'abord conçu pour incarner la neutralité de l'État et l'impartialité de celui-ci à l'égard des forces politiques. C'est en fonction de cette considération qu'il est appelé à constater, dans la solennité qui sied à ce niveau de responsabilité, l'entrée en fonction du chef d'État »[914].

Si en RDC le juge constitutionnel est soumis à cette obligation, ailleurs il ne l'est pas car le constituant ne la lui a pas imposée. Le juge constitutionnel congolais à travers l'arrêt R.S 002/2001 du 06 janvier 2001 a affirmé être compétent pour recevoir le serment de Joseph Kabila, conséquence de la décision du 17 janvier 2001 prise conjointement avec le haut commandement de l'armée et la résolution n°003 du 24 janvier 2001 par laquelle l'Assemblée constituante et législative du parlement de transition a investi le même Général Major Joseph Kabila, Président de la République[915]. Cet arrêt relève du folklore constitutionnel destiné à garnir la vitrine politique congolaise.

La prise du pouvoir de Joseph Kabila en 2001 a été faite en dehors des canaux démocratiques et constitutionnels. Au regard du droit constitutionnel, ni Joseph Kabila moins encore la haute juridiction constitutionnelle n'avaient l'obligation pour le premier de prêter serment et pour la seconde de recevoir celui-ci. La Cour en agissant de la sorte fait allégeance au nouveau pouvoir. Le fondement légal de sa compétence en la matière reste à démontrer. Le précédent dans le passé[916] souffre des mêmes insuffisances théoriques.

Il faut reconnaître au-delà de ces critiques techniques que le juge constitutionnel congolais était confronté à des exigences extra-

---

[914]Aïvo, F.- J., *Le juge constitutionnel et l'État de droit en Afrique : l'exemple du modèle béninois*, Paris, L' Harmattan, 2006, p. 117.

[915]Kaluba Dibwa, D., *Du contentieux constitutionnel en RDC: contribution à l'étude des fondements et des modalités d'exercice de la justice constitutionnelle, op. cit.*, pp. 306-307.

[916]C'est notamment l'arrêt donnant acte à Laurent Désiré Kabila de sa prestation de serment en qualité de Président de la République en 1997 après sa prise de pouvoir par la force des armes. Cet arrêt est à lire dans JORDC, n° spécial, 38e année, Kinshasa 1997, pp.6-7.

juridiques (la prise du pouvoir par la force des armes dans le cas de Laurent Désiré Kabila en mai 1997 et son assassinat en janvier 2001 ouvrant la voie à son fils Joseph Kabila d'accéder au pouvoir quelques jours après). Or c'est dans de tels contextes que la haute juridiction aurait pu manifester son indépendance. L'analyse de ce texte constitutionnel nous enseigne que la haute juridiction constitutionnelle dispose d'une liberté ou d'un droit constitutionnellement garanti l'autorisant à acter le serment constitutionnel du chef de l'État. Les formules des textes constitutionnels antérieurs à la période de transition étaient plus concises.

D'ailleurs, l'actuel texte constitutionnel renoue avec cette tradition en réprouvant les deux arrêts susmentionnés. La constitution du 18 février 2006 prévoit qu'avant d'entrer en fonction le Président de la République prête serment devant la Cour constitutionnelle qui lui donne acte.

2. Le constat de vacance à la présidence de la République

D'après Pierre Avril et Jean Gicquel, « la vacance est une absence du titulaire d'une fonction publique par suite de décès, de démission, d'une condamnation définitive »[917] ou l'annulation pure et simple de l'élection de ce détenteur de fonction publique. « Constater une vacance signifie déclarer officiellement un poste vacant ou non occupé »[918].

La constitution de transition du 3 avril 2003 considère les cas suivants comme devant inéluctablement conduire à l'ouverture de la succession c'est-à-dire entraînant la vacance à la présidence de la République : démission, décès, empêchement définitif, condamnation pour haute trahison, détournement des derniers publics, concussion ou corruption[919]. La Cour suprême de justice après sa saisie par le gouvernement est réputée compétente pour constater cette vacance[920]. Par contre, l'article 57 alinéa 1er de la constitution du 1er août 1964 et article 23 alinéa 1er de la constitution du 24 juin 1967 reconnaît à la Cour constitutionnelle la compétence pour constater la vacance au poste

[917]Avril, P., et Gicquel, J., *Lexique du droit constitutionnel,* op. cit., p. 122.
[918]Mabanga Monga Mabanga, *Le Contentieux constitutionnel congolais,* Kinshasa, Éditions universitaires africaines, coll. Droit et société, 1999, p.24.
[919]Art. 66 al 1er de la Constitution de transition du 3 août 2003.
[920]Art. 6 alinéas 2 de la même constitution.

de Président de la République. La révision constitutionnelle du 15 août 1974 marque un arrêt à cette juridiction constitutionnelle en confiant sa compétence au Bureau politique[921] du parti-État. Le Comité central du MPR, parti-État est rendu compétent du constat de vacance[922]. La révision constitutionnelle du 5 juillet 1990 ainsi que l'Acte constitutionnel du 9 avril 1994 redonnent à la Cour suprême de justice les prérogatives de constater la vacance de la présidence[923]. Il convient de souligner par ailleurs que le pouvoir de Laurent Désiré Kabila n'a rien prévue et le décret-loi n°003 du 27 mai 1997 reste muet sur la vacance ainsi que sur la procédure à suivre. Ainsi, l'assassinat du Président Laurent Désiré Kabila le 16 janvier 2001 a ouvert la vacance dont la succession fut l'œuvre d'une procédure inconstitutionnelle ayant impliqué tous les acteurs-clés des pouvoirs publics.

La constitution du 18 février 2006 prévoit en son article 75 qu'en « cas de vacance pour cause de décès, de démission ou pour tout autre cause d'empêchement, les fonctions du Président de la République, à l'exception de celles mentionnées aux articles 78, 81 et 82 sont provisoirement exercées par le Président du Sénat ». Cette disposition constitutionnelle implique inévitablement la mise en place de l'intérim constitutionnel[924]. La fin de l'intérim est consécutive à l'entrée en fonction du chef de l'État nouvellement élu. En cas de décès ou de démission du chef de l'État, la Cour constitutionnelle constate d'abord si toutes les conditions prévues à l'article 75 de la constitution du 18 février 2006 portant sur l'exercice provisoire des fonctions du Président de la République par le Président du Sénat sont suffisamment réunies. Ensuite la logique démocratique exige à la haute juridiction de déclarer la vacance[925] ouvrant par la même occasion le délai fixé par l'article 76 alinéas 2 pour l'élection du nouveau chef de l'État. Sous quelle forme la déclaration de vacance doit-elle être rendue ? En droit français, le constat de vacance est exprimé sous forme d'une déclaration par le Conseil constitutionnel au regard de son caractère non juridictionnel. En revanche en RDC, la Cour signifie le constat de vacance par un arrêt,

---

[921]Art. 33 al 1er de la loi constitutionnelle du 15 août 1974.

[922] Art. 40 de la loi constitutionnelle n°80-012 du 25 septembre 1980 relative à la révision de la constitution du 24 juin 1967.

[923]Art. 54 de l'Acte constitutionnel de la transition du 5 juillet 1994.

[924]Art. 76 al 2 de la constitution du 18 février 2006.

[925]Art 84 de loi organique n°13/026 du 15 octobre 2013 portant organisation et fonctionnement de la Cour constitutionnelle.

lequel constitue son mode d'expression. Au demeurant, l'article 86 de la loi organique relatif à l'organisation et au fonctionnement de la Cour constitutionnelle dispose que « en cas de décès ou de démission, l'Arrêt de déclaration de vacance est rendu dans les soixante-douze heures de sa saisine et ouvre l'intérim du Président de la République prévu à l'article 75 de la constitution » et « en cas de force majeur, la Cour saisie par la CENI peut prolonger à cent vingt jours au plus le délai pour l'élection du nouveau Président de la République ». La prolongation du délai d'élection présidentielle relève d'une question éminemment politique nécessitant un regard protecteur de la part de la haute juridiction constitutionnelle.

En définitive, la déclaration de vacance doit résulter d'une situation juridiquement constatée et non constituée. Ainsi, l'arrêt de la haute juridiction constitutionnelle tiendra compte de l'existence de cette situation juridique préalablement constatée du décès, de la démission ou de l'empêchement définitif. La vacance ouvre la voie à une succession.

Les candidats à cette succession doivent être exempts de tous reproches. Ils doivent déclarer à la Cour qui réceptionne et communique au fisc la déclaration de leur patrimoine familial et celui des autres membres du gouvernement. Cette démarche relève de la clarté mais aussi de la transparence dans la gestion des derniers publics.

3. La réception et le dépôt au fisc de la déclaration du patrimoine familial du Président de la République et des membres du gouvernement

« Le constat d'impuissance devant la culture de corruption et de la décomposition morale partout visible dans les structures de l'État comme dans la mentalité du peuple »[926] a conduit le constituant de 2006 à faire l'obligation au Président de la République et aux autres membres du gouvernement de déposer devant la Cour constitutionnelle une déclaration écrite de leur patrimoine familial, y compris celui du conjoint selon le régime matrimonial, des enfants mineurs et des

[926]Kä Mana, « Réflexion sur l'invention et la refondation de l'État en RDC : créer un nouvel imaginaire politique », in Premier volume des actes de colloques : Gouvernance et refondation de l'État en RDC, Goma, Éditeurs : Pôle Institute, OGP, Mali, Recip, juin 2012, p. 20.

enfants, même majeurs, à charge du couple[927]. La Cour communique cette déclaration à l'administration fiscale. Faute de cette déclaration dans le délai prévu, la personne est réputée démissionnaire. A la fin du mandat ou des fonctions, faute de cette déclaration, en cas de déclaration frauduleuse, la Cour constitutionnelle ou la Cour de cassation est saisie selon le cas. Nous pouvons rêver qu'une telle disposition constitutionnelle n'ait intrinsèquement pour objectif d'assainir la vie politique et d'instaurer la transparence financière de la vie politique ou dans les affaires de l'État. En réalité, tel n'est pas toujours le cas, même si le constituant présente ce mécanisme comme étant bénéfique pour le système politique congolais. Cette disposition soulève toutefois quelques remarques.

La première portant sur le fond, concerne principalement l'institution chargée de la réception et de la communication à l'administration fiscale de la déclaration du patrimoine familial du Chef de l'État et des membres du gouvernement ainsi que l'essence même de son acte. La constitution désigne la Cour constitutionnelle et non son président.

Dans l'histoire récente de la RDC et d'un point de vue pratique, note Jean-Louis Esambo, « on a noté que les membres du gouvernement nommés par l'ordonnance n° 07/ 001 du 5 février 2007 ont dans l'ensemble, déposé la déclaration de leur patrimoine familial au greffe civil de la CSJ. Celui-ci les a transmis, par le biais du greffier en chef, au président de la CSJ. C'est cette autorité judiciaire qui a, par lettre, communiqué lesdites déclarations à l'administration fiscale »[928]. Cette opération de transmission par le canal du président de la CSJ peut être contestable bien que la constitution soit muette en cette matière. En effet la CSJ s'exprime souvent par voie d'arrêt. C'est donc cet arrêt rendu à l'occasion d'une audience publique prenant acte de dépôt des déclarations par les ayants droits qui serait signifié à l'administration fiscale.

La seconde remarque porte sur la publicité de cette déclaration du patrimoine familial du Président de la République et des membres du gouvernement. Le constituant a voulu surtout éviter de porter atteinte

---

[927]Art. 99 de la constitution du 18 février 2006.

[928]Esambo J.-L., *La constitution congolaise du 18 février 2006 à l'épreuve du constitutionnalisme, op. cit.*, p. 264.

à la vie privée et au secret de la correspondance[929]. Cette déclaration du patrimoine familial ne doit pas donner lieu à la publicité sauf dans les cas prévus par la loi. Celle-ci prévoit par exemple, la consultation de la déclaration par le juge lorsque le déclarant fait l'objet des poursuites judiciaires ou est condamné en pénal. Cette déclaration peut aussi être consultée par le public lorsque l'arrêt de la CSJ rendu en la matière est publié dans le Journal officiel de la République.

Tout compte fait et en attendant l'épreuve de la pratique constitutionnelle, nous pouvons relever comme troisième remarque les conséquences résultant du refus de déclarer, à la fin de ses fonctions, de faire une déclaration frauduleuse ou de faire l'objet d'enrichissement sans cause. La constitution dispose que dans les trente jours suivant la fin des fonctions[930], l'autorité déclarante est passible des poursuites par la Cour constitutionnelle ou la Cour de cassation selon le cas. Toute absence de déclaration, de déclaration frauduleuse ou d'enrichissement sans cause sont passibles de poursuites par ces hautes juridictions suprêmes. « Jusqu'au 30 juin 2008, observe Jean-Louis Esambo, deux gouvernements ont été institués (par les ordonnances n°07/001 du 5 février 2007 et 07 /071 du 25 novembre 2007 portant nomination des ministres d'État, des ministres et des vices ministres) et soixante-dix membres du gouvernement au moins ont déposé la déclaration de leur patrimoine familial. A l'exception du Président de la République et du Premier ministre, les autres membres du gouvernement ont fait leur déclaration de patrimoine après leur entrée en fonction. Aucune démission n'a été constatée »[931] conformément à l'article 99 alinéa 4 de la constitution de février 2006.

La dernière remarque porte sur l'inapplication de cette disposition constitutionnelle aux membres des exécutifs provinciaux, urbains, municipaux et locaux. La constitution est muette sur la question.

L'attitude du constituant de 2006 sur la déclaration du patrimoine familial du Chef de l'État et des autres membres du gouvernement a été plus paradoxale et empreinte d'hypocrisie, du reste

[929]Art. 31 de la constitution du 18 février 2006.

[930]Les articles 99, al. 4 et 163 de la constitution du 18 février 2006.

[931]Esambo Kangashe, J.-L., *La constitution du 18 février 2006 à l'épreuve du constitutionnalisme, op. cit.*, p. 265.

dénoncée par la doctrine au regard de la réalité congolaise. En effet, les dirigeants politiques congolais sont dans la majorité de cas des polygames. Il leur suffit de dissimuler les biens à déclarer au nom des épouses non reconnues par la loi pour rendre complexe et complaisante l'application cette disposition.

B. La Cour constitutionnelle, juge pénal de l'exécutif

« Si la responsabilité pénale du Président de la République a pu demeurer un « non sujet » pendant longtemps, ces temps-là sont bien révolus. Les prolongements du débat sur l'état du droit positif ont amené la doctrine et certains titulaires du pouvoir constituant dérivé à remettre sur l'ouvrage le régime de responsabilité présidentiel »[932]. Mais y a-t-il encore place pour « l'œil neuf » lorsqu'il s'agit d'analyser la responsabilité pénale de l'exécutif ?

La question de la responsabilité pénale de l'exécutif surtout celle du Chef de l'État a toujours soulevé un débat constitutionnel houleux, doublé d'une controverse politique, comme pour rappeler qu'après tant d'années d'expériences constitutionnelles chaotiques, rien ne pouvait être laissé au hasard.

Sous la constitution congolaise du 18 février 2006, le sujet est paradoxalement nouveau mais pas pour la France. « Certes, la traditionnelle irresponsabilité pénale du Chef de l'État dans l'exercice de ses fonctions, héritée de la monarchie, s'était perpétuée de constitution en constitution sans variation importante, pour parvenir jusqu'à nous sous la forme de deux phrases de l'article 68 de notre constitution. Ainsi, le consensus se dégagea pour voir dans la première phrase la reprise de la règle selon laquelle le Président de la République ne peut être poursuivi pour les actes qu'il accomplit dans l'exercice de ses fonctions, que s'ils relèvent de la haute trahison. En conséquence, dès lors que le Président commet des actes qualifiables d'infractions, qui sont étrangers à ses fonctions, sa responsabilité peut être engagée. C'est de surcroît le cas pour des infractions commises avant son mandat, pour lesquelles sa responsabilité pénale demeure entière »[933].

---

[932]Badinter, R., « La responsabilité pénale du Président de la République », *RDP,* n°1, 2002, pp. 105-116.

[933]Ibidem, p. 105. Ces deux phrases se trouvent être dans la nouvelle rédaction du titre X de la constitution. D'abord selon l'article 67, « le président de la République n'est

Par contre, la problématique de la mise en application de cette responsabilité pénale, sans qu'elle se soit présentée, n'était qu'imparfaitement résolue à la fois par la doctrine aussi bien que par la pratique institutionnelle, s'agissant spécialement de la poursuite des actes étrangers ou antérieurs aux fonctions présidentielles. Auprès de quelle juridiction et selon quelle procédure cette responsabilité pénale du Chef de l'État pourrait-elle être engagée ? D'où le débat sur la seconde phrase de l'article 68 de la constitution ouvert par la décision 98-408 DC du 22 janvier 1999 du Conseil constitutionnel.

Sans chercher à réduire la richesse de ce débat, plusieurs interrogations se posaient et se posent encore : le Président de la République bénéficie-t-il d'une immunité complète pour les actes accomplis pendant et au-delà de ses fonctions ? Ce comportement est-il justifiable dans un État de droit moderne ?[934]

Il convient de souligner que la décision du Conseil constitutionnel[935] et l'arrêt de l'Assemblée plénière de la Cour de cassation[936] ont essayé de répondre à toutes les questions. Ces réponses soulevèrent par la même occasion des interrogations sur leurs compatibilités et sur la complexité de la résolution de ces questions. L'arrêt de la Cour de cassation a-t-il clos le débat ? En effet, pour ce qui concerne le régime de responsabilité du Président de la République actuellement en vigueur. Toutefois au regard des politiques, on peut s'interroger sur la pérennité de ce régime, ou sur sa perfectibilité. Un

---

pas responsable des actes accomplis en cette qualité, sous réserve des dispositions des articles 53-2 et 68. Il ne peut, durant son mandat et devant aucune juridiction ou autorité administrative française, être requis de témoigner non plus que faire l'objet d'une action, d'instruction ou de poursuite. Tout délai de prescription ou de forclusion est suspendu ». Ensuite, l'article 68 dispose : « le président de la République ne peut être destitué qu'en cas de manquement à ses devoirs manifestement incompatible avec l'exercice de son mandat. La destitution est prononcée par le Parlement constitué en Haute Cour ».

[934]Lire l'introduction de l'ouvrage de Guetthier, C., et Ledivellec, A., *La responsabilité pénale du Président de la République,* L'Harmattan, 2003, p. 186

[935]Décision n°98-408 DC du 22 janvier 1999, Traité portant statut de la CPI, Recueil, p. 40 ; J.O du 24 janvier 1999, p.1317

[936]Assemblée plénière de la Cour de cassation du 10 octobre 2001, Arrêt Breisacher, n° de pourvoi : 01-84.922 www.legifrance.gouv.fr/affichjurijudi.do Consulté le 18 octobre 2013.

projet de loi constitutionnelle a finalement été adopté en 2007[937] en mettant tout le monde d'accord. Ce projet de loi a-t-il répondu à la préoccupation ? La réponse est mitigée. Car d'aucuns ont estimé que, vis-à-vis des principes de responsabilité pénale applicable au Président de la République, rien de spécial par rapport à l'État de droit d'avant la loi constitutionnelle du 23 février 2007[938].

En effet, si la résolution de la question du statut pénal du chef de l'État en France a présenté une certaine complexité, à plus forte raison la RDC où la démocratie reste à ce jour balbutiante et l'État de droit en pleine construction. La constitution du 18 février 2006 a fixé le régime pénal constitutionnel du Chef de l'État et du Premier ministre. Le Professeur Auguste Mampuya exprime une certaine inquiétude pour qui « le constituant de 2006 a exercé plus qu'un œil averti sur le Président de la République considéré du reste comme un malpropre »[939]. Pourtant cette matière pourrait très bien relever du

---

[937]Il s'agit du projet de loi constitutionnelle sur la responsabilité pénale du président de la République adopté par le Congrès le 19 janvier 2007. A consulté sur le site www.assemblee-nationale.fr /12/cri/2006-2007/99021915.asp

[938]Selon la nouvelle rédaction, le titre IX de la constitution est remplacé par les dispositions suivantes : « L'article 67. - Le Président de la République n'est responsable des actes accomplis en cette qualité, sous réserve des dispositions des articles 53-2 et 68. Il ne peut, durant son mandat et devant aucune juridiction ou autorité administrative française, être requis de témoigner non plus que faire l'objet d'une action, d'instruction ou de poursuite. Tout délai de prescription ou de forclusion est suspendu. Les instances et procédures auxquelles il est ainsi fait obstacle peuvent être reprises ou engagées contre lui à l'expiration d'un délai d'un mois suivant la cessation des fonctions. Article 68. - Le Président de la République ne peut être destitué qu'en cas de manquement à ses devoirs manifestement incompatible avec l'exercice de son mandat. La destitution est prononcée par le Parlement constitué en Haute Cour. La proposition de réunion de la Haute cour adoptée par une des assemblées du Parlement est aussitôt transmise à l'autre qui se prononce dans les quinze jours. La Haute Cour est présidée par le président de l'Assemblée nationale. Elle statue dans un délai d'un mois, à bulletins secrets, sur la destitution. Sa décision est d'effet immédiat. Les décisions prises en application du présent article le sont à la majorité des deux tiers des membres composant l'assemblée concernée ou la Haute Cour. Toute délégation de vote est interdite. Seuls sont recensés les votes favorables à la proposition de réunion de la Haute Cour ou à la destitution. Une loi organique fixe les conditions d'application du présent article. »
[939]Mampuya Kanuka Tshiabo, A., *Espoirs et déception de la quête constitutionnelle congolaise. Clef pour comprendre le processus constitutionnel du Congo-Kinshasa*, Nancy, Ama ED-BNC, 2005.

législateur ordinaire. Le constituant congolais de 2006 n'a pas suivi cette voie en exprimant une certaine réticence. Celle-ci se justifie à la fois par les exigences du droit comparé mais surtout par le poids du passé récent du pays ayant connu plus d'un quart de siècle de la dictature et presque deux décennies des conflits armés. Il a ainsi voulu tout régir en personnifiant par-là la constitution dont la survie dépendra des dures épreuves de la réalité et de la pratique institutionnelle des gouvernants.

Toutefois, le constituant congolais de 2006 a établi la Cour constitutionnelle comme juge pénal de ces hautes autorités du pays pour les actes commis dans l'exercice de leurs fonctions conformément à l'article 72 de la loi organique sur la Cour constitutionnelle ainsi qu'aux articles 163 à 167 de la constitution du 18 février 2006 sans avoir besoin d'un organe spécifique à l'instar de la Haute Cour française. Ce faisant, le même constituant congolais de 2006, en accordant la lourde charge au juge constitutionnel, a aussi défini l'ensemble des actes par lesquels le Président de la République et le premier ministre sont pénalement passibles. Le législateur organique a pris seulement le soin de reprendre les termes de la constitution dont la conception de ces infractions pénales reste très large.

1. Les infractions politiques visées

Chaque société définit les principes qu'elle tient pour vrais, les limites qu'elle impose, l'espace qu'elle concède à la liberté modificatrice et au changement. Elle n'en finit jamais de rétablir des bornages, de raviver des interdits dans l'espoir de se pérenniser. Nées des conceptions libérales qui ont institutionnalisé l'action et la représentation d'une opposition politique, les distinctions entre infractions politiques et infractions de droit commun sont restées confuses.

Il existe d'après la constitution du 18 février 2006 deux types d'infractions converties éventuellement en normes de comportement répressif. D'une part les incriminations de nature essentiellement politiques, d'autre part les infractions de droit commun. Entre ces deux types d'infractions s'ajoutent celles que nous qualifierons de mixtes du fait de leur proximité ou de leur liaison « dangereuse avec la politique ».

De nombreux auteurs ont individuellement contribué à la conception de l'infraction politique fondée sur la considération de l'objet. Tout comme de multiples travaux communs de congressistes à travers les conventions internationales ont joué un rôle majeur tendant à rendre universelle la définition de cette notion. Malheureusement, nous ne saurons tous les retenir.

En effet, en 1886, Ortolan donnait la définition suivante : « Répondez à ces trois questions : quelle est la personne directement lésée par ce délit ? L'État ; dans quel sorte de droit l'État se trouve-t-il lésé ? Dans un droit touchant à son organisation sociale et politique ; quel genre d'intérêt a-t-il à la répression ? Un intérêt touchant à son organisation sociale et politique. Le délit est politique »[940]. Cette définition est certes restrictive. Elle gagnera en extension à travers l'apport des autres auteurs notamment l'allemand Von Liszt pour qui « sont politiques, les délits commis intentionnellement contre l'existence de la sûreté de l'État ou d'un État étranger, de même que ceux qui sont dirigés contre le chef du gouvernement et les droits politiques des citoyens »[941]. Ces deux définitions de l'infraction politique constituent le socle à partir duquel d'autres s'inspireront pour enrichir davantage la conception objective. Les différentes rencontres internationales visant l'harmonisation de cette définition œuvreront toujours dans la même optique.

C'est ainsi que la conférence internationale pour l'unification du droit pénal, tenue à Copenhague en août 1935 qualifiait comme politiques « les infractions dirigées contre l'organisation et le fonctionnement de l'État, ainsi que celles qui sont dirigées contre les droits qui en résultent pour les citoyens »[942].

Dans toutes ces définitions, l'État constitue l'épicentre passif de l'infraction politique bien que celle-ci porte atteinte aux intérêts et aux droits de l'État en tant que puissance publique. Sont donc alors exclus de cette qualification d'infraction politique, les délits contre l'administration ainsi que contre les droits et autres prérogatives de l'État. Une simple violation de l'ordre politique n'est cependant pas suffisante pour constituer une infraction politique. Il faut bien plus qu'il y'ait une intention de destruction totale ou partielle de l'ordre politique.

---

[940]Ortolan, Éléments de droit pénal, 1886, I, n°718

[941]Baudouin, J.-L., Fortin, J. ? Szabo, D., *Terrorisme et justice : entre la liberté et l'ordre : le crime politique,* Montréal, Éditions du Jour, 1970, pp. 15-16.

[942]Pradel, J., *Manuel de droit pénal général,* Paris, Cujas, 2002-2003, p. 250.

En dehors de la doctrine, la jurisprudence a également offert sa contribution à une définition de l'infraction politique. Le critère jurisprudentiel tient compte de la nature des faits en adoptant le critère objectif en matière de qualification des infractions politiques par nature. Ainsi donc il n'est pas nécessaire qu'une infraction soit prévue par le titre II du code pénal[943] portant sur les crimes et délits contre la chose publique pour être considérée de politique : sont alors politiques par nature, les atteintes aux intérêts fondamentaux de la nation : trahison, espionnage, attentats, complots, mouvements insurrectionnels, etc. On peut ajouter les fraudes électorales, l'offense au Président de la République et les infractions portant atteinte aux diverses libertés politiques (de réunion, de presse, de l'enseignement, du travail, d'un culte,...).

En revanche, à la suite de Thomas Ojong, « il ne suffit pas, loin s'en faut, qu'une infraction soit prévue dans ce titre du code pénal pour que la jurisprudence lui accorde une onction politique. Nombre de ces infractions prévues à ce dit titre, notamment la non dénonciation de crime, le faux ou la fausse monnaie, ne constituent pas des infractions politiques par leur nature. Seules sont donc susceptibles d'être qualifiées comme telles, les infractions créées en vue de garantir les libertés publiques, le bon fonctionnement des institutions de la République, ainsi que les infractions dont la commission consiste en l'exercice abusif d'une liberté publique. Ainsi, revêt le caractère politique, la participation délictueuse à un attroupement réprimé »[944].

Outre les infractions à caractère politique, il existe de nombreuses infractions prévues et sanctionnées par le livre second du code pénal congolais auxquelles il faut ajouter les infractions prévues par les lois complémentaires et spécifiques. Ces différentes infractions sont connues sous l'appellation générique des infractions de droit commun. Les infractions militaires recouvrent aussi cette qualification de droit commun. Il existe au-delà de ces deux catégories d'infractions évoquées ci-haut les infractions qualifiées de mixtes, c'est-à-dire celles que pourrait commettre un auteur qui ne soit politique dans le domaine politique. « Le comptable public, écrit Dieudonné Kaluba Dibwa, qui

---

[943]Livre II du code pénal

[944]Ojong, Th., *L'infraction politique en droit pénal camerounais*, DEA de droit privé fondamental, université de Douala, Cameroun, 2005, pp. 11-14.

aide le premier ministre ou le chef de l'État à faire des faux en écritures destinés à justifier des malversations financières faisant l'objet d'une motion de censure à l'Assemblée nationale, non seulement commet un faux en écriture publique de droit commun mais il reste susceptible d'être poursuivi comme coauteur de l'infraction politique d'atteinte à la probité »[945].

La problématique de la nature de l'infraction politique a été complètement résolue par le constituant congolais de 2006 à travers l'article 164 de l'actuelle constitution. Il s'agit des infractions de haute trahison[946], d'outrage au parlement[947], d'atteinte à l'honneur[948] ou à la probité[949] ainsi que les délits d'initiés[950]. Les autres infractions de droit commun commises dans l'exercice ou à l'occasion de l'exercice de leurs fonctions sont qualifiées aussi de politique et rendent leurs auteurs, coauteurs et complices pénalement responsables devant la Cour constitutionnelle[951].

Les infractions de droit commun que sont susceptibles de commettre le Chef de l'État et le Premier ministre sont assimilées aux infractions politiques simplement parce qu'elles concernent les autorités au sommet de l'État pour qui la mise en accusation est régie par l'article 166 de la constitution de 2006.

S'agissant de la responsabilité pénale du Chef de l'État, il a été adopté le principe d'immunité du Chef de l'Etat pour les actes accomplis en cette qualité. Son inviolabilité durant son mandat est confirmée. Pendant son mandat, seuls des « manquements à ses devoirs » incompatibles avec l'exercice de sa fonction pourront déclencher une poursuite selon une procédure spécifique prévue à l'article 68 de la

---

945 Kaluba Dibwa, D., *Du contentieux constitutionnel en RDC, op., cit.*, p. 418.

946 Articles 73, 74 et 75 de loi organique du 15 octobre 2013 sur la Cour constitutionnelle précitée.

947 Article 79 de la loi organique du 15 octobre 2013 sur la Cour constitutionnelle précitée.

948 Article 76 de la loi organique du 15 octobre 2013 sur la Cour constitutionnelle précitée.

949 Article 77 de la loi organique du 15 octobre 2013 sur la Cour constitutionnelle précitée.

950 Article 78 de la loi organique du 15 octobre 2013 sur la Cour constitutionnelle précitée.

951 Article 164 de la constitution du 18 février 2006.

constitution. Le Président de la République bénéficie par contre de l'immunité temporaire pendant l'exercice de son mandat pour tous les actes commis avant sa prise de fonctions ou pour ceux qui sont sans rapport avec l'exercice de ses fonctions. Les procédures pourront être engagées ou reprises un mois après l'expiration de son mandat. « En France, la procédure de saisine et de décision de la Haute Cour obéit à des règles strictes et spécifiques conformément à l'article 68 de la constitution. La Haute Cour doit être saisie par une résolution adoptée par chacune des deux chambres du Parlement. Une fois réunie, elle statue dans un délai d'un mois, à bulletins secrets sur la destitution. Les décisions de réunion de la Haute Cour et de destitution doivent être prises à la majorité des deux tiers des membres composant l'assemblée concernée ou la Haute Cour. Toute délégation de vote est interdite. Seuls sont recensés les votes favorables à la décision »[952].

La RDC semble emprunter la voie française avec une certaine adaptation locale. En effet, le mécanisme de poursuite et de la mise en accusation du Chef de l'État et du Premier ministre prévoit un vote renforcé, et la forme de la décision est celle d'une résolution de l'Assemblée nationale réunie en congrès. Ces mécanismes constitutionnels de poursuite et de mise en accusation des deux têtes de l'exécutif éprouveront non seulement de sérieuses difficultés d'application mais surtout risqueront de demeurer longtemps lettre morte au regard d'une faible culture politique des Congolais contraire aux exigences démocratiques de ces mécanismes. Comment appliquer un tel mécanisme dans un pays où la poursuite éventuelle du Chef de l'État est souvent considérée comme une trahison ou un coup d'État orchestré par ses détracteurs ? Cette disposition pourrait être, si certaines conditions procédurales ne sont pas réunies, destinée à la consommation extérieure.

Loin de nous l'intention d'opérer une analyse sophistiquée des infractions de droit commun qui font l'objet de brillantes analyses des pénalistes congolais ou en droit comparé, il est par contre intéressant d'étudier les seules infractions politiques établies par l'article 164 de la constitution du 18 février 2006 repris par la loi organique sur la Cour constitutionnelle du 15 octobre 2013.

---

[952]Article 68 de la constitution du 4 octobre 1985

2. Les éléments constitutifs des infractions pénales visées

« La politisation de la responsabilité, qu'elle soit directe ou par l'intermédiaire du contreseing ministériel, ne résout pas la question d'une éventuelle responsabilité pénale des autorités politiques, au premier rang desquelles figure le Président de la République. Une irresponsabilité est devenue au fil du temps, plus difficile à accepter pour les victimes de certains agissements et la pénalisation de la vie publique apparaît comme une réponse à l'irresponsabilité politique »[953].

La Cour constitutionnelle, revêtue de la compétence pénale à l'égard du Chef de l'État et du Premier ministre, ne dispose pas d'une compétence générale. Elle est investie d'une compétence d'attribution consacrée par les articles 163 à 167 de la constitution de 2006 ainsi que les articles 73 à 79 de la loi organique sur la Cour constitutionnelle de la RDC, lesquels articles définissent les contours de ces infractions constitutionnelles (a) mais aussi les limites de la compétence pénale de la Cour constitutionnelle (b). Avant toute chose, procédons à la manière des brillants pénalistes par dégager des délits susceptibles d'engager la responsabilité pénale des deux têtes de l'exécutif conformément aux dispositions constitutionnelles prévues à cet effet et dont la loi organique sur la Cour constitutionnelle ne fait que reprendre les termes.

- **La haute trahison[954]**

Le constituant de 2006 condamne les comportements caractéristiques de haute trahison qui s'appliquent dans deux cas : d'une part, il y a haute trahison lorsque le Président de la République et le Premier ministre violent intentionnellement la constitution. D'autre part lorsqu'ils sont reconnus auteurs, coauteurs ou complices de violations graves et caractérisées de droits de l'homme, de cession du territoire ou d'enrichissement illicite. En effet, la notion de haute trahison est difficile à cerner. Il n'existe pas non plus une définition juridique de cet acte. En France, la notion de « haute trahison » contenue dans l'ancien article 68, alinéa 1 de la constitution de 1958 jugée confuse et obsolète a été remplacée par la référence à « un manquement à ses devoirs

---

[953]Verpeaux, M., Pierre de Montalivet, Roblot-Troizier, A., Vidal-Nasquet, A., *op. cit.*, p. 136.

[954]Articles 73 à 75 de loi organique sur la Cour constitutionnelle

manifestement incompatible avec l'exercice de son mandat ».[955] Cet article 68 (ancien), estime Olivier Beaud, ne faisant qu'aménager la formule de l'article 42 de la constitution de 1946. « La formule très restrictive du texte doit s'interpréter comme fixant un principe d'irresponsabilité (politique et pénale) du Président assorti d'une exception rituelle, la responsabilité politico-pénale pour faits de haute trahison, d'où découlait la compétence de la Haute Cour »[956]. L'absence d'une définition unanime de haute trahison a conduit chaque État à dresser une liste limitative des actes qui rentrent dans cette catégorie. Ainsi avec le constituant congolais de 2006, nous pouvons retenir trois éléments matériels constitutifs dans la violation intentionnelle de la constitution : la violation grave et caractérisée des droits de l'homme, la cession d'une partie du territoire et l'enrichissement illicite. Il faut reconnaître que dans tous les pays où la notion de haute trahison existe, son application est souvent incertaine et qu'importe l'implication directe ou indirecte de l'autorité politique. La RDC n'est pas épargnée. Elle est d'ailleurs confrontée à des questions territoriales dans sa partie septentrionale livrée à des nombreux affrontements armés et où les violations des droits de l'homme sont monnaie courante, il serait plus qu'intéressant de voir comment l'exercice du droit constitutionnel de poursuites contre les deux têtes de l'exécutif pourrait être engagé.

- **L'atteinte à l'honneur ou à la probité[957]**

Cette infraction politique s'opère de deux manières : d'abord lorsqu'il y a comportement contraire aux bonnes mœurs. Ensuite lorsque les autorités publiques concernées sont reconnues auteurs, coauteurs ou complices de malversations, de corruption ou d'enrichissement illicite. La notion de ces deux éléments constitutifs est conceptuellement insaisissable rendant l'incrimination imprécise. Pour que cette infraction politique soit caractérisée, il faut que le

---

[955]L'article 68 nouveau de la constitution de 1958 issue de la loi constitutionnelle n°2007-238 du 23 février 2007 portant modification du titre IX de la constitution. www.conseil-constitutionnel.fr. Consulté le 18 février 2013. Voir aussi la Loi organique n°2014-1392 du 24 novembre 2014 portant application de l'article 68 de la constitution, JORF du 25 novembre 2014, p. 19697.

[956]Beaud, O., « La responsabilité du Chef de l'État et des membres du Gouvernement » www.conseil-constitutionnel.fr/conseil-constitutionnel/français/la-constitution. Consulté le 18 février 2013.

[957]Articles 76 et 77 de loi organique sur la Cour constitutionnelle.

comportement de leurs auteurs notamment les deux têtes de l'exécutif heurte les bonnes mœurs. Ainsi, écrit Danièle Lochak, « d'une part, donc, le droit est mis à contribution comme instrument de promotion des bonnes mœurs – plus exactement, comme instrument de censure ou de répression des mauvaises mœurs. Mais de l'autre il se refuse de définir ce concept pour lequel il prétend régir : les bonnes mœurs restent conceptuellement insaisissables ».

Dans l'analyse du Professeur Danièle Lochak, il faut garder à l'esprit le problème posé au sujet de la « puissance de la norme juridique pour cautionner l'existence des bonnes mœurs et mettre en place des dispositifs de répression et de censure des mauvaises mœurs ; impuissance de la norme juridique à définir le contenu des bonnes mœurs autrement qu'en empruntant à la morale ou au sens commun ; impuissance encore de la norme juridique à contenir l'inexorable libéralisation des mœurs dans les sociétés contemporaines dont elle se borne à prendre acte. Tels sont quelques-uns des enseignements que l'on peut tirer de l'analyse du traitement juridique des bonnes mœurs, qui offre ainsi l'occasion de mettre le droit « à l'épreuve » »[958] dans cette disposition constitutionnelle.

La deuxième préoccupation de cette infraction politique reste aussi un paradoxe du fait que leurs auteurs doivent avant tout avoir été reconnus coupables de malversations, de corruption ou d'enrichissement illicite pour que les poursuites soient déclenchées. En réalité, cette formulation est hyperboliquement contradictoire. Une tête de l'exécutif auteur de telles infractions prévues à l'article 165 alinéa 2 de la constitution de 2006 et de l'article 77 de la loi organique sur la Cour constitutionnelle est déchue de ses charges conformément à l'article 167 alinéa 1er de la constitution de 2006. Cette disposition constitutionnelle reste une réalité vivante et un fléau qui frappe la RDC. Dans ce pays, on constate en général une succession des régimes politiques illégitimes, dans lesquels l'horizon temporel des responsables politiques, détenteurs du pouvoir, est incertain. La probabilité de perdre son poste par un coup d'État par exemple est assez élevée ; ce qui accroît la propension à l'enrichissement illicite.

---

[958] *Ibidem.*

En l'absence de mesures efficaces, la malversation, la corruption et l'enrichissement illicite peuvent compromettre notablement les efforts du pays pour l'instauration d'une bonne gouvernance et réduire considérablement, les ressources disponibles pour la lutte contre la pauvreté. Ses multiples méfaits (gaspillages des ressources financières limitées, baisse de la croissance, augmentation des coûts de transactions, baisse de la qualité, augmentation de l'incertitude, création d'un environnement d'insécurité, etc.) mettent en cause la stabilité sociale et politique de la RDC.

– **Délit d'initié**[959]

Il y a infraction de délit d'initié, lorsque les éléments constitutifs suivants sont réunis : être Président de la République ou Premier ministre, réaliser ou effectuer des opérations sur valeurs immobilières ou sur marchandises à l'égard desquelles il possède, en raison de ses fonctions, des informations privilégiées et dont il tire profit avant que celles-ci ne soient connues du public[960]. Ce délit englobe l'achat ou la vente d'actions fondées sur des renseignements qui ne seraient jamais divulgués aux actionnaires.

Le délit d'initié concerne particulièrement les opérateurs économiques et politiques. Sa notion est économique et signifie « un délit boursier que commet une personne qui vend ou achète des valeurs immobilières en se basant sur des informations dont ne disposent pas les autres »[961].

En effet, la réglementation du contrôle des marchés financiers interdit l'utilisation ou la communication par toute personne d'éléments privilégiés susceptibles de faciliter des gains illicites lors de transactions boursières. Dans un pays confronté à une crise économique, ce type d'infraction peut susciter l'adhésion populaire. La RDC est comme un mendiant qui dort sur un tas d'or et qui ne le sait

---

[959]Art. 78 de la loi organique sur la Cour constitutionnelle du 15 octobre 2013.
[960]Article 165. alinéa 3 de la constitution du 18 février 2006.
[961]Murville, Cours de droit bancaire et Bourse, M1 Droit des affaires, université Cergy-Pontoise, 2008-2009 cité par Manangou Vivient, *Les évolutions récentes du constitutionnalisme en RDC*, *op., cit.,*

pas. Elle ne dispose pas de marché financier notamment la bourse. Ses transactions immobilières sont encore artisanales. Il pourra être difficile d'exercer une poursuite contre le Chef de l'État et le Premier ministre sur ce type de délit. A notre connaissance, les acteurs politiques africains en général et congolais en particulier effectuent leurs transactions boursières en dehors du continent africain. Or ni la constitution congolaise de 2006 moins encore la loi organique sur la Cour constitutionnelle ne prévoit toute une possibilité de poursuite contre les auteurs d'une transaction immobilière réalisée à l'étranger. Au regard de ce silence, qu'adviendra-t-il de ce délit ? Néanmoins, cette infraction politique répond à l'application de l'article 96 de la constitution de 2006 qui consacre l'incompatibilité totale des fonctions pour le Chef de l'État pendant que le Premier ministre bénéficie d'une incompatibilité plus ou moins souple dans ses fonctions à l'exception des activités agricoles, artisanales, culturelles, d'enseignement et de la recherche[962].

- **L'outrage au parlement[963]**

Il résulte de l'article 165 alinéa 4 de la constitution du 18 février 2006 repris par l'article 79 de la loi organique sur la Cour constitutionnelle qu'il y a enfin l'infraction politique d'outrage au Parlement lorsque les éléments constitutifs suivant sont réunis : être Premier ministre, recevoir des questions posées par l'une ou l'autre chambre sur l'activité gouvernementale et ne fournir aucune réponse dans un délai de trente jours.

Ces éléments constitutifs n'appellent guère de commentaire significatif de notre part. Cet article oblige le Premier Ministre à fournir des réponses aux questions posées par les élus du peuple dans un délai bien défini.

Si la définition constitutionnaliste du délit d'outrage n'est pas une invention de la RDC, puisqu'il existe en droit comparé de la jurisprudence en la matière, l'originalité du contenu de cette infraction politique semble être une production congolaise. La poursuite pénale contre les deux têtes de l'exécutif pour l'infraction politique d'outrage est difficilement réalisable. D'ailleurs l'une des deux personnalités

---

[962]Article 97 de la constitution du 18 février 2006.
[963]Article 79 de la loi organique sur la Cour constitutionnelle

politiques notamment le Premier ministre est souvent le produit de la majorité parlementaire. Il y a donc très peu d'espoir de voir celui-ci être livré à la vindicte de l'opposition politique confrontée à l'insatisfaction au motif qu'il n'a pas répondu dans les délais aux questions des autres élus de la nation. Bien plus, il n'y a jamais eu véritablement un cas où l'exécutif est reconnu coupable d'un tel délit.

En définitive, les infractions susceptibles d'engager la responsabilité pénale de l'exécutif en RDC sont tantôt confuses pour faire l'objet d'une véritable poursuite (haute trahison) tantôt relevant du domaine d'incertitude où personne n'est assuré que l'engagement d'une telle responsabilité atteigne l'objectif recherché (délit initié). Ces différentes infractions soulèvent la problématique de la sanction pénale contre ses présumés auteurs. Elles posent enfin le problème des limites de la compétence du juge constitutionnel.

a. Les limites de la compétence pénale de la Cour constitutionnelle et la problématique de la sanction pénale de ces infractions politiques

Le juge constitutionnel congolais ne dispose pas d'une compétence générale. En matière de compétence pénale, ce juge constitutionnel a des limites. Il ne lui appartient pas de connaître en premier et dernier ressort les infractions commises par les autres dirigeants politiques du pays. Par ailleurs, la série d'infractions analysées ci-devant pose également la problématique de la sanction pénale des présumés auteurs de ces faits.

– Les limites de la compétence pénale de la Cour constitutionnelle

La Cour constitutionnelle est la juridiction pénale du chef de l'État et du Premier ministre pour les infractions commises dans l'exercice ou à l'occasion de l'exercice de leurs fonctions[964]. Il sied d'observer à la suite de cette disposition qu'il n'appartient pas comme évoqué ci-devant, au juge constitutionnel de connaître en premier et dernier ressort les infractions des autres autorités politiques du pays. C'est à la Cour de cassation que revient cette compétence conformément à l'article 153, alinéa 2 de la constitution de 2006.

[964]Article 164 de la constitution du 18 février 2006 et 72, al. 2 de la loi organique sur la Cour constitutionnelle.

Hormis sa compétence pénale sur le Chef de l'État et le Premier ministre, la Cour constitutionnelle est aussi compétente pour juger leurs coauteurs et complices. Il y a ainsi une limite à cette compétence pénale qui du reste n'est pas la seule. Car l'article 164 de la constitution de 2006 précise que « seules les infractions commises dans l'exercice ou à l'occasion de l'exercice de leurs fonctions » relèvent de la compétence du juge constitutionnel. Cette limite a son importance. Elle consacre une immunité juridictionnelle momentanée au Chef de l'État et au Premier ministre.

En effet, la Cour de cassation française affirmait, comme nous l'avons évoqué précédemment à propos du statut pénal du Président de la République (arrêt Breisacher de l'assemblée plénière de la Cour de cassation du 10 octobre 2001) « tirant ainsi les conséquence de son propre raisonnement à partir des articles 68 (ancien) et 3 de la constitution de 1958 que le Président de la République étant élu au suffrage universel par le peuple pour assurer le fonctionnement régulier des pouvoirs publics et de la continuité de l'État ne pouvait pendant la durée de son mandat être entendu comme témoin assisté ni être cité ou renvoyé pour une infraction quelconque devant une juridiction pénale de droit commun »[965]. « Il n'était pas d'avantage soumis à l'obligation de comparaître. Pour tous les autres actes que ceux de la haute trahison, les poursuites ne pouvaient pas être exercées pendant la durée du mandat présidentiel. La prescription de l'action publique était cependant suspendue pendant cette durée, de façon à permettre ultérieurement la reprise des poursuites »[966].

Le constituant congolais de 2006[967] ainsi que le législateur organique[968] ont opté pour ce mécanisme. Or cette perception du statut pénal du Chef de l'État et du Premier ministre en RDC reste très extensive. « Qu'en sera-t-il si un Chef d'État commet un acte grave mais détachable de sa fonction ?

Un Premier ministre qui tue son épouse par jalousie aura-t-il autorité morale et politique nécessaire pour continuer à assumer sa

---

[965]Guglelmi, G-J, *La responsabilité du Président de la République*, www.guglielmi.fr/spip.php?article52 consulté le 17 mars 2012.
[966] *Ibidem.*
[967]Article 167 alinéas 2 de la constitution du 18 février 2006.
[968]Article 72, al. 2 de la loi organique sur la Cour constitutionnelle.

tâche ? Ne s'agit-t-il pas d'une validation de l'impunité au sommet ? », s'interroge Vivien Manangou. A bien d'égards, le recours par la RDC au modèle français de statut pénal du Chef de l'État aurait juridiquement commandé qu'une distinction soit dégagée entre les actes commis pendant l'exercice de ses fonctions et détachables de celle-ci qu'un juge de droit commun peut juger.

S'agissant du régime de protection juridictionnelle du Premier ministre, la question se pose autrement du fait de la non-élection de ce dernier. Il ne dispose pas d'un mandat et est susceptible de révocation à tout moment par le Président de la République. Étant donné que le Premier ministre ne dispose pas d'un mandat, nous nous demandons à partir de quand les poursuites pénales à sa charge sont réalisables ? Il appartient au législateur organique congolais de déterminer les limites de responsabilité de ces deux têtes de l'exécutif puisque la nature de leurs fonctions est tout aussi distincte. Une dernière et principale limite de la compétence pénale de la Cour constitutionnelle est sans doute politique. En effet, l'article 166, alinéa 1er de la constitution de 2006 repris par l'article 80 de la loi organique sur la Cour constitutionnelle dispose que « les décisions de poursuites ainsi que la mise en accusation du Président de la République et du Premier ministre sont votés à la majorité de deux tiers des membres du parlement réunis en Congrès ».

Une telle disposition constitutionnelle constitue un véritable maillon fort parlementaire inaccessible, un sacré verrou dans la restriction de la saisine de la Cour constitutionnelle afin d'engager la responsabilité pénale du Chef de l'État et du Premier ministre. Cette disposition n'est autre qu'une retranscription de l'article 68 de la constitution française de 1958. La réalisation de ce mécanisme exige un haut degré de culture politique dont la RDC ne peut aujourd'hui se prévaloir.

De plus, la France est un pays à tradition démocratique alors que la RDC souffre encore de la douleur d'enfantement de cette démocratie. Cette procédure n'a presque jamais abouti dans les États où existent les obligations parlementaires en la matière. A ce sujet, trois Président des États-Unis ont été inquiétés par ce mécanisme notamment A. Johnson en 1868, R. Nixon en 1974 qui a pu démissionner avant que le Congrès se prononce et B. Clinton en 1998 dont les sénateurs avaient refusé de confirmer la destitution. La RDC ne peut souffrir d'exception. A côté des limites à la compétence pénale de la Cour constitutionnelle se pose en outre le problème de la sanction pénale des auteurs des faits incriminés.

– **La question de la sanction pénale de ces infractions politiques**

Le constituant congolais de 2006 a dû choisir de poser les normes comme législateur pénal sans toutefois pousser sa logique jusqu'au bout en portant des sanctions pénales à chaque infraction politique visée.

L'établissement de la responsabilité pénale des deux têtes de l'exécutif constitue un acte éminemment politique puisqu'elle requiert l'assentiment parlementaire. La Cour constitutionnelle seule peut prononcer la déchéance des charges[969]. La condamnation à des peines accessoires ou la détention préventive est susceptible d'être remplacée par l'assignation à résidence surveillée. L'affirmation de cette condamnation déclenche la procédure de la vacance de pouvoir de la présidence prévue par le croisement des articles 75 et 76 de la constitution de 2006 et l'article 84, alinéa 1 de la loi organique sur la Cour constitutionnelle. Ces prévenus de la Cour constitutionnelle peuvent bénéficier du régime de liberté conditionnelle décidé par le nouveau Président de la République élu en suivant les modalités de droit commun[970].

Cependant ce régime présente la difficulté de faire concilier à tous les niveaux les autres normes de procédure pénale ordinaire aux règles plus spéciales prévues pour les deux têtes du pouvoir exécutif. C'est ici le lieu de faire un aperçu du droit comparé euro-africain sur la responsabilité pénale de l'exécutif.

➢ **Aperçu du droit comparé africain sur la responsabilité pénale de l'exécutif confronté à celle de la RDC : cas du Congo Brazzaville et du Bénin**

De nos jours, les différentes constitutions contemporaines attribuent généralement un statut protecteur aux autorités politiques ayant la charge de l'État. La RDC ne déroge pas à cette règle qui

---

[969]Article 105, alinéa 1 de la loi organique sur la Cour constitutionnel.
[970]Article 107 de la loi organique déjà cité.

accorde le privilège juridictionnel au gouvernement et quelquefois aux parlementaires. En effet, la République du Congo (Brazzaville) s'est inspirée du titre 10 de la constitution française de 1958 en instituant un organe spécifique chargé de juger les hautes personnalités de l'État.

C'est la Haute Cour de justice, l'objet du titre 10 de la constitution congolaise[971] du 20 janvier 2002. Cette Haute Cour de justice est chargée de juger d'une part le Président de la République en cas de haute trahison[972] et d'autre part, elle est juge des membres de l'Assemblée nationale et du Sénat, les ministres, les membres de la Cour suprême et les membres de la Cour constitutionnelle pour des actes qualifiés de crimes ou délits commis dans l'exercice de leurs fonctions conformément aux articles 154 et 155 de la constitution congolaise du 20 janvier 2002.

Le Congo Brazzaville a opté pour le modèle français de la Haute Cour de justice contrairement à son voisin d'en face c'est-à-dire la RDC[973] qui a confié cette compétence à la Cour constitutionnelle.

Si au Congo Brazzaville l'ensemble des autorités politiques sont justiciables devant la Haute Cour de justice, en RDC, cette compétence est conjointement exercée par la Cour constitutionnelle (Président de la République et le Premier Ministre) et la Cour de cassation (pour les autres membres du gouvernement et pour les parlementaires). Il faut par ailleurs souligner que pour engager la responsabilité pénale des hautes autorités de l'État en RDC et au Congo Brazzaville, il faut une majorité de deux tiers du parlement réuni en Congrès. Le Bénin se démarque des deux Congo par l'innovation de son système en matière de la définition des infractions ainsi que leurs instructions. La définition des infractions politiques résulte des lois pénales en cours à l'époque des faits. L'instruction est de son côté conduite par les magistrats de la Chambre d'accusation de la Cour d'appel ayant juridiction sur le lieu de siège de l'Assemblée nationale.

---

[971]Constitution de la République du Congo du 20 janvier 2002 www.presidence.cg/files/my_files/constit200102.pdf Consulté le 23 mars 2012.
[972] Article 153 de la constitution du Congo du 20 janvier 2002.
[973]Le Congo Brazzaville et la RDC sont séparés par le fleuve Congo au point que Kinshasa et Brazzaville sont considérés comme les deux capitales les plus rapprochées au monde.

Les systèmes du Congo Brazzaville et du Bénin restent sous influence du système français régis pas les titres IX et X de la constitution de 1958 malgré la révision constitutionnelle du 23 février 2007 sur le statut pénal du Chef de l'État français. Au-delà du mimétisme, la confrontation de ces deux systèmes avec celui établi en RDC présente certaines convergences, notamment la compétence d'un organe particulier (sauf en RDC), l'immunité juridictionnelle au cours de l'exercice de leurs fonctions (sauf au Bénin où la constitution distingue les actes détachable de la fonction) et l'obligation d'une approbation du Parlement réuni en Congrès à une majorité de deux tiers avant toute poursuite.

L'observation de la jurisprudence constitutionnelle montre ainsi que le système concocté en France en 1958 a fait l'objet du mimétisme en Afrique. Mais les constituants africains y ont apporté leur innovation malgré le maintien de la structure pensée en France.

C'est notamment le cas du Bénin avec la compétence des magistrats de la Cour d'appel d'accusation mais aussi la RDC où la Cour constitutionnelle est réputée compétente pour juger les deux têtes de l'exécutif. Qu'en est-il des régimes de la responsabilité pénale des pays occidentaux.

Une étude réalisée par les services du Sénat français[974], portant sur dix pays européens notamment l'Allemagne, Autriche, Belgique, Danemark, Espagne, Grèce, Italie, Pays-Bas, Portugal et Royaume-Uni, révèle qu'au sein des monarchies constitutionnelles, les souverains jouissent d'une immunité absolue et la responsabilité pénale du Premier ministre relève parfois d'une procédure dérogatoire au droit commun pour les infractions commises dans l'exercice de ses fonctions. « Tandis que pour les autres infractions, elle est partout, sauf en Belgique, engagée selon la procédure de droit commun »[975]. A la différence des monarques, les Présidents de la République ne jouissent d'une immunité

[974]La responsabilité pénale des Chefs d'État et de gouvernement, Paris, service des affaires européennes du Sénat, 2001 (disponible sur www.senat.fr). Lire à ce sujet Jean Spreutels, « compétence pénale de la Cour constitutionnelle de la RDC à l'égard du Président de la République et du Premier ministre », disponible sur http://popus.ulg.ac.be/federalisme/document.php?id=539 consulté le 25 mars 2012.
[975]Spreutels, J., « Compétence pénale de la Cour constitutionnelle de la RDC à l'égard du Président de la République et du Premier ministre », déjà cité.

absolue, mais ils bénéficient d'un régime dérogatoire au droit commun tant pour les infractions commises dans l'exercice des fonctions présidentielles que pour les autres infractions[976]. Or en RDC[977], la constitution exonère le Président de la République de toute responsabilité pour ceux de ses actes accomplis dans l'exercice de ses fonctions qui ne sont pas constitutifs de haute trahison. Il ne contient d'ailleurs aucune indication sur les actes accomplis par le Président en dehors de l'exercice de ses fonctions. « A supposer que cette disposition, source de débats récents, soit dérogatoire au droit commun et donc de stricte interprétation, l'on imagine mal que le Président français soit, pour les actes que l'article 68 ne vise pas, soumis à ce droit commun - et puisse donc être assigné en justice à tout moment par n'importe quel citoyen - et ne bénéficie donc même pas de la protection accordée aux parlementaires. Le Conseil constitutionnel et la Cour de cassation ont tenté de pallier cette lacune »[978] malgré leurs divergences jurisprudentielles.

Ces jurisprudences divergentes évoquées plus loin montrent que des dispositions expresses sont nécessaires pour remédier aux lacunes de la constitution. La loi constitutionnelle n°2007-238 du 23 février 2007 évoquée ci-haut portant modification du titre IX de la constitution de 1958, relatif à la Haute cour a réorganisé le régime de la responsabilité du Président de la République. Ainsi, le régime de droit commun s'applique au Président de la République qui redevient citoyen ordinaire après son mandat[979]. Dans chacune des cinq républiques examinées dans cette étude du Sénat français, la responsabilité pénale du Président de la République pour les infractions commises dans l'exercice de ses fonctions ne peut être mise en cause seulement après que le parlement ait adopté une décision de mise en accusation. L'approbation parlementaire avant toute poursuite existe presque dans tous les systèmes de ces pays. L'adoption de ce système par le constituant congolais n'est qu'une suite logique. Toutefois, l'étendue de

---

[976]Ibidem.

[977]Ardant, Ph, *Institutions politiques et droit constitutionnel,* 16e Édition, Paris L.G.D.J, 2004, pp. 457-463 et pp 511-514.

[978]Lire la décision n°98-408 relative à la CPI disponible sur www.conseil-constitutionnel.fr et le Bulletin d'informations de la Cour de cassation n°545 du 15 novembre 2001, disponible sur www.courdecassation.fr Consulté 25 mars 2012

[979]L'ancien Président Jacques Chirac a été entendu comme témoin assisté le 19 juillet 2007 dans l'affaire des emplois fictifs du RPR de la mairie de Paris.

la responsabilité pénale du Président de la République diffère d'un État à l'autre, affirme Jean Spreutels. « De même, la juridiction compétente est soit une juridiction ad hoc comme en Grèce ou en Italie soit la Cour constitutionnelle comme en Allemagne ou en Autriche ou la juridiction suprême de l'ordre judiciaire comme au Portugal"[980]. La RDC s'est inspirée de l'Allemagne et de l'Autriche, les deux pionniers du constitutionnalisme européen.

« Quant aux infractions commises hors de l'exercice des fonctions présidentielles, le Président de la République est dans ces cinq États soumis à un régime dérogatoire »[981]. Dans certains pays notamment Allemagne et Autriche, aucune procédure ne peut commencer en cours de mandat sans l'accord du Parlement, dans les autres, ces infractions ne peuvent être jugées qu'après la fin du mandat.

Ainsi, le système établi en RDC n'a pas véritablement innové car il existe déjà dans les démocraties occidentales. La condamnation du Président de la République ou celle du Premier ministre entraîne aussi celle de leurs coauteurs ou complices soulevant une problématique qui mérite une analyse.

b. D'un discutable privilège juridictionnel ou une entorse à l'article 61 de la constitution du 18 février 2006 à une inviolabilité préservant l'action publique

Le « privilège de juridiction », certains auteurs préfèrent utiliser l'expression « immunité de juridiction ». C'est le droit que la législation reconnaît à une certaine catégorie des délinquants au regard de leur qualité professionnelle (tels les hauts fonctionnaires, les magistrats ou autres hautes autorités politiques) d'être jugés par un tribunal ou une cour spéciale bénéficiant d'une compétence exceptionnelle. Ces privilèges de juridiction consacrent la rupture d'égalité de tous devant la loi pénale.

Selon Loïc Cadiet, « les privilèges de juridiction forment des exceptions au principe général de responsabilité et d'égalité de tous

---

[980]Composée, en Grèce, de hauts magistrats de l'ordre judiciaire ou, en Italie, des membres de la cour constitutionnelle et de citoyens.

[981]Spreutels, J., « Compétence pénale de la cour constitutionnelle de la RDC à l'égard du Président de la République » déjà cité.

devant la loi. C'est la raison pour la laquelle le législateur est intervenu pour les faire disparaître par la loi n°93-2 du 4 janvier 1993, qui a abrogé les articles 679 à 688 du code de procédure pénale. La question a été largement renouvelée en raison du débat relatif au privilège de juridiction octroyé par le Conseil constitutionnel et la Cour de cassation au président de la République »[982]. Le privilège de juridiction reste et restera à travers le temps les prérogatives ou l'exclusivité des hautes autorités du pays. Le droit au double degré de juridiction est consacré par le pacte international relatif aux droits civils et politiques, adopté et ouvert à la signature, à la ratification et à l'adhésion par l'Assemblée générale des Nations Unies[983].

En effet, cet instrument juridique international dispose à son article 14 alinéa 5 que « Toute personne déclarée coupable d'une infraction, a le droit de faire examiner par une juridiction supérieure la déclaration de culpabilité et de condamnation conformément à la loi ». La RDC a ratifié ce Pacte le 1er novembre 1976. Le privilège de juridiction reconnu dans la procédure pénale congolaise pêche contre le principe de double degré de juridiction. Sans analyser tous les contours du privilège de juridiction, il est important d'en examiner sa base légale et de dégager sa problématique au regard de l'article 61 de la constitution de 2006.

La base légale du privilège de juridiction pour ce qui concerne le Président de la République et le Premier ministre est l'article 164 de la constitution actuellement en vigueur et repris par l'article 72 de la loi organique sur la Cour constitutionnelle qui dispose que : « La Cour constitutionnelle est le juge pénal du Président de la République et du Premier ministre... Elle est également compétente pour juger leurs coauteurs et complices ». A cette disposition, il faut ajouter les articles 153, alinéa 3 de la même constitution et 98 du code de l'organisation judiciaire qui élargit le champ des bénéficiaires du privilège de juridiction. Le privilège de juridiction fonde sa raison d'être dans le

---

[982]Cadiet, L., (dir.), *Dictionnaire de la justice*, Paris, PUF, 2004, pp. 1051-105.

[983]Rés. 2200 (XXI) de l'Assemblée Générale des Nations Unies du 16 décembre 1966 relatif au Pacte international relatif aux droits économiques sociaux et culturels. Pacte international relatif aux droits civils et politiques et Protocole facultatif se rapportant au pacte international relatif aux droits civils et politiques sur www.un.org consulté le 12 avril 2012.

souci d'organisation d'une justice équitable. En effet, le statut social élevé de certains justiciables eu égard aux fonctions qu'ils occupent, commande qu'ils soient jugées par des magistrats de rang élevé, plus expérimentés et capables de faire face à de fortes influences et à une grande tentation de corruption. Il est aussi important que les personnes qui assument de hautes charges publiques soient mises à l'abri des procès intempestifs. Il y a lieu de se demander si les justiciables de la Cour constitutionnelle sont réellement des privilégiés lorsque l'on sait que les arrêts de la Cour constitutionnelle ne sont susceptibles d'aucun recours[984] pourtant l'article 61 de l'actuelle constitution de 2006 classe le droit de recours parmi les droit des citoyens qui peut être dérogé. D'où la contradiction, du moins théoriquement, entre ces deux normes constitutionnelles. Autrement dit la constitutionnalité de la loi organique sur la Cour constitutionnelle devient problématique lorsque cette dernière loi reprenant l'article 168 de la constitution s'opposera au droit de recours contre les arrêts de la Cour constitutionnelle. Celle-ci par l'intermédiaire de la théorie de la loi-écran, pourrait affirmer l'inconstitutionnalité de cette disposition légale. Elle devra alors faire un choix préférentiel entre l'article 61 de la constitution si ce dernier est innovant sur le plan des droits de l'homme ou rester conservatrice en se cramponnant à l'article 168 de l'actuelle constitution de 2006.

Le second choix parait être plus pragmatique du fait qu'il conforte l'autorité de la haute juridiction constitutionnelle. C'est d'ailleurs la logique du système constitutionnel établi en RDC et dans d'autres modèles occidentaux.

L'épineux problème concerne surtout le justiciable ordinaire coauteur et complice du Président de la République ou du Premier ministre devant la Cour constitutionnelle. Pour avoir criminellement pris part aux côtés de ces hautes autorités, ce justiciable ordinaire sera condamné par la haute juridiction sans user son droit de recours du reste reconnu à tous les citoyens par l'article 61 de l'actuelle constitution.

Cette situation entraîne la rupture de l'égalité des citoyens devant la justice démontrant par-là l'incohérence du système[985].

[984]Article 168 de la constitution du 18 février 2006.

[985]C'est aussi le raisonnement du Professeur Dieudonné Kaluba Dibwa

Toutefois, le législateur organique aurait pu prévoir au sein de cette haute juridiction constitutionnelle une chambre d'appel pour une éventuelle saisine de la part des justiciables ordinaires reconnus coauteurs ou complices des autorités politiques incriminées conciliant ainsi les dispositions des articles 61 et 168 de la constitution de 2006. Ainsi, si les arrêts de la Cour constitutionnelle ne sont susceptibles d'aucun recours devant une autre instance tel que prévu par la constitution, « ils demeurent néanmoins réformables par elle-même. La formule consisterait à introduire des recours devant la Cour siégeant in plenum alors qu'au premier degré, elle siégerait en formation restreinte, affirme Dieudonné Kaluba Dibwa ».[986] Cette singularité est comme des graviers dans les chaussures désagréables à la marche qu'il faut ôter pour être à l'aise. Il en est ainsi de cette anomalie du système de justice politique de la RDC. C'est à juste titre que le juge Stéphane Breyer abonde dans ce sens en affirmant que « la Cour doit considérer la constitution comme le réceptacle de valeurs intangibles qui doivent être appliquées avec souplesse à des circonstances sans cesse changeantes »[987]. « De nos jours, les lois sont de plus en plus l'émanation du gouvernement dont le projet est souvent soutenu par sa majorité parlementaire. Cet asservissement du législatif à l'exécutif a conduit à la mise en place d'un arbitre constitutionnel régulant le jeu politique »[988] en l'occurrence la Cour constitutionnelle pour la RDC chargée d'exprimer la volonté du souverain inscrite dans les textes constitutionnels. Or, selon Professeur Dieudonné Kaluba Dibwa, « pour que le juge lui-même ne devienne un danger public, une sorte d'automate brisant la beauté du jeu politique ou imprimant des accélérations indues, là où l'intérêt de l'État commanderait une marche plus pesante, il faut brider l'enthousiasme zélé du juge constitutionnel en enserrant son activité dans des règles de procédure aussi simples que claires »[989].

---

[986]Kaluba Dibwa, D., *Du contentieux constitutionnel en RDC..., op., cit.*, p. 424.
[987]Breyer, S., *La Cour suprême, l'Amérique et son histoire*, Paris, Odile Jacob, 2011, p. 125.
[988]Blachèr, P., *Contrôle de constitutionnalité et volonté générale*, Paris, PUF, 2001, p. 176
[989] Kaluba Dibwa, D., *Du contentieux constitutionnel en RDC, op., cit.*, p. 426.

C. Les rapports entre pouvoirs exécutifs et législatifs

Dès lors qu'existe la logique de pluralité de juridictions ou celle de spécialisation des juridictions dans un quelconque contentieux (constitutionnel ou administratif) se pose le problème de la détermination de la compétence. C'est d'abord évidemment à chaque ordre de juridiction et à, l'intérieur de chacun d'eux, à chaque juridiction, qu'il appartient de mettre en œuvre les règles de répartition des compétences.

Mais ces règles – complexes et composites – peuvent être comprises et appliquées différemment. L'existence de deux ou plusieurs ordres de juridiction crée « entre eux des risques de conflits de compétence lesquels conflits s'entendent, selon Yves Gaudemet, comme toute possibilité de conflits de décisions résultant de la contrariété possible de deux jugements rendus au fond dans le respect par chaque tribunal des règles de répartition des compétences contentieuses »[990]. La résolution de ces conflits de compétence est confiée à une juridiction spécialement instituée à cet effet. Pour la RDC, la Cour constitutionnelle est cette juridiction compétente en la matière. Les conflits de compétence sont d'abord ceux entre pouvoirs exécutifs et législatifs aussi bien entre l'État et les provinces (1). C'est ensuite des conflits entre les différents ordres de juridictions (2) dont la résolution est confiée à une juridiction spécialisée notamment la Cour constitutionnelle.

1. Les conflits de compétence entre pouvoir exécutif et législatif et entre l'État central et ses provinces

La séparation des pouvoirs et son corollaire, l'indépendance de juridictions sont deux principes sur laquelle repose l'organisation des pouvoirs en France. Le constituant congolais de 2006 s'est inspiré de ces principes au regard de la parenté génétique avec le droit français.

La loi fondamentale du 19 mai 1960 relative aux structures du Congo a été la première à se pencher sur la question de conflits et a confié à la chambre des conflits de la Cour constitutionnelle[991] la

---

[990]Gaudemet, Y., *Traité de droit administratif*, Tome 1, 16e édition, Paris, LGDJ, 2001, pp. 429-431.

[991]Article 232 alinéas 1 et 3 de cette loi fondamentale charge cette chambre de trancher les conflits de compétence qui peuvent surgir entre le pouvoir central et le pouvoir

compétence de résoudre les conflits de compétence entre le pouvoir exécutif et législatif et entre le pouvoir central et les provinces.

La constitution du 1er août 1964 a clairement tranché en confiant à une institution politique la compétence de résoudre les conflits d'attribution, compétence pouvant survenir au sein du pouvoir exécutif. En effet, lorsqu'il y a conflit entre le Premier ministre et les ministres, seul le Président de la république est réputé compétent pour trancher[992].

Les constitutions d'avant celle du 18 février 2006 ne fournissent aucun renseignement sur la problématique des conflits de compétence. La constitution en vigueur dispose que « la Cour constitutionnelle connaît des conflits de compétence entre le pouvoir exécutif et le pouvoir législatif ainsi qu'entre l'État et les provinces »[993] .

Pour assurer l'équilibre institutionnel, l'intervention en politique du juge constitutionnel est à la fois juste et délicate. Cette intrusion du juge sur le terrain politique ne rencontre pas l'assentiment de tout le monde. Elle est diversement appréciée. L'intervention est juste dans la mesure où certains y voient un gage dans la résolution des conflits de compétence. Elle est délicate car elle doit éviter et ne doit pas avoir comme finalité de mettre en péril l'existence des autres institutions. « Elle ne doit pas constituer, affirme Jean-Louis Esambo, un danger pour l'exercice par les autres pouvoirs de leurs prérogatives constitutionnelles. Au demeurant, moins évident en revanche est le domaine politique où la neutralité est souvent rare et le jeu politique extrêmement fermé. Le juge constitutionnel doit éviter de se livrer à une « juridicisation » excessive du jeu politique »[994]. Analysons à présent les types des conflits susceptibles de surgir entre l'exécutif et le législatif ainsi que les solutions juridiques y afférentes.

a. Les conflits entre Exécutif et Législatif[995]

S'il est un lieu commun d'affirmer que les relations entre le pouvoir exécutif et le pouvoir législatif naissent avec le Parlement, le

---

provincial d'une part et ceux résultant d'un pouvoir exécutif d'autre part.

992 Article 62, alinéa 4 de la constitution du 1er août 1964.

993 Article 161, alinéa 3 de la constitution du 18 février 2006.

994 Esambo Kangashe, J.-L., *La constitution congolaise du 18 février 2006 à l'épreuve du constitutionnalisme, op., cit.*, p.274.

995 Article 57 de la loi organique sur la Cour constitutionnelle du 15 octobre 2013.

rapport de forces entre les deux pouvoirs, qui ne saurait se satisfaire de l'équilibre et de la séparation stricte théorisés depuis Locke et Montesquieu jusqu'aux penseurs libéraux du XIXe siècle, semble évoluer en faveur du premier, du moins au cours du XXe siècle. L'absence de linéarité de cette évolution doit toutefois être relevée.

A cet égard, le Doyen Georges Vedel nous a fourni d'importantes informations en mettant en évidence « le problème des rapports du législatif et de l'exécutif »[996].

Le Professeur Georges Vedel affirme que la racine de distinction du législatif et de l'exécutif se trouve être dans le mouvement de limitation du pouvoir monarchique au profit sinon du peuple, du moins de la classe la plus apte à relayer le monarque dans son rôle de direction politique[997].

Il faut admettre avec le Professeur Georges Vedel qu'« aussitôt posé le principe de séparation des pouvoirs, celui-ci, par son idéologie même et par les conséquences pratiques qu'il entraîne, conduit à une supériorité du législatif sur l'exécutif »[998].

Il est aussi vrai que les pistes de l'histoire ne nous livrent pas toujours tous ses mystères et ses contradictions. Or, en scrutant de près, il y a lieu d'obtenir et d'aboutir à un certain acquis dont le doyen Vedel nous offre la quintessence: «

- Bien que née des contingences historiques, la distinction du législatif et de l'exécutif a survécu à l'occasion qui a provoqué son apparition.

Dans la plupart des pays, cette distinction s'est accompagnée de la subordination du moins théorique de l'exécutif au législatif, soit en raison de la suprématie de la loi; soit en raison de *l'unité* du pouvoir ».

---

[996]Tel est l'intitulé du Rapport Général présenté par le doyen Vedel, G., au Congrès de l'Association internationale de science politique, publié dans la revue française de science politique, vol. 8, n°4, 1958, pp. 757-781. voir http://www.persée.fr/web/revues/home/prescript/article/rfsp_0035-2950_1958_nurr

[997]Vedel, G., "Le problème des rapports du législatif et de l'exécutif au Congrès de l'Association internationale de science politique, *op. cit.*, p. 757.

[998]*Ibidem.*

- Néanmoins, l'exécutif est, dans une démocratie moderne, un organe moteur essentiel. Il tend à exercer un « leadership national »[999]. Pour analyser, les conflits entre ces deux institutions de l'Etat ainsi que leur relation mutuelle, il faut avant tout se replacer sur le terrain purement juridique pour comprendre par la suite sa transfiguration à un phénomène politique. Il ne s'agit pas ici de démontrer la dissonance existant entre le droit constitutionnel et la réalité politique. Cette approche permet, comme l'indique le doyen Vedel, « de mettre en lumière les facteurs qui, dans ce cas particuliers, produisent le décalage et qui doivent donc être regardés comme déterminants dans la pratique les rapports entre législatif et exécutif »[1000].

Juridiquement, la RDC ne s'est pas démarquée du schéma classique des théoriciens politiques du XIXe siècle se référant à la grande distinction entre les régimes n'admettant pas l'existence de séparation des pouvoirs et ceux qui l'acceptent. La RDC tente de sortir des régimes refusant le principe de séparation des pouvoirs ou confusion des pouvoirs lesquels comportent selon le Doyen Georges Vedel deux espèces, tout à fait, opposées : la dictature (absorption ou la domestication du législatif par l'exécutif) ; le régime conventionnel ou gouvernement d'assemblée, dans lequel l'exécutif n'est, selon l'expression française, qu'un « commis » du législatif.

Au lendemain de son indépendance, la RDC a expérimenté le régime parlementaire mais de très courte durée. Le résultat de cette courte expérience n'a pas été concluant en raison des pesanteurs liées aux conflits interethniques, tribaux ou claniques, absence de légitimité, marasme économique exacerbant la lutte pour la survie. « Le régime parlementaire reste, selon André Hauriou, convenable en Occident, où l'unité nationale est achévée, un accord sur des bases générales de la politique extérieure et intérieure réalisée, un rythme de croisière trouvé pour la croissance économique »[1001]. Cette affirmation laisserait croire que le régime parlementaire est l'apanage de l'Occident. Malgré son bien-fondé, cette affirmation mérite un certain relativisme. Il est

---

[999]Nos lecteurs peuvent approfondir leur réflexion avec le prolongement de l'analyse du doyen Vedel dans son article sur « le problème des rapports du législatif et de l'exécutif au congrès de l'association internationale de science politique », déjà cité.
[1000]*Ibidem.*
[1001]Hauriou, A., *Droit constitutionnel et institutions politiques*, Paris, Montchrestien, 1968, p. 570.

intéressant de tenir compte de la rationalisation du régime parlementaire. Ce mouvement de rationalisation est, en gros, né de la difficulté de faire fonctionner ce type de régime dans des pays où, soit en raison du système électoral, soit en raison de la structure de l'opinion, soit pour d'autres raisons, la formation de majorités cohérentes est difficile ou impossible. Tel est le cas de la RDC de l'après-indépendance. A des degrés divers, c'est un problème que de savoir dans quelle mesure les succès ou les échecs des constitutions à « régime parlementaire rationalisé » sont imputables à cette rationalisation.

L'expérience malheureuse du parlementarisme congolais de courte durée a poussé les responsables politiques des années 1965 a opté pour la deuxième catégorie de régime prévue par le Doyen Georges Vedel, celle « du respect de la séparation des pouvoirs qui renferme en son sein deux grandes variétés : le régime présidentiel (reconnu par certains comme un système de séparation rigide) et caractérisé par la non responsabilité de l'exécutif devant le législatif, le caractère monocratique de l'exécutif et l'élection du Président au plan national ; le régime parlementaire, caractérisé par la responsabilité politique de l'exécutif devant le législatif, la compatibilité de mandat parlementaire et des fonctions ministérielles et, en contrepartie, les moyens d'action de l'exécutif sur le législatif et notamment le droit de dissolution. Dans ce schéma, le régime parlementaire est analysé comme un système de séparation souple (ou de collaboration des pouvoirs) »[1002].

Le choix des autorités congolaises de cette époque-là portait particulièrement sur un État à gouvernement présidentiel. Cette volte-face se justifie par le fait que ce régime permet d'encadrer avec autorité le pays[1003]. Il est ainsi une solution sociologique aux obstacles du parlementarisme irrationnel vécu au lendemain des indépendances africaines des années 1960. André Hauriou n'hésite pas à affirmer que « le régime parlementaire apparaît souvent compliqué et fragile : les Africains ne comprennent pas que celui qui détient la réalité du pouvoir exécutif ne soit pas le premier personnage de l'État »[1004].

[1002]Vedel, G., Le problème des rapports du législatif et de l'exécutif au Congrès de l'Association internationale de science politique, *op. cit.*, pp.761-762.

[1003]Hauriou, A., *Droit constitutionnel et institutions politiques, op., cit.,* p. 571.

[1004] Hauriou, A., *Droit constitutionnel et institutions politiques, op., cit.,* p. 571.

Cette affirmation semble être véridique mais ne sanctifie pas pour autant le régime présidentiel. Lorsque celui-ci est dépravé, il offre un autre visage. Pratiqué en RDC près d'un quart de siècle, ce régime présidentiel dépravé n'était qu'un géant aux pieds d'argile. La mentalité congolaise n'offre ni la légitimité nécessaire ni la valeur indispensable à la réussite d'un véritable régime présidentiel, lequel est supplanté par un présidentialisme absolu. Il ne va pas de soi que le cas pathologique de la RDC puisse effectivement se dégager de l'observation du droit positif. La logique constitutionnaliste se comprend mieux par la mise en lumière du débat doctrinal lié à la nature des différents régimes politiques qu'a connus ce pays et qui sont parfois sources de conflits politiques.

La constitution du 18 février 2006 ramène théoriquement la RDC dans les régimes admettant la séparation des pouvoirs. La République sera-t-elle à la hauteur de ce rendez-vous ? Moins sûr! Lorsqu'un conflit politique prend la forme juridique, il est fait recours au droit pour sa résolution. Il s'agit dans ce cas précis de la protection du domaine règlementaire par rapport à la loi, de la dissolution de l'Assemblée nationale mais aussi la motion de censure.

Concrètement, il est admis que la protection du domaine des règlements par rapport à celui de la loi révèle la transmutation de l'État légal à l'État de droit. Tout autant, le rétrécissement du domaine de la loi démontre l'affaiblissement du parlement face l'exécutif.

L'actuelle constitution de 2006 offre la possibilité au Président de la République et plus spécialement au Premier ministre de saisir la Cour constitutionnelle d'un recours visant à faire déclarer une loi déjà adoptée mais non encore promulguée, non conforme à la constitution[1005].

Il en résulte en toute hypothèse que tous les actes législatifs intervenus antérieurement dans le domaine protégé du règlement peuvent être modifiés par décret du Premier ministre. Lorsqu'on se réfère à l'article 123 de la constitution de 2006, il est prévu que le législateur intervienne en certaines matières mais seulement en fixant

[1005]Article 139 de la constitution du 18 février 2006.

les principes fondamentaux ou en posant clairement des normes de principe. A l'opposé, le pouvoir réglementaire édictera des normes dans le cadre indiqué par les principes législatifs et pour en procurer une parfaite exécution[1006]. La solution juridique ainsi envisagée peut conduire à une grave crise institutionnelle puisque son application stricte peut fissurer la majorité parlementaire en privant son émanation gouvernementale du soutien nécessaire dont il a besoin. En cas de persistance de la crise entre ces deux institutions, le recours à la dissolution de l'Assemblée nationale constitue une solution juridique.

Ainsi, l'article 148 de la constitution dispose qu'« en cas de crise persistante entre le Gouvernement et l'Assemblée nationale, le Président de la République peut, après consultation du Premier ministre et des présidents de l'Assemblée nationale et du Sénat, prononcer la dissolution de l'Assemblée nationale ». Il ressort de cet article que le droit de dissolution du parlement relève exclusivement du Président de la République et constitue un acte de haute portée politique. Cet acte de dissolution exige la consultation des présidents des deux chambres du parlement. Le non-respect de cette procédure rend la dissolution inconstitutionnelle.

La question du fond de la dissolution appartient au pouvoir discrétionnaire du Président de le République. Toutefois, aucune dissolution ne peut intervenir dans l'année qui suit les élections, ni pendant les périodes de l'État d'urgence ou de siège ou de guerre, ni pendant que la République est dirigée par un Président intérimaire[1007].

A l'inverse, la motion de censure est l'une des armes que possède l'Assemblée nationale à l'égard du Gouvernement lorsqu'il y a désaccord entre ces deux institutions. Elle constitue souvent un mécanisme de dissuasion du parlement face au gouvernement. La menace de son recours oblige le gouvernement à rester dans la logique de la majorité parlementaire.

En RDC, aucune motion de censure introduite contre le gouvernement n'a trouvé l'effet escompté à cause de la « caporalisation » de la vie politique couplée d'une discipline partisane.

[1006] Article 123 de la constitution du 18 février 2006.

[1007] Article 123 de la constitution du 18 février 2006.

Comme au Sénégal, les députés congolais de la majorité, pour assurer le Chef de l'État de leur allégeance et de leur loyauté, n'hésitent pas à proclamer publiquement qu'ils sont ses députés, et à parler de lui comme « la seule constante »[1008]. Le triple conflit analysé ci-haut ne résume pas la totalité des conflits juridiques qui sont aussi multiples et multiformes. C'est le cas de ceux qui peuvent intervenir entre l'État et ses provinces.

b. Les conflits de compétence entre l'État central et ses provinces[1009]

Les relations entre les provinces et l'État central relèvent des compétences constitutionnellement définies dont le non-respect est source de conflits soit politique ou juridique. En effet, la RDC d'aujourd'hui n'offre aucune jurisprudence d'un conflit politique direct entre l'État central et ses provinces. Par contre certaines provinces congolaises économiquement avancées notamment le Bas-Congo, le Katanga et la ville province de Kinshasa ont à un certain moment manifesté leur mécontentement et ont réclamé l'application immédiate de l'article 175 alinéa 2 de la constitution de 2006 qui prévoit la répartition des recettes nationales à raison de 60% pour le pouvoir central et 40% pour les provinces. Ces dernières pourront retenir à la source leur quotte part. Il est à craindre que la répartition des recettes ne soit source de grandes disparités entre les provinces du fait des écarts de développement entre elles. La non-redistribution des fonds de la Caisse Nationale de Péréquation prévue à l'article 181 de l'actuelle constitution constitue en partie une source éventuelle de conflits.

« Si la consécration de la répartition de recettes est un moyen pour le constituant congolais d'aboutir à un compromis entre les thèses unitaires et fédéralistes, c'est également la formule la mieux adaptée à la réalité congolaise au regard de sa taille et de sa diversité ethnique et culturelle »[1010].

Les contestations politiques peuvent devenir un levier de contre-pouvoir, exerçant une forte influence sur le monde politique,

---

[1008]Babacar Guèye, « La démocratie en Afrique : succès et résistances », *Pouvoirs,* n° 129, pp.5-26.

[1009]Article 61 de la loi organique sur la Cour constitutionnelle du 15 octobre 2013

[1010]Pollet-Panoussis, D., « La constitution congolaise de 2006 : petite sœur africaine de la constitution française », *op., cit.,* p.464

l'obligeant à tenir compte des volontés des individus. Elles expriment de ce point de vue un rôle de sentinelle de la démocratie et certaines d'entre elles se transforment parfois en questions juridiques. Les querelles juridiques sont essentiellement celles qui concernent la répartition des compétences verticales et horizontales entre l'État central et les provinces.

La répartition des compétences entre l'État central et les provinces est consacrée par les dispositions constitutionnelles[1011]. En effet, la constitution fixe *expressis verbis* les rapports formels et verticaux entre d'une part les institutions nationales que sont l'Assemblée nationale et le Sénat et d'autre part, les provinces[1012]. L'article 202 énumère une liste des matières qui relèvent de la compétence exclusive du pouvoir central et l'article 204 établit la liste des compétences qui sont exclusives aux provinces. Néanmoins l'exercice de plusieurs de ces compétences doit respecter la législation nationale. Le respect de cette condition est assuré par la Cour constitutionnelle réputée compétente pour cette question conformément à l'article 61 de la loi organique de cette institution. Cette répartition des compétences par le constituant facilite le travail de la Cour constitutionnelle qui sanctionnera simplement toutes interférences ou empiétements des uns et des autres dans les différents domaines des compétences exclusives.

A qui revient la qualité de saisir la Cour ? Si le législateur national interfère dans une matière exclusive à la province, c'est à la Cour constitutionnelle de régler les conflits après saisine de la province lésée ; par contre les juridictions administratives resteront compétentes pour régler les conflits de compétence entre le pouvoir exécutif et le pouvoir exécutif provincial, par le biais notamment du recours pour excès de pouvoir[1013].

En effet le recours contre un acte législatif ou réglementaire qui sera pris en violation des domaines de compétences étatiques ou provinciaux, ne peut être intenté que par le Président de la République, le Président de l'Assemblée nationale, le Président du Sénat, le gouvernement, un dixième des membres de chacune des chambres

---

[1011]Lire les articles 202 à 205 de la constitution du 18 février 2006.
[1012]Article 205 de la constitution du 18 février 2006.
[1013]Vunduawe Te Pemako, F., *Traité de droit administratif*, *op., cit.*, p/502.

parlementaires, les Présidents des Assemblées provinciales, les gouverneurs de province ou un dixième des députés provinciaux[1014]. S'agissant des matières concurrentes, c'est-à-dire les compétences qui ne sont pas réservées ni à l'État ni aux provinces prévues à l'article 203 de la constitution, la règle de solution juridique du conflit se trouve être dans l'article 34 de la loi n°08/012 du 31 juillet 2008 portant principes fondamentaux relatif à la libre administration des provinces et repris par l'article 64 alinéa 1 de la loi organique sur la Cour constitutionnelle qui dispose que « tout édit provincial incompatible avec les lois et règlements nationaux est nul de plein droit »[1015].

Il s'agit d'une sanction de plein droit applicable qu'en cas d'une incompatibilité de la norme provinciale avec la norme nationale. Le dernier alinéa de l'article 205 de la constitution de 2006 dispose clairement que « la législation nationale prime sur l'édit provincial » et semble trancher définitivement tout conflit entre les deux normes de même nature mais de niveaux différents[1016].

L'alinéa 2 de l'article 64 de la loi organique citée ci-devant précise la procédure pour faire constater cette incompatibilité. Le juge constitutionnel congolais aura à concilier deux éléments en apparence inconciliables.

D'abord, l'impératif de l'unicité du droit sur tout le territoire congolais conséquence du caractère unitaire de l'État consacré par la constitution du 18 février 2006. Il est admis que l'organisation étatique congolaise est une forme de régionalisme constitutionnel plus proche de celui d'Italie que d'un État décentralisé à forte concentration administrative comme la France.

Ensuite, le juge constitutionnel congolais devra garantir aux Assemblées provinciales, l'autonomie que leur accorde la constitution et particulièrement en ce qui concerne les compétences exclusives de l'article 204.

Au demeurant, la constitution congolaise de 2006, contrairement à d'autres constitutions fédérales ou régionales ne se

---

[1014]Article 54, de la loi organique sur la Cour constitutionnelle congolaise.
[1015]Lire article 34 de la loi n°08/012 du 31 juillet 2008, déjà cité.
[1016]Kaluba Dibwa, D., *Du contentieux constitutionnel en RDC*, *op., cit.,*

prononce pas sur le pouvoir résiduaire puisqu'il est peu probable que les trois listes des compétences comprennent toutes les matières. Il appartient à la Cour constitutionnelle de résoudre cette question en tenant compte des prérogatives des provinces qui ne peuvent être réduites.

Par ailleurs, il nous semble que la loi organique ne règle pas les conséquences d'un arrêt de la Cour constitutionnelle annulant une norme nationale ou provinciale pour excès de compétence. La loi organique se contente de reprendre simplement la formule de l'article 205 de la constitution « annule ou abroge » qui milite pour une annulation sans effet rétroactif[1017]. Si les règles constitutionnelles et légales existent pour trancher et résoudre les conflits nés dans le cadre du régionalisme constitutionnel adopté par la RDC, le cas est différent lorsqu'il s'agit du conflit interprovincial. Cette spécificité du conflit interprovincial n'a pas été prévue par le constituant congolais de 2006 pourtant susceptible de surgir. En effet, l'article 199 de la constitution de 2006 repris par l'article 40 de la loi n°08/012 du 31 juillet 2008 dispose « que deux ou plusieurs provinces peuvent, d'un commun accord, créer un cadre d'harmonisation et de coordination de leurs politiques respectives et gérer en commun certains services dont les attributions portent sur les matières relevant de leurs compétences ».

Ces accords de coopération qui sont des actes juridiques peuvent comporter des contradictions et susceptibles de créer un conflit entre ces provinces. La forme de cet accord n'a pas été précisée. Il peut s'agir d'un arrêté interprovincial rendu public par les deux gouverneurs ou d'autres normes législatives sous forme d'un édit interprovincial. Cet accord peut aussi prendre une forme tout à fait libre distincte des deux premières.

En tout état de cause, le juge administratif et le juge constitutionnel demeurant compétents pour les deux premiers cas c'est-à-dire pour un arrêté interprovincial, l'article 74 de la loi n°08/012 du 31 juillet 2008 rend chaque Cour d'appel administrative compétente pour connaître des recours en annulation pour violation de la loi, des édits et des règlements nationaux formés contre les actes ou décisions

---

[1017]Alen, A., « Contrôle de constitutionnalité des lois et d'autres actes après leur adoption », déjà cité.

des autorités provinciales ou locales et les organismes placés sous la tutelle de ces autorités. S'agissant d'un édit interprovincial, l'article 73 de la loi susmentionnée rend la Cour constitutionnelle seule compétente à cet effet. Lorsque par contre l'accord ne concerne pas les deux cas précités, le juge ordinaire reste compétent pour résoudre tout conflit qui pourra naître. D'ailleurs avec l'établissement d'un Conseil d'État, tout contrat administratif relèvera de la compétence du juge administratif. Pour tout ce qui concerne le litige d'un accord régi par les règles de droit commun, seul le juge de droit commun sera habilité à statuer en la matière.

Par ailleurs la Conférence des Gouverneurs de province instituée par la constitution de 2006[1018] peut jouer plus subtilement un rôle très important dans les cas spécifiques des conflits entre provinces. « Cette institution « émet des avis et formule des suggestions sur la politique et la législation à édicter par la République ». Mais plus subtilement encore, cette institution se pose comme une instance à la fois de prévention en amont, et de règlement des conflits tant entre l'État central et les provinces qu'entre ces dernières. En émettant des avis et en formulant des suggestions, la Conférence prévient ou désamorce des conflits d'intérêt, en l'occurrence les conflits éventuels mais prévisibles concernant la redistribution des fonds de la Caisse Nationale de Péréquation »[1019] A l'instar du tribunal des conflits français, la Cour constitutionnelle de la RDC sera aussi compétente pour résoudre les conflits de compétence entre les ordres de juridictions.

2. La Cour constitutionnelle, le juge des conflits de compétence entre les différents ordres suprêmes de juridiction[1020]

L'actuelle constitution de 2006 a éclaté la CSJ donnant naissance comme en France à trois ordres juridictionnels distincts tout en mettant fin au régime de l'ordonnance de mars 1982 relative à l'organisation et au fonctionnement de la CSJ. En effet, sous le régime de cette ordonnance, tout le contentieux était réuni dans les différentes sections de cette haute juridiction aux compétences hétéroclites. Or avec la constitution de 2006, l'ordre judiciaire se trouve être placé sous

[1018]Article 200 de la constitution de 2006

[1019]Ngoma Binda, *La justice transitionnelle en RD Congo*, Paris, L'Harmattan, 2008, p. 145.

[1020]Article 65 de la loi organique sur la Cour constitutionnelle déjà citée.

la houlette de la Cour de cassation de surcroît Cour suprême des juridictions judiciaires, le Conseil d'État coiffe toutes les juridiction administratives et la Cour constitutionnelle est cette juridiction chargée de résoudre les éventuels conflits de compétence susceptibles de surgir entre les deux autres ordres juridictionnels. Il existe toutefois une Haute Cour militaire mais qui n'est pas concernée par le conflit de compétence conformément à l'article 161 de la constitution.

Cette dualité de l'ordre juridictionnel en RDC soulève un certain nombre de problèmes qui nécessitent la mise en place des instruments adéquats de façon à éviter les ingérences de l'un sur l'autre. Il faudra aussi que ces deux ordres de juridictions s'abstiennent de trancher un litige qui ne relèvera de leur compétence ou les opposeront. Le constituant congolais de 2006 a porté sa préférence à la haute juridiction constitutionnelle pour résoudre tout conflit de compétence qui s'élèvera entre le Conseil d'État et la Cour de cassation[1021].

En France, cette compétence est confiée au tribunal des conflits qui est un organe spécifique et dont la mission est de trancher le litige entre les deux ordres de juridictions. Cet organe est composé de façon paritaire, avec autant de Conseillers d'État que de Conseillers de la Cour de cassation placés sous la direction du garde des sceaux. Or, en RDC, la préférence de la Cour constitutionnelle permet de régler les conflits de compétence indépendamment des ordres juridictionnels en cause sans pour autant recourir à une juridiction spécifiquement dédiée à ce type de problèmes[1022].

L'article 161, alinéa 4 de la constitution de 2006 dispose : « la Cour constitutionnelle connaît des recours contre les arrêts rendus par la Cour de cassation et le Conseil d'État, uniquement en tant qu'ils se prononcent sur l'attribution du litige aux juridictions de l'ordre judiciaire et administratif. » Cet article soulève à notre avis, au moins une réflexion. En effet, la compétence de la Cour constitutionnelle à la lumière de cet article n'est pas générale mais une compétence d'attribution qui ne trouve son application que dans le cas spécifique d'une attribution de compétence entre les deux ordres juridictionnels suprêmes. L'alinéa 5 de l'article 161 ci-haut cité constitue la

[1021]Article 161, alinéa 4 et 5 de la constitution du 18 février 2006.
[1022]http://popus/ulg.ac.be/federalisme/document.php?id=532 Consulté le 24 mai 2012.

conséquence de cette assertion qui dispose : « le recours n'est recevable que si un déclinatoire de juridiction a été soulevé par ou devant la Cour de cassation ou le Conseil d'État ». Il s'agit d'un filtre destiné à contrôler d'éventuels recours abusifs susceptibles d'être soulevés lors de la procédure. Cette précaution ne nécessite pas directement des mesures d'exécution. La saisine de la Cour constitutionnelle reste ouverte à toute personne intéressée, la seule condition étant de respecter « le délai de deux mois suivant la signification de la décision »[1023].

En matière de conflits d'attribution de juridiction, la Cour constitutionnelle statue après avoir pris connaissance des avis motivés des deux parties, en l'occurrence le Conseil d'État et la Cour de cassation[1024]. L'arrêt de règlement du conflit d'attribution est motivé et lie l'ensemble des ordres juridictionnels[1025]. La solidité juridique de cette affirmation doit être suivie de la publicité mais également de la publication dans le journal officiel pour son opposabilité *erga omnes*.

Par ailleurs, sous le régime de la CSJ, le chapitre 1er du titre VI avait prévu une procédure à suivre en cas de conflit d'attribution conformément à l'article 124 de l'ordonnance loi du 31 mars 1982[1026]. Cette procédure était assez complexe. C'est à la CSJ, toutes sections réunies qu'est dévolue la compétence de trancher les litiges entre les deux autres sections (judiciaire et administrative).

Il est difficile, en effet, d'affirmer qu'il s'agit d'un véritable conflit de compétence des juridictions. Pour preuve, aucune affaire de conflit de compétence n'a été enregistrée au greffe de cette haute juridiction. Sous le régime de l'article 66 de la loi organique sur la Cour constitutionnelle, la Cour de cassation et le Conseil d'État sont deux juridictions suprêmes aux attributions spécifiques et non deux sections

---

[1023]Article 68, alinéa 2 de la loi organique sur la Cour constitutionnelle de la RDC. Déjà cité.

[1024]Article 69 de la loi organique sur la Cour constitutionnelle de la RDC déjà cité.

[1025]Article 71 de la loi organique sur la Cour constitutionnelle de la RDC

[1026]L'article 124 de l'ordonnance loi n°82-017 du 31 mars 1982 relative à la procédure devant cette haute juridiction dispose qu'il y a « conflit d'attribution, lorsqu'une section judiciaire et une section administrative se déclarent pour une même demande, mue entre les mêmes parties, à la fois compétentes ou incompétentes. L'exception d'inconstitutionnalité soulevée devant une section judiciaire ou devant une section administrative sur le motif que la demande relève en tout ou en partie de l'autre section doit être tranchée par décision séparée... »

d'une « super juridiction ». Il sied de relever que seul le conflit d'attribution négatif nous paraît être organisé. Car un déclinatoire de compétence est exigé avant toute saisine de la Cour. Or un déclinatoire de compétence suppose que les deux ordres se renvoient la compétence.

En raison de l'analphabétisme des justiciables congolais mais aussi du caractère non obligatoire de la défense devant la haute juridiction constitutionnelle adopté jusque-là, il appartient à la Cour constitutionnelle de préciser le juge compétent sans se contenter d'indiquer l'ordre des juridictions compétent. Cette imprécision légistique du législateur peut être corrigée à ce stade pour éviter d'autres conflits de compétence à l'intérieur de l'ordre juridictionnel désigné.

a. La constatation de situations exceptionnelles de l'article 145 de la constitution de 2006

L'article 145 de la constitution dispose : « En cas d'état d'urgence ou d'état de siège, le Président de la République prend, par ordonnances délibérées en Conseil des ministres, les mesures nécessaires pour faire face à la situation. Ces ordonnances sont, dès leur signature, soumises à la Cour constitutionnelle qui, toutes affaires cessantes, déclare si elles dérogent ou non à la présente constitution »[1027]. La disposition constitutionnelle de l'article ci-devant cité est une réplique plus ou moins conforme de l'article 16 de la constitution française de 1958. Néanmoins le mimétisme ici est mesuré. L'article 16 de la constitution française recourt « à des mesures (qui) doivent être inspirées par la volonté d'assurer aux pouvoirs publics constitutionnels, dans les moindres délais, les moyens d'accomplir leur mission »[1028].

En effet, lorsque conformément à l'article 16 de la constitution du 4 octobre 1958, le Président de la République souhaite mettre en œuvre les pouvoirs exceptionnels, il doit au préalable consulter le Conseil constitutionnel dont l'avis, non conforme, fait l'objet d'une publication au journal officiel. En RDC, lorsque le Président de la République recourt à la dictature constitutionnelle temporaire, il n'est

[1027]Art. 145 de la constitution du 18 février 2006.
[1028]Lire article 16 alinéas 3 de la constitution française du 4 octobre 1958. Cette dernière est aussi consultable sur le site du Conseil constitutionnel www.conseil-constitutionnel.fr

pas tenu par les dispositions constitutionnelles hormis évidemment l'article 145 de la constitution mais aussi les dispositions des articles 85, 114 et 116 reprenant les normes prévues à ce sujet. Il importe de souligner le parallélisme des articles 69 et 145 de la constitution qui reconnaissent au Président de la République son rôle capital en tant que Chef de l'État, représentant de la nation et symbole de l'unité nationale. A ce titre, il est arbitre et garant de la nation en temps de paix. Mais en temps de guerre ou à l'occasion de la mise en œuvre des pouvoirs exceptionnels, il peut se réclamer de la double qualité des pouvoirs législatifs et exécutifs à condition que soient réunis les mécanismes prévus à l'article 145 de la constitution du 18 février 2006.

L'application de cette disposition est subordonnée d'une part « à la menace grave et immédiate sur les institutions de la République, l'indépendance de la Nation, l'intégrité de son territoire ou l'exécution de ses engagements internationaux et d'autre part, l'interruption du fonctionnement régulier des pouvoirs publics constitutionnels »[1029]. L'ensemble de ces dispositions relève des conditions de fond qui caractérisent ces textes constitutionnels. Il n'appartient pas au Président de la République de recourir abusivement et de façon excessive à ce mécanisme.

Par ailleurs, la mise en œuvre de l'article 145 couplé avec l'article 85 de la constitution du 18 février 2006 est aussi subordonnée à des conditions ou règles de procédure. Lorsque ces circonstances exceptionnelles répondent à ces conditions, le Premier ministre, les Présidents des deux chambres et la Cour constitutionnelle doivent être consultés. L'avis de la juridiction constitutionnelle est d'ailleurs rendu public dans le journal officiel. Outre ces consultations, la Nation doit être informée par un message du Président de la République. En France, « durant l'application des pouvoirs exceptionnels, affirme Simon-Louis Formery, les contraintes qui s'imposent au Président de la République sont réduites »[1030]. Il en va de même pour la RDC dont le texte constitutionnel est la réplique de l'article 16 de la constitution française de 1958. Cependant cette « dictature constitutionnelle temporaire » caractérisée par l'attribution légale à un seul homme de tous les pouvoirs pour une durée limitée consacre ce dernier comme le seul

[1029] Art. 85, al. 1 de la constitution du 18 février 2006.

[1030] Formery, S.-L., *La constitution commentée article par article*, *op. cit.*, pp. 48-49.

interprète de la constitution pour tout ce qui touche sa compétence. Car c'est lui qui juge et apprécie les mesures exigées par le temps de crise à condition de ne pas « lessiver » la constitution. D'ailleurs il bénéficie pour l'application de cette disposition du concours de Premier ministre (c'est-à-dire avant l'application de cette disposition), des Présidents des deux chambres comme dit ci-haut. Le Chef de l'État ne peut pendant cette période de crise et des pouvoirs exceptionnels dissoudre l'Assemblée nationale, ainsi que le Sénat, de plein droit bien que ces deux assemblées soient neutralisées. Ses compétences (Président de la République) ne connaissent que peu de limites. Il dispose des pouvoirs sans véritable contrôle.

Le juge administratif est dépourvu de toute compétence à son égard et ne peut ni apprécier la légalité moins encore contrôler totalement les mesures qu'il prend en application de l'article 145. Ces mesures prises dans le sillage de l'article 145 de la constitution de 2006 ne sont que partiellement soumises au contrôle de légalité assuré par le juge administratif suprême, lequel doit distinguer les mesures à caractère législatif de celles de nature réglementaires conformément au critère matériel prévu aux articles 122, 123, et 128 de la constitution de 2006.

La constitution congolaise du 18 février 2006 elle-même a organisé l'état de siège et l'état d'urgence et fixé leur durée. En effet, l'article 144, alinéa 3 de la constitution a d'abord fixé un délai initial qui est de trente jours. Ensuite, ce délai de 30 jours peut être prorogé en des périodes successives de quinze jours, après autorisation de l'Assemblée nationale et du Sénat, saisit par le Président de la République sur décision du Conseil des ministres (article 144, alinéa 4). Bref, la durée d'application du régime de l'article 145 ne connaît pas de limites effectives. C'est le Parlement en Congrès qui autorise la prorogation de la durée de l'état d'exception (état d'urgence ou état de siège), pour des périodes successives de quinze jours[1031]. Le même Parlement peut, par une loi, mettre fin à tout moment à l'état d'urgence ou à l'état de siège[1032]. « La légitimité d'une « dictature constitutionnelle », affirme Simon-Louis Formery, est subordonnée à son caractère temporaire, comme le rappelle la constitution : les pouvoirs publics constitutionnels

[1031]Les articles 85 et 144 de la constitution du 18 février 2006.

[1032]Art. 144, al. 5 de la constitution de 2006.

doivent retrouver « dans les moindres délais, les moyens d'accomplir leur mission » »[1033]. Or aucun mécanisme ne permet un contrôle de cette obligation. Le Président congolais est-il exempté d'observer les formes constitutionnelles des normes à décréter pour faire face à la situation exigeant la mise en œuvre de l'article 145 ? Certainement non. Les mesures que devra pendre le Président de la République (réglementaires, législatives ou autres) devront respecter les formes qui permettront qu'elles soient reconnues et contrôlées par le juge constitutionnel du reste compétent.

Les effets juridiques des mesures d'urgences prises dans le contexte défini sont en fait contenus dans ces mêmes mesures. On peut avec le professeur Félix Vunduawe te Pemako en dénombrer essentiellement au moins quatre[1034]:

- **Restriction des libertés publiques**

La période de l'état d'urgence et d'état de siège est caractérisée par la restriction des libertés publiques. L'autorité peut pendant cette période, par exemple, fermer un aéroport ou réglementer la circulation de la nuit. Toutefois, les mesures que peuvent prendre le Président de la République, après délibération en Conseil des ministres, connaissent une limitation majeure en matière des libertés et des droits fondamentaux. L'article 46, alinéa 2 de la loi organique n° 13/026 du 15 octobre 2013 précise que ces ordonnances ne peuvent être mises en application que dans le respect des dispositions de l'article 61 de la constitution[1035].

- **Maintien de l'ordre confié à l'autorité militaire**

Pendant cette période et de manière générale, le Président de la République peut parfois confier le rôle de maintien de l'ordre public à

[1033]Formery, S.-L., *La constitution commentée article par article*, *op. cit.*, pp. 51-52.
[1034]Vunduawe te Pemako, F., *Traité de droit administratif*, *op. cit.* pp. 244-245.
[1035]L'article 61 de la constitution dispose « qu'en aucun cas et même lorsque l'état de siège ou l'état d'urgence aura été proclamé, il ne peut être dérogé aux droits et principes fondamentaux ci-après : le droit à la vie ; l'interdiction de la torture et des peines ou traitements cruels, inhumains ou dégradants ; l'interdiction de l'esclavage et de la servitude ; le principe de la légalité des infractions et des peines ; les droits de la défense et les droits de recours ; l'interdiction de l'emprisonnement pour dettes ; la liberté de pensée, de conscience et de religion ».

un militaire. L'histoire de la RDC est à cet effet plein d'exemples. Le général Singa Boyenge avait été désigné commandant de Région militaire et Gouverneur du Shaba (actuel Katanga) lors des deux guerres du Shaba.

- **Répressions confiées aux juridictions militaires**

D'une manière générale, la fonction de répression peut être confiée aux juridictions militaires en remplacement des juridictions pénales ordinaires pour les infractions visées[1036].

- **Extension du pouvoir de police administrative**

Pendant la période d'état d'urgence et d'état de siège, le Président de la République peut décider de l'extension du pouvoir de police des autorités administratives. Celles-ci peuvent être amenées à exercer des pouvoirs qui, traditionnellement, leur échappent. Toutefois, ces pouvoirs exceptionnels trouvent quelque part des limites.

L'article 145 de la constitution limite les mesures du Président de la République dans ses buts et ses motifs. Car, comme le rappelle la constitution, ces mesures sont « nécessaires pour faire face à la situation ». Ces limites du pouvoir exceptionnel s'analysent en termes de contrôle et de sanction.

Le contrôle est à la fois politique et juridictionnel. Le contrôle des pouvoirs du Président de la République peut être exercé d'abord par la Cour constitutionnelle. D'où le contrôle juridictionnel. L'intervention de la Cour s'opère *a posteriori* des ordonnances signées et en cours d'exécution. Comme nous l'avons vu plus haut, en vertu de l'article 144, alinéa 2 de la constitution, la Cour constitutionnelle doit vérifier la conformité ou non des mesures prises par le Président de la République à l'occasion de la dictature constitutionnelle temporaire.

[1036]Art. 156, al. 2 de la constitution du 18 février 2006 dispose : « en temps de guerre ou lorsque l'état de siège et d'urgence est proclamé, le Président de la République, par une décision délibérée en Conseil des ministres, peut suspendre sur tout ou partie de la République et pour la durée et les infractions qu'il fixe, l'action répressive des cours et tribunaux de droit commun au profit de celles des juridictions militaires. Cependant, le droit d'appel ne peut être suspendu ».

Le contrôle des pouvoirs du Chef de l'État est qualifié de politique parce qu'exercé par le Parlement réuni en Congrès en vertu des articles 143 et 144 de la constitution de 2006. L'Assemblée nationale et le Sénat sont des institutions politiques. Comme il a été dit précédemment, dans le délai de 30 jours, le Parlement peut proroger ces mesures d'urgences ou les réviser parce qu'inconstitutionnelles. Mais tout contrôle suppose en principe des sanctions.

En quête de l'établissement d'un État de droit constitutionnel en RDC, la doctrine s'interroge sur la portée et comment garantir la sanction des obligations constitutionnelles du Chef de l'État en temps de crise. La constitution de 2006 reconnaît l'unique sanction celle qu'à tout moment, le Parlement peut prendre une loi mettant fin à l'état d'exception créé par le Président de la République, après délibération en Conseil des ministres (article 144, alinéa 5). Ce fut le cas aussi sous la constitution de la Transition du 4 avril 2003 notamment l'article 135, alinéa 5.

Depuis la révision du 23 juillet 2008, le Conseil constitutionnel français se voit en effet confier une charge importante dans le contrôle de l'application de l'article 16 de la constitution du 4 octobre 1958. « Saisi, comme en matière de constitutionnalité, après trente jours de mise en œuvre ou statuant d'office après soixante jours, il constate publiquement si les conditions constitutionnelles sont toujours remplies »[1037].

Certes, « l'avis que le Conseil constitutionnel peut donner reste seulement consultatif et il ne lie donc pas juridiquement le Président de la République, mais nous pouvons estimer que la publicité expresse qui lui serait donnée pèserait fortement sur la décision présidentielle de prolonger ou non l'application des pouvoirs exceptionnels »[1038]. Il faut toutefois remarquer que l'avis de conformité des ordonnances de l'article 145 procède d'un constat d'une situation ou d'un fait sans existence préalable d'un contentieux à trancher. Ces pouvoirs

---

[1037]Formery, S.- L., *La constitution commentée article par article*, *op.cit*, P .51
[1038]Favoreu, L. et les autres, *Droits constitutionnel,* 14éme éd, Paris, Dalloz, 2011, p.331

exceptionnels peuvent devenir source du contentieux si ces ordonnances portent atteinte aux droits et libertés fondamentaux. La dictature constitutionnelle temporaire est appelée à s'estomper et à revenir au contrôle normal de constitutionnalité dévolue à la juridiction compétente protectrice d'un État de droit en construction en RDC. Cette dictature constitutionnelle doit rendre au juge constitutionnel son pouvoir de statuer dans le contentieux à lui soumis.

§4. La Cour constitutionnelle, gardienne des droits et libertés individuels

Il serait présomptueux et illusoire sur cette question d'envisager une analyse particulière de chacun des droits et libertés fondamentaux par le biais de l'expression qui en est faite par le juge constitutionnel. Une telle analyse outrepasserait le contexte que nous nous sommes fixés ; alors même que la Cour constitutionnelle n'est pas encore entrée en fonction.

En effet, la diversité des droits et libertés annoncés mais aussi la multitude des solutions adoptées tenant compte de l'approche du droit comparé pourrait certainement faire l'objet d'une autre thèse. Notre essai prospectif opte pour une approche globale consistant à envisager la consécration des droits et libertés individuelles à travers leurs sources et les conditions de leur épanouissement, puis les mécanismes constitutionnels.

Pour la consécration des droits et libertés à travers leurs sources et les conditions de leur épanouissement, l'on peut relever que la constitution congolaise du 18 février 2006, au-delà de l'organisation de la vie institutionnelle et politique consacre clairement l'obligation de promouvoir et respecter les droits et libertés publiques.

La spécificité du texte constitutionnel congolais de 2006 est la nette consécration des droits humains et la protection qu'il garantit aux libertés fondamentales déjà proclamées par les instruments juridiques régionaux et internationaux auxquels la RDC est partie.

La constitution du 18 février 2006 tire les conséquences juridiques de l'option politique adoptée par les délégués au Dialogue inter congolais de Sun City en Afrique du Sud du 2 avril 2003. Cette constitution est largement pour un libéralisme total et intégral tel que voulu en son temps par les représentants du peuple congolais, réunis en conférence nationale souveraine (CNS) tenue à Kinshasa du 7 août 1991 au 6 décembre 1992. C'est cette option qui est même à la base du pluralisme politique intégral ouvrant la voie à la naissance de micros partis politiques en RDC.

La balkanisation de fait de la vie politique à travers les différents conflits armés, la fragilisation des décisions des gouvernants et l'émiettement des forces politiques qui ont présidé à l'exercice du pouvoir depuis le 24 avril 1990, constituent en effet l'une des conséquences funestes du libéralisme revanchard apprivoisé par la Constitution, selon Frédéric Joël Aïvo. Toutefois, la constitutionnalisation des droits et libertés que consacre la constitution de 2006 peut être considérée comme l'une des avancées importantes du droit positif congolais. Dans le titre II de cette constitution, consacré aux droits humains et aux libertés fondamentales mais aussi aux devoirs du citoyen et de l'État, on retrouve entre autres des droits civils et politiques[1039], des droits économiques, sociaux et culturels[1040], des droits collectifs[1041] ainsi que les devoirs du citoyen[1042]. Cette constitution a du reste été adoptée par référendum par les Congolais comme antidote à l'autoritarisme, à la confiscation du pouvoir par une personne ou un groupe de personnes et au parti unique. Elle prône l'obligation de promouvoir et de respecter les droits humains et les libertés fondamentales de la personne humaine. Cette constitution n'a pas hésité à faire la synthèse de tous les instruments juridiques régionaux et internationaux exerçant sur elle une certaine influence. Le préambule de cette constitution de 2006 fait ainsi référence à « l'adhésion et l'attachement des Congolais à la Déclaration universelle des droits de l'Homme, à la charte africaine des droits de l'homme et des peuples, aux conventions des Nations Unies sur les droits de l'enfant et sur les droits de la femme, particulièrement l'objectif de la parité de représentation homme femme au sein des institutions du pays »[1043].

Ces différents textes, ainsi que les principes fondamentaux reconnus par les lois de la République forment le bloc de constitutionnalité. L'analyse approfondie des autres titres de cette

[1039]Des articles 11 à 33 de la Constitution du 18 février de 2006.
[1040]Articles 34 à 49 de la constitution de 2006.
[1041]Articles 35 à 61 de la constitution de 2006 précitée.
[1042]Article 62 à 67 de la constitution de 2006 précitée
[1043]Paragraphe 6 du préambule de la Constitution de 2006.

constitution conduit à découvrir d'autres dispositions concernant les droits de l'Homme. C'est notamment le premier titre ayant trait aux dispositions générales contenant *in fine*, des dispositions relatives au droit de vote[1044], le droit à la liberté d'association surtout pour les partis politiques[1045], le droit du peuple congolais à jouir souverainement et de façon permanente sur ses ressources naturelles[1046] ainsi que le droit à la nationalité[1047]. Il en va aussi du troisième titre de cette constitution portant l'organisation et l'exercice du pouvoir dont certains articles concernent l'indépendance du pouvoir judiciaire[1048] mais également les mécanismes de promotion et de la protection des droits humains et des libertés fondamentales[1049]. Il faut aussi ajouter le titre VII de cette constitution de 2006 qui intègre les droits de l'Homme dans l'article 220 réputé intangible et verrouillé à toute révision constitutionnelle[1050]. L'article 215 de la même constitution se rapporte également aux droits de l'Homme en déclarant : « Les traités et accords internationaux régulièrement conclus ont, dès leur publication, une autorité supérieure à celle des lois, sous réserve pour chaque partie ou accord de l'application par l'autre partie »[1051]. En effet, nous pouvons considérer qu'au regard de cette disposition, du reste, l'œuvre de la constitution de 1964 qui a résisté et survécu à l'instabilité constitutionnelle chronique de ce pays, divers instruments juridiques régionaux et internationaux ayant trait aux droits de l'homme intègrent l'ordre juridique national[1052]. Ces instruments internationaux et régionaux devraient s'insérer dans l'ordonnancement constitutionnel congolais dont l'application est

[1044]Article 5.
[1045]Article 6 à 8.
[1046]Article 9.
[1047]Article 10.
[1048]Notamment articles 151 et 152.
[1049]Lire article 203.
[1050]Lire article 220.
[1051]Nous pouvons à ce sujet recommander à nos lecteurs, la lecture de Marcel Wetsh'Okonda Koso, *Les textes constitutionnels congolais annotés,* Kinshasa, Éditions de la Campagne pour les droits de l'Homme au Congo, 2010, p. 486.
[1052]Lire à ce propos, Instruments internationaux et régionaux relatifs aux droits de l'Homme et au droit international humanitaire ratifiés par la RDC, Kinshasa, JORDC, n°spécial, 5 décembre 2002 ; Instruments internationaux relatifs aux droits de l'Homme et au droit international humanitaire ratifiés par la RDC, Kinshasa, JORDC, n° spécial, Septembre 2001 ; Instruments internationaux relatifs aux droits de l'Homme ratifiés par la RDC, Kinshasa, JORDC, n°spécial, avril 1999.

assurée par le juge constitutionnel conformément à l'article 150 de la constitution.

Au niveau de ces configurations, il importe de rappeler que la déclaration universelle des droits de l'Homme se compose d'un préambule et d'une trentaine d'articles. La constitution congolaise de 2006 s'inspire de cette déclaration en affirmant que « tous les hommes naissent libres et égaux en dignité et en droit »[1053]. L'article 2 de cette même Déclaration universelle des droits de l'homme s'attache à une nécessaire absence de distinction ainsi que toute discrimination dans la jouissance des droits et des libertés fondamentales. L'article 3 de ce même texte affirme que « tout individu a droit à la vie, à la liberté et à la sûreté de sa personne »[1054]. Cet article non seulement devance mais introduit dans la foulée les articles 4 et 21 de Déclaration universelle des droits de l'Homme qui énoncent clairement les droits civils aussi bien que politiques à la lumière de ceux édictés par le Pacte international relatif aux droits civils et politiques.

L'article 22 de la Déclaration universelle comporte en gros les articles 23 à 27 quand il dispose que «toute personne, en tant que membre de la société a droit à la sécurité sociale », « qu'elle est fondée à obtenir la satisfaction des droits économiques, sociaux et culturels indispensables à sa dignité et au libre développement de sa personnalité ». Cette deuxième partie de la Déclaration universelle des droits de l'Homme, évoque aussi le pacte international relatif aux droits économiques, sociaux et culturels. Ainsi, l'ensemble de ces dispositions et autres instruments internationaux notamment la Charte africaine des droits de l'homme et des peuples ont été reprises par la constitution congolaise de 2006 en son titre II.

Au-delà de cette diversité des dispositions constitutionnelles se rapportant aux droits de l'Homme, dans la constitution du 18 février 2006, une certaine doctrine reconnaît à peine cette évolution constitutionnelle en RDC. Cette prise de position doctrinale n'emporte pas notre adhésion. Car l'article 222 de la constitution accorde le choix au législateur congolais d'instituer une institution congolaise de protection des droits de l'Homme. En vertu de cette disposition, il a été

[1053]Article 11 de la constitution du 18 février 2006

[1054]Article 16, al. 2 de la constitution de 2006.

créé une Commission nationale des droits de l'Homme. Concernant les mécanismes de protection de ces droits et libertés individuelles, l'article 203 de la constitution de 2006 dispose : « la mise en œuvre des mécanismes de promotion et de sauvegarde des droits humains et des libertés fondamentales» relève de la compétence concurrente du pouvoir central et des provinces.

Nous pouvons noter avec Marcel Wetsh'Okonda[1055] que l'émergence du droit pénal constitutionnel[1056] dont les socles ont été constitués sur la base de la notion des infractions d'atteinte à la constitution en général et d'atteinte aux droits de l'Homme constitutionnellement garantis en particulier[1057] paraît avoir du plomb dans l'aile. La détermination des peines applicables auxdites infractions[1058] et la procédure prévue afin de les réprimer semble subir aussi la loi du silence surtout dans sa dimension jurisprudentielle. L'élargissement du droit de saisine de la cour constitutionnelle aux particuliers en vertu de l'article 162, alinéa 2 de la constitution n'a produit aucun effet escompté.

Malgré quelques efforts relatifs sur la portée pratique de ces différentes dispositions, nous affirmons avec une certaine doctrine que la consécration des droits et libertés fondamentales dans la constitution congolaise semble destinée à la consommation extérieure. « On peut douter de l'effectivité de cette consécration qui mobilise sur le plan symbolique les signes de l'État de droit »[1059]. L'effectivité et l'efficacité de la constitutionnalisation des droits de l'Homme peuvent apparaître comme « un code de souhaits moraux ou politiques n'emportant

---

[1055] Wetsh'Okonda Koso, M., « Le contentieux constitutionnel des droits de l'Homme du 18 février 2006 au 18 février 2011 : Essaie de bilan et perspectives d'avenir », en ligne à l'adresse www.la-constitution Consulté le 20 juillet 2013.

[1056]Lire à ce propos l'article de Boshab, E., « Les dispositions constitutionnelles transitoires relatives à la Cour constitutionnelle de la RDC », en ligne à l'adresse http://popus.ulg.ac.be/féderalisme/documents.php?id=561

[1057]La constitution de 2006 prévoit dans ses articles 7, 15, 164, 165 et 190 des infractions des crimes contre l'humanité, la haute trahison, l'outrage au Parlement, le délit d'initiés, etc. précédemment analysés.

[1058]L'article 167 de la constitution prévoit la déchéance du chef de l'État et du Premier ministre.

[1059]Sindjoun, L., « Les nouvelles constitutions africaines et la politique internationale : Contribution à une économie internationale des biens politico-constitutionnels, Études internationales, Vol. 26, n°2, 1995, p.334.

juridiquement aucune conséquence sérieuse, s'il n'y a pas de garanties sérieuses de leur application »[1060]. Le Constituant congolais n'a pas été dupe et a bien compris cette crainte. De là, il a fait du pouvoir judiciaire le gardien des libertés individuelles et des droits fondamentaux des citoyens[1061].

Néanmoins un examen attentif des arrêts de la CSJ de ces dernières années confirme notre impression – que la Cour constitutionnelle devra confirmer - qu'un effort relatif en matière de protection juridictionnelle des droits de l'Homme et des libertés fondamentales constitutionnellement garantis a été accompli. Cette protection englobe hormis les droits de la défense, le droit à l'indépendance du pouvoir judiciaire, le droit à l'inviolabilité du domicile, le droit à l'égalité, le droit à la liberté d'information et le droit à la participation politique.

Si pendant la période transitoire c'est-à-dire celle où la CSJ a assuré la transition en assumant les compétences dévolues à la Cour constitutionnelle, on a constaté *une relative explosion jurisprudentielle*, selon Professeur Dieudonné Kaluba Dibwa, ou *l'explosion du contentieux constitutionnel*, d'après Marcel Wetshokonda Koso, en matière des droits civils et politiques, les autres droits de l'Homme notamment les droits économiques, sociaux et culturels restent à consolider par le contentieux constitutionnel. La justification de cet état de choses est à rechercher non dans le respect dont jouissent ces droits mais dans le manque de confiance du justiciable vis-à-vis de la CSJ. Ce désamour à l'égard de la CSJ est dû à la méconnaissance de sa jurisprudence mais aussi au fait que ses arrêts ne sont plus publiés régulièrement. La doctrine y attache peu d'analyse et celle-ci relève le plus souvent du second degré.

Par ailleurs, il relève de l'évidence que l'on ne puisse envisager l'exercice absolu d'une liberté. La question relative aux limites que l'on doit fixer à l'exercice d'une liberté se pose toujours avec une certaine acuité. « La liberté consiste à pouvoir faire tout ce qui ne nuit pas à autrui : ainsi, l'exercice des droits naturels de chaque homme n'a de bornes que celles qui assurent aux autres membres de la société la

---

[1060] Ngondakoy-ea-Longoya, *Le droit congolais des droits de l'Homme*, *op. cit.*, p. 313.

[1061]Article 150, alinéa 1 de la constitution du 18 février 2006.

jouissance de ces mêmes droits. Ces bornes ne peuvent être déterminées que par la loi »[1062] . Plusieurs obstacles interviennent dans l'exercice absolu d'une liberté. La référence à l'article 4 de la Déclaration universelle des droits de l'Homme ci-haut renvoie à la nécessité d'assurer aux autres citoyens la jouissance de ces mêmes droits. Il peut être observé que tel ou tel droit ou liberté se révèle contradictoire avec tel ou tel autre nécessitant une nécessaire conciliation dans l'exercice acceptable de chacun des droits et libertés proclamés. Mais puisqu'il est question de limites à l'exercice des droits et libertés, l'allusion est immédiatement faite au pouvoir de l'État.

Pour cela, il est envisagé deux notions inséparables et étroitement liées à l'action de l'État souvent évoquées pour justifier l'atteinte à un droit ou liberté. Il s'agit des notions de l'ordre public et de l'intérêt général. Sans verser dans des considérations doctrinales, il faut simplement retenir que l'ordre public et la liberté doivent être considérés de façon relative. Il s'agit de dégager un équilibre entre les exigences opposées. Car à l'expression de chaque liberté semble s'opposer le respect de l'ordre public. C'est au juge de trouver une solution conciliante qui préserverait l'exercice effectif des libertés tout en assurant le maintien de l'ordre public. La tâche du juge constitutionnel congolais consistera à ne pas remettre en cause une liberté constitutionnellement garantie tout en réalisant l'objectif de l'ordre public. L'épanouissement d'une liberté est difficilement envisageable dans un ordre public menacé ou chaotique. L'Est de la RDC constitue à ce sujet un exemple frappant.

D'ailleurs, le Conseil constitutionnel français dans sa décision du 25 janvier 1985 ne se réfère-t-il pas à un « ordre public sans lequel la liberté ne saurait être assurée »[1063], position qu'il avait affirmée auparavant dans une décision des 19-20 janvier 1981[1064], considérant l'ordre public comme « nécessaire... à la sauvegarde des droits et valeurs constitutionnels »? En fonction de ces considérations et sans revenir sur

[1062]Article 4 de la Déclaration des droits de l'Homme et du citoyen de 1789.

[1063]CC., 85-187 DC, 25 janvier 1985, loi relative à l'État d'Urgence en Nouvelle-Calédonie et dépendance, Rec. p. 93 Lire également Stéphane Doumbé-Billé, « La justice judiciaire dans la jurisprudence du Conseil d'État et du Conseil constitutionnel depuis 1958 », *RFDC,* 1986, pp. 346-394, spécialement p. 385. ;

[1064]C.C. et 19 et 20 janvier 1981, 80-127-DC, sécurité et liberté ; *AJDA*, 1981, p. 275, note Rivero

les différents développements relatifs aux circonstances exceptionnelles qui permettent des restrictions à l'exercice des libertés, il faut reconnaître qu'en RDC ou dans la plupart des États africains, des troubles souvent violents désorganisent le fonctionnement régulier des institutions.

La notion de l'ordre public devient par conséquent récurrente dans la constitution et son application. Il appartient donc au juge constitutionnel d'établir selon les circonstances, quels espaces sont accordés aux libertés sans toutefois compromettre l'ordre public qui du reste est un préalable essentiel à l'épanouissement de ces mêmes libertés.

Concernant l'intérêt général, nous disons seulement qu'il entretient avec les droits et libertés des relations confuses et ambiguës. L'intérêt général reste sans conteste absent des dispositions textuelles. Le juge constitutionnel congolais, à l'exemple de son homologue français, en fait pourtant un des éléments capitaux dans l'exercice de son contrôle de constitutionnalité comme si par son œuvre jurisprudentielle il comblait l'insuffisance textuelle qui impacterait l'efficacité et la qualité de son contrôle. Pour autant, on doit convenir que la réalisation des missions socio-économiques de l'Etat et répondant à l'intérêt général, impacte concrètement et nécessairement l'accomplissement effectif des droits et libertés. Aussi, les cours constitutionnelles ont cette charge de combler les carences textuelles en opérant une délicate conciliation entre d'un côté l'intérêt général, ô combien dynamique et difficilement identifiable, de l'autre des droits et libertés susceptibles d'être compatibles avec des dispositions justifiées par l'intérêt général. Car entre intérêt général et droit et libertés l'opposition n'est pas nette et irréductible.

Section 2 : Les procédures des contrôles et la mise en place du procès constitutionnel en RDC

Le fonctionnement des cours constitutionnelles est lié en grande partie aux modalités d'accès au juge constitutionnel par le biais des saisines. Il débouche sur la décision constitutionnelle qui s'avère être un processus souvent laborieux, lequel commence avec la réception des requêtes adressées à cette juridiction. Cette section analyse dans un premier temps l'accès à la Cour constitutionnelle (§1) au moyen des titulaires du droit de saisine. Dans un second temps, il s'agira d'un examen du processus conduisant à la décision constitutionnelle (§2) à travers un procès où le juge constitutionnel est au centre.

§1. L'accès au juge constitutionnel congolais

L'accès au juge constitutionnel est l'une des conditions majeures de l'effectivité de la justice constitutionnelle. Le rapport de synthèse du troisième congrès de l'Association des cours constitutionnelles ayant en partage l'usage du français (ACCPUF), tenu à Libreville en septembre 2000, rappelle à juste titre que « sans accès au juge constitutionnel, les droits inscrits dans nos constitutions ne demeureraient que de simples « promesses », sans effets juridique »[1065]. Le constituant congolais a prévu dans les dispositions pertinentes[1066] de l'actuelle constitution en vigueur certaines compétences qui pour leur application par la haute juridiction constitutionnelle exigent une saisine particulière.

L'élargissement du droit de saisine a été toujours un enjeu politique décisif et y arriver présume que les partisans d'un tel élargissement soient en position de force pour l'imposer ou du moins que la question fasse l'objet d'un consensus constitutionnel[1067]. Pour ceux qui militent en faveur d'un tel élargissement, l'accroissement de saisine ne nuit pas à la liberté ni au bon fonctionnement des institutions, bien au contraire, il renfonce le consensus autour de la constitution. Après avoir déterminé les titulaires du droit de saisine (A), nous analyserons les modalités de mise en œuvre de celui-ci (B).

A. Les titulaires du droit de saisine

Les titulaires du droit de saisine se répartissent en deux catégories. La première est formée par un certain nombre d'autorités le plus souvent politiques (1). Cette catégorie se retrouve généralement

---

[1065]Rapport Général de l'ACCPUF l'accès au juge constitutionnel : modalités et procédures, 2e congrès de l'ACCPUF, Libreville, 14 et 15 septembre 2000, p. 4. Consultable aussi sur le site de l'association : www.accpuf.org.

[1066]Lire les articles 160 à 167 de la constitution du 18 février 2006.

[1067]Boubacar Issa Abdourhamane, *Les cours constitutionnelles dans le processus de démocratisation en Afrique, op.cit*, cit., pp. 153-161

dans la plupart de pays ayant opté pour une juridiction constitutionnelle. La seconde catégorie est constituée par les particuliers et est plus spécifique (2).

1. Les saisines des autorités politiques

Les nouvelles constitutions africaines en général et congolaise du 18 février 2006 en particulier consacrent de plus en plus un élargissement de l'accès à la Cour constitutionnelle en accordant le droit de saisine à ceux qui en étaient exclus auparavant.

a. La saisine de l'autorité politique en matière de contrôle de constitutionnalité

La présentation de la saisine n'obéit en France à aucun formalisme particulier. Pour les quatre autorités de l'État français reprises à l'article 61 de la constitution du 4 octobre 1958, la saisine se fait par simple lettre adressée au président et aux membres du Conseil constitutionnel, ou à son secrétaire général.

Quant aux saisines parlementaires, l'article 18 de l'ordonnance du 7 novembre 1958, modifiée en conséquence par une loi organique réputée conforme à la constitution[1068] dispose que « lorsqu'une loi est déférée au Conseil constitutionnel à l'initiative de parlementaires, le Conseil est saisi par une ou plusieurs lettres comportant au total les signatures d'au moins soixante députés ou soixante sénateurs ». La pratique actuelle est celle des saisines collectives suivies des signatures. La constitution de la saisine n'a pas changé depuis que T.S. Renoux la présentait en ces termes en 1985 : « la saisine se présente le plus souvent sous forme de trois documents bien séparés : une lettre de saisine adressée soit au président du Conseil constitutionnel et aux conseillers, soit au secrétaire général, signée en principe par le président du groupe parlementaire auteur de la saisine ou par le parlementaire à l'origine de la saisine ; un mémoire ampliatif sans obligation formelle particulière vient éventuellement la compléter quelques jours après en référence de ce qui se passe devant les juridictions administratives ; la liste des signataires reprenant nom, circonscription de rattachement et signature

[1068]Décision n° 74-52 DC, du 23 décembre 1974 relative à la loi organique modifiant l'ordonnance du 7 novembre 1958 portant loi organique sur le Conseil constitutionnel, Rec. 19.

manuscrite »[1069]. En ce qui concerne la RDC, deux cas sont à considérer en cette matière. Il s'agit d'une part d'une action directe en inconstitutionnalité et d'autre part d'un incident d'inconstitutionnalité soulevé à l'occasion d'une instance ordinaire devant la Cour constitutionnelle.

- **Cas de contrôle a priori**

Le contrôle de constitutionnalité étant ouvert en RDC contre les lois et les règlements dont il a été question dans la section précédente. La constitution congolaise de 2006 a réservé l'initiative du contrôle *a priori* aux seules autorités politiques qui sont : le Président de la République pour les lois organiques[1070] et ordinaires qui avant leur promulgation doivent obligatoirement être soumises au contrôle du juge constitutionnel[1071]. Les Présidents des chambres parlementaires ainsi que les Présidents des autres institutions constitutionnelles à savoir, les autorités administratives indépendantes que nous avons analysées ci-haut doivent saisir la Cour constitutionnelle pour l'examen de la conformité du règlement intérieur de leur institution respective à la constitution.

Il en est également des lois ordinaires qui peuvent être aussi l'objet d'un contrôle *a priori*. A cet égard, elles peuvent être « déférées avant leur promulgation par le Président de l'Assemblée nationale, le Président du Sénat ou le dixième des députés ou des sénateurs »[1072].

Dans toutes ces circonstances, ces autorités politiques, dans leur saisine, doivent agir comme en France par le dépôt de leur requête. Les minorités dans des chambres parlementaires ne s'interdisent pas l'utilisation de cette arme politique pour empêcher la naissance juridique d'un texte en chantier. Une jurisprudence en la matière a malheureusement abouti à une décision d'irrecevabilité. C'est l'arrêt R.const 06-TSR du 24 mars 2004 où une poignée de députés (Kazadi Nanshabolowa, Jean Mubanga Kabobela, Alphonse Lupumba Kamanda, Bruno Mukadi et Freddy Sekelay) ont sollicité l'examen de

---

[1069]Renoux, Th., *AIJC*, 1985, p. 139.

[1070]Articles 124 alinéa 3 de la constitution de 2006 et 44 de la loi organique sur la Cour constitutionnelle du 15 octobre 2013 déjà citée.

[1071]Article 160, alinéa 2 de la constitution de 2006.

[1072]Article 160, alinéa 3 de la constitution de 2006.

la conformité à la constitution de la Transition de la loi portant organisation et fonctionnement des partis politiques. L'arrêt de principe de la Cour Suprême de Justice sur cette saisine a été l'objet d'analyse[1073] dans le chapitre premier de la première partie de cette thèse.

En plus du contrôle de constitutionnalité proprement dit, il existe d'autres cas de saisine de juridiction constitutionnelle. Ainsi le Bureau de l'Assemblée nationale peut saisir la juridiction constitutionnelle pour faire constater la vacance d'un député à l'Assemblée nationale. De même, le gouvernement peut saisir la juridiction constitutionnelle pour la constatation de l'empêchement définitif du Président de la République[1074].

La doctrine définit l'empêchement définitif comme *un obstacle qui ne permet pas au titulaire d'une fonction publique de l'exercer normalement*[1075]. D'autres auteurs estiment que l'empêchement est *l'impossibilité officiellement constatée pour un gouvernement d'exercer ses fonctions*[1076]. Ainsi la constitution française envisage la vacance et l'empêchement provisoire, total ou partiel, ou l'empêchement définitif du Président de la République dans ses articles 7 et 21. Aux termes de l'article 7, la vacance de la présidence ou l'empêchement total (provisoire ou définitif) du président ouvrent une période d'intérim, la vacance et l'empêchement définitif provoquant en outre, une nouvelle élection présidentielle. Aux termes de l'article 21, le Premier ministre peut suppléer le président de la République dans certaines fonctions en cas d'empêchement partiel provisoire. Il sied alors de distinguer l'empêchement provisoire ou momentané et l'empêchement définitif. Le premier (empêchement provisoire) entraîne la suppléance par le premier ministre[1077] par contre le second (empêchement définitif) provoque l'intérim. En RDC, il y a « empêchement définitif lorsque le Président de la République se trouve dans l'impossibilité absolue

---

[1073] Lire notre analyse à partir des pages 65 et ss de la présente thèse

[1074]Le constituant congolais ne définit pas l'empêchement définitif. Il se contente de déterminer les modalités d'intérim qu'il provoque en cas de vacance sans dire en quoi il consiste.

[1075]Avril., P. et Gicquel, J., *Lexique Droit constitutionnel*, 7e édition, Paris, PUF, 1998, p.54.

[1076]Guillien, R., et Vincent., J., *Lexique des termes juridiques*, 6e édition, Paris, Dalloz, 1985, p. 186.

[1077]Article 21 de la constitution française de 1958.

d'exercer personnellement les fonctions qui lui sont dévolues par la constitution et les lois de la République »[1078]. « La vacance de la présidence ou l'empêchement définitif est déclaré par le juge constitutionnel saisi par le gouvernement »[1079].

- **Cas de contrôle a posteriori**

A posteriori, le contrôle de constitutionnalité de la Cour constitutionnelle ne concerne que les lois ordinaires. Celles-ci peuvent, même après avoir été promulguées, faire l'objet d'un examen de la Cour constitutionnelle sur leur conformité à la constitution. Ce contrôle suppose que la loi a été votée et promulguée par le Président de la République alors qu'elle est truffée des vices d'inconstitutionnalité. Toute personne a ainsi le droit de saisine vis-à-vis de ces lois truffées d'inconstitutionnalité. Cette personne de droit public ou de droit privé qu'elle soit physique ou morale peut alors saisir la Cour constitutionnel par voie de requête.

b. La saisine de l'autorité politique pour l'interprétation de la constitution

L'interprétation, avons-nous dit précédemment, est une opération qui consiste à expliciter le sens d'un texte. « Elle vise en général les dispositions controversées et obscures. Elle peut être jurisprudentielle ou authentique. L'interprétation doctrinale émane des commentateurs ou des analyses des textes. L'interprétation authentique résulte de la décision des autorités investies du pouvoir d'appliquer le texte »[1080]. Ces autorités sont dans la plupart des cas au sein des cours et tribunaux. De nos jours, il est apparu évident que le rôle de la Cour constitutionnelle ne se limite plus seulement à prononcer la constitutionnalité d'une loi ou d'une norme, mais consiste aussi bien souvent à confirmer la légitimité constitutionnelle des lois soumises à son examen, constatation qui n'est pas sans avoir de profondes conséquences. Cette fonction découle du fait que la Cour constitutionnelle ne se contente pas de défendre la constitution, mais doit également l'interpréter. La Cour constitutionnelle se doit, d'une part, d'expliciter les principes et mandats implicitement contenus dans

[1078]Article 84, al. 3 de la loi organique sur la Cour constitutionnelle de la RDC.
[1079]Article 76, alinéa 1er in fine de la constitution du 18 février 2006.
[1080]Avril, P., et Gicquel, J., *Lexique de droit constitutionnel*, *op., cit.*, p. 65.

la constitution, elle a tout aussi pour mission de définir la façon d'interpréter et d'harmoniser des principes constitutionnels qui peuvent sembler antagoniques, voire sans rapport l'un avec l'autre.

Selon le Professeur Luis Lopez Guerra, « la fonction d'interprétation des cours constitutionnelles, contrairement à leur stricte fonction de sauvegarde, est vouée d'une influence positive, puisqu'elle permet ainsi d'énoncer des critères généraux qui devront guider l'action des pouvoirs publics. Il ne s'agit nullement de définir une orientation politique, tâche qui est celle des organes politiques, mais plutôt de préciser la signification des concepts inscrits dans la constitution et les limites du domaine d'intervention de la puissance publique. De la sorte, c'est-à-dire par une interprétation de la constitution, la Cour constitutionnelle fournit aux autres pouvoirs de l'État les outils et les critères conceptuels de leur conduite »[1081].

Ce rôle d'interprète suprême de la constitution se trouve souvent expressément mentionné dans les textes. Ainsi la loi organique sur la Cour constitutionnelle d'Espagne définit cette haute juridiction comme « l'interprète suprême » de la constitution, et que la loi organique relative au système judiciaire fait obligation à tous les magistrats d'appliquer la loi conformément à « l'interprétation qui en est donnée par les décisions de la Cour constitutionnelle, et ce quelle que soit l'affaire examinée » (article 5.1).

De façon générale, la Cour constitutionnelle pourrait être amenée à donner une interprétation de la constitution dans deux hypothèses. La première a été déjà envisagée. Elle fait intervenir d'office le juge sur les dispositions à interpréter, ce qui est le cas dans le contrôle de conformité à la constitution des lois organiques, des règlements des chambres parlementaires, du Congrès et des institutions d'appui à la démocratie évoquées ci-dessus[1082]. La seconde hypothèse est celle où la contestation est soumise par un ou plusieurs requérants,

---

[1081]Luis Lopez Guerra, « Le rôle et les compétences de la Cour constitutionnelle », in *Le Rôle de la Cour constitutionnelle dans la consolidation de l'État de droit,* Actes de la Commission européenne pour la démocratie par le droit, collection Science et technique par la démocratie, n° 10, Bucarest, 8-10 juin 1994, pp. 22-35 ; spécialement p. 24.

[1082] Lire notre analyse sur la Cour constitutionnelle comme juge des normes, pp. 256-297 de la présente thèse.

en dehors d'une obligation d'examen. Il y a un véritable recours devant la Cour constitutionnelle. Il y a lieu de s'appesantir sur cette seconde hypothèse.

L'histoire constitutionnelle de la RDC renseigne que le constituant congolais a de façon générale, confié l'interprétation de la constitution à une juridiction. La loi fondamentale du 19 mai 1960 relative aux structures de la RDC constitue une exception car elle n'indique pas l'organe à qui revient la charge de connaître le recours en interprétation de la constitution. La constitution du 1er août 1964 confie à la Cour constitutionnelle la charge de connaître des recours en interprétation de la constitution[1083] formés lors des conflits d'attribution sur l'étendue des pouvoirs reconnus et des obligations imposées aux organes nationaux ou provinciaux. La constitution du 24 juin 1967 a bien désigné les organes soumis à cette obligation notamment le Président de la République, de l'Assemblée nationale ou des cours et tribunaux[1084]. A cet effet, quoique l'ordonnance-loi n°82-017 du 31 mars 1982 relative à la procédure devant la Cour suprême de justice[1085] ait chargé cette haute juridiction de dire le droit en matière d'interprétation de la constitution, celle-ci n'a pratiquement pas été saisie de cette question sous la période de confiscation des libertés individuelles. La constitution de transition du 4 avril 2003 et celle du 18 février 2006 ont finalement réveillé cette haute juridiction de son profond coma en lui permettant de rendre deux arrêts de principe tout en émettant aussi deux avis en matière d'interprétation de la constitution ou de la loi.

Ainsi, l'application de la constitution de transition du 4 avril 2003 a soulevé une vive controverse sur le pouvoir de nomination des Gouverneurs et vice-gouverneurs des provinces aussi bien des Gouverneurs et vice-gouverneurs de la Banque Centrale. Les acteurs politiques congolais se sont demandé si le Président de la République disposait d'un pouvoir discrétionnaire de nomination concernant une certaine catégorie de fonctions. Deux thèses ont émergé de cette controverse et traduisent la bipolarisation de l'opinion sur cette

[1083]Article 167, alinéa 1 de la constitution du 1er août 1964.
[1084]Lire article 71, alinéa 1 de la constitution du 24 juin 1967.
[1085]Article 13 de l'ordonnance loi n°82-017 du 31 mars 1982 déjà cité.

question. Il s'agit d'une part de celle qui soutient que le chef de l'État doit nécessairement consulter le gouvernement en [1086] matière de nomination des hauts fonctionnaires de l'État, des gouverneurs et vice-gouverneurs de Province, des gouverneurs et vice-gouverneurs de la banque centrale, des ambassadeurs et des envoyés extraordinaires, des membres du Conseil supérieur de la magistrature ainsi que les mandataires de l'État dans les établissements publics et paraétatiques[1087],

D'autre part, la thèse soutenue par les parlementaires de la majorité présidentielle à travers le parti politique PPRD (Parti du peuple pour la reconstruction et la démocratie) qui estime que le constituant congolais de la transition a attribué au Chef de l'État certaines prérogatives propres sans consultation préalable. Devant cette redoutable incertitude, le Président de la République a saisi la CSJ le 23 décembre 2003. Celle-ci a émis un avis R.L. 09 le 20 janvier 2004 qui soutient que le concours des vice-présidents de la République et la consultation du gouvernement sont prévus pour les matières mentionnées aux premiers et quatrièmes tirets de l'article 76 de la constitution de transition. Pour le reste des matières, le constituant a accordé au Président de la République des prérogatives qui lui sont propres. Cet avis indique que seuls sont visés par l'article 94 alinéa 2 de la constitution du 4 avril 2003, les services de sécurité et de protection civile, lesquels sont mis à la disposition du gouvernement.

Le président de la commission électorale indépendante a saisi la Cour suprême de justice le 24 avril 2006 pour obtenir de la part de la haute juridiction l'interprétation de la loi électorale sur l'organisation de la campagne pour l'élection du Président de la République en 2006. A la suite de cette saisine, la CSJ a émis un deuxième avis R.L 013 du 17 avril 2006 qui affirme que « l'article 110 ne peut être appliqué indépendamment de l'article 28 ». Pour la Cour, l'article 110 indique le point de départ et la fin de la campagne électorale de l'élection présidentielle, mais renvoie en ce qui concerne la durée de celle-ci aux dispositions communes de l'article 28 de la même loi qui fixe à trente

[1086]Cette thèse a été soutenue par les partis politiques MLC et RCD de l'ex opposition armée.
[1087]Article 76 de la constitution du 4 avril 2004.

jours au maximum la durée de la campagne électorale pour toutes les élections.

Il faut par ailleurs relever la saisine du Procureur général de la République le 20 janvier 2006 sur demande du Chef de l'État le 6 janvier 2006 afin d'obtenir l'interprétation des articles 99, 102, 105 et 108 de la constitution de transition. L'intervention du Procureur général porte sur le conflit d'interprétation portant sur la constitutionnalité de la qualité d'un membre du parlement qui n'appartient plus à une composante ou entité prévue dans l'annexe IB de l'accord global et inclusif[1088]. Ce membre peut-il ou non continuer à siéger en tant que député ? De la même manière, un membre du Bureau d'une des chambres du parlement n'appartenant plus à une composante ou entité tel que prévue dans l'annexe IB dispose ou pas le droit de siéger en qualité de député ou sénateur tout en exerçant ses fonctions ?

La Cour dans son arrêt R. const. 28/TSR du 24 février 2006 a décidé qu' « un député ou sénateur qui n'appartient plus à une composante ou une entité mentionnée dans l'annexe IB de l'accord global inclusif ou un membre du Bureau de l'une ou l'autre chambre parlementaire qui n'appartient plus à une composante ou une entité mentionnée dans le même annexe ne peut continuer à siéger comme député ou sénateur et à exercer ses fonctions ».

[1088]Cet accord est intervenu après plusieurs tractations politiques. Il a consacré théoriquement la fin de la guerre par l'instauration d'un nouvel ordre politique à travers une transition consensuelle et apaisée en RDC. Il a été signé le 17 décembre 2002 à Sun City en Afrique du Sud par les différentes composantes et forces vives de la nation notamment le gouvernement de la RDC, le Rassemblement Congolais pour la Démocratie (RCD), le mouvement de libération du Congo (MLC), l'opposition politique, les forces vives, le Rassemblement congolais pour la démocratie/mouvement de libération (RCD/ML), le Rassemblement congolais pour la démocratie/national (RCD/N), les Maï-Maï. Lire cet accord global et inclusif sur la transition en RDC signé le 17 décembre 2002 sur http://www.grandslacs.net/docs/2826.pdf Consulté le 19 octobre 2010. Le 5 mars 2003 à Sun City, tous les délégués vont parapher le projet de constitution et les arrangements particuliers appelés à régir la transition. L'accord final a été adopté le 1er avril 2003 et son application n'interviendra qu'à partir du 30 juin 2003. Sur les atermoiements et indécisions de cet accord, lire Viller, V., et Omasombo, J., « Une transition intransitive », Bulletin des séances de l'ARSOM, 2002, vol. 48, n°2, pp. 143-161.

Les contentieux électoral et référendaire comme nous l'avons analysé précédemment donnent aussi lieu à la saisine de la Cour constitutionnelle pour ce qui concerne les élections présidentielles et législatives nationales. « La Cour constitutionnelle est saisie du différend au moyen d'une requête introduite par le candidat à l'élection querellée, son parti politique ou sa composante (plateforme des partis politiques) lorsqu'il s'agit d'un scrutin de liste »[1089].

Le candidat indépendant est aussi libre d'introduire sa propre requête sans s'adresser aux services, parfois controversés, des partis politiques et autres regroupements politiques congolais. La haute juridiction constitutionnelle congolaise a été exposée à une certaine cacophonie en matière de contentieux électoral et référendaire en 2006. Des multiples requêtes lui ont été adressées. Toutefois, la jurisprudence de la question électorale congolaise reconnaît quelquefois le recours en rectification d'erreur matérielle avant de recevoir et de refuser en fin de compte le recours en tierce opposition créant une confusion et discréditant les arrêts de la Cour.

D'ailleurs, la publication de la liste des candidats à l'élection présidentielle de 2006 a offert des difficultés d'interprétation de la part de la haute juridiction sur des dispositions des articles 28 et 110 de la loi électorale du 9 mars 2006. Ces difficultés portaient sur la question de période consacrée à la campagne électorale pour l'élection présidentielle. A partir de quelle période cette campagne peut-elle commencer? La Cour suprême de justice en tant que juridiction constitutionnelle de transition a dégagé deux interprétations possibles. Elle a considéré d'une part au moyen d'une argumentation juridique basée sur l'article 110 de la loi électorale du 9 mars 2006 que vingt-quatre heures après la publication de la liste définitive des candidats, il n'existe plus d'autres formalités, la campagne électorale est automatiquement ouverte et s'arrête à la veille de la date prévue pour le scrutin. En revanche, la seconde thèse interprétative de la Cour objecte à partir de l'expression « sans préjudice » insérée dans l'article 28 de la même loi électorale pour étayer qu'il n' y a point d'automaticité

[1089]Article 73 de la loi électorale du 9 mars 2006 cité ci-haut qui conforte cette situation en droit congolais.

concernant l'ouverture de la campagne électorale dont la durée maximum est de trente jours[1090]

Techniquement, si la « Cour constitutionnelle est incompétente pour connaître de la constitutionnalité des conventions internationales, elle reste en revanche compétente pour connaître, par voie d'action ou d'exception, de la régularité de la ratification de ces mêmes conventions internationales, ce qui revient à un contrôle indirect de la constitutionnalité des traités internationaux. Ce contrôle peut s'exercer sur la loi d'autorisation de la ratification ou le décret de ratification, lesquels sont des actes détachables soumis au principe de légalité au sens large »[1091].

En dépit des résistances politiques qui n'ont pas permis aux textes constitutionnels antérieurs d'être effectifs en matière de la saisine de la haute juridiction constitutionnelle en interprétation de la constitution, l'actuelle constitution de 2006 consacre une large ouverture en cette matière. Dans la plupart des situations, la Cour suprême justice n'a été saisie que sur requête du Procureur général de la République agissant à la demande du Président de la République, du Bureau de l'Assemblée nationale ou d'une juridiction de jugement devant laquelle l'exception d'inconstitutionnalité a été soulevée. Le constituant de 2006 a offert à la haute juridiction constitutionnelle cette compétence de « connaître des recours en interprétation de la constitution sur la saisine du Président de la République, du gouvernement, du Président du Sénat, du Président de l'Assemblée nationale, d'un dixième des membres de chacune des chambres parlementaires, des gouverneurs des provinces et des présidents des Assemblées provinciales »[1092]. Sur fondement de cette disposition constitutionnelle, le Président de l'Assemblé nationale a saisi en date du 18 mai 2007, la Cour suprême de justice en interprétation de l'article 114 de la constitution.

[1090]Esambo Kangashe, J-L., *La constitution du 18 février 2006 à l'épreuve du constitutionnalisme*, *op. cit.*, p. 269.

[1091]Wetsh'Okonda Koso Senga, M., « La compétence des juridictions congolaises en matière d'examen des conditions d'application des traités internationaux relatif aux droit de l'homme » Revue du Barreau de Kinshasa/Gombe n°3/2009, Kinshasa, 2009.

[1092]Article 161, alinéa 1 de la constitution de 2006.

Dans son arrêt R. const. 050/TSR du 23 mai 2007[1093] la haute juridiction affirme « que la validation du pouvoir concerne la vérification des faits tels que l'identité des députés nationaux ou des sénateurs proclamés provisoirement élus et ne vise pas le mandat des personnes dont la régularité de l'élection a été constatée par les instances judiciaires dont les décisions s'imposent à tous ».

En définitive, un recours en interprétation de la constitution présume préalablement l'existence d'un conflit résultant de l'incompréhension d'une disposition constitutionnelle. « Il est formé au moyen d'une requête déposée contre remise d'un récépissé au greffe de la Cour qui l'enregistre suivant la date de la réception et lui donne un numéro d'ordre »[1094]. Le recours doit être écrit et signé par le requérant ou son représentant. Ce recours doit en outre mentionner les dispositions sujettes à interprétation. Une fois saisie, « la Cour statue dans le délai de trente jours. Toutefois, ce délai est ramené à huit jours en cas d'urgence »[1095]. Après avoir analysé les saisines par les autorités et institutions politiques, examinons à présent l'accès de la justice constitutionnelle aux particuliers.

2. Les particuliers devant la haute juridiction constitutionnelle : un droit largement ouvert

L'accès des particuliers aux juridictions constitutionnelles[1096] varie suivant la nature du contentieux. Conformément aux dispositions de la constitution du 18 février 2006 et à la loi organique sur la Cour constitutionnelle en RDC, la haute juridiction constitutionnelle peut être saisie par tout citoyen :

- Pour constater l'inconstitutionnalité de tout acte législatif ou réglementaire, en vertu des articles 162, alinéa 2 de la constitution et 48 de la Loi organique sur la Cour constitutionnelle.

- Pour un recours en matière d'attribution de litige entre les

[1093]Article 161, alinéa 1 de la constitution de 2006.
[1094]Article 88, alinéas 1, 2 et 3 de la loi organique sur la Cour constitutionnelle.
[1095]Article 99 de la loi organique sur la Cour constitutionnelle.
[1096]Genevois, B., « L'accès de l'individu à la justice constitutionnelle: exception d'inconstitutionnalité et recours individuel direct », *RIDC*, Vol.12, 1990, p. 73-91

deux ordres juridictionnels conformément à l'article 65 de la Loi organique.

Par ailleurs, il est important de retenir que toute personne en RDC peut saisir la Cour constitutionnelle tant dans le contentieux en annulation que dans le contentieux des questions préjudicielles.

a. Les recours directs en inconstitutionnalité

André Alen dans son intervention sur le contrôle de constitutionnalité[1097] lors d'un colloque organisé le 7 février 2007 à Kinshasa sur la Cour constitutionnelle de la RDC nous éclaire sur le recours direct pour inconstitutionnalité en vertu de l'article 162 alinéa 2 de la constitution du 18 février 2006 qui dispose : « Toute personne peut saisir la Cour constitutionnelle pour inconstitutionnalité de tout acte législatif ou réglementaire ». En effet, tant le libellé de l'alinéa 2 que le mot « en outre » contenu dans l'alinéa 3 ayant trait à l'exception d'inconstitutionnalité poussent à conclure qu'il s'agit d'un recours direct pour inconstitutionnalité.

Ce genre de recours soulève un certain nombre de problèmes que la loi organique était appelée à résoudre conformément à l'article 169 de la constitution de 2006 qui dispose : « l'organisation et le fonctionnement de la Cour constitutionnelle sont fixés par une loi organique ». A la suite du Professeur André Alen, nous estimons d'abord que la loi organique devrait définir les conditions de recevabilité d'un recours direct. La loi organique n°013/026 du 15 octobre 2013 portant organisation et fonctionnement de cette juridiction définit effectivement toutes ces conditions. Ceci est primordial, car il est inadmissible que quiconque à n'importe quel moment puisse introduire un recours direct en annulation.

Généralement, il y a deux sortes de conditions de recevabilité. La première porte sur l'intérêt de ce recours direct pour inconstitutionnalité. La seconde se rapporte au délai. Seule cette deuxième condition a été retenue par le législateur organique. A ce

---

[1097]Alen, A., « Contrôle de constitutionnalité des lois et d'autres actes après leur adoption », Fédéralisme Régionalisme, Vol. 7 2007, n°1 ; Premiers scrutins et contrôle de constitutionnalité en RDC : la mise en œuvre d'une constitution « régionaliste », sur http://popus.ulg.ac.be/federalisme/document.php?id=532 Consulté le 24 mai 2012.

sujet, l'article 50 de la loi organique sur la Cour constitutionnelle dispose : « le recours visé à l'article 48 de la présente loi organique n'est recevable que s'il est introduit dans les six mois suivant la publication de l'acte au journal officiel ou suivant la date de sa mise en application ». La saisine de la haute juridiction constitutionnelle congolaise par les particuliers est donc limitée dans le temps. Le recours direct ne peut être ester au-delà de six mois suivant la publication de la norme attaquée.

Par contre, la même loi organique sur la Cour constitutionnelle de la RDC reste muette sur l'intérêt personnel et direct requis pour la saisine de la Cour par les particuliers. Or dans les États qui avaient mis en place un contrôle *a posteriori* par voie d'exception ouvert aux citoyens, a vu se multiplier des recours pour lesquels les cours se sont déclarées généralement incompétentes, car ils n'entraient pas dans leurs attributions expressément prévues par la constitution. Le besoin de sécurité ou de « protection juridique » s'est en quelque sorte incarné dans les cours constitutionnelles dans lesquelles les citoyens ont vu la panacée contre les atteintes qu'ils pourraient connaître dans l'exercice de leurs droits et libertés... Nos citoyens ressentent d'ailleurs très mal qu'une institution qu'ils perçoivent comme créée à cet effet puisse rejeter leurs recours, se déclarant incompétente[1098]. La question qui se pose en général est de savoir comment désengorger le flot sans cesse grossi des recours et faire en sorte que les affaires importantes trouvent solution dans les délais acceptables assortis des garanties nécessaires. L'accès au juge constitutionnel par les citoyens reste si large qu'il conduit selon une certaine doctrine à l'inefficacité de la Cour. Il est vrai qu'une objection légitime peut être formulée pour évoquer les surcharges de ces juridictions ainsi que leurs retards accumulés dans le traitement des dossiers au point que certaines affaires ou autres recours ne sont jugés que plusieurs années après la saisine. En effet, bien que la loi organique sur la Cour constitutionnelle parle de « toute personne »[1099], « il est peu probable, affirme André Alen, que la constitution ait voulu permettre l'actio popularis »[1100], c'est-à-dire un

[1098]Mborantsuo, M.,- M ; *Cours constitutionnelles africaines et États de droit*, *op., cit.*, pp 55-56.

[1099]Article 48 de la loi organique et article 162, alinéa 2 de la constitution de 2006.

[1100]Il s'agit d'un intérêt qui ne se distingue pas de l'intérêt qu'a toute personne au respect de la légalité en toute circonstance.

recours que chacun, même sans intérêt personnel, peut introduire. D'une manière générale, les cours constitutionnelles commandent un interdit personnel et direct. Un requérant n'a pas intérêt à attaquer une disposition qui ne lui est pas applicable. Nous disons qu'il ne faut pas non plus que les préjudices invoqués soient certains : un risque de préjudice suffit. Monsieur André Alen, affirme que devant la juridiction constitutionnelle où il siège[1101], l'intérêt à agir existe « dans le chef de la personne dont la situation pourrait être directement et défavorablement affectée par la norme attaquée ». Deux conditions sont ainsi prescrites : « il faut d'abord qu'un lien direct existe entre la norme attaquée et la personne requérante. Il faut ensuite que la norme ait une incidence défavorable sur la situation de cette même personne »[1102].

Ces obligations procédurales forment les filtres dont disposent presque toutes les cours constitutionnelles afin d'éviter les dangers des recours abusifs et fantaisistes des particuliers. Il est alors frappant de constater que la loi organique sur la Cour constitutionnelle de la RDC n'a prévu aucun filtre. Néanmoins certaines cours constitutionnelles des pays africains notamment celle du Bénin ne connaissent pas ce système de filtrage.

A la lecture des articles 3 et 122 de la constitution du Bénin[1103] ainsi que l'article 24 alinéa 2 de la loi organique sur la Cour constitutionnelle du Bénin[1104], « le requérant n'est pas obligé de démontrer son intérêt à agir car tout citoyen peut par une lettre comportant ses noms, prénoms et adresses précises, saisir directement la Cour constitutionnelle. L'objet de la saisine doit toutefois être précisé par le requérant ». Pourtant la Cour constitutionnelle du Bénin n'est pas encombrée dans les premiers pas de son existence. Il y a eu certes une montée en puissance de la saisine des personnes physiques, mais cette tendance s'est estompée aujourd'hui, les requérants étant de mieux en mieux informés des mécanismes du contrôle de constitutionnalité. « Le

---

[1101]André Alen est professeur de droit constitutionnel et Président depuis le 9 janvier 2014 du groupe linguistique néerlandais de la Cour constitutionnelle de Belgique.

[1102]Rasson-Roland, A., « Le recours des particuliers auprès de la cour d'arbitrage », in Delpérée, F., et Foucher, P., *La saisine du juge constitutionnel. Aspects de droit comparé*, Bruxelles, Bruylant, 1998, p. 167.

[1103]Cette constitution est consultable sur le site de la cour constitutionnelle du Bénin www.cour-constitutionnelle-benin.org Consulté le 14 janvier 2012.

[1104]A consulter sur le site de la cour constitutionnelle du Bénin précité.

mouvement de transition démocratique, l'apparition du pluralisme, l'affirmation des droits et libertés fondamentaux ne sont pas étrangers à ce mouvement »[1105]. « A titre illustratif, une seule personne avait saisi la Cour en 1992.

Cette saisine de particuliers est passée à soixante-trois en 1996 puis vingt-huit en 1999 »[1106]. L'accroissement progressif des recours s'explique d'une part par le fait que les modalités de saisine rendent la Cour accessible à tous les citoyens, d'autre part étant une nouvelle juridiction, elle a très tôt acquis une grande crédibilité et de ce fait, leur inspire confiance.

Elle constitue pour eux un dernier rempart. A ce jour, cette Cour constitutionnelle béninoise n'est pas engorgée malgré l'accroissement correct des recours. Rien ne nous permet d'affirmer que cette Cour sera débordée dans le futur. En RDC, la CSJ en qualité de Cour constitutionnelle de transition, n'a pas été saisie par la saisine populaire.

Seul le contentieux électoral des législatives de 2011 peut nous servir de pratique récente au regard des flots des recours. « La haute juridiction constitutionnelle a été saisie de plus de cinq cents recours lesquels ont été pris en délibéré après qu'elle ait fini le 31 mars 2012 l'instruction. La CSJ a été débordée et avait sollicité un délai supplémentaire pour rendre ses arrêts »[1107] En matière de contrôle de constitutionnalité des lois, la pratique de l'exception d'inconstitutionnalité est également prévue par la constitution congolaise de 2006 mais aussi par la loi organique sur la Cour constitutionnelle.

b. L'exception d'inconstitutionnalité

L'exception d'inconstitutionnalité est devenue une voie de contrôle largement partagée par les nouvelles constitutions africaines.

[1105]Mborantsuo, M.-M., *Cours constitutionnelles africaines et État de droit, op., cit.*, p.56 .

[1106]www.accpuf.org/images/pdf/publications/actes_des_congrès/C2/II-RAPPO/rapport_ben.pdf Consulté le 16 juin 2013.

[1107]www.radiookapi.net/actualité/2012/04/17/contentieux-electoral-des-legislatives-la-cour consulté le 17 avril 2012 ; « RDC: fin de l'instruction du contentieux électoral des législatives » à l'adresse www.radiookapi.net/nationale/2012/04/02/rdc-fin-de-linstruction-du-cotentieux-electoral-des-legislatives/ Consulté le 18 avril 2012.

Elle figure en bonne place dans la constitution congolaise du 18 février 2006. La loi organique sur la Cour constitutionnelle précise ses modalités. L'article 52 de la loi organique reprend les termes de l'article 162, alinéas 1er, 3 et 4 de la constitution de 2006 qui dispose : « Toute personne peut saisir la Cour constitutionnelle par la procédure de l'exception de l'inconstitutionnalité invoquée dans une affaire qui la concerne devant une juridiction. Celle-ci sursoit à statuer et saisit la Cour toutes affaires cessantes ».

L'exception d'inconstitutionnalité ne pourra être soulevée que contre tout acte législatif ou réglementaire. Mais qu'est-ce donc que l'exception d'inconstitutionnalité ?

« La question d'exception concerne une personne qui est partie à un procès et qui se voit appliquer une loi qu'elle juge inconstitutionnelle »[1108]. Elle peut être interprétée aussi comme une forme de participation politique ouverte aux citoyens qui peuvent à leur tour faire annuler des lois anticonstitutionnelles. L'exception d'inconstitutionnalité est une procédure offerte à un requérant au cours d'un procès, de contester la constitutionnalité d'un acte législatif ou réglementaire que le juge entend l'appliquer. Cette exception d'inconstitutionnalité exige l'existence d'un procès. Toutefois, le juge congolais peut même en l'absence d'une contestation par une des parties au procès, soulever d'office à l'occasion d'une instance ordinaire l'incident d'inconstitutionnalité et surseoir à statuer jusqu'à la réponse. La pratique d'exception d'inconstitutionnalité n'est pas dépourvue de tout risque dans la mesure où elle peut dans les pays en développement notamment la RDC, selon André Cabanis et Michel Louis Martin, « … déboucher sur l'apparition d'une jurisprudence de nature micro constitutionnelle, c'est-à-dire portant sur des enjeux étroitement limités. Ce type de procédure serait alors exposée à devenir un moyen de droit parmi d'autres, allégué par les avocats dans le cadre d'une procédure judiciaire banale, sans qu'il y ait de véritables enjeux constitutionnels, mais plutôt comme une tentative de différer le jugement par un renvoi préjudiciel générateur de délais »[1109].

[1108]Avril., P., et Gicquel, J., *Lexique de droit constitutionnel*, 7e édition corrigée, Paris, PUF, 1998, p. 57.

[1109]Cabanis, A., et Martin, M.-L., *Les constitutions d'Afrique francophones : Évolutions récentes*, Paris, Karthala, 1999, p. 169

Par ailleurs, il convient de ne pas toujours surestimer la portée des exceptions d'inconstitutionnalité. Généralement, les juges sont réticents à des revirements de jurisprudence surtout quand la mise en application de la loi et sa contestation interviennent dans des délais rapprochés[1110]. Mieux ils peuvent légitimement s'abriter derrière le principe de l'autorité de la chose jugée pour faire cesser des requêtes en chaîne contre une loi.

En RDC, la loi organique sur la Cour constitutionnelle ne nous donne pas toutes les réponses sur les questions relatives à la procédure d'exception d'inconstitutionnalité. Quel juge est qualifié pour soulever la question préjudicielle à la Cour ? Qu'adviendra-t-il si la question soulevée est dépourvue de pertinence ?

Ce silence du législateur organique sur la procédure d'exception est certainement malheureux d'autant qu'elle porte sur l'ensemble des aspects qui peuvent constituer des filtres, lesquels sont indispensables pour freiner certaines questions préjudicielles funambulesques. « Dans plusieurs pays, comme la Belgique ou l'Italie, affirme Louis Favoreu, le contentieux préjudiciel est l'activité principale de la Cour constitutionnelle.

C'est pourquoi le législateur et/ou la jurisprudence ont élaboré un système de filtrage pour faire face au flot grandissant des questions préjudicielles »[1111]. Or, l'article 48 de la loi organique sur la Cour constitutionnelle de la RDC qui reprend les termes de l'article 162 de la constitution de 2006 non seulement ignore le système du filtrage mais l'écarte tout simplement. En effet, aucun de ces deux articles ne fait une distinction entre juridictions inférieures et supérieures. Pourtant, il est à noter que le texte soumis au Sénat par le collège d'experts[1112] tant nationaux qu'internationaux prévoyait de limiter cette possibilité aux litiges pendants devant la Cour de cassation et le Conseil d'État[1113]. Les

---

[1110]On pourra lire sur cette question l'analyse comparative à partir des exemples du Bénin, de la Côte d'Ivoire et du Niger de la thèse de Boubacar Issa Abdourhamane, op., cit., pp. 167-170.

[1111]Favoreu, L., *Les cours constitutionnelles*, Paris., PUF, 1986, p.78

[1112]Lire à ce sujet l'article 153 des « propositions du collège des experts à la commission constitutionnelle du Sénat de la RDC », 4 janvier 2005.

[1113]Nicolas Banneux, Evariste Boshab, Marc Bossuyt, Bob Kabamba et Pierre Verjans, « RDC : une constitution pour une troisième République équilibrée », Fédéralisme Régionalisme, volume 5 2004-2005, déjà cité.

experts mettaient en garde le constituant congolais de 2006 sur la possibilité conférée à toute partie ou juridiction de saisir la Cour constitutionnelle au risque de l'encombrer considérablement et, pendant, de retarder le jugement des litiges[1114].

Le système de filtrage est selon André Alen, la distinction entre les juridictions inférieures et supérieures. Il est logique que seules les juridictions supérieures soient tenues de poser une question préjudicielle, parce qu'elles jugent en dernier ressort[1115]. En droit belge, souligne-t-il, les juridictions peuvent refuser de poser une question préjudicielle à la Cour constitutionnelle au moins dans quatre hypothèses (elles sont toutes quatre d'application pour les juridictions inférieures mais seulement les deux premières valent pour les juridictions supérieures) :

- Lorsque l'affaire ne peut être examinée par la juridiction pour des motifs d'incompétence ou d'irrecevabilité.

- Lorsque la Cour constitutionnelle a déjà statué sur une question préjudicielle ou un recours en annulation ayant un objet identique.

- Lorsque les juridictions estiment que la réponse à la question préjudicielle n'est pas indispensable pour rendre sa (sic) décision ; en effet, une question n'est pas utile quand la réponse de la Cour constitutionnelle serait sans influence sur la solution du litige que le juge est appelé à trancher.

- Lorsque la norme en question ne viole manifestement pas la constitution : par contre, en cas de doute ou d'une violation manifeste de la constitution, le juge est tenu d'interroger la Cour constitutionnelle[1116].

La loi organique sur la Cour constitutionnelle en RDC aurait pu s'inspirer d'une telle série d'exceptions à l'obligation pour un juge de poser, à la demande d'une partie, une question préjudicielle à la Cour

---

[1114]*Ibidem*.
[1115]Alen., A., « Contrôle de constitutionnalité des lois et d'autres actes après leur adoption », déjà citée.
[1116]Favoreu, L., *Les cours constitutionnelles*, *op., cit.,p. 78.*

constitutionnelle. Le régime congolais de l'exception d'inconstitutionnalité qui fonctionne par renvoi préjudiciel comporte une spécificité : non seulement que le texte déclaré inconstitutionnel ne peut être appliqué à la partie au procès mais aussi le texte constitutionnel postule que la Cour constitutionnelle statue et rend un arrêt définitif sur cet incident[1117].

André Alen propose encore une autre solution, plus efficace. Celle d'attribution du pouvoir à la juridiction saisie de rejeter, sans plus, l'exception soulevée devant elle. C'est le seul moyen d'après lui d'éviter les pertes de temps dues à des manœuvres dilatoires dans le chef des parties[1118]. Cette solution nous semble intéressante mais discutable. Elle est intéressante lorsque le droit est dit et appliqué correctement. Par contre si la Cour constitutionnelle ne s'est pas affranchie du pouvoir politique, il y a risque du déni de justice à travers un rejet systématique sous prétexte de pertes des temps faute d'une culture juridique déficitaire.

« L'exception d'inconstitutionnalité sera une sorte d'arme fatale susceptible de désorienter la chicane parfois non justifiée des plaideurs sur le sort de la question principale »[1119]. Le sort de cette machine procédurale tient au respect strict du délai de trente jours fixé par la loi organique[1120].

A cause de ses possibles défauts et autres imperfections, l'exception d'inconstitutionnalité n'est pas un critère automatique de performance d'une juridiction constitutionnelle. De nombreux exemples dans le monde prouvent que le respect d'une constitution peut se passer de l'exception d'inconstitutionnalité comme en France avant l'introduction de la QPC. A ce sujet, Louis Favoreu se demandait si l'exception d'inconstitutionnalité était indispensable en France[1121]. Le

---

[1117] Article 112 de la loi organique sur la Cour constitutionnelle du 15 octobre 2013 déjà citée. Saisie avant de rendre son jugement, la Cour constitutionnelle rend en effet un arrêt qui sera définitif sur un incident à l'égard des parties en instance principale qui aura entretemps été suspendue.

[1118]Alen, A., « Le contrôle constitutionnalité des lois et d'autres actes après leur adoption » déjà cité.

[1119]Kaluba Dibwa, D., *Du contentieux constitutionnel en RDC*, *op., cit.*, p. 432.

[1120]Lire l'article 55 de la loi organique sur la Cour constitutionnelle en RDC

[1121]Favoreu, L., « L'exception d'inconstitutionnalité est-elle indispensable en France ? », *AIJC,* 1992, pp. 11-22. L'éminent juriste marque son désaccord à la notion

succès de la QPC et sa signification pour le justiciable français n'est plus à démontrer. La justice constitutionnelle congolaise qui s'inspire en partie du modèle constitutionnel français pourra, nous semble-t-il, expérimenter la sobriété de la QPC qui contribue aussi à ériger l'Etat de droit en standard inévitable de toute société moderne.

A l'opposé, des voix s'élèvent pour dénoncer cette limitation de la saisine comme une lacune pour la démocratie qu'il faudra corriger rapidement. On notera particulièrement la remarque du professeur Dominique Rousseau pour qui « le moment où une loi se révèle porter atteinte à un droit fondamental est moins celui de sa conception que celui de son application ; c'est donc a posteriori que le contrôle de constitutionnalité se justifie et doit s'exercer. Et les initiateurs du procès doivent être ceux auxquels la loi est directement appliquée, c'est-à-dire les justiciables »[1122]. La QPC est la réponse appropriée à cette légitime revendication. Pour résumer, par voie d'exception, la haute juridiction est saisie non d'une requête mais plutôt d'un jugement ou arrêt avant dire droit ordonnant à la fois la surséance de l'examen de la question principale et renvoyant la question de constitutionnalité à la connaissance de la Cour constitutionnelle[1123].

Il va sans dire que l'énumération des titulaires du droit de saisine, aussi large soit-elle ne se traduit pas automatiquement par l'exercice effectif de ce droit. Chaque environnement sociopolitique national impacte ce droit qui exige du reste l'acceptation par le système politique en place d'une démocratie pluraliste mais aussi d'une tolérance à l'usage du droit de refus aux lois votées par la majorité parlementaire très souvent sur proposition du pouvoir exécutif. Après avoir déterminé les autorités, institutions et particuliers ayant le droit de saisir la juridiction constitutionnelle, nous allons examiner les modalités de la saisine.

c. Les modalités de la saisine

L'accès à la juridiction constitutionnelle congolaise est soumis à un formalisme auquel doivent se conformer les requêtes adressées aux

---

de l'exception d'inconstitutionnalité qui d'après lui est « impropre ».

[1122] Rousseau, D., « Un Conseil à bout de souffle », *Libération* du Lundi 22 janvier 2001.

[1123] Lire article 162, alinéa 4 de la constitution du 18 février 2006.

juges. En effet, il existe des règles générales de formes applicables à toutes les saisines et ce, quel que soit l'objet (contrôle de constitutionnalité, contentieux électoral, conflits de compétences,... etc.) (1). Le problème du respect de ces règles par certains requérants pose la question des contraintes liées à l'application d'un nouveau droit (2).

3. Les règles essentielles applicables en matière de saisine constitutionnelle et électorale

La saisine de la Cour constitutionnelle doit être toujours écrite. Elle se présente généralement sous la forme d'une requête (lettre) et doit explicitement mentionner l'objet de la saisine. Quel que soit cet objet, « la requête portera le nom, prénom, qualité et adresse du requérant ainsi que l'objet et les moyens de la demande »[1124] ou l'empreinte digitale de son ou ses auteurs. Cette disposition vise surtout les requêtes des particuliers (personnes physiques). Pour les requêtes officielles, en plus de la signature de l'autorité qui saisit la Cour pour obtenir le contrôle d'une loi, l'auteur doit accompagner sa requête de deux copies du texte attaqué et la Cour délivre un récépissé constituant la preuve du dépôt de la requête.

Les requêtes doivent être déposées ou adressées directement à la Cour spécialement au greffe contre récépissé et ce, en toutes matières[1125]. Mais, il est aussi admis en matière électorale et pour les contraintes d'éloignement qu'une requête puisse être introduite à la Cour constitutionnelle par le canal de l'autorité administrative. Cette atténuation de la procédure vise à rapprocher le requérant éloigné avec la juridiction constitutionnelle. L'éloignement géographique ne doit pas être un obstacle à l'exercice effectif de ce droit de recours. La procédure devant la Cour constitutionnelle est gratuite[1126]. Les requérants n'ont rien à s'acquitter toutefois l'introduction d'une action peut toujours se révéler coûteuse lorsque la partie opte de se faire assister d'un avocat-conseil. Il faut en effet immédiatement constater qu'en aucune matière

---

[1124]Article 88 al. 2 de la loi organique sur la Cour constitutionnelle de la RDC. La preuve par l'empreinte digitale retenue par certaines cours constitutionnelles africaines vise à faciliter l'accès à la Cour aux personnes qui ne savent ni lire ni écrire. En matière électorale ou référendaire, cette preuve vise à éviter qu'une personne ne vote à plusieurs reprises.

[1125]Article 88, al. 1 de la loi organique sur la Cour constitutionnelle de la RDC

[1126]Article 96, al. 2 de la loi organique sur la Cour constitutionnelle

relevant de la compétence des juges constitutionnels, l'assistance d'un avocat-conseil n'est pas obligatoire. Néanmoins, il arrive souvent que les avocats offrent leurs conseils aux parties pour bien former leur recours. L'aide des avocats est assez fréquente sur des questions électorales. En effet, au regard des enjeux politiques élevés et de l'impérieuse nécessité de respecter toutes les règles requises, les candidats et partis politiques sentent souvent le besoin des avocats pour défendre leur prétentions. L'extension du droit de la saisine se heurte toutefois à plusieurs contraintes qui constituent des obstacles pour la satisfaction effective de ce droit.

4. Les limites de la mise en œuvre du droit d'accès à la Cour constitutionnelle

L'élargissement de l'accès à la Cour constitutionnelle laisse penser que plus rien ne s'opposera à l'accroissement des saisines des juges constitutionnels. Cependant, sans méconnaître les évolutions liées à l'ouverture du droit d'accès à la Cour, il convient aussi de relever les contraintes ou limites liées à la mise en œuvre de ce droit. Le premier obstacle porte sur l'accès à l'information. En effet, dans la plupart des pays africains notamment la RDC, de nombreux citoyens n'ont pas connaissance des textes constitutionnels et légaux qui leur accordent des droits inaliénables. La connaissance de ces droits constitue une condition pour entreprendre une quelconque action en justice. De la même manière, les procédures de saisine ne paraissent pas si simples comme en témoigne le recours à l'empreinte digitale en substitution de la signature et ne favorisent ainsi les saisines de la Cour aux citoyens analphabètes tel par exemple le cas du Bénin.

Une autre contrainte porte sur la difficulté d'accès aux documents administratifs et légaux, la non parution ou la parution irrégulière du journal officiel réputé contenir les dispositions déférées devant le juge constitutionnel. Cette difficulté découle aussi bien du faible niveau d'instruction de la population que la persistance de la culture du secret et de la rétention, deux faiblesses acquises des bureaucraties autoritaires.

Pour combler ces difficultés liées à l'accès aux sources juridiques, plusieurs actions ont été entreprises depuis quelque temps afin de renforcer la culture démocratique ainsi que l'éducation civique des citoyens. C'est ainsi que dans la plupart des constitutions africaines notamment celle de la RDC, il est fait obligation aux États de veiller à la diffusion et à l'enseignement des valeurs démocratiques. A l'appui de cette constatation, on remarquera l'implication et le travail avéré des organisations non gouvernementales (ONG) et autres associations nationales ayant vocation à la diffusion du droit tant dans le milieu urbain que rural.

En effet, depuis l'introduction du processus démocratique et la construction d'un État de droit en RDC, on a assisté à l'émergence d'une multitude d'associations de défense des droits de l'homme dont l'un des objectifs est la promotion des droits et libertés reconnus par la constitution congolaise. On citera à titre d'illustration l'association la voix des sans voix (VSV), Association africaine de défense des droits de l'homme (ASADHO), la nouvelle société civile congolaise (NSCC), etc.

Le programme d'appui au renforcement des capacités d'accès à la justice en RDC s'effectue aussi à travers la diffusion de programmes de sensibilisation dans les langues locales et par le truchement des chaînes de radios et de télévision. Ces initiatives ou autres actions bénéficient d'appuis financiers des bailleurs de fonds (Union européenne, Belgique, Suède) qui ont ouvert des lignes de crédits afin de soutenir la bonne gouvernance au plan de la justice.

L'objectif global de ce programme vise à contribuer à la consolidation de l'État de droit en luttant contre l'impunité ordinaire et de guerre dans les provinces du Nord et Sud Kivu et le district de l'Ituri (Province Orientale). De manière plus spécifique, ce programme vise à améliorer en cohérence avec le plan d'action pour la réforme de la justice (PARJE), la gouvernance judiciaire à l'Est de la RDC en prenant en compte l'équité entre les hommes et les femmes et le respect des droits humains[1127].

Un autre obstacle porte sur le faible degré de confiance à l'égard des juridictions, conséquence d'une longue période d'autoritarisme politique qui a produit un sentiment de méfiance vis-à-vis de l'institution judiciaire. A tort ou à raison, l'appareil judiciaire a été,

---

[1127]Lire Projet 2012-2015, « Programme d'Appui au Renforcement de la justice à l'Est du Congo » à l'adresse www.rcn-ong.be/Programme-2012-2015-Programme-d,836 Consulté le 25 février 2013.

pendant longtemps perçu comme une institution de contrôle social et politique. La volonté de le mettre au profit de l'État de droit a laissé dubitatifs nombre de citoyens. Il est vrai que l'instauration de la démocratie pluraliste a renforcé quelque peu la croyance dans une justice indépendante. On a pu remarquer pour le cas du Bénin par exemple, le développement des saisines émanant aussi bien de simples citoyens que d'acteurs de la société civile qui essaient à nouveau de l'utiliser comme rempart avec l'exception d'inconstitutionnalité pour la protection de leurs libertés constitutionnelles. De là, on peut *a contrario* constater qu'une juridiction peut être formellement accessible mais le scepticisme en sa capacité à répondre équitablement aux demandes de justice peut amener les parties à s'en éloigne.

Il faut ajouter par ailleurs au nombre des contraintes liées à l'accès des citoyens à la justice, l'implantation territoriale des juridictions sur l'ensemble du territoire national. Le déséquilibre spatial de la justice donne l'impression au requérant qu'habiter tel coin du territoire peut être un atout ou une contrainte. Cette difficulté vise spécialement la mise en œuvre de l'exception d'inconstitutionnalité. Celle-ci suppose un procès donc l'accès préalable à une juridiction. Or la distribution des juridictions en République Démocratique du Congo est très faible[1128] et le nombre des juges très insuffisant[1129]. Ainsi,

---

[1128] Le rapport du Consortium International pour la Coopération juridique nous fait savoir que « si la nouvelle structure judiciaire est finalement conçue pour rapprocher la justice de la population et proposer un meilleur accès aux institutions juridiques, la RDC éprouve toujours des difficultés à mettre en œuvre des structures pourtant introduites depuis des décennies. Ainsi, une loi de 1982 établissant des tribunaux de paix (TP), requiert un tribunal pour chaque ville et zone rurale (article 22 de l'ordonnance loi n°.82-020 du 31 mars 1982 portant code de l'organisation et de la compétence judiciaire). Si cela avait été exécuté, il y aurait 180 de ces tribunaux. Or, seuls 58 seulement sont actuellement en place dont 45 d'entre eux fonctionnent réellement. Les changements proposés par la constitution de 2006 sont coûteux et complexes, étant donné le manque de ressources financières et humaines, il ne paraît pas réaliste de s'attendre à leur mise en œuvre à court ou moyen termes ». Pour la suite de réflexion, Lire avec intérêt « Reconstruire les tribunaux et rétablir la confiance : une évaluation des besoins du système judiciaire en RDC », un Rapport du Consortium International pour la Coopération Juridique (International Legal Assitance Consortium) et de l'International Bar Association's Human Rights Institute, août 2009, p. 20.

[1129]D'après les sources du ministère congolais de la Justice, il y a à ce jour en RDC 2150 magistrats au total (tant civils que militaires). Ce qui équivaut à environ un magistrat pour 25000 habitants. Or l'étendue du territoire congolais requiert au

l'accès au juge constitutionnel peut paraître comme un luxe quand de l'autre côté l'accès au juge ordinaire censé être facile à tout justiciable se révèle en réalité très complexe. Enfin, la situation économique des requérants constitue les derniers obstacles à l'accès au juge constitutionnel congolais bien que la loi assure la gratuité de la procédure. Réellement il ne faut pas méjuger les coûts indirects provoqués par exemple par l'exercice de l'exception d'inconstitutionnalité. « La misère ou autre pauvreté a toujours été un frein à l'exercice des droits y compris constitutionnels »[1130]. Le PNUD nous fait observer qu'il est difficile pour les pauvres, généralement exclus des droits sociaux et culturels comme l'éducation ou l'emploi de se mobiliser activement pour obtenir le respect de leurs droits[1131]. Finalement, à travers ces conditions, certains esprits se demandent si la justice constitutionnelle ne constitue pas un luxe dans la mesure où même le juge ordinaire n'est pas facilement à la portée du justiciable. Le cas du Bénin où la saisine du juge constitutionnel est ouverte aux simples citoyens révèle que la justice constitutionnelle reste une exigence qui répond à des demandes de liberté. Cependant pour être efficace, elle doit s'intégrer dans un dispositif d'ensemble qui comprend également l'appareil judiciaire.

En RDC, le procès constitutionnel est prévu et sera organisé devant la Cour constitutionnelle avec un acteur principal, le juge constitutionnel qui est au centre du renouveau du droit. Tel est l'objet de l'analyse du prochain paragraphe (§2).

---

minimum un magistrat pour 3 à 5000 habitants. Donc au moins 12000 juges pour ce grand pays. Ce chiffre est difficilement atteignable compte tenu de la situation financière de la RDC qui n'est pas au vert. Le ministère de Justice a néanmoins annoncé sa volonté de recruter au moins 2500 nouveaux magistrats. Il a fait appel dès 2009 par voie de concours à 250 magistrats (200 civils et 50 militaires). Dans son rapport du 11 avril 2008, le Rapporteur spécial sur l'indépendance des juges et des avocats écrit : « La cause principale du manque de magistrats et de tribunaux, des bas salaires ainsi que des conditions matérielles déplorables d'exercice de la profession est la part presque insignifiante du budget qui est allouée au pouvoir judiciaire (environ 0,6%) » in AGNU, Rapport du Rapporteur sur l'indépendance des juges et des avocats, Léandro Despouy (11avril 2008) Doc. NU A/HRC/8/4/Add. 2, para 36.

[1130]Alioune Badiane, Franz Vander Shueren, Diagne Pathé et alii, *Pauvreté urbaine et accès à la justice en Afrique : Impasses et alternatives*, Paris, L' Harmattan, 1995, 419p.

[1131]PNUD, l'Indice du développement Humain (IDH) 2000, rapport annuel.

§2. Le nouveau régime constitutionnel du contrôle exercé par la Cour constitutionnelle

« Il est indispensable de bien considérer avec toutes leurs implications la place et le rôle du juge, et en particulier celui du juge constitutionnel, dans la « trinité des pouvoirs » pour citer l'expression du doyen Rivero[1132].

En effet, le Président Roosevelt avait écrit : « Les organes principaux de la création du droit peuvent être et sont souvent les juges. Le fait que ceux-ci ont le dernier mot pour dire ce qu'est le droit dans leur État, toutes les fois qu'ils interprètent un contrat ou se prononcent sur un rapport intéressant les biens ou établissant des garanties en matière de procédure ou de libertés, ils injectent de façon nécessaire dans l'ordre juridique des éléments qui ressortissent d'un système de philosophie sociale ; par cette interprétation qui est d'une importance fondamentale, ils orientent tous les types d'activité tendant à créer le droit. Les décisions rendues par les tribunaux sur des questions d'ordre économique et social sont dans la dépendance de leur philosophie économique et sociale. Il résulte de là que notre Nation pourra, dans une large mesure, au cours du vingtième siècle, réaliser un progrès si les juges savent faire prévaloir une philosophie économique et sociale adaptée à notre temps et s'ils ne demeurent pas les esclaves d'une philosophie dépassée, produit des conditions économiques qui ne sont plus »[1133]. Partant de sa fonction première qui est l'interprétation des lois, le juge introduit à un certain degré une part de création du droit. Il est à ce propos fort éclairant de relever l'argumentation retenue par Lord Radcliffe : « … Le juge peut bien avoir l'intention de se conformer le plus strictement possible au principe que l'on doit rigoureusement respecter les précédents ; il peut bien terminer sa journée de travail tous les soirs convaincu qu'il n'a rien dit et rien décidé qu'en parfaite conformité avec ce qu'avaient dit et décidé avant lui ses prédécesseurs. Mais s'il en est ainsi, quand il reprend les paroles même qu'ont prononcées ses prédécesseurs, ces paroles revêtent, prononcées par lui, un sens matériel différent du simple fait que l'homme du vingtième

---

[1132]Rivero, J., « Idéologie et techniques dans le droit des libertés publiques » in *Histoire des idées et idées sur l'histoire*, Mélanges Chevallier, p. 247.

[1133]Roosevelt, Th, Message envoyé au Congrès des États-Unis, le 8 décembre 1908, cité par Cappelletti, M., l*e pouvoir des juges*, Paris, Economica, PUAM, 1987, p. 263.

siècle n'a pas la possibilité de parler avec le même ton que l'homme du dix-septième, dix-huitième ou du dix-neuvième siècles. Le contexte est différent ; la situation de référence est autre, et quelle que soit l'intention du juge, les paroles sacrées de l'autorité deviennent, quand elles sont reprises dans sa bouche des monnaies d'une autre frappe. En ce sens limité on peut bien dire que le temps fait de nous tous des instruments d'innovation »[1134].

Et de là, nous pouvons raisonnablement penser avec Marie-Madeleine Mborantsuo que « les formes de contrôle de constitutionnalité que nos États ont développé font que le juge accompagne en quelque sorte le législateur dans son œuvre normative, ce qui ne peut que nous conduire à affirmer que le juge et particulièrement le juge constitutionnel de par sa place au sein des institutions ne se contente certainement pas d' interpréter ou d'appliquer le droit mais participe bien directement à l'œuvre normative de sorte qu'il génère bien un droit jurisprudentiel qui accompagne ce mouvement d'une ampleur exceptionnelle qui est dans notre société le phénomène d'expression étatique »[1135].

Ainsi, si l'on a généralement tendance à se polariser sur les décisions des juridictions constitutionnelles, il ne faut surtout pas voiler le fait qu'elles sont la résultante d'un long processus décisionnel. Chaque phase de ce processus compte. Chaque étape de la procédure emporte des conséquences sur la nature et la qualité de la décision. La stricte observation de certaines règles procédurales détermine l'autorité de la solution soulevée par le juge. Il s'agira donc d'envisager une analyse des procédures retenues par la juridiction constitutionnelle congolaise.

Auprès de cette dernière ou du Conseil constitutionnel français, le requérant agit toujours dans l'optique de faire statuer le juge sur une question de droit. Cette initiative est exigée par la constitution ou résulte d'un libre choix. « Dans toutes les hypothèses, affirme Pascal Jan, agissant à titre individuel ou au nom d'une institution, l'autorité de saisine ne déclenchera une procédure de contrôle qu'au moyen d'un

---

1134Radcliffe, M., Not in Feather beds, sources collected papers, London Lamish Hamilton, 1968, p. 265, cité par Cappeletti, M, *Le pouvoir des juges*, *op. cit.*

1135Mborantsuo, M-M, *Cours constitutionnelles africaines et État de droit*, *op. cit.*, p. 100.

recours juridictionnel, c'est-à-dire d'un acte de procédure par lequel est engagée une instance juridictionnelle »[1136].

Le déclenchement du processus décisionnel est conditionné par la recevabilité et l'instruction de la demande (A) du requérant. Mais, contrairement au droit judiciaire privé ou au droit du contentieux administratif juridictionnel, le droit juridictionnel constitutionnel connaît une multitude de recours très différents les uns des autres dont les caractéristiques influencent directement leur régime·

L'action juridictionnelle ne se concrétise qu'à travers la réponse de la Cour en termes de droit dans une décision revêtue de l'autorité (absolue) de la chose jugée. Les particularités de la décision juridictionnelle nous conduit à nous intéresser à la délibération par la Cour (B) de la cause qui lui est soumise. Néanmoins tout procès constitutionnel partage des règles et principes communs d'organisation. Ce procès comporte aussi un certain nombre de difficultés. Celui de la RDC ne sera pas épargné. Aussi convient-il de s'attarder sur ce que pourra être le procès constitutionnel dans ce pays (C).

A. De la recevabilité à l'instruction de la saisine

La question de la saisine doit être instantanément reliée à celle de l'accès à la justice qui doit s'établir comme un droit fondamental. Le Conseil d'État français dans un arrêt Dame Lamotte[1137] déclarait déjà que le recours pour excès de pouvoir était ouvert même sans texte, contre tout acte administratif afin d'assurer conformément aux principes généraux du droit, le respect de la légalité. Le Conseil constitutionnel dans sa décision du 2 décembre 1980 rappelait le « droit d'agir dont le libre exercice relève de la loi en vertu de l'article 34 de la constitution ». Louis Favoreu dans son commentaire de la décision[1138] affirmait qu'il s'agissait là « d'un droit fondamental... bouclier des autres droits fondamentaux ».

La charte africaine des droits de l'homme et des peuples prévoit également en son article 7 que toute personne a droit à ce que sa cause soit entendue. Ce droit comprend le droit de saisir les juridictions

---

[1136]Jan, P., *La saisine du Conseil constitutionnel,* Paris, LGDJ, 1999, pp. 87-91.
[1137]CE, ASS., 17 février 1950, Ministre de l'Agriculture, c/Dame Lamotte, *RDP*, 1951, p. 478.
[1138]CC, 2 décembre 1980, RDP, 1981, p. 628.

nationales compétentes de tout acte violant les droits fondamentaux qui lui sont reconnus et garantis par les conventions, les lois, les règlements et coutumes en vigueur. « Le droit à l'ouverture d'un règlement juridictionnel des différends paraît le plus capital quant aux exigences de l'État de droit »[1139].

Si ce principe semble s'appliquer de façon générale sans trop de difficultés devant les juridictions de droit commun ou les juridictions administratives, si les États en disposent, il n'en va certes pas de même quant aux juridictions constitutionnelles pour lesquelles la saisine est soumise d'une part à des conditions relatives au recours et d'autre part et surtout des conditions relatives aux requérants. Toutes ces conditions ont été précédemment analysées[1140]. Il est question à ce stade de se consacrer à la recevabilité de la saisine (1) mais aussi d'examiner la procédure et l'instruction de cette saisine (2).

1. La recevabilité de la requête

Si comme il a été évoqué, l'accès au prétoire est largement ouvert voire encouragé pour les juridictions internes de droit commun, il n'en va pas toujours ainsi pour certaines juridictions que l'on pourrait qualifier de prestigieuses. C'est notamment le cas des juridictions internationales, mais aussi pour le cas qui concerne notre étude, de la Cour constitutionnelle. L'admission du recours devant la Haute instance constitutionnelle est reconnue et vise à lever les incertitudes juridiques pesant sur un acte. Le droit juridictionnel constitutionnel ignore les mécanismes de l'appel et de la cassation. L'article 62 alinéa 2, de la constitution française de 1958 prohibe les recours contre les décisions du Conseil constitutionnel devant toutes les juridictions, y compris lui-même : « Les décisions du Conseil constitutionnel ne sont susceptibles d'aucun recours... ». Le même principe prévaut aussi en RDC où les arrêts de la Cour constitutionnelle ne sont susceptibles d'aucun recours en vertu de l'article 93, al. 4 de la Loi organique. « Or, en France, les textes et la jurisprudence ont ouvert prudemment la voie à la

---

[1139] Guinchard, S., « Le procès équitable : droit fondamental ? », *AJDA*, 1998, p. 191.
Renoux, T., « Le droit au recours juridictionnel », *JCP*, 1993, I., 3675.
Teitgen, F., « L'accès au droit et à la justice est un pilier de la démocratie », *LPA*, 22 novembre 200, p.4.

[1140]Lire le §1. L'accès au juge constitutionnel congolais, pp. 255 et ss de la présente thèse.

contestation devant le Conseil constitutionnel de certaines décisions administratives et juridictionnelles lorsqu'il statue comme un juge ordinaire »[1141]. En sera-t-il pareil pour la RDC ?

Concernant les modalités formelles et matérielles de recevabilité des requêtes, le constituant organique congolais n'a pas d'une manière générale soumis la requête à un juridisme démesuré. Les requêtes se présentent sous forme des simples lettres comportant la date et la signature du requérant. Le Bénin a d'ailleurs, comme évoqué plus haut, élargi les conditions de recevabilité aux citoyens illettrés par l'apposition d'empreintes digitales. Cela démontre la volonté d'ouvrir autant que possible l'accès à la justice constitutionnelle à tous les citoyens béninois. La gratuite ou non de la procédure est une autre question. Il s'agit de savoir si le requérant doit s'acquitter ou pas d'un droit de timbre et d'autres frais éventuels. La majorité des pays africains sont pour la gratuité notamment le Bénin, le Burundi, la Centrafrique, le Gabon, Madagascar, le Mali, le Sénégal, le Tchad, le Togo mais aussi la RDC[1142].

La gratuité se traduit d'ailleurs par la banalisation du recours au juge constitutionnel dans les débats et actions politiques, ce dernier apparaissant comme la nouvelle figure de la démocratie constitutionnelle en construction. L'avènement de la justice constitutionnelle indépendante a été l'une des revendications fortes de la conférence nationale souveraine. L'accès à ce juge constitutionnel a été voulu gratuit sans versement d'une quelconque somme d'argent, fusse-t-elle (sic) minime. En RDC, la représentation par un avocat ou une autre personne n'est pas obligatoire. Toutefois en vertu de l'article 91 al. 2 de la Loi organique « Les parties peuvent être représentées ou assistées de leurs avocats ». Cette possibilité est laissée au libre choix des parties.

Jusqu'à la réforme de 2008 avec l'avènement de la QPC, le Conseil constitutionnel français n'admettait pas l'intervention des avocats dans le cours des affaires qui lui sont soumises. Ce refus se

---

[1141]Sur la contestation des décisions administratives et juridictionnelles du Conseil constitutionnel français, Lire avec intérêt Pascal Jan, *La saisine du conseil constitutionnel, op., cit.*, pp. 124-136.

[1142]Article 96 de la loi organique du 15 octobre 2013 sur la Cour constitutionnelle déjà citée.

justifiait par le fait que l'avocat défend la cause de son client. Son intervention dans le procès constitutionnel abstrait ne peut se justifier car la loi contrôlée ne viole nullement les droits du requérant. Le recours contre une loi ne peut être confondu avec un recours du contentieux ordinaire. L'introduction de la QPC a rétabli une certaine égalité des armes avec la présence dans le prétoire du Conseil, de techniciens du droit capable de détecter à l'analyse des textes législatifs sophistiqués, les dispositions renfermant les vices d'inconstitutionnalité.

Il faut voir dans l'intervention de l'avocat une contribution enrichissante aux débats devant les hautes instances constitutionnelles. Cette représentation peut paraître plus décisive du fait que les requérants (personnes privées) ne sont toujours pas initiés aux subtilités des règles procédurales et de la science juridique. Repousser ou écarter la représentation dessécherait le débat devant la Cour.

La Cour constitutionnelle congolaise est saisie par la requête déposée au greffe qui l'enregistre suivant la date de réception et lui donne un numéro d'ordre. La date qui fait foi pour le reste des procédures est celle de la réception, en vertu de l'article 88, alinéa 3 de la loi organique. La requête est ensuite transmise par le greffier à toutes les parties concernées pour les conclusions dans les huit jours de la réception. Passé ce délai, le dossier est communiqué au Procureur Général pour son avis à intervenir dans le même délai.

Devant le juge constitutionnel, « le dépassement de délai n'influence aucunement la présentation des mémoires complémentaires. Saisi de la totalité des dispositions de la loi, les observations précisant ou complétant le recours primitif sont recevables jusqu'au prononcé de la décision »[1143]. L'observation de Pascal Jan n'engage nullement toutes les juridictions constitutionnelles. Le requérant devra faire en sorte que la norme attaquée soit franchement identifiée et que la haute juridiction s'imprègne des faits et des moyens invoqués. Certaines juridictions ont même envisagé que la saisine soit jointe d'une copie du texte attaqué. En RDC, en matière d'interprétation de la constitution, la loi prévoit que la requête mentionne les dispositions dont l'interprétation est sollicitée[1144]

[1143]Jan, P., *La saisine du conseil constitutionnel, op., cit.*, p. 319.
[1144]Article 54, alinéa 2 de la loi organique sur la Cour constitutionnelle du 15 octobre

2. L'instruction de la saisine

Lorsqu'il décrivait en 1928 ce que devait être le fonctionnement d'une Cour constitutionnelle, Hans Kelsen écrivait : « pour la procédure devant le tribunal constitutionnel, il faut recommander d'une façon générale le principe de publicité et du caractère oral, bien qu'il s'agisse principalement de questions de pur droit, et que l'accent doive évidemment porter sur les explications de droit des mémoires écrits que les parties peuvent présenter, ou même être tenues de présenter au tribunal. Les affaires qui occupent le tribunal constitutionnel sont d'un intérêt général si considérable qu'on ne saurait exclure en principe la publicité de la procédure que garantit seule une audience publique »[1145]. Le cadre général du déroulement de l'instruction répond pour une large part à ces préoccupations, essentielles au bon déroulement du procès constitutionnel. L'instruction de saisine commence avec la désignation d'un rapporteur (a) dont le rapport est déterminant dans la procédure de l'instruction, laquelle débouche sur la réunion de délibération et s'achève sur la décision constitutionnelle (b).

a. Le rôle déterminant du Rapporteur

L'enregistrement de la requête déclenche une série de mécanismes et des procédures qui rythment l'office du juge constitutionnel. Dès que la saisine est enregistrée et que les vérifications formelles indispensables ont été effectuées, le Président de la Cour constitutionnelle congolaise désigne sans délai et de façon discrétionnaire un Rapporteur en application de l'article 98, alinéas 1 et 2 de la loi organique du 15 octobre 2013 sur la Cour constitutionnelle. « Le Rapporteur est chargé d'instruire la requête et de préparer un projet de décision assorti d'un rapport à soumettre à la délibération et à la décision des membres de la Cour dans les sept jours »[1146]. Il s'agit là d'une prérogative du président de la Cour constitutionnelle qui en principe, ne peut jamais se désigner lui-même comme rapporteur tel qu'en France[1147]. Pour des requêtes particulièrement importantes, en contenu ou en volume, le président de la Cour constitutionnelle

2013 déjà citée.

[1145]Kelsen, H., « La garantie juridictionnelle de la constitution », *RDP*, 1928, p. 248.

[1146]Article 98, alinéas 1 et 2 de la loi organique sur la Cour constitutionnelle du 15 octobre 2013 déjà citée.

[1147]Pour le cas de la France, lire la décision n°97- 394, DC, 31 décembre 1997, relative au traité d'Amsterdam, Rec. 344.

congolaise ne pourra-t-il pas désigner deux rapporteurs comme ce fut le cas en France pour l'examen du Traité de Maastricht ?[1148] Le secret sur l'identité du rapporteur, motivé par le souci de le préserver des pressions et sollicitations diverses qui préjudicieraient à la quiétude de son instruction, interdit normalement la révélation de telles informations.

Au regard du développement de la procédure contradictoire, la doctrine s'intéresse à la continuité de cette règle. Cela étant, d'une manière générale et toujours selon une pratique établie, le Président de la Cour désigne les rapporteurs en tenant compte de leurs centres d'intérêts. Le rapporteur dispose d'un certain pouvoir lui permettant d'instruire l'affaire pour laquelle il a été désigné. Il peut recevoir les parties et les auditionner de façon informelle, en vue d'éclairer sa réflexion. De même, il peut informer les parties sur les prétentions adverses tout en leur fixant un délai pour qu'elles préparent et déposent leurs mémoires en défense.

b. La procédure de l'instruction de la saisine recevable par la Cour

Comme toutes les juridictions, pour pouvoir juger, la Cour constitutionnelle doit être saisie par une requête des parties. Ainsi, l'article 88, alinéa 1 de la loi organique du 15 octobre 2013 sur la Cour constitutionnelle congolaise affirme que celle-ci est « saisie par une requête des parties ou par un réquisitoire du Procureur général ». Compte tenu de l'absence de codification de la procédure devant la Cour constitutionnelle dans le contentieux constitutionnel des lois, c'est en se frottant avec la réalité du contentieux constitutionnel que la Cour constitutionnelle pourra se doter des éléments nécessaires susceptibles d'éclairer sa religion. Conformément à l'article 96 de la loi organique sur la Cour constitutionnelle de la RDC, les parties accèdent au procès par écrit, en mettant à la disposition de la Cour des mémoires devant lui permettre de dire le droit en parfaite connaissance. Pour le bon déroulement de l'instruction, la procédure contradictoire est requise en cas du contentieux d'inconstitutionnalité. Cette procédure assure l'équité du procès. Elle est variable selon l'objet du contentieux.

Pourtant, le professeur Guillaume Drago nous rappelle que la procédure devant le Conseil constitutionnel dans ce type de contentieux

[1148] Décision, CC, n°92-308 DC, du 9 avril 1992, Rec. 55.

ne peut être qualifiée de contradictoire au sens des principes généraux de procédure (art. 16 du Nouveau Code de proc. civ.). « En effet, on ne peut parler de parties dans ce type de contentieux puisqu'il n'y a pas de prétentions opposées à l'origine de l'instance mais une contestation de la constitutionnalité d'une norme législative objective. En présence de ce contentieux objectif par nature, la contradiction prend une forme originale par l'échange d'arguments pour ou contre la constitutionnalité de la loi, défendu par les institutions ou des personnes qui n'en sont pas, pour une part, les auteurs et dont l'intérêt à agir ne comprend pas d'éléments subjectifs »[1149]. Pourtant des éléments de contradiction existent. « Si dans l'instruction d'une affaire, affirme Pascal Jan, le Conseil constitutionnel a été contraint par les textes ou ses partenaires d'organiser la contradiction, entendue comme la possibilité de présenter des arguments écrits ou oraux et d'y répliquer dans les mêmes formes, il n'a eu de cesse de favoriser l'égalité des armes tout en respectant les délais des jugements et en restant dans les limites qu'imposent les procédures de contrôle »[1150].

Selon l'alinéa 2 de l'article 8 de l'ordonnance loi 82-017 du 31 mars 1982 relative à la procédure devant la CSJ qui demeure jusque-là Cour constitutionnelle de transition en vertu de l'article 223 de la constitution de 2006, toute requête, réquisitoire ou mémoire devra avoir été en toute matière préalablement signifié à la partie contre laquelle la demande est dirigée. Pour l'article 89 de la loi organique sur la Cour constitutionnelle, le Greffier assure la signification de la requête à toutes les parties concernées pour les conclusions à déposer dans les huit jours de la réception.

Il faut relever à ce stade la deuxième remarque du Professeur Guillaume Drago concernant le délai dans lequel est inscrite cette « procédure contradictoire ». Le délai maximum est celui d'un mois, prescrit par l'article 61, alinéa 3 de la constitution du 4 octobre 1958, délai qui peut être ramené, s'il y a urgence, à huit jours à la demande du Gouvernement.

En RDC, l'article 99 de la loi organique sur la Cour constitutionnelle, réplique de l'article 61, alinéa 3 de la constitution

---

[1149]Drago, G., *Le contentieux constitutionnel français*, 2e édition refondue, Paris, PUF, 2006, PP. 372-381.
[1150]Jan, P., *Le procès constitutionnel*, *op. cit.*, p. 151.

française, abonde dans le même sens avec des termes identiques. Ce délai est extrêmement court, s'agissant d'un contentieux majeur sur le plan juridique et qui peut être très important en volume de textes à examiner notamment les lois de finances, votées en fin d'année civile et examinées par le Conseil avant le début de l'exercice budgétaire ultérieur. Ce délai de trente jours constitue une forte contrainte à la fois pour la Cour constitutionnelle et pour le Conseil constitutionnel même si en France le Conseil demeure maître du calendrier dans ce délai. On espère que la Cour constitutionnelle sera aussi maîtresse de son calendrier de délais.

Dans la pratique, en attendant l'installation de la Cour constitutionnelle, la CSJ qui exerce transitoirement les attributions dévolues à la Cour constitutionnelle ne sanctionne pas le requérant qui aura déposé sa requête sans l'avoir préalablement signifiée dès lors que la partie adverse qui en a reçu signification après le dépôt a pris un mémoire en réponse, cela, en vertu de l'adage qui dit qu'il n'y a pas de nullité sans grief.

En outre, pour l'application de l'article 4 du Code de procédure devant la CSJ dans son rôle provisoire de Cour constitutionnelle, celle-ci s'est souvent montrée souple estimant que « dès lors que les parties ont reçu signification de la requête et qu'il ne reste au dossier qu'un exemplaire signé, il n'y a aucun préjudice dans le chef d'aucune partie. En vertu de l'adage ci-haut indiqué, il n'y a pas lieu à décréter l'irrecevabilité de la requête en dépit des termes impérieux de la loi »[1151]. La Cour constitutionnelle suivra-t-elle cette jurisprudence ? La pratique de cette haute juridiction constitutionnelle en jugera. Dans d'autres pays notamment en France, la procédure contradictoire renforce la juridictionnalisation de la procédure devant le Conseil constitutionnel, bien que dans le cas du Conseil constitutionnel français, la contradiction n'ait été longtemps affirmée que dans le contentieux électoral. Néanmoins « dotée d'une puissance de contagion évidente », la contradiction applicable dans le contentieux électoral est vite adoptée

[1151]Lire pour information, « Interprétation, cassation et annulation en droit congolais », Fascicule rassemblant les exposés faits à l'occasion des sessions de formation en matière d'interprétation en droit, de cassation et d'annulation, organisées à l'intention des hauts magistrats du Parquet Général de la République, Union européenne, Programme d'appui à la Gouvernance (PAG) et Parquet Général de la République, 2013, pp. 74-75.

au contrôle des lois, surtout avec l'explosion des recours institutionnels motivés. Ces derniers recours contraignent les juges à établir de manière pragmatique et rationnelle des échanges d'observations.

En matière de contrôle de constitutionnalité, la saisine par le Chef de l'État ou l'Assemblée nationale « conformément à l'article 139 de la constitution de 2006, oblige la Cour constitutionnelle congolaise à informer toutes les institutions concernées par cette saisine afin qu'elles préparent si besoin leur défense »[1152]. Ce droit à l'information sur la saisine s'exerce aussi sur le contentieux électoral. En effet, lorsque l'un des candidats saisit la Cour, le ou les autres candidats impliqués par les requêtes sont également avisés afin qu'ils fournissent à la Cour leurs moyens de défense. Si en droit comparé, il est admis de fournir des moyens complémentaires pour défendre ses prétentions c'est sur la forme d'expression par contre que l'on repère les différences. En RDC, les requêtes en défense sont écrites et présentées sous la forme de mémoires adressés à la Cour constitutionnelle.

Par ailleurs et d'une manière générale, l'instruction d'une requête, surtout en matière de contrôle des normes, doit en principe couvrir la totalité de la loi. Dans ce cas, elle exclut le principe du contradictoire. Ainsi, le requérant n'a pas à manifester son intérêt à agir. La Cour peut soulever d'office des moyens si elle décèle une violation de la constitution. Ce qui implique qu'elle peut rejeter des moyens soulevés contre telle ou telle disposition mais censurer d'autres dispositions qui ne sont pas sujet à contestation et contraires à la constitution. C'est ce principe qui fonde, selon le Professeur Vedel, l'exclusion du principe du contradictoire. Il affirme que « rien n'oblige les saisissants à motiver la saisine ni à conclure sur leurs prétentions et, de fait, dans des cas qui ne sont pas très rares, l'une des quatre autorités investies par le texte de 1958 a usé de cette liberté. Au fond, il n'y a pas d'ultra petita parce que la seule demande opérante des saisissants tend à provoquer un examen de la loi et non à faire droit à une prétention. Ce point de départ a pour conséquence logique de supprimer toute instruction organisée fondée sur le principe du contradictoire »[1153].

[1152]Art. 97 de la loi organique sur la Cour constitutionnelle déjà citée.

[1153]Vedel, G., « Réflexions sur les singularités de la procédure devant le Conseil Constitutionnel », in *Mélanges Roger Perrot, Nouveaux juges, nouveaux pouvoirs ?*, Paris, Dalloz, 1995, p. 543.

Mais en matière électorale, la Cour ne s'appuie que sur les moyens soulevés par les parties.

Le caractère contradictoire d'une procédure contentieuse ou non contentieuse n'a d'intérêt que comme moyen destiné à assurer le respect des droits de la défense. Son importance serait moindre pour des questions de pur droit[1154].

Si la contradiction est donc un élément décisif et déterminant, la procédure de son établissement dans le procès en inconstitutionnalité en RDC soulève quelques interrogations. Cette procédure est-elle pleinement ou partiellement contradictoire ?

En vertu de l'article 96 de la loi organique sur la Cour constitutionnelle, la procédure est contradictoire. Pour autant, on observera que le procès en inconstitutionnalité tel qu'établi en RDC est partiellement contradictoire. Cela au regard de la procédure à caractère inquisitorial de la juridiction constitutionnelle, aux pouvoirs d'investigations très larges du rapporteur désigné mais aussi du caractère secret de l'instruction.

Cependant ces allégations méritent d'être nuancées. Car conformément à l'article 91 alinéa 2 de la loi organique sur la Cour constitutionnelle, les parties peuvent être représentées ou assistées de leurs avocats. En vertu du même article et pour plus de transparence dans la procédure, les audiences de la Cour sont publiques, à moins que cette publicité ne soit dangereuse pour l'ordre public ou les bonnes mœurs. En ce qui concerne l'égalité des armes, il importe de signaler que l'instruction de saisine est constituée de plusieurs pièces rassemblées par le juge rapporteur et le service juridique de la Cour.

La constitution du dossier d'instruction démontre mais également évalue la pertinence des pouvoirs d'instruction du juge rapporteur qui est à la hauteur de l'enjeu de la sauvegarde de l'ordre constitutionnel. Avec la généralisation de la contradiction, quelles sont

[1154]Évoquant son expérience personnelle à la Section du Contentieux du Conseil d'État, Daniel Labetoulle remarque que « C'est en effet et surtout pour la discussion des éléments de fait que le principe apparaît comme garantie », « Les méthodes de travail au Conseil d'État et au Conseil Constitutionnel », in *Conseil Constitutionnel et Conseil d'État*, Paris, Montchrestien - LGDJ, 1998, p. 252.

les pièces constitutives de la procédure ? Les pièces sont-elles à transmettre ou du moins accessibles aux parties ?

Enfin et en règle générale, aucun délai n'est imposé au rapporteur mais celui-ci est censé rester dans les délais constitutionnels fixés à la Cour pour rendre ses décisions. En effet, la requête doit intervenir suivant certains délais. Ces délais devant la Cour varient selon l'objet de la saisine. Ils ont l'avantage d'indiquer que le temps est une ressource stratégique tant en matière de contrôle de constitutionnalité que du contentieux électoral. Lorsque la Cour est saisie d'une exception d'inconstitutionnalité, elle a trente jours pour statuer[1155]. En matière électorale et référendaire, la Cour constitutionnelle rend son arrêt dans les délais fixés par la loi électorale ou référendaire[1156] Le gouvernement de la République peut demander que ce délai soit ramené à huit jours en cas d'urgence. Le recours à la procédure d'urgence reste exceptionnel et il semble bien que ce soit une prérogative gouvernementale qui s'impose à la Cour constitutionnelle, par l'emploi de l'indicatif dans le texte constitutionnel. Nous estimons que la condition d'urgence reprise dans l'article 99 de la loi organique sur la Cour constitutionnelle laisse à cette dernière l'appréciation et la vérification de celle-ci. En France, le Conseil constitutionnel a toujours interprété souverainement les textes le régissant.

Le gouvernement français a rarement utilisé cette procédure[1157] laquelle répond d'ailleurs à une fin : l'examen rapide d'une loi en vue de sa promulgation. Le Gouvernement congolais suivra-t-il le pas de son homologue français en utilisant rarement cette procédure d'urgence ? Rien n'est moins sûr au regard de la culture juridique déficitaire des gouvernants et gouvernés congolais. Toujours en France dont la RDC s'inspire en partie, le Conseil d'État estime, pour sa part, que le refus du Premier ministre de demander au Conseil constitutionnel de se prononcer en urgence est indissociable de l'ensemble de la procédure législative, touche aux rapports entre les pouvoirs publics, échappe à la compétence de la juridiction administrative, considérant donc qu'il s'agit d'un acte de

[1155]Article 99 de la loi organique sur la Cour constitutionnelle.

[1156]Article 111 de la loi organique du 15 octobre 2013 sur la Cour constitutionnelle

[1157]C.C., n°73-51 DC du 27 décembre 1973 sur la taxation d'office, Rec 25. ; CC n°82-139 DC du 11 février 1982 sur la nationalisation II, Rec., 31 ; CC., n°89-258 DC du 8 juillet 1989, Amnistie, Rec., 48

gouvernement[1158]. Il est clair que la procédure d'urgence est dans les mains du gouvernement tel que cela apparaît, et à la suite du professeur Pascal Jan, comme une compétence liée pour le Conseil constitutionnel français, ce qui démontre davantage la spécificité du contentieux des lois. Une fois l'instruction achevée, le rapporteur dépose ses conclusions sous forme de rapport en vue d'une délibération débouchant sur une décision.

B. La délibération et la décision constitutionnelle

Il est désormais bien établi de considérer que le processus de prise de décision des juges constitutionnels constitue l'ultime étape du travail des juges. Deux phases essentielles sont à considérer dans ce processus. D'abord la phase de discussion et d'élaboration de décision ou arrêt (1) laquelle se solde ensuite par sa publication (2).

1. L'élaboration des décisions ou arrêts

Une fois achevée l'instruction d'un dossier, le juge rapporteur dépose son rapport pour qu'il soit inscrit au rôle d'audience de la Cour. Le président de la Cour étant informé, convoque la Cour en séance plénière. En cas d'empêchement du président, son suppléant ou le doyen d'âge exerce cette prérogative. Les membres de la Cour sont informés à l'avance et peuvent recevoir pour lecture ou autres observations le rapport, et le projet de décision ou arrêts préparés par le rapporteur avec le concours du secrétaire général, du service juridique et du service de documentation. A l'exception de quelques pays[1159], la plupart des cours constitutionnelles recourent au droit comparé dans la préparation de la décision ou arrêt, généralement au stade de la recherche documentaire. Cependant certaines Cours[1160] et exceptionnellement le Conseil constitutionnel français se réfèrent explicitement aux décisions des cours européennes ou internationales dans leurs décisions[1161]. En RDC, la Cour ne peut valablement siéger que lorsque le quorum d'au moins sept membres est atteint, réserve du

[1158]CE, 9 octobre 2002, Meyet, et Bouget, n°235856 *; AJDA*, 4 novembre 2002, p. 1099.

[1159]Congo, Gabon, Niger

[1160]Albanie, Canada, Mauritanie, Roumanie, Slovénie, Suisse.

[1161]Meininger, M-C, « Les méthodes de travail des cours constitutionnelles », in Bulletin n°8, Novembre 2007, https://www.accpuf.org/index.php/le-bulletin?id=246 Consulté le 17 mars 2013.

cas de force majeure dûment constaté par les autres membres conformément à l'article 90 de la loi organique du 15 octobre 2013. La Cour écoute le rapport d'instruction du rapporteur et répond le cas échéant aux questions des autres juges. Les arrêts sont pris à la majorité des voix des membres présents. En cas de partage des voix, celle du président est prépondérante[1162]. La Cour délibère toujours au vu du rapport et du (des) projet (s) de décision du rapporteur, documents diffusés par le greffe à l'ensemble des membres de la Cour quelques jours avant la séance plénière de jugement[1163]. Le rapport se caractérise le plus souvent de plusieurs divisions.

Dans sa première, elle présente la loi selon son esprit et ses dispositions. Puis vient l'analyse des griefs avec exigence ou non de la contradiction. Le rapport se conclut enfin en relevant parfois, lorsqu'est contrôlée une loi ordinaire, des critiques non discutées mais qui peuvent être soulevées d'office par la haute juridiction.

Le projet d'arrêt de la Cour ainsi que le délibéré font l'objet de discussions et de vote soit considérant par considérant soit un examen global suivi, bien entendu, d'un vote.

La séance de délibération ne dépasse pas généralement une journée de travail. Il arrive toutefois que les votes soient portés sur d'autres dispositions non prévues par le rapporteur. L'ordre du jour étant fixé par le Président de la Cour qui y inscrit les affaires prêtes à être jugées. Le respect des délais constitutionnels de jugement relève du ressort du président de la Cour.

Il doit veiller à ce qu'un jugement rapide des requêtes électorales soit rendu pour éviter l'insécurité juridique du parlementaire dont l'élection a fait l'objet de contestation. Le président assure la police de l'audience bien qu'il n'ait un ordre précis de la prise de parole. Il peut arriver que le Président lui-même assure la synthèse des débats. Il peut tout aussi confier cette tâche au rapporteur.

[1162]Article 92, alinéa 2 et 3 de la loi organique.

[1163]Les informations sur le rapport sont empruntées à Pascal Jan, Le procès constitutionnel, op. cit. p. 185.

Une fois l'arrêt pris, il doit être rédigé sous une forme respectant toutes les obligations légales prévues à cet effet. Ainsi, l'arrêt doit être motivé. Dans sa rédaction, la structure de l'arrêt comporte systématiquement :

- identification et analyse de la disposition contestée (citation ou résumé)
- exposé des griefs ;
- considérant de principe : normes constitutionnelles en jeu et principes applicables ;
- application de ces principes à la disposition entraînant la censure ou la validation constitutionnelle de l'acte.

L'arrêt est rendu sur le siège. Les délibérés de la Cour sont confidentiels[1164]. Il ne saurait en être autrement ; les membres sont tenus à une obligation de discrétion sur des sujets ayant fait ou susceptible de faire l'objet de décision.

2. La publication ou la nécessité d'une meilleure compréhension des arrêts de la Cour

Le sujet de la publication et de publicité des arrêts constitutionnels renvoie en principe à l'identification des contraintes matérielles qui pèsent sur la production jurisprudentielle objet d'une large controverse doctrinale. En effet, si les organes de presse disposent des moyens matériels pour assurer la diffusion des informations auprès du grand public, l'explication pour une meilleure compréhension des arrêts de la Cour ne peut provenir que de l'institution elle-même. Pour éviter toute interprétation contraire au sens des arrêts, la valeur ajoutée par le média ne peut porter que sur la présentation des informations et non sur leur objet.

Or, il existe une réelle difficulté pour une Cour constitutionnelle, surtout celle de la RDC, qui prononce des arrêts aussi complexes et techniques et dont la rédaction présente un caractère elliptique voire hermétique à diffuser des informations claires et compréhensibles par le grand public et surtout, à éviter les contresens

[1164]Article 92, alinéa 1 de la loi organique sur la cour constitutionnelle.

immédiats dans la presse générale. La publication et publicité autour des arrêts de la Cour repose sur un paradoxe : en effet, si le débat démocratique exige que le public accède facilement aux arrêts de justice, la complexité de ceux-ci en rend difficile leur vulgarisation[1165]. Les contraintes changent en tenant compte de quatre facteurs essentiels notamment :

- La compétence de la Cour, c'est-à-dire d'un côté l'élargissement de la saisine qui influence la multiplicité des décisions et la médiatisation du problème et de l'autre la nature du contrôle selon qu'il est abstrait et/ou concret.

- La procédure, et spécialement son caractère (en partie) public ou non, ainsi que la possibilité ou non pour les juges constitutionnels d'exprimer des opinions dissidentes ;

- Les obligations inhérentes de la Cour que sont le strict respect de la confidentialité du délibéré et l'obligation de réserve des juges ;

- Des contraintes extérieures que sont la réceptivité des médias ainsi que le niveau de spécialisation des journalistes.

Pourtant, au-delà de ces difficultés, qui n'épuisent pas la problématique, l'importance à procéder à l'explication de l'arrêt de la Cour n'est plus à démontrer bien que cet arrêt, en théorie, se suffit à lui-même et à rendre plus transparent le déroulement de la procédure au sein de la haute juridiction constitutionnelle.

Bien plus, parmi ces facteurs ci-devant cités, les plus importants paraissent être l'obligation de réserve et l'absence d'opinion dissidente.

L'obligation générale de réserve évoqué à l'article 29 de l'ordonnance n°13/026 du 15 octobre 2013 portant loi organique relative à la Cour constitutionnelle de la RDC et à l'article 10 de l'ordonnance n°58-1270 du 22 décembre 1958 portant loi organique relative au statut de la magistrature en France, et dont il n'existe aucune

[1165]Les cours constitutionnelles face aux enjeux de la communication, ACCPUF, bulletin n°4, Mai 2003 à l'adresse www.accpuf.org/publications consulté le 10 mars 2010.

définition textuelle, est une notion dont les contours ont été précisés par la jurisprudence disciplinaire du Conseil supérieur de la magistrature (CSM) français. Celui-ci, par un avis du 9 octobre 1987, a précisé que le magistrat n'est pas « obligé au conformisme » et ne saurait être « réduit au silence ». Le principe de sa liberté de pensée, d'opinion, d'expression est le fondement même de ce « droit particulier » à l'indépendance qui distingue le magistrat du fonctionnaire. La liberté d'expression du magistrat trouve sa limite principale dans l'image que doit renvoyer l'institution judiciaire et chacun de ses membres. Le service de la justice ne peut fonctionner que s'il inspire confiance et respect au justiciable et au citoyen. Cette confiance repose en partie sur l'assurance que la justice est rendue avec impartialité et neutralité et que le magistrat soucieux du service public dont il assure le fonctionnement, agit avec objectivité et sérénité[1166]. Le juge constitutionnel congolais doit faire preuve d'une obligation de réserve et que les médias, malgré leurs sollicitations, ne doivent pas être le lieu de débats sur le déroulement de procédures en cours ou sur des prises de position contraires à l'esprit des textes régissant la Cour.

Après le verdict de la Cour, aucune opinion dissidente n'est tolérée. Cette absence d'opinion dissidente est la spécificité des juridictions constitutionnelles des pays d'Afrique francophone inspirée de la législation française qui n'accepte pas le principe d'opinion dissidente soulevant de surcroît une controverse[1167] entre ses partisans

---

[1166]Réponse du ministère français de la justice à la question écrite n°07288 de M. Jean-Pierre Michel, publié dans le Journal officiel du Sénat du 9 avril 2009, p. 907.

[1167]En France, une controverse doctrinale a opposé les « pour » ou « contre » les opinions dissidentes dans les juridictions constitutionnelles. Le Professeur François Luchaire soutenu par le Professeur George Vedel sont contre l'opinion dissidente en affirmant que « le système judiciaire français ne la reconnaît pas et l'interdit. Car elle irait à l'encontre du principe du secret des délibérations ». Pour François Luchaire, « accepter l'opinion dissidente compromettait gravement l'autorité, la crédibilité et l'efficacité de l'institution ». Par contre pour le Professeur Dominique Rousseau, partisan de l'opinion dissidente, celle-ci « n'est que l'expression publique de désaccord d'un ou de plusieurs juges avec la motivation et/ou le contenu de la décision ». Dans la définition d'opinion dissidente, poursuit-il, le seul mot qui fait problème est « public ». « Tout le monde admet que les nouveaux juges ne portent pas la même appréciation sur la constitutionnalité d'une loi soumise à leur examen, que chacun peut, en séance exprimer son opinion ». Dominique Rousseau conclut que « le problème de l'opinion dissidente se résume à la question suivante : ce que tout le monde admet peut-il être rendu public ? Affaire de goût. Certains peuvent préférer

et ses adversaires. Ceux-ci n'acceptent pas qu'on dénie l'existence de l'opinion dissidente[1168].

Le but de cette restriction vise à affirmer l'unité de la Cour à l'égard de ses partenaires et consolider sa légitimité en évitant toutes brèches susceptibles d'être exploitées par ses détracteurs. Il arrive parfois, pour faire face à la pression de l'opinion et surtout préserver son image ainsi que sa réputation, les juges peuvent décider ensemble de publier leur version sous forme d'un communiqué[1169].

La querelle doctrinale autour de l'opinion dissidente qui aurait pu contribuer à éclaircir les débats sur les mobiles des choix des juges, ne doit pas masquer les efforts à fournir en matière de la publication et/ou publicité des décisions constitutionnelles.

La diffusion des décisions constitutionnelles est conçue comme une parade à la résurgence de l'État Léviathan[1170]. La Cour, à travers ses arrêts est censée éviter à la RDC, la reproduction ou la transmutation au sommet de l'État d'une cléricature militante[1171] comparable à celle qu'incarna pendant plus d'un quart de siècle, le régime de Mobutu. En

---

maintenir un voile pudique sur le processus de fabrication des décisions au motif que dévoiler tous les mystères désenchanteraient le public, d'autres préférer rendre publique la confrontation des opinions au motif que la connaissance des débats est une condition de l'acceptation de la rationalité de la décision ». Pour plus de détails sur cette controverse doctrinale, voir Études et doctrines, contribution au débat sur les opinions dissidentes dans les juridictions constitutionnelles, *Cahiers du Conseil constitutionnel*, n°8, juillet 2000, pp 111-114.

[1168]Rousseau, D., « Pour » les opinions dissidentes », *Mélanges Patrice Gélard, Droit constitutionnel*, Paris, Montchrestien, 1999, pp 323-328.

[1169]La Cour constitutionnelle béninoise a été un exemple car elle avait brisé la réserve qu'observe souvent la Cour pour fixer l'opinion sur l'écart existant entre les résultats de la commission électorale et les siens sur le score à l'élection présidentielle du candidat Bruno Amoussou passant de 9 à 4%. La Cour a rectifié ce résultat en ramenant à nouveau le score à 8%. Voir le quotidien béninois Le Matinal du lundi 26 mars 2001. Voir dans le même ordre : « Élection présidentielle au Bénin de 2001 : Imposture (pour Adrien Houngbedji) et Mascarade (pour Nicéphore Soglo) à l'adresse www.sangonet.com/Fich2ActualnterAfric/ElectioBeninimposture.html Consulté le 25 mai 2012.

[1170]Hobbes, Th., *Le Léviathan ou matière, forme et puissance de l'État chrétien et civil*, Paris, Gallimard, 2000. Traduction, introduction, notes et notices par Gérard Mairet.

[1171]Bertrand de Jouvenel, *Les débuts de l'État moderne, une histoire des idées politiques au 19e siècle*, Paris, Fayard, 1976, p. 25.

RDC, les arrêts de la Cour constitutionnelle doivent faire l'objet d'une publication obligatoire au journal officiel exceptés parfois les avis que la Cour émet à la demande de certaines institutions. En plus de la publication officielle, la Cour dispose d'un service juridique de la documentation et de la publication des arrêts constitutionnels. D'autres initiatives tendant à la vulgarisation des décisions constitutionnelles se développent petit à petit. Il s'agit des programmes d'appui à la diffusion juridique souvent pris en charge par la coopération internationale. On retiendra à titre illustratif l'Union européenne, Avocats sans frontières, USAID. Selon le rapport du Consortium International pour la Coopération juridique, il est néanmoins évident que « le manque quasi-total d'infrastructures informatiques et la défaillance des moyens de communication constituent un handicap majeur pour la Cour. Cela entraîne un accès limité aux textes législatifs pour les magistrats. Même lorsqu'une nouvelle loi est publiée dans la Gazette officielle, quiconque désire en obtenir une copie, y compris les magistrats, doit s'acquitter d'un règlement. Certains magistrats et des juridictions se trouvant dans des provinces isolées ne sont même pas au courant de l'entrée en vigueur d'une nouvelle loi. De la même manière, les arrêts de la CSJ ne sont plus systématiquement publiés et diffusés, ce qui signifie que la jurisprudence n'est pas accessible au sein même du système judiciaire"[1172].

Autrefois, les arrêts de la CSJ étaient publiés régulièrement, mais ils ne le sont plus aujourd'hui que sporadiquement. Il semble également que la Gazette officielle ne soit publiée aussi que de manière épisodique. A l'heure où d'autres formes de publications et publicités nouvelles fleurissent par le réseau d'Internet, l'actuelle CSJ, juridiction constitutionnelle transitoire de la RDC ne dispose même pas d'un site officiel propre. Au final, le contrôle des normes exercé par la Cour constitutionnelle suppose qu'elle réalise en amont de sa saisine un travail de veille de l'information notamment par le biais d'un suivi de la presse, de la doctrine et des activités des autres autorités publiques. Le suivi de l'actualité politique, juridique et judiciaire s'effectue en

---

[1172]« Reconstruire les tribunaux et rétablir la confiance : une évaluation des besoins du système judiciaire en RDC », un Rapport du Consortium International pour la Coopération Juridique (International Legal Assitance Consortium) et de l'International Bar Association's Human Rights Institute, août 2009, p. 20.

principe par le biais de l'abonnement de la Cour aux journaux et revues ou de l'élaboration d'une revue de presse quotidienne, hebdomadaire ou mensuelle relative à l'actualité nationale et internationale. Ce suivi est aujourd'hui pratiquement inexistant faute de moyens dont dispose l'actuelle CSJ. L'information est en général gérée et diffusée par un service spécifique de la Cour, le service de documentation.

Concernant la doctrine, le suivi se réalise grâce à une base des données gérées par le service de documentation auquel il faut ajouter les abonnements aux publications et des échanges entre les institutions concernées. Ce type de suivi n'existe aujourd'hui qu'au stade de bonnes intentions.

Les relations qu'entretient la Cour avec les institutions d'enseignement supérieur et universitaire sont inégales. La collaboration est limitée. Néanmoins certains membres de la Cour exercent comme professeurs de droit ou sont parfois invités aux conférences organisées par des universités. A l'inverse les professeurs sont parfois consultés sur des questions précises ou conviés par la Cour à diverses activités.

En France, la relation du Conseil constitutionnel avec l'université se traduit par des multiples contacts, publications et colloques ainsi que par l'attribution d'un prix de thèse du Conseil constitutionnel.

La démocratisation des institutions politiques voulues par les Congolais en mettant en exergue le rôle de la Cour constitutionnelle a aussi permis que soient vulgarisées les activités de cette institution. Au titre de la contribution à cette diffusion, il ne faut pas passer outre le rôle de la presse généraliste, même si elle ne s'intéresse que quelquefois à la justice constitutionnelle, en parle tout de même chaque fois que ses arrêts ou décisions s'invitent au cœur de l'actualité politique nationale.

B. L'autorité des arrêts de la Cour constitutionnelle et la problématique du procès constitutionnel en RDC

Que valent les délibérations de la Cour constitutionnelle ? Nous affirmons avec Jean-Pierre Kilenda Kakendi Basila que « la justice congolaise n'a pas la côte »[1173]. Son impopularité reflète l'image du pays, de ses organes institutionnels et de son pouvoir politique[1174]. « Sa décote, nous fait observer Jean Pierre Kilenda Kakendi Basila, est proverbiale au regard d'un déficit de légalité comportementale de ses animateurs. Décriée dans tous les hémicycles nationaux et internationaux, elle participe à l'explosion de la violation des droits humains ».

Les différents rapports des institutions indépendantes sur le secteur judiciaire congolais ont réellement démontré le besoin d'une réforme radicale[1175]. Les pouvoirs publics ont utilisé diverses voies pour redorer le blason terni des institutions judiciaires à la base de la désaffection du justiciable. L'État congolais fournit beaucoup d'efforts pour faire renaître, un tant soit peu, la confiance dans les organes de justice dont le rôle moteur en matière d'établissement de l'Etat de droit est fondamental.

Dans une telle ambiance, nous sommes en droit de nous demander à quoi aboutissent les décisions de la Cour constitutionnelle ? L'étude des arrêts de la Cour constitutionnelle et successivement les

---

[1173]Kilenda Kakendi Basila, J-P., *L'affaire des 315 magistrats de Kinshasa: une purge néo mobutiste*, Kinshasa, Collections Etudes Africaines, L'Harmattan, 2004, p. 17.

[1174]Matadi Nenga Gamanda, *La question du pouvoir en République démocratique du Congo, Contribution à une théorie des réformes*, Bruxelles, Éditions Droits et idées nouvelles, 2001, 530 p. ; Kalongo Mbikayi, « La problématique des jugements iniques », in *revue de droit congolais*, n°3, 2000, pp. 7-15 ; Kabundi, M., « Crise de la justice au Congo-Kinshasa : causes et remèdes », *Revue internationale de criminologie et de police scientifique*, 4/99, pp. 444-460 ; Kilenda Kakendi Basila, J.-P., « Référé législatif comme comportement judiciaire régressif dans l'activité herméneutique de la Cour suprême de justice en République démocratique du Congo », *Revue de la Commission africaine des droits de l'homme et des peuples*, Tome 7, n°1, Londres, 1998, pp. 56-81 ; RDC- Nations-unies, Administration de justice et droits de l'homme en RDC, Actes de séminaire, Kinshasa, novembre 1999, 124 p ; Luhonge Kabinda Ngoy, « La problématique de l'exécution des décisions de justice. Mercuriale prononcée par le Procureur Général de la République lors de l'audience solennelle de rentrée judiciaire de la CSJ, le 30 novembre 1999 au Palais de la Nation », *Revue de droit congolais,* n°002, 1999, pp. 138-143.

[1175]Pour une réflexion approfondie, Lire Discours de Kengo Dondo à l'occasion de son investiture en qualité de Premier ministre devant le Haut Conseil de la République – Parlement de transition (HCR – PT), le 9 avril 1994, in *Le Soft*, n°258, Lundi 11 juillet 1994, p. 5. ; Fofe Djofia Malewa, *Contribution à la recherche d'un système de justice pénale efficient au Zaïre,* thèse de doctorat en droit, Faculté de Droit, d'économie et des sciences politique, Université Aix-Marseille, 1990, p. 470.

conditions dans lesquelles ces arrêts sont pris, leur forme, leur contenu et enfin leur portée et leur degré d'obligation à l'égard des institutions de la République (1). Cette réflexion nous conduira dans un deuxième temps à la problématique d'un procès constitutionnel en RDC avec ses succès et résistances (2).

1. Des conditions de validité à la portée des arrêts du juge constitutionnel congolais

En RDC, aucun arrêt de la Cour constitutionnelle ne pourra être pris en violation ou en ignorant des règles de forme et de fond instituées par les textes (a). C'est à la loi organique sur la Cour constitutionnelle qu'il faut se référer pour connaître les conditions prévues et dont le respect reste important à la validité des délibérations de la Cour constitutionnelle. Elles concernent la régularité de la convocation de la séance à l'obligation de sa publication dans le journal officiel de la République[1176]. Les règles de fonctionnement interne de la Cour constitutionnelle sont contenues dans le règlement intérieur que institution devra établir. Ce dernier règlement intérieur assurera la rigueur du contrôle et conditionnera la validité de l'arrêt. Ainsi, le juge constitutionnel, demeure presque obligé, pour la qualité et le sérieux de son travail, d'y veiller au préalable (b).

a. Les conditions de validité des arrêts de la Cour constitutionnelle congolaise

- **Les règles de fond**

La Cour constitutionnelle congolaise ne peut statuer et prendre un arrêt que lorsque le quorum prévu par le texte est atteint[1177]. C'est-à-dire si au moins sept membres sont présents. Ce nombre peut paraître élevé vu l'effectif même des Conseillers à la Cour qui ne sont que neuf. Cependant le quorum exigé constitue une garantie concernant l'autorité des arrêts que l'institution est appelée à rendre. Étant une nouvelle juridiction appelée aussi à faire ses preuves dans la presque totalité des cas, les neuf membres de la Cour constitutionnelle congolaise

---

[1176]Article 94 de la loi organique du 15 octobre 2013 sur la Cour constitutionnelle déjà cité.

[1177]Article 90 de la loi organique du 15 octobre 2013 sur la Cour constitutionnelle dispose : « La cour ne peut valablement siéger et délibérer qu'en présence de tous ses membres, sauf empêchement temporaire de deux d'entre eux au plus dûment constaté par les autres membres ».

répondront présents parce qu'au bas de ces arrêts il sera formellement mentionné des conseillers ayant siégé et participé aux délibérations.

L'article 93, alinéa 3 de la loi organique du 15 octobre 213 exige d'ailleurs que « les arrêts de la Cour sont signés par tous les membres de la composition et par le Greffier du siège ». Les arrêts de la Cour constitutionnelle congolaise sont pris à la majorité des voix. En cas de partage des voix, celle du Président est prépondérante[1178]. Par contre la loi organique n'a pas prévu expressément le cas d'abstention. Elle défend au contraire l'opinion dissidente ou individuelle qui est intégralement reproduite en fin de l'arrêt avec le nom de son auteur[1179].

La validité d'arrêt de la Cour constitutionnelle répondra aussi aux conditions de la convocation régulière de la séance par le Président de l'institution, ou en cas d'empêchement de ce dernier par le membre le plus ancien. L'article 40 alinéa 1er de la loi organique sur la Cour constitutionnelle affirme que « Si deux ou plusieurs membres ont la même ancienneté le plus âgé assume l'intérim » et convoque la séance de la Cour constitutionnelle.

– **Les règles de forme**

La forme de l'arrêt de la Cour constitutionnelle doit se conformer à la tradition judiciaire notamment la justice constitutionnelle elle-même. Concernant la Cour constitutionnelle de la RDC qui bénéficie de la paternité génétique jurisprudentielle franco-belge, il y a lieu de distinguer trois parties dans les règles de forme de l'arrêt. D'abord, les visas qui évoquent les textes instituant les compétences de la Cour constitutionnelle. Ensuite, les considérants qui établissent la démarcation entre la procédure et le fond. Enfin, le dispositif qui fixe la décision elle-même, rédigée généralement en articles (souvent deux ou trois). La concision est souvent l'une des caractéristiques des arrêts des Cours ou Conseils constitutionnels. La Cour constitutionnelle congolaise ne s'exonéra pas à cette exigence. « L'allongement qu'on observe dans certains arrêts de ces juridictions constitutionnelles des dernières années se conçoit d'abord par le fait que

---

[1178]Article 92, alinéa 4 de la loi organique du 15 octobre 2013 sur la Cour constitutionnelle déjà citée.

[1179]Article 92, alinéa 5 de la loi organique du 15 octobre 2013 sur la Cour constitutionnelle déjà citée.

les lois sont de nos jours plus longues et la Cour se considère souvent saisie de la loi dans son ensemble même, lorsqu'un seul article est contesté par le requérant »[1180]. Il faut ensuite remarquer que les requêtes sont aussi très argumentées surtout lorsque les justiciables se familiarisent avec la saisine. Les considérants dans les arrêts sont enfin plus accrus. La juridiction constitutionnelle à travers l'accroissement des considérants croit pouvoir jouer une mission pédagogique de ses arrêts.

Nous ne pouvons clore les conditions de validité, sans faire observer que l'article 94 de la loi organique exige des arrêts de la Cour constitutionnelle l'obligation de publication. Cet article déclare que « les arrêts de la Cour sont publiés dans le journal officiel ». L'article 95 de la même loi organique sur la Cour constitutionnelle précise que ces « arrêts sont notifiés selon le cas, aux parties concernées (...).

Cependant la plus grande interrogation que l'on peut se poser est celle de la portée et de l'exécution des arrêts de la Cour constitutionnelle un RDC.

b. Portée de l'autorité et degré d'obligation des arrêts de la Cour constitutionnelle congolaise

La constitution congolaise de 2006 donne à la Cour constitutionnelle et à elle seule le pouvoir de déclarer une loi contraire à la constitution[1181]. Elle conditionne en général la promulgation d'une loi à l'arrêt de conformité de la juridiction constitutionnelle. Cet arrêt *ante* à la validité de la norme législative relève d'un contrôle *a priori*. Dans le cas d'une saisine *a posteriori*, la validité de la norme, législative ou réglementaire reste également dépendante de l'arrêt de la Cour constitutionnelle[1182]. Dans ce dernier cas où la norme contestée se trouve être en application, « l'arrêt de la cour constitutionnelle n'aura pour effet que d'annuler pour l'avenir, ses effets juridiques ou de stabiliser, par la re-légitimation de sa conformité à la constitution, les

[1180]Aïvo, F-J., *Le juge constitutionnel et l'État de droit en Afrique : l'exemple du modèle béninois,* Paris, L'Harmattan, 2006, p. 186.

[1181]Article 168, alinéa 2 de la Constitution de 2006 et 112 de la loi organique du 15 octobre 2013 sur la Cour constitutionnelle précipitée.

[1182]Tel aussi le raisonnement de Louis Favoreu, « Le décision de constitutionnalité », *RIDC*, n°2, 1986, pp. 611-633. Dans le prolongement de ce raisonnement, lire également Guillaume Drago, *Contentieux constitutionnel français*, Paris PUF, 2006, pp. 523-564.

relations juridiques qu'elle a établies par le passé »[1183]. Dans tous les cas, l'effectivité de la justice constitutionnelle renvoie à l'exécution des arrêts rendus. La constitution congolaise de 2006 insiste sur le caractère contraignant des arrêts rendus par les juges constitutionnels. Aucune loi, aucun règlement ne peut légalement être appliqué en dépit d'un arrêt de non-conformité, d'une ou plusieurs dispositions à la constitution. L'obéissance aux arrêts rendus par la Cour constitutionnelle renvoie aussi à l'autorité des arrêts vis-à-vis de l'ensemble des institutions, acteurs politiques et des citoyens. Ces arrêts sont sans appel et s'imposent à tous les pouvoirs publics.

- **Portée de l'autorité des arrêts de la juridiction constitutionnelle congolaise**

L'autorité des arrêts de la Cour constitutionnelle congolaise est fixée par l'article 168 alinéa 2 de la constitution de 2006 qui dispose : « Tout acte déclaré non conforme à la constitution est nul de plein droit ». L'article 112 de la loi organique sur la Cour constitutionnelle affirme que « l'arrêt d'inconstitutionnalité empêche la promulgation ou la mise en application de l'acte ou du texte juridique entrepris ou certaines de ses dispositions. Il le rend nul ou inapplicable dans le cas d'espèce ». L'article 168 alinéa 1er précise par ailleurs que « Les arrêts de la Cour constitutionnelle ne sont susceptibles d'aucun recours et sont immédiatement exécutoires. Ils sont obligatoires et s'imposent aux pouvoirs publics, à toutes les autorités administratives et juridictionnelles, civiles et militaires ainsi qu'aux particuliers ». Cette disposition constitutionnelle est reprise par l'article 93, alinéa 4 de la loi organique sur la Cour constitutionnelle qui dispose : « Ils ne sont susceptibles d'aucun recours sauf rectification d'erreur matérielle ».

Ces dispositions ci-devant ont des significations différentes. L'alinéa 2 de l'article 168 de la constitution et l'article 112 de la loi organique sur la cour constitutionnelle concernent les effets des déclarations de non-conformité à la constitution. « Les lois ou les dispositions des lois réputées contraires à la constitution ne peuvent faire l'objet de promulgation, elles disparaissent de l'ordonnancement juridique sous réserve dans les conditions définies en cas de non-

[1183] Aïvo, F.-J., *Le juge constitutionnel et l'État de droit : l'exemple du modèle béninois, op., cit.*, p. 187.

conformité partielle tant par les textes que par la jurisprudence de la Cour »[1184]. L'expression « mise en application » de l'article 112 de la loi organique entend s'appliquer aux Règlements des Assemblées parlementaires qui ne relèvent pas des règles de la promulgation[1185]. Les alinéas 1er de l'article 168 de la constitution et 4 de l'article 93 de la loi organique concernent directement l'autorité des arrêts de la Cour constitutionnelle. Il sied de définir d'abord la nature de cette autorité et d'en préciser la portée, d'expliquer ensuite l'impossibilité d'exercer des voies de recours contre les arrêts de la cour constitutionnelle.

Le premier alinéa de l'article 168 de la constitution congolaise de 2006 pose une règle générale dont l'effet est *erga omnes*. « Cette autorité tient véritablement à la nature même du contentieux constitutionnel, contentieux subjectif qui ne prend pas formellement en compte la notion des parties »[1186]. On parlera ainsi d'autorité absolue des arrêts de la Cour constitutionnelle dont la conséquence directe n'est autre que l'absence de voies de recours, ce qu'énonce clairement l'article 168 de la constitution.

L'autorité des arrêts est qualifiée par la doctrine d'« autorité de la chose jugée avec effet *erga omnes* »[1187]. Cette autorité est un principe remontant au droit romain « *Res judicata pro veritate habetur* » c'est-à-dire « la chose jugée est reçue (tenue) pour vérité ».

Elle repose sur le principe suivant lequel une fois rendue, les décisions d'une juridiction ne sauraient faire l'objet d'un autre examen par le même juge. Elle s'applique à toutes les décisions rendues par les juridictions constitutionnelles à l'exception des avis émis auxquels la constitution ne confère pas une telle autorité. En France, l'autorité de la chose jugée est apparue d'abord dans le contentieux électoral à propos d'une demande en rectification d'erreur matérielle « qui ne met pas en cause l'autorité de la chose jugée »[1188] ; puis pour garantir le respect

---

[1184]C'est la réflexion même du Professeur Guillaume Drago sur le Conseil constitutionnel français dans son ouvrage : *Le contentieux constitutionnel français*, *op. cit.*, p. 548.
[1185]Voir l'article 160, alinéa 2 de la constitution de 2006.
[1186]Drago, G., *Contentieux constitutionnel français, op. cit.*, p.549.
[1187]Favoreu, L., et Renoux, Th-S., « Le contrôle de constitutionnalité des actes administratifs », *Répertoire Dalloz du Contentieux administratif,* Paris, Dalloz, 1991.
[1188]C.C. n°87-1026, 23 octobre 1897, Rec. 55. Voir également Gicquel, J.,-E, « Du recours en rectification d'erreur matérielle devant le conseil constitutionnel », *LPA,*

d'une décision électorale antérieure[1189]. L'effet contagieux de cette expression a atteint le contentieux des lois en précisant l'étendue de cette autorité de la chose jugée concernant une décision antérieurement rendue : « l'autorité de la chose jugée attachée à la décision du Conseil constitutionnel du 22 octobre 1989 est limitée à la déclaration d'inconstitutionnalité visant certaines dispositions de la loi qui lui était alors soumise ; qu'elle ne peut être invoquée à l'encontre d'une autre loi conçue, d'ailleurs, en termes différents »[1190].

Pour bien comprendre la nature de l'autorité des arrêts de la Cour constitutionnelle, il faut raisonner à partir du principe général de procédure inscrit dans l'article 227 du code civil congolais, livre III selon lequel « l'autorité de la chose jugée n'a lieu qu'à l'égard de ce qui a fait l'objet du jugement.

Il faut que la chose demandée soit la même, que la demande soit fondée sur la même cause, que la demande soit entre les mêmes parties, et formée et par elles et contre elles en la même qualité »[1191]. Cette disposition est la réplique de l'article 135 du Code civil français.

Si nous faisons abstraction de la notion des parties, ne bénéficiant pas d'une réelle existence en contentieux constitutionnel des lois – il en va autrement en contentieux électoral -, l'identité de cause et d'objet, constitutive de l'étendue de l'autorité de la chose jugée, trouve ici une parfaite application aussi large que possible du fait même de la jurisprudence constitutionnelle. On avait pu penser, de par les exigences d'identité de cause, que cette autorité restait cantonnée au contentieux de la constitutionnalité des lois qui avait été soumise au Conseil constitutionnel[1192] dont la Cour constitutionnelle congolaise est la petite sœur, mais la jurisprudence postérieure a largement étendu le champ de l'autorité en énonçant que « si l'autorité attachée à une décision du Conseil constitutionnel déclarant inconstitutionnelles des dispositions d'une loi ne peut en principe être utilement invoquée à

---

n°9, 20 janvier 1995, p.11.

[1189]C.C., n°88-1127, 20 avril 1989, Rec., 32, §6 ; Voir aussi la réflexion de Genevois, B., *AIJC*, 1989, p.477.

[1190]CC. n°88-24 DC, 20 juillet 1988, Rec. 119, §18.

[1191]Lire article 227 du Code civil congolais, Livre III, Code Larcier, Kinshasa, Bruxelles, Afrique éditions, Larcier, 2001, tome 1, p. 161.

[1192]CC. n°88-244 DC, 20 juillet 1988, Rec. 119, §18.

l'encontre d'une autre loi conçue en termes distincts, il n'en va pas ainsi lorsque les dispositions de cette loi, bien que rédigée sous une forme différente, ont, en substance, un objet analogue à celui des dispositions législatives déclarées contraires à la constitution »[1193].

« Cette évolution, d'après Professeur Guillaume Drago, conduit à dire que le contrôle de la loi est un contrôle matériel et non plus seulement un contrôle formel, c'est-à-dire que ce qui importe est le contenu de la loi, ce qui permet au Conseil constitutionnel de vérifier dans une loi ultérieure soumise à son contrôle si le principe dégagé dans une décision précédente à propos de dispositions législatives ayant un « objet analogue » sont bien respectés » »[1194].

De plus, l'autorité des arrêts n'est donc pas seulement une autorité de la chose jugée par la Cour constitutionnelle, elle peut être considérée – dans le cadre des interprétations dégagées par la Cour constitutionnelle, aussi bien de la constitution que de la loi contrôlée – d'autorité de « chose interprétée » mais dont les effets juridiques ou la force obligatoire ne vise que la loi à la base de cette interprétation, ce qui lui confère, selon certaines doctrines, « valeur purement et uniquement doctrinale »[1195].

Par ailleurs, les arrêts de la Cour constitutionnelle consistent soit à rejeter une requête en inconstitutionnalité, soit à admettre celle-ci. L'autorité des décisions de non-conformité est certainement absolue, en ce sens que l'article 168 alinéa 2 de la constitution de 2006, interdit toute promulgation d'une disposition déclarée inconstitutionnelle. L'effet juridique d'une telle disposition est à la fois procédural que substantiel, étant donné qu'il n'accepte toute relance de la procédure de promulgation. L'autorité des arrêts de conformité ne se limite qu'à l'objet de la loi soumise au contrôle de la Cour constitutionnelle, tenant compte des éléments fournis par le dispositif de l'arrêt. De ce point de vue, il y a lieu d'affirmer qu'elle est relative au fait que la force probante de la décision de conformité ne concerne que ce qui a été jugé par la Cour constitutionnelle. Cette autorité n'est pas relative au sens où elle ne concernerait que des parties nommément désignées. Cette force

---

[1193]CC.. n°89-258 DC, 8 juillet 1989, Amnistie, Rec. 48.

[1194]Drago, G., *Le contentieux constitutionnel français, op., cit.*, pp. 550-551.

[1195] Lire à ce propos, Molfessis, N., *Le Conseil constitutionnel et le droit privé*, Paris, LGDJ, 1997, n°400

probante ne doit pas être confondue avec la force obligatoire de la décision, qui s'adresse aux destinataires de celle-ci, définis par le premier alinéa de l'article 168 de la constitution congolaise de 2006.

- **L'exécution des arrêts constitutionnels ou degré d'obligation des partenaires de la juridiction constitutionnelle congolaise**[1196]

Selon le Professeur Guillaume Drago, l'exécution d'un arrêt peut être définie comme « l'ensemble des mécanismes de procédure assurant la mise en œuvre d'une décision juridictionnelle ou non par ses destinataires, en fonction de l'autorité de celle-ci, afin d'assurer l'effectivité de cette décision »[1197].

Les dispositions de l'article 168, alinéa 1er de la constitution congolaise de 2006 indiquent clairement que les arrêts de la Cour constitutionnelle « s'imposent aux pouvoirs publics, à toutes les autorités administratives et juridictionnelles, civiles et militaires ainsi qu'aux particuliers ». Cette formulation n'est qu'une version remaniée et amplifiée de l'article 62 de la constitution française du 4 octobre 1958 qui dispose : « les décisions du Conseil constitutionnel s'imposent aux pouvoirs publics et à toutes les autorités administratives et juridictionnelles ». Or selon Guillaume Drago, l'article 62 ne détaille pas comment ces mécanismes s'imposent, quelle est la nature de l'autorité ainsi définie, ne prévoit pas de procédure permettant d'assurer le respect des décisions par ces autorités et particulièrement aucun mécanisme de sanction en cas de non-respect des décisions du Conseil constitutionnel »[1198]. Le professeur René Chapuis résume bien cette situation lorsqu'il affirme « respect dû, mais non sanctionné »[1199]. Guillaume Drago ajoute : « Il n'en demeure pas moins certaines incertitudes sur les mécanismes de procédures permettant d'assurer l'exécution des décisions du Conseil constitutionnel ; plus exactement les relations d'autorité entre le Conseil constitutionnel et ses partenaires, le Président de la République, le Parlement, le gouvernement, les

[1196]Lire Garrigou-Lagrange, J.-M., « Les partenaires du Conseil constitutionnel », *RDP*, n°3, 1986, p. 737.
[1197]Drago, G., *L'exécution des décisions du Conseil constitutionnel. L'effectivité du contrôle de la constitutionnalité des lois*, Paris, Economica, 1991, p. 15.
[1198]Drago, G., *L'exécution des décisions du Conseil constitutionnel, op., cit.*, p.14.
[1199]Chapus, R., « Notice bibliographique : Actes du colloque des 21 et 22 janvier 1988, Conseil Constitutionnel et Conseil d'État, 1998, in *RFDA*, 1988, p. 713.

juridictions, sont définies avec une certaine imprécision par la constitution »[1200]. En RDC, la non application de la règle de droit ayant été, par le passé, voire aujourd'hui une constante du système politique congolais, les rédacteurs de la constitution post autoritaire ont été parfois fertiles d'imagination surtout à la lumière d'expériences récentes ayant abouti parfois à des crises politiques majeures et sources de violents conflits armés dans le pays. En vertu de l'article 168, alinéa 1er de la constitution tel que repris par l'alinéa 2 de l'article 95 de la loi organique sur la Cour constitutionnelle, l'ensemble des pouvoirs publics, c'est-à-dire le Parlement, le Gouvernement, le Président de la République et toutes les juridictions sans exception ainsi que tous les particuliers, sont tenus au respect des arrêts de la Cour constitutionnelle.

- **Les pouvoirs publics en tant que l'autorité chargée de l'exécution des arrêts constitutionnels**

L'expression « pouvoirs publics » contenue dans la disposition constitutionnelle de l'article 168 renvoie à l'ensemble des autorités dans leur diversité totale et globale allant du Président de la République au Chef du quartier urbain ou rural ; en passant par les autorités administratives et juridictionnelles qui doivent respecter les arrêts du juge constitutionnel. Il est souvent connu que ceux qui sont au parfum du pouvoir sont souvent les premiers à porter un coup contre la constitution, c'est- à-dire les premiers à la violer.

- **L'exécution des arrêts constitutionnels par le Président de la République et le gouvernement**

Le gouvernement est concerné par les arrêts de la Cour constitutionnelle. D'une part, parce qu'il est le destinataire direct de l'arrêt, au titre de « défendeur » de la loi devant lui. D'autre part, parce qu'il doit garantir l'exécution de l'arrêt, soit en relançant la procédure de promulgation qui devra parfois saisir le sens de l'arrêt pour aménager la rédaction du texte de loi, soit qu'il aura à décider du retour ou non d'un texte de loi censuré par la Cour constitutionnelle devant les Assemblées parlementaires. Enfin, le Gouvernement doit tenir compte, dans les textes d'application de la loi, des directives adressées aux autorités administratives.

[1200]Drago, G., *L'exécution des décisions du Conseil Constitutionnel, op., cit.*, p. 14.

Le Président de la République est tenu comme les autres pouvoirs publics, au respect des arrêts de la Cour constitutionnelle. Avant tout, par l'exercice de sa compétence de promulgation[1201]. Le Président de la République est l'autorité qui donne véritablement corps à l'arrêt de la Cour en promulguant que le texte jugé par celle-ci est conforme à la constitution. Le Président achève par la promulgation l'arrêt du juge constitutionnel. Ensuite, parce que l'ordonnance organique sur la Cour constitutionnelle lui accorde la possibilité de soumettre la loi qui été censurée partiellement par la juridiction constitutionnelle à une délibération des Assemblées parlementaires.

- **L'exécution par le parlement**

Le parlement est le principal partenaire de la juridiction constitutionnelle et se trouve directement soumis aux arrêts de cette dernière dans la mesure où la loi qu'il a produite se trouve directement contrôlée par la Cour constitutionnelle. Il lui appartient de prendre les précautions nécessaires pour que la loi édictée et soumise au contrôle du juge constitutionnel soit en parfaite conformité d'interprétation constitutionnelle. Les effets des arrêts de la Cour constitutionnelle à l'égard du parlement sont immédiats. Si l'arrêt est de conformité, le Parlement ne sera concerné que si l'arrêt contient des réserves d'interprétations indiquant comment à l'avenir la représentation nationale devra intervenir sur des dispositions retoquées par les « sages » pour une éventuelle modification. Si l'arrêt déclare la loi non conforme à la constitution, partiellement ou totalement, il y aura nécessité de revenir devant le Parlement, soit pour reprendre totalement le processus législatif, soit pour modifier et compléter la partie de la loi jugée contraire à la constitution. Dans ce cas, le Parlement ne pourra que tenir compte des observations de la Cour constitutionnelle, sous peine de voir s'exercer contre les dispositions nouvellement modifiées un contrôle juridictionnel dit « à double détente », c'est-à-dire l'obligation de soumettre à nouveau à la Cour constitutionnelle le texte « corrigé » après un premier examen. Ce qui évite d'avoir un texte comportant encore des points d'inconstitutionnalité.

[1201]Article 79, alinéa 2 de la Constitution du 18 février 2006 et article 44, alinéa 2 de la loi organique du 15 octobre 2013 sur la Cour constitutionnelle précitée.

- **L'exécution des arrêts par les juridictions judiciaires et administratives**

L'exécution des arrêts rendus par la haute juridiction constitutionnelle ne se pose pas de la même façon pour l'exécutif, l'administration et les juridictions judiciaires. Celles-ci ont cette particularité d'être aussi des institutions arbitres qui examinent aussi certains actes de l'exécutif et de l'administration sans s'ingérer dans les compétences réservées exclusivement à la Cour constitutionnelle. Ces juridictions judiciaires et administratives sont tout de même tenues au respect des arrêts de la haute juridiction constitutionnelle.

En effet, la constitution congolaise de 2006 a éclaté la Cour Suprême de Justice en trois ordres juridictionnels (Cour constitutionnelle, Cour de cassation et Conseil d'État) sur le modèle de l'organisation judiciaire européenne en particulier franco-belge. Si le respect de la constitution est un principe partagé par toutes les juridictions, les modalités concrètes d'assurer sa suprématie ne vont pas sans poser de problème entre la juridiction constitutionnelle et les autres juridictions judiciaires et administratives.

Selon le Professeur Louis Favoreu concernant l'exemple français : « Il n'est pas rare de voir présenter les rapports entre le Conseil constitutionnel et le Conseil d'État comme des rapports d'indépendance où, à tout le moins de complémentarité, n'excluant pas d'ailleurs des conflits et se situant, en tout cas, sur un pied d'égalité ; ce qui entraîne évidemment un certain désordre dans le système juridique dans la mesure où des cours souveraines interviennent dans les mêmes domaines, sans qu'il y ait en quelque sorte un super tribunal des conflits pour aplanir ces difficultés »[1202].

Pour Hans Kelsen, la suprématie de la juridiction constitutionnelle tire son fondement de la suprématie même de la constitution dont elle est chargée de veiller au respect. « Mais la référence à la constitution est-elle toujours suffisante pour éviter de se demander si la guerre des juges aura lieu ? »[1203].

[1202]Favoreu, L., « Le juge constitutionnel, le juge administratif et le juge des conflits : vers une harmonisation des jurisprudences », *RFDA*, 3(2), 1987, p.265.
[1203]Liet-Veaux, « La guerre des juges aura lieu ? », in *La Revue administrative*, n°163,

La juridiction constitutionnelle congolaise est, du point de vue de son activisme, une institution nouvelle dans la vie politique et l'espace institutionnel congolais. Ce qui la conduit à marquer à la fois son existence et son territoire en s'imposant aux autres juridictions. Ce qui peut provoquer des tensions et des conflits entre juridictions.

En RDC, les juridictions judiciaires et administratives par le mécanisme du recours constitutionnel relèvent de l'autorité de la Cour constitutionnelle dont les arrêts leur sont imposables.

Certaines doctrines suggèrent en effet, l'idée de complémentarité entre la juridiction constitutionnelle et les juridictions judiciaires et administratives. T. Renoux nous fait remarquer pour le cas de la France que « le Conseil constitutionnel a protégé l'indépendance de l'autorité judiciaire des atteintes du pouvoir exécutif et législatif : il a garanti les conditions de son exercice, contribué à la stabilité juridictionnelle, concouru à l'unification de la notion d'autorité judiciaire et défendu les attributions fondamentales du juge judiciaire »[1204].

Malgré cette fragmentation de l'appareil judiciaire congolais en trois grandes juridictions spécialisées qui peut laisser entrevoir une possible guerre des juges, le rôle d'unification et la mise en cohérence de diverses jurisprudences par la juridiction constitutionnelle aura le mérite de renforcer la constitutionnalisation des droits.

L'absence de voies de recours contre les décisions de la Cour constitutionnelle est consacrée par l'article 168, alinéa 1er de la constitution de 2006 mais également par l'article 93, alinéa 3 de la loi organique du 15 octobre 2013 qui indique clairement que « les arrêts de la Cour constitutionnelle ne sont susceptibles d'aucun recours ». Cette disposition exclut tout recours contre les arrêts de la haute juridiction constitutionnelle congolaise tant devant une autre juridiction, même de l'ordre suprême du genre Conseil d'État ou Cour de Cassation, que devant la Cour constitutionnelle elle-même. Les rares exceptions concernant l'absence des voies de recours contre les arrêts de la Cour constitutionnelle portent sur les erreurs matérielles surtout en matière

---

Janvier-Février, 1975, pp. 27-31.

[1204]Renoux, T., *Le Conseil constitutionnel, l'autorité judiciaire, l'élaboration d'un droit constitutionnel juridictionnel*, Paris, Economica, PUAM,, 1984, p.28

électorale où la Cour constitutionnelle admet de statuer sur une réclamation portant rectification d'erreur matérielle[1205] car il n'y a certainement pas atteinte au principe d'autorité de la chose dûment jugée par elle[1206]. La Cour constitutionnelle congolaise devra néanmoins fixer les limites de ce type de rectification pour éviter de porter atteinte à ces propres arrêts.

2. La problématique du procès constitutionnel en RDC : succès et résistance

Comprendre le procès constitutionnel comme instance d'arbitrage neutre de conflits politiques mais aussi des griefs contre la loi au moyen d'inconstitutionnalité permet de mieux saisir les enjeux contemporains de la justice constitutionnelle congolaise. Cette justice qui se veut moderne en liant son destin à la bonne gouvernance démocratique et aux exigences de l'État de droit partagera des succès mais connaîtra également de résistances et déceptions.

Aussi, il sera question d'analyser dans un premier temps un procès constitutionnel invulnérable et à succès (a). Il est entendu ici que le succès d'un procès constitutionnel est l'idéal démocratique qui mérite d'être réalisé afin de concilier la justice constitutionnelle et la démocratie. La perfection n'est pas humaine, pas plus dans les prétoires lors d'un quelconque procès, fût-il constitutionnel. Cela étant et dans un deuxième temps, l'analyse portera sur le procès constitutionnel mis à mal par les velléités des résistances multiformes (b.). La résistance à un véritable procès constitutionnel peut être l'enjeu décisif pour l'une ou l'autre partie en conflit afin d'obtenir la triomphe de sa cause en raison du contexte politique de grave déficit démocratique.

a. Pour un procès constitutionnel invulnérable et à succès

Dans un système démocratique, où la loi est censée être l'incarnation de la volonté de la population et le miroir de ses préoccupations, la question d'un procès constitutionnel invulnérable et à succès est cruciale. En disposant que « toute personne peut saisir la

---

[1205]Article 93, alinéa 4 de la loi organique du 15 octobre 2013 sur la Cour constitutionnelle précitée.

[1206] Pour approfondir cette réflexion avec les cas du Conseil constitutionnel français, lire Gicquel, J.- E., « Du recours en rectification d'erreur matérielle devant le Conseil constitutionnel », *LPA*, n°9, 20 janvier 1995, p. 11 ; Jan, P., « Les recours ouverts contre les décisions du Conseil constitutionnel », *LPA*, n°40, 3 avril 1998,

Cour constitutionnelle pour inconstitutionnalité de tout acte »[1207], la constitution congolaise de 2006 pose la nécessité d'un procès ordinaire et, au sein de ce procès, la nécessité de la contestation par une partie de la constitutionnalité de la loi. « Contestation », « par une partie » sont deux éléments constitutifs du procès. Le juge, administratif ou judiciaire, est sollicité par une partie au procès d'une contestation relative à la constitutionnalité de la loi et, s'il estime recevable, cette contestation est déférée par la partie qui l'a soulevée devant la Cour constitutionnelle. Ce litige constitutionnel est lié au litige au fond parce qu'il n'est recevable que si la disposition législative contestée est « applicable ». Le litige constitutionnel est la continuité nécessaire du litige ordinaire[1208].

En effet, devant la plupart des juridictions constitutionnelles dont celle de la RDC, les justiciables sont considérés entre autres comme des principaux acteurs du procès constitutionnel. Ils jouissent d'une liberté d'accès au prétoire du juge constitutionnel conformément à la constitution. Mieux encore, aussitôt arrivés au prétoire des juges constitutionnels, les citoyens doivent dans le cadre d'un procès à succès pouvoir s'y exprimer librement. Cette liberté de parole est l'une des exigences nouvelles de l'acte de juger de la société moderne.

A supposer que le différend constitutionnel soit reconnu, il faut encore, pour reconnaître la qualité de procès constitutionnel invulnérable et à succès, qu'il soit réglé selon les principes propres à la fonction de juger ; le critère procédural est pour le professeur Serges Guinchard, le principal élément constitutif de l'acte juridictionnel. Jacques Lenoble affirme à ce sujet qu'une « modalisation procédurale s'impose, non seulement dans l'adoption des normes, mais aussi dans leur application par le juge, en ce compris - et surtout ?- le juge constitutionnel, dont la tâche est moins de définir par lui-même le contenu des droits que de veiller à ce que les contraintes argumentatives soient respectées par le processus décisionnel »[1209]. Cette affirmation est-elle excessive ? Oui et non. Oui, si l'on estime que le juge doit nécessairement, et en toutes circonstances, faire table rase de tout

---

[1207]Art. 162, al.2 de la constitution du 18 février 2006 et article 48 de la loi organique du 15 octobre 2013 sur la Cour constitutionnelle.
[1208]Rousseau, D., « Le procès constitutionnel », *Pouvoirs,* n° 137, 2011, pp. 47-55.
[1209]Lenoble, J., *Droit et communication*, Paris, Cerf, 1994, p. 91.

horizon normatif ou axiologique. Non, si l'on y voit une tentative de redynamiser la place du citoyen et le rôle du juge dans cette quête de la construction d'un Etat de droit démocratique.

Le procès est le cadre traditionnel où se déroulent l'initiative et l'activité des plaideurs. Le contentieux de constitutionnalité, tout en l'adoptant, s'est fondu dans ce schéma. Il a, le plus souvent, pris la forme d'un procès, c'est-à-dire d'un litige juridictionnel théâtre d'un affrontement entre les parties adverses. La saisine du juge constitutionnel n'est pas une action neutre, elle ne permet pas seulement de déclencher un processus juridictionnel, elle donne la possibilité d'y participer. Le requérant ne défend pas une « constitutionnalité objective », sa prétention vise à imposer son interprétation de la constitution, c'est-à-dire celle qui répondra au mieux à ses désirs, ses intérêts ou son orientation politique. Il est ainsi considéré comme un véritable « demandeur ».

En effet, « aux prétentions du requérant vient s'opposer en général, la réaction en défense de ceux qui ont intérêt au maintien de la norme attaquée. Il peut s'agir d'un organe institutionnel, comme le gouvernement ou une collectivité locale, il peut s'agir aussi de simples particuliers. La logique du phénomène processuel qui réclame un affrontement entre les parties à savoir le heurt des deux prétentions opposées est ainsi clairement identifiable »[1210].

Cependant, les spécificités du contentieux de constitutionnalité entraînent une limitation de la marge de manœuvre accordée aux plaideurs dans le déroulement de l'instance. Le procès constitutionnel n'est pas à la disposition des parties. Leurs conclusions ne lient pas le juge qui peut redéfinir l'objet de la demande. Dans certains cas, il est impossible de se désister de l'action qu'elles ont intentée. Dès lors, deux évidences se manifestent : si le procès constitutionnel n'est pas un « procès sans parties », il n'est pas non plus « la chose des parties ».

L'article 163 de la constitution de 2006 dispose : « La Cour constitutionnelle est la juridiction pénale du chef de l'État et du Premier ministre ». Le Procureur général assure l'exercice de l'action publique dans les actes d'instruction et de poursuites contre le Président de la

---

[1210]Santolini, Th., *Les parties dans le procès constitutionnel*, Bruxelles, Bruylant, 2010, pp.5-15.

République et le Premier ministre ainsi que les coauteurs et les complices[1211].

A cet égard, la Cour constitutionnelle exerce sa fonction juridictionnelle dans un procès constitutionnel et à caractère politique. Sous ce rapport, elle est soumise aux exigences du procès équitable et du tribunal neutre et impartial. Le législateur organique a prévu la procédure qui fait droit à ces exigences[1212]. Le droit à un procès équitable est une garantie essentielle consacrée à la fois par l'article 6 de la convention européenne des droits de l'homme et l'article 7 de la charte africaine des droits de l'homme[1213]. Ce dernier article vise les garanties de procédures pénales et s'applique à toute institution susceptible de rendre des décisions qui peuvent déboucher sur le placement en détention d'un individu. Il s'agit de protéger l'individu contre l'arbitraire lors de la procédure pénale. En tant que juge pénal de l'exécutif, la Cour constitutionnelle congolaise doit examiner en toute objectivité et impartialité les éléments de fait et de droit qui lui sont soumis et rendre un jugement qui soit « l'aboutissement d'un procès, c'est-à-dire d'un débat en principe contradictoire, au cours duquel les parties ont pu échanger leurs arguments conformément aux règles de la procédure »[1214]. La Cour doit éviter dans le déroulement de l'instance toutes dépositions extorquées par la force. Ce qui constitue une violation de texte constitutionnel ou conventionnel. Cette violation fragilise et compromet le succès du procès.

Au terme du procès, après avoir écouté les parties dans une confrontation constitutionnelle, la Cour peut lever l'audience. Il lui revient de délibérer dans des conditions qui assurent la plus grande crédibilité. Ce qui constitue aussi le dernier élément constitutif du procès.

A cette occasion, l'autorité de la chose jugée qui s'attache à la décision de trancher un conflit après avoir suivi les règles propres à la fonction de juger est aussi une caractéristique des décisions de la Cour

---

1211 Art. 100 de la loi organique sur la Cour constitutionnelle du 15 octobre 2013.

1212 Lire les articles 100 à 105 de la loi organique sur la Cour constitutionnelle du 15 octobre 2013.

1213 Convention européenne des droits de l'homme et charte africaine des droits de l'homme et des peuples.

1214 Frydman, B., *Le sens des lois, Bruxelles, Bruylant,* Paris, LGDJ, 2005, p. 659.

constitutionnelle. Elle résulte de l'article 168 de la constitution de 2006 combiné avec l'article 112 de la loi organique de 15 octobre 2013 relative à cette haute juridiction constitutionnelle. Celle-ci est appelée à rendre des décisions jouissant d'un haut degré d'acceptabilité ; ce qui ne veut pas dire pour autant que chaque arrêt de la Cour constitutionnelle emporte l'adhésion inconditionnelle de l'opinion publique, ni même que certains arrêts suscitent une vive réprobation. Il est des moments critiques où la Cour constitutionnelle doit prendre ses responsabilités en affrontant l'hostilité immédiate d'une opinion publique. Celle-ci n'est pas toujours disposée à accepter ses décisions surtout dans une ambiance de conflit interne, de reconstruction de l'Etat et d'explosion du nationalisme. La crédibilité du procès ou du procès pénal de la Cour constitutionnelle est faite d'une alchimie complexe et se mesure dans le long terme. Selon Marc Verdussen, « cette crédibilité paraît dépendre du respect de cinq exigences :

- Une exigence d'intelligibilité : les arrêts ou les jugements de la Cour constitutionnelle doivent être motivés avec la clarté et la précision que requièrent les règles de la pédagogie, reflétant par là le caractère délibéré et argumenté de la décision...

- Une exigence de cohérence : la constitution est un arbre vivant. Elle doit pouvoir s'adapter aux transformations des conceptions et des pratiques sociales. La cohérence de l'interprétation constitutionnelle s'apprécie dans l'espace, celui du texte constitutionnel lui-même : plutôt que d'être envisagé isolément, chaque norme constitutionnelle doit être articulée aux normes inscrites dans la constitution... ;

- Une exigence d'efficacité. L'efficacité est souvent confondue avec la légitimité, les deux notions entretenant des relations ambiguës. Un arrêt ou un jugement est efficace si dans un souci de cohésion sociale, il évite, autant que faire se peut, qu'une atteinte inutile soit portée à l'intégrité de l'ordre juridique... ;

- Une exigence de discernement. Les arrêts de la Cour constitutionnelle doivent être dictés par une sage circonspection sans verser dans la pusillanimité. Le rôle de la Cour constitutionnelle est d'entreprendre une conciliation pragmatique entre les règles et principes constitutionnels... ;

- Une exigence de visibilité. En Europe, les juges constitutionnels ne jouissent pas de notoriété ; ce qui traduit une profonde méconnaissance par les citoyens de l'institution même de la Cour constitutionnelle, qui souffre souvent d'un manque de visibilité »[1215].

Nous pouvons conclure sur ce point en affirmant dans une optique du droit constitutionnel que le juge est donc appelé, dans les affaires délicates du procès constitutionnel transparent, à proposer dans la motivation de sa décision, une reconstruction de l'ordre juridique qui s'intègre de façon harmonieuse à l'histoire légale et jurisprudentielle, comme reposant sur un ensemble cohérent de principes.

La légitimité de la Cour sera ainsi renforcée par ces conditions de transparence dans lesquelles ses décisions sont rendues. La procédure suivie par la Cour est écrite[1216], secrète[1217] et contradictoire[1218] contribue au renforcement même de cette transparence du procès constitutionnel.

Élaboré au terme de procédures démocratiques et transparentes, la jurisprudence de la Cour se construira selon un processus vivant, loin d'une conception figée et mécanique, répondant aux nouvelles exigences d'une société congolaise qui aspire à la fois à un contrôle efficace et continu des gouvernés sur les gouvernants, en dehors des échéances électorales.

Elle favorisera ainsi la promotion des droits fondamentaux, des droits politiques et de façon générale, la défense et la consolidation des acquis démocratiques. Au-delà de l'argument de la sécurité juridique, la résistance congolaise à un véritable procès constitutionnel renvoie à une culture politique traditionnellement hostile à tout contrôle juridictionnel.

b. Des résistances à un véritable procès constitutionnel

Chacun sait que le développement de la justice constitutionnelle réhabilite le droit constitutionnel en lui restituant sa

---

[1215]Verdussen, M., « Un procès constitutionnel légitime », *op. cit.*, pp. 479-481.
[1216]Art. 93, al. 2, de la loi organique sur la Cour constitutionnelle du 15 octobre 2013.
[1217]Art. 92, al.1, de la loi organique sur la Cour constitutionnelle précitée.
[1218]Art. 96, al. 1 de la loi organique sur la Cour constitutionnelle précitée.

vraie dignité, sa vocation première[1219]. Cette justice constitutionnelle est l'un des aspects emblématiques de l'État de droit voulu par le peuple congolais.

Le nez de Cléopâtre étant ce qu'il est, on ne peut s'empêcher de penser à des résistances à un véritable procès constitutionnel en RDC au regard du double déficit démocratique et de crédibilité, comme on l'a justement observé au temps de la CJS. Il faut donc rendre compte des formes de la résistance. Elles sont sans doute nombreuses. Certaines sont insondables : les ressorts du jugement ont leurs sources dans des domaines divers, des fois subjectifs, mais aussi psychologiques. D'autres relèvent de la culture et méritent d'être revisités afin de les adapter à des nouvelles réalités évolutives et aux besoins de la société congolaise d'aujourd'hui. D'autres encore pourraient résulter de la proximité ou des rapports qu'entretiennent les différents ordres juridictionnels. Au-delà, on peut insister sur une triple série de résistances à un véritable procès constitutionnel.

La première tient au bouleversement interne de l'ordre juridique qu'induit l'établissement d'une Cour constitutionnelle. Par son architecture et sa structure, la haute juridiction constitutionnelle congolaise pourra bénéficier de la collaboration des autres institutions placées au sommet de leur ordre juridictionnel. Le Conseil d'État et la Cour de cassation œuvrent chacun à sa matière et selon une organisation interne distincte. Or la Cour constitutionnelle à travers le procès constitutionnel, présente la spécificité de traverser les distinctions préexistantes – droit privé/droit public, ordre administratif/ordre juridique. Il est ainsi essentiel que les juridictions chargées du filtre jouent leur part de partition dans cette nouvelle architecture juridique mise en place par la constitution de 2006. Pour cela, elles doivent avant tout reconnaître cette procédure du filtrage, un peu comme un État reconnaît l'arrivée du nouveau venu et s'engage à entretenir une relation avec lui. Mais il faut aussi que les juridictions sachent filtrer de façon pertinente et judicieuse.

Il n'est guère besoin d'insister sur la méfiance de celui qui filtre. Celui-ci peut jouer avec le robinet du filtre : en faire trop ou faire trop

---

[1219]Ismaïl Madior Fall (dir.), *Les décisions et Avis du Conseil constitutionnel du Sénégal*, Université Cheikh Anta Diop de Dakar, Faculté des sciences juridiques et politiques, CREDILA, 2008, pp. 21-22.

peu. Tout filtrer et ne rien filtrer sont en effet deux manières de miner la procédure, en asséchant le contentieux ou en noyant le juge sous le flot des questions.

La deuxième résistance tient aux obstacles liés aux limites effectives des décisions constitutionnelles. La Cour constitutionnelle n'étant pas seulement une juridiction pénale de l'exécutif et juge pénal de celui-ci, mais elle est compétente dans le contrôle des normes qu'elle déclare conformes ou contraires à la constitution. Elle est également compétente en matière d'interprétation constitutionnelle. Donc la résistance au procès constitutionnel peut provenir de cette absence d'un mécanisme assurant l'effectivité réelle des arrêts de la Cour constitutionnelle. Cette lacune du système produit des difficultés et des résistances de la part des destinataires des arrêts de la haute juridiction constitutionnelle congolaise.

Il faut ajouter dans cette deuxième résistance, l'interprétation de la constitution qui a pour destinataires les autorités publiques, administratives et juridictionnelles. Les décisions de constitutionnalité comme le souligne Professeur Guillaume Drago, « tout comme la constitution elle-même, ne produit pas d'effet dit « horizontal » entre les particuliers, parce que ni la constitution ni les décisions du Conseil constitutionnel ne sont directement invocables comme peuvent l'être la loi ou le règlement dans les rapports de droit privé. En réalité c'est de façon indirecte que les principes contenus dans la constitution ou issus de la jurisprudence du Conseil sont invoqués, par le biais des principes généraux du droit ou des dispositions législatives ou réglementaires qui traduisent ou transposent les normes des valeurs constitutionnelles au niveau juridique utile pour les rapports entre les personnes privées »[1220].

Les dernières résistances ou obstacles à un véritable procès constitutionnel sont des obstacles politiques et institutionnels. En effet, un véritable procès constitutionnel en RDC produira certainement un choc dans les milieux qui sont habitués à ne pas se conformer aux prescriptions constitutionnelles.

Les résistances des milieux politiques énerveront sans doute la Cour constitutionnelle. Certains milieux politiques tiendront des

[1220]Drago, F., *Le contentieux constitutionnel français, op., cit.*, p. 560.

discours politiques déstabilisant et se retrancheront parfois derrière la souveraineté parlementaire en pointant du doigt l'illégitimité de la Cour constitutionnelle.

Les résistances institutionnelles à un véritable procès constitutionnel ne sont pas à négliger. Elles ne sont pas visibles comme les résistances politiques. En effet, lorsque le Parlement et l'exécutif de la même majorité se refusent de saisir la Cour constitutionnelle à la suite d'une loi votée sur la base d'un accord dépassant les clivages politiques, l'atteinte à la constitution et à la Cour constitutionnelle ne peut être que manifeste surtout que la juridiction constitutionnelle congolaise ne peut se saisir elle-même.

Conclusion de la deuxième partie

Cette seconde partie de notre travail a essayé de démontrer d'abord la lente progression de l'Etat congolais vers un Etat de droit par l'établissement de la Cour constitutionnelle. Il est apparu pour cela important de remonter aux origines de la justice constitutionnelle depuis la loi fondamentale du 19 mai 1960 relative aux structures du Congo. Cette justice constitutionnelle à travers la Cour constitutionnelle a évolué dans le temps, se retrouvant presque dans tous les textes constitutionnels ayant régi ce pays.

Tout en étant en partie exégétique, cette partie de notre travail l'a été aussi sur le plan jurisprudentiel, le tout formant la base même de l'étude du droit du contentieux constitutionnel émergeant en RDC.

Par ailleurs, notre réflexion a analysé de manière critique les compétences du juge constitutionnel congolais afin de saisir le rôle réel de cette juridiction et sa place dans l'espace institutionnel congolais. Cette étude des compétences du juge constitutionnel a permis d'analyser la procédure prévue en matière de saisine de cette haute juridiction constitutionnelle dont les arrêts sont sans recours. Cette analyse s'est servie du modèle français enrichi par le modèle belge sans oublier les quelques cas des pays francophones africains.

L'établissement de la Cour constitutionnelle a certainement pour vocation de protéger les droits et libertés des citoyens. La Cour est ainsi investie de pouvoirs considérables faisant craindre le gouvernement des juges. Par la régulation des conflits qu'elle opère, la Cour constitutionnelle ressemble à un vieux sage au milieu du village dont le rôle n'est pas décoratif mais d'assurer le bon fonctionnement des institutions du pays.

CONCLUSION GENERALE

L'apparition de la juridiction constitutionnelle est perçue aujourd'hui en RDC comme une véritable révolution juridique. « Les techniques de contrôle de la constitutionnalité des lois, et la protection des droits fondamentaux, sa contribution à la promotion de l'État de droit et de la démocratie ou son intervention dans le règlement du contentieux du droit constitutionnel devraient faire de cette juridiction de type nouveau un acteur incontournable dans le jeu politique national. Pourtant en pratique, des questions de fond demeurent sur l'apport de cette juridiction au fonctionnement régulier des institutions, un problème récurrent des systèmes politiques africains »[1221] dont celui de la RDC.

Après une longue période caractérisée par la dictature du parti unique et des régimes militaires avec toutes ses fâcheuses implications, le juge constitutionnel congolais était considéré à tort ou à raison comme devant être la pièce manquante au puzzle susceptible d'assurer la stabilité des régimes politiques par une garantie du fonctionnement normal des institutions[1222]. L'opinion congolaise se demande si l'offre que peut lui présenter sa Cour constitutionnelle répondra à cette préoccupation.

Cette problématique trouve entre autres sa réponse dans le texte qui institue cette juridiction constitutionnelle, régit son organisation et son fonctionnement et fixe ses compétences. Cette juridiction a été conçue par le constituant, comme devant initier une transition vers la démocratie ou plus simplement, accompagner et consolider une expérience démocratique déjà en cours[1223]. La place de cette juridiction et son rôle sont donc considérablement déterminés par le contexte politique et historique qui l'a vu s'établir. Au regard de l'importance

---

[1221]Babacar Kante, «Les juridictions constitutionnelles et la régulation des systèmes politiques en Afrique » in *constitutions et pouvoirs, mélanges en l'honneur de Jean Gicquel*, Paris, Montchestien, 2008, pp. 265-276

[1222]Sur les régimes politiques africains d'avant le « renouveau démocratique », lire Jean Gicquel « Le présidentialisme négro-africain » *mélanges G. Burdeau*, Paris, LGDJ, 1977, p701.

[1223]Babacar Kanté, « Les juridictions constitutionnelles et la régularisation politique en Afrique », *op cit*, p. 266

accordée de nos jours aux problèmes politiques, la Cour constitutionnelle est attendue sur le terrain des conflits potentiels ou réels entre la majorité et l'opposition. Les acteurs politiques requièrent alors son arbitrage pour fixer les règles du jeu, prévenir les conflits et les régler tant en matière d'accession au pouvoir que de dévolution du pouvoir[1224].

Pour des raisons liées à la trajectoire politique de la RDC, la pression est à juste titre très forte sur cette haute instance constitutionnelle en ce qui concerne les réponses à fournir aux exigences relatives à l'ancrage de la démocratie et de l'État de droit. A la lecture de la constitution congolaise et à la lumière de ce qui précède, on constate que la constitution de la RDC a doté la Cour constitutionnelle de compétences qui vont bien au-delà de la seule fonction de juger de la constitutionnalité des dispositions législatives ou réglementaires. On reconnaîtra volontiers qu'en puisant dans le nouveau constitutionnalisme africain, le constituant a donné un large champ de compétences à la Cour constitutionnelle. Il aurait pu être encore plus large, si on compare cette Cour avec celle de Berlin[1225].

. L'on pourrait de prime abord s'interroger sur cet état de fait et se demander, quel est le rôle politique de la Cour constitutionnelle. Cette question pourrait pourtant paraître incongrue au regard de l'analyse selon laquelle la Cour constitutionnelle ne participe pas à l'exerce du pouvoir politique, son intervention revêtant stricto sensu un caractère juridictionnel.

Or, force est d'admettre que l'on ne peut valablement et complètement soutenir cette affirmation. Il faut à notre sens adopter un point de vue constructif de l'État de droit. Celui-ci ne se résout pas à une seule dimension contentieuse, à l'existence d'un seul rapport contrôleur-contrôlé. La Cour constitutionnelle ne doit pas seulement se

---

[1224]Cela peut rappeler à certains égards une situation comme pour le Conseil constitutionnel français, Voir Knaub, G., « Le Conseil constitutionnel et la régulation des rapports entres organes de l'Etat », *RDP*, n°2, 1983, pp 1149-1168

[1225]Bolle, S, *Le nouveau régime constitutionnel du Bénin. Essai sur la construction d'une démocratie africaine par la constitution,* Thèse de doctorat, université de Montpellier I, 1997.

contenter de ses fonctions d'édiction de la sanction d'inconstitutionnalité. L'action de la Cour produit des effets sur l'organisation et l'exercice du pouvoir politique. Aussi, n'y a-t-il pas lieu de voir dans la Cour constitutionnelle un organe politique en charge d'une fonction politique ? Il est cependant raisonnable de penser que les décisions de la Cour quel que soit leur domaine d'intervention impacteront l'exercice du pouvoir politique. C'est en ce sens qu'il faut envisager l'influence politique de la Cour constitutionnelle sur la pratique du pouvoir politique.

En conclusion, il faut s'interroger sur le rôle possible du juge constitutionnel congolais, gardien des droits et libertés individuelles mais aussi sur le positionnement de ce même juge face au jeu politique en RDC. Cette analyse croisée rend compte de la dynamique des fonctions de la Cour constitutionnelle congolaise. C'est à travers la confrontation de cette haute juridiction avec le pouvoir politique d'un côté et les droits et libertés de l'autre, que l'on peut évaluer l'impact de l'action de la Cour constitutionnelle sur la réalisation de l'État de droit en construction en RDC.

En effet analyser la justice constitutionnelle et le jeu politique en RDC revient à situer les juges constitutionnels dans l'ordonnancement politique congolais. L'organisation du pouvoir par la constitution est un élément déterminant du caractère démocratique d'un régime politique.

En RDC, « l'aspiration à une juridicisation de la vie politique caractérisée par les principes démocratiques universellement reconnus que sont : la séparation des pouvoirs, la suprématie de la constitution assurée par la justice constitutionnelle, la primauté de l'intérêt général, la garantie des droits, le pluralisme politique, des élections libres, le statut de l'opposition.

Cette aspiration est cependant marquée en pratique par une vie politique agitée non encore suffisamment « saisie par le droit » (Louis Favoreu), la tendance à la résolution des crises politiques par le recours à des mécanismes extraconstitutionnels (des accords politiques), la faiblesse de la justice constitutionnelle, le recours à la violence. La trop faible institutionnalisation de l'État, au sens où l'entend le doyen Maurice Hauriou, fait que le droit constitutionnel congolais « sent la poudre ».[1226] Pour éviter cette odeur de la poudre, le constituant congolais a mis en place les mécanismes et l'agencement des pouvoirs en organisant leurs relations de manière à permettre l'épanouissement harmonieux d'un système démocratique en RDC. L'équilibre ainsi institué entre les pouvoirs par le constituant est fondamental à condition que cet équilibre ne soit ébranlé dans la durée.

Lorsqu'on parle de l'équilibre des pouvoirs avec la participation de la Cour constitutionnelle, l'idée qui revient à l'esprit est la théorie de la séparation des pouvoirs. Le plus célèbre chapitre VI de l'Esprit des lois de Montesquieu nous enseigne à ce sujet que « Il y a dans chaque État trois sortes de pouvoirs : la puissance législative, la puissance exécutrice des choses qui dépendent des droits des gens et la puissance exécutrice de celles qui dépendent du droit civil. Lorsque, dans une même personne ou dans un même corps de magistrature, la puissance législative est reliée à la puissance exécutrice, il n'y a point de liberté, parce qu'on peut craindre que le même monarque ou le même sénat ne fasse des lois tyranniques pour les faire exécuter tyranniquement. Il n'y a point de liberté dans la puissance de juger si elle n'est pas séparée de la puissance législative et de la puissance exécutrice. Si elle était jointe à la puissance législative, le pouvoir sur la vie et sur la liberté des citoyens serait arbitraire ; car le juge serait législateur. Si elle était jointe à la puissance exécutrice, le juge pourrait avoir la force d'un oppresseur. Tout serait perdu si le même homme ou le même corps des principaux ou des nobles, ou du peuple, exerçaient ces trois pouvoirs ; celui de faire des lois, celui d'exécuter les résolutions publiques et celui de juger les crimes ou les différends des particuliers »[1227].

Cette théorie qui a le plus d'audience du fait de sa synthèse des théories constitutionnelles n'a pas résisté aux vicissitudes de l'histoire en perdant beaucoup de son aura, ne rendant pas compte de la configuration actuelle des pouvoirs. Elle a été qualifiée de désuète, certaines doctrines ne se sont pas privées d'affirmer que « la classification des régimes politiques à partir des modalités d'application des principes de séparation des pouvoirs présente toutes sortes de faiblesses, elle se heurte à la logique ; elle n'enseigne rien ; elle repose,

[1226]Djoli Eseng'ekeli, J., *Droit constitutionnel : l'expérience congolaise (RDC)*, Paris, L'Harmattan, 2013, p. 10.
[1227]Montesquieu, *De l'esprit des lois*, chapitre VI

présupposé absurde, que les régimes purs sont des êtres réels »[1228] Cette théorie bien que soumise aux controverses doctrinales, a toujours servi et sert encore de base au nouvel aménagement du pouvoir. La flamme s'est encore plus prononcée au principe établi par l'article 16 de la déclaration de 1789, selon lequel : « toute société dans laquelle la garantie des droits n'est pas assurée, ni la séparation des pouvoirs déterminée n'a point de constitution ». Ce principe a souvent été cité en référence dans plusieurs décisions du Conseil constitutionnel français notamment dans ses décisions sur le statut de la Nouvelle Calédonie en affirmant que « le législateur n'a méconnu ni le principe de la séparation des pouvoirs ni les dispositions constitutionnelles qui le mettent en œuvre », mais aussi dans sa décision du 29 décembre 1986 où il évoque : « il n'appartient pas au législateur de censurer les décisions des juridictions et d'enfreindre par le même principe de séparation des pouvoirs » ou encore dans les décisions du 12 juillet 1986, 10-11 octobre 1984 ou janvier 1989 et 23 janvier 1987[1229].

Si l'on admet que la théorie de séparation des pouvoirs n'exprime plus que très imparfaitement le realpolitik, il continue tout de même à offrir une certaine forme de garantie au fonctionnement démocratique de l'ordre constitutionnel. Nous n'avons aucune prétention de remettre en cause le principe de séparation des pouvoirs ou d'en suggérer une nouvelle vision.

Il importe cependant par le truchement de ces quelques considérations de s'interroger sur l'impact d'une Cour constitutionnelle sur la problématique de l'équilibre des pouvoirs mais aussi sur le pouvoir judiciaire lui-même.

En effet, la Cour constitutionnelle peut par ses arrêts éclatants revaloriser le pouvoir judiciaire qui se présente souvent en « parent-pauvre ». Ce constat est aussi vrai pour des textes constitutionnels. Ceux-ci constituent dans la plupart des cas les derniers titres côtoyant les dispositions transitoires et finales de la constitution. De là, on n'a pas à s'étonner qu'une forte tradition de défiance de certains acteurs

---

[1228]Troper, M, Les Classifications en Droit constitutionnel, *RDP*, 1989, p.945

[1229]CC, 86-221 DC, 29 déc. 1986, lire *RDP* n°2, 1989 p.299, note Louis Favoreu ; C.C ; 84-181 DC, 11 octobre 1984, Poienvenv, J-J, *AJDA*, 1984, p.684 ; CC, 86-224 DC, 23 janvier 1987, Chevallier, J, *AJDA,* 1987, p. 315, note Chevallier, J ; *RFDA*, 1987, p. 201, Note Louis Favoreu.

politiques persiste face au pouvoir judiciaire. Aussi, quelle que soit la tendance à la défiance, on ne peut s'empêcher de constater l'existence du pouvoir judiciaire qui fait partie intégrante du système institutionnel. C'est aussi dans ce cadre que la cour constitutionnelle subira la défiance de ces mêmes acteurs politiques. L'œuvre de cette haute juridiction constitutionnelle peut significativement imprimer la valeur au pouvoir judiciaire. Le contrôle de constitutionnalité qui est l'une de ses attributions pour accompagner l'établissement de l'État de droit pourra contribuer au rayonnement de ce pouvoir judiciaire.

Certes, la Cour constitutionnelle est une juridiction spécialisée. Elle n'est pas comme les autres par la nature même des actes qui lui sont soumis, en particulier la loi. Elle ne s'insère pas pour autant dans l'exercice du pouvoir judiciaire. L'autorité de la chose jugée de ses arrêts ou décisions qui s'impose à tous ses destinataires (des pouvoirs publics aux simples citoyens) et la possibilité d'aucun recours, affirment sa position dans l'échiquier institutionnel.

Il y a lieu par ailleurs de ne plus voir dans la fonction juridictionnelle, à travers l'action de la Cour constitutionnelle, l'unique moyen de veiller à la bonne application des règles et de sévir contre les abus, mais aussi un moyen de contrôle de la création normative. Ainsi, le pouvoir judiciaire pourra s'estimer être l'égal des autres pouvoirs (législatif et exécutif).

L'établissement de la Cour constitutionnelle congolaise peut de cet état de fait renforcer significativement l'autorité du pouvoir judiciaire souvent considérée d'instrument servile aux mains de l'exécutif. L'intervention de la haute juridiction constitutionnelle dans le rétablissement d'un équilibre institutionnel pourra être décisive.

D'abord et comme évoqué ci haut, l'action de la Cour constitutionnelle viendra renforcer le pouvoir judiciaire et ce, en appliquant ce que Marie-Madeleine Mbourantsuo appelle la « théorie des vases communicants institutionnels ». Ne dit-elle pas que le renforcement d'un des trois pouvoirs institutionnels s'effectue inéluctablement au détriment des deux autres?

Plus sensible est aussi la question des rapports entre le pouvoir législatif et la Cour constitutionnelle. Le parlement éprouvera quelquefois un sentiment dubitatif à l'égard de la Cour constitutionnelle qu'il considérera parfois comme son « goulot d'étranglement » constitutionnel à travers la sanction d'inconstitutionnalité, son arme redoutable.

Pourtant, à l'analyse de l'œuvre de la Cour constitutionnelle ou de sa future jurisprudence, on n'aboutira certainement pas au même constat. La France nous donne d'ailleurs un parfait témoignage. Le Conseil constitutionnel français n'est pas un censeur redoutable qui mettrait sous ses bottes le parlement. C'est son partenaire institutionnel dans la production des lois si bien que les interprétations jurisprudentielles du Conseil, revalorisent davantage l'œuvre parlementaire. Le contrôle de constitutionnalité a été ainsi créé pour cette fin : notamment dans le domaine de la loi et du règlement, les incompatibilités ou les procédures parlementaires.

Au demeurant, nous pensons que l'intervention ou l'action de la Cour constitutionnelle rehaussera la qualité du travail des parlementaires congolais. Car le danger que représentera la sanction d'inconstitutionnalité invitera le parlement à produire des normes à la fois respectueuses des dispositions constitutionnelles mais aussi d'une remarquable visibilité. Le contrôle de constitutionnalité de la norme législative conforme à la constitution valorise par la même occasion l'institution qui l'a produite. On ne peut plus s'étonner des débats parlementaires sur la conformité à la constitution des textes examinés.

C'est finalement sur le pouvoir exécutif que la pression de la Cour constitutionnelle sera plus présente pour de multiples raisons. Le constituant congolais a prévu un contrôle de constitutionnalité qui s'impose aussi au pouvoir réglementaire. La plupart des textes soumis à l'examen parlementaire proviennent du gouvernement si bien qu'en cas de censure pour vice d'inconstitutionnalité prononcée par la Cour constitutionnelle, c'est le gouvernement qui est indirectement visé. Pour cela, le service administratif du gouvernement ayant compétence d'élaborer les projets de lois devra se préoccuper du respect des dispositions constitutionnelles et de la jurisprudence de la Cour constitutionnelle pour éviter tout déclenchement d'un contrôle de constitutionnalité pouvant déboucher sur la sanction. Devant un tel risque et pour le minimiser, certains États africains ont préféré une action préventive à travers une procédure consultative. Qu'à cela ne tienne, l'action de la Cour constitutionnelle arrivera parfois à interférer dans l'exercice du pouvoir exécutif avec des contraintes supplémentaires. Mais aussi en influençant les modalités de son action. Le cas de la période électorale est un exemple éloquent pour justifier le contre-pouvoir de la Cour constitutionnelle à l'égard de l'exécutif.

En effet la période électorale est celle où le pouvoir exécutif à travers le ministère de l'intérieur en charge de la préparation et/ou de l'organisation des élections est soumis à des contraintes juridiques de la part de la juridiction constitutionnelle. Il en va de même lorsque surgissent les crises institutionnelles où le Chef de l'Etat n'est plus entièrement libre du fait du respect par lui des procédures consultatives, qui apparaît comme autre moyen de contrainte.

Tout autant, les pouvoirs de la Cour constitutionnelle concernant la vacance ou l'empêchement définitif du Chef de l'Etat contraignent aussi l'exécutif. Le Chef de l'Etat n'est plus le seul gardien de la constitution car le juge constitutionnel est en face de lui un redoutable concurrent dans cette mission de gardien de la constitution.

Le pouvoir exécutif souvent incarné par le Président de la République reste un phénomène préoccupant du système institutionnel africain dont celui de la RDC. Avec l'avènement de la justice constitutionnelle, ces chefs d'État ne peuvent plus se targuer des pouvoirs illimités. En face d'eux, la Cour constitutionnelle peut se présenter comme un obstacle en leur rappelant leur place dans l'espace institutionnel prévu par la constitution.

A travers toutes ces considérations, il apparaît que la Cour constitutionnelle ne peut que participer à un rééquilibrage des pouvoirs. C'est à juste titre que le Professeur Jean du Bois de Gaudusson affirme qu' « il est souvent admis que l'exercice constitutionnel relève du formalisme sans influence réelle et dont la fonction principale est d'occulter une réalité et légitimer un pouvoir, un mode d'autorité pérenne.

La non-effectivité (sic) des dispositions constitutionnelles est trop souvent postulée. Le constitutionnalisme devient un élément important de la politique en Afrique qu'on ne doit plus ignorer même si son importance ne doit pas être surestimé, ni sa portée généralisée. L'encadrement juridique et institutionnel joue un rôle qu'est loin d'être négligeable dans le processus de démocratisation en cours dans les États africains »[1230]. Une autre activité de la Cour constitutionnelle congolaise est celle régulatrice du fonctionnement des institutions de la République.

La régulation institutionnelle de la démocratie émergente en RDC porte essentiellement sur les arrêts des juges constitutionnels afin de préciser l'étendue et les limites des attributions de pouvoirs exécutifs et législatifs ainsi que la protection des institutions de contrôle face aux autres pouvoirs.

La constitution congolaise du 18 février 2006 a mis un terme, formellement, à la confusion qui caractérisait les systèmes politiques congolais, en procédant à une nouvelle redistribution institutionnelle des pouvoirs entre l'exécutif et le législatif. Ce nouvel ordre institutionnel a certainement ouvert des incertitudes sur l'étendue et les limites des attributions de ses institutions et titulaires de l'autorité politique. Les juges constitutionnels congolais seront, à l'occasion, sollicités pour départager et préciser les dispositions constitutionnelles fixant les prérogatives dévolues à chaque institution.

A cet effet, la constitution qui n'est pas seulement considérée comme une charte des droits et libertés, elle est toujours, de nos jours, le centre où se jouent les règles de transmission et de fonctionnement du pouvoir politique.

C'est encore la constitution qui précisera l'organisation et le fonctionnement des pouvoirs publics. S'il n'y a pas de précision sur la manière dont les pouvoirs doivent être organisés ou sur les conditions d'exercice de ces pouvoirs, il n'y a point d'espace pour les droits et libertés.

Il est alors capital que la Cour constitutionnelle effectuer la régulation et renfonce son contrôle. Elle devra nécessairement expurger par ses arrêts toute incertitude liée à l'organisation et aux compétences de chacun des pouvoirs. La protection des droits et libertés ne pourra efficacement être assurée que dans un espace institutionnel bien défini, assaini et stabilisé. Le juge des conflits d'attributions entre institutions qu'est la Cour constitutionnelle devra mettre en confiance les acteurs

---

[1230]Jean du Bois de Guadusson, « *Quel statut constitutionnel pour le chef de l'Etat en Afrique ? », Mélanges en l'honneur Gérard Conac*, Paris, Economica, 2001, p. 329.

politiques par sa neutralité et impartialité. Le microcosme politique congolais reste indomptable. Lorsque le juge constitutionnel parviendra à cette fin par l'impartialité, les acteurs politiques accepteront relativement avec rancœur, le verdict de la Cour. Sans rechigner, le personnel politique congolais comprendra et s'habituera à cette nouvelle forme de justice. Aux termes de la loi, les arrêts de cette Cour constitutionnelle ne souffrent d'aucun recours et s'imposeront à tous y compris le Président de la République. Sous le renouveau démocratique congolais, la Cour constitutionnelle devra discipliner et faire raisonner le pouvoir politique.

Le domaine des compétences de ce juge constitutionnel demeure source de polémiques surtout sur les limites de ces compétences. Les limites d'action de la Cour constitutionnelle sont, en gros, celles que lui impose la constitution. La question est de savoir si la constitution a accordé trop ou trop peu de pouvoirs à la Cour constitutionnelle.

La Cour constitutionnelle congolaise devra reconnaître des limites à son intervention consacrant le domaine des « pouvoirs discrétionnaires accordés au chef de l'État par la constitution »[1231]. La constitution congolaise de 2006 accorde au Chef de l'État la faculté de mise en œuvre des pouvoirs exceptionnels[1232].

Si chacun ne respecte pas les limites de ses attributions fixées par la constitution, le risque du glissement vers les violations des droits et libertés serait certain. La Cour constitutionnelle devra dans sa première mission consolider le cadre institutionnel pour éviter que le déviationnisme ne s'érige en marge du dispositif constitutionnel et le pervertisse. La RDC est un État qui sort des années des conflits armés et reste encore très fragile dans sa partie septentrionale. Elle a connu dans son passé un pouvoir sans partage. Chacun des pouvoirs sera enclin à retrouver ses vieux réflexes anticonstitutionnels.

De plus, la limite à l'action de la Cour constitutionnelle se manifestera aussi à travers sa soumission au pouvoir constituant. Par son action, la Cour constitutionnelle pourra s'ériger en « gardienne » de

---

[1231]Payre, J.-P., « Pouvoirs discrétionnaires et compétences liées du Président de la République », *RDP*, n°6, 1981, p. 1613 et s.

[1232]Articles 145 de la constitution du 18 février 2006.

la constitution. Mais «qui va garder les gardiens ? », s'interroge Marie-Madeleine Mborantsuo.

La qualité d'interprète et de gardien de la constitution reconnue à la juridiction constitutionnelle place indubitablement les autres pouvoirs dans une sorte d'insubordination souvent insupportable, au point que certains s'affranchissent parfois du respect des dispositions textuelles destinées à régir son action. D'où la problématique récurrente de la légitimité de l'intervention de la Cour constitutionnelle qui résisterait à la volonté d'un pouvoir émanant de la légitimité populaire spécifique au régime démocratique.

La RDC est certes en quête de démocratie et de l'État de droit. Aujourd'hui, nous pouvons tout de même affirmer qu'elle s'est dotée d'institutions propres à l'accomplissement de cet objectif malgré les vicissitudes inhérentes à la culture démocratique.

Si le constituant congolais a porté sa préférence sur une Cour constitutionnelle investie de compétences très larges et couvertes de garanties d'indépendance solidement établies, c'est qu'il a entendu doter cette juridiction des instruments les plus efficaces pour assurer l'État de droit et opérer une régulation de la vie politique congolaise par le droit.

Il faut à ce propos retenir le point de vue du Professeur Jean du Bois de Gaudusson quand il affirme : « Renouvelé, le constitutionnalisme est devenu un élément important de la politique en Afrique. Ce rôle ne doit pas être surestimé, sa portée généralisée ; en ce domaine, rien n'est irréversible. Mais les conditions politiques, faites de multipartisme et de concurrence électorale, dans lesquelles se déroule le jeu politique, donnent aux mécanismes et aux règles de dévolution, d'exercice de contrôle et d'abandon du pouvoir, la possibilité d'être effectivement mis en œuvre. (…) Les mécanismes constitutionnels trouvent à s'appliquer, même dans les périodes de crise, y compris ceux qui font appel aux juges. Ainsi que l'ont montré des épisodes récentes de la vie politique au Bénin, au Niger, à Madagascar, la politique est à son tour saisie par le droit et les juridictions »[1233]. Ainsi, la Cour constitutionnelle congolaise prendra-t-elle part à une régulation des institutions. Elle s'impliquera pour préserver le caractère démocratique

[1233]Du Bois de Gaudusson, J., *Les constitutions africaines publiées en langue française, « introduction »,* Paris, Documentation française, 2009, p.11

du système politique congolais mis en place. Son action concernera sans doute les pouvoirs publics, mais restera tout autant accessible aux particuliers ainsi qu'à l'opposition, leur accordant la possibilité de participer au débat politique.

En matière de démocratie, le rôle politique de la Cour constitutionnelle aura des visages divers tenant compte des enjeux de différentes importances. Parmi ces enjeux importants, il y a l'établissement d'un État de droit. La Cour constitutionnelle congolaise aura une fonction capitale à assumer. Le Professeur Jacques Chevallier déclare à ce sujet : « le juge est la clé de voûte et la condition de la réalisation de l'État de droit. La hiérarchie des normes ne devient effective que si elle est juridiquement protégée »[1234]. En imposant ses solutions pour l'exercice d'un pouvoir politique obéissant au droit, la Cour constitutionnelle influera incontestablement sur le pouvoir en fixant les limites de son action. Sa jurisprudence mise en place soutiendra l'État de droit en construction.

Plus délicat est le problème du caractère démocratique du régime mais aussi de sa compatibilité avec l'exercice du contrôle de constitutionnalité par le juge constitutionnel. La démocratie est sans doute le régime politique le plus difficile à saisir. Nombreux sont des États qui s'en prévalent sans toutefois s'assurer de ses fondements. Comme l'a bien écrit Philippe Ardant : « La démocratie est un régime idéal qui ne fonctionne nulle part conformément aux modèles échafaudés par les théoriciens. Ceux-ci imaginent les hommes naturellement vertueux, capables de gouverner pour le bien de tous, vision démentie chaque jour et dont les marxistes eux-mêmes repoussent la réalisation loin devant nous dans l'histoire quand la société sans classe aura produit un homme nouveau. Si l'homme n'est pas naturellement bon le présupposé initial s'effondre et tâtonnements et échecs accompagneront logiquement la démocratie au long de son histoire. Mais, même s'il s'agit d'une utopie, celle-ci a sa grandeur et elle imprègne profondément les luttes politiques de notre temps »[1235].

[1234]Chevallier, J., *L 'État de droit*, Paris, Montchrestien, « clefs », 1992, 160 p. Voir aussi L'État de droit, *RDP*, 1998, p. 313.

[1235]Ardant, Ph., *Institutions politiques et droit constitutionnel*, 12 éd., Paris, LGDJ, 2000, p. 152.

Dans la démocratie balbutiante de la RDC, le problème qui se posera est celui de la nature politique de l'intervention politique du juge constitutionnel congolais mais aussi de l'éventuelle atteinte qu'il sera amené à porter à l'exercice de la souveraineté par le peuple. Car une fois que l'on glisse de la problématique de l'action de la Cour constitutionnelle dans un Etat de droit à celle de sa fonction dans un système démocratique, le débat juridique se déplacera certainement sur un terrain épineux de la politique. L'action de la Cour constitutionnelle devra envisager ces rapports sous une autre perspective.

La Cour constitutionnelle congolaise devra permettre une participation active des citoyens au système démocratique et politique de la RDC. Elle a ouvert la possibilité aux Congolais de la saisir au moyen du contrôle par voie d'action. Ce qui démontre sans conteste la volonté du constituant congolais d'impliquer le peuple dans la construction de son État de droit.

ANNEXES

ANNEXE 1 : CONSTITUTION DE LA REPUBLIQUE DEMOCRATIQUE DU CONGO DU 18 FEVRIER 2006

Le Sénat a proposé ;
L'Assemblée Nationale a adopté ;
Le peuple congolais, lors du référendum organisé du 18 au 19 décembre 2005, a approuvé ;
Le Président de la République promulgue la Constitution dont la teneur suit :

PREAMBULE

Nous, Peuple congolais,
Uni par le destin et par l'histoire autour de nobles idéaux de liberté, de fraternité, de solidarité, de justice, de paix et de travail ;
Animé par notre volonté commune de bâtir, au cœur de l'Afrique, un Etat de droit et une
Nation puissante et prospère, fondée sur une véritable démocratie politique, économique, sociale et culturelle ;
Considérant que l'injustice avec ses corollaires, l'impunité, le népotisme, le régionalisme, le tribalisme, le clanisme et le clientélisme, par leurs multiples vicissitudes, sont à l'origine de l'inversion générale des valeurs et de la ruine du pays;
Affirmant notre détermination à sauvegarder et à consolider l'indépendance et l'unité nationales dans le respect de nos diversités et de nos particularités positives ;
Réaffirmant notre adhésion et notre attachement à la Déclaration Universelle des Droits de l'Homme, à la Charte Africaine des Droits de l'Homme et des Peuples, aux Conventions des Nations Unies sur les Droits de l'Enfant et sur les Droits de la Femme, particulièrement à l'objectif de la parité de représentation homme-femme au sein des institutions du pays ainsi qu'aux instruments internationaux relatifs à la protection et à la promotion des droits humains ;
Mû par la volonté de voir tous les Etats Africains s'unir et travailler de concert en vue de promouvoir et de consolider l'unité africaine à travers les organisations continentales, régionales ou sous-régionales pour offrir de meilleurs perspectives de développement et de progrès socio-économique aux Peuples d'Afrique ;
Attaché à la promotion d'une coopération internationale mutuellement avantageuse et au rapprochement des peuples du monde, dans le respect de leurs identités respectives et des principes de la souveraineté et de l'intégrité territoriale de chaque Etat ;
Réaffirmant notre doit inaliénable et imprescriptible de nos organiser librement et de développer notre vie politique, économique, sociale et culturelle, selon notre génie propre ;
Conscients de nos responsabilités devant Dieu, la Nation, l'Afrique et le Monde ;
Déclarons solennellement adopter la présente Constitution.

TITRE Ier : DES DISPOSITIONS GENERALES
Chapitre 1er : De l'Etat et de la Souveraineté
Section 1ère : De l'Etat

Article 1er

La République Démocratique du Congo est, dans ses frontières du 30 juin 1960, un Etat de droit, indépendant, souverain, uni et indivisible, social, démocratique et laïc.
Son emblème est le drapeau bleu ciel, orné d'une étoile jaune dans le coin supérieur gauche et traversé en biais d'une bande rouge finement encadrée de jaune. Sa devise est « Justice - Paix - Travail ». Ses armoiries se composent d'une tête de léopard encadrée à gauche et, à droite, d'une pointe d'ivoire et d'une lance, le tout reposant sur une pierre.
Son hymne est le « Debout Congolais !»
Sa monnaie est « le Franc congolais ».
Sa langue officielle est le français.
Ses langues nationales sont le kikongo, le lingala, le swahili et le tshiluba. L'Etat en assure la promotion sans discrimination.
Les autres langues du pays font partie du patrimoine culturel congolais dont l'Etat assure la protection.

Article 2

La République Démocratique du Congo est composée de la ville de Kinshasa et de 25 provinces dotées de la personnalité juridique.
Ces provinces sont : Bas-Uele, Equateur, Haut-Lomami, Haut-Katanga, Haut-Uele, Ituri, Kasaï, Kasaï Oriental, Kongo Central, Kwango, Kwilu, Lomami, Lualaba, Kasaï Central, Mai-Ndombe, Maniema, Mongala, Nord-Kivu, Nord-Ubangi, Sankuru, Sud-Kivu, Sud-Ubangi, Tanganyika, Tshopo, Tshuapa.
Kinshasa est la capitale du pays et le siège des institutions nationales. Elle a le statut de Province. La capitale ne peut être transférée dans un autre lieu du pays que par voie de référendum.
La répart ition des compétences entre l'Etat et les provinces s'effectue conformément aux dispositions du Titre III de la présente Constitution.
Journal Officiel - Banque des Données Juridiques - 2013
Les limites des provinces et celles de la ville de Kinshasa sont fixées par une loi organique.

Article 3

Les provinces et les entités territoriales décentralisées de la République Démocratique du Congo sont dotées de la personnalité juridique et sont gérées par les organes locaux.
Ces entités territoriales décentralisées sont la ville, la commune, le secteur et la chefferie.
Elles jouissent de la libre administration et de l'autonomie de gestion de leurs ressources économiques, humaines, financières et techniques.

La composition, l'organisation, le fonctionnement de ces entités territoriales décentralisées ainsi que leurs rapports avec l'Etat et les provinces sont fixés par une loi organique.

Article 4

De nouvelles provinces et entités territoriales peuvent être créées par démembrement ou par regroupement dans les conditions fixées par la Constitution et par la loi.

Section 2 : De la Souveraineté

Article 5

La souveraineté nationale appartient au peuple. Tout pouvoir émane du peuple qui l'exerce directement par voie de référendum ou d'élections et indirectement par ses représentants.
Aucune fraction du peuple ni aucun individu ne peut s'en attribuer l'exercice.
La loi fixe les conditions d'organisation des élections et du référendum.
Le suffrage est universel, égal et secret. Il est direct ou indirect.
Sans préjudice des dispositions des articles 72, 102 et 106 de la présente Constitution, sont électeurs et éligibles, dans les conditions déterminées par la loi, tous les Congolais de deux sexes, âgés de dix-huit ans révolus et jouissant de leurs droits civils et politiques.

Article 6

Le pluralisme politique est reconnu en République Démocratique du Congo.
Tout Congolais jouissant de ses droits civils et politiques a le droit de créer un parti politique ou de s'affilier à un parti de son choix.
Les partis politiques concourent à l'expression du suffrage, au renforcement de la conscience nationale et à l'éducation civique. Ils se forment et exercent librement leurs activités dans le respect de la loi, de l'ordre public et des bonnes mœurs.
Les partis politiques sont tenus au respect des principes de démocratie pluraliste, d'unité et de souveraineté nationales.
Les partis politiques peuvent recevoir de l'Etat des fonds publics destinés à financer leurs campagnes électorales ou leurs activités, dans les conditions définies par la loi.

Article 7

Nul ne peut instituer, sous quelque forme que ce soit, de parti unique sur tout ou partie du territoire national.
L'institution d'un parti unique constitue une infraction imprescriptible de haute trahison punie par la loi.

Article 8

L'opposition politique est reconnue en République Démocratique du Congo. Les droits liés à son existence, à ses activités et à sa lutte pour la conquête démocratique du pouvoir sont sacrés. Ils ne peuvent subir de limites que celles imposées à tous les partis et activités politiques par la présente Constitution et la loi.
Une loi organique détermine le statut de l'opposition politique.

Article 9

L'Etat exerce une souveraineté permanente notamment sur le sol, le sous-sol, les eaux et les forêts, sur les espaces aérien, fluvial, lacustre et maritime congolais ainsi que sur la mer territoriale congolaise et sur le plateau continental.
Les modalités de gestion et de concession du domaine de l'Etat visé à l'alinéa précédent sont déterminées par la loi.

Chapitre 2 : De la Nationalité

Article 10

La nationalité congolaise est une et exclusive. Elle ne peut être détenue concurremment avec aucune autre.
La nationalité congolaise est soit d'origine, soit d'acquisition individuelle.
Est Congolais d'origine, toute personne appartenant aux groupes ethniques dont les personnes et le territoire constituaient ce qui est devenu le Congo (présentement la République Démocratique du Congo) à l'indépendance.
Une loi organique détermine les conditions de reconnaissance, d'acquisition, de perte et de recouvrement de la nationalité congolaise.

TITRE II : DES DROITS HUMAINS, DES LIBERTES FONDAMENTALES ET DES DEVOIRS DU CITOYEN ET DE L'ETAT

Chapitre 1er : Des Droits civils et politiques

Article 11

Tous les êtres humains naissent libres et égaux en dignité et en droits. Toutefois, la jouissance des droits politiques est reconnue aux seuls Congolais, sauf exceptions établies par la loi.

Article 12

Tous les Congolais sont égaux devant la loi et ont droit à une égale protection des lois.

Article 13

Aucun Congolais ne peut, en matière d'éducation et d'accès aux fonctions publiques ni en aucune autre matière, faire l'objet d'une mesure discriminatoire, qu'elle résulte de la loi ou d'un acte de l'exécutif, en raison de sa religion, de son origine familiale, de sa condition sociale, de sa résidence, de ses opinions ou de ses convictions politiques, de son appartenance à une race, à une ethnie, à une tribu, à une minorité culturelle ou linguistique.

Article 14

Les pouvoirs publics veillent à l'élimination de toute forme de discrimination à l'égard de la femme et assurent la protection et la promotion de ses droits.
Ils prennent, dans tous les domaines, notamment dans les domaines civil, politique, économique, social et culturel, toutes les mesures appropriées pour assurer le total épanouissement et la pleine participation de la femme au développement de la nation.
Ils prennent des mesures pour lutter contre toute forme de violences faites à la femme dans la vie publique et dans la vie privée.
La femme a droit à une représentation équitable au sein des institutions nationales, provinciales et locales.
L'Etat garantit la mise en œuvre de la parité homme-femme dans lesdites institutions.
La loi fixe les modalités d'application de ces droits.

Article 15

Les pouvoirs publics veillent à l'élimination des violences sexuelles.
Sans préjudice des traités et accords internationaux, toute violence sexuelle faite sur toute personne, dans l'intention de déstabiliser, de disloquer une famille et de faire disparaître tout un peuple est érigée en crime contre l'humanité puni par la loi.

Article 16

La personne humaine est sacrée. L'Etat a l'obligation de la respecter et de la protéger.
Toute personne a droit à la vie, à l'intégrité physique ainsi qu'au libre développement de sa personnalité dans le respect de la loi, de l'ordre public, du droit d'autrui et des bonnes mœurs.
Nul ne peut être tenu en esclavage ni dans une condition analogue.
Nul ne peut être soumis à un traitement cruel, inhumain ou dégradant.
Nul ne peut être astreint à un travail forcé ou obligatoire.

Article 17

La liberté individuelle est garantie. Elle est la règle, la détention l'exception.
Nul ne peut être poursuivi, arrêté, détenu ou condamné qu'en vertu de la loi et dans les formes qu'elle prescrit.
Nul ne peut être poursuivi pour une action ou une omission qui ne constitue pas une infraction au moment où elle est commise et au moment des poursuites.

Nul ne peut être condamné pour une action ou une omission qui ne constitue pas une infraction à la fois au moment où elle est commise et au moment de la condamnation.
Il ne peut être infligé de peine plus forte que celle applicable au moment où l'infraction est commise.
La peine cesse d'être exécutée lorsqu'en vertu d'une loi postérieure au jugement :
1. elle est supprimée ;
2. le fait pour lequel elle était prononcée, n'a plus le caractère infractionnel.
En cas de réduction de la peine en vertu d'une loi postérieure au jugement, la peine est exécutée conformément à la nouvelle loi.
La responsabilité pénale est individuelle. Nul ne peut être poursuivi, arrêté, détenu ou condamné pour fait d'autrui.
Toute personne accusée d'une infraction est présumée innocente jusqu'à ce que sa culpabilité ait été établie par un jugement définitif.

Article 18

Toute personne arrêtée doit être immédiatement informée des motifs de son arrestation et de toute accusation portée contre elle, et ce, dans la langue qu'elle comprend.
Elle doit être immédiatement informée de ses droits.
La personne gardée à vue a le droit d'entrer immédiatement en contact avec sa famille ou avec son conseil.
La garde à vue ne peut excéder quarante-huit heures. A l'expiration de ce délai, la personne gardée à vue doit être relâchée ou mise à la disposition de l'autorité judiciaire compétente.
Tout détenu doit bénéficier d'un traitement qui préserve sa vie, sa santé physique et mentale ainsi que sa dignité.

Article 19

Nul ne peut être ni soustrait ni distrait contre son gré du juge que la loi lui assigne.
Toute personne a droit à ce que sa cause soit entendue dans un délai raisonnable par le juge compétent.
Le droit de la défense est organisé et garanti.
Toute personne a le droit de se défendre elle-même ou de se faire assister d'un défenseur de son choix et ce, à tous les niveaux de la procédure pénale, y compris l'enquête policière et l'instruction préjuridictionnelle.
Elle peut se faire assister également devant les services de sécurité.

Article 20

Les audiences des cours et tribunaux sont publiques, à moins que cette publicité ne soit jugée dangereuse pour l'ordre public ou les bonnes mœurs. Dans ce cas, le tribunal ordonne le huis clos.

Article 21

Tout jugement est écrit et motivé. Il est prononcé en audience publique.
Le droit de former un recours contre un jugement est garanti à tous. Il est exercé dans les conditions fixées par la loi.

Article 22

Toute personne a droit à la liberté de pensée, de conscience et de religion.
Toute personne a le droit de manifester sa religion ou ses convictions, seule ou en groupe tant en public qu'en privé, par le culte, l'enseignement, les pratiques, l'accomplissement des rites et l'état de vie religieuse, sous réserve du respect de la loi, de l'ordre public, des bonnes mœurs et des droits d'autrui.
La loi fixe les modalités d'exercice de ces libertés.

Article 23

Toute personne a droit à la liberté d'expression. Ce droit implique la liberté d'exprimer ses opinions ou ses convictions, notamment par la parole, l'écrit et l'image, sous réserve du respect de la loi, de l'ordre public et des bonnes mœurs.

Article 24

Toute personne a droit à l'information. La liberté de la presse, la liberté d'information et d'émission par la radio et la télévision, la presse écrite ou tout autre moyen de communication sont garanties sous réserve du respect de l'ordre public, des bonnes mœurs et des droits d'autrui.
La loi fixe les modalités d'exercice de ces libertés.
Les médias audiovisuels et écrits d'Etat sont des services publics dont l'accès est garanti de manière équitable à tous les courants politiques et sociaux. Le statut des médias d'Etat est établi par la loi qui garantit l'objectivité, l'impartialité et le pluralisme d'opinions dans le traitement et la diffusion de l'information.

Article 25

La liberté des réunions pacifiques et sans armes est garantie sous réserve du respect de la loi, de l'ordre public et des bonnes mœurs.

Article 26

La liberté de manifestation est garantie.
Toute manifestation sur les voies publiques ou en plein air, impose aux organisateurs d'informer par écrit l'autorité administrative compétente.
Nul ne peut être contraint à prendre part à une manifestation.
La loi en fixe les mesures d'application.

Article 27

Tout Congolais a le droit d'adresser individuellement ou collectivement une pétition à l'autorité publique qui y répond dans les trois mois.
Nul ne peut faire l'objet d'incrimination sous quelque forme que ce soit pour avoir pris pareille initiative.

Article 28

Nul n'est tenu d'exécuter un ordre manifestement illégal. Tout individu, tout agent de l'Etat est délié du devoir d'obéissance, lorsque l'ordre reçu constitue une atteinte manifeste au respect des droits de l'homme et des libertés publiques et des bonnes mœurs.
La preuve de l'illégalité manifeste de l'ordre incombe à la personne qui refuse de l'exécuter.

Article 29

Le domicile est inviolable. Il ne peut y être effectué de visite ou de perquisition que dans les formes et les conditions prévues par la loi.

Article 30

Toute personne qui se trouve sur le territoire national a le droit d'y circuler librement, d'y fixer sa résidence, de le quitter et d'y revenir, dans les conditions fixées par la loi.
Aucun Congolais ne peut être ni expulsé du territoire de la République, ni être contraint à l'exil, ni être forcé à habiter hors de sa résidence habituelle.

Article 31

Toute personne e a droit au respect de sa vie privée et au secret de la correspondance, de la télécommunication ou de toute autre forme de communication. Il ne peut être porté atteinte à ce droit que dans les cas prévus par la loi.

Article 32

Tout étranger qui se trouve légalement sur le territoire national jouit de la protection accordée aux personnes et à leurs biens dans les conditions déterminées par les traités et les lois. Il est tenu de se conformer aux lois et aux règlements de la République.

Article 33

Le droit d'asile est reconnu.
La République Démocratique du Congo accorde, sous réserve de la sécurité nationale, l'asile sur son territoire aux ressortissants étrangers poursuivis ou persécutés en raison notamment de leur opinion, leur croyance, leur appartenance raciale, tribale, ethnique,

linguistique ou de leur action en faveur de la démocratie et de la défense des Droits de l'Homme et des Peuples, conformément aux lois et règlements en vigueur.
Il est interdit à toute personne jouissant régulièrement du droit d'asile d'entreprendre toute activité subversive contre son pays d'origine ou contre tout autre pays, à partir du territoire de la République Démocratique du Congo.
Les réfugiés ne peuvent ni être remis à l'autorité de l'Etat dans lequel ils sont persécutés ni être refoulés sur le territoire de celui-ci.
En aucun cas, nul ne peut être acheminé vers le territoire d'un Etat dans lequel il risque la torture, des peines ou des traitements cruels, dégradants et inhumains.
La loi fixe les modalités d'exercice de ce droit.

Chapitre 2 : Des droits économiques, sociaux et culturels.

Article 34

La propriété privée est sacrée.
L'Etat garantit le droit à la propriété individuelle ou collective acquis conformément à la loi ou à la coutume.
Il encourage et veille à la sécurité des investissements privés, nationaux et étrangers.
Nul ne peut être privé de sa propriété que pour cause d'utilité publique et moyennant une juste et préalable indemnité octroyée dans les conditions fixées par la loi.
Nul ne peut être saisi en ses biens qu'en vertu d'une décision prise par une autorité judiciaire compétente.

Article 35

L'Etat garantit le droit à l'initiative privée tant aux nationaux qu'aux étrangers.
Il encourage l'exercice du petit commerce, de l'art et de l'artisanat par les Congolais et veille à la protection et à la promotion de l'expertise et des compétences nationales.
La loi fixe les modalités d'exercice de ce droit.

Article 36

Le travail est un droit et un devoir sacrés pour chaque Congolais.
L'Etat garantit le droit au travail, la protection contre le chômage et une rémunération équitable et satisfaisante assurant au travailleur ainsi qu'à sa famille une existence conforme à la dignité humaine, complétée par tous les autres moyens de protection sociale notamment la pension de retraite et la rente viagère.
Nul ne peut être lésé dans son travail en raison de ses origines, de son sexe, de ses opinions, de ses croyances ou de ses conditions socio-économiques.
Tout Congolais a le droit et le devoir de contribuer par son travail à la construction et à la prospérité nationale.
La loi établit le statut des travailleurs et réglemente les particularités propres au régime juridique des ordres professionnels et l'exercice des professions exigeant une qualification scolaire ou académique.

Les structures internes et le fonctionnement des ordres professionnels doivent être démocratiques.

Article 37

L'Etat garantit la liberté d'association.
Les pouvoirs publics collaborent avec les associations qui contribuent au développement social, économique, intellectuel, moral et spirituel des populations et à l'éducation des citoyennes et des citoyens.
Cette collaboration peut revêtir la forme d'une subvention.
La loi fixe les modalités d'exercice de cette liberté.

Article 38

La liberté syndicale est reconnue et garantie.
Tous les Congolais ont le droit de fonder des syndicats **ou** de s'y affilier librement dans les conditions fixées par la loi.

Article 39

Le droit de grève est reconnu et garanti.
Il s'exerce dans les conditions fixées par la loi qui peut en interdire ou en limiter l'exercice dans les domaines de la défense nationale et de la sécurité ou pour toute activité ou tout service public d'intérêt vital pour la nation.

Article 40

Tout individu a le droit de se marier avec la personne de son choix, de sexe opposé, et de fonder une famille.
La famille, cellule de base de la communauté humaine, est organisée de manière à assurer son unité, sa stabilité et sa protection. Elle est placée sous la protection des pouvoirs publics.
Les soins et l'éducation à donner aux enfants constituent, pour les parents, un droit naturel et un devoir qu'ils exercent sous la surveillance et avec l'aide des pouvoirs publics.
Les enfants ont le devoir d'assister leurs parents.
La loi fixe les règles sur le mariage et l'organisation de la famille.

Article 41

L'enfant mineur est toute personne, sans distinction de sexe, qui n'a pas encore atteint 18 ans révolus.
Tout enfant mineur a le droit de connaître les noms de son père et de sa mère.
Il a également le droit de jouir de la protection de sa famille, de la société et des pouvoirs publics.
L'abandon et la maltraitance des enfants notamment la pédophilie, les abus sexuels ainsi que l'accusation de sorcellerie sont prohibés et punis par la loi.

Les parents ont le devoir de prendre soin de leurs enfants et d'assurer leur protection contre tout acte de violence tant à l'intérieur qu'à l'extérieur du foyer.
Les pouvoirs publics ont l'obligation d'assurer une protection aux enfants en situation difficile et de déférer devant la justice les auteurs et les complices des actes de violence à l'égard des enfants.
Toutes les autres formes d'exploitation d'enfants mineurs sont punies par la loi.

Article 42

Les pouvoirs publics ont l'obligation de protéger la jeunesse contre toute atteinte à sa santé, à son éducation et à son développement intégral.

Article 43

Toute personne a droit à l'éducation scolaire. Il y est pourvu par l'enseignement national.
L'enseignement national comprend les établissements publics et les établissements privés agréés.
La loi fixe les conditions de création et de fonctionnement de ces établissements.
Les parents ont le droit de choisir le mode d'éducation à donner à leurs enfants.
L'enseignement primaire est obligatoire et gratuit dans les établissements publics.

Article 44

L'éradication de l'analphabétisme est un devoir national pour la réalisation duquel le Gouvernement doit élaborer un programme spécifique.

Article 45

L'enseignement est libre.
Il est toutefois soumis à la surveillance des pouvoirs publics, dans les conditions fixées par la loi.
Toute personne a accès aux établissements d'enseignement national, sans discrimination de lieu d'origine, de race, de religion, de sexe, d'opinions politiques ou philosophiques, de son état physique, mental ou sensoriel, selon ses capacités.
Les établissements d'enseignement national peuvent assurer, en collaboration avec les autorités religieuses, à leurs élèves mineurs dont les parents le demandent, une éducation conforme à leurs convictions religieuses.
Les pouvoirs publics ont le devoir de promouvoir et d'assurer, par l'enseignement, l'éducation et la diffusion, le respect des droits de l'homme, des libertés fondamentales et des devoirs du citoyen énoncés dans la présente Constitution.
Les pouvoirs publics ont le devoir d'assurer la diffusion et l'enseignement de la Constitution, de la Déclaration universelle des droits de l'homme, de la Charte africaine des droits de l'homme et des peuples, ainsi que de toutes les conventions régionales et internationales relatives aux droits de l'homme et au droit international humanitaire dûment ratifiées.

L'Etat a l'obligation d'intégrer les droits de la personne humaine dans tous les programmes de formation des forces armées, de la police et des services de sécurité.
La loi détermine les conditions d'application du présent article.

Article 46

Le droit à la culture, la liberté de création intellectuelle et artistique, et celle de la recherche scientifique et technologique sont garantis sous réserve du respect de la loi, de l'ordre public et des bonnes mœurs.
Les droits d'auteur et de propriété intellectuelle sont garantis et protégés par la loi.
L'Etat tient compte, dans l'accomplissement de ses tâches, de la diversité culturelle du pays.
Il protège le patrimoine culturel national et en assure la promotion.

Article 47

Le droit à la santé et à la sécurité alimentaire est garanti.
La loi fixe les principes fondamentaux et les règles d'organisation de la santé publique et de la sécurité alimentaire.

Article 48

Le droit à un logement décent, le droit d'accès à l'eau potable et à l'énergie électrique sont garantis. La loi fixe les modalités d'exercice de ces droits.

Article 49

La personne du troisième âge et la personne avec handicap ont droit à des mesures spécifiques de protection en rapport avec leurs besoins physiques, intellectuels et moraux.
L'Etat a le devoir de promouvoir la présence de la personne avec handicap au sein des institutions nationales, provinciales et locales.
Une loi organique fixe les modalités d'application de ce droit.

Chapitre 3 : Des droits collectifs

Article 50

L'Etat protège les droits et les intérêts légitimes des Congolais qui se trouvent tant à l'intérieur qu'à l'extérieur du pays.
Sous réserve de la réciprocité, tout étranger qui se trouve légalement sur le territoire national bénéficie des mêmes droits et libertés que le Congolais, excepté les droits politiques.
Il bénéficie de la protection accordée aux personnes et à leurs biens dans les conditions déterminées par les traités et les lois.
Il est tenu de se conformer aux lois et règlements de la République.

Article 51

L'Etat a le devoir d'assurer et de promouvoir la coexistence pacifique et harmonieuse de tous les groupes ethniques du pays.
Il assure également la protection et la promotion des groupes vulnérables et de toutes les minorités.
Il veille à leur épanouissement.

Article 52

Tous les Congolais ont droit à la paix et à la sécurité tant sur le plan national qu'international.
Aucun individu ou groupe d'individus ne peut utiliser une portion du territoire national comme base de départ d'activités subversives ou terroristes contre l'Etat congolais ou tout autre Etat.

Article 53

Toute personne a droit à un environnement sain et propice à son épanouissement intégral.
Elle a le devoir de le défendre.
L'Etat veille à la protection de l'environnement et à la santé des populations.

Article 54

Les conditions de construction d'usines, de stockage, de manipulation, d'incinération et d'évacuation des déchets toxiques, polluants ou radioactifs provenant des unités industrielles ou artisanales installées sur le territoire national sont fixées par la loi.
Toute pollution ou destruction résultant d'une activité économique donne lieu à compensation et/ou à réparation.
La loi détermine la nature des mesures compensatoires, réparatoires ainsi que les modalités de leur exécution.

Article 55

Le transit, l'importation, le stockage, l'enfouissement, le déversement dans les eaux continentales et les espaces maritimes sous juridiction nationale, l'épandage dans l'espace aérien des déchets toxiques, polluants, radioactifs ou de tout autre produit dangereux, en provenance ou non de l'étranger, constitue un crime puni par la loi.

Article 56

Tout acte, tout accord, toute convention, tout arrangement ou tout autre fait, qui a pour conséquence de priver la nation, les personnes physiques ou morales de tout ou partie de leurs propres moyens d'existence tirés de leurs ressources ou de leurs richesses naturelles, sans préjudice des dispositions internationales sur les crimes économiques, est érigé en infraction de pillage punie par la loi.

Article 57

Les actes visés à l'article précédent ainsi que leur tentative, quelles qu'en soient les modalités, s'ils sont le fait d'une personne investie d'autorité publique, sont punis comme infraction de haute trahison.

Article 58

Tous les Congolais ont le droit de jouir des richesses nationales.
L'Etat a le devoir de les redistribuer équitablement et de garantir le droit au développement.

Article 59

Tous les Congolais ont le droit de jouir du patrimoine commun de l'humanité.
L'Etat a le devoir d'en faciliter la jouissance.

Article 60

Le respect des droits de l'homme et des libertés fondamentales consacrés dans la Constitution s'impose aux pouvoirs publics et à toute personne.

Article 61

En aucun cas, et même lorsque l'état de siège ou l'état d'urgence aura été proclamé conformément aux articles 85 et 86 de la présente Constitution, il ne peut être dérogé aux droits et principes fondamentaux énumérés ci-après :
1. le droit à la vie ;
2. l'interdiction de la torture et des peines ou traitements cruels, inhumains ou dégradants ;
3. l'interdiction de l'esclavage et de la servitude ;
4. le principe de la légalité des infractions et des peines ;
5. les droits de la défense et le droit de recours ;
6. l'interdiction de l'emprisonnement pour dettes ;
7. la liberté de pensée, de conscience et de religion.

Chapitre 4 : Des devoirs du citoyen

Article 62

Nul n'est censé ignorer la loi.
Toute personne est tenue de respecter la Constitution et de se conformer aux lois de la République.

Article 63

Tout Congolais a le droit et le devoir sacré de défendre le pays et son intégrité territoriale face à une menace ou à une agression extérieure.
Un service militaire obligatoire peut être instauré dans les conditions fixées par la loi.
Toute autorité nationale, provinciale, locale et coutumière a le devoir de sauvegarder l'unité de la République et l'intégrité de son territoire, sous peine de haute trahison.

Article 64

Tout Congolais a le devoir de faire échec à tout individu ou groupe d'individus qui prend le pouvoir par la force ou qui l'exerce en violation des dispositions de la présente Constitution.
Toute tentative de renversement du régime constitutionnel constitue une infraction imprescriptible contre la nation et l'Etat. Elle est punie conformément à la loi.

Article 65

Tout Congolais est tenu de remplir loyalement ses obligations vis-à-vis de l'Etat.
Il a en outre le devoir de s'acquitter de ses impôts et taxes.

Article 66

Tout Congolais a le devoir de respecter et de traiter ses concitoyens sans discrimination aucune et d'entretenir avec eux des relations qui permettent de sauvegarder, de promouvoir et de renforcer l'unité nationale, le respect et la tolérance réciproques.
Il a, en outre, le devoir de préserver et de renforcer la solidarité nationale, singulièrement lorsque celle-ci est menacée.

Article 67

Tout Congolais a le devoir de protéger la propriété, les biens et intérêts publics et de respecter la propriété d'autrui.

TITRE III. : DE L'ORGANISATION ET DE L'EXERCICE DU POUVOIR.

Chapitre Ier : Des institutions de la République.

Article 68

Les institutions de la République sont :
1. le Président de la République ;
2. le Parlement ;
3. le Gouvernement ;
4. les Cours et Tribunaux.

Section 1ère : Du pouvoir exécutif

Paragraphe Ier : Du Président de la République.

Article 69

Le Président de la République est le Chef de l'Etat. Il représente la nation et il est le symbole de l'unité nationale.
Il veille au respect de la Constitution.
Il assure, par son arbitrage, le fonctionnement régulier des pouvoirs publics et des Institutions ainsi que la continuité de l'Etat. Il est le garant de l'indépendance nationale, de l'intégrité du territoire, de la souveraineté nationale et du respect des traités et accords internationaux.

Article 70

Le Président de la République est élu au suffrage universel direct pour un mandat de cinq ans renouvelable une seule fois.
A la fin de son mandat, le Président de la République reste en fonction jusqu'à l'installation effective du nouveau Président élu.

Article 71 (*modifié par l'article 1er de la Loi n° 11/002 du 20 janvier 2011 portant révision de certains articles de la Constitution de la République Démocratique du Congo*)
Le Président de la République est élu à la majorité simple des suffrages exprimés.

Article 72

Nul ne peut être candidat à l'élection du Président de la République s'il ne remplit les conditions ci-après :
1. posséder la nationalité congolaise d'origine ;
2. être âgé de 30 ans au moins ;
3. jouir de la plénitude de ses droits civils et politiques ;
4. ne pas se trouver dans un des cas d'exclusion prévus par la loi électorale.

Article 73

Le scrutin pour l'élection du Président de la République est convoqué par la Commission électorale nationale indépendante, quatre-vingt-dix jours avant l'expiration du mandat du président en exercice.

Article 74

Le Président de la République élu entre en fonction dans les dix jours qui suivent la proclamation des résultats définitifs de l'élection présidentielle.
Avant son entrée en fonction, le Président de la République prête, devant la Cour Constitutionnelle, le serment ci-après :
« Moi.... élu Président de la République Démocratique du Congo, je jure solennellement devant Dieu et la nation :
- d'observer et de défendre la Constitution et les lois de la République ;
- de maintenir son indépendance et l'intégrité de son territoire ;
- de sauvegarder l'unité nationale ;
- de ne me laisser guider que par l'intérêt général et le respect des droits de la personne humaine ;
- de consacrer toutes mes forces à la promotion du bien commun et de la paix ;
- de remplir loyalement et en fidèle serviteur du peuple les hautes fonctions qui me sont confiées. ».

Article 75

En cas de vacance pour cause de décès, de démission ou pour toute autre cause d'empêchement définitif, les fonctions de Président de la République, à l'exception de celles mentionnées aux articles 78, 81 et 82 sont provisoirement exercées par le Président du Sénat.

Article 76

La vacance de la présidence de la République est déclarée par la Cour : constitutionnelle saisie par le Gouvernement.
Le Président de la République par intérim veille à l'organisation de l'élection du nouveau Président de la République dans les conditions et les délais prévus par la Constitution.
En cas de vacance ou lorsque l'empêchement est déclaré définitif par la Cour constitutionnelle, l'élection du nouveau Président de la République a lieu sur convocation de la Commission électorale nationale indépendante, soixante jours au moins et quatre-vingt-dix jours au plus, après l'ouverture de la vacance ou de la déclaration du caractère définitif de l'empêchement.
En cas de force majeure, ce délai peut être prolongé à cent vingt jours au plus par la Cour constitutionnelle saisie par la Commission électorale nationale indépendante.
Le Président élu commence un nouveau mandat.

Article 77

Le Président de la République adresse des messages à la Nation.
Il communique avec les Chambres du Parlement par des messages qu'il lit ou fait lire et qui ne donnent lieu à aucun débat.

Il prononce, une fois l'an, devant l'Assemblée nationale et le Sénat réunis en Congrès, un discours sur l'état de la Nation.

Article 78

Le Président de la République nomme le Premier ministre au sein de la majorité parlementaire après consultation de celle-ci. Il met fin à ses fonctions sur présentation par celui-ci de la démission du gouvernement.
Si une telle majorité n'existe pas, le Président de la République confie une mission d'information à une personnalité en vue d'identifier une coalition.
La mission d'information est de trente jours renouvelable une seule fois.
Le Président de la République nomme les autres membres du gouvernement et met fin à leurs fonctions sur proposition du Premier ministre.

Article 79

Le Président de la République convoque et préside le Conseil des ministres. En cas d'empêchement, il délègue ce pouvoir au Premier ministre.
Le Président de la République promulgue les lois dans les conditions prévues par la présente Constitution.
Il statue par voie d'ordonnance.
Les ordonnances du Président de la République autres que celles prévues aux articles 78 alinéa premier, 80, 84 et 143 sont contresignées par le Premier ministre.

Article 80

Le Président de la République investit par ordonnance les Gouverneurs et les Vice gouverneurs de province élus, dans un délai de quinze jours conformément à l'article 198.

Article 81

Sans préjudice des autres dispositions de la Constitution, le Président de la République nomme, relève de leurs fonctions et, le cas échéant, révoque, sur proposition du Gouvernement délibérée en Conseil des ministres :
1. les ambassadeurs et les envoyés extraordinaires ;
2. les officiers généraux et supérieurs des forces armées et de la police nationale, le Conseil supérieur de la défense entendu ;
3. le chef d'état-major général, les chefs d'état-major et les commandants des grandes unités des forces armées, le Conseil supérieur de la défense entendu ;
4. les hauts fonctionnaires de l'administration publique ;
5. les responsables des services et établissements publics ;
6. les mandataires de l'Etat dans les entreprises et organismes publics, excepté les commissaires aux comptes.
Les ordonnances du Président de la République intervenues en la matière sont contresignées par le Premier Ministre.

Article 82

Le Président de la République nomme, relève de leurs fonctions et, le cas échéant, révoque, par ordonnance, les magistrats du siège et du parquet sur proposition du Conseil supérieur de la magistrature.
Les ordonnances dont question à l'alinéa précédent sont contresignées par le Premier Ministre.

Article 83

Le Président de la République est le commandant suprême des Forces armées.
Il préside le Conseil supérieur de la défense.

Article 84

Le Président de la République confère les grades dans les ordres nationaux et les décorations, conformément à la loi.

Article 85

Lorsque des circonstances graves menacent d'une manière immédiate l'indépendance ou l'intégrité du territoire national ou qu'elles provoquent l'interruption du fonctionnement régulier des institutions, le Président de la République proclame l'état d'urgence ou l'état de siège après concertation avec le Premier ministre et les Présidents des deux Chambres conformément aux articles 144 et 145 de la présente Constitution.
Il en informe la nation par un message.
Les modalités d'application de l'état d'urgence et de l'état de siège sont déterminées par la loi.

Article 86

Le Président de la République déclare la guerre par ordonnance délibérée en Conseil des ministres après avis du Conseil supérieur de la défense et autorisation de l'Assemblée nationale et du Sénat conformément à l'article 143 de la présente Constitution.

Article 87

Le Président de la République exerce le droit de grâce.
Il peut remettre, commuer ou réduire les peines.

Article 88

Le Président de la République accrédite les ambassadeurs et les envoyés extraordinaires auprès des Etats étrangers et des organisations internationales.
Les ambassadeurs et les envoyés extraordinaires étrangers sont accrédités auprès de lui.

Article 89

Les émoluments et la liste civile du Président de la République sont fixés par la loi de finances.

Paragraphe 2 : Du Gouvernement

Article 90

Le Gouvernement est composé du Premier ministre, de ministres, de Vice ministres et, le cas échéant, de Vice-premier ministres, de ministres d'Etat et de ministres délégués.
Il est dirigé par le Premier ministre, chef du Gouvernement. En cas d'empêchement, son intérim est assuré par le membre du Gouvernement qui a la préséance.
La composition du Gouvernement tient compte de la représentativité nationale.
Avant d'entrer en fonction, le Premier ministre présente à l'Assemblée nationale le programme du Gouvernement.
Lorsque ce programme est approuvé, à la majorité absolue des membres qui composent l'Assemblée nationale, celle-ci investit le Gouvernement.

Article 91

Le Gouvernement définit, en concertation avec le Président de la République, la politique de la Nation et en assume la responsabilité.
Le Gouvernement conduit la politique de la Nation.
La défense, la sécurité et les affaires étrangères sont des domaines de collaboration entre le Président de la République et le Gouvernement.
Le Gouvernement dispose de l'administration publique, des Forces armées, de la Police nationale et des services de sécurité.
Le Gouvernement est responsable devant l'Assemblée nationale dans les conditions prévues aux articles 90, 100, 146 et 147.
Une ordonnance délibérée en Conseil des ministres fixe l'organisation, le fonctionnement du Gouvernement et les modalités de collaboration entre le Président de la République et le Gouvernement ainsi qu'entre les membres du Gouvernement.

Article 92

Le Premier ministre assure l'exécution des lois et dispose du pouvoir réglementaire sous réserve des prérogatives dévolues au Président de la République par la présente Constitution.

Il statue par voie de décret.
Il nomme, par décret délibéré en Conseil des ministres, aux emplois civils et militaires autres que ceux pourvus par le Président de la République.
Les actes du Premier ministre sont contresignés, le cas échéant, par les ministres chargés de leur exécution.
Le Premier ministre peut déléguer certains de ses pouvoirs aux ministres.

Article 93

Le ministre est responsable de son département. Il applique le programme gouvernemental dans son ministère, sous la direction et la coordination du
Premier ministre.
Il statue par voie d'arrêté.

Article 94

Les Vice-ministres exercent sous l'autorité des ministres auxquels ils sont adjoints les attributions qui leur sont conférées par l'ordonnance portant organisation et fonctionnement du Gouvernement. Ils assument l'intérim des ministres en cas d'absence ou d'empêchement.

Article 95

Les émoluments des membres du gouvernement sont fixés par la loi de finances.
Le Premier ministre bénéficie, en outre, d'une dotation.

Paragraphe 3 : Des dispositions communes au Président de la République et au Gouvernement.

Article 96

Les fonctions de Président de la République sont incompatibles avec l'exercice de tout autre mandat électif, de tout emploi public, civil ou militaire et de toute activité professionnelle.
Le mandat du Président de la République est également incompatible avec toute responsabilité au sein d'un parti politique.

Article 97

Les fonctions de membre du Gouvernement sont incompatibles avec l'exercice de tout mandat électif, de tout emploi public, civil ou militaire et de toute activité professionnelle à l'exception des activités agricoles, artisanales, culturelles, d'enseignement et de recherche.
Elles sont également incompatibles avec toute responsabilité au sein d'un parti politique.

Article 98

Durant leurs fonctions, le Président de la République et les membres du Gouvernement ne peuvent, par eux-mêmes ou par personne interposée, ni acheter, ni acquérir d'aucune autre façon, ni prendre en bail un bien qui appartienne au domaine de l'Etat, des provinces ou des entités décentralisées.
Ils ne peuvent prendre part directement ou indirectement aux marchés publics au bénéfice des administrations ou des institutions dans lesquelles le pouvoir central, les provinces et les entités administratives décentralisées ont des intérêts.

Article 99

Avant leur entrée en fonction et à l'expiration de celle-ci, le Président de la République et les membres du Gouvernement sont tenus de déposer devant la Cour constitutionnelle, la déclaration écrite de leur patrimoine familial, énumérant leurs biens meubles, y compris actions, parts sociales, obligations, autres valeurs, comptes en banque, leurs biens immeubles, y compris terrains non bâtis, forêts, plantations et terres agricoles, mines et tous autres immeubles, avec indication des titres pertinents.
Le patrimoine familial inclut les biens du conjoint selon le régime matrimonial, des enfants mineurs et des enfants, mêmes majeurs, à charge du couple.
La Cour constitutionnelle communique cette déclaration à l'administration fiscale.
Faute de cette déclaration, endéans les trente jours, la personne concernée est réputée démissionnaire.
Dans les trente jours suivant la fin des fonctions, faute de cette déclaration, en cas de déclaration frauduleuse ou de soupçon d'enrichissement sans cause, la Cour constitutionnelle ou la Cour de cassation est saisie selon le cas.

Section 2 : Du pouvoir législatif

Article 100

Le pouvoir législatif est exercé par un Parlement composé de deux Chambres : l'Assemblée nationale et le Sénat.
Sans préjudice des autres dispositions de la présente Constitution, le Parlement vote les lois. Il contrôle le Gouvernement, les entreprises publiques ainsi que les établissements et les services publics.
Chacune des Chambres jouit de l'autonomie administrative et financière et dispose d'une dotation propre.

Paragraphe 1er : De l'Assemblée nationale

Article 101

Les membres de l'Assemblée nationale portent le titre de député national. Ils sont élus au suffrage universel direct et secret.
Les candidats aux élections législatives sont présentés par des partis politiques ou par des regroupements politiques. Ils peuvent aussi se présenter en indépendants.
Chaque député national est élu avec deux suppléants.
Le député national représente la nation.
Tout mandat impératif est nul.
Le nombre de députés nationaux ainsi que les conditions de leur élection et éligibilité sont fixés par la loi électorale.

Article 102

Nul ne peut être candidat aux élections législatives s'il ne remplit les conditions ci-après:

1. être Congolais ;
2. être âgé de 25 ans au moins ;
3. jouir de la plénitude de ses droits civils et politiques ;
4. ne pas se trouver dans un des cas d'exclusion prévus par la loi électorale.

Article 103

Le député national est élu pour un mandat de cinq ans. Il est rééligible.
Le mandat de député national commence à la validation des pouvoirs par l'Assemblée nationale et expire à l'installation de la nouvelle Assemblée.

Paragraphe 2 : Du Sénat

Article 104

Les membres du Sénat portent le titre de sénateur.
Le sénateur représente sa province, mais son mandat est national.
Tout mandat impératif est nul.
Les candidats sénateurs sont présentés par des partis politiques ou par des regroupements politiques. Ils peuvent aussi se présenter en indépendant.
Ils sont élus au second degré par les Assemblées provinciales.
Chaque sénateur est élu avec deux suppléants.
Les anciens présidents de la République élus sont de droit sénateurs à vie.
Le nombre des sénateurs ainsi que les conditions de leur élection et éligibilité sont fixés par la loi électorale.

Article 105

Le Sénateur est élu pour un mandat de cinq ans. Il est rééligible.
Le mandat de Sénateur commence à la validation des pouvoirs par le Sénat et expire à l'installation du nouveau Sénat.

Article 106

Nul ne peut être candidat membre du sénat s'il ne remplit les conditions ci-après :
1. être Congolais ;
2. être âgé de 30 ans au moins ;
3. jouir de la plénitude de ses droits civils et politiques ;
4. ne pas se trouver dans un des cas d'exclusion prévus par la loi électorale.

Paragraphe 3 : Des immunités et des incompatibilités

Article 107

Aucun parlementaire ne peut être poursuivi, recherché, arrêté, détenu ou jugé en raison des opinions ou votes émis par lui dans l'exercice de ses fonctions.
Aucun parlementaire ne peut, en cours de sessions, être poursuivi ou arrêté, sauf en cas de flagrant délit, qu'avec l'autorisation de l'Assemblée nationale ou du Sénat selon le cas.
En dehors de sessions, aucun parlementaire ne peut être arrêté qu'avec l'autorisation du Bureau de l'Assemblée nationale ou du Bureau du Sénat, sauf en cas de flagrant délit, de poursuites autorisées ou de condamnation définitive.
La détention ou la poursuite d'un parlementaire est suspendue si la Chambre dont il est membre le requiert. La suspension ne peut excéder la durée de la session en cours.

Article 108

Le mandat de député national est incompatible avec le mandat de sénateur et vice-versa.
Le mandat de député ou de sénateur est incompatible avec les fonctions ou mandats suivants :
1. membre du Gouvernement ;
2. membre d'une institution d'appui à la démocratie ;
3. membre des Forces armées, de la police nationale et des services de sécurité ;
4. magistrat ;
5. agent de carrière des services publics de l'Etat ;
6. cadre politico-administratif de la territoriale, à l'exception des chefs de collectivité-chefferie et de groupement ;
7. mandataire public actif ;
8. membre des cabinets du Président de la République, du Premier ministre, du Président de l'Assemblée nationale, du Président du Sénat, des membres du

gouvernement, et généralement d'une autorité politique ou administrative de l'Etat, employé dans une entreprise publique ou dans une société d'économie mixte ;
9. tout autre mandat électif.
Le mandat de député national ou de sénateur est incompatible avec l'exercice des fonctions rémunérées conférées par un Etat étranger ou un organisme international.

Paragraphe 4 : Des droits des députés nationaux ou des sénateurs

Article 109

Les députés nationaux et les sénateurs ont le droit de circuler sans restriction ni entrave à l'intérieur du territoire national et d'en sortir.
Ils ont droit à une indemnité équitable qui assure leur indépendance et leur dignité. Celle-ci est prévue dans la loi des finances.
Ils ont droit à une indemnité de sortie égale à six mois de leurs émoluments.
Les modalités d'application de l'alinéa précédent ainsi que les autres droits des Parlementaires sont fixés par le Règlement intérieur de chacune des Chambres.

Paragraphe 5 : De la fin et de la suspension du mandat de député national ou de sénateur

(modifié par l'article 2 de la Loi n° 11/002 du 20 janvier 2011 portant révision de certains articles de la Constitution de la République Démocratique du Congo)

Article 110 *(modifié par l'article 1er de la Loi n° 11/002 du 20 janvier 2011 portant révision de certains articles de la Constitution de la République Démocratique du Congo)*

Le mandat de député national ou de sénateur prend fin par :
1. expiration de la législature ;
2. décès ;
3. démission ;
4. empêchement définitif ;
5. incapacité permanente ;
6. absence non justifiée et non autorisée à plus d'un quart des séances d'une session ;
7. exclusion prévue par la loi électorale ;
8. condamnation irrévocable à une peine de servitude pénale principale pour infraction intentionnelle
9. acceptation d'une fonction incompatible avec le mandat de député ou de sénateur.

Toutefois, lorsqu'un député national ou un sénateur est nommé à une fonction politique incompatible avec l'exercice de son mandat parlementaire, celui-ci est suspendu.
Il reprend de plein droit son mandat parlementaire après la cessation de cette fonction politique incompatible.
Toute cause d'inéligibilité, à la date des élections, constatée ultérieurement par l'autorité judiciaire compétente entraîne la perte du mandat de député national ou de sénateur.

Dans les cas énumérés ci-dessus, le député national ou le sénateur est remplacé par le premier suppléant, ou à défaut, par le second suppléant. En cas de carence de suppléant, une élection partielle est organisée dans la circonscription électorale concernée.
Le député national, le sénateur ou le suppléant qui quitte délibérément son parti politique durant la législature est réputé avoir renoncé à son mandat parlementaire ou à la suppléance obtenus dans le cadre dudit parti politique.

Paragraphe 6 : Du fonctionnement de l'Assemblée nationale et du Sénat

Article 111

L'Assemblée nationale et le Sénat sont dirigés chacun par un Bureau de sept membres comprenant :
1. un Président ;
2. un Premier Vice-président ;
3. un Deuxième Vice-président ;
4. un Rapporteur ;
5. un Rapporteur Adjoint ;
6. un Questeur ;
7. un Questeur Adjoint.

Les Présidents des deux Chambres doivent être des Congolais d'origine. Les membres du Bureau sont élus dans les conditions fixées par le Règlement intérieur de leur respective.

Article 112

Chaque Chambre du Parlement adopte son Règlement intérieur.
Le Règlement intérieur détermine notamment :
1. la durée et les règles de fonctionnement du Bureau, les pouvoirs et prérogatives de son Président ainsi que des autres membres du Bureau ;
2. le nombre, le mode de désignation, la composition, le rôle et la compétence de ses commissions permanentes ainsi que la création et le fonctionnement des commissions spéciales et temporaires;
3. l'organisation des services administratifs dirigés par un Secrétaire Général de l'administration publique de chaque Chambre;
4. le régime disciplinaire des députés et des sénateurs ;
5. les différents modes de scrutin, à l'exclusion de ceux prévus expressément par la présente Constitution.

Avant d'être mis en application, le Règlement intérieur est obligatoirement transmis par le Président du Bureau provisoire de la Chambre intéressée à la
Cour constitutionnelle qui se prononce sur sa conformité à la Constitution dans un délai de quinze jours. Passé ce délai, le Règlement intérieur est réputé conforme.
Les dispositions déclarées non conformes ne peuvent être mises en application.

Article 113

Outre les Commissions permanentes et spéciales, les deux Chambres peuvent constituer une ou plusieurs Commissions mixtes paritaires pour concilier les points de vue lorsqu'elles sont en désaccord au sujet d'une question sur laquelle elles doivent adopter la même décision en termes identiques.
Si le désaccord persiste, l'Assemblée nationale statue définitivement.

Article 114

Chaque Chambre du Parlement se réunit de plein droit en session extraordinaire le quinzième jour suivant la proclamation des résultats des élections législatives par la Commission électorale nationale indépendante en vue de :
1. l'installation du Bureau provisoire dirigé par le doyen d'âge assisté des deux les moins âgés ;
2. la validation des pouvoirs ;
3. l'élection et l'installation du Bureau définitif ;
4. l'élaboration et l'adoption du Règlement intérieur.
La séance d'ouverture est présidée par le Secrétaire général de l'Administration de chacune des deux Chambres.
Pendant cette session, les deux Chambre se réunissent pour élaborer et adopter le Règlement intérieur du Congrès.
La session extraordinaire prend fin à l'épuisement de l'ordre du jour.

Article 115

L'Assemblée nationale et le Sénat tiennent de plein droit, chaque année, deux sessions ordinaires :
1. la première s'ouvre le 15 mars et se clôture le 15 juin;
2. la deuxième s'ouvre le 15 septembre et se clôture le 15 décembre.
Si le 15 du mois de mars ou du mois de septembre est férié ou tombe un dimanche, l'ouverture de la session a lieu le premier jour ouvrable qui suit.
La durée de chaque session ordinaire ne peut excéder trois mois.

Article 116

Chaque Chambre du Parlement peut être convoquée en session extraordinaire par son Président sur un ordre du jour déterminé, à la demande soit de son
Bureau, soit de la moitié de ses membres, soit du Président de la République, soit du Gouvernement.
La clôture intervient dès que la Chambre a épuisé l'ordre du jour pour lequel elle a été convoquée et, au plus tard, trente jours à compter de la date du début de la session.

Article 117

L'inscription, par priorité, à l'ordre du jour de chacune des Chambres d'un projet de loi, d'une proposition de loi ou d'une déclaration de politique générale est de droit si le Gouvernement, après délibération en Conseil des ministres, en fait la demande.

Article 118

L'Assemblée nationale et le Sénat ne siègent valablement qu'à la majorité absolue des membres qui les composent.
Les séances de l'Assemblée nationale et du Sénat sont publiques, sauf si le huis clos est prononcé.
Le compte rendu analytique des débats ainsi que les documents de l'Assemblée nationale et du Sénat sont publiés dans les annales parlementaires.

Article 119

Les deux Chambres se réunissent en congrès pour les cas suivants :
1. la procédure de révision constitutionnelle conformément aux articles 218 à 220 de la présente Constitution ;
2. l'autorisation de la proclamation de l'état d'urgence ou de l'état de siège et de la déclaration de guerre conformément aux articles 85 et 86 de la présente Constitution ;
3. l'audition du discours du Président de la République sur l'état de la Nation conformément à l'article 77 de la présente Constitution ;
4. la désignation des trois membres de la Cour constitutionnelle, conformément aux dispositions de l'article 158 de la présente Constitution.

Article 120

Lorsque les deux Chambres siègent en Congrès, le bureau est celui de l'Assemblée nationale et la présidence est à tour de rôle assurée par le Président de l'Assemblée nationale et le Président du Sénat.
Le Congrès adopte son Règlement intérieur.
Avant d'être mis en application, le Règlement intérieur est communiqué par le Président du Congrès à la Cour constitutionnelle qui se prononce sur la conformité de ce règlement à la présente Constitution dans un délai de 15 jours.
Passé ce délai, le Règlement intérieur est réputé conforme.
Les dispositions déclarées non conformes ne peuvent être mises en application.

Article 121

Chacune des Chambres ou le Congrès ne siège valablement que pour autant que la majorité absolue de ses membres se trouve réunie. Sous réserve des autres dispositions de la Constitution, toute résolution ou toute décision est prise conformément au Règlement intérieur de chacune des Chambres ou du Congrès.

Les votes sont émis soit, par appel nominal et à haute voix, soit à main levée, soit par assis et levé, soit par bulletin secret soit par procédé électronique. Sur l'ensemble d'un texte de loi, le vote intervient par appel nominal et à haute voix.
Les votes peuvent également être émis par un procédé technique donnant plus de garanties.
Sous réserve des autres dispositions de la Constitution, chacune des Chambres ou le Congrès peut décider le secret du vote pour l'adoption d'une résolution déterminée.
Toutefois, en cas des délibérations portant sur des personnes, le vote s'effectue par bulletin secret.

Section 3 : Des rapports entre le pouvoir exécutif et le pouvoir législatif.

Article 122

Sans préjudice des autres dispositions de la présente Constitution, la loi fixe les règles concernant :
1. les droits civiques et les garanties fondamentales accordées aux citoyens pour l'exercice des libertés publiques ;
2. le régime électoral ;
3. les finances publiques ;
4. les sujétions imposées par la défense nationale aux citoyens en leur personne et en leurs biens ;
5. la nationalité, l'état et la capacité des personnes, les régimes matrimoniaux, les successions et les libéralités ;
6. la détermination des infractions et des peines qui leur sont applicables, la procédure pénale, l'organisation et le fonctionnement du pouvoir judiciaire, la création de nouveaux ordres de juridictions, le statut des magistrats, le régime juridique du Conseil supérieur de la magistrature ;
7. l'organisation du Barreau, l'assistance judiciaire et la représentation en justice ;
8. le commerce, le régime de la propriété des droits et des obligations civiles et commerciales ;
9. l'amnistie et l'extradition ;
10. l'assiette, le taux et les modalités de recouvrement des impositions de toute nature, le régime d'émission de la monnaie ;
11. les emprunts et engagements financiers de l'Etat ;
12. les statuts des agents de carrière des services publics de l'Etat, du personnel de l'enseignement supérieur, universitaire et de la recherche scientifique ;
13. les Forces armées, la Police et les services de sécurité ;
14. le droit du travail et de la sécurité sociale ;
15. l'organisation générale de la défense et de la Police nationale, le mode de recrutement des membres des Forces armées et de la Police nationale, l'avancement, les droits et obligations des militaires et des personnels de police.

Article 123

Sans préjudice des autres dispositions de la présente Constitution, la loi détermine les principes fondamentaux concernant :

1. la libre administration des provinces et des entités territoriales décentralisées, de leurs compétences et de leurs ressources ;
2. la création des entreprises, établissements et organismes publics ;
3. le régime foncier, minier, forestier et immobilier ;
4. la mutualité et l'épargne ;
5. l'enseignement et la santé ;
6. le régime pénitentiaire ;
7. le pluralisme politique et syndical ;
8. le droit de grève ;
9. l'organisation des médias ;
10. la recherche scientifique et technologique;
11. la coopérative ;
12. la culture et les arts ;
13. les sports et les loisirs ;
14. l'agriculture, l'élevage, la pêche et l'aquaculture ;
15. la protection de l'environnement et le tourisme ;
16. la protection des groupes vulnérables.

Article 124

Les lois auxquelles la Constitution confère le caractère de loi organique, sont votées et modifiées à la majorité absolue des membres composant chaque Chambre dans les conditions suivantes :
1. la proposition de loi n'est soumise à la délibération et au vote de la première Chambre saisie qu'à l'expiration d'un délai de quinze jours après son dépôt au Gouvernement ;
2. la procédure de l'article 132 est applicable. Toutefois, faute d'accord entre les deux Chambres, le texte ne peut être adopté par l'Assemblée nationale en dernière lecture qu'à la majorité absolue de ses membres ;
3. les lois organiques ne peuvent être promulguées qu'après déclaration par la Cour constitutionnelle obligatoirement saisie par le Président de la République, de leur conformité à la Constitution dans un délai de quinze jours.

Article 125

Si un projet ou une proposition de loi est déclaré urgent par le Gouvernement, il est examiné par priorité dans chaque Chambre par la commission compétente suivant la procédure prévue par le Règlement intérieur de chacune d'elles.
La procédure normale est appliquée aux propositions ou aux projets de loi portant amendement de la Constitution ou modifiant les lois organiques ainsi qu'aux projets de loi d'habilitation prévue à l'article 129.

Article 126

(modifié par l'article 1er de la Loi n° 11/002 du 20 janvier 2011 portant révision de certains articles de la Constitution de la République Démocratique du Congo)

Les Lois de finances déterminent les ressources et les charges de l'Etat.
L'Assemblée nationale et le Sénat votent les projets de lois de finances dans les conditions prévues pour la loi organique visée à l'article 124 de la Constitution.
Le projet de loi de finances de l'année, qui comprend notamment le budget, est déposé par le Gouvernement au Bureau de l'Assemblée Nationale au plus tard le quinze septembre de chaque année.
Les créations et transformations d'emplois publics ne peuvent être opérées hors les prévisions des lois de finances.
Si le projet de loi de finances, déposé dans les délais constitutionnels, n'est pas voté avant l'ouverture du nouvel exercice, il est mis en vigueur par le Président de la République, sur proposition du Gouvernement délibérée en Conseil des ministres, compte tenu des amendements votés par chacune des deux Chambres.
Si le projet de loi de finances n'a pas été déposé en temps utile pour être promulgué avant le début de l'exercice, le Gouvernement demande à l'Assemblée Nationale et au Sénat l'ouverture de crédits provisoires.
Si, quinze jours avant la fin de la session budgétaire, le Gouvernement n'a pas déposé son projet de budget, il est réputé démissionnaire.
Dans le cas où l'Assemblée Nationale et le Sénat ne se prononcent pas dans les quinze jours sur l'ouverture de crédits provisoires, les dispositions du projet prévoyant ces crédits sont mises en vigueur par le Président de la République sur proposition du Gouvernement délibérée en Conseil des ministres.
Si, compte tenu de la procédure ci-dessus prévue, la loi de finances de l'année n'a pu être mise en vigueur au premier jour du mois de février de l'exercice budgétaire, le Président de la République, sur proposition du Gouvernement délibérée en Conseil des ministres, met en exécution le projet de loi de finances, compte tenu des amendements votés par chacune des deux Chambres.
Si le projet de loi de finances voté en temps utile par la Parlement et transmis pour promulgation avant l'ouverture du nouvel exercice budgétaire fait l'objet d'un renvoi au Parlement par le Président de la République, le Gouvernement demande à l'Assemblée Nationale et au Sénat l'ouverture des crédits provisoires.

Article 127

Les amendements au projet de loi de finances ne sont pas recevables lorsque leur adoption a pour conséquence, soit une diminution des recettes, soit un accroissement des dépenses, à moins qu'ils ne soient assortis de propositions compensatoires.

Article 128

Les matières autres que celles qui sont du domaine de la loi ont un caractère réglementaire.
Les textes à caractère de loi intervenus en ces matières peuvent être modifiés par décret si la Cour constitutionnelle, à la demande du Gouvernement, a déclaré qu'ils ont un caractère réglementaire en vertu de l'alinéa précédent.

Article 129

Le Gouvernement peut, pour l'exécution urgente de son programme d'action, demander à l'Assemblée nationale ou au Sénat l'autorisation de prendre par ordonnances-loi pendant un délai limité et sur des matières déterminées, des mesures qui sont normalement du domaine de la loi.
Ces ordonnances-lois sont délibérées en Conseil des ministres. Elles entrent en vigueur dès leur publication et deviennent caduques si le projet de loi de ratification n'est pas déposé devant le Parlement au plus tard à la date limite fixée par la loi d'habilitation.
A l'expiration du délai visé à l'alinéa premier du présent article, si le Parlement ne ratifie pas ces ordonnances-lois, celles-ci cessent de plein droit de produire leurs effets.
Les ordonnances-lois délibérées en Conseil des ministres et ratifiées ne peuvent être modifiées dans leurs dispositions que par la loi.
Les ordonnances-lois cessent de plein droit de produire leurs effets en cas de rejet du projet de loi de ratification.

Article 130

L'initiative des lois appartient concurremment au Gouvernement, à chaque député et à chaque sénateur.
Les projets de loi adoptés par le Gouvernement en Conseil des ministres sont déposés sur le Bureau de l'une des Chambres. Toutefois, s'agissant de la loi de finances, le projet est impérativement déposé dans les délais prévus à l'article 126 sur le Bureau de l'Assemblée nationale.
Les propositions de loi sont, avant délibération et adoption, notifiées pour information au Gouvernement qui adresse, dans les quinze jours suivant leur transmission, ses observations éventuelles au Bureau de l'une ou l'autre Chambre. Passé ce délai, ces propositions de loi sont mises en délibération.

Article 131

Les membres du Gouvernement ont accès aux travaux de l'Assemblée nationale et du Sénat ainsi qu'à ceux de leurs commissions.
S'ils en sont requis, les membres du Gouvernement ont l'obligation d'assister aux séances de l'Assemblée nationale et à celles du Sénat, d'y prendre la parole et de fournir aux parlementaires toutes les explications qui leur sont demandées sur leurs activités.

Article 132

La discussion des projets de loi porte, devant la première Chambre saisie, sur le texte déposé par le Gouvernement. Une Chambre saisie d'un texte déjà voté par l'autre Chambre ne délibère que sur le texte qui lui est transmis.

Article 133

Les membres du Gouvernement ont le droit de proposer des amendements aux textes en discussion mais ne participent pas au vote.

Article 134

Les propositions de loi et les amendements formulés par les membres de l'Assemblée nationale ou du Sénat ne sont pas recevables lorsque leur adoption aurait pour conséquence soit une diminution des ressources publiques, soit la création ou l'aggravation d'une charge publique, à moins qu'ils ne soient assortis de propositions dégageant les recettes ou les économies correspondantes.

Article 135

Tout projet ou toute proposition de loi est examiné successivement par les deux Chambres en vue de l'adoption d'un texte identique.
Lorsque, par suite d'un désaccord entre les deux Chambres, un projet ou une proposition de loi n'a pu être adopté après une lecture par chaque Chambre, une commission mixte paritaire chargée de proposer un texte sur les dispositions restant en discussion est mise en place par les deux Bureaux.
Le texte élaboré par la Commission mixte paritaire est soumis pour adoption aux deux Chambres.
Si la Commission mixte paritaire ne parvient pas à l'adoption d'un texte unique ou si ce texte n'est pas approuvé dans les conditions prévues à l'alinéa précédent, l'Assemblée nationale statue définitivement. En ce cas, l'Assemblée nationale peut reprendre soit le texte élaboré par la Commission mixte paritaire, soit le dernier texte voté par elle, modifié le cas échéant par un ou plusieurs des amendements adoptés par le Sénat.

Article 136

Dans les six jours de son adoption, la loi est transmise au Président de la République pour sa promulgation. Le Premier ministre en reçoit ampliation.

Article 137

Dans un délai de quinze jours de la transmission, le Président de la République peut demander à l'Assemblée nationale ou au Sénat une nouvelle délibération de la loi ou de certains de ses articles. Cette nouvelle délibération ne peut être refusée.
Le texte soumis à une seconde délibération est adopté par l'Assemblée nationale et le Sénat soit sous la forme initiale, soit après modification à la majorité absolue des membres qui les composent.

Article 138

Sans préjudice des autres dispositions de la présente Constitution, les moyens d'information et de contrôle de l'Assemblée nationale ou du Sénat, sur le Gouvernement, les entreprises publiques, les établissements et services publics sont :
1. la question orale ou écrite avec ou sans débat non suivie de vote ;
2. la question d'actualité ;
3. l'interpellation ;
4. la commission d'enquête ;
5. l'audition par les Commissions.
Ces moyens de contrôle s'exercent dans les conditions déterminées par le Règlement intérieur de chacune des Chambres et donnent lieu, le cas échéant, à la motion de défiance ou de censure conformément aux articles 146 et 147 de la présente Constitution.

Article 139

La Cour constitutionnelle peut être saisie d'un recours visant à faire déclarer une loi à promulguer non conforme à la Constitution par :
1. le Président de la République dans les quinze jours qui suivent la transmission à lui faite de la loi définitivement adoptée ;
2. le Premier ministre dans les quinze jours qui suivent la transmission à lui faite de la loi définitivement adoptée ;
3. le Président de l'Assemblée nationale ou le Président du Sénat dans les quinze jours qui suivent son adoption définitive ;
4. un nombre de députés ou de sénateurs au moins égal au dixième des membres de chacune des Chambres, dans les quinze jours qui suivent son adoption définitive.
La loi ne peut être promulguée que si elle a été déclarée conforme à la Constitution par la Cour constitutionnelle qui se prononce dans les trente jours de sa saisine. Toutefois, à la demande du Gouvernement, s'il y a urgence, ce délai est ramené à huit jours. Passé ces délais, la loi est réputée conforme à la Constitution.

Article 140

Le Président de la République promulgue la loi dans les quinze jours de sa transmission après l'expiration des délais prévus par les articles 136 et 137 de la Constitution.
A défaut de promulgation de la loi par le Président de la République dans les délais constitutionnels, la promulgation est de droit.

Article 141

Les lois sont revêtues du sceau de l'Etat et publiées au Journal officiel.

Article 142

La loi entre en vigueur trente jours après sa publication au journal officiel à moins qu'elle n'en dispose autrement.
Dans tous les cas, le Gouvernement assure la diffusion en français et dans chacune des quatre langues nationales dans le délai de soixante jours à dater de la promulgation.

Article 143

Conformément aux dispositions de l'article 86 de la Constitution, le Président de la République déclare la guerre sur décision du Conseil des ministres après avis du Conseil supérieur de la défense et autorisation de deux Chambres. Il en informe la Nation par un message.
Les droits et devoirs des citoyens, pendant la guerre ou en cas d'invasion ou d'attaque du territoire national par des forces de l'extérieur font l'objet d'une loi.

Article 144

En application des dispositions de l'article 85 de la présente Constitution, l'état de siège, comme l'état d'urgence, est déclaré par le Président de la République.
L'Assemblée nationale et le Sénat se réunissent alors de plein droit. S'ils ne sont pas en session, une session extraordinaire est convoquée à cet effet conformément à l'article 116 de la présente Constitution.
La clôture des sessions ordinaires ou extraordinaires est de droit retardée pour permettre, le cas échéant, l'application des dispositions de l'alinéa précédent.
L'état d'urgence ou l'état de siège peut être proclamé sur tout ou partie du territoire de la République pour une durée de trente jours.
L'ordonnance proclamant l'état d'urgence ou l'état de siège cesse de plein droit de produire ses effets après l'expiration du délai prévu à l'alinéa trois du présent article, à moins que l'Assemblée nationale et le Sénat, saisis par le Président de la République sur décision du Conseil des ministres, n'en aient autorisé la prorogation pour des périodes successives de quinze jours.
L'Assemblée nationale et le Sénat peuvent, par une loi, mettre fin à tout moment à l'état d'urgence ou à l'état de siège.

Article 145

En cas d'état d'urgence ou d'état de siège, le Président de la République prend, par ordonnances délibérées en Conseil des ministres, les mesures nécessaires pour faire face à la situation. Ces ordonnances sont, dès leur signature, soumises à la Cour constitutionnelle qui, toutes affaires cessantes, déclare si elles dérogent ou non à la présente Constitution.

Article 146

Le Premier ministre peut, après délibération du Conseil des ministres, engager devant l'Assemblée nationale la responsabilité du Gouvernement sur son programme, sur une déclaration de politique générale ou sur le vote d'un texte.
L'Assemblée nationale met en cause la responsabilité du Gouvernement ou d'un membre du Gouvernement par le vote d'une motion de censure ou de défiance. La motion de censure contre le Gouvernement n'est recevable que si elle est signée par un quart des membres de l'Assemblée nationale. La motion de défiance contre un membre du Gouvernement n'est recevable que si elle est signée par un dixième des membres de l'Assemblée nationale.
Le débat et le vote ne peuvent avoir lieu que quarante-huit heures après le dépôt de la motion. Seuls sont recensés les votes favorables à la motion de censure ou de défiance qui ne peut être adoptée qu'à la majorité absolue des membres composant l'Assemblée nationale. Si la motion de censure ou de défiance est rejetée, ses signataires ne peuvent en proposer une nouvelle au cours de la même session.
Le programme, la déclaration de politique générale ou le texte visé à l'alinéa précédent est considéré comme adopté sauf si une motion de censure est votée dans les conditions prévues aux alinéas 2 et 3 du présent article.
Le Premier ministre a la faculté de demander au Sénat l'approbation d'une déclaration de politique générale.

Article 147

Lorsque l'Assemblée nationale adopte une motion de censure, le Gouvernement est réputé démissionnaire. Dans ce cas, le Premier ministre remet la démission du Gouvernement au Président de la République dans les vingt-quatre heures.
Lorsqu'une motion de défiance contre un membre du Gouvernement est adoptée, celui-ci est réputé démissionnaire.

Article 148

En cas de crise persistante entre le Gouvernement et l'Assemblée nationale, le Président de la République peut, après consultation du Premier ministre et des Présidents de l'Assemblée nationale et du Sénat, prononcer la dissolution de l'Assemblée nationale.
Aucune dissolution ne peut intervenir dans l'année qui suit les élections, ni pendant les périodes de l'état d'urgence ou de siège ou de guerre, ni pendant que la République est dirigée par un président intérimaire.
A la suite d'une dissolution de l'Assemblée nationale, la Commission électorale nationale indépendante convoque les électeurs en vue de l'élection, dans le délai de soixante jours suivant la date de publication de l'ordonnance de dissolution, d'une nouvelle Assemblée nationale.

Section 4 : Du Pouvoir judiciaire

Paragraphe 1 : Dispositions générales

Article 149
(modifié par l'article 1er de la Loi n° 11/002 du 20 janvier 2011 portant révision de certains articles de la Constitution de la République Démocratique du Congo)

Le pouvoir judiciaire est indépendant du pouvoir législatif et du pouvoir exécutif.
Il est dévolu aux cours et tribunaux qui sont : la Cour constitutionnelle, la Cour de cassation, le Conseil d'Etat, la Haute Cour militaire ainsi que les cours et tribunaux civils et militaires.
La justice est rendue sur l'ensemble du territoire national au nom du peuple.
Les arrêts et les jugements ainsi que les ordonnances des cours et tribunaux sont exécutés au nom du Président de la République.
Il ne peut être créé des tribunaux extraordinaires ou d'exception sous quelque dénomination que ce soit.
La loi peut créer des juridictions spécialisées.
Le pouvoir judiciaire dispose d'un budget élaboré par le Conseil supérieur de la magistrature et transmis au Gouvernement pour être inscrit dans le budget général de l'Etat. Le Premier Président de la Cour de cassation en est l'ordonnateur. Il est assisté par le Secrétariat permanent du Conseil supérieur de la magistrature.

Article 150

Le pouvoir judiciaire est le garant des libertés individuelles et des droits fondamentaux des citoyens.
Les juges ne sont soumis dans l'exercice de leur fonction qu'à l'autorité de la loi.
Une loi organique fixe le statut des magistrats.
Le magistrat du siège est inamovible. Il ne peut être déplacé que par une nomination nouvelle ou à sa demande ou par rotation motivée décidée par le Conseil supérieur de la magistrature.

Article 151

Le pouvoir exécutif ne peut donner d'injonction au juge dans l'exercice de sa juridiction, ni statuer sur les différends, ni entraver le cours de la justice, ni s'opposer à l'exécution d'une décision de justice.
Le pouvoir législatif ne peut ni statuer sur des différends juridictionnels, ni modifier une décision de justice, ni s'opposer à son exécution.
Toute loi dont l'objectif est manifestement de fournir une solution à un procès en cours est nulle et de nul effet.

Article 152

Le Conseil supérieur de la magistrature est l'organe de gestion du pouvoir judiciaire.
Le Conseil supérieur de la magistrature est composé de :

1. Président de la Cour constitutionnelle ;
2. Procureur général près la Cour constitutionnelle ;
3. Premier Président de la Cour de cassation ;
4. Procureur général près la Cour de cassation ;
5. Premier Président du Conseil d'Etat ;
6. Procureur général près le Conseil d'Etat ;
7. Premier Président de la Haute Cour militaire;
8. l'Auditeur général près la Haute Cour militaire ;
9. Premiers Présidents des Cours d'Appel ;
10. Procureurs Généraux près les Cours d'Appel ;
11. Premiers Présidents des Cours administratives d'Appel ;
12. Procureurs Généraux près les Cours administratives d'Appel ;
13. Premiers Présidents des Cours militaires ;
14. Auditeurs militaires supérieurs ;
15. deux magistrats de siège par ressort de Cour d'Appel, élus par l'ensemble des magistrats du ressort pour un mandat de trois ans ;
16. deux magistrats du parquet par ressort de Cour d'Appel, élus par l'ensemble des magistrats du ressort pour un mandat de trois ans ;
17. un magistrat de siège par ressort de Cour militaire ;
18. un magistrat de parquet par ressort de Cour militaire.

Il élabore les propositions de nomination, de promotion et de révocation des magistrats.

Il exerce le pouvoir disciplinaire sur les magistrats.

Il donne ses avis en matière de recours en grâce.

Une loi organique détermine l'organisation et le fonctionnement du Conseil supérieur de la magistrature.

Paragraphe 2 : Des juridictions de l'ordre judiciaire

Article 153

Il est institué un ordre de juridictions judiciaires, composé des cours et tribunaux civils et militaires placés sous le contrôle de la Cour de cassation.

Sans préjudice des autres compétences qui lui sont reconnues par la présente Constitution ou par les lois de la République, la Cour de cassation connaît des pourvois en cassation formés contre les arrêts et jugements rendus en dernier ressort par les cours et tribunaux civils et militaires.

Dans les conditions fixées par la Constitution et les lois de la République, la Cour de cassation connaît en premier et dernier ressort des infractions commises par :

1. les membres de l'Assemblée nationale et du Sénat ;
2. les membres du Gouvernement autres que le Premier ministre ;
3. les membres de la Cour constitutionnelle ;
4. les magistrats de la Cour de cassation ainsi que du parquet près cette Cour ;
5. les membres du Conseil d'Etat et les membres du Parquet près ce Conseil ;
6. les membres de la Cour des Comptes et les membres du parquet près cette Cour ;

7. les premiers Présidents des Cours d'appel ainsi que les Procureurs généraux près ces cours ;
8. les premiers Présidents des Cours administratives d'appel et les Procureurs près ces cours ;
9. les Gouverneurs, les Vice-gouverneurs de province et les ministres provinciaux ;
10. les Présidents des Assemblées provinciales.

Les Cours et Tribunaux, civils et militaires, appliquent les traités internationaux dûment ratifiés, les lois, les actes réglementaires pour autant qu'ils soient conformes aux lois ainsi que la coutume pour autant que celle-ci ne soit pas contraire à l'ordre public ou aux bonnes mœurs.

L'organisation, le fonctionnement et les compétences des juridictions de l'ordre judiciaire sont déterminés par une loi organique.

Paragraphe 3 : Des juridictions de l'ordre administratif

Article 154

Il est institué un ordre de juridictions administratives composé du Conseil d'Etat et des Cours et tribunaux administratifs.

Article 155

Sans préjudice des autres compétences que lui reconnaît la Constitution ou la loi, le Conseil d'Etat connaît, en premier et dernier ressort, des recours pour violation de la loi, formés contre les actes, règlements et décisions des autorités administratives centrales.

Il connaît en appel des recours contre les décisions des Cours administratives d'appel.

Il connaît, dans les cas où il n'existe pas d'autres juridictions compétentes, de demandes d'indemnités relatives à la réparation d'un dommage exceptionnel, matériel ou moral résultant d'une mesure prise ou ordonnée par les autorités de la République. Il se prononce en équité en tenant compte de toutes les circonstances d'intérêt public ou privé.

L'organisation, la compétence et le fonctionnement des juridictions de l'ordre administratif sont fixés par une loi organique.

Paragraphe 4 : Des juridictions militaires

Article 156

Les juridictions militaires connaissent des infractions commises par les membres des Forces armées et de la Police nationale.

En temps de guerre ou lorsque l'état de siège ou d'urgence est proclamé, le Président de la République, par une décision délibérée en Conseil des ministres, peut suspendre sur tout ou partie de la République et pour la durée et les infractions qu'il fixe, l'action répressive des Cours et Tribunaux de droit commun au profit de celle des juridictions militaires. Cependant, le droit d'appel ne peut être suspendu.

Une loi organique fixe les règles de compétence, d'organisation et de fonctionnement des juridictions militaires.

Paragraphe 5 : De la Cour constitutionnelle

Article 157

Il est institué une Cour constitutionnelle.

Article 158

La Cour constitutionnelle comprend neuf membres nommés par le Président de la République dont trois sur sa propre initiative, trois désignés par le Parlement réuni en Congrès et trois désignés par le Conseil supérieur de la magistrature.
Les deux tiers des membres de la Cour Constitutionnelle doivent être des juristes provenant de la magistrature, du barreau ou de l'enseignement universitaire.
Le mandat des membres de la Cour constitutionnelle est de neuf ans non renouvelable.
La Cour constitutionnelle est renouvelée par tiers tous les trois ans. Toutefois, lors de chaque renouvellement, il sera procédé au tirage au sort d'un membre par groupe.
Le Président de la Cour constitutionnelle est élu par ses pairs pour une durée de trois ans renouvelable une seule fois. Il est investi par ordonnance du Président de la République.

Article 159

Nul ne peut être nommé membre de la Cour constitutionnelle :
1. s'il n'est congolais
2. s'il ne justifie d'une expérience éprouvée de quinze ans dans les domaines juridique ou politique.

Article 160

La Cour constitutionnelle est chargée du contrôle de la constitutionnalité des lois et des actes ayant force de loi.
Les lois organiques, avant leur promulgation, et les Règlements Intérieurs des Chambres parlementaires et du Congrès, de la Commission électorale nationale indépendante ainsi que du Conseil supérieur de l'audiovisuel et de la communication, avant leur mise en application, doivent être soumis à la Cour constitutionnelle qui se prononce sur leur conformité à la Constitution.
Aux mêmes fins d'examen de la constitutionnalité, les lois peuvent être déférées à la Cour constitutionnelle, avant leur promulgation, par le Président de la République, le Premier ministre, le Président de l'Assemblée nationale, le Président du Sénat ou le dixième des députés ou des sénateurs.
La Cour constitutionnelle statue dans le délai de trente jours. Toutefois, à la demande du Gouvernement, s'il y a urgence, ce délai est ramené à huit jours.

Article 161

La Cour constitutionnelle connaît des recours en interprétation de la Constitution sur saisine du Président de la République, du Gouvernement, du Président du Sénat, du Président de l'Assemblée nationale, d'un dixième des membres de chacune des Chambres parlementaires, des gouverneurs de Province et des présidents des Assemblées provinciales.
Elle juge du contentieux des élections présidentielles et législatives ainsi que du référendum.
Elle connaît des conflits de compétences entre le Pouvoir exécutif et le Pouvoir législatif ainsi qu'entre l'Etat et les Provinces.
Elle connaît des recours contre les arrêts rendus par la Cour de cassation et le Conseil d'Etat, uniquement en tant qu'ils se prononcent sur l'attribution du litige aux juridictions de l'ordre judiciaire ou administratif. Ce recours n'est recevable que si un déclinatoire de juridiction a été soulevé par ou devant la Cour de cassation ou le Conseil d'Etat.
Les modalités et les effets des recours visés aux alinéas précédents sont déterminés par la loi.

Article 162

La Cour constitutionnelle est juge de l'exception d'inconstitutionnalité soulevée devant ou par une juridiction. Toute personne peut saisir la Cour constitutionnelle pour inconstitutionnalité de tout acte législatif ou réglementaire. Elle peut en outre, saisir la Cour constitutionnelle par la procédure de l'exception de l'inconstitutionnalité invoquée dans une affaire qui la concerne devant une juridiction. Celle-ci sursoit à statuer et saisit, toutes affaires cessantes, la Cour constitutionnelle.

Article 163

La Cour constitutionnelle est la juridiction pénale du Chef de l'Etat et du Premier ministre dans les cas et conditions prévus par la Constitution.

Article 164

La Cour constitutionnelle est le juge pénal du Président de la République et du Premier ministre pour des infractions politiques de haute trahison, d'outrage au Parlement, d'atteinte à l'honneur ou à la probité ainsi que pour les délits d'initié et pour les autres infractions de droit commun commises dans l'exercice ou à l'occasion de l'exercice de leurs fonctions. Elle est également compétente pour juger leurs co-auteurs et complices.

Article 165

Sans préjudice des autres dispositions de la présente Constitution, il y a haute trahison lorsque le Président de la République a violé intentionnellement la Constitution ou lorsque lui ou le Premier ministre sont reconnus auteurs, coauteurs ou complices de

violations graves et caractérisées des Droits de l'Homme, de cession d'une partie du territoire national.
Il y a atteinte à l'honneur ou à la probité notamment lorsque le comportement personnel du Président de la République ou du Premier ministre est contraire aux bonnes mœurs ou qu'ils sont reconnus auteurs, co-auteurs ou complices de malversations, de corruption ou d'enrichissement illicite.
Il y a délit d'initié dans le chef du Président de la République ou du Premier ministre lorsqu'il effectue des opérations sur valeurs immobilières ou sur marchandises à l'égard desquelles il possède des informations privilégiées et dont il tire profit avant que ces informations soient connues du public. Le délit d'initié englobe l'achat ou la vente d'actions fondée sur des renseignements qui ne seraient jamais divulgués aux actionnaires.
Il y a outrage au Parlement lorsque sur des questions posées par l'une ou l'autre Chambre du Parlement sur l'activité gouvernementale, le Premier ministre ne fournit aucune réponse dans un délai de trente jours.

Article 166

La décision de poursuites ainsi que la mise en accusation du Président de la République et du Premier ministre sont votées à la majorité des deux tiers des membres du Parlement composant le Congrès suivant la procédure prévue par le Règlement intérieur. La décision de poursuites ainsi que la mise en accusation des membres du gouvernement sont votées à la majorité absolue des membres composant l'Assemblée nationale suivant la procédure prévue par le Règlement intérieur.
Les membres du gouvernement mis en accusation, présentent leur démission.

Article 167

En cas de condamnation, le Président de la République et le Premier ministre sont déchus de leurs charges. La déchéance est prononcée par la cour constitutionnelle.
Pour les infractions commises en dehors de l'exercice de leurs fonctions, les poursuites contre le Président de la République et le Premier ministre sont suspendues jusqu'à l'expiration de leurs mandats. Pendant ce temps, la prescription est suspendue.

Article 168

Les arrêts de la Cour constitutionnelle ne sont susceptibles d'aucun recours et sont immédiatement exécutoires. Ils sont obligatoires et s'imposent aux pouvoirs publics, à toutes les autorités administratives et juridictionnelles, civiles et militaires ainsi qu'aux particuliers.
Tout acte déclaré non conforme à la Constitution est nul de plein droit.

Article 169

L'organisation et le fonctionnement de la Cour constitutionnelle sont fixés par une loi organique.

Section 5 : Des Finances publiques

Paragraphe 1er : Des dispositions générales

Article 170

Le Franc congolais est l'unité monétaire de la République Démocratique du Congo. Il a le pouvoir libératoire sur tout le territoire national.

Article 171

Les finances du pouvoir central et celles des provinces sont distinctes.

Article 172

L'exercice budgétaire commence le premier janvier et se termine le 31 décembre.

Article 173

Le compte général de la République est soumis chaque année au Parlement par la Cour des comptes avec ses observations.
Le compte général de la République est arrêté par la loi.

Article 174
Il ne peut être établi d'impôts que par la loi.
La contribution aux charges publiques constitue un devoir pour toute personne vivant en République Démocratique du Congo.
Il ne peut être établi d'exemption ou d'allègement fiscal qu'en vertu de la loi.

Article 175
Le budget des recettes et des dépenses de l'Etat, à savoir celui du Pouvoir central et des provinces, est arrêté chaque année par une loi.
La part des recettes à caractère national allouées aux provinces est établie à 40%. Elle est retenue à la source.
La loi fixe la nomenclature des autres recettes locales et la modalité de leur répartition.

Paragraphe 2 : De la Banque Centrale

Article 176

La Banque centrale du Congo est l'institut d'émission de la République Démocratique du Congo.
A ce titre, elle a pour mission :
1. la garde des fonds publics ;
2. la sauvegarde et la stabilité monétaire ;
3. la définition et la mise en œuvre de la politique monétaire ;
4. le contrôle de l'ensemble de l'activité bancaire ;

5. de conseil économique et financier du Gouvernement.
Dans la réalisation de ces missions et attributions, la Banque Centrale du Congo est indépendante et jouit de l'autonomie de gestion.

Article 177

L'organisation et le fonctionnement de la Banque centrale du Congo sont fixés par une loi organique.

Paragraphe 3 : De la Cour des comptes

Article 178

Il est institué en République Démocratique du Congo une Cour des comptes.
La Cour de comptes relève de l'Assemblée nationale.
Les membres de la Cour des comptes sont nommés, relevés de leurs fonctions et, le cas échéant, révoqués par le Président de la République, après avis de l'Assemblée nationale.
Les membres de la Cour des comptes doivent justifier d'une haute qualification en matière financière, juridique ou administrative et d'une expérience professionnelle d'au moins dix ans.

Article 179

La composition, l'organisation et le fonctionnement de la Cour des comptes sont fixés par une loi organique.

Article 180

La Cour des comptes contrôle dans les conditions fixées par la loi, la gestion des finances de l'Etat, des biens publics ainsi que les comptes des provinces, des entités territoriales décentralisées ainsi que des organismes publics.
Elle publie, chaque année, un rapport remis au Président de la République, au Parlement et au Gouvernement. Le rapport est publié au Journal officiel.

Paragraphe 4 : De la Caisse nationale de péréquation

Article 181

Il est institué une Caisse nationale de péréquation. Elle est dotée de la personnalité juridique.
La Caisse nationale de péréquation a pour mission de financer des projets et programmes d'investissement public, en vue d'assurer la solidarité nationale et de corriger le déséquilibre de développement entre les Provinces et entre les autres entités territoriales décentralisées.
Elle dispose d'un budget alimenté par le Trésor public à concurrence de dix pour cent de la totalité des recettes à caractère national revenant à l'Etat chaque année.

Elle est placée sous la tutelle du Gouvernement.
Une loi organique fixe son organisation et son fonctionnement.

Section 6 : De la Police nationale et des Forces armées

Paragraphe 1er : De la Police nationale

Article 182

La Police nationale est chargée de la sécurité publique, de la sécurité des personnes et de leurs biens, du maintien et du rétablissement de l'ordre public ainsi que de la protection rapprochée des hautes autorités.

Article 183

La Police nationale est apolitique. Elle est au service de la Nation congolaise. Nul ne peut la détourner à ses fins propres.
La Police nationale exerce son action sur l'ensemble du territoire national dans le respect de la présente Constitution et des lois de la République.

Article 184

La Police nationale est soumise à l'autorité civile locale et est placée sous la responsabilité du ministère qui a les affaires intérieures dans ses attributions.

Article 185

Les effectifs à tous les niveaux, les fonctions de commandement en tout temps et en toute circonstance, doivent tenir compte des critères objectifs liés à la fois à l'aptitude physique, à une instruction suffisante et à une moralité éprouvée ainsi qu'à une représentation équitable des provinces.

Article 186

Une loi organique fixe l'organisation et le fonctionnement de la Police nationale.

Paragraphe 2 : Des Forces armées

Article 187

Les Forces armées comprennent la force terrestre, la force aérienne, la force navale et leurs services d'appui. Elles ont pour mission de défendre l'intégrité du territoire national et les frontières.
Dans les conditions fixées par la loi, elles participent, en temps de paix, au développement économique, social et culturel ainsi qu'à la protection des personnes et de leurs biens.

Article 188

Les Forces armées sont républicaines. Elles sont au service de la nation toute entière. Nul ne peut, sous peine de haute trahison, les détourner à ses fins propres. Elles sont apolitiques et soumises à l'autorité civile.

Article 189

Les effectifs à tous les niveaux, les fonctions de commandement en tout temps et en toute circonstance doivent tenir compte des critères objectifs liés à la fois à l'aptitude physique, à une instruction suffisante, à une moralité éprouvée ainsi qu'à une représentation équitable des provinces.

Article 190

Nul ne peut, sous peine de haute trahison, organiser des formations militaires, paramilitaires ou des milices privées, ni entretenir une jeunesse armée.

Article 191

Une loi organique fixe l'organisation et le fonctionnement des Forces armées.

Article 192
Il est institué un Conseil supérieur de la défense.
Le Conseil supérieur de la défense est présidé par le Président de la République et, en cas d'absence ou d'empêchement par le Premier ministre.
Une loi organique détermine l'organisation, la composition, les attributions, et le fonctionnement du Conseil supérieur de la défense.

Section 7 : De l'Administration publique

Article 193
L'Administration Publique est apolitique, neutre et impartiale. Nul ne peut la détourner à des fins personnelles ou partisanes.
Elle comprend la fonction publique ainsi que tous les organismes et services assimilés.

Article 194

Une loi organique fixe l'organisation et le fonctionnement des services publics du pouvoir central, des provinces et des entités territoriales décentralisées.

Chapitre 2 : Des Provinces

Section 1 : Des Institutions politiques provinciales

Article 195

Les institutions provinciales sont :
1. l'Assemblée provinciale ;
2. le Gouvernement provincial.

Article 196

Les provinces sont organisées conformément aux principes énoncés à l'article 3 de la présente Constitution.
Les subdivisions territoriales à l'intérieur des Provinces sont fixées par une loi organique.

Article 197

(*modifié par l'article 1er de la Loi n° 11/002 du 20 janvier 2011 portant révision de certains articles de la Constitution de la République Démocratique du Congo*)

L'Assemblée provinciale est l'organe délibérant de la province. Elle délibère dans le domaine des compétences réservées à la province et contrôle le Gouvernement provincial ainsi que les services publics provinciaux et locaux. Elle légifère par voie d'édit.
Ses membres sont appelés députés provinciaux. Ils sont élus au suffrage universel direct et secret ou cooptés pour un mandat de cinq ans renouvelable.
Le nombre de députés provinciaux cooptés ne peut dépasser le dixième des membres qui composent l'Assemblée provinciale.
Sans préjudices des autres dispositions de la présente Constitution, les dispositions des articles 100, 101, 102, 103, 107, 108, 109 et 110 sont applicables, mutatis mutandis, aux Assemblées provinciales et à leurs membres.
Lorsqu'une crise politique grave et persistante menace d'interrompre le fonctionnement régulier des institutions provinciales, le Président de la République peut, par une ordonnance délibérée en Conseil des ministres et après concertation avec les bureaux de l'Assemblée Nationale et du Sénat, dissoudre l'Assemblée provinciale.
Dans ce cas, la Commission électorale nationale indépendante organise les élections provinciales dans un délai de soixante jours à compter de la dissolution.
En cas de force majeure, ce délai peut être prolongé à cent vingt jours au plus, par la Cour constitutionnelle saisie par la Commission électorale nationale indépendante.

Articles 198

(modifié par l'article 1er de la Loi n° 11/002 du 20 janvier 2011 portant révision de certains articles de la Constitution de la République Démocratique du Congo)

Le Gouvernement provincial est composé d'un Gouverneur, d'un Vice-gouverneur et des ministres provinciaux.
Le Gouverneur et le Vice-gouverneur sont élus pour un mandat de cinq ans renouvelable une seule fois par les députés provinciaux au sein ou en dehors de l'Assemblée provinciale. Ils sont investis par ordonnance du Président de la République.
Les ministres provinciaux sont désignés par le Gouverneur au sein ou en dehors de l'Assemblée provinciale.
La composition du Gouvernement provincial tient compte de la représentativité provinciale.
Le nombre de ministres provinciaux ne peut dépasser dix.
Avant d'entrer en fonction, le Gouverneur présente à l'Assemblée provinciale le programme de son Gouvernement.
Lorsque ce programme est approuvé à la majorité absolue des membres qui composent l'Assemblée provinciale, celle-ci investit les ministres.
Les membres du Gouvernement provincial peuvent être, collectivement ou individuellement, relevés de leurs fonctions par le vote d'une motion de censure ou de défiance de l'Assemblée provinciale.
Les dispositions des articles 146 et 147 de la présente Constitution s'appliquent, mutatis mutandis, aux membres du Gouvernement provincial.
Lorsqu'une crise politique grave et persistante menace d'interrompre le fonctionnement régulier des institutions provinciales, le Président de la République peut, par une ordonnance délibérée en Conseil des ministres et après concertation avec les bureaux de l'Assemblée Nationale et du Sénat, relever de ses fonctions le Gouverneur d'une province. Dans ce cas, la Commission électorale nationale indépendante organise l'élection du nouveau Gouverneur dans un délai de trente jours.

Article 199

Deux ou plusieurs provinces peuvent, d'un commun accord, créer un cadre d'harmonisation et de coordination de leurs politiques respectives et gérer en commun certains services dont les attributions portent sur les matières relevant de leurs compétences.

Article 200

Il est institué une conférence des Gouverneurs de province. Elle a pour mission d'émettre des avis et de formuler des suggestions sur la politique à mener et sur la législation à édicter par la République.
La conférence des Gouverneurs de province est composée, outre les
Gouverneurs de Province, du Président de la République, du Premier ministre et du ministre de l'intérieur. Tout autre membre du Gouvernement peut y être invité.

Elle est présidée par le Président de la République.
Elle se réunit au moins deux fois par an sur convocation de son Président.
Elle se tient à tour de rôle dans chaque province.
Une loi organique en détermine les modalités d'organisation et de fonctionnement.

Section 2 : De la répartition des compétences entre le pouvoir central et les provinces

Article 201

La répartition des compétences entre le Pouvoir central et les provinces est fixée par la présente Constitution. Les matières sont, soit de la compétence exclusive du pouvoir central, soit de la compétence concurrente du pouvoir central et des provinces, soit de la compétence exclusive des provinces.

Article 202

Sans préjudice des autres dispositions de la présente Constitution, les matières suivantes sont de la compétence exclusive du pouvoir central :
1. les affaires étrangères comprenant les relations diplomatiques ainsi que les traités et accords internationaux ;
2. la réglementation du commerce extérieur ;
3. la nationalité, le statut et la police des étrangers ;
4. l'extradition, l'immigration, l'émigration et la délivrance des passeports et des visas;
5. la sûreté extérieure ;
6. la défense nationale ;
7. la police nationale ;
8. la fonction publique nationale ;
9. les finances publiques de la République ;
10. l'établissement des impôts sur le revenu, des impôts sur les sociétés et des impôts personnels conformément à l'article 174 ;
11. la dette publique de la République ;
12. les emprunts extérieurs pour les besoins de la République ou des provinces ;
13. les emprunts intérieurs pour les besoins de la République ;
14. la monnaie, l'émission de la monnaie et le pouvoir libératoire de la monnaie ;
15. les poids, mesures et informatique ;
16. les douanes et les droits d'importation et d'exportation ;
17. la réglementation concernant les banques et les opérations bancaires et boursières;
18. la réglementation des changes ;
19. la propriété littéraire, artistique et industrielle et les brevets.
20. les postes et les télécommunications, y compris les téléphones et télégraphes, la radiodiffusion, la télévision et les satellites;
21. la navigation maritime et intérieure, les lignes aériennes, les chemins de fer, les routes et autres voies de communication, naturelles ou artificielles qui relient deux ou plusieurs provinces ou le territoire de la République à un territoire étranger ou qu'une

loi nationale a déclarée d'intérêt national bien qu'elles soient entièrement situées sur le territoire d'une province ;
22. les universités et autres établissements d'enseignement scientifique, technique ou professionnel supérieur créés ou subventionnés par le Gouvernement central ou par les gouvernements provinciaux et qu'une loi nationale a déclarés d'intérêt national ;
23. l'établissement des normes d'enseignement applicables dans tous les territoires de la République ;
24. l'acquisition des biens pour les besoins de la République, sans préjudice des dispositions de l'article 34 ;
25. l'élaboration des programmes agricoles, forestiers et énergétique d'intérêt national et la coordination des programmes d'intérêt provincial ;
Les offices des produits agricoles et les organismes assimilés ainsi que la répartition des cadres conformément au statut des agents de carrière des services publics de l'Etat;
Les régimes énergétiques, agricoles et forestiers sur la chasse et la pêche, sur la conservation de la nature (flore et faune), sur la capture, sur l'élevage, sur les denrées alimentaires d'origine animale et l'art vétérinaire.
26. la protection contre les dangers occasionnés par l'énergie ou par les radiations et l'élimination des substances radioactives ;
27. la prévention des abus des puissances économiques ;
28. le patrimoine historique, les monuments publics et les parcs déclarés d'intérêt national;
29. les services de la météorologie et la coordination technique des services de la géodésie, de la cartographie et de l'hydrographie ;
30. la nomination et l'affectation des inspecteurs provinciaux de l'enseignement primaire, secondaire, professionnel et spécial ;
31. les statistiques et le recensement d'intérêt national ;
32. la planification nationale ;
33. la recherche scientifique et technologique ;
34. les plans directeurs nationaux de développement des infrastructures de base notamment les ports, les aéroports, les gares ;
35. l'assistance aux anciens combattants et les handicapés de guerre ;
36. la législation notamment concernant :
a) le code de commerce, y compris les assurances, la constitution et l'agrément des sociétés ;
b) le code pénal, le régime pénitentiaire ;
c) le code d'organisation et de compétence judiciaires et le code judiciaire ;
d) la législation pour les professions libérales ;
e) la législation du travail comprenant notamment les lois régissant les relations entre employeurs et travailleurs, la sécurité des travailleurs, les règles relatives à la sécurité sociale et, en particulier, les règles relatives aux assurances sociales et au chômage involontaire ;
f) la législation économique comprenant les lois concernant les mines, minéraux et huiles minérales, l'industrie, les sources d'énergie et la conservation des ressources naturelles ;
g) la législation sur les arts et métiers ;

h) la législation médicale et l'art de guérir, la médecine préventive, notamment l'hygiène, la salubrité publique et la protection maternelle et infantile, la législation sur la profession de pharmacien, sur le commerce pharmaceutique, sur l'immigration et le transit, les règlements sanitaires bilatéraux et internationaux, la législation sur l'hygiène du travail, la coordination technique des laboratoires médicaux et la répartition des médecins ;
i) la loi électorale ;
j) la législation sur la fabrication, la rectification, l'importation, l'exportation et la vente de l'alcool obtenu par la distillation ;
k) la législation sur la fabrication, l'importation et exportation, et la vente des boissons alcoolisées et non alcoolisées ;
l) la législation sur la fabrication, l'importation et l'exportation et le transit des matériels de guerre ;
m) la législation sur la fécondation artificielle chez l'être humain, sur la manipulation des informations génétiques et sur les transplantations d'organes et des tissus humains;
n) la législation sur les réfugiés, les expulsés et les personnes déplacées ;
o) la législation sur l'admission aux professions médicales et aux autres professions et activités.

Article 203

Sans préjudice des autres dispositions de la présente Constitution, les matières suivantes sont de la compétence concurrente du pouvoir central et des provinces :
1. la mise en œuvre des mécanismes de promotion et de sauvegarde des droits humains et des libertés fondamentales consacrés dans la présente Constitution;
2. les droits civils et coutumiers ;
3. les statistiques et les recensements ;
4. la sûreté intérieure ;
5. l'administration des cours et tribunaux, des maisons d'arrêt et de correction et des prisons;
6. la vie culturelle et sportive ;
7. l'établissement des impôts, y compris les droits d'accise et de consommation, à l'exclusion des impôts visés à l'article 174 ;
8. l'exécution des mesures sur la police des étrangers ;
9. la recherche scientifique et technologique ainsi que les bourses d'études, de perfectionnement et d'encouragement à la recherche ;
10. les institutions médicales et philanthropiques, l'engagement du personnel médical et agricole de commandement ;
11. la mise en œuvre des programmes de la météorologie, de la géologie, de la cartographie et de l'hydrologie ;
12. les calamités naturelles ;
13. la presse, la radio, la télévision, l'industrie cinématographique ;
14. la protection civile ;
15. le tourisme ;
16. les droits fonciers et miniers, l'aménagement du territoire, le régime des eaux et forêts;

17. la prévention des épidémies et épizooties dangereuses pour la collectivité ;
18. la protection de l'environnement, des sites naturels, des paysages et la conservation des sites ;
19. la réglementation sur les régimes énergétiques, agricoles et forestiers, l'élevage, les denrées alimentaires d'origine animale et végétale ;
20. la création des établissements primaires, secondaires, supérieurs et universitaires;
21. le trafic routier, la circulation automobile, la construction et l'entretien des routes d'intérêt national, la perception et la répartition des péages pour l'utilisation des routes construites par le pouvoir central et/ou par la province ;
22. les institutions médicales et philanthropiques ;
23. l'initiative des projets, programmes et accords de coopération économique, culturelle, scientifique et sociale internationale ;
24. la production, le transport, l'utilisation et l'exploitation de l'énergie ;
25. la protection des groupes des personnes vulnérables.

Article 204

Sans préjudice des autres dispositions de la présente Constitution, les matières suivantes sont de la compétence exclusive des Provinces :
1. le plan d'aménagement de la Province ;
2. la coopération inter provinciale ;
3. la fonction publique provinciale et locale ;
4. l'application des normes régissant l'état civil ;
5. les finances publiques provinciales ;
6. la dette publique provinciale ;
7. les emprunts intérieurs pour les besoins des provinces ;
8. la délivrance et la conservation des titres immobiliers dans le respect de la législation nationale ;
9. l'organisation du petit commerce frontalier ;
10. l'organisation et le fonctionnement des services publics, établissements et entreprises publiques provinciaux dans le respect de la législation nationale ;
11. les travaux et marchés publics d'intérêt provincial et local ;
12. l'acquisition des biens pour les besoins de la province ;
13. l'enseignement maternel, primaire, secondaire, professionnel et spécial ainsi que l'alphabétisation des citoyens conformément aux normes établies par le pouvoir central ;
14. l'établissement des peines d'amende ou de prison pour assurer le respect des édits en conformité avec la législation nationale ;
15. les communications intérieures des provinces ;
16. les impôts, les taxes et les droits provinciaux et locaux notamment l'impôt foncier, l'impôt sur les revenus locatifs et l'impôt sur les véhicules automoteurs ;
17. la fixation des salaires minima provinciaux conformément à la législation nationale ;
18. l'affectation du personnel médical conformément au statut des agents de carrière des services publics de l'Etat, l'élaboration des programmes d'assainissement et de campagne de lutte contre les maladies endémoépidémiques conformément au plan national : l'organisation des services d'hygiène et de prophylaxie provinciale,

l'application et le contrôle de la législation médicale et pharmaceutique nationale ainsi que l'organisation des services de la médecine curative, des services philanthropiques et missionnaires, des laboratoires médicaux et des services pharmaceutiques, l'organisation et la promotion des soins de santé primaires ;

19. l'élaboration des programmes miniers, minéralogiques, industriels, énergétique d'intérêt provincial et leur exécution conformément aux normes générales du planning national ;

20. l'élaboration des programmes agricoles et forestiers et leur exécution conformément aux normes du planning national, l'affectation du personnel agricole, des cadres conformément aux dispositions du statut des agents de carrière des services publics de l'Etat, l'application de la législation nationale concernant l'agriculture, la forêt, la chasse et la pêche ainsi que l'environnement, la conservation de la nature et la capture des animaux sauvages, l'organisation et le contrôle des campagnes agricoles, la fixation des prix des produits agricoles ;

21. l'affectation en province du personnel vétérinaire conformément au statut des agents de carrière des services publics de l'Etat; l'élaboration des programmes de campagne de santé animale et l'application des mesures de police sanitaire vétérinaire notamment en ce qui concerne les postes frontaliers et de quarantaine ;

22. l'organisation des campagnes de vaccination contre les maladies enzootiques, l'organisation des laboratoires, cliniques et dispensaires de la provenderie ainsi que l'application de la législation nationale en matière vétérinaire, l'organisation de la promotion de santé de base ;

23. le tourisme, le patrimoine historique, les monuments publics et les parcs d'intérêt provincial et local ;

24. l'habitat urbain et rural, la voirie et les équipements collectifs provinciaux et locaux ;

25. l'inspection des activités culturelles et sportives provinciales ;

26. l'exploitation des sources d'énergie non nucléaire et la production de l'eau pour les besoins de la province ;

27. l'exécution des mesures du droit de résidence et d'établissement des étrangers, conformément à la loi ;

28. l'exécution du droit coutumier ;

29. la planification provinciale.

Article 205

Une Assemblée provinciale ne peut légiférer sur les matières de la compétence exclusive du Pouvoir Central. Réciproquement, l'Assemblée nationale et le Sénat ne peuvent légiférer sur les matières de la compétence exclusive d'une province.

Toutefois, l'Assemblée nationale et le Sénat peuvent, par une loi, habiliter une Assemblée provinciale à prendre des édits sur des matières de la compétence exclusive du Pouvoir Central. Lorsque l'Assemblée nationale et le Sénat mettent fin à la délégation de pouvoir ainsi donnée à l'Assemblée provinciale, les dispositions des édits provinciaux promulgués en des matières de la compétence exclusive du Pouvoir Central, en vertu de cette délégation de pouvoir, demeurent cependant en vigueur dans la province intéressée jusqu'à ce qu'une loi nationale ait réglé ces matières.

Pareillement, une Assemblée provinciale peut, par un édit, habiliter l'Assemblée nationale et le Sénat à légiférer sur des matières de la compétence exclusive de la province. Lorsque l'Assemblée provinciale met fin à la délégation de pouvoir ainsi donnée à l'Assemblée nationale et au Sénat, les dispositions des lois nationales promulguées en des matières de la compétence exclusive des provinces, en vertu de cette délégation de pouvoir, demeurent cependant en vigueur dans la province intéressée jusqu'à ce qu'un édit provincial les ait réglées.
Dans les matières relevant de la compétence concurrente du Pouvoir Central et des provinces, tout édit provincial incompatible avec les lois et règlements d'exécution nationaux est nul et abrogé de plein droit, dans la mesure où il y a incompatibilité.
La législation nationale prime sur l'édit provincial.

Article 206
Sauf dispositions contraires de la législation nationale, les gouvernements provinciaux exécutent, par l'intermédiaire de leurs services, les lois et les règlements nationaux.

Section 3 : De l'autorité coutumière

Article 207

L'autorité coutumière est reconnue. Elle est dévolue conformément à la coutume locale, pour autant que celle-ci ne soit pas contraire à la Constitution, à la loi, à l'ordre public et aux bonnes mœurs.
Tout Chef coutumier désireux d'exercer un mandat public électif doit se soumettre à l'élection, sauf application des dispositions de l'article 197 alinéa 3 de la présente Constitution.
L'autorité coutumière a le devoir de promouvoir l'unité et la cohésion nationales.
Une loi fixe le statut des chefs coutumiers.

TITRE IV : DU CONSEIL ECONOMIQUE ET SOCIAL

Article 208

Il est institué en République Démocratique du Congo un Conseil économique et social.

Article 209

Le Conseil économique et social a pour mission de donner des avis consultatifs sur les questions économiques et sociales lui soumises par le Président de la République, l'Assemblée nationale, le Sénat et le Gouvernement.
Il peut, de sa propre initiative, appeler l'attention du Gouvernement et des provinces sur les réformes qui lui paraissent de nature à favoriser le développement économique et social du pays.

Article 210

Une loi organique détermine l'organisation et le fonctionnement du Conseil économique et social.

TITRE V : DES INSTITUTIONS D'APPUI A LA DEMOCRATIE

Chapitre 1er : De la Commission électorale nationale indépendante

Article 211

Il est institué une Commission électorale nationale indépendante dotée de la personnalité juridique.
La Commission électorale nationale indépendante est chargée de l'organisation du processus électoral notamment de l'enrôlement des électeurs, de la tenue du fichier électoral, des opérations de vote, de dépouillement et de tout référendum.
Elle assure la régularité du processus électoral et référendaire.
Une loi organique fixe l'organisation et le fonctionnement de la Commission électorale nationale indépendante.

Chapitre 2 : Du conseil supérieur de l'audiovisuel et de la communication

Article 212

Il est institué un Conseil supérieur de l'audiovisuel et de la communication dotée de la personnalité juridique.
Il a pour mission de garantir et d'assurer la liberté et la protection de la presse, ainsi que de tous les moyens de communication de masse dans le respect de la loi.
Il veille au respect de la déontologie en matière d'information et à l'accès équitable des partis politiques, des associations et des citoyens aux moyens officiels d'information et de communication.
La composition, les attributions, l'organisation et le fonctionnement du Conseil supérieur de l'audiovisuel et de la communication sont fixés par une loi organique.

TITRE VI : DES TRAITES ET ACCORDS INTERNATIONAUX

Article 213

Le Président de la République négocie et ratifie les traités et accords internationaux.
Le Gouvernement conclut les accords internationaux non soumis à ratification après délibération en Conseil des ministres. Il en informe l'Assemblée nationale et le Sénat.

Article 214

Les traités de paix, les traités de commerce, les traités et accords relatifs aux organisations internationales et au règlement des conflits internationaux, ceux qui

engagent les finances publiques, ceux qui modifient les dispositions législatives, ceux qui sont relatifs à l'état des personnes, ceux qui comportent échange et adjonction de territoire ne peuvent être ratifiés ou approuvés qu'en vertu d'une loi.
Nulle cession, nul échange, nulle adjonction de territoire n'est valable sans l'accord du peuple congolais consulté par voie de référendum.

Article 215

Les traités et accords internationaux régulièrement conclus ont dès leur publication, une autorité supérieure à celle des lois, sous réserve pour chaque traité ou accord, de son application par l'autre partie.

Article 216

Si la Cour constitutionnelle consultée par le Président de la République, par le Premier ministre, le Président de l'Assemblée nationale ou le Président du Sénat, par un dixième des députés ou un dixième des sénateurs, déclare qu'un traité ou accord international comporte une clause contraire à la Constitution, la ratification ou l'approbation ne peut intervenir qu'après la révision de la Constitution.

Article 217

La République Démocratique du Congo peut conclure des traités ou des accords d'association ou de communauté comportant un abandon partiel de souveraineté en vue de promouvoir l'unité africaine.

TITRE VII : DE LA REVISION CONSTITUTIONNELLE

Article 218

(modifié par l'article 1er de la Loi n° 11/002 du 20 janvier 2011 portant révision de certains articles de la Constitution de la République Démocratique du Congo)

L'initiative de la révision constitutionnelle appartient concurremment :
1. au Président de la République;
2. au Gouvernement après délibération en Conseil des ministres;
3. à chacune des Chambres du Parlement à l'initiative de la moitié de ses membres ;
4. à une fraction du peuple congolais, en l'occurrence 100.000 personnes, s'exprimant par une pétition adressée à l'une des deux Chambres.
Chacune de ces initiatives est soumise à l'Assemblée nationale et au Sénat qui décident, à la majorité absolue de chaque Chambre, du bien-fondé du projet, de la proposition ou de la pétition de révision.
La révision n'est définitive que si le projet, la proposition ou la pétition est approuvée par référendum sur convocation du Président de la République.
Toutefois, le projet, la proposition ou la pétition n'est pas soumis au référendum lorsque l'Assemblée Nationale et le Sénat réunis en Congrès l'approuvent à la majorité des trois cinquième des membres les composant.

Article 219

Aucune révision ne peut intervenir pendant l'état de guerre, l'état d'urgence ou l'état de siège ni pendant l'intérim à la présidence de la République ni lorsque l'Assemblée nationale et le Sénat se trouvent empêchés de se réunir librement.

Article 220

La forme républicaine de l'Etat, le principe du suffrage universel, la forme représentative du Gouvernement, le nombre et la durée des mandats du Président de la République, l'indépendance du Pouvoir judiciaire, le pluralisme politique et syndical, ne peuvent faire l'objet d'aucune révision constitutionnelle.
Est formellement interdite toute révision constitutionnelle ayant pour objet ou pour effet de réduire les droits et libertés de la personne, ou de réduire les prérogatives des provinces et des entités territoriales décentralisées.

TITRE VIII : DES DISPOSITIONS TRANSITOIRES ET FINALES

Article 221

Pour autant qu'ils ne soient pas contraires à la présente Constitution, les textes législatifs et réglementaires en vigueur restent maintenus jusqu'à leur abrogation ou leur modification.

Article 222

Les institutions politiques de la transition restent en fonction jusqu'à l'installation effective des institutions correspondantes prévues par la présente Constitution et exercent leurs attributions conformément à la Constitution de la Transition.
Les institutions d'appui à la démocratie sont dissoutes de plein droit dès l'installation du nouveau Parlement.
Toutefois, par une loi organique, le Parlement pourra, s'il échet, instituer d'autres institutions d'appui à la démocratie.

Article 223

En attendant l'installation de la Cour constitutionnelle, du Conseil d'Etat et de la Cour de cassation, la Cour suprême de justice exerce les attributions leur dévolues par la présente Constitution.

Article 224

En attendant l'installation des juridictions de l'ordre administratif, les Cours d'appel exercent les compétences dévolues aux Cours administratives d'appel.

Article 225

La Cour de sûreté de l'Etat est dissoute dès l'entrée en vigueur de la présente Constitution.

Article 226

(Révisé par l'article 1er de la Loi n° 11/002 du 20 janvier 2011 portant révision de certains articles de la Constitution de la République Démocratique du Congo)

Une loi de programmation détermine les modalités d'installation de nouvelles provinces citées à l'article 2 de la présente Constitution.
En attendant, la République Démocratique du Congo est composée de la Ville de Kinshasa et de dix provinces suivantes dotées de la personnalité juridique : Bandundu, Bas-Congo, Equateur, Kasaï Occidental, Kasaï Oriental, Katanga, Maniema, Nord-Kivu, Province Orientale et Sud-Kivu.

Article 227

Les provinces telles qu'énumérées par l'article 2 de la présente Constitution constituent les circonscriptions électorales des sénateurs de la première législature.
La loi électorale détermine les conditions d'attribution d'un quota additionnel à la ville de Kinshasa pour les élections des sénateurs.

Article 228

Sans préjudice des dispositions de l'article 222 alinéa 1, la Constitution de la Transition du 04 avril 2003 est abrogée.

Article 229

La présente Constitution, adoptée par référendum, entre en vigueur dès sa promulgation par le

Président de la République.
Joseph KABILA KABANGE

EXPOSE DES MOTIFS DE LA CONSTITUTION DU 18 FÉVRIER 2006

Depuis son indépendance, le 30 juin 1960, la République Démocratique du Congo est confrontée à des crises politiques récurrentes dont l'une des causes fondamentales est la contestation de la légitimité des Institutions et de leurs animateurs.
Cette contestation a pris un relief particulier avec les guerres qui ont déchiré le pays de 1996 à 2003.
En vue de mettre fin à cette crise chronique de légitimité et de donner au pays toutes les chances de se reconstruire, les délégués de la classe politique et de la Société civile, forces vives de la Nation, réunis en Dialogue inter congolais, ont convenu, dans l'Accord Global et Inclusif signé à Pretoria en Afrique du Sud le 17 décembre 2002, de mettre en place un nouvel ordre politique, fondé sur une nouvelle Constitution démocratique sur base de laquelle le peuple congolais puisse choisir souverainement ses dirigeants, au terme des élections libres, pluralistes, démocratiques, transparentes et crédibles.
A l'effet de matérialiser la volonté politique ainsi exprimée par les participants au Dialogue inter-Congolais, le Sénat issu de l'Accord Global et Inclusif précité, a déposé, conformément à l'article 104 de la Constitution de la transition, un avant-projet de la nouvelle Constitution à l'Assemblée nationale qui l'a adopté sous-forme de projet de
Constitution soumis au référendum populaire.
La Constitution ainsi approuvée s'articule pour l'essentiel autour des idées forces ci-après:

1. DE L'ETAT ET DE LA SOUVERAINETÉ

Dans le but d'une part, de consolider l'unité nationale mise à mal par des guerres successives et, d'autre part, de créer des centres d'impulsion et de développement à la base, le constituant a structuré administrativement l'Etat congolais en 25 provinces plus la
ville de Kinshasa dotées de la personnalité juridique et exerçant des compétences de proximité énumérées dans la présente Constitution.
En sus de ces compétences, les provinces en exercent d'autres concurremment avec le pouvoir central et se partagent les recettes nationales avec ce dernier respectivement à raison de 40 et de 60 %.
En cas de conflit de compétence entre le pouvoir central et les provinces, la Cour constitutionnelle est la seule autorité habilitée à les départager.
Au demeurant, les provinces sont administrées par un Gouvernement et une Assemblée provinciale. Elles comprennent chacune des entités territoriales décentralisées qui sont la ville, la commune, le secteur et la chefferie.
Par ailleurs, la présente Constitution réaffirme le principe démocratique selon lequel tout pouvoir émane du peuple en tant que souverain primaire.
Ce peuple s'exprime dans le pluralisme politique garanti par la Constitution qui érige en infraction de haute trahison l'institution d'un parti unique.
En ce qui concerne la nationalité, le constituant maintient le principe de l'unicité et de l'exclusivité de la nationalité congolaise.

2. DES DROITS HUMAINS, DES LIBERTES FONDAMENTALES ET DES DEVOIRS DU CITOYEN ET DE L'ETAT

Le constituant tient à réaffirmer l'attachement de la République Démocratique du Congo aux Droits humains et aux libertés fondamentales tels que proclamés par les instruments juridiques internationaux auxquels elle a adhéré. Aussi, a-t-il intégré ces droits et libertés dans le corps même de la Constitution.
A cet égard, répondant aux signes du temps, l'actuelle Constitution introduit une innovation de taille en formalisant la parité homme-femme.

3. DE L'ORGANISATION ET DE L'EXERCICE DU POUVOIR.

Les nouvelles Institutions de la République Démocratique du Congo sont :
- le Président de la République ;
- le Parlement ;
- le Gouvernement ;
- les Cours et Tribunaux.

Les préoccupations majeures qui président à l'organisation de ces Institutions sont les suivantes :
1. assurer le fonctionnement harmonieux des Institutions de l'Etat ;
2. éviter les conflits ;
3. instaurer un Etat de droit ;
4. contrer toute tentative de dérive dictatoriale ;
5. garantir la bonne gouvernance ;
6. lutter contre l'impunité ;
7. assurer l'alternance démocratique.

C'est pourquoi, non seulement le mandat du Président de la République n'est renouvelable qu'une seule fois, mais aussi il exerce ses prérogatives de garant de la Constitution, de l'indépendance nationale, de l'intégrité territoriale, de la souveraineté nationale, du respect des accords et traités internationaux ainsi que celles de régulateur et d'arbitre du fonctionnement normal des Institutions de la République avec l'implication du Gouvernement sous le contrôle du Parlement.
Les actes réglementaires qu'il signe dans les matières relevant du Gouvernement ou sous gestion ministérielle sont couverts par le contreseing du Premier ministre qui en endosse la responsabilité devant l'Assemblée nationale.
Bien plus, les affaires étrangères, la défense et la sécurité, autrefois domaines réservés du Chef de l'Etat, sont devenus des domaines de collaboration.
Cependant, le Gouvernement, sous l'impulsion du Premier ministre, demeure le maître de la conduite de la politique de la Nation qu'il définit en concertation avec le Président de la République.
Il est comptable de son action devant l'Assemblée nationale qui peut le sanctionner collectivement par l'adoption d'une motion de censure. L'Assemblée nationale peut en outre mettre en cause la responsabilité individuelle des membres du Gouvernement par une motion de défiance.
Réunis en Congrès, l'Assemblée nationale et le Sénat ont la compétence de déférer le Président de la République et le Premier ministre devant la Cour constitutionnelle, notamment pour haute trahison et délit d'initié.

Par ailleurs, tout en jouissant du monopole du pouvoir législatif et de contrôle du Gouvernement, les parlementaires ne sont pas au-dessus de la loi ; leurs immunités peuvent être levées et l'Assemblée nationale peut être dissoute par le Président de la République en cas de crise persistante avec le Gouvernement.
La présente Constitution réaffirme l'indépendance du pouvoir judiciaire dont les membres sont gérés par le Conseil supérieur de la magistrature désormais composé des seuls magistrats.
Pour plus d'efficacité, de spécialité et de célérité dans le traitement des dossiers, les Cours et Tribunaux ont été éclatés en trois ordres juridictionnels :
- Les juridictions de l'ordre judiciaire placées sous le contrôle de la Cour de cassation;
- celles de l'ordre administratif coiffées par le Conseil d'Etat, et
- la Cour constitutionnelle.

Des dispositions pertinentes de la Constitution déterminent la sphère d'action exclusive du pouvoir central et des provinces ainsi que la zone concurrente entre les deux échelons du pouvoir d'Etat.
Pour assurer une bonne harmonie entre les provinces elles-mêmes d'une part, et le Pouvoir central d'autre part, il est institué une Conférence des Gouverneurs présidée par le Chef de l'Etat dont le rôle est de servir de conseil aux deux échelons de l'Etat.
De même, le devoir de solidarité entre les différentes composantes de la Nation exige l'institution de la Caisse nationale de péréquation placée sous la tutelle du Gouvernement.
Compte tenu de l'ampleur et de la complexité des problèmes de développement économique et social auxquels la République Démocratique du Congo est confrontée, le constituant crée le Conseil économique et social, dont la mission est de donner des avis consultatifs en la matière au Président de la République, au Parlement et au Gouvernement.
Pour garantir la démocratie en République Démocratique du Congo, la présente Constitution retient deux institutions d'appui à la démocratie, à savoir la Commission électorale nationale indépendante chargée de l'organisation du processus électoral de façon permanente et le Conseil supérieur de l'audiovisuel et de la communication dont la mission est d'assurer la liberté et la protection de la presse ainsi que de tous les moyens de communication des masses dans le respect de la loi.

4. DE LA REVISION CONSTITUTIONNELLE

Pour préserver les principes démocratiques contenus dans la présente Constitution contre les aléas de la vie politique et les révisions intempestives, les dispositions relatives à la forme républicaine de l'Etat, au principe du suffrage universel, à la forme représentative du Gouvernement, au nombre et à la durée des mandats du Président de la République, à l'indépendance du pouvoir judiciaire, au pluralisme politique et syndical ne peuvent faire l'objet d'aucune révision constitutionnelle.
Telles sont les lignes maîtresses qui caractérisent la présente Constitution.

EXPOSE DES MOTIFS DE LA LOI N° 11/002 DU 20 JANVIER 2011 PORTANT
REVISION DE CERTAINS ARTICLES DE LA CONSTITUTION DE LA REPUBLIQUE
DEMOCRATIQUE DU CONGO DU 18 FEVRIER 2006

Depuis l'entrée en vigueur, le 18 février 2006, de la Constitution de la République Démocratique du Congo, le fonctionnement des institutions politiques tant centrales que provinciales a fait apparaître des situations concrètes, des contraintes et des problèmes non prévus par le constituant originaire.
En effet, d'une part, certaines dispositions se sont révélées handicapantes et inadaptées aux réalités politiques et socio-économiques de la République Démocratique du
Congo. D'autre part, des dysfonctionnements imprévus par le constituant originaire sont apparus dans la vie des institutions de la République tant au niveau national que provincial.
La présente loi a pour finalité de donner des réponses adéquates aux problèmes posés aux institutions de la République depuis le début de la première législature de la IIIème République afin d'assurer le fonctionnement régulier de l'Etat et de la jeune démocratie congolaise.
Dès lors, il ne s'agit pas de procéder à un ajustement constitutionnel qui remettrait en cause les options fondamentales levées par le constituant originaire, notamment en matière d'organisation du pouvoir d'Etat et de l'espace territorial de la République
Démocratique du Congo.
Dans cette perspective, la présente révision concerne les huit articles indiqués ci-après sur les 229 que compte la Constitution :
***1.** L'article 71 organise l'élection du Président de la République à la majorité simple des suffrages exprimés.*
***2.** L'article 110 institue le droit du Député national ou du Sénateur de retrouver son mandat après l'exercice d'une fonction politique incompatible.*
***3.** L'article 126 prévoit l'ouverture des crédits provisoires dans le cas du renvoi au Parlement, par le Président de la République, pour une nouvelle délibération du projet de loi de finances voté en temps utile et transmis pour promulgation avant l'ouverture du nouvel exercice budgétaire.*
***4.** L'article 149. L'amendement introduit à cet article consiste en la suppression du Parquet dans l'énumération des titulaires du pouvoir judiciaire. Celui-ci est dévolu aux seuls cours et tribunaux. Cet amendement remet ainsi en harmonie l'article 149 avec les articles 150 et 151 qui proclament l'indépendance du seul magistrat du siège dans sa mission de dire le droit ainsi que son inamovibilité.*
***5.** Les articles 197 et 198 reconnaissent au Président de la République, sans restreindre les prérogatives des provinces, en concertation avec les Bureaux de l'Assemblée nationale et du Sénat, le pouvoir de dissoudre une*
Assemblée provinciale ou relever de ses fonctions un Gouverneur de province en cas de crise grave et persistante menaçant le fonctionnement régulier des institutions provinciales.

6. L'article 218 reconnaît au Président de la République le pouvoir de convoquer le référendum prévu audit article pour l'approbation d'une révision constitutionnelle.
7. L'article 226 transfère à la loi la compétence de fixer les modalités d'installation de nouvelles provinces citées à l'article 2 de la Constitution Telle est la quintessence de la présente loi portant révision de certaines dispositions de la Constitution du 18 février 2006.

ANNEXE 2 : LOI ORGANIQUE PORTANT ORGANISATION ET FONCTIONNEMENT DE LA COUR CONSTITUTIONNELLE

LOI ORGANIQUE N° 13/026 DU 15 OCTOBRE 2013 PORTANT ORGANISATION ET FONCTIONNEMENT DE LA COUR CONSTITUTIONNELLE

EXPOSE DES MOTIFS

Le peuple congolais a, lors du référendum des 18 et 19 décembre 2005, manifesté sa volonté de rompre avec l'ordre ancien. Son vœu républicain est aujourd'hui consacré par plusieurs réformes institutionnelles reprises dans la Constitution du 18 février 2006.

La présente Loi organique porte, conformément à l'article 169 de la Constitution, organisation et fonctionnement de la Cour Constitutionnelle. Elle vise non seulement à répondre à l'option du constituant de séparer le contentieux constitutionnel du contentieux administratif et judiciaire, mais aussi à renforcer l'indépendance du pouvoir judiciaire face aux pouvoirs législatif et exécutif.

La Cour Constitutionnelle exerce une compétence matérielle spécifique. Elle dispose d'un corps de magistrats particuliers de par leurs compétences, leurs qualifications et leurs modes de désignation. Elle bénéficie de l'expertise des Conseillers référendaires.

Un Parquet général est institué près la Cour Constitutionnelle. Il comprend le Procureur Général, un ou plusieurs Premiers Avocats Généraux et des Avocats Généraux.

La Cour exerce notamment les compétences suivantes :

- Elle est juge de la Constitutionnalité des Lois, des actes ayant force de Loi, des édits, des Règlements Intérieurs des Chambres parlementaires, du Congrès, des Institutions d'Appui à la Démocratie ainsi que des actes réglementaires des autorités administratives ;

- Elle connaît des recours en interprétation de la Constitution et tranche des conflits de compétences entre les pouvoirs législatif et exécutif, l'Etat et les provinces ainsi qu'entre les ordres de juridictions

La Cour Constitutionnelle est la juridiction pénale du Président de la République et du Premier Ministre.

Elle est également dotée des compétences en matière électorale. A ce titre, elle juge de la régularité du processus des élections présidentielle et législatives au niveau national et du référendum.

Par ailleurs, la présente Loi organise la procédure et les modes de saisine de la Cour

Constitutionnelle ainsi que les effets de ses décisions.

Elle comprend 120 articles répartis en sept titres ci-après :

Titre I : De la disposition générale

Titre II : De l'organisation ;

Titre III : Du fonctionnement ;

Titre IV : Des compétences ;

Titre V : De la procédure ;

Titre VI : Des effets des décisions de la Cour Constitutionnelle

Titre VII : Des dispositions transitoires et finales.

Telle est l'économie générale de la présente Loi organique.

LOI ORGANIQUE N° 13/026 DU 15 OCTOBRE 2013 PORTANT ORGANISATION ET FONCTIONNEMENT DE LA COUR CONSTITUTIONNELLE

L'Assemblée nationale et le Sénat ont adopté ;

Le Président de la République promulgue la Loi dont la teneur suit :

TITRE Ier : DE LA DISPOSITION GENERALE

Article 1er

La présente Loi organique fixe l'organisation et le fonctionnement de la Cour Constitutionnelle, conformément à l'article 169 de la Constitution.

TITRE II : DE L'ORGANISATION

CHAPITRE 1er : DE LA COMPOSITION

Article 2

La Cour Constitutionnelle, ci-après la Cour, comprend neuf membres nommés par le Président de la République, dont trois sur sa propre initiative, trois désignés par le Parlement réuni en Congrès et trois autres par le Conseil Supérieur de la Magistrature.

Il ne peut y avoir ni deux membres parents ou alliés jusqu'au troisième degré inclusivement ni plus d'un membre issus d'une même Province.

Les procès-verbaux constatant la désignation des membres de la Cour autres que ceux désignés par le Président de la République sont transmis à ce dernier dans les quarante-huit heures aux fins de leur nomination.

Article 3

Nul ne peut être nommé membre de la Cour :

1. s'il n'est Congolais ;

2. s'il ne justifie d'une expérience éprouvée de quinze ans dans le domaine juridique ou politique.

Article 4

Est nulle de plein droit toute nomination intervenue en violation des articles 2 et 3 de la présente Loi organique.

Article 5

Six des neuf membres de la Cour doivent être des juristes issus de la magistrature, du barreau ou de l'enseignement universitaire.

Dans le but d'assurer le respect des proportions fixées à l'alinéa précédent, deux membres désignés par le Président de la République et un membre désigné par le Parlement doivent être issus du barreau ou de l'enseignement universitaire.

Les trois membres désignés par le Conseil Supérieur de la Magistrature sont exclusivement choisis parmi les magistrats en activité.

Article 6

Le mandat des membres de la Cour est de neuf ans. Il n'est pas renouvelable.

La Cour est renouvelée par le tiers tous les trois ans. Lors des deux premiers renouvellements, il est procédé au tirage au sort du membre sortant par groupe pour les membres initialement nommés.

Article 7

Il est pourvu au remplacement de tous membres de la Cour un mois au plus tôt ou une semaine au plus tard avant l'expiration du mandat dans les conditions prévues aux articles 2 à 6 de la présente Loi organique.

Article 8

Le membre de la Cour nommé en remplacement de celui dont les fonctions ont pris fin avant terme achève le mandat de ce dernier. Il peut être nommé pour un autre mandat s'il a exercé les fonctions de remplacement pendant moins de trois ans.

Article 9

Le Président de la Cour est élu par ses pairs pour une durée de trois ans renouvelables une seule fois, dans les conditions déterminées dans le Règlement Intérieur.

Il est investi par Ordonnance du Président de la République.

Article 10

Avant d'entrer en fonction, les membres de la Cour sont présentés à la Nation, devant le Président de la République, l'Assemblée Nationale, le Sénat et le Conseil Supérieur de la Magistrature représenté par son Bureau. Ils prêtent devant le Président de la République le serment suivant :

« Moi, …, Je jure solennellement de remplir loyalement et fidèlement les fonctions de membre de la Cour Constitutionnelle de la République Démocratique du Congo, de les exercer en toute impartialité, dans le respect de la Constitution, de garder le secret des délibérations et des votes, de ne prendre aucune position publique, de ne donner aucune consultation à titre privé sur les questions relevant de la compétence de la Cour Constitutionnelle et de n'entreprendre aucune activité mettant en cause l'indépendance, l'impartialité et la dignité de la Cour ».

Le Président de la République leur en donne acte.

Article 11

Les membres de la Cour sont régis par un statut particulier.

CHAPITRE II : DU PARQUET GENERAL

Article 12

Il est institué un Parquet Général près la Cour Constitutionnelle.

Le Parquet Général exerce les attributions qui lui sont dévolues par la présente Loi organique.

Il est placé sous l'autorité du Procureur Général près la Cour Constitutionnelle.

Article 13

Le Procureur Général est assisté d'un ou de plusieurs Premiers Avocats Généraux et d'un ou de plusieurs Avocats Généraux.

Ils sont nommés, conformément au statut des magistrats, par le Président de la République, pour un mandat de trois ans renouvelable une seule fois, parmi les magistrats de l'ordre judiciaire ou administratif ayant au moins quinze ans d'expérience, sur proposition du Conseil Supérieur de la Magistrature.

Ils sont soumis au statut des membres de la Cour.

Article 14

Le Procureur Général fixe l'organisation intérieure du Parquet.

En matière pénale, il recherche et constate les infractions relevant de la compétence de la Cour, soutient l'accusation et requiert les peines.

Dans les autres matières de la compétence de la Cour, il émet des avis motivés.

Il assiste à toutes les audiences de la Cour. Il peut y présenter des observations.

Il ne prend pas part au délibéré.

Article 15

Le Procureur Général autorise la levée des pièces des dossiers instruits par le Parquet Général.

Article 16

Avant leur entrée en fonction, les membres du Parquet Général prêtent le serment ci-après, dans les conditions déterminées à l'article 10 de la présente Loi organique :

« Je jure de respecter la Constitution et les Lois de la République Démocratique du Congo et de remplir loyalement et fidèlement, avec honneur et dignité, les fonctions qui me sont confiées ».

Article 17

Le Parquet Général est doté d'un secrétariat dirigé par un Premier Secrétaire.

Le Premier Secrétaire a le grade de Secrétaire Général de l'Administration Publique.

Un Décret du Premier Ministre délibéré en Conseil des Ministres, sur proposition du Ministre ayant la Justice dans ses attributions, fixe l'organisation et le fonctionnement du secrétariat.

Article 18

Le Parquet Général recourt, le cas échéant, aux services du Parquet Général près la Cour de Cassation, requis à cette fin.

CHAPITRE 3 : DU GREFFE

Article 19

La Cour est dotée d'un greffe dirigé par un Greffier en Chef.

Les dispositions des alinéas 2 et 3 de l'article 17 de la présente Loi organique s'appliquent, mutatis mutandis, au greffe et au Greffier en Chef.

CHAPITRE 4 : DES CONSEILLERS REFERENDAIRES

Article 20

Il est créé au sein de la Cour un corps de conseillers référendaires placé sous l'autorité du Président.

Le nombre de Conseillers référendaires ne peut dépasser soixante.

Article 21

Les Conseillers référendaires assistent la Cour dans l'étude et la préparation technique des dossiers dont elle est saisie.

Article 22

Trois quarts au moins des Conseillers référendaires doivent être des juristes.

Nul ne peut être nommé Conseiller référendaire de cette catégorie s'il ne réunit les conditions suivantes :

- être de nationalité congolaise ;

- être titulaire d'un diplôme de licence en droit au moins ou d'un diplôme équivalent;

- être de bonne moralité ;

- justifier d'une expérience professionnelle de dix ans au moins dans le domaine juridique, administratif ou politique.

Article 23

Nul ne peut être nommé Conseiller référendaire dans la catégorie de non juriste s'il ne réunit les conditions suivantes :

- être de nationalité congolaise ;

- être titulaire d'un diplôme de licence au moins ou d'un diplôme équivalent ;

- être de bonne moralité ;

- justifier d'une expérience de quinze ans au moins dans le domaine politique ou administratif.

Article 24

Les Conseillers référendaires sont recrutés sur concours.

Article 25

Les dispositions de l'alinéa 3 de l'article 13 s'appliquent, mutatis mutandis, au Conseiller référendaire.

Article 26

Dans l'exercice de sa mission, la Cour peut recourir à l'expertise nationale ou internationale.

CHAPITRE 5 : DES DROITS, DEVOIRS ET INCOMPATIBILITES

Section 1 : Des droits

Article 27

Les membres de la Cour, ceux du Parquet Général et les Conseillers référendaires ont droit à un traitement et à des avantages qui assurent leur indépendance et leur dignité. Ils sont prévus par la Loi de Finances.

Le traitement et les avantages alloués aux membres de la Cour sont fixés dans le statut visé à l'article 11 de la présente Loi organique.

Article 28

Tout membre de la Cour peut librement démissionner. A cette fin, il adresse une lettre à la Cour qui en apprécie l'opportunité.

Le Président de la Cour en informe le Président de la République, l'Assemblée Nationale, le Sénat et le Conseil Supérieur de la Magistrature.

Il est pourvu au remplacement du membre démissionnaire conformément aux dispositions des articles 2 à 8 de la présente Loi organique.

Section 2 : Des devoirs

Article 29

Les membres de la Cour, ceux du Parquet Général et les Conseillers référendaires sont soumis à l'obligation générale de réserve, de dignité et de loyauté envers l'Etat.

Ils ne peuvent, durant leurs fonctions, ni prendre une position publique ni donner une consultation sur des questions ayant fait ou susceptibles de faire l'objet de décision de la Cour. Ils ne peuvent adopter des attitudes ou des comportements qui laisseraient penser à une appartenance politique ou syndicale.

Article 30

Tout manquement aux devoirs prescrits par la présente Loi organique constitue une faute disciplinaire sanctionnée conformément aux dispositions du statut des membres de la Cour.

Section 3 : Des incompatibilités

Article 31

Les fonctions de membre de la Cour ou du Parquet Général et celles de Conseiller référendaire sont incompatibles avec :

1. la qualité de membre du Gouvernement ;

2. l'exercice de tout mandat électif ;

3. l'exercice de tout emploi public ;

4. la qualité de mandataire public ;

5. l'appartenance à un parti politique, un regroupement politique ou un syndicat.

Toutefois, l'exercice de ces fonctions n'est pas incompatible avec la qualité d'enseignant dans un établissement d'enseignement supérieur ou universitaire.

Article 32

Aucun membre de la Cour ne peut être nommé à une des fonctions visées aux points 1, 3 et 4 de l'article 31 de la présente Loi organique, dans les deux ans suivant l'expiration de son mandat.

Article 33

Aucun membre de la Cour ou du Parquet Général, aucun Conseiller référendaire ne peut directement ou indirectement exercer un commerce quel qu'il soit.

Article 34

Tout membre de la Cour ou du Parquet Général, tout Conseiller référendaire qui se trouve dans l'un des cas d'incompatibilité visés à l'article 31 de la présente Loi organique lève l'option, dans un délai de huit jours à compter de la date de notification de sa nomination. A défaut, il est réputé avoir renoncé à ses fonctions de membre de la Cour, du Parquet Général ou de Conseiller référendaire. Dans ce cas, il est fait application de la procédure prévue à l'article 35 de la présente Loi organique.

Article 35

La Cour constate, le cas échéant, la démission d'office de l'une des personnes visées à la présente section qui aurait exercé une activité ou accepté une fonction incompatible avec sa qualité ou qui n'aurait pas la jouissance de droits civils et politiques.

La démission d'office s'applique également en cas de perte des droits civils et politiques, d'empêchement définitif par suite d'incapacité physique ou mentale ou toute condamnation irrévocable pour infraction intentionnelle.

Article 36

Le Président de la République, le Président de l'Assemblée Nationale, le Président du Sénat, le Président du Conseil Supérieur de la Magistrature, le dixième des Députés nationaux ou des Sénateurs peut saisir la Cour aux fins de constater les cas évoqués à l'article précédent.

Article 37

Il est pourvu au remplacement du membre de la Cour concerné dans les conditions prévues aux articles 2 à 8 de la présente Loi organique.

TITRE III : DU FONCTIONNEMENT

Article 38

Le Président est chargé de l'administration de la Cour.

Il est l'ordonnateur de son budget.

Article 39

La Cour prépare l'avant-projet de son budget. Le Président le transmet au Bureau du Conseil Supérieur de la Magistrature en vue de son intégration au budget du pouvoir judiciaire.

Article 40

Le membre le plus ancien assume l'intérim du Président en cas d'empêchement. Si deux ou plusieurs membres ont la même ancienneté, le plus âgé assume l'intérim.

La durée de l'empêchement ne peut excéder six mois. Passé ce délai, il est pourvu au remplacement du Président dans les conditions prévues à l'article 9 de la présente Loi organique.

Article 41

Le Règlement Intérieur de la Cour complète les dispositions du présent titre.

TITRE IV : DES COMPETENCES

Article 42

Les compétences de la Cour résultent des dispositions des articles 74, 76, 99, 128, 139, 145, 160, 161, 162, 163, 164, 167 alinéa 1er et 216 de la Constitution.

CHAPITRE 1er : DU CONTROLE DE CONSTITUTIONNALITE

Article 43

La Cour connaît de la constitutionnalité des traités et accords internationaux, des Lois, des actes ayant force de Loi, des édits, des Règlements Intérieurs des Chambres parlementaires, du Congrès et des Institutions d'Appui à la Démocratie ainsi que des actes règlementaires des autorités administratives.

Section 1ère : Du Contrôle par voie d'action

Article 44

Les Lois auxquelles la Constitution confère le caractère de Loi organique ne peuvent être promulguées qu'après déclaration par la Cour de leur conformité à la Constitution.

La Cour est saisie par le Président de la République.

Elle statue dans le délai de quinze jours de sa saisine. Passé ce délai, la Loi est réputée conforme.

Article 45

Avant d'être mis en application, le Règlement Intérieur des Chambres parlementaires, du Congrès et ceux des Institutions d'Appui à la Démocratie sont transmis à la Cour qui se prononce sur leur conformité à la Constitution dans le délai de quinze jours à dater de sa saisine. Passé ce délai, le Règlement Intérieur est réputé conforme.

Les modifications des Règlements Intérieurs visés à l'alinéa précédent sont soumises à la même procédure.

Les dispositions déclarées non conformes ne peuvent être mises en application.

Article 46

Les Ordonnances prises après délibération en Conseil des Ministres par le Président de la République, en cas d'état d'urgence ou de siège sont, dès leur signature, soumises à la Cour. La Cour déclare, toutes affaires cessantes, si elles dérogent ou non à la Constitution.

Ces Ordonnances ne peuvent être mises en application que dans le respect des dispositions de l'article 61 de la Constitution.

Article 47

La Cour peut être saisie d'un recours visant à faire déclarer une Loi à promulguer non conforme à la Constitution par :

1. le Président de la République ou le Premier Ministre, dans les quinze jours qui suivent la transmission à eux faite de la Loi définitivement adoptée ;

2. le Président de l'Assemblée Nationale, le Président du Sénat ou le dixième des Députés ou Sénateurs au moins, dans les quinze jours qui suivent l'adoption définitive de la Loi.

La Cour se prononce dans les trente jours de sa saisine. En cas d'urgence, ce délai est ramené à huit jours à la demande du Gouvernement. Passé ce délai, la Loi est réputée conforme.

Article 48

Toute personne peut saisir la Cour pour inconstitutionnalité de tout acte visé à l'article 43 de la présente Loi organique à l'exception des traités et accords internationaux.

Article 49

A l'exception des traités et accords internationaux, le Procureur Général saisit d'office la Cour pour inconstitutionnalité des actes visés à l'article 43 de la présente Loi organique lorsqu'ils portent atteinte aux droits fondamentaux de la personne humaine ou aux libertés publiques.

Article 50

Le recours visé à l'article 48 de la présente Loi organique n'est recevable que s'il est introduit dans les six mois suivant la publication de l'acte au Journal Officiel ou suivant la date de sa mise en application.

Le recours en inconstitutionnalité d'une Loi d'approbation ou d'autorisation de ratification d'un traité n'est recevable que s'il est introduit dans les soixante jours qui suivent la publication de cette Loi au Journal Officiel.

Article 51

Tout acte déclaré non conforme à la Constitution est nul et de nul effet.

Section 2 : Du contrôle par voie d'exception

Article 52

Hormis les traités et accords internationaux, toute personne peut invoquer l'inconstitutionnalité des actes cités à l'article 43 de la présente Loi organique dans une affaire qui la concerne devant une juridiction.

Ce droit est reconnu aussi à la juridiction saisie et au Ministère public.

Dans ce cas, la juridiction sursoit à statuer et saisit la Cour toutes affaires cessantes.

Article 53

La Cour statue par un Arrêt motivé. Celui-ci est signifié à la juridiction concernée et s'impose à elle.

L'acte déclaré non conforme à la Constitution ne peut être appliqué dans le procès en cours.

CHAPITRE 2 : DE L'INTERPRETATION DE LA CONSTITUTION

Article 54

La Cour connaît des recours en interprétation de la Constitution à la requête du Président de la République, du Gouvernement, du Président du Sénat, du Président de l'Assemblée Nationale, d'un dixième des membres de chacune des Chambres parlementaires, des Gouverneurs de Province et des Présidents des Assemblées Provinciales.

La requête mentionne les dispositions dont l'interprétation est sollicitée.

Article 55

La Cour statue dans le délai de trente jours à compter du dépôt du recours.

En cas d'urgence, à la demande du Gouvernement, ce délai est ramené à huit jours.

Sauf cas de force majeure dûment motivé, le dépassement de ces délais entraîne les sanctions prévues par le statut des membres de la Cour.

Article 56

L'interprétation de la Cour lie les pouvoirs publics, les autorités administratives et juridictionnelles, civiles et militaires ainsi que les particuliers.

CHAPITRE 3 : DU CONFLIT DE COMPETENCES OU D'ATTRIBUTION

Section 1ère : Entre le pouvoir exécutif et le pouvoir législatif

Article 57

La Cour connaît des conflits de compétence entre le pouvoir exécutif et le pouvoir législatif.

Article 58

Il y a conflit de compétence lorsque l'un des actes énumérés à l'article 43 de la présente Loi organique est pris par l'un des pouvoirs en violation du domaine de compétence matérielle de l'autre.

Article 59

La Cour statue sur saisine des autorités ou du groupe d'autorités citées à l'article 54 de la présente Loi organique.

Elle se prononce sur le caractère législatif ou règlementaire des matières en cause.

Article 60

A la demande du Gouvernement, la Cour détermine le caractère règlementaire d'une matière réglée par une Loi mais relevant désormais du domaine règlementaire.

Section 2 : Entre l'Etat et les Provinces

Article 61

La Cour connaît des conflits de compétence entre l'Etat et les Provinces

Article 62

Il y a conflit de compétences lorsque l'un des actes énumérés à l'article 43 de la présente Loi organique est pris en violation des articles 202 à 205 de la Constitution.

Article 63

La Cour statue sur saisine des autorités ou du groupe d'autorités citées à l'article 54 de la présente Loi organique.

Elle se prononce sur l'échelon du pouvoir compétent.

Article 64

Dans les matières relevant de la compétence concurrente entre l'Etat et les Provinces, énumérées à l'article 203 de la Constitution, tout édit incompatible avec les Lois et les règlements nationaux est nul de plein droit.

Le recours introduit dans ce cadre est précédé de la notification de la nature de l'incompatibilité à la Province concernée.

Section 3 : Entre les ordres de juridictions

Article 65

La Cour connaît des conflits d'attribution entre les ordres de juridiction.

Article 66

Il y a conflit d'attribution, lorsque la Cour de Cassation et le Conseil d'Etat déclarent tous une juridiction de l'ordre judiciaire et une juridiction de l'ordre administratif compétente ou incompétente pour connaître d'une même demande mue entre les mêmes parties.

Article 67

Le recours n'est recevable que si une exception d'incompétence a été soulevée par ou devant la Cour de Cassation ou le Conseil d'Etat au motif que la demande relève en tout ou en partie de l'autre ordre.

Article 68

La demande n'est recevable que dans les deux mois de la signification de la décision d'où résulte le conflit.

Article 69

Lorsque la Cour de Cassation et le Conseil d'Etat ont, l'une et l'autre, déclaré une juridiction de l'ordre judiciaire et une juridiction de l'ordre administratif compétentes, celle-ci sursoit à statuer quant au fond jusqu'à l'expiration du délai prévu à l'article précédent et, en cas de recours, jusqu'à la décision sur le conflit.

Article 70

Lorsque la Cour a vidé le conflit, la juridiction de l'ordre qui n'a pas été reconnu compétente est dessaisie de plein droit de l'action pendante devant elle.

La juridiction de l'ordre reconnue compétente est seule habilitée à trancher le fond du litige sur une nouvelle demande de la partie la plus diligente dans le respect des règles prévues par la Loi.

La prescription est suspendue pendant la procédure de règlement du conflit.

Article 71

L'Arrêt de règlement de conflit s'impose aux deux ordres de juridiction.

CHAPITRE 4 : DE LA COMPETENCE PENALE

Article 72

La Cour est la juridiction pénale du Président de la République et du Premier Ministre pour les infractions politiques de haute trahison, d'outrage au Parlement, d'atteinte à l'honneur ou à la probité ainsi que pour délit d'initié.

Elle connaît aussi des infractions de droit commun commises par l'un ou l'autre dans l'exercice ou à l'occasion de l'exercice de ses fonctions.

Elle est également compétente pour juger leurs coauteurs et complices.

Article 73

Il y a haute trahison lorsque le Président de la République a violé intentionnellement la Constitution ou lorsque lui ou le Premier Ministre est reconnu auteur, coauteur ou complice des violations graves et caractérisées des droits de l'homme ou de cession d'une partie du territoire national.

Article 74

Le Président de la République ou le Premier Ministre se rend également coupable de l'infraction de haute trahison lorsque l'un ou l'autre :

1. institue ou tente d'instituer un parti unique sous quelque forme que ce soit ;

2. manque à son devoir de sauvegarder l'unité de la République et l'intégrité de son territoire ;

3. détourne les forces armées de la République à ses fins propres ;

4. organise des formations militaires, paramilitaires ou des milices privées ou entretient une jeunesse armée.

Article 75

La haute trahison est punie de la servitude pénale à perpétuité.

Article 76

Il y a atteinte à l'honneur lorsque le comportement personnel du Président de la République ou du Premier Ministre est contraire aux bonnes mœurs.

L'atteinte à l'honneur est constituée des faits définis dans les sections III et IV du titre VI du Code Pénal, Livre II, et est punie des peines privatives de liberté qui y sont prévues, ainsi que d'une amende de dix à cinquante millions de Francs congolais.

Article 77

Il y a atteinte à la probité lorsque le Président de la République ou le Premier Ministre est reconnu auteur, coauteur ou complice de détournement de deniers publics, de corruption ou d'enrichissement illicite.

L'atteinte à la probité est constituée des faits prévus dans la section VII du titre IV du Code Pénal Livre II et est punie des mêmes peines.

Article 78

Il y a délit d'initié dans le chef du Président de la République ou du Premier Ministre lorsque l'un ou l'autre effectue des opérations sur valeurs immobilières ou sur marchandises à l'égard desquelles il possède, en raison de ses fonctions, des informations privilégiées et dont il tire profit avant que celles-ci ne soient connues du public.

Il englobe l'achat ou la vente d'actions fondées sur des renseignements qui ne seraient jamais divulgués aux actionnaires.

Le délit d'initié est puni d'une servitude pénale principale de dix à vingt ans et d'une amende de dix à cinquante millions de Francs congolais.

Article 79

Il y a outrage au Parlement, lorsque, sur des questions posées par l'une ou l'autre Chambre du Parlement sur l'activité gouvernementale, le Premier Ministre ne fournit aucune réponse dans un délai de trente jours à dater de la réception de la question.

L'outrage au Parlement est puni de cinq à dix ans de servitude pénale principale.

Article 80

La décision de poursuites et la mise en accusation du Président de la République ou du Premier Ministre sont votées à la majorité de deux tiers des membres du Parlement réunis en Congrès.

CHAPITRE 5 : DU CONTENTIEUX ELECTORAL

Article 81

La Cour est juge du contentieux des élections présidentielle, législatives nationales et du référendum. Elle connaît des recours en contestation de la régularité des candidatures, des résultats des élections présidentielles, législatives nationales ainsi que du référendum. Elle proclame les résultats définitifs de ces consultations.

CHAPITRE 6 : DU SERMENT DU PRESIDENT DE LA REPUBLIQUE

Article 82

La Cour reçoit le serment du Président de la République dans les dix jours qui suivent la proclamation des résultats définitifs et lui en donne acte.

Elle reçoit, dans les mêmes conditions, le serment du Président de la République par intérim.

Elle statue en audience solennelle.

CHAPITRE 7 : DE LA DECLARATION DU PATRIMOINE FAMILIAL

Article 83

La Cour connaît de la déclaration du patrimoine familial du Président de la République et des membres du Gouvernement.

Elle leur en donne acte.

Cette déclaration est communiquée, dans les quinze jours de son dépôt, à l'administration fiscale. L'Assemblée Nationale et le Sénat en reçoivent copie.

En cas d'absence de déclaration, de déclaration frauduleuse ou de soupçon d'enrichissement illicite, les articles 99, alinéas 4 et 5, et 163 de la Constitution sont, selon le cas, applicables.

Lorsqu'il est fait application de l'alinéa 4 de l'article 99 de la Constitution, la Cour est saisie par un dixième au moins des Députés ou des Sénateurs pour constater la démission d'office du Président de la République ou du membre du Gouvernement concerné.

Lorsqu'il est fait application de l'alinéa 5 de l'article 99 de la Constitution, la Cour est saisie aux fins des poursuites pénales, à la requête du Procureur Général agissant d'office ou sur plainte de toute personne intéressée, dans les trente jours suivant la fin des fonctions du Président de la République ou du Premier Ministre.

CHAPITRE 8 : DE LA DECLARATION DE VACANCE DE LA PRESIDENCE DE LA REPUBLIQUE ET DE LA PROLONGATION DU DELAI DES ELECTIONS

Article 84

La Cour déclare la vacance de la Présidence de la République.

La vacance résulte soit du décès ou de la démission du Président de la République, soit de toute autre cause d'empêchement définitif.

Il y a empêchement définitif lorsque le Président de la République se trouve dans l'impossibilité absolue d'exercer personnellement les fonctions qui lui sont dévolues par la Constitution et par les Lois de la République.

Article 85

Le Cour est saisie par le Gouvernement de la République réuni de toute urgence en Conseil des Ministres dès la survenance de l'une des causes prévues à l'article 84 de la présente Loi organique.

Article 86

En cas de décès ou de démission, l'Arrêt de déclaration de vacance est rendue dans les soixante-douze heures de la saisine de la Cour.

Ce délai est de huit jours pour toutes autres causes d'empêchement définitif.

L'Arrêt a pour effet d'ouvrir la période de l'intérim prévu à l'article 75 de la Constitution et de faire courir le délai de l'organisation d'une nouvelle élection présidentielle.

En cas de force majeure, le délai prévu pour l'organisation de la nouvelle élection peut, sur saisine de la Commission Electorale Nationale Indépendante, être prorogé par la Cour jusqu'à cent-vingt jours au plus.

Article 87

Le Président de la République par intérim prête le serment ci-après :

« Moi, ..., exerçant par intérim les fonctions de Président de la République Démocratique du Congo, je jure solennellement, devant Dieu et la Nation :

- d'observer et de défendre la Constitution et les Lois de la République ;

- de veiller à l'élection du nouveau Président de la République dans les conditions et délais prévus par la Constitution ».

TITRE V : DE LA PROCEDURE

CHAPITRE 1er : DES DISPOSITIONS COMMUNES

Article 88

La Cour est saisie par requête des parties ou du Procureur Général déposée contre récépissé au greffe.

Sauf lorsqu'elle émane du Procureur Général, la requête mentionne, sous peine d'irrecevabilité, les nom, qualité et adresse du requérant ainsi que l'objet et les moyens de la demande.

Le Greffier inscrit la requête dans un rôle.

Le Règlement Intérieur de la Cour fixe le nombre et la dénomination des rôles.

Article 89

Le Greffier assure la signification de la requête à toutes les parties concernées pour les conclusions à déposer dans les huit jours de la réception. Passé ce délai, le dossier est communiqué au Procureur Général pour son avis à intervenir dans le même délai.

Article 90

La Cour ne peut valablement siéger et délibérer qu'en présence de tous ses membres, sauf empêchement temporaire de deux d'entre eux au plus dûment constaté par les autres membres.

Article 91

Les audiences de la Cour sont publiques, à moins que cette publicité ne soit dangereuse pour l'ordre public ou les bonnes mœurs. Dans ce cas, la Cour ordonne le huis-clos.

Les parties peuvent être représentées ou assistées de leurs avocats.

Article 92

Les délibérés sont secrets.

Le Juge le moins ancien donne son avis le premier ; le Président le dernier.

En cas de partage des voix, celle du Président est prépondérante.

Les décisions sont prises à la majorité des voix. Toutefois, en matière répressive, s'il se forme plus de deux opinions, le Juge qui a émis l'opinion la moins favorable au prévenu est tenu de se rallier à l'une des deux autres.

Sans préjudice de dispositions de l'alinéa 1er du présent article, toute opinion dissidente ou individuelle est intégralement reproduite en fin de l'Arrêt. Elle comporte le nom de son auteur.

Article 93

La Cour statue par voie d'Arrêt.

Les Arrêts de la Cour sont écrits et motivés.

Ils sont signés par tous les membres de la composition et par le Greffier du siège.

Ils ne sont susceptibles d'aucun recours, sauf interprétation ou rectification d'erreur matérielle.

Article 94

Les Arrêts de la Cour sont publiés au Journal Officiel.

Ils sont immédiatement exécutoires.

Le Procureur Général en poursuit l'exécution.

Article 95

Les Arrêts de la Cour sont notifiés, selon le cas, aux parties concernées, au Président de la République, au Premier Ministre, au Président de l'Assemblée Nationale, au Président du Sénat, au Gouverneur de Province ainsi qu'au Président de l'Assemblée Provinciale.

Ils sont obligatoires et s'imposent aux pouvoirs publics, à toutes les autorités administratives, juridictionnelles, civiles, militaires ainsi qu'à tous les particuliers.

CHAPITRE 2 : DES DISPOSITIONS SPECIFIQUES

Section 1ère : En matière de contrôle de constitutionnalité

Article 96

La procédure en matière de contrôle de constitutionnalité est écrite. Elle est en outre contradictoire en cas du contentieux d'inconstitutionnalité.

Elle est gratuite.

Article 97

Saisie conformément à l'article 139, alinéa 1er de la Constitution, la Cour transmet, pour information, copie du recours au Président de la République, au Premier Ministre, au Président de l'Assemblée Nationale et au Président du Sénat.

Les recours contre les actes des autorités d'une Province sont transmis, pour information, au Gouverneur de la Province et au Président de l'Assemblée Provinciale.

Les autorités visées à l'alinéa précédent peuvent transmettre par écrit leurs observations à la Cour.

Article 98

Après avis du Procureur Général, le dossier est confié à un Rapporteur désigné par le Président de la Cour.

Le Rapporteur établit un rapport écrit à soumettre à la Cour dans les sept jours.

Le Rapport ainsi que l'avis du Procureur Général sont lus à l'audience.

Article 99

La Cour statue dans le délai de trente jours à compter du dépôt du recours. Toutefois, à la demande du Gouvernement de la République, ce délai est ramené à huit jours en cas d'urgence.

Section 2 : En matière pénale

Paragraphe 1er : Procédure en cas d'infractions commises dans ou à l'occasion de l'exercice des fonctions de Président de la République ou de Premier Ministre

Article 100

Le Procureur Général assure l'exercice de l'action publique dans les actes d'instruction et de poursuites contre le Président de la République, le Premier Ministre ainsi que les coauteurs et les complices.

A cette fin, il reçoit les plaintes et les dénonciations et rassemble les preuves. Il entend toute personne susceptible de contribuer à la manifestation de la vérité.

Article 101

Si le Procureur Général estime devoir poursuivre le Président de la République ou le Premier Ministre, il adresse au Président de l'Assemblée Nationale et au Président du Sénat une requête aux fins d'autorisation des poursuites. L'autorisation est donnée conformément aux dispositions de l'article 166 alinéa 1er de la Constitution.

Article 102

Si le Congrès autorise les poursuites, l'instruction préparatoire est menée par le Procureur Général.

Les règles ordinaires de la procédure pénale sont applicables à l'instruction préparatoire. La Cour est seule compétente pour autoriser la mise en détention préventive du Président de la République ou du Premier Ministre, dont elle détermine les modalités dans chaque cas. La détention préventive est remplacée par l'assignation à résidence surveillée.

Article 103

A la clôture de l'instruction pré juridictionnelle, le Procureur Général adresse un rapport au Président de l'Assemblée Nationale et au Président du Sénat, éventuellement accompagné d'une requête aux fins de solliciter du Congrès la mise en accusation du Président de la République ou du Premier Ministre. Dans le cas où le Congrès adopte la résolution de mise en accusation, le Procureur Général transmet le dossier au Président de la Cour par une requête aux fins de fixation d'audience. Il fait citer le prévenu et, s'il y a lieu, les coauteurs et/ou les complices.

Article 104

Tout officier de police judiciaire ou tout officier du Ministère Public qui reçoit une plainte ou une dénonciation ou qui constate l'existence des faits infractionnels à charge soit du Président de la République, soit du Premier Ministre, les transmet, toutes affaires cessantes, au Procureur Général et s'abstient de poser tout autre acte.

Article 105

En cas de condamnation du Président de la République ou du Premier Ministre, la Cour prononce sa déchéance.

Cette sanction s'applique, mutatis mutandis, aux coauteurs ou complices revêtus de la puissance publique.

Article 106

La constitution de partie civile n'est pas recevable devant la Cour.

De même, la Cour ne peut statuer d'office sur les dommages-intérêts et réparations qui peuvent être dus aux victimes.

L'action civile ne peut être poursuivie qu'après l'Arrêt définitif et devant les juridictions ordinaires.

Article 107

La grâce ou la libération conditionnelle d'un ancien Président de la République ou d'un ancien Premier Ministre condamné à une peine privative de liberté est décidée conformément au droit commun.

Paragraphe 2 : Procédure en cas d'infractions commises en dehors des fonctions de Président de la République ou de Premier Ministre.

Article 108

Pour les infractions commises en dehors de l'exercice de leurs fonctions, les poursuites contre le Président de la République et le Premier Ministre sont suspendus jusqu'à l'expiration de leur mandat.

La prescription de l'action publique est suspendue.

La juridiction compétente est celle de droit commun.

Article 109

Sauf disposition contraire de la présente Loi organique, les règles ordinaires de la procédure pénale en matière d'instruction, de représentation des parties, du prononcé et de l'exécution de l'Arrêt sont applicables devant la Cour Constitutionnelle.

Section 3 : En matière électorale et référendaire

Article 110

La Cour est saisie conformément à la Loi électorale ou référendaire.

Elle siège au nombre de trois membres.

Elle procède à tous les devoirs d'instruction nécessités par l'enquête.

Article 111

La Cour rend son Arrêt dans les délais fixés par la Loi électorale.

TITRE VI : DES EFFETS DES DECISIONS DE LA COUR CONSTITUTIONNELLE

Article 112

L'Arrêt d'inconstitutionnalité empêche la promulgation ou la mise en application de l'acte ou du texte juridique entrepris ou de certaines de ses dispositions. Il le rend nul ou inapplicable dans le cas d'espèce.

Article 113

Dans le cas où la Cour déclare que la disposition dont elle est saisie est contraire à la Constitution, sans en même temps la juger inséparable de l'ensemble du texte, l'acte juridique concerné peut, selon le cas, être promulgué ou appliqué, à l'exception de ladite disposition.

Article 114

Lorsque la Cour déclare qu'un traité ou un accord international contient une disposition contraire à la Constitution, la ratification ou l'approbation ne peut intervenir qu'après la révision de la Constitution.

Article 115

A la requête du Ministère Public ou de la partie la plus diligente, toute juridiction de l'ordre judiciaire ou administratif est tenue de rétracter toute décision même coulée en force de chose jugée, rendue en application de tout acte législatif ou réglementaire déclaré contraire à la Constitution ou en application de tout règlement pris en exécution d'un tel acte.

La décision rendue dans ce cas n'est susceptible d'aucun recours.

TITRE VII : DES DISPOSITIONS TRANSITOIRES ET FINALES

Article 116

Sans préjudice des dispositions de l'article 6 de la présente Loi organique, les membres de la première formation de la Cour, tirés successivement au sort par groupe de trois selon leur autorité de désignation, auront, à titre exceptionnel, respectivement un mandat de trois, six et neuf ans.

Le Greffier en Chef procède, au cours d'une séance publique, au tirage au sort des noms des membres de la Cour appelés à être remplacés. Ces noms sont placés par catégorie de désignation dans trois urnes différentes.

Article 117

A l'installation de la Cour Constitutionnelle, la Cour Suprême de Justice cesse d'exercer les attributions qui lui sont dévolues en matière constitutionnelle par l'article 223 de la Constitution.

Toutes les affaires pendantes devant elle sont transférées en l'état à la Cour Constitutionnelle.

Article 118

La Cour Constitutionnelle est mise en place dans les six mois de la promulgation de la présente Loi organique.

Article 119

Les titres V et VI de l'Ordonnance-loi n° 82-017 du 31 mars 1982 relative à la procédure devant la Cour Suprême de Justice sont abrogés.

Article 120

La présente Loi organique entre en vigueur à la date de sa promulgation.

Fait à Kinshasa, le 15 octobre 2013

Joseph KABILA KABANGE

Pour copie certifiée conforme à l'original

Le 15 octobre 2013

Le Cabinet du Président de la République

Gustave BEYA SIKU

Directeur de Cabinet

BIBLIOGRAPHIE

1. Documents et textes officiels

- Moniteur congolais, numéro spécial, décembre 1965

- Moniteur congolais, n°2 du 15 janvier 1969

- Loi fondamentale du 19 mai 1960 relative aux structures du Congo, Moniteur congolais, 1ere année, n°21 bis du 27 mai 1960

- Constitution de Luluabourg, Moniteur congolais, 5eme année, n° spécial, 1er août 1964.

- Constitution du 24 juin 1967, Moniteur congolais, n°14 du 15 juillet 1967.

- Ordonnance-Loi n° 87-002 du 10 janvier 1987 portant organisation des élections des membres Conseil législatif, des Assemblées Régionales, des Conseils des Villes, des Conseils des Zones et des Conseils des Collectivités. Journal officiel du Zaïre, n°spécial, 1987.

- Loi n° 88-004du 27 janvier 1988 portant révision de certaines dispositions de la constitution.

- Ordonnance-Loi n° 82-O20 du 31 mars 1982. Portant code de l'organisation et de la compétence judiciaire, journal officiel du Zaïre, 22è année, n° 7, 1er avril 1982. Moniteur belge, 27-28 mai 1960, p. 405.

- La loi n° 90-002 du 5 juillet 1990, journal officiel de la République du Zaïre, numéro spécial, juillet, 1990.

- Acte constitutionnel de la transition, Journal officiel de la République du Zaïre, n° spécial, avril 1994.

- décret-loi n° 19 du 23 août 1997.

- affaire Mutiri Muyongo contre HCR-PT enrôlée sous R.C.E.001/96 du 4 février 1996.

- Loi n°05/010 du 22 juin 2005, journal officiel de la RDC, 44è année, numéros spécial, Kinshasa, 5 juin 2005.

- L'ordonnance-loi n°68/248 du 10 juillet 1968 portant Code de l'organisation et de la compétence judiciaire.

- Code de procédure civile, 103è édition, Dalloz, 2012, p. 553.

- Loi organique n° 08/016 du 7 octobre 2008 portant composition, organisation et fonctionnement des entités territoriales décentralisées et leurs rapports avec l'État et les provinces.

- CSJ, 21août 1996, RA 320, USORAL, Bulletin des arrêts de la Cour suprême de justice, années 1990- 1999, Editions Service de documentation et d'études du ministère de justice, 2003, pp. 155- 163.

- CSJ, 21 mars 2007, RCE/ ADP/ 021, inédit.

- Bulletin des arrêts de la CSJ, année 1990-1999, éditions du service de documentation et d'études du ministère de la justice, Kinshasa, 2003, pp161-162

- CSJ, 21 septembre 2009, RAA087/RAA088, Makila, Bulletin des arrêts de la CSJ, années 2004-2009, Tome 1, Kinshasa, Editions du Ministère de la justice et des droits humains, 2010, pp. 177-184.

- Décision n°62-18 L du 16 février 1962, Loi d'orientation agricole, REC. p. 31, 1er considérant, décision n°92-312 DC du 2 septembre 1992, dite Maastricht II, Recueil p. 76, 4e considérant.

- Cass. Crim., 12 octobre 1972, Bull. Crim. n°285.

- Cass. Crim., 31 mars 1965, Bull. Crim. N°94.

- C.C., déc. 79-109 DC, 9 janvier 1980 ; déc. 80-127 DC, 19-20 janvier 1981 ; déc. 99-411 DC, 16 janvier 1999.

- C.C. Déc., 95-360 DC, 2 février 1995.

- C.C.,déc. 96-377 DC, 16 juillet 1996.

- C.C., déc. 80-127 DC, 19-20 janvier 1981.

- C.C.,, déc. 95-360 DC, 2 déc. 1995.

- C.E., Ass. 31 oct. 1980, *Fédération nationale des unions des jeunes avocats et Fédération de l'Éducation nationale,* D 1981,

- C.C., déc. 80-127 DC, 19-20 janvier 1981.

- Commission Justice pénale et droits de l'homme, La mise en état des affaires pénales, Paris, La Documentation française, 1991

- C.E.D.H., 23 mai 2000, réq. n°31070/96, *Van Pelt c. France.*

- Cass. Crim., 19 juin 2001, *Bull. Crim.* n°147.

- Décision n°92-308 DC du 9 avril 1992, Non-conformité partielle du Traité sur l'Union européenne.

- Décision n°92-312 DC du 2 septembre 1992 sur la conformité du Traité sur l'Union européenne

-Décision n°97-394 DC du 31 décembre 1997 relative au Traité d'Amsterdam modifiant le t Traité sur l'Union européenne, les Traités instituant les Communautés européennes et certaines actes connexes

- Décision n°98-408 DC du 22 janvier 1999 relatif au Traité portant Statut de la CPI, Recueil, p. 29. Non-conformité partielle.

- Rapport annuel 1999 de l'ONG de droit de l'homme congolais ASADHO : Rapport annuel 1999. République démocratique du Congo, La guerre : prétexte à tous les abus, Kinshasa, avril, 2000.

- Loi organique n°10/013 du 28 juillet 2010 portant organisation et fonctionnement de la CENI, JORDC, n° spécial, 51eme année, du 28 juillet 2010.

- Loi n°11/002 du 20 janvier 2011 portant révision de certains articles de la constitution du 18 février 2006, JORDC, n° spécial, 52eme année, 5 février 2011

- Mission d'observation électorale de l'Union européenne, Rapport final, élections présidentielles et législatives du 28 novembre 2011

- L'ordonnance n° 226 du 29 septembre 1963 ayant clôturée la session parlementaire tout en mettant sur pied une commission d'élaboration d'un projet de constitution.

- Mémoire explicatif de la constitution du 1er août 1964, M.C., n° spécial, 1er août 1964,

- Le Moniteur congolais, n° spécial, 1er août 1964, p. 28.

- Arrêt R.A. 266 du 8 janvier 1993. ASBL « Témoins de Jéhovah » contre la République du Zaïre, Bulletin des arrêts de la CSJ, années 1990 à 1999, Kinshasa, Éditions de service de documentation et d'études du Ministère de la justice, 2003, pp. 78-82.

- Recueil des textes pour le dialogue inter-congolais, JORDC, 42ème année, n° spécial, Kinshasa, mai 2001, p. 245.

- Déclaration de prise de pouvoir par A.F.D.L., J.O.R.D.C., n°spécial, mai 1997, pp. 5-7.

- Appel urgent n°003/97 de l'Association Zaïroise des Droits de l'Homme (AZADHO).

- Rapport du groupe des organisations des droits de l'homme à la consultation nationale, Kinshasa, 10 mars 2000

- CSJ, Djuma Anabeku, Arrêt RCDC 005/KN du 10 avril 2006. Inédit. Convention chrétienne pour la démocratie, Lisanga Bonganga. RCDC012/KN du 13 avril 2006/

- Loi fondamentale du 19 mai 1960 relative aux structures du Congo

- La constitution du 1er août 1964

- Constitution du 24 juin 1967

- Proposition loi du député Bule a été déposé le 30 octobre 2007 sous le n° 55.

- Rapport de la commission Politique, Administrative et juridique de l'Assemblé nationale sur la proposition de loi relative à l'organisation et le fonctionnement de la Cour constitutionnelle, Kinshasa, juin 2008 pp. 2-3.

- Loi organique n°13/026 du 15 octobre 2013 portant organisations et fonctionnement de la Cour constitutionnelle, Kinshasa, JORDC, n°spécial, 54e année, première partie, 18 octobre 2013. A consulter aussi à l'adresse www.presidentrdc.cd/spip.php

- CC, 6 novembre 1962, Élection du Président de la République, DC 62-20, Rec. 27 in Favori, L., et Philip, L., *Les grandes décisions du Conseil constitutionnel,* 4ème édition, Paris, Sirey, 1986, pp. 172-183.

- Décision n°2013-156 PDR du 4 juillet 2013 sur le recours de M. Sarkozy dirigé contre la décision du 19 décembre 2012 de la Commission nationale des comptes de campagnes et de financement politiques, www.conseil-constitutionnel.fr

- Décision n°2008-566 DC du 9 juillet 2008 portant sur la loi organique relative aux archives du Conseil Constitutionnel, www.conseil-constitutionnel.fr

- Décision n°85-187 DC du 25 janvier 1985 relative à l'état d'urgence en Nouvelle Calédonie et dépendances, www.conseil-constitutionnel.fr . Consulté le 12 mars 2010.

- Décision du C.C. n ° 82-143 DC du 30 juillet 1982 relative à la loi sur le prix et le revenu, notamment ses articles 1, 3 et 4. Réc. p. 57. Journal officiel du 31 juillet 1982, p. 2470.

- Décision n°2004-500 DC du 29 juillet 2004 portant sur la loi organique relative à l'autonomie financière des collectivités territoriales, www.conseil-constitutionnel.fr Consulté le 13 mars 2010.

- Décision n°2005-512 DC relative à la loi d'orientation et de programme l'avenir de l'école, www.conseil-constitutionnel.fr

- Loi constitutionnelle 2008-74, du 23 juillet 2008 de modernisation des institutions de la Vème République, J O, 24 juillet 2008, p. 11890.

- Loi-Organique relative à l'application de l'article 61-1 de la constitution. JO, du 11 décembre 2009, p. 21381.

- Portelli, H., Rapport fait au nom de la commission des lois, 29 septembre 2009, n° 632, p. 43

- C. Cass., Ass. Plén., 2 juin 2000, Fraisse, RDP, 2000, p. 1037.

- CE, Ass., 30 octobre 1998, Saran, RFDA, 1998, p. 1081, concl. Ch. Maugûe.

2. Les ouvrages généraux

A. Franco-européens

A

- Auby, J.-M., et Drago, R., *Traité de contentieux administratif*, 3è édition, vol. 1, Paris, LGDJ, 1984

- Aguila, Y., *Le conseil constitutionnel et la philosophie du droit,* Paris, LGDJ, 1995, 123 p.

- Ardant, P., *Institutions politiques et droit constitutionnel,* 8ème édition, Paris, LGDJ, 1996, 578 p.

- Ardant, Ph, Matthieu, B., Institutions *politiques et Droit constitutionnel,* 25e éd., Paris, LGDJ, Lextenso, 2013, 508 p.

- Aristote, *Politique,* Livre VII, 13-14, Traduction inédite, introduction, notes et index de Pierre Pellegrin, Paris, Flammarion, 1995, 575 p.

- Audren, F., Halpérinn, J.-L., *La culture juridique française : entre mythes et réalités*, Paris, CNRS, 2013, 334 p.

B

- Baud, O., *La puissance de l'État*, Paris, PUF, 1994, 512 p.

- Bayart, J-F., *L'État en Afrique : la politique du ventre,* Paris Fayard, 1989, 240 p.

- Bois de Gaudusson, Jean du et Darbon, D., (dir), *La création du droit en Afrique*, Paris, Karthala, 1997, 496 p.

- Baudouin, J.-L., Fortin, J., et Szabo, D., *Terrorisme et justice: entre la liberté et l'ordre. Le crime politique*, Montréal, édition du jour, 1970, 175 p.

- Burdeau,G, Hamon, F., et Troper, M., *Droit constitutionnel*, 24e éd. , Paris, LGDJ, 1995, 759 p.

- *Burdeau, G., Les libertés publiques, Paris, LGDJ, 4è édition, 1972, 457 p.*

C

- *Cabrillac, R., (dir.), Dictionnaire du vocabulaire juridique,* 3è édition, Paris, Litec, 2008, 417 p.

- Cadiet, L., (dir.), Dictionnaire de la justice, Paris, PUF, 2004,1362 p.

- Capitant, R., *Principes constitutionnels*, Paris, Éditions du CNRS, 1982, 485 p,

- Carbasse, J.-M., *Manuel d'introduction au droit*, 2è Édition corrigée, Paris, PUF, 2004, 536 p.

- Carré de Malberg, R., *Contribution à la théorie générale de l'État*, tome I, Paris, PUF, 2003, 344 p.

- Chantebout, B., *Droit constitutionnel,* Paris, Sirey, 28e édition, 2011, 670 p.

- *Chartier, Y., La Cour de cassation,* Paris, édition Dalloz, 2001.

- Chevallier, J., *L'État de droit,* 4 e édition, Paris, Montchrestien, 2003, 160 p.

- Conte, Ph., *et Maistre du Chambon, P., Procédure pénale, Paris,* Armand Colin, 2000, n°4, 470 p.

- Cornu, G., *Vocabulaire juridique,* Paris, 7e éd., 1998, 899 p.

- Cot, J.- P., Mounier, J.-P., Pour *une sociologie politique*, Tome I, Paris, Seuil, 1974, 187 p.

D

- Delperée, F., *Droit constitutionnel de la Belgique,* Bruxelles, Bruylant, Paris LGDJ, 2000, 1048 p.

- Delpérée, F., *Droit constitutionnel*, Tomme, I, Bruxelles, Larcier, 1987, 507 p.

- De Villiers, M., et Berranger, T., (sous la dir.), *Droit public général: institutions politiques, administratives et européenne-Droit administratif-Finances publiques,* 5e édition, LexisNexis, 2011, 1562 p.
- Duhamel, O., *Droit constitutionnel et institutions politiques, Paris*, Seuil, 2009, 916 p.

-Duhamel, O. et Y. Meny, *Dictionnaire constitutionnel*, Paris, PUF, 1992, 1122 p.

- Duhamel, O., Tusseau, G., *Droit constitutionnel et institutions politiques,* 3e édition, Paris, Seuil. 2013, 955 p.

- Duverger, M., *Institutions politiques et droit constitutionnel,* Paris, PUF, 18è édition, 1988, 603 p.

F

- Favoreu, L., *La politique saisie par le droit : alternances, cohabitation et Conseil constitutionnel,* Paris, Economica, 1988, 153 p.

- Favoreu, L, et alii, *Droit constitutionnel,* Paris, Dalloz, 2006, 941 p.

- Favoreu, L ; et les autres, *Droits constitutionnel*, 14éme édition. Paris, Dalloz, 2011, 1077 p.

- Frydman, B., *Le sens des lois, Bruxelles, Bruylant,* Paris, LGDJ, 2005, 696 p.

G

- Galletti, F., *Les transformations du droit public africain francophone : entre étatisme et libéralisation,* Bruxelles, Bruylant, 2004, 682 p.

- Gaudemet, Y., *Traité de droit administratif,* Tome 1, 16e édition, Paris, LGDJ, 2001, 918 p.

- Guetthier, C., et Ledivellec, A., *La responsabilité pénale du Président de la République*, Paris, L'Harmattan, 2003,

- Gicque, J., et Gicquel, J. E., *Droit constitutionnel et institutions politiques*, 24è édition, Paris, Montchrestien, 2010, 792 p.

- Gicquel, J., *Droit constitutionnel et institution politique,* 16è Édition, Paris, Montchrestien, 1999, 763 p.

- Gicquel, J., et Gicquel, J.-E., *Droit constitutionnel et institutions politiques*, 25ème édition, Paris, Montchrestien, 2011, 806 p.

- Giscard D'Estaing, V., *Démocratie française*, Paris, Fayard, 1976, 175 p.

- Guillenchmit, M. de, *Droit constitutionnel et institutions politiques*, Paris, Economica, 2005, 467 p.

- *Guillien, R., et Vincent, J., (sous la direction de), Lexique des termes juridiques,* 17ème édition, Paris, Dalloz, 2009.

- *Guinchard, S., Debard, Th., (sous la dir.), Lexique des termes juridiques*, Paris, Dalloz, 19e édition, 2012, 967 p.

H

- Hauriou, M., *Principe de droit public*, Paris, Dalloz, 1910, 734 p.

-Hauriou, A., *Droit constitutionnel et institutions politiques*, Paris, Montchrestiens, 1968, 911 p.

- Hegel, F., *Le principe de la philosophie du droit,* Paris, Vrin, 1975.

- Hermet, G., Badie, B., Birnbaum, P. et Braud, P., *Dictionnaire de la science politique et des institutions politiques,* Armand Colin, Paris, 6è édition, 2005, 404 p.

- Hobbes, Th., *Le Léviathan ou matière, forme et puissance de l'État chrétien et civil*, Paris, Gallimard, 2000. Traduction, introduction, notes et notices par Gérard Mairet.

J

Jouvenel, B. de, *Les débuts de l'État moderne, une histoire des idées politiques au 19e siècles*, Paris, Fayard, 1976, 338 p.

L

- Lancelot, A., *Les attitudes politiques*, 4e édition, Paris, PUF, 1974, 137 p.

- Lang, J., *Changer*, Paris, Plon, 2005, 180 p.

- Lavroff, D.-, G., *Le droit constitutionnel de la Vè République*, 3è édition, Paris, PUF, 1999, 1100 p.

- Lemaire, F., *Le Principe d'indivisibilité de la République: mythe et réalité*, Presse universitaire de Rennes, 2010, 290 p.

- Lenoble, J., *Droit et communication*, Paris, Cerf, 1994, 115 p.

M

- Maillard Desgrées du Loû, D., *Institutions administratives*, Paris, PUF, 2011, 483 p.

P

- Pactet, P. et Mélin-Soucramanien, F., *Droit constitutionnel et institutions politiques*, 22ème édition, Paris, Armand Colin, 2003.

- Pactet, P., et Melin Soucramanien, F., *Droit constitutionnel*, 23è éd., Paris, Armand Colin, 2004, 639 p.

- Pactet, P., et Melin Soucramanien, F., *Droit constitutionnel*, 31è édition, Paris, Sirey, 2012, 638 p.

- Pradel, J., *Droit pénal général*, 10è édition, Paris, Cujas, 1996, 743 p.

Q

- Quermone, J.-L., *Les régimes politiques occidentaux,* 4è édition, Paris, coll. Points essais, Seuil, 2000, 340 p.

R

- Renoux, T.-S., et Villiers, M. de, *Code constitutionnel*, Paris, Litec, 1994, 1512 p.

- Rigaux, M.-F., *La théorie des limites matérielles à l'exercice de la fonction constituante*, Bruxelles, Larcier, 1985, 335 p.

- Rivero, J., *Précis de droit administratif,* 13è édition, Paris, Dalloz, 1990, 654 p.

- Rousseau, J-J., *Du contrat social*, Livre II, chapitre 4, introduction, commentaires, notes, chronologie et bibliographie par Gérard Mairet, Librairie générale française, 1992, 545 p.

T

- Tocqueville, A., *De la démocratie en Amérique, 1835, Paris*, Réédition Flammarion, 1981.

U

- Uytendaelle, M., *Précis de droit constitutionnel belge. Regard sur un système institutionnel paradoxal*, Bruxelles, Bruylant, 2000, 2001, 986 p.

V

Verpeaux, M., Pierre de Montalivet, Roblot-Troizier, A., Vidal-Nasquet, A. *Droit constitutionnel: les grandes décisions de la jurisprudence,* Pris, PUF, 2011, 540 p.

B. Ouvrages Afro-congolais

A

-Alioune Badiane, Franz Vander Shueren, Diagne Pathé et alii, *Pauvreté urbaine et accès à la justice en Afrique: impasse et alternatives,* Paris, L'Harmattan, 1995, 419 p.

B

- Bula Bula, S., (dir), Pour l'épanouissement de la pensée politique congolaise, *Liber amicorum Marcel Lihau,* Bruxelles, Kinshasa, Bruylant/puk, 2006, 523 p.

C

- Crisis Group, Congo : l'enlisement du projet démocratique, Poriefing. Afrique n°23,8, Avril 2010.

E

- Esambo Kangashe, J.-L., *La constitution congolaise du 18 février 2006 à l'épreuve du constitutionnalisme: contraintes pratiques et perspectives*, Louvain-la-Neuve, Academia Bruylant, 2010, 349 p.

I

- Ismaïl Madior Fall, (dir.), *Les décisions et avis du Conseil constitutionnel du Sénégal*, Université Cheik Anta Diop, Dakar, Faculté des sciences juridiques et politiques, Credila, 2008, 565 p.

K

- Kä Mana, *Changer la République démocratique du Congo*, Yaoundé, édition Cipcre, 2012.

- Kamidi Ofit, R., *Le système judiciaire congolais: organisation et compétence*, Kinshasa, édition Fito, 1999, 303 p.

- Katuala Kaba Kshala et Yenyi Olungu, *Cour suprême de justice: historique et textes annotés,* Kinshasa, Editions Batena Ntambwa, 2000, 183 p.

L

- Likulia Bolongo, *Droit pénal spécial*, Paris, LGDJ, 1985, 600 p.

- Lubanza, M-A., *Élections et constructions des identités politiques en RDC,* Kinshasa, CEROPIC, 2011.

M

- Mabanga Monga Mabanga, *Le contentieux constitutionnel congolais*, Kinshasa, éditions universitaires africaines, 1999, 109 p.

- Mampuya Kanuk'a Tshiabo, A., *Espoirs et déception de la quête constitutionnelle congolaise, Clef pour comprendre le processus constitutionnel du Congo-Kinshasa,* Nacy-Ama ED-BNC, 2005, 226 p.

- Matadi Nenga Gamanda, *Droit privé judicaire*, Louvain-la Neuve et Kinshasa, Academia Bruylant, Droits et idées nouvelles, 2006, 735 p.

- Matadi Nenga Gamanda, *La question du pouvoir judicaire en République démocratique du Congo: contribution à une étude de réforme,* Kinshasa, Droits et idées nouvelles, 530 p.

- Milleliri, J., *Etude de gouvernance en République démocratique du Congo*, IEHI-Aix-Provence, 2010, 44 p.

- Minani, B., 1990-1997, 17 ans de transition politique et perspectives démocratiques en RDC, Kinshasa, CEPAS/RODINEAC, 2008, 145 p.

- Morin J.-Y., *Les libertés et les droits fondamentaux dans les constitutions des États ayant le français en partage*, Bruxelles, Bruyant/AUF, 1999, 726 p.

N

- Ndaywel e Nziem, I., *Histoire générale du Congo. De l'héritage ancien à la RDC*, Bruxelles, Larcier, 1998, 955 p.

- Ngoma, S. Munzele, M. et Mputu, N., *Sur les sentiers de la culture congolaise. Nos hommes de culture nous parlent*, USA, Congo, vision March, 2009, 196 p.

V

- Vettovaglia, J.P et les autres, *Démocratie et élections dans l'espace francophone,* Bruxelles, Bruylant, 2010, 935 p.

- Vunduawe te Pemako, F., *A l'ombre du Léopard. Vérité sur les régimes de Mobutu Sese Seko,* Tome 1, Bruxelles, Editions Zaïre Libre, 2000, 484 p.

- Vunduawe te Pemako, F., *Traité de droit administratif, Bruxelles*, Larcier, 2007, 933.

3. Ouvrages spécialisés

A

- Aïvo, F.-J., *Le juge constitutionnel et l'Etat de droit en Afrique: l'exemple du modèle béninois*, Paris, L'Harmattan, 2006, 207 p.

B

-Bibombe Mwamba, B., et Bibombe Ilunga, A., *Recueil des principaux arrêts de la jurisprudence administrative congolaise et étrangère*, Kinshasa, EUA, 1998.

Blachèr, P., Le contrôle de constitutionnalité et volonté générale, Paris, PUF, 2001.

-Bonet, J., *Le juge ordinaire français et le contrôle de constitutionnalité des lois: analyse critique d'un refus*, Paris, Dalloz, 2009.

- Breyer, S., *La Cour suprême, l'Amérique et son histoire*, Pris, Odile Jacob, 2011.

C

- Conac, G., (dir.), *Institutions constitutionnelles et politiques des États d'Afrique francophone et Malgache,* Paris, Economica, 1979.

- Conac, G., *Les constitutions des États d'Afrique et leur effectivité, Dynamiques et finalités des droits africains*, Paris, Economica, 1980.

- Conac, G., (dir.), *Les institutions administratives des Etats francophones d'Afrique noie. La vie du droit en Afrique*, Paris, Economica, 19979.

- Cabanis, A. et Martin, M.-L., *Le constitutionnalisme de la troisième vague en Afrique francophone,* Louvain-la-Neuve, Academia -Bruylant, PUR, 2010.

- Cabanis, A., et Marti, L., *Les constitutions d'Afrique francophone : Evolutions récentes*, Paris Karthala, 1999

D

- Drago, G., *Contentieux constitutionnel français*, Paris, PUF, coll. Thémis, 2006.

- Drago, G., *L'exécution des décisions du Conseil constitutionnel. L'effectivité du contrôle de la constitutionnalité des lois*, Paris, Economica, 1991.

- Du Bois De Gaudusson, J., « Constitution sans culture constitutionnelle n'est que ruine du constitutionnalisme : poursuite d'un dialogue sur quinze années de transition en Afrique et en Europe », in *Démocratie et liberté : tension, dialogue, confrontation*,

Mélanges en l'honneur de Slobodan Mladic, Bruxelles, Bruylant, 2008.

- Du Bois de Gaudusson, J., Cnac, G., et Desouches, C., *Les constitutions africaines publiées en langue française,* tome 1, Paris, La Documentation française, Bruxelles/Bruylant, 1997.

- Conac, G., et Gaudusson, Jean de, *(Sous la dir.), Les Cours suprêmes de justice en Afrique, T. III, la jurisprudence administrative*, Paris, Economica, 1988;

- *Conac, G., L' Afrique en transition vers le pluralisme politique*, Paris, Economica, 1993, 509 pages;

.-Djoli Eseng'ekeli, J., *Droit constitutionnel: expérience congolaise (RDC*), Paris, L'Harmattan, 2013.

F

- Favoreu, L., Les cours constitutionnelles, Paris., PUF, 1986.

- Favoreu, L., et Wanda Mastors, Les Cours constitutionnelles, Paris, PUR, 2011.

-Fweley Diangituka, *Les fraudes électorales: comment on recolonise la République démocratique du Congo,* Paris, L'Harmattan, 2008.

- Foucher, P., La *saisine du juge constitutionnel. Aspects de droit comparé,* Bruxelles, Bruylant, 1998.

G

- Gonidec, P.-F., *Les Droits africains : Évolution et sources,* Tome II, 2è édition, Paris, LGDJ, 1976, 290 p.

J

- Jan, P., *La saisine du Conseil constitutionnel,* Paris, LGDJ, 1999.
- Jan, P. Le procès constitutionnel, 2e éd., Paris, LGDJ, Lextenso, 2010, 213 p.
-Jan, P., Le Procès constitutionnel, système de droit, Paris, LGDJ, 2001, 223 p.
- Jobard-Bachellier, M.- J. et Bachellier X., *La technique de cassation : pourvois et arrêts en matière civile*, Paris, 7è édition, Paris, Dalloz.

K

- Kaluba Dibwa, D., *La saisine du juge constitutionnel et du juge administratif suprême en droit constitutionnel congolais, lecture critique de certaines dispositions de la CSJ d'avant la constitution du 18 février 2006,* Kinshasa, Editions Eucalyptus, 2007, 118 p.
- Kaluba Dibwa, D., *Le contentieux constitutionnel en République démocratique du Congo: contribution à l'étude des fondements et des modalités d'exercice de la justice constitutionnelle*, Berlin, Editions universitaires européennes, 2010

L

- Lewalle, P., *Contentieux administratif*, Coll. de la Faculté de Droit de l'université de Liège, 2è édition, Bruxelles, Larcier, 2002.

- Luchaire, F., *La protection constitutionnelle des droits et libertés*, Paris, Economica, 1987,

- Luchaire, F., *Le Conseil constitutionnel*, Paris, Economica, 1980

M

- Manga, CH., Fombard and Christiana Murray, *Fostering constitutionnalism in Africa,* éd. Pretoria universit, Law-Press, 2010

- Masseron, J.-P., *Le pouvoir et justice en Afrique noir francophone et à Madagascar*, Paris, édition Pédone, 1966.

- Molfessis, N., *Le Conseil constitutionnel et le droit privé*, Paris, LGDJ, 1997

N

-Ngoma Binda, La justice constitutionnelle en République démocratique du Congo, Paris, L'Harmattan, 2008,

R

- Renoux, T., *Le conseil constitutionnel, l'autorité judiciaire, l'élaboration d'un droit constitutionnel juridictionnel*, Paris, Economica, PUAM, 1984, p.28

- Richard, A., *Les partis politiques et le Conseil constitutionnel*, Paris, Economica, 1987.

- Rigaux, M.-F., et Renauld, B., *La Cour constitutionnelle*, Bruxelles, Bruylant, 2008.

-Rousseau, D., *Droit du contentieux constitutionnel*, 10è édition, Paris, LGDJ, 2013, 649 p

- Rousseau, D., *Droit du contentieux constitutionnel,* 9è édition, Paris, Montchrestien, 2011

- Rousseau, D., *Droit du contentieux constitutionnel*, 6è Édition, Paris, Monchrestien, 2001,

- Rousseau, D., *Droit du contentieux constitutionnel, 7è édition, Paris, Montchrestien, 2006*

- Rousseau, D., *Droit du contentieux constitutionnel,* 8è Éditions, Paris, Monchrestien, 2008,

T

- Trefon, T., *Ordre et désordre à Kinshasa. Réponses populaires à la faillite de l'État*, Paris, L'Harmattan, 2004

- Turpin, D., *Le Conseil constitutionnel: son rôle, sa jurisprudence*, 2è édition, Paris, Hachette supérieure, 2000

V

- *Verdussen, M., Les douze juges, la légitimité de la Cour constitutionnelle,* Bruxelles, édition Labor, volume 70 de Quartier Libre, 2004

W

- Weber, J.-F., *La Cour de cassation, Paris, Documentation française, 2010*

4. Articles / Revues

A.

- Abdoulaye Diarra, « Les autorités administratives dans les États francophones d'Afrique noire : cas du Mali, du Sénégal et du Bénin », Revue électronique *Afrilex*, n° 00, janvier 2000 : http://www.afrilex.u-bordeaux.fr

-Ahmed Salem Ould Bouboutt, « Les juridictions constitutionnelles africaines : évolution et enjeux », *AIJC*, XIII-1997, pp. 31-45.

- AHJUCAF, Le juge de cassation à l'aube du 21ème siècle, Acte du premier congrès de l'Association des Hautes juridictions de cassation des pays ayant en partage l'usage du français (AHJUCAF), Marrakech, 17 au 19 mai 2004

-Alen, A., n°1 http://popus/ulg.ac.be/federalisme/document.php?id=532

- Atangana Amougou, J.-L., « La constitutionnalisation du droit en Afrique : l'exemple de la création du Conseil constitutionnel camerounais », in *Annuaire International de justice constitutionnelle (AIJC)*, XIX, 2004, pp. 45-63.

- Avril, P., « Une revanche du droit constitutionnel », *Pouvoirs*, n°49, avril 1989, pp. 5-13.

- Avril, P., « Une survivance : le droit constitutionnel non écrit », in *Mélanges Ardant*, Paris, LGDJ, 1999, pp. 4-5.

- Ardant, Ph, *Institutions politiques et droit constitutionnel*, 16e Édition, Paris L.G.D.J, 2004,

B

- Babacar Guèye, « La démocratie en Afrique : succès et résistances », Pouvoirs, n° 129, pp.5-26

- Babacar Kante, « Les juridictions constitutionnelle et la régulation des systèmes politiques en Afrique » in constitutions et pouvoirs, mélanges en l'honneur de Jean Gicquel, Paris, Montchestien, 2008, pp. 265-276

- Badinter, R., « La responsabilité pénale du Président de la République », *RDP*, n°1, 2002, pp. 105-116

- Bakandeja Wa Mpungu, G., « Les institution de l'État de droit et la démocratie en

Afrique : l'expérience congolaise « in Sayeman Bula Bula, *Pour l'épanouissement de la pensée juridique congolaise : Liber amicorum Marcel Antoine Lihau*, Bruxelles, Bruylant, Kinshasa, presses universitaire de Kinshasa, 2006, pp. 52-83.

- Beaud, O., « La responsabilité du Chef de l'État et des membres du Gouvernement » www.conseil-constitutionnel.fr/conseil-constitutionnel/français/la-constitution.

- Bibombe-Mwamba, « Une Cour suprême, pour quoi faire ? », in Conac, G.

- Bole, S., «Des constitutions made in Afrique», Communication au VIeme congrès français de droit constitutionnel, Montpellier, 9, 10, 11 juin 2005, in www.droitconstitutionnel.orgcongresmtp/textes7/BOLLE.pdf consulté 28.12.2012

- Bole, S., « Les juridictions constitutionnelles africaines et les crises électorales », 5è Congrès de l'ACCPUF, 2005, p.83

- Bolle, S., «Vices et vertus du contentieux des élections en Afrique » in Vettogaglia J.-P., et les autres (dix), *Démocraties et élections dans l'espace francophone*, Bruxelles, Bruylant, 21, pp. 532-552.

- Bolle, S., « Vers une Cour constitutionnelle à la congolaise », www.la-constitution-en-afrique.org consulté 23 janvier 2010.

- Boshab, E., « La misère de la justice et la justice de la misère en République démocratique du Congo », *Revue de la recherche juridique, Droit prospectif*, 1998-3, N. XXIII-74, PUAM, 1998, pp. 1164-1184.

- Boshab, E., «les dispositions constitutionnelles transitoires relatives à la cour constitutionnelle en République démocratique du Congo», *Fédéralisme, Régionalisme*, Volume 7 2007

- Bourgi, A., « L'évolution du constitutionnalisme en Afrique : du formalisme à l'effectivité », in *RFDC*, n° 52, 2002, pp. 740 et S.

- Breton, J.-M., « Trente ans de constitutionnalisme d'exportation dans le pays d'Afrique Noire francophone. Entre mimétisme et réception critique : cohérence et incohérence (1960-1990) », in Actes du Congrès de Montpellier, Atelier 7, Le constitutionnalisme : un produit d'exportation, in www.droitconstitutionnel.org consulté le 12 décembre 2012.

- Burgorgue-Larsen, L., « Chronique de la jurisprudence constitutionnelle comparée 2001 », *RDP*, n°4, 2002, p. 1016.

- Bwana N'sefu Lumanu Mulenda, A., « Les révisons constitutionnelles au Zaïre : étude d'une dynamique de construction-destruction d'un ordre politique », *Revue Genève-Afrique*, Vol. XXVII, 2, 1989, p. 46.

C

- Camby, J.- P., « La loi organique dans la constitution de 1958 », *RDP*, 1989, pp. 1401-1441

- Chevalier, J., «Les interprètes du droit», *L'interprétation et droit,* Bruxelles Bruylant, PUAM, 1995

- Conac, G., «Les aspects juridiques : Démocratie et élections », in Vettovaglia et Alii, *Démocratie et élections dans l'espace francophone, Bruxelles*, Bruylant, 2010, p. 24

- Conac, G., «L'État de droit et démocratie » in Conac, G. (sous la dir. de), *L'Afrique en transition vers le pluralisme politique*, Paris, Economica, 1990, p. 485.

- CROO, H., *La procédure de révision de la Constitution*, Bruxelles, Bruylant, 2003, p. 96.

- Cros, M.-F., « Les évêques à la CENI: corrigez ou démissionnez ! » consultable sur le site www.lalibre.be/actu/interbational/article/713102/les-eveques-a-la-ceni-corrigez-ou-demissionnez.html

- Courtoy, C., « La formation et le renouvellement de la Cour d'arbitrage en Belgique », *C.D.P.K., Chroniques de droit public*, Bruxelles, 2000, p. 540

D

- Dargent, F., «Les échecs du mimétisme constitutionnel en Afrique noire francophone», in www.droitconstitutionnel.org /congresNancy /com4/dargentT4.pdf.

- «De la Cour d'arbitrage à la Cour constitutionnelle », in www.const-court.be Le site officiel de la Cour constitutionnelle belge. Consulté le 12 septembre 2012.

- Delcamp, A., «Cours constitutionnelles et parlements ou comment se conjuguent aujourd'hui principe de souveraineté et État de droit », in Les Nouveaux Cahiers du Conseil Constitutionnel, n° 38, 2013, pp. 183-203.

- Delpérée, F., Premiers scrutins et contrôle de constitutionnalité en RDC : la mise en œuvre d'une constitution « régionaliste »,

- Délpérée, F., et Baetens-Spetschinsky, M., « La saisine de la Cour d'arbitrage », in *Standing to raise constitutionnal issues : comparative perspectives* (éd. R.S.), Bruxelles, Bruylant, 2005, p.100.

- Delphine Pollet-Panoussis, « La constitution congolaise, petite sœur africaine de la constitution française », *RFDC*, n° 75, juillet 2008, p. 483.

- Djedjro Francisco Meledje, « Faire, défaire et refaire la constitution en Côte d'Ivoire : un exemple d'instabilité chronique », in Charles Manga Fombard et Chritina Murray, *Fostering constitutionnalism in Africa,* op. cit. pp.315-316.

- Djedjero Francisco Maledje, «Le contentieux électoral en Afrique *», Pouvoirs*, n°129, 2009, pp. 139-155

- Dibunda Kabunji, « De la constitutionnalité de l'ordonnance n°25/505 du 5 octobre 1959 relatives aux réunions et manifestations publiques », Kinshasa, *Justice science et paix*, n°24, 1995, pp. 2-6

- Dodzi Kokoroko, « Les élections disputées : Réussites et échecs », *Pouvoirs*, n°129, 2009

- Domingo, L., « Question prioritaire de constitutionnalité et contentieux administratif des assemblées parlementaires, *JCP*, A 2010, n°42, 2023.

- Doumbé-Billé, « Les transformations au Cameroun : un processus d'élargissement prudent », in Roussillon, H., *Les nouvelles constitutions africaines : la transition démocratique*, Toulouse, Presse de l'Institut d'études politiques de Toulouse, 1995, pp. 69-83.

- Du Bois De Gaudusson, J., « Les élections à l'épreuve de l'Afrique », *Les cahiers du Conseil constitutionnel,* n°13, 2002, pp. 100-105

- Du Bois de Gaudusson, J., « Les structures de gestion des opérations électorales : Bilan et perspectives en 2000 et … dix ans après », in Vettovaglia, J.-P., et alii, (dir.), *Démocratie et élections dans l'espace francophone*, Bruxelles, Bruylant, 2010, pp. 259-286, spécialement pp.275-276

- Drago, G., « Réformer le Conseil constitutionnel ? », in *Pouvoirs*, n°105, Avril 2003, pp. 73-88

E

- El Hadj Mbodj, « La constitution de transition et la résolution des conflits en Afrique. L'exemple de la République Démocratique du Congo », in *RDP*, n°2, mars-avril 2010, pp. 441-471.

- Emeri, C., « L'État de droit dans les systèmes polyarchiques européens », in *RFDC,* n° 9, 1992, pp. 27-41.

- Esambo Kangashe, J.-L., « Dette de clarification autour de la proposition de loi organique portant organisation et fonctionnement de la Cour constitutionnelle congolaise », consulté sur le site www.la-constitution

- Esambo Kangashe, J-L., « Le texte de la constitution du 3 avril 2003 de la RDC à l'épreuve de l'identité constitutionnelle », *Revue de Droit africain*, n° 27, Bruxelles, juillet 2003, pp. 349-364.

F

- Fall, A., «Le juge, le justiciable et les pouvoirs publics : pour une appréciation concrète de la place du juge dans les systèmes politiques en Afrique », in *Les défis des droits fondamentaux, sous la direction* de J.-Y., Morin et G., Autis, AUF, édition Bruylant, Bruxelles,

- Fassassi, I., «L'exigence continue de légitimité sociale de la Cour suprême», in *Les Cahiers du Conseil constitutionnel*, n°26, 2009, pp. 142-149.

- Fatin-Rouge Stefanini, M., «Les qualités d'une Cour constitutionnelle : retour sur la dénomination du Constitutionnel et la contestation de son caractère juridictionnel en comparaison avec le cas de la Belgique », in *Actes du Congrès de Montpellier*, www.droitconstitutionnel.org

- Faure, E., « L'alternance ou la noix creuse », *Pouvoirs,* n°1, 1977, p. 16.

- Faure, Y.-A., « Les constitutions et l'exercice du pouvoir en Afrique. Pour une lecture différente des textes », *Politique africaine*, n°1, janvier 1981, p. 46.

- Favoreu, L, «Les décisions du Conseil constitutionnel dans l'affaire des nationalisations», *RDP,* 1982

- Favoreu, L., "Brèves réflexions sur la justice constitutionnelle en Afrique", in *Les Cours suprêmes en Afriques*, tome II, Paris, Economica, 1989

- Favoreu, L., et Renoux, Th-S., « Le contrôle de constitutionnalité des actes administratifs

- Favoreu, L., « Le juge constitutionnel, le juge administratif et le juge des conflits : vers une harmonisation des jurisprudences », *RFDA*, 3(2), 1987

G

Garigou-Lagrange, J.-M., « Les partenaires du Conseil constitutionnel » ; *RDP,* n°3, 1986,

-Gennevois, B., « L'accès de l'individu à la justice constitutionnelle: exception d'inconstitutionnalité et recours individuel direct », *RIDC*, Vol.12, 1990, p. 73-91

- Ghevontian, R., « La sincérité du scrutin », *Les Cahiers du Conseil constitutionnel*, n°13, 2002, p. 61.

- Ghevontion, R., « La notion de sincérité du scrutin », *Les cahiers du conseil constitutionnel,* n°13, 2002, pp. 63-68

- Grégroire Bakandeja Wa Mpungu, « La nouvelle constitution de la RDC : sources et inventions », in Charles Manga, Fombard et Christiana Murray, *Fostering constitutionnalism in Africa*, éd. Pretoria university Law-Press, 2010, pp. 341-373.

-Gugleelmi,G-J,«La responsabilité du Président de la République», www.guglielmi.fr/spip.php?article52

Guinchard, S., « Le procès équitable : droit fondamental ? », *AJDA*, 1998, p. 19

H

- Hans Kelsen, « La garantie juridictionnelle de la constitution», *RDP*, 1928, pp 197-257.

- Holo, Th., « La transition vers la démocratie : le cas du Bénin dans La consolidation de la démocratie pluraliste en Afrique, Actes de conférence internationale, Dakar 6-9 novembre 1990, Alternative démocratique dans le tiers monde, *Revue d'Études, de recherches, d'informations et d'opinions de CERDET*, juillet-décembre, 1990, p. 134.

- Hourquebie, F., Mastor, W., « Les cours constitutionnelles et suprêmes étrangères et les élections présidentielles », *Le nouveau cahier du Conseil constitutionnel*, n°34, 2012, p. 148.

I

- Ibrahima Diallo, «A la recherche d'un modèle africain de justice constitutionnelle », in *AIJC,* XX, 2004, pp. 93-120.

- Jamel Ajroud, « L'indépendance de la justice en Tunisie », *RFDC,* n° 86, avril 2011, pp.427-438.

- Du Bois de Gaudusson, J., « Réflexion sur les nouveaux développements du constitutionnalisme en Afrique », in *L'Afrique subsaharienne : récente société et développement*, Paris, 1993, pp. 179-197.

- Du Bois de Gaudusson, J., « Trente ans d'institutions constitutionnelles et politiques : points de repère et interrogations », *Afrique contemporaine*, 4è trimestre, n° spécial, 1992, pp. 50-58.

J

- Jean Didier, W., « Principe de légalité criminelle », *Jurisclasseur pénal*, Fasc. 10, n°65 et suiv.

-"Justice : redorer le blason terni", consultable sur le site du quotidien Le potentiel www.lepotentielonline.com

K

-Kabange Ntabala, « Quelle constitution pour la Troisième République face aux réalités zaïroises ?», *Annales de la Faculté de Droit*, Vol. XXV, op.cit., pp. 98-99.

- Kä Mana, « Réflexion sur l'invention et la refondation de l'État en RDC : créer un nouvel imaginaire politique », in Premier volume des actes de colloques : Gouvernance et refondation de l'État en RDC, Goma, Éditeurs : Pôle Institute, OGP, Mali, Recip, juin 2012, p. 20.

- Kafuka Rujamizzi, J., « L'audiovisuel public congolais (RDC) à la veille des échéances électorales : état des lieux » sur www.congoforum.be/fr/analysedetail.asp?subitem=&id=187661analyse=selected, Kambale

- Kalume, P., « L'arrêt de la CSJ du 22 mars 1995 sur la liberté de manifestation au Zaïre », Revue interdisciplinaire des droits de l'homme, Vol. I, n°2, mai-août 1995, pp. 46-59

- Kamto, M., « Les conférences nationales souveraines africaines où la création révolutionnaire des constitutions » in Darbon, D.

- Kilenda Kakendi Basila, J.P., «Quelle validité juridique des poursuites judiciaires diligentées à charge des gestionnaires publics des première et deuxièmes République au Congo-Kinshasa» *Revu de droit africain*, n°3, juillet 1997, p.69.

- Kosi Somali, « Les élections présidentielles devant le juge constitutionnel» *RDP*, n°5, 2013, pp. 100-103

- Kpodar, A., « Bilan sur un demi-siècle de constitutionnalisme en Afrique noire francophone », à l'adresse : http://afrilex.u-bordeaux4.fr/ bilan-sur-un-demi-siecle-de.html Publié en janvier 2013 Jean du Bois de Gaudusson, « Les structures de gestion des opérations électorales : Bilan et perspectives en 2000 et ... dix ans après », in Vettovaglia, J.-P., et alii, (dir.), Démocratie et élections dans l'espace francophone, Bruxelles, Bruylant, 2010, pp. 259-286, spécialement pp.275-276

- Kumbu Ki Ngimbi ; J-M., Kabamba, Bob et Esambo, Kangashe, J.L., « La constitution de la RDC, in Ibrahima Niane et les autres, La consolidation du cadre démocratique en RDC, PNUD, Kinshasa, 2012,

L

- Lampue, P., « Les constitutions des États africains d'expression française », *Revue juridique et politique d'outre-mer*, 15, 1961, p. 513.

- Liet-Veaux, « La guerre des juges aura lieu ? », in *La Revue administrative*, n°163, Janvier-Février, 1975, pp. 27-31

- Science Luis Lopez Guerra, « Le rôle et les compétences de la Cour constitutionnelle », in *Le Rôle de la Cour constitutionnelle dans la consolidation de l'État de droit,* Actes de la Commission européenne pour la démocratie par le droit, collection et technique par la démocratie, n° 10, Bucarest, 8-10 juin 1994, pp. 22-35.

- Lutula Piame-ololo Nono, «La Cour suprême de justice du Zaïre», in Conac, G., (sous la dir.), op.cit., pp. 395-405.

M.

- Maillard Desgeés du Loû, D., «Le pouvoir constituant dérivé reste souverain», in *RDP*, n° 3, 2003, pp.725-739.

- Mampuya Kanu'ka-a- Tshiabo, A., « A propos du projet de loi organique sur la Cour constitutionnelle », parue dans le quotidien Kinois « Le Phare » du 9 avril 2008 pp. 115-125. sur www.la-constitution

-Mampuya, A., « Le problème posé par la révision constitutionnelle est le résultat de la turpitude des politiciens congolais » in www.lepotentielonline.com

- Martens, P., «La Cour d'arbitrage et le troisième millénaire», Journal des tribunaux, 2000, p. 5.

- Maus, D « Le recours aux précédents étrangers et le dialogue des cours constitutionnelles », *RFDC,* PUF n°80, octobre 2009, pp. 675-696.

- Mboyo Empenge Ea Longil, B. B., « La mégarde des modèles de constitutions euro-occidentales et l'élaboration d'une constitution zaïroise de développement véritablement intériste », *Annales de la Faculté de Droit*, Vol. XXV, Kinshasa, PUZ, Août 1996, p. 172.

- Matadi Nenga Gamanda, «La question du pouvoir judiciaire en République démocratique du Congo. Contribution à une théorie de réforme», *Revue de droit africain*, n°15, juillet 2000, *RDJA* a.s.b.l. Bruxelles, p. 372.

-Milacic, S., « La démocratie politique éclipsée par l'Etat de droit », in Illessy, I. (dir.), *Constitutionnal conséquences of the EU Memberships*, Université de Pécs, Faculté de droit, 2005, p. 241.

- Milacic, S., «A l'Est l'État de droit pour induire la démocratie ?», *Études offertes à J.-M., Auby*, Paris, Dalloz, 1992, p. 617.

- Moderne, F., «Les juridictions constitutionnelles en Afrique », in *Les Cours suprêmes en Afrique*, Tome II, Paris Economica, p. 5.

- Morton, F-L, « Point de vue d'outre Atlantique sur le Conseil constitutionnel », Pouvoir, n°46, 1988, pp. 133-134.

- Mpongo Bokako Bautolinga, «Le contrôle du constitutionnalité des lois sous l'Acte constitutionnel de transition du 9 avril 1994», *Annales de la faculté de droit*, Vol. XXV, Unikin, Août 1996, pp. 321-355.

N

-Nguele Abada, M., « Du constitutionnalisme en Afrique : réflexion sur l'évolution constitutionnelle en RDC», *Revue de la recherche juridique, Droit prospectif*, n° 121, 33ème année, PUAM, 2008-1, pp. 504-536.

O

- Okitenembo Wetshongunda, « La théorie des actes de gouvernement dans de la CSJ RA459 et consorts du 26 septembre 2001 sur la révolution de 315 magistrats », Lubumbashi, Les Analyses juridiques, n°5, 2005, pp. 13-27

- Oronnau, P., «Problèmes posés par l'indépendance des nouveaux États africains et malgache sur le plan du contentieux administratif », *Revue juridique et politique d'Outre-mer*, n° 4, octobre-novembre 1962, pp. 541-614.

- « Organisation de la Cour de la Cour constitutionnelle », www.const-court.be consulté le 12 octobre 2012.

P

- Pambou-Tchivunda, G., « Une juridiction constitutionnelle au Gabon : A propos de la chambre constitutionnelle de la Cour suprême du Gabon », in Darbon, et Conac, G., Les *Cours suprêmes en Afrique*, Tome 2, 1989, pp. 97-105.

- Poirmeur, Y., «Changement social et changement politique en URSS», in Cao-Huy Thuan (études réunies par), *Regards sur le changement en Union soviétique*, Paris, PUF, 1990.

- Quel statut constitutionnel pour le Chef de l'État en Afrique ? », in *Le nouveau constitutionnalisme: Mélanges à l'honneur du Gérard Conac*, Paris, Economica, 2001, pp. 329 et ss.

Q

- Quantin, P., « Pour une analyse comparée des élections africaines », *Politique africaine*, n°69, 1998, pp. 12-29

R

- « RDC : les magistrats interpellés sur leur laxisme dans le traitement des dossiers judiciaire », in www.radiookapi.net

- Rasson-Roland, A., « Les modifications relative à la composition de la Cour d'arbitrage », *La Cour d'arbitrage, vingt ans après*, Bruxelles, Bruylant, 2004, p. 24.

- Renoux, T., «Le droit au recours juridictionnel », *JCP*, 1993, I., 3675

- Romi, R., «Le Président de la République, interprète de la constitution », *RDP*, 1987, p. 1265

- Rivero, J., «l'idéologie et techniques dans le droit des libertés publiques », in *Histoire des idées et idées sur l'histoire, Études offertes à Jean Jacques Chevallier*, Paris, éditions Cujas, 1977, pp.247-258.

- Rivero, J., « La fin d'un absolutisme », *Pouvoirs*, n° 13, Le Conseil constitutionnel, avril 1980 (juillet 1991), pp. 5-16.

-Ronsenfeld, M., « Bush contre Gore : trois coups portés à la constitution, à la Cour et à la démocratie », *Les Cahiers du Conseil constitutionnel*, n°13, pp. 81-90

- Rousseau, D., « Le procès constitutionnel *», Pouvoirs*, n° 137, 2011, pp. 47-55.

- Rousseau, D., « Un conseil à bout de souffle », Libération du Lundi 22 janvier 2001.

S

- Schrameck, O., « Le conseil constitutionnel et l'élection présidentielle de 1995 », *AJDA,* 1996 ? PP ; 2-21, spécialement p.

- Spreutels, J., « compétence pénale de la Cour constitutionnelle de la République démocratique du Congo à l'égard du Président de la République et du Premier ministre », disponible sur http://popus.ullg.ac.be/federalisme/document.php?id=539

- Supiot, A., « L'empire des lois ou les avatars d'une façon de penser », in la norme, la ville, la mer. Écrits de Nantes pour le doyen Yves Prat, éditions de la Maison des sciences de l'homme, 2000, p. 21.

- Soulier, G., «L'égalité de la parole, principe de la démocratie et du procès pénal »

T

- Teitgen, F., « L'accès au droit et à la justice est un pilier de la démocratie », *LPA,* 22 novembre 200, p.4.

- Troper, M., « Le bon usage des spectres du gouvernement des juges au gouvernement par le juge », *Le nouveau constitutionnalisme*, Paris, Economica, 2001, p. 49.

- Troper, M., «La suprématie de la constitution » in *Utopie : entre droit et politique, Études en hommage de Claude COURVOISIER*, Dijon, Éditions Universitaire de Dijon, 2005, pp. 259-269.

- Troper, M., «La signature des ordonnances. Fonction d'une controverse », *Pouvoirs*, 1987, n° 41, p.75.

- Truche, P., «L'éthique du juge : les dépendances du juge», in *Justice et démocratie*, Pulim, 2003, p. 141.

V

- Vampouille, Th., «Chirac restera membre du Conseil constitutionnel», in www.lefigaro.fr/actualité-france/2011/12/15/01016-20111215ARTFIG004656-chirac-restera-membre-du-conseil-constitutionnel.php du 15 décembre 2011.

- Van Compernolle et, J., et Verdussen, M., «La guerre des juges aura-t-elle lieu ? A propos de l'autorité des arrêts de la Cour d'arbitrage», *Journal des tribunaux*, 2000, p.297.

- Vedel, G., « Réflexions sur les singularités de la procédure devant le Conseil Constitutionnel », in Mélanges Roger Perrot, Nouveaux juges, nouveaux pouvoirs ?, Paris, Dalloz, 1995, p. 543.

- Verdussen, M., «Le contrôle de constitutionnalité par voie préjudicielle en Belgique : quelques écueils», in Badinter, R., Bon, P. et les autres, *Contrôle de constitutionnalité par voie préjudicielle : la saisine par les citoyens*, Aix-en-Provence, PUAM, 2009, pp. 109-126.

- Verdussen, M., «Le contrôle de constitutionnalité par voie préjudicielle en Belgique : quelques écueils », op. cit. pp.125-126. L'arrêt n°52/2009 du 19 mars 2009 est consultable sur www.const-court.be

- Verdussen, M., «Regard comparatiste sur le Rapport du comité Balladur», *RFDC*, n° spécial (Hors-série), 2008, p. 230 ; «Le juge constitutionnel et le juge ordinaire : ingérence ou dialogue ? L'exemple de la Cour constitutionnelle de Belgique », in *Le dialogue des juges, Mélange en l'honneur du président Bruno Genevois*, Paris, Dalloz, 2008, p. 1080.

- Verdussen, M., «Un procès constitutionnel légitime », in *Renouveau du droit constitutionnel, Mélange à l'honneur de Louis Favori*, Paris, Dalloz, 2007, pp. 484-485.

- Vudisa Mugumbushi, J.N, «Changement de constitution et déconstitutionnalisation des droits et libertés en RDC», *une Revue de droit africain*, n°3, juillet 1997, p.49.

W

- Wetsh'Okonda Koso, M., «Le contentieux constitutionnel congolais des droits de l'homme du 18 février 2006 au 18 février 2011 : essai de bilan et perspectives d'avenir », Contribution aux journées scientifiques que devait organiser le département de droit public interne de la faculté de droit de l'UNIKIN à l'occasion de cinq ans de la constitution du 18 février 2006 en ligne à l'adresse www.la-constitution-en-Afrique.org

-Wetsh'Okonda Soko Senga, «La définition des actes législatifs dans l'arrêt de la CSJ n°R.CONST.51/TSR du 31 juillet 2007 à l'épreuve de la constitution du 18 février 2006 », Revue de droit et de science politique « *HORIZON* », n°5, Butembo, juin pp. 12

Z

- Zegbe Zegs, F., «La répartition équitable et équilibrée des responsabilités au regard de la constitution de la transition et des instruments juridiques internationaux en matière de droits de l'homme en RDC» in *Congo-Afrique*, n°339, Kinshasa, Mars 2005, pp.135-150.

- Zoller, E., «Comment la constitution de 1958 règle-elle l'alternance ?» www.conseil-constitutionnel.fr

5 – Thèses et mémoires

- Ahmed Mahiou, *L'avènement du parti unique en Afrique noire: l'expérience des Etats d'expression française*, Thèse de droit, université de Nancy, 1967.

- Boubacar Issa Abdourhamane, *Les Cours constitutionnelles dans le processus de démocratisation en Afrique : analyse comparative à partir des exemples du Bénin, de la Côte d'Ivoire du Niger*, Thèse de droit, université de Bordeaux IV, Montesquieu, 2002, p. 140

- Bayron, M.-A., *L'État de droit face aux usages et enjeux politiques du droit constitutionnel en Côte d'Ivoire, Thèse en droit public*, université Paris I, Panthéon-Sorbonne, 2008, pp. 60-63.

- Waleka Kitoko, *Les aspects constitutionnels de la transition démocratique manquée dans l'Ex-Zaïre,* Thèse de doctorat, Droit Public, Université Montesquieu-Bordeaux IV, 2002, pp138-145.

- Bolle, S., *Le nouveau régime constitutionnel du Bénin, Essai sur la construction d'une démocratie africaine par la constitution*, thèse de Droit public, Montpellier, 13 décembre 1997, pp. 717-733.

- Kayemba Ntamba Mbilanji, Cours des institutions politiques du Zaïre, Polycopié, 2è Graduat, Faculté de Droit, Université de Kinshasa, 1987-1988.

- Le Breton K., *La culture judiciaire kinoise comme cadre de refondation de la justice au Congo*, thèse en Droit, Université Paris 1-Panthéon-Sorbonne, 2008.

- Manangou, V., *Les évolutions récentes de la justice constitutionnelle en République Démocratique Congo: une analyse du rapport remis le 09 juin 2008 par la Commission politique, administrative et judiciaire de l'Assemblée nationale*, Mémoire de Master 2 , Droit public, Transformation de l'Etat, 2009.

- Muruhuka, C., *De l'évolution des compétences de la Cour suprême de justice : de la constitution de la transition à la constitution de la troisième République*, Mémoire de Licence, Université Protestante Congo, 2007
- Ojong, Th., *L'infraction politique en droit pénal camerounais, DEA de droit privé fondamental*, université de Douala, Cameroun, 2005.

- Pini, J., Recherche sur le contentieux de constitutionnalité, thèse, Aix-Marseille, III, 1997.

-Sory Baldé, *La convergence des modèles constitutionnels : études de cas en Afrique subsaharienne*, Thèse en droit public, Université Montesquieu Bordeaux IV, 2009.

- T. Renoux, *Le Conseil constitutionnel et l'autorité judiciaire, thèse en droit, faculté de droit et de science politique*, université d'Aix-Marseille, 1982.

6. Webographie

A. sites juridiques

http://www.la-constitution-en-afrique.org

http://www.droitcongolais.info

http://www.Afrilex.u-bordeau4.fr

htt://www.droitconstitutionnel.org

http://www.the-rule-of-law-in-africa.com

http://www.conseil-d-etat.fr

http://www.justice.cd

www.courdecassation.fr

B. Sites des juridictions constitutionnelles

www.conseil-constitutionnel.fr

www.cour-constitutionnelle-benin-org

www.accpuf.org

www.const-court.be (Belgique)

www.cour-constitutionnelle.cg (Congo-Brazzaville)

www.hcc.gov.mg (Madagascar)

www.cour-constitutionnelle.ga (Gabon)

C. Autres sites

http://popus.ulg.ac.be

www.docstoc.com

www.confeuconstco.org

www.hal.inria.fr

www.lepotentielonline.com

www.presidentrdc.cd

http://www.lephareonline.net

www.congoforum.be

http://www.ceni.gouv.cd

http://pambazuka.org

www.lefigaro.fr

www.lemonde.fr

wwwradiookapi.net

www.Congoindependant.com

www.un.org

www.dictionnairejuridique.com

www.u-picardie.fr

http://clrdc.larcier.com

www.rfi.fr

www.eueom.eu/files/pressreleases/english/moeue-rdc2011-rapport-final_fr.pdf

www.guglielmi.fr

www.sangonet.com

ABREVIATIONS

ACCPUF	: Association des Cours constitutionnelles ayant en partage l'usage de français
AFDI	: Annuaire français de droit international
AFDL	: Alliance des forces démocratiques de la libération du Congo
AIJC	: Annuaire international de justice constitutionnelle
AJDA	: Actualité juridique, droit administratif
Al.	: Alinéa
AMP	: Alliance pour la majorité présidentielle
art.	: Article
B.A.	: Bulletin des arrêts
B.O.	: Bulletin officiel
C.E.	: Conseil d'État
C.E.I.	: Commission électorale indépendante
CC	: Conseil constitutionnel
CEDH	: Cour européen des droits de l'homme
CENI	: Commission électorale nationale indépendante
CNS	: Conférence Nationale Souveraine
COCJ	: Code de l'organisation et de la compétence judiciaire
Coll.	: Collection
COM	: Cour d'ordre militaire
CPC	: Code de procédure civil
CS	: Cour Suprême de Justice
CSAC	: Conseil Supérieur d'Audiovisuel et de la Communication

CSM	: Conseil Supérieur de la Magistrature
DEA	: Diplôme d'Études Approfondies
dir.	: Sous la direction
éd.	: Édition
HAM	: Haute Autorité des Médias
HCR-PT	: Haut conseil de la République parlement de transition
Ibidem	: Même auteur, même endroit
Idem	: Même auteur
JCP	: Juris Classeurs Périodiques
JORDC	: Journal Officiel de la République démocratique du Congo
JOZ	: Journal Officiel du Zaïre
LGDJ	: Librairie générale de droit et de jurisprudence
LPA	: Les petites affiches
MB	: Moniteur belge
MC	: Moniteur congolais (1959-1972)
MLC	: Mouvement de Libération du Congo
MPR	: Mouvement Populaire de Révolution
N°	: Numéro
OHADA	: Organisation pour l'harmonisation en Afrique du droit des affaires
QPC	: Questions Prioritaires de constitutionnalité
OIF	: Organisation internationale de la francophonie
ONU	: Organisation des Nations Unies
Op.cit	: Ouvrage cité
PNUD	: Programme des Nations Unies pour le Développement
pp.	: Pages

PUAM	: Presses Universitaires d'Aix-Marseille
PUC	: Presses Universitaires du Congo
PUF	: Presses universitaires de France
PUG	: Presses universitaires de Grenoble
PUK	: Presses de l'Université de Kinshasa
PULg	: Presses Universitaires de Liège
PULIM	: Presses de l'Université de Limoges
PUZ	: Presses universitaires du Zaïre
QPC	: Questions prioritaires de constitutionnalité
RBDC	: Revue belge de droit comparé
RBDC	: Revue belge de droit comparé
RBSJA	: Revue béninoise de sciences juridiques et administratives
RCD	: Rassemblement congolais pour la démocratie
RCD/ML	: Rassemblement congolais pour la démocratie/Mouvement de Libération
RCD/N	: Rassemblement congolais pour la démocratie/National
RDC	: République Démocratique du Congo
RDP	: Revue de droit public
Rec.	: Recueil
R.E.	: Rôle électoral
R.C.E.	: Rôle du contentieux électoral
RFDA	: Revue française de droit administratif
RFDA	: Revue française de droit administratif
RFDC	: Revue française de droit constitutionnel
RIDC	: Revue International de droit comparé
RIDC	: Revue internationale de droit comparé

RJPIC	: Revue juridique et politique indépendance et coopération
UNC	: Union pour la Nation Congolaise
UNIKIN	: Université de Kinshasa
UPC	: Université Protestante du Congo
USAID	: United State Agency of International Development
USORAL	: Union Sacrée de l'Opposition Radicale et Alliés

TABLE DES MATIERES

Structures éditoriales du groupe L'Harmattan

L'Harmattan Italie
Via degli Artisti, 15
10124 Torino
harmattan.italia@gmail.com

L'Harmattan Hongrie
Kossuth l. u. 14-16.
1053 Budapest
harmattan@harmattan.hu

L'Harmattan Sénégal
10 VDN en face Mermoz
BP 45034 Dakar-Fann
senharmattan@gmail.com

L'Harmattan Cameroun
TSINGA/FECAFOOT
BP 11486 Yaoundé
inkoukam@gmail.com

L'Harmattan Burkina Faso
Achille Somé – tengnule@hotmail.fr

L'Harmattan Guinée
Almamya, rue KA 028 OKB Agency
BP 3470 Conakry
harmattanguinee@yahoo.fr

L'Harmattan RDC
185, avenue Nyangwe
Commune de Lingwala – Kinshasa
matangilamusadila@yahoo.fr

L'Harmattan Congo
67, boulevard Denis-Sassou-N'Guesso
BP 2874 Brazzaville
harmattan.congo@yahoo.fr

L'Harmattan Mali
Sirakoro-Meguetana V31
Bamako
syllaka@yahoo.fr

L'Harmattan Togo
Djidjole – Lomé
Maison Amela
face EPP BATOME
ddamela@aol.com

L'Harmattan Côte d'Ivoire
Résidence Karl – Cité des Arts
Abidjan-Cocody
03 BP 1588 Abidjan
espace_harmattan.ci@hotmail.fr

L'Harmattan Algérie
22, rue Moulay-Mohamed
31000 Oran
info2@harmattan-algerie.com

L'Harmattan Maroc
5, rue Ferrane-Kouicha, Talaâ-Elkbira
Chrableyine, Fès-Médine
30000 Fès
harmattan.maroc@gmail.com

Nos librairies en France

Librairie internationale
16, rue des Écoles – 75005 Paris
librairie.internationale@harmattan.fr
01 40 46 79 11
www.librairieharmattan.com

Librairie l'Espace Harmattan
21 bis, rue des Écoles – 75005 Paris
librairie.espace@harmattan.fr
01 43 29 49 42

Lib. sciences humaines & histoire
21, rue des Écoles – 75005 Paris
librairie.sh@harmattan.fr
01 46 34 13 71
www.librairieharmattansh.com

Lib. Méditerranée & Moyen-Orient
7, rue des Carmes – 75005 Paris
librairie.mediterranee@harmattan.fr
01 43 29 71 15

Librairie Le Lucernaire
53, rue Notre-Dame-des-Champs – 75006 Paris
librairie@lucernaire.fr
01 42 22 67 13

www.ingramcontent.com/pod-product-compliance
Lightning Source LLC
LaVergne TN
LVHW010631051026
849532LV00001B/28

* 9 7 8 2 3 4 3 1 9 1 3 0 0 *